本书出版获得国家档案局和宜春学院资助

民国时期万载县宗族资料汇编与整理

杨吉安 编著

全国百佳图书出版单位
时代出版传媒股份有限公司
黄山书社

图书在版编目(CIP)数据

民国时期万载县宗族资料汇编与整理 / 杨吉安编著.
——合肥 : 黄山书社, 2019.12
ISBN 978-7-5461-8790-7

Ⅰ. ①民… Ⅱ. ①杨… Ⅲ. ①宗族-史料-汇编-万载县-民国 Ⅳ. ①K820.9

中国版本图书馆 CIP 数据核字(2020)第 010102 号

民国时期万载县宗族资料汇编与整理 杨吉安 编著

MINGUO SHIQI WANZAI XIAN ZONGZU ZILIAO HUIBIAN YU ZHENGLI

出 品 人 贾兴权
责任编辑 周振华
装帧设计 熙宇文化
出版发行 时代出版传媒股份有限公司(http://www.press-mart.com)
黄山书社(http://www.hspress.cn)
地址邮编 安徽省合肥市蜀山区翡翠路 1118 号出版传媒广场 7 层 230071
印 刷 合肥锐达印务责任有限公司
版 次 2019 年 12 月第 1 版
印 次 2019 年 12 月第 1 次印刷
开 本 787mm×1092mm 1/16
字 数 680 千
印 张 33.75
书 号 ISBN 978-7-5461-8790-7
定 价 148.00 元

服务热线 0551-63533706
销售热线 0551-63533761
官方直营书店(https://hsssbook.taobao.com)

《万载县档案馆指南》编纂委员会

主 任 委 员：黄光辉

副主任委员：杨吉安　龙奇伟　朱　静　叶春林

委　　　员：杨可能　周筱玲　刘　娟　王　越　辛从江

《万载县档案馆指南》编辑部

主　编：黄光辉

副主编：杨吉安　朱　静

编　辑：杨可能　王　越

目 录

制度篇

各姓族董会篇

制度篇

万载全县族董会简章(1934年)

事由:奉省政府令后呈转武宁县长宋屏呈拟各姓族董会简章,乞鉴核一案,指令准照修正案试办等因,令仰即饬遵办具报由。

拟办:阅。中华民国二十二年九月二十二日

附件:附简章一份,表一份。

令万载县长

为令遵事。案拟武宁县长宋屏呈拟各姓族董会简章及月报表式,呈请核准备案等情前来。当以该县长宋屏欲籍宗族组织团结社会,以增进政治效率,立意甚善,经将原呈简章祥加修改呈请:省政府核示在卷。兹奉法字第七五五号指令开,呈件均悉,准予照修正案试办,仰即转饬遵照,此令件存等因。奉此除指令武宁县政府并分令外,合行检发修正简章暨月报表式,令仰该县长即便遵照转饬试办,仍将办理情形具报备查。

此令!

计检发修正各姓族董会简章暨月报表式各一份

中华民国二十二年九月二十一日

兼厅长熊世辉

修正各姓族董会简章

第一条　名称

定名为□□县□□氏族董会

第二条　会址

设于某某地宗祠或庙宇内

第三条　宗旨

以宣扬政令,提倡道德,除莠安良和邻睦族,共谋地方一切应兴应革事宜为宗旨。

第四条　组织

本会董事人数以九人至十三人为限,除族长为当然董事外,余为由各房或各支推举之,族董推定后应互推一人为主任。

甲、有下列资格之一者,得被举为族董

1. 公正严明者

2. 众望素孚者

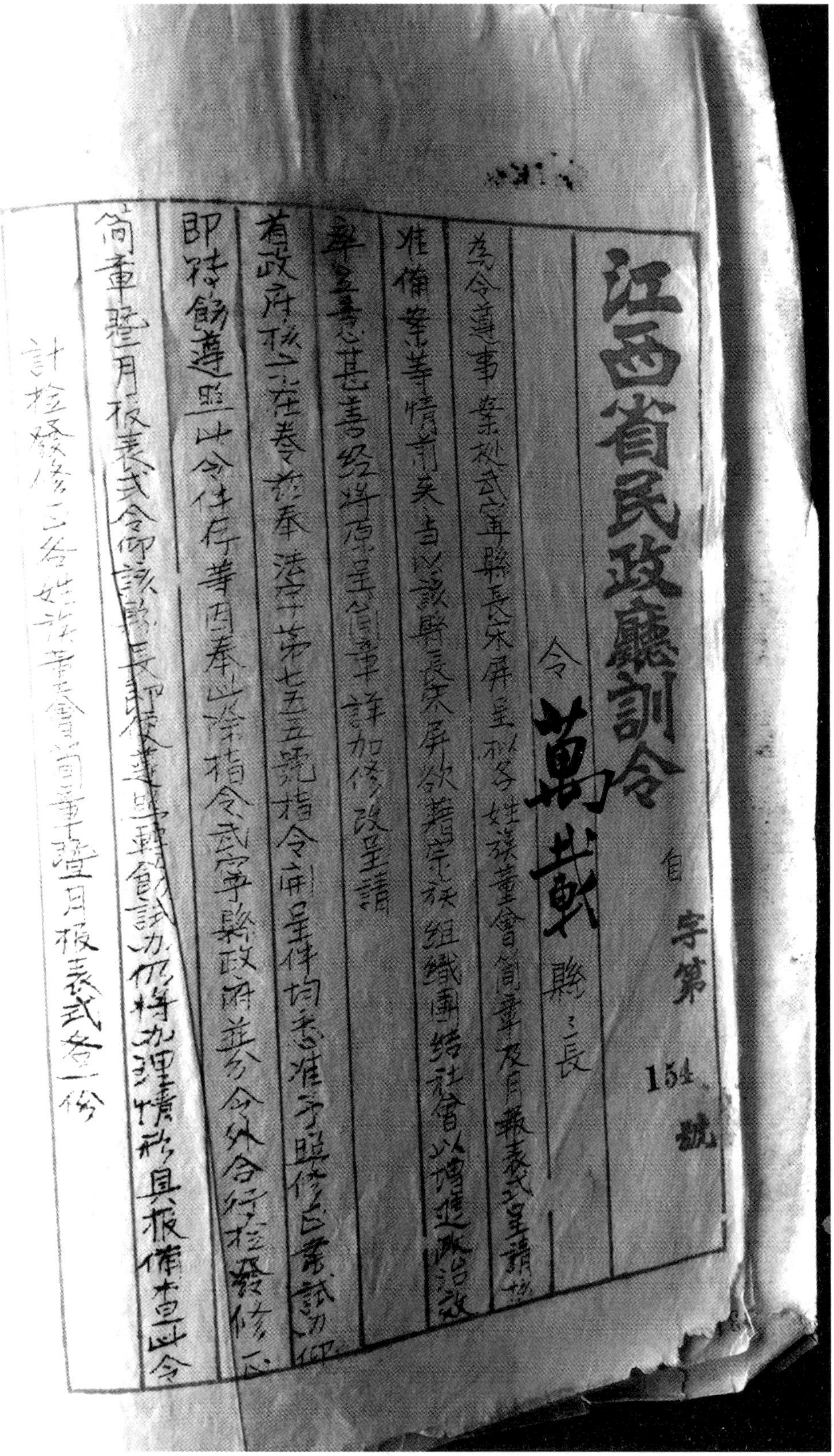
江西省民政廳訓令 自 字第154號
令萬載縣縣長
為令遵事案據武寧縣長宋屏呈擬各姓族董會簡章及月報表式呈請核
准備案等情前來查以該縣長宋屏欲藉宗族組織團結社會以增進政治效
率呈意甚善經將原呈簡章詳加修改呈請
省政府核示在案茲奉 法字第七五五號指令開呈件均悉准予照修正試辦仰
即特飭遵照此令件存等因奉此除指令武寧縣政府並分令外合行抄發修正
簡章暨月報表式令仰該縣長即便遵照轉飭試辦仍將辦理情形具報備查此令
計抄發修正各姓族董會簡章暨月報表式各一份

3. 学识兼优勇于任事者

4. 品行端正无不良嗜好者

乙、有下列之一者不得推为族董

1. 未成年者

2. 自新份子尚在监视期内者

3. 曾为盗匪通缉有案者

4. 学识缺乏临事敷衍者

5. 有不良嗜好者

6. 植党营私者

7. 武断乡曲性好构讼者

8. 褫夺公权及曾受刑事处分者

第五条　任期

以一年为限连举得连任,但不得过三次。

第六条　任务

1. 对政府颁布之命令有宣扬之义务

2. 宣传孝悌忠信礼义廉耻八德以维系人心

3. 兴办小学及一切公益事物

4. 整理族间公产公款及收益支出事项

5. 族间如有违犯风化情事,重者送县究办,轻者由族董会秉公处理,但不得违法施用酷刑。

6. 族间如有不肖子弟……流为盗匪者,族董会应负责报告拿解送县不得徇私。

7. 每月造具总报告一次呈县政府备查报告表另定之

第七条　会期

分常会临时会全族大会三种:

1. 常会:每一月终开常会一次。

2. 临时会:遇有紧急事项发生由主任或族董三人以上之提议得以召集之。

3. 全族会议:每年冬至节举行之。

第八条　经费

族董均为无给职,每月就族款中拨给国币八元为办公费,及开会时各族董膳费之用。族董会雇佣丁役一人,由祠堂或庙宇看守充任,得酌给津贴。

第九条　族董会图记由县政府颁发之

第十条　族董会成立后于一个月造具各族董姓名、籍贯、年岁、履历清册二份呈报区公所,呈报县政府备案。

第十一条　族与族之间不得挟嫌报复以引起斗争,一经发觉,县政府得明令解散肇事族董会并惩办肇事族董。

第十一条　本简章自呈奉江西省政府核准之日施行

为恢复族约巩固家族令仰切实提倡(1934年)

事由:为恢复族约巩固家族令仰切实提倡由

赣粤闽湘鄂“剿匪军”西路第二纵队司令部训令　　秘甲字第1652号　　民国二十三年十月十四日

令万载县政府

案据本部第一次党政会议,浏阳县长王英兆提请恢复原有族约巩固家族一案略称:现值人心陷溺道德沦亡,虽由环境之恶劣,亦有原有之良好家族规则摧残殆尽,无以约束。故日趋于堕落而不觉,倘能订定规约,合族遵守,父戒其子,兄戒其弟,行规蹈矩,桀黠者固不敢悍然而为非,即良儒者亦有自然之保障。礼义可由是而生,道德可由是而立,一族兴起,民族防而效之。社会焉有不宁,秩序焉有不安,特拟具族约二七条请同令各属并转湘省府一致提倡,以巩固家族者巩固国族等语,并拟定族约二七条,当经核议,印发各属参政,并转湖南省府提倡在卷,合行录案并印发该项族约一份,除分令外,令仰该县长参政,并斟酌提倡为要!

此令!

附发原拟族合约一份

中华民国二十三年十月

司令刘膺古

族约

第一条　家族为国家团体之一,巩固家族即所以发展社会,兹为增进社会家族福利起见制定规约如下。

第二条　本规约以维持伦常,恢复固有道德,并不抵触现行法令为宗旨。

第三条　合族设正负族长各一人,管理全族事务,族长及副族长均由票选,并呈请县府委任,以三年为限,但得连选连任,正负族长之资格,以齿德俱尊,族望素孚,而无嗜好者为合格。

第四条　正副族长除重要民事诉讼外,其余族内一切纠纷,均有调解之权。

第五条　正副族长对于族中之不法子弟,有告诫约束之权,并得呈请官厅惩治之。

第六条　族内每房设房长一人,干事一人,襄助族长管理本房事务。房长、干事由本房票选,并由族长呈请县府备案,任期以一年为限,但得连选连任,其资格以正直勤能而无嗜好者为合格。

第七条　正副族长及各房房长,有请查族内户口之权,应将各房各户男女大小年龄职业必须分别详而登记。如有外出图谋,暂不能归者,亦必须登载以备查之。

000273

萬載全縣族聯會章程草案

第一章 意義

第一條 本會定名為萬載全縣族聯會。

第二條 本會聯絡各姓感情，調解糾紛，改善風化，為自治始基

第二章 組織

第三條 本會由各區各姓推派代表一人至三人，舉行代表會議，產生委員十三人，評議員若干人，并由委員互選常委三人，整理會內一切事務。

第四條 本會委員任期定為二年，連舉得連任之，但以二次為限。

第三章 會議

第八条　凡族众应遵重伦纪，卑幼对于尊长，不得有不孝不敬行为，但尊长对于卑幼，亦不得恃尊凌卑，无故侵害法益。

第九条　兄弟宜友恭，并须互助互爱，各尽天职。

第十条　夫妻应互相尊重，但财产得自独立。

第十一条　凡族内总支各祠，应各设经理人一人，管理祠产及一切数目，每年至清明节或冬至日，由族长及各房房长干事会同清算一次，盖章公布，并报告祠产有无增损及经过工作，然后由正副族长宣讲八德及有益于地方风俗之讲演。

第十二条　族长、经理、房长、干事，不得擅自典卖祠产，如有必须变更情事，应召集族务会议或房务会议该决之。

第十三条　完粮税契宜在法定期内，如逾受罚，应由经理负责。

第十四条　各祠祭祀概依旧制，惟费用应力求撙节，毋得过事铺张。

第十五条　凡族内各支各祠，除已科定学田外，应由经理人妥慎掌管，毋得侵蚀。

第十六条　总支各祠经理，应由族众共同票选之，任期以三年为限，并呈请县府备案，但得连选连任，以家资殷实，勤慎而无嗜好者为合格。

第十七条　凡族内各支子弟确无匪盗行为，由各房长出示担保切结，日后该支子弟如有发生匪盗情事，即为该房长是问。

第十八条　族内子弟如有被胁为匪或从无显著工作者得由房长严加告诫，切实监视，保其自新。

第十九条　各支如有鳏寡孤独，废疾年老确无生活费者应由该支祠款项下酌予周济。

第二十条　如族众居住星散者得酌立联族办事处，办理各支族事务。

第二十一条　凡族立各校校长应严择师资，以能讲解明白，循循善诱者为合格。

第二十二条　凡族内成绩俊异之子弟，无力升学者，应由全族设法维拼，毋得稍存房界意见。

第二十三条　总支各祠每年除正常开支外，余款均应留存作公益慈善及子弟升学之用，不得滥费。

第二十四条　合族公私山岭，正副族长及各房房长干事等，应督促垦植，如私山无力垦植者，即由合族设法共同垦植，其所得利益，除成本外，以十分之六归祠中公有，以十分之四归私人产生，倘有荒芜山场土地者，则由正副族长各房房长干事是问。

第二十五条　凡族内正副族长房长干事及经理改选，即以冬至日为期。

第二十六条　本规约俟呈请层峰核准之日施行。

第二十七条　本规约如有未尽事宜，得随时呈请修改之。

万载政府训令　民字第13612号

民国二十三年十月二四日发

令各区区长

案奉赣粤闽湘鄂“剿匪军”西路军第二纵队司令部密甲字第一六五二号训令开：案据本部第一次党政会议浏阳县长王英兆提请恢复原有族约，巩固家族一案略称……云云等因,附发原拟族约一份。奉此,除分令外,合行抄发原件,令仰该区长即便转饬该区各族董会一体参照办理为要!

此令!

计抄发族约一份。

中华民国二十三年十月十六日

县长周

万载全县族联会(1936年)

事由:呈为组织全县族联会,拟具章程,请予察核,批示祇遵由。

拟办:呈件均悉。应呈由该管区署转呈核办,仰即知照,此批!

批示:转呈核示再行饬遵。中华民国二十五年五月十二日

呈为组织全县族董会,拟具章程,请予察核,批示祇遵事:窃本县各姓曾奉令组织族董会,以期由宗族,扩充到国族,为复兴民族之始基,而借以宣传政令,敦睦伦纪,调节纠纷,为国民自治权舆。然每遇甲族与乙族发生纠纷,非甲姓或乙姓族董单独所能解决,则又殊感困难。代表等有见及此,乃召商各姓绅董,发起族联会,以期沆瀣一气,互相维护,爰拟具简章,随文呈送钧长察核,候示祇遵!

谨呈万载县政府县长张

附呈万载全县族联会见简章一份

万载全县族联会筹备委员:宋青和、龙济海、喻清海、辛兆南、郭勋云、邓世平、汪彭龄、闻济时、刘巨源、袁乾生、唐炳康、彭文彬、翟汉伸、刘士稼、鲍钦文、宋锡章、欧阳棣、王纲、张国维

中华民国二十五年五月十二日

万载全县族联会章程草案

第一章　意义

第一条　本会:定名为万载全县族联会

第二条　本会:联络各姓感情、调解纠纷、改善风化为自治始基。

第二章　组织

第三条　本会:由各区各姓推派代表一人至三人,举行代表会议,产生委员十三人、评议员若干人,并由委员互选常委三人,整理会内一切事务。

第四条　本会委员,任期定为二年,连举得连任之,但以二次为限。

第三章　会议

第五条　每年开大会一次，每月开常会一次，倘遇有紧急重大事宜得由常委召开临时会。

第六条　开大会时，除委员职员以外，各区各姓，得另推代表一人至三人，准时到会。

第七条　开大会时，须于前十日，由本会先函通告各区各姓大祠首士，转知与会人员，准时列席。

第四章　经费

第八条　本会经费：由委员及评议员自由捐输，每人至少以一元为限。

第九条　本会委员，为名誉职，概不得开支夫马薪津等费。

第十条　本会费用，年终结算后，应油印清册若干份。分发各区各姓大祠，俾得明了开支状况。

第五章　附则

第十一条　本会章程，如有未尽事宜，得开全县族姓代表大会修改之。

第十二条　本章程，自呈准立案之日起施行。

事由：据本县各姓族绅民宋青和等呈以组织全县族联会拟具简章，请核示等情批示知照由。

万载县政府批　　民字第4521号

具呈人宋青和等本年五月十二日呈一件：为组织全县族联会，拟具简章请核示由。

呈件均悉，候据呈转核示后，再行饬遵，仰即知照！

此令！附件存。

案据本县族联会筹备委员会委员宋青和、刘巨源、张国维等联名呈称：呈为组织全县族联会……候示祗遵！等情；计呈万载全县族联会简章一份；据此，查族董会简章，并无族联会组织规定，是否可行，县长未敢擅夺，理合抄录原简章备文呈请钧署察核示遵。

谨呈江西省第二区行政署察核专员危

计抄呈万载全县族联会简章一份。

万载县县长张

中华民国二十五年五月十八日

事由：据呈转族联会组织简章乞核示等情指令遵照由

拟办：转令遵照。中华民国二十五年五月二十八日

江西省第二区行政督查专员公署指令　民字第2721号

令万载县长张乡甫

二十五年五月十九日呈一件：呈送本县各姓族绅民宋青和等呈以组织全县族联会，拟具简章转请核示由。

呈件均悉。查族联会之组织，未奉明文规定，未便照准。现在本省奉办保甲，即为人民自治组织，如保内或保与保间发生纠纷，仍可由保长依据协议之保甲规约处理，或请各

族管区署区民调解委员会，予以调解，毋庸另立族联会，仰即转饬遵照，简章发还。

此令！

计发还简章一份

专员危宿钟

中华民国二十五年五月二十六日

事由：奉令核转本县各姓族联会组织简章令仰即知照由

万载县政府牌示　　民字第480号

案奉江西省第二行政督察专员公署　民字第二七二一字指令：本府二十五年五月十九日呈一件：呈送本县各姓族绅民宋青和等呈以组织全县族联会拟具简章，转请核示由。奉令开：呈附件均悉。查族联会之组织，为奉明文规定，未便照准，现在本省奉办保甲，即为人民……云云，仰即转饬遵照等因，计发还族联会简章一份。奉此，查此奉者前据该民等呈请备案到府，业经本府批示在案，合行牌示知照！

右牌示各姓族绅民宋青和等

县长张

中华民国二十五年五月三十日

修正族董会章程（1946年）

事由：为前颁族董会简则似有修改必要，经重拟简章一份，缮呈乞核准施行指示祇遵由。

江西省万载县政府呈　　忠社字第2001号

案查本县各姓族董会前奉钧府民政厅二十二年令颁组织简则下县，当经抄发转饬各姓成立族董会在卷。溯自举办以来，对于协助政府推行政令颇有功效。惟查原颁组织简则多条编订颇多注重于当时防“匪”策划，盖与现时国家建设及地方情形，实有修改之必要。本县为整理人民团体，臻进地方自治起见，业经依照原简则并参考各项自治法令洎地方习惯，重拟族董会组织简章一份，提交本年四月二十六日本县第四次县政会议修政通过，理合备文缮呈钧府俯赐核准施行指示祇遵！

谨呈江西省政府主席熊

第二区专员公署危

附呈本县各姓族董会组织简章一份

中华民国三十五年五月四日

各姓族董会组织简章①

第十二条:族与族之间不得挟嫌报复引起斗争,一经发觉,县政府得照令解散并惩办肇事族董。

第十三条:本简章提交县政会议通过后呈请江西省政府核准施行。

江西省政府核准施行

事由:为函送各姓族董会组织简章一份请查照由

江西省万载县政府公函　　忠社字第2056号

案查本县各姓族董会前奉钧府民政厅二十二年令颁组织简则下县,当经抄发转饬名姓成立族董会在卷。溯自举办以来,对于协助政府推行政令颇有功效。惟查原颁组织简则多条编订颇多注重于当时防"匪"策划,盖与现时国家建设及地方情形,实有修改之必要。本县为整理人民团体,臻进地方自治起见,业经依照原简则并参考各项自治法令洎地方习惯,重拟族董会组织简章一份,提交本年四月二十六日本县第四次县政会议修政通过,理合备文缮呈江西省政府暨第二区专员公署请准备案施行外,相应检同一份函送贵会查照。

此致 万载县参议会

附函送本县名姓族董会组织简章一份县长刘。

县长刘

中华民国三十五年五月九日

事由:各姓族董会简章令发,仰遵照转饬所属各姓办理具报,仍将遵办情形及奉文日期报查由。

江西省万载县政府训令　　忠社字第3926号

令各乡镇公所

查本县各姓族董会前奉钧府民政厅二十二年令颁组织简则下县,当经抄发转饬名姓成立族董会在卷。溯自举办以来,对于协助政府推行政令颇有功效。惟查原颁组织简则多条编订颇多注重于当时防"匪"策划,盖与现时国家建设及地方情形,实有修改之必要。本县为整理人民团体,臻进地方自治起见,业经依照原简则并参考各项自治法令洎地方习惯,重拟族董会组织简章一份,提交本年四月二十六日本县第四次县政会议修政通过,理合备文缮呈江西省政府暨第二区督查专员公署核备外,合行印发简章一份,令仰该乡镇长即便转饬所属各姓族董会遵照办理,重新改选其尚未组织族董会者,并应依章赶速筹设,统限本年八月底以前一律改选成立,造具族董姓名、籍贯、年龄、履历名册呈报本府备案,并着由该管所负责督促办理具报,毋稍违延,仍将遵办情形及奉文日期报查为要!

此令!

计印发本县名姓族董会组织简章一份

① 档案残缺,修正族董会章程仅保存两条。

县长刘

中华民国三十五年七月九日

事由:据呈该县各姓族董会组织简章,请核准施行,令仰遵照由。

江西省政府指令　民三字第12884号

令万载县政府

本年五月四日呈一件:为拟订各姓族董会组织简则请核准施行由

呈悉,兹分示如次:

1. 民政厅前颁各姓族董会组织简则应予废止。

2. 该县所拟各姓族董会组织简则用意虽佳,惟地方自治推行之时,于乡保甲之外又另设类似自治组织之单位,恐有妨害乡保之自治工作,未便准行。

3. 各宗族团体于不抵触法令范围内,可继续存在,惟毋庸备案。

4. 凡专属于乡镇保甲职权以内之事务,各宗族团体只可依据法令协助推行,不能径自办理,仰即遵照。

此令!

主席王陵基

中华民国三十五年七月八日

事由: 呈复奉文日期,报请备查由。

决定办法:呈悉。七月二十九日

拟办:存查。七月十六日

万载县民权乡公所呈　校民字第3425号

案奉钧府忠社字第三九二六号训令略开:为重拟族董会简章一份,令仰该乡长转饬所属各姓族董会遵照办理,仍将遵办情形及奉文日期报查为要等因,印发本县各姓族董事会组织简章一份。奉此,除分电本乡所辖境内各姓族祠遵办外,理合将本月十日奉到是项令文日期备文报请钧长查核备查!

谨呈万载县政府县长刘

民权乡乡长袁友梅

民国三十五年七月十四日

事由: 呈复奉文日期,报请备查由。

决定办法:呈悉。七月二十三日

拟办:存查。七月十九日

万载县丁田乡乡公所呈　镇社字第199号

案奉钧府忠社字第三九二六号训令,以层峰江西省民政厅颁发各姓族董会组织简章,转饬遵照成立族董会等因,计发各姓族董会组织简章一份。奉此,自应转饬遵照。本所已于七月十日奉到，除转饬办理外，理合将奉文任期报请钧长鉴核备查！

谨呈万载县政府县长刘

民国三十五年七月十四日

事由：呈复奉文日期，报请备查由。

决定办法：呈悉。七月二十日

拟办：存查。七月二十六日

万载县人桥乡公所代电　敷民社字第376号

万载县政府县长刘钧鉴：本所七月十日奉到忠社字第三九二六号训令，经抄附录令布告晓谕本乡各姓族董会，并转令各保保长负责督促所属各姓族董会遵照办理具报矣，奉令前因，理合电请鉴核。

万载大桥乡乡长汪敷德

民国三十五年七月十二日

事由：为呈报各姓族董会务限八月底以前，遵令如期成立，恳请鉴核备查由。

万载县康乐镇公所呈　　慰一民字第九十六号

本年七月十日案奉钧府忠社字第三九二六号训令，为整理人民团体，臻进地方自治起见并参酌各项自治法法令重拟族董会，并应依章赶速筹设，统限本年八月底以前一律改选成立造具族董会姓名册呈报本府备案，仰该所负责督促办理具报等因。奉此，自应遵办，除通告各姓遵限如期成立族董会，并造具族董姓名、籍贯、年龄、履历名册经送钧府外，理合呈请钧长鉴核恳予备查！

谨呈万载县县长刘

万载县康乐镇镇长郭慰曾

中华民国三十五年七月二十六日

事由：为呈报奉文日期及办理情形乞鉴核由。

万载县柏树乡公所呈　　先杜字第1010号

案奉钧府忠社字第三九二六号训令尾开：以抄发各姓族董会组织简章一份，仰该乡长即便转饬所属各姓族董会遵照重新改选，其尚未组织董会者并依章赶速筹设，统限于本年八月底以前一律改选，成立造具族董姓名、籍贯、年龄、履历名册呈报本府备案，并着由该所负责督促办理具报，毋稍违延，仍将遵办情形及奉文日期报查为要等因。奉此，自应遵办。查是项公文业于本(六)月十一日奉到，除饬各姓遵限依照简章组织成立族董会，造具族董名册二份，以一份遵报钧府，以一份报所备查外，理合将办理情形及奉日期备文呈报钧长鉴核备查！

谨呈万载县县长刘

万载县柏树乡乡长陈梅开

民国三十五年七月十九日

万载县族姓联合会(1947 年)

事由:为族姓联合会筹备经过情形连同章程草案呈请核备由。

拟办:1. 派员监选。

2. 会员名册附卷。中华民国三十六年十月四日

万载县族姓联合会筹备会呈

案查本会前奉钧府批准组织,业将筹备经过情形连同章程草案,于九月十七日呈请核备在案,兹定于十月四日上午十时假社会服务处举行成立大会,通过章程选举职员,理合缮具会员名册一份,呈请钧府鉴核,届期并乞派员莅会监选,实为公便!

谨呈万载县县长郝

附呈会员名册一份

万载县族姓联合会筹备主任张立功

中华民国三十六年十月二日

万载县族姓联合会会员名册　三十六年十月二日

会员名称	种类	代表姓名
辛氏族董会	甲种	辛国济、辛安潮、辛世安
田下郭氏族董会	甲种	郭志中、郭如奎、郭尉曾
司背宋氏族董会	甲种	宋维新、宋思弘、宋韵笙
龙氏族董会	甲种	龙敷德、龙松韵、龙凤楼
张氏族董会	乙种	张立功、张志尧
汪氏族董会	乙种	汪丙炎、汪金林
易大宗祠	乙种	易斯立、易敬熙
双虹刘氏族董会	乙种	刘日新、刘士稼
彭氏族董会	乙种	彭奎、彭凡升
高氏族董会	乙种	高如桂、高巩盘
会员名称	种类	代表姓名
李氏族董会	乙种	李绍真、李云从
周氏族董会	乙种	周護汉、周寿昌
杨氏族董会	乙种	杨麓川、杨水生
唐氏族董会	丙种	唐秉璜
巢氏族董会	丙种	巢平厚
东门袁氏族董会	丙种	袁有光
胥氏族董会	丙种	胥性明
城南宋氏族董会	丙种	宋锡章

续表

会员名称	种类	代表姓名
潘氏族董会	丙种	潘鉴蘋
谢继宗祠	丙种	谢秉权
邓氏族董会	丙种	邓水云
鲍氏族董会	丙种	鲍超
柳氏族董会	丙种	柳少才
陈氏族董会	丙种	陈蕴岚
施氏族董会	丙种	施景和
孙氏族董会	丙种	孙家汉
竹渡闻氏族董会	乙种	闻清彝、闻树根
朱氏族董会	丙种	朱禄庭

事由:为族姓联合会筹备经过情形连同章程草案暨筹备员姓名略历册呈请鉴核备案由。

拟办:指复准予备案。中华民国三十六年十月一日

万载县族姓联合会筹备会呈

案奉钧府忠社字第一四六九七号批示准予组织族姓联合会等因,奉此当遵于九月十五日推定张立功等十七人为筹备员,互推张立功为主任,委员会成立筹备会并经简请社会科汪科长莅会指导,拟定章程草案。除一面征求会员外,理合将筹备经过情形连同章程草案暨筹备员姓名略历册一份备文呈请钧府鉴核备案。

附呈章程草案一份筹备员略历册一份

万载县族姓联合会筹备主任张立功

中华民国三十六年九月十九日

万载县族姓联合会章程草案

第一章　总纲

第一条　本会定名为万载县族姓联合会(简称万载族联会)

第二条　本会以团结宗族,发扬民族精神,促进地方自治及调解姓族间之纠纷为宗旨。

第三条　本会会址设于辛氏宗祠

第二章　会员

第三条　凡本县各姓族董会均得参加为本会会员

第五条　本会会员依各姓族董会之人数多寡,得分为甲种会员、乙种会、员丙种会员,由各姓族董会自由认定之。

第三章　组织

第六条　本会以会员代表大会为最高权力机关,在会员大会闭幕期间由理事会代行其职权。

第七条　本会设理事若干人,候补理事若干人,监事若干人,候补监事若干人,组织理

监事会,其人选由会员代表大会用不记名连计法选举之,但每个团体会员中出席二人者不得当选二人,出席三人者不得当选三人。

第八条　监事会互推常务监事一人,理事会互推常务理事五人,组织常务理事会。由常务理事中互推理事长一人,总理会务,理事长缺席时由常务理事中互推一人代理会务。

第九条　理事会设秘书一人,由理事会聘任之,受理事长之指挥办理公文之撰拟,收发款项之收支计算等事务。如遇事繁时,得添雇书记。

第十条　本会理监事任期均为二年,连选得连任。

第四章　职权

第十一条　本会会员代表大会之职权:

1. 通过本会章程
2. 选举理监事
3. 审议理事会之会务报告
4. 讨论理事会不能解决之问题
5. 决定经费预算
6. 其他重要事项之决定

第十二条　本会理事会之职权:

1. 对外代表本会,对内处理一切会务。
2. 召开会员代表大会
3. 执行会员代表大会决议及拟定各项有关地方自治事业计划。
4. 维护会员之法定利益,防止非法侵夺。
5. 受会员之请托,调解姓族间之纠纷。

第十三条　常务理事会之职权:

1. 执行理事会之决议
2. 经理日常事务
3. 召集理事会议

第十四条　监事会职权

1. 会务之考核
2. 财务之监督
3. 会员人格之审查
4. 理事违法之弹劾

第五章　会议

第十五条　本会会员代表大会每年举行一次,必要时经理事会议之决议,或会员过半数之提议,得临时召集之。

第十六条　本会理事会每半年举行会议一次,必要时经常务理事会议之决议,或理事过半数之提议,得临时召集之(监事会同)。

第十七条　本会常务理事每月开会一次,必要时得召集临时会议。

第十八条　本会候补理事得列席理事会会议，但仅可发言贡献意见，不能参与表决，遇理事离职时，得依次选补，其任期以补足前任理事之任期为限。

第六章　经费

第十九条　本会经费以下列各款充之：

1. 会员入会费（甲种暂定三万元，乙种暂定二万元，丙种暂定一万元）及常年费（甲种暂定三万元，乙种暂定二万元，丙种暂定一万元）。

2. 捐款

3. 基金利益

第七章　附则

第二十条　本章程依照社团组织之规定订定之。

第二十一条　本章程经会员代表大会通过后呈主管官署核准，施行修正时亦同。

万载县族姓联合会筹备员略历册　三十六年九月十八日

职别	姓名	性别	年龄	籍贯	经历	政治组织	通讯处
筹备主任	张立功	男	52	万载	龙河中学毕业，曾任第五师少校秘书，现任参议会秘书。	中国国民党党员	小北门张祠
筹备员	辛焕镒	男	52	万载	龙河中学毕业，曾任第一区署区长，现任志成中学教务主任。	中国国民党党员	大北门辛延顺祠
筹备员	郭志中	男	40	万载	龙河中学毕业，曾任县农会理监长，现任县参议员。	中国国民党党员	小南门信义行
筹备员	宋文纬	男	71	万载	江西法政门专门学校毕业，曾任湖北省法院推事。	中国国民党党员	司背宋宅
筹备员	王树阶	男	34	万载	龙河中学毕业，曾任科员计士指导员，现任县党部干事。	中国国民党党员	县党部
筹备员	陈源泉	男	56	万载	旧制中学毕业，现任文化服务社经理。	中国国民党党员	晨光书店
筹备员	汪国材	男	83	万载	师范专科毕业，曾任小学职教员，现任实验小学校长。	中国国民党党员	后街汪大祠
筹备员	龙敷德	男	40	万载	龙河中学毕业，曾任县党部干事，现任县党部干事。	中国国民党党员	县党部
筹备员	李金卿	男	42	万载	曾任警察局事务员	中国国民党党员	
筹备员	彭奎	男	40	万载	中央军校武汉教导队毕业，曾任连排长军事指导员。	/	梨花春巷彭家祠
筹备员	胥庭训	男	40	万载	初中毕业，曾任小学教员。	/	/
筹备员	巢平厚	男	35	万载	初中毕业，曾任上尉连长，现任江西保警处特务员。	中国国民党党员	下街永福隆

续表

职别	姓名	性别	年龄	籍贯	经历	政治组织	通讯处
筹备员	潘鉴蘋	男	41	万载	龙河中学毕业,曾任县政府科员,现任康乐镇副镇长	中国国民党党员	东门潘宅
筹备员	易定之	男	60	万载	现任炮业工会理事	/	王家山易大祠
筹备员	闻清彝	男	55	万载	宏文师范毕业,曾任黔省清毕路养路队队长,现任建设科技士。	中国国民党党员	西门德章福
筹备员	施景和	男	56	万载	高小毕业,曾任县党部候补执委安仁镇镇长,现任烟烛业理事。	中国国民党党员	下街福盛和

事由:据呈组织筹备会缮呈筹备员姓名履历表检同章程请核备等情,指复知照由。

江西省万载县政府指令 安社字第1266号

令万载县族姓联合会筹备会

本年九月十九日呈一件:为组织筹备会缮具筹备员姓名、履历表检同章程草案请核备由。呈件均悉,准予备查。

此令! 附件存

县长郝

中华民国三十六年十月十日

事由:为检同族姓联合会图模具文呈请钧府鉴核备案由。

拟办:准予备查。中华民国三十六年十一月廿八日

万载县族姓联合会呈

窃本会奉令批准组织,业于本月四日召开会员大会正式成立,选定职员通过章程。除将章程及选举结果另文呈报外,兹遵式刊就图记一颗,文曰:“万载县族姓联合会图记”,并于十月三十日启用,理合检同图模具文呈请钧府鉴核备案,实为公便!

中华民国三十六年十月三十日

事由:据呈遵式刊就图记检模请核备等请,指复准备查由。

江西省万载县政府指令 安社字第1360号

令族姓联合会

本年十月三十日呈一件:为遵式刊制本会图记检呈图模请核备由。

呈模均悉,准予备查。

此令! 图模存。

谨呈万载县县长郝

附呈图模式纸

万载县族姓联合会理事长张立功

中华民国三十六年十二月六日

事由:为本会选举结果连同章程备文呈报钧长鉴核备案由。

拟办:核备。中华民国三十六年十一月十八日

万载县族姓联合会呈:案查本会业于本月四日假社会服务处举行成立大会,通过章程选举职员,曾造具会员名册呈经钧府。蒙派汪科长莅会监选,当即以票选定张立功、辛国济、龙敷德、郭志中、高巩磐、彭凡升、宋维新、宋思弘、朱禄庭、杨麓川、郭如奎十一人为理事,易斯立、闻树根、周寿昌三人为候补理事,邓水云、汤克勋、鲍超三人为监事,陈源泉一人为候补监事。旋于本日下午三时开第一次理事会,推定张立功、辛国济、郭如奎三人为常务理事,并互推张立功为理事长。复于下午四时开第一次监事会,推定汤克勋为常务监事,分别记录在卷,理合将选举结果并缮同章程备文呈报钧长鉴核备案,实为公便!

谨呈万载县县长郝

附呈:本会章程一份

理监事名册一份

会员名册一份

万载县族姓联合会理事长张立功

中华民国三十六年十月三十日

万载县族姓联合会理监事职员名册　三十六年十月三日

职别	姓名	年龄	性别	籍贯	略历	住址
理事长	张立功	54	男	万载	现充本县参议会秘书	小北门内张祠
常务理事	辛国济	45	男	万载	现充本县商联会常务监事	集贤街石门楼
常务理事	郭如奎	48	男	万载	曾任本县社会科长	小北门外郭宅
理事	龙敷德	42	男	万载	现充县参议会参议、县党部执行委员。	社会服务处
理事	郭志中	40	男	万载	现充农会理事及县参议	小南门信义行
理事	高巩磐	46	男	万载	现任县农会秘书	梨花春巷县立银行
理事	彭凡升	50	男	万载	现任参议会干事	参议会
理事	宋维新	42	男	万载	现任本县军事科长	东门外巢宅
理事	宋思弘	52	男	万载	现任县政府秘书	本县司背
理事	朱禄庭	44	男	万载	现充县商会理事	王家山万义炉
理事	杨麓川	42	男	万载	现任参议会会计	参议会
候补理事	易斯立	58	男	万载	历任小学校长	潭埠火天坳
候补理事	周树根	38	男	万载	曾任励进乡副乡长	东门

续表

职别	姓名	年龄	性别	籍贯	略历	住址
候补理事	周寿昌	45	男	万载	现任县会事务员	务前街介昌号
常务监事	汤克勋	46	男	万载	现任县参议员	参议会
监事	邓水云	52	男	万载	现任爆业公司理事	九仙塘邓祠
监事	鲍超	48	男	万载	历充小学校长	东门健行转运栈
候补监事	陈源泉	56	男	万载	文化服务社经理	集贤街晨光书店

万载县族姓联合会成立大会会员名册　三十六年十月三十日

会员名称	种类	代表姓名	会员名称	种类	代表姓名
辛氏族董会	甲	辛国济 、辛安潮、辛安世	易大宗祠	乙	易私立、易熙敬
田下郭氏族董会	甲	郭志中、郭如奎、郭慰曾	周氏族董会	乙	周寿昌、周观化
司背宋氏族董会	甲	宋维新、宋思弘、宋韵笙	竹渡闻氏宗祠	乙	闻清彝、闻树根
龙氏族董会	甲	龙敷德、龙松韵、龙凤楼	汪氏族董会	乙	汪丙炎、汪金林
张氏族董会	乙	张立功、张志克	双虹刘氏族董会	乙	刘日新、刘士稼
彭氏族董会	乙	彭奎、彭凡升	李氏族董会	乙	李绍真、李运从
高氏族董会	乙	高如桂、高巩磐	城南宋氏族董会	丙	宋锡章
杨氏族董会	乙	杨麓川、杨水生	唐氏族董会	丙	唐秉璜
巢氏族董会	丙	巢平厚	孙氏族董会	丙	孙家汉
东门袁氏族董会	丙	袁有光	汤氏族董会	丙	汤克勋
胥氏族董会	丙	胥性明	邹氏族董会	丙	邹良才
潘氏族董会	丙	潘鉴蘋	胡氏族董会	丙	胡成章
谢继宗祠	丙	谢秉权	王氏族董会	丙	王志沂
朱氏族董会	丙	朱禄庭	桥墩郭氏族董会	丙	郭绍仪
邓氏族董会	丙	邓水云	欧阳氏族董会	丙	欧阳光汉、欧阳凝深
鲍氏族董会	丙	鲍超	施氏族董会	丙	施景和
柳氏族董会	丙	柳少才	陈氏族董会	丙	陈源泉

事由：据呈举行成立大会，选举职员造具章程及职员名册请核备等情，指复准备查由。

江西省万载县政府令 安社字第1361号

令族姓联合会

本年十月三十日呈一件：为举行成立大会选举职员造县章程及职员名册请核备由。

呈件均悉，准予备查。

此令！附件均存。

县长郝

中华民国三十六年十二月六日

万载县白良乡族姓联合会

事由:呈为发起组织族姓联合会,以联络各姓友好、消弭地方摩擦,恳请准予组织,伏乞指令祇遵出。

拟办:该乡族姓自动联合,以谋自治,期达宪政,殊堪嘉尚,准备查。中华民国三十七年四月十二日

万载县白良乡族姓联合会呈 联会总字第001号

窃民等以白良乡姓氏复杂畛域深存,而姓族之由来,亦各有其历史,不易融合,且大小共处,强弱共邻,往来发生争执,引起姓氏纠纷,因而影响地方安全,为病匪鲜,况值兹戡乱建国时期,且妨奸匪潜入。民等有鉴于此,特邀请各姓氏族董主任及优秀分子发起组织白良乡族姓联合会,旨以联合各姓互为友好,举凡乡里之争执,族姓之纠纷,彼此互相调解,互相妥协,达到守望相助、出入相友之古训,一德一心,养成自治之风,以期达到宪政之治,为此备文呈请。

谨呈万载县长郝

附呈族姓联合会缘起一份

发起人:伍葆元、黄新盛、汪翼鹏、黎民望、黄厥中、李士良、李蕴文、巫龙章、李本寿、廖廉溪、孙任生、王浩、朱凌云、秦述易、凌灿华、敖致中、李云从、童彭年、凌敬生

中华民国三十七年四月二日

万载县白良乡族姓联合会缘起

国父倡导三民主义,领导全民革命。首曰民族,次曰民权,再次曰民生。推本其原,原以民族者基于宗族之构成,宗族者基于家庭之结合,故三民主义之中心思想以民族为经,民权为纬,民生为其目的,即征诸史乘吾国宗族之成长,肇于唐虞而盛于周。故五千年来中华民族虽经历代兴废,政变反复,而宗族社会之风随世成长,此故自然力之构成,亦即民族之美德也。今者大战方酣,内乱频仍,吾人更应共体时艰,力加团结,以宗族之观念,推而为氏姓之联合,固自步尊之理想扩而为共同团结之风,各系友好各联族宗谊,以达出入相友守望相助之力旨,庶几闾阎和悦,乡里咸宜,务希仁人君子共体斯义,力加倡导,则其济于宪政之治亦不遥矣,是为启。

发起人:汪翼鹏、黎民望、黄厥中、李士良、李蕴文、伍葆元、黄新盛、巫龙章、李本寿、廖廉溪、孙任生、王浩、朱凌云、秦述易、凌灿华、敖致中、李云从、童彭年、凌敬生、钟麟趾

事由:据呈组织白良乡族姓合会请许可等情批示知照由

江西省万载县政府批 安社字第4106号

具呈人:白良县族姓合会发起人王翼鹏等

呈一件:为发起组织白良乡族姓联合会请察核许可由。

呈件均悉。仍仰依照人民团体组织法组织再行报核。

此批！附件存。

中华民国三十七年四月十七日

事由:为依法组织族姓联合会选举理监事,恳乞派员莅会指导由。

拟办:准予备查,仍将选举结果造具理监事姓名履历册报府备查。中华民国三十七年六月

万载县白良乡族姓联合会呈

本年四月二十八日,奉钧府安一社字第零四一零六号批示:为具呈人白良乡族姓联合会发起人汪翼鹏等呈一件:为发起组织白良乡族姓联合会请察核许可由。

呈件均悉,仍仰依照人民团体组织法组织再行报核此批等谕。奉此,遵依法组织并造具族姓联合会章规及会员名册各一份呈请鉴核。择于七月一日上午十时假敖大祠开成立大会,组织理监事,届时恳请钧府前期派员莅会指导,俾资遵循,实为德便!

谨呈万载县长郝

附呈族姓联合会章规及会员名册各一份

白良乡族姓联合会筹备员:王翼鹏、黎民望、王浩、朱凌云、敖致中、黄厥中、凌灿华 李云从

中华民国三十七年六月

万载县白良乡族姓联合会会员名册　民国三十七年

姓族别	代表姓名	别号	年龄	职业	略历
李氏族董会	李云从	/	46	学	龙河中学毕业
	李蕴文	穷天	38	政	县立中学毕业
	李本寿	/	40	/	/
	李士良	/	28	/	志成中学毕业
敖氏族董会	敖致中	/	48	/	前省立第五师范毕业
	敖致德	/	44	/	龙云中学毕业
	敖德胜	/	30	/	/
	敖成福	/	28	/	龙云中学毕业

续表

姓族别	代表姓名	别号	年龄	职业	略历
凌氏族董会	凌灿华	耀中	29	政	江西省立武宁高师毕业，曾任各乡中小教员、校长、县府科员等职。
	凌敬生	凡恭	35	政	江西省私立农用学校毕业，曾任万载县政府科员、指导员。
童氏族董会	童彭年	／	47	／	尊美小学毕业
朱氏族董会	朱凌云	业勋	41	军	中央军校毕业，曾任排运营长等职。
	朱生吾		40	商	／
王氏族董会	王浩	／	44	军	广东第三军军官学校毕业，曾任排运营长等职。
	王财元	／	33	商	／
巫氏族董会	巫龙章	彦臣	50	政	东洲中学旧制毕业
	巫海涛	／	56	／	／
黎氏族董会	黎民望	泽乡	54	学	东洲旧址中学毕业
黄氏族董会	黄厥中	道轩	45	学	东洲旧址中学毕业
	黄新盛	／	35	／	／
钟氏族董会	钟所凤	德汗	40	／	／
秦氏族董会	秦述易	／	30	学	贻哲高小毕业，曾充保学教员、保长。
廖氏族董会	廖廉溪	／	40	学	龙河中学毕业，曾充校长到等职。
伍氏族董会	伍葆元	／	31	军	中央军校毕业，曾充机连队长等职。
张氏族董会	张清文	／	38	军	县训所毕业，曾充保长。
辛氏族董会	辛济世	／	28	学	志成中学毕业
孙氏族董会	孙任生	／	30	学	贻哲高小毕业，曾任教员保长等职。
曹氏族董会	曹仁初	／	58	／	／
曾氏族董会	曾春英	／	40	农	／
蓝氏族董会	蓝福林	／	41	工	／
谢氏族董会	谢寅芳	／	38	农	／
刘氏族董会	刘升凤	／	30	学	全五高小毕业，曾任保学教员校长等职。
	刘德寿	／	54	农	／
彭氏族董会	彭茂松	／	39	商	／
袁氏族董会	袁劲章	／	30	学	全五高小毕业，曾任保学教员校长等职。
周氏族董会	周柱德	／	54	商	／
喻氏族董会	喻任生	／	32	商	／
钱氏族董会	钱竹茂	／	36	学	贻哲高小毕业，曾任教员保长代表
汪氏族董会	汪翼鹏	／	49	／	龙河中学毕业
	汪宏赏	／	41	／	／

万载县白良乡族姓联合会章规

第1章　总纲

第一条　本会定名为万载县白良乡族姓联合会

第二条　本会以团结宗族、发扬民族精神、促进地方自治、实现宪政、防止奸匪潜入，

及调解姓族间之纠纷为宗旨。

第三条　本会会址设于白良乡敖氏宗祠内

第2章　会员

第四条　凡白良乡各姓族董会人士均得参加为本会会员

第五条　本会会员由各姓族董会人士分别自由参加

第3章　组织

第六条　本会以会员代表大会为最高权威机关，在会员代表大会闭幕时由理事会代表职权。

第七条　本会设理事十一人，候补理事三人，监事三人，候补监事一人组织理监事会，其人选由会员代表大会用不记名连计法选举之，但每个团体会员中出席二人者不得当选二人，出席三人者不得当选三人。

第八条　监事会互推常务监事一人，理事会互推常务理事三人组织常务理事会，常务理事会中互推理事长一人，总理会务。理事长缺席时，由常务理事中互推一人代理会务。

第九条　理事会设秘书一人，由理事会聘任之，受理事长之指导办理公文之拟撰收发款项之收支等，如遇事繁得添雇书记一人。

第十条　本会理监事任期为二年，连选得连任

第4章　职权

第十一条　本会会员代表大会之职权如下：

1. 通过本会章程
2. 选举理监事
3. 审议理事会之会议报告
4. 讨论理事会不能解决之问题
5. 决定日常预算
6. 其他重要事项之决定

第十二条　本会理事会之职权如下：

1. 对外代表大会，对内处理一切事务
2. 召集会员代表大会
3. 执行会员代表大会之决议及拟定各项有关自治事业族姓利益等计划
4. 维持会员之法定利益，防止非法侵夺
5. 受会员之请托，调解姓族间之纠纷等。

第十三条　常务理事会之职权如下：

1. 执行理事会之决议

2. 经理日常事务

3. 召集理事会议。

第十四条　监事会之职权如下：

1. 会务之改核

2. 财务之监督

3. 会员资格之审查

4. 理事违法之弹劾。

第十五条　本会会员代表大会每年举行一次，必要时经理事会议之决定或会员过半数之提议得临时召集之。

第十六条　本会理事会每年三个月举行一次，必要时经常务理事会议之决议或理事过半数之提议得临时召集之（监事会同）。

第十七条　本会常务理事会每年举行一次，必要得召集临时会议。

第十八条　本会候补理事得列席候补理事会议，但仅能发言贡献意见，不能参与表决，遇理事离职时得依缺替补，其任期以补足前任理事之任期为限（候补监事同）。

第5章　经费

第十九条　本会经费以下列各款项充之：

1. 会员入会费每员暂定稻谷一市担作为基金

2. 其他捐款自由认定

3. 基金利益

4. 组织基金管理员会，暂定委员七人，其人选由会员大会提名，经理事会之通过方得有效。

第二十条　基金管理委员会之职权：

1. 基金之收集及保管

2. 基金利益之维持

3. 捐款之筹集

4. 其他临时经费之收集等

第6章　附则

第二十一条　本章规依照社团组织法之规定订定之

第二十二条　木章规经会员代表大会通过后呈主管官署核准施行，修正时亦同。

事由：为汇呈选举结果连同理监事名册、成立会记录及印监各一份送请鉴核，伏乞指令祇遵由。

万载县白良乡族姓联合会呈云总字第1号

钧府本年六月安一社字第号批示：以本会组织合法，准予备查，仍将选举结果连同当选理监事姓名履历册报府查核等因，奉此遵于前月十四日召开成立大会选举理监事，并刊刻图记长戳各一颗，业于前月十八日启用，奉令前因，理合缮具理监事名册成立会记录并检同选举票及印鉴等各一份随呈送请鉴核准予备案，伏乞指令祇遵！

谨呈万载县县长郝

附理监事名册成立会记录印鉴各一份　选举票七十八张

万载县白良乡族姓联合会理事长李云从　敖致中　黎民望　王浩　汪翼鹏

中华民国三十七年九月十日

批文：准予备查。惟所刊图记，依照人民团体组织法之规定不合，应另刊呈核。原呈图模发还。

中华民国三十七年九月二十四日

万载县白良乡族姓联合会理监事一览表

理监事	姓名	别号	年龄	职业	略历
理事长	李云从	／	46	学	龙河中学毕业
常务理事	王浩	开堂	44	军	广东第三军军官学校毕业，曾充排连营长等职。
常务理事	汪翼鹏	／	49	商	龙河中学毕业
常务理事	敖致中	／	46	学	前省立第五师范毕业
常务理事	黎民望	泽乡	38	医	东洲中学旧制毕业
理事	黄厥中	道轩	42	学	东洲中学旧制毕业，历任小学校长、教员等职。
理事	凌灿华	耀中	29	政	江西省立武宁师范高师部毕业，曾任各中小教员校长、县府科员等职。
理事	伍葆元	／	31	军	中央军校毕业，曾任桃连队长等职
理事	巫海涛	／	46	商	存真高小毕业
理事	李士良	／	28	政	志成高中毕业
理事	辛济世	／	28	学	贻哲高小毕业
候补理事	孙任生	／	30	学	志成中学毕业，曾任教员保长等职。
候补理事	汪戬谷	／	41	学	志成中学毕业
候补理事	敖德胜	／	30	农	贻哲中学毕业
常务监事	朱凌云	／	42	军	中央军校毕业，曾任排连营长等职。
监事	童彭年	／	47	学	东洲中学毕业
监事	廖廉溪	／	40	学	龙河中学毕业
监事	钱球伟	／	38	农	历任地方公益
监事	彭定国	柱林	28	商	乡中小高级部毕业
候补监事	秦述易	／	30	学	贻哲高小毕业，曾任保学教员保等职。

万载县白良乡族姓联合会成立大会会议记录

时间:民国三十七年八月十四日上午十时

地点:白良敖大祠

出席会员:共三十九人

临时主席:王浩　记录:黎民望

甲　报告事项

主席报告筹备及呈准立案经过情形

乙　讨论事项

本会业已奉准备案,应如何选定理监事造具名册呈请县府鉴核案

决议:

1. 照章选举理事十一人,候补理事三人。

2. 原章规定监事三人,候补监事一人,经此次大会修正通过改为监事五人,候补监事一人。

3. 票选理事结果计王浩、李云从各得二十九票,黄厥中、敖致中、黎民望各得二十七票,凌灿华、伍葆元各得二十五票,巫海涛得二十三票,李士良、汪翼鹏各得二十二票,辛济世得二十一票,以上十一人当选为理事,孙任生得十七票,汪戬谷得十六票,敖德胜得十四票,以上三人为候补理事。

4. 票选监事结果计朱凌云、童彭年各得三十票,廖濂溪得二十九票,钱球伟得二十六票,彭定国得二十四票,以上五人当选为监事。秦述易得十三票当选为候补监事。

丙　会散

江西省万载县政府指令安社字第7385号

令白良乡族姓联合会

本年九月十日呈一件:呈报选举结果,造具理监事名册检同选票图模会议录等件,请核备由。

呈件均悉,查检呈图模与人民团体图记刊发规则之规定不合,应予另刊。兹抄发图式一份,仰即遵照办理,仍检图模呈核,大体尚无不合,准予备查。

计发还图模一份、检发图式一份

此令! 附件存

县长郝

中华民国十七年九月二十八日

江西省各县筹措保学经费办法

（一）清理各地方公学款产，实施重新丈量，重定租值，取消承包，缴验簿据，动产悉存殷实商店，以杜不尽不实，于中取利之弊。

（二）各姓祠产及会馆款产，提拨百分之六十充保学经费。

（三）会馆款产之提拨，除去其应纳捐税及正常用途外，其余至少应提拨百分之六十，充保学经费。

（四）孔庙财产及其他祠庙财产之收益，除去原有正当用途外，尽先拨充保学经费。

（五）寺庙财产，如由政府机关管理，或由地方团体管理，或由私人建立并管理者，亦比照公款公产提拨办法提拨为保学经费。

（六）学款学产，即如数收回，拨作保学经费。

（七）绅富乐捐，按照捐助多寡，由保学委员会呈请政府，依照本省捐资兴学褒奖规程分别褒奖。

（八）富力分担。

江西省各县清查公款公产暂行办法

第二条：本办法所指公款公产，除法令别有规定外，凡以一县或一区一保公共力量捐募筹集孳生之动产，及以一县或一区一保公共力量捐募购置之不动产，无业主之荒山、荒田、荒地均属之。

第三条：各县应设立地方公款公产清查委员会，办理一切清查事宜。

第七条：各县地方公款公产清查委员会组织成立后，应呈报省政府，就财政、教育两厅指派人员督同办理。

第八条：各县应于本府派员到达之日起，三个月内将所有县有区有保有公款公产逐项清查完竣，分别造册登记，并汇填祥表三份，由县政府呈送专员公署分别存转备案。

第九条：各区长、保联主任、保甲长遇清查时，均应随时协助。

第十条：清查期内如发现公款公产田地承佃人已取得永佃权，而以所佃之田地转佃者，应即公告取消，另行招佃。

第十一条：清查期内如发现欠缴田地或房屋租金达一年以上者，应呈报县政府追缴，并取消其佃权租权，另佃另租。

第十二条：清查期内，凡田地或房屋或存款，其租率息率尚系远年所定者，应按照时价酌量增加。

第十三条:清查完竣以后,凡承佃承租承借人如未缴纳保证金,或无负债保证人者,均应重新缴纳相当保证金,或觅具负责保证人。

第十五条:本办法实施时,如有反抗或把持者,得呈报省政府从严惩办。

第十六条:地方行政人员办理清查成绩之奖惩,列入考成案内办理。

江西省劝勉寺庙祠会捐拨财产充作国民学校基金办法

第一条:本办法依照修正保国民学校及乡镇中心国民学校基金筹集办法第八条之规定订定之。

第二条:各县市劝勉寺庙捐资兴学,依照监督寺庙条例及寺庙兴办公益慈善事业实施办法办理之。寺庙财产在监督寺庙条例公布前已拨充教育经费者,照旧维持,监督寺庙条例后寺庙财产充办公益事业之经费,应着重地方教育事业之扩充。

第三条:荒废寺庙财产,应劝勉所属之教会决议尽量拨充当地国民学校基金,其无所属之教会者,由县政府径自处分之。

第四条:由私人建立并管业之寺庙,应劝勉捐拨财产充作该捐助人指定之国民学校基金。

第五条:淫祀寺庙财产,应劝勉全部拨充当地国民学校基金。

第六条:先哲先烈祠庙财产,其每年收益,除依先哲先烈祠庙财产保管规则第八条之规定划拨十分之二至十分之四为祭祀经费,其原有住持僧道者,并拨给相当生活费用外,应依同规则第五条之规定,尽先拨充当地国民学校基金。

第七条:先哲先烈祠庙财产系由私人捐置或由私人共同募置者,应劝勉依照前条之规定捐拨充作捐助人指定之国民学校基金。

第八条:族姓祠产应劝勉捐拨充作该族姓指定之国民学校基金,但其财产已自行指定用于教育事业达百分之五十者不得再劝勉。

第九条:文昌会、宾兴会、采芹会、义学会等属于教育性质之会产,除已清理用于教育用途者外,应劝勉全部捐拨充作各该会指定之国民学校基金。

第十条:冬至会、清明会、蒸尝会及其他各种祭祀会产应劝勉捐拨充作各该会指定之国民学校基金。

各姓族董会篇

万载县丁氏族董会(1933年)

万载县政府训令　民字第224号

令各区区长

为令遵事:案奉江西民政厅训令,据武宁县长宋屏呈拟各姓族董会简章及月报表式呈请核准备案等情云云至,仍将办理情形具报备查,此令等因。计检发修正各姓族董会简章暨月报表式各一份。奉此除分行外,合行抄发简章暨月报表式,令仰该区长即便遵照转饬所辖区内各姓族董遵照试办,仍将办理形具报以凭核转。

此令!

计抄发修正各姓族董会简章暨月报表式各一份

县长周

民国二十二年九月二十五日

事由:呈为呈请备案并颁发图记由。

拟办:一科核办。中华民国二十三年四月十四日

呈为呈请备案并颁发图记事:案查本月十一日丁氏第一次全族大会。讨论本姓族董会应如何产生,案决议公推族长耀华为当然族董,耀庭、诚承、祁承、毅亮、明兴、增煌、赞化、耀林、甫元、庆伦为族董,互推耀庭为主任。间山、龙家江二支一时难能查明人选,容后推举等语,记录在卷,除通告暨分函外,合理造具履历表呈请均长鉴核备案,并颁发图记,至为公便!

谨呈万载县县长周

万载县丁氏族董会族长丁耀华、主任丁耀庭(押)

附呈丁氏族董会职员履历表一份

中华民国二十三年四月十四日

万载县丁氏族董会职员履历表

职别	姓名	年龄	籍贯	资历
族长	丁耀华	30	上店仔	丁泰辉祠各房维持会会长
主任	丁耀庭	31	桥上	前万安县科长及代理县长
族董	丁诚承	73	老屋里	前丁济文祠首士
族董	丁祁承	65	篾坑	／
族董	丁毅亮	42	简家隈	龙冈高小毕业
族董	丁明兴	51	垴上	丁兴魁祠首上
族董	丁曾煌	65	桂竹坡	丁泰辉祠维持会组长
族董	丁赞化	39	下背	龙冈高小毕业
族董	丁耀林	56	芳木山	丁济文祠首事
族董	丁甫元	43	坩下庵	黄茅明字乡保长
族董	丁庆伦	62	池下	丁添公祠监事主任

万载县政府指令民字第10345号

令丁氏族董会族长丁耀华

呈一件:为组织族董会造具职员履历表恳请查核备案并乞颁发图记由

呈表均悉,据呈组织族董会,应予备案,并准刊发图记,以资信守,仰即措备刊费,来府具领可也。

此令！履历表存。

县长周

中华民国二十三年四月十八

事由:为遵令措备刊费,请准予领取图记由。

呈为遵令措备刊费具领图记事:案奉均府民字第10345号指令内开:呈表均悉。据呈组织族董会应予备案,并准刊发图记,以资信守,仰即措备刊费来府具领可也,此令,履历表存等因奉此,遵即措备刊费理合呈请钧长鉴核准予前来领取,至为公便!

谨呈万载县县长周

万载县丁氏族董会族长丁耀华

中华民国二十三年五月二日

万载县政府指令民字第10623号

令万载县丁氏族董会族长丁耀华

呈一件:为遵令措备刊费请领图记以便启用由。

呈悉,查该会图记,现经本府刊就,据呈前情,令行检发。仰即查收启用,并将启用日期具报备查为要!

此令! 附发图记一颗

县长周

中华民国二十三年五月

事由:呈报启用图记附呈图模,恳请察核备案由。

拟办:准予备案。民国二十三年五月九日

案奉钧府颁发木质图记一颗,文曰:万载县丁氏族董会图记等因,奉此遵即启用,理合将图模一纸,呈送钧长鉴核备案,至为公便!

谨呈万载县县长周

附呈丁氏族董会图模一纸

万载县丁氏族董会族长丁耀华

中华民国二十三年五月三日

万载县政府指令民字第10800号　　民国二三年五月十五日缮

令丁氏族董会丁耀华

呈一件:呈为启用图记附呈图模恳请鉴核备案由

呈及图模均呈,应准予备案。

此令!

中华民国二十三年五月十一日

万载县政府训令　　民字第10907号

令各区区长

查各姓族董会,前奉江西省民政厅检发简章及月报表氏,饬即转饬试办等因。当经本府于上年十月三一日以民字第二二四号训令饬遵照办在案。乃为时数月,而各区长尚未遵办具报,殊属玩延。今再重申前令,仰该区长即便遵照,于文到十日内负责督促该区各姓族董会,一律组织成立,并造具各姓族董会主任及族董姓名履历表,呈府备查,事关要政,毋再玩延,致干严议,切切!

此令!

县长周

中华民国二十三年五月十三

万载县第四区戴氏族董会(1934年)

事由:呈请恩予组织戴氏族董会,请委任戴安道为主任由。

拟办:呈悉。仰依照修正各姓族董会简章,推举族董九人至十三人,正式组织族董会,选具各族董姓名、籍贯、年岁、履历清册二份。呈由该管区公所转呈本府查核备案,所请组织维持族董会,加委戴安道为主任一节,核与规章不符,未便照准,着即知照。此批!民国二三年六月三日

呈为民族消亡瞬在旦夕,恳请钧长俯允下情,恩予组织戴氏维持族董会,挽救劫后余生事。窃民族先人建祠庙于万载四区东溪玉泉乡,后裔三十一世矣。……

幸蒙钧长收复民乡地塅,斩除荆棘,民亦得回居故里。祠中一切之田契字约,根基殆尽,所有山场田亩,四方且有租产,尚属不少无人支持,成为散沙,原来经手之人,尽行丧亡,族民亦留无几,祠章已绝,完全俟此后成立。民等有鉴于此,于本月十八日召集全族人等开会讨论一切,维持急危劫后残,另及祠庙田产租息,以资统系,完粮纳税有人负责,组织戴氏维持族董会,议定主任一名,董事四人负责维持。当即推定族绅安道为主任,得贻、星崇、春熙、德硕四人为董事,救全先人之汗血精华。自戴稼祠起,所有田产山场坐落都图地名,调查田亩数目以及死亡丁口,俟由该会调查详细呈请钧长查核,以便另立契据,完粮纳税,有根查考,以免遗失土地而免争斗纠葛节制,民族之花耗租息有人负责维特,恩全一族之统系。为此经过情由备文呈恳钧长查核恩予组织,恳准委任戴安道为戴氏族董会主任,以专责成、民族之兴亡在此一举,不胜迫叩,全族感恩待命之至。

谨呈万载县政府县长

戴族代表:戴希贤、戴天、戴东元、戴德祥、戴德集、戴永锡、戴德茂、戴茂苟、戴禄孙

中华民国二十三年六月二十日

万载县政府批第16795号

批戴氏代表戴希贤等

呈一件:为呈请恩予组织戴氏维持族董会,请委安道为主任由。

拟办:呈悉,仰依照修正各姓族董会简章,推举族董九人至十三人,正式组织族董会,造具各族董姓名、籍贯、年龄、履历清册二份,呈由该管区办事处转呈本府察核备案,所请组织维持族董会,加委戴安道为主任一节,核与定章不符,未便照准,着即知照。

此批!

中华民国二十三年七月十一日

事由：为组织戴氏族董会，请委任戴安道为主任由。

呈为呈请恳钧长俯允察核准予备案，给发委任以昭慎重而救民族劫后事。民等奉令组织戴氏族董会，于本月二十日一再召集族民，在大桥开会，当即推定戴德贻、戴冬元、戴礼保、戴有道四人为民族族董。该四人等素呼众望，族中颂扬，并无一切不正之事，又推举戴安道为族董会主任。查安道系江西公立洪都高级中学毕业，品格端正，关心民瘼，精明强干，公平正直，民族无不拥戴，挽救民族之危亡，劫后余生。……祠庙被烧毁尽，田契字约及族谱等扫地无遗，几乎而亡族矣！欣遇钧长明令恩予组织戴氏族董会，维持将来一切事宜。为此，将开会推举一切经过情形，备文呈请钧长，俯准查核，准予备案，恳请委任戴安道为戴氏族董会主任，以昭慎重而负责成，不胜迫叩，感恩待命之至！

谨呈万载县政府县主席周

戴氏民众代表：戴希贤、戴大全、戴大淦、戴德耀、戴德风、戴子恒、戴金生、戴德奎、戴天

中华民国二十三年七月二十一日

戴氏族董会履历表　中华民国二十三年七月二十日

职别	姓名	年龄	籍贯	出身	经历	住址
主任	戴安道	32	万载	学	江西公立洪都中学毕业	大桥
族董	戴德贻	45	万载	商	现四区第五联保保长	东溪玉泉乡
族董	戴冬元	28	万载	商	现四区第五联保书记	大桥
族董	戴礼保	47	万载	农	戴祠首士	东溪玉泉乡
族董	戴有道	34	万载	学	戴祠总管	东溪玉泉乡

万载县政府批民字第12192号

批戴氏民众代表戴希贤等

呈一件：为组织戴氏族董会，恳请委任，以慎重由。

悉呈，仍仰遵照本府前次批示，推举族董九人至十三人，呈由该管区办公交转呈本府核委可也。

此批！

县长周

中华民国二十三年

事由：呈报成立族董会，恳请准予备案加委委任，颁发图记由。

呈为呈报成立族董会恳请准予备案，加给委任颁发图记事。窃定邦遵照法定创立族董会，承合族推举定邦为族董会主任，推举大兴、仁兴、春熙、德兴、德善、永澄、元吉为族董

会董事,业经八月十二日开会成立,并呈请第三区之办公处核准在案,择定地址开始办公,依照法定手续按章办理外,理合备文呈请钧长俯赐察核照准备案,并予加给委任以专责成,颁发图记,以照信守,发给章程,以资办理,实为公便!

谨呈万载县政府县长周

具呈人:玉泉乡戴氏族董会主任戴定邦、董事戴大兴、戴仁兴、戴春熙、戴德兴、戴德善、戴永澄、戴元吉

中华民国二十三年八月二十四日

万载县政府批　　民字第12592号

批玉泉乡戴氏族董会主任戴定邦等

呈一件:为呈报成立族董会恳请备案加委并颁发图记以资信守由

呈悉。仰将推定各族董年龄、籍贯、职业、住址造具清册二份,该呈由管区办公处转呈核夺!

此批!

县长周

中华民国二十三年八月十八日

万载县第四区大桥曾氏族董会(1934年)

事由:呈为遵章组织族董会,仰祈鉴核准予备案,并颁发图记简章,加给委任,以专责成事。

窃民族曾国权等于七月一日召集合族会议,依照组织法投票,选定曾星谐、曾文魁、曾济吉、曾日华、曾有章、曾道贯、曾少枢、曾挺公、曾光斐、曾振家、曾国权、曾伟铭、曾启鳞等十三名为族董,同时由族董内推举曾振家为主任,并造具履历表册二份随文呈送钧府鉴核俯赐准予备案,并颁发图记简章加给委任以专责成,实为公便!

谨呈万载县政府县长周　勋鉴

族董会筹备员:曾国权、曾拜飏、曾亮东、曾振家、曾济吉、曾木欣

中华民国二十三年七月

万载大桥曾氏族董会族董履历一览表

姓名	年龄	籍贯	出身	经历
曾新谐	40	万载大竹山	学	东洲中学毕业曾充秀群学校校长
曾文魁	32	万载潭埠	学	东洲中学毕业
曾济吉	42	万载礌头	学	体仁学校毕业，曾充龙潭中学学校校长。
曾日华	34	万载袁家塅	学	体仁学校毕业，东洲中学毕业。
曾有章	50	万载潭口	学	东洲中学毕业
曾道贯	33	万载礌下	学	新昌中学毕业
曾少枢	36	万载马下	学	体仁学校毕业
曾挺松	36	万载西坑	学	东洲中学校毕业，曾充上高区立学校教员。
曾光斐	38	万载高村	学	东洲中学毕业
曾振家	34	万载白良燕子塘	学	江西省立八中毕业曾充分宜县立三小学校及上高区立小学教员
曾国权	48	万载老鸦石	学	北京国立大学毕业，现充江西教育厅编辑所主任。
曾伟铭	56	万载曾家湾	学	前清国学生
曾启鳞	64	万载株谭	学	前清监生

批曾氏族董会筹备员曾亮东等

呈一件：为遵章组织族董会造具各族董履历表乞鉴核备案，并恳颁发图记简章加给委任等责备由。

拟办：呈表均悉，所呈由该管区办公处转呈本府核夺，以符定章，而昭划一。所请暂毋庸议，着即知照！

此批！

中华民国二十三年七月十七日

万载县第一区田下郭氏族董会（1934年）

事由：为成立族董会恳请修案由。

拟办：仍仰呈由该区办公室转呈核办以明统系，而昭划一。

呈为呈请核准备案事：窃属族前奉钧令组织族董会一案，曾于本年六月六日召集全族士绅开会提议产生办法，即经决议当祠推定族董十三人，互推主任一人（姓名另详履历表），其原有族长郭严仍推为当然董事，记录在卷。谨于七月二十七日正式成立，开始办公，理合将遵办情形，并造具族董履历表一份，一并随文呈请钧府俯准备案，颁发图记，俾资遵循，以重功令，深为族便。再查本县属族同姓不宗共有数处，依照历来谱载，原称万载田下郭氏族谱云云，兹仍旧式名称以资识别，合并呈明。

谨呈万载县县长周

附造呈族董履历表一份

万载田下郭氏族主任郭怀准

中华民国二十三年八月

万载田下郭氏族董会族董姓名履历表

职别	姓名	年龄	籍贯	经历
族董会主任	郭怀准	29	万载	曾任县财务委员会委员长、县农民团体指导员兼主任，现任养正小学校校长、清乡善后委员会委员。
当然董事	郭严	69	万载	前清附生曾任民粹中学教务主任
董事	郭鸿棋	49	万载	现任县政府常务委员、财政委员会出纳主任
董事	郭志宏	48	万载	曾任县政府交际员、公安局稽查长、金溪县巡官
董事	郭熙芬	42	万载	曾任县商会常务委员，现任第一区办公处会计。
董事	郭致中	47	万载	江西法政毕业
董事	郭超群	52	万载	江西豫章法政毕业，现任第二区四联保主任。
董事	郭维城	41	万载	龙河中学毕业
董事	郭鸿义	42	万载	现任县商会委员
董事	郭道远	38	万载	江西法政毕业
董事	郭勋仁	42	万载	曾任县禁烟所所长
董事	郭初兴	49	万载	曾任县商会委员
董事	郭丹诚	35	万载	现任第一区第三十七保保长
董事	郭慰曾	25	万载	龙河毕业

批郭氏族董会主任郭怀准

呈一件：为成立族董会恳请备案由

呈悉，仍仰呈由该管区办公处转呈核办以明统系事而昭划一，着即照由。

此批！

县长周

民国二十三年八月二日

前领到钧府簇下田下郭氏族董会四方图记一颗，是实。

经领人郭怀准

民国二十三年九月十日

事由：郭氏族董会呈报启图日期由。

呈为呈报事：案奉钧府颁发图记一颗，文曰："万载县田下郭氏族董会图记"等因，奉此遵于本月十四日敬谨启用，理合将启图日期备文连同印模一颗呈报钧长俯赐察核，深为公便！

谨呈万载县政府县长周

附粘呈印模一颗

万载县田下郭氏族董会主任郭怀准

中华民国二十三年九月

万载县政府指令第12927号

呈件均悉，准予备案，仰即知照！

此批！图模存。

民国二十三年九月十六日

万载县第三区半岭刘氏族董会（1934年）

事由：呈为成立族董会，恳请备案并乞颁发图记由。

拟办：仍仰呈由该管区办公处转呈核准，以明统系而昭划一。民国二十三年八月九日

呈为成立族董会呈请察核备案，并恳颁发图记，以资信守而利进行事。窃职祖仁连公于清初自赣之会昌来袁之万载，始居半岭，继置高桥生齿日繁。迄今两地男女约有数千之众，不有规矩恐不能睦族与和邻。近奉上峰明令各姓应成立族董会，以宣扬政令，提倡道德而谋地方福利，爰于七月十日召集族中人士遵章成立万载半岭刘氏族董会，公推刘家驹、子贞、浚淦、应商、天骥、信志、家材、恩颖、和溱、和逊、焕文、凤翔、育辉等十三人为族董，互选家驹为主任。职会会址暂设书堂里仁小学校，理合造具各族董姓名履历清册一份，呈请钧长查核备案，并恳颁发图记，以资信守，而利进行，实为公便，谨呈万载县县长周

附呈各族董姓名履历清册一份

万载县半岭刘氏族董会主任刘家驹

中华民国二十三年八月

万载县半岭刘氏族董会族董履历清册

姓名	年龄	出身	经历
刘家驹	28	学	江西省立第七中学校毕业，曾任第四区助理员兼书记，本年任万载西北收复区域善后临时办事处救济组组员。
刘子贞	50	学	江西豫章法政专门毕业，曾任礼仁高小学校理经多年。
刘浚淦	57	学	江西公立法政专门毕业，曾任育才初小学校教员，现任四区二联保第九保保长。
刘应商	64	学	曾任育才初小学校校长，又任刘仁众经理多年。
刘信志	31	学	体仁高级小学校毕业

续表

姓名	年龄	出身	经历
刘天骥	36	学	体仁高级小学校毕业
刘家材	32	学	江西省立农业专门本科修业一年,曾任礼仁初小教员,本年任万载西北收复区域善后临时办事处清查组组员。
刘恩颖	37	学	江西省立农业专门学校毕业
刘和逊	66	商	曾任刘仁众经理多年
刘和溱	70	农	曾任刘仁众经理多年
刘焕文	28	学	江西省立七中毕业
刘育辉	40	农	曾任刘仁祠堂经理
刘凤翔	26	学	万载东洲中学校毕业

万载县政府批　民字第12437号令

批万载县半岭刘氏族董会主任刘家驹

呈一件:为成立族董会呈请备案,并乞颁发图记由。悉呈,仍仰将组织情形连同族董履历清册,呈由该管区办公处转呈本府核夺,以昭系统,而昭划一。

此批!

县长周

中华民国二十三年八月十二日

事由:为半岭刘姓成立族董会,请察核备案,并恳请颁发图,记以资信守由。

呈为本区书堂刘氏组织族董会恳祈鉴核备案并乞颁发图记以资信守而专责成事。案据书堂刘姓族董会筹备员刘家材等呈称:呈为成立族董会呈请察核备案并恳请颁发图记以资信守,而利进行事。窃民祖仁连公,于清初自赣州会昌来袁之万载。始居半岭,继置高桥。生齿日繁,迄今两地男女约有数千之众。使不以典谟而训诫,难免趋于流匹。近峰明令各姓应成立族董会以宣扬政令,提倡道德而谋地方福利,爰于七月十日,召集族人,遵章成立万载县半岭刘氏族董会,公推刘家驹、子贞、浚泩、应商、天骥、信志、家材、恩颖、和溱、和逊、焕文、凤翔、育辉等十三人为族董,互选家驹为主任。职会会址暂设书堂里仁小学校,理合造具各族董姓名履历清册一份呈请钧长查核备案,并恳颁发图记以资信守,而利进行谨呈等情。据此理合转呈万载县县长周,附履历表一份。

第三区区长杨勋龠

中华民国二十三年九月十三日

万载县半岭刘氏族董会族董履历清册[1]

姓名	年龄	出身	经历
刘家驹	28	学	江西省立第七中学校毕业，曾任第四区助理员兼书记，本年任万载西北收复区域善后临时办事处救济组组员。
刘子贞	50	学	江西豫章法政专门毕业，曾任礼仁高小学校经理多年兼仁民初级小学校校长。
刘浚诠	57	学	江西公立法政专门毕业，曾任育才初小学校教员，现任四区二联保第九保保长。
刘应商	64	学	曾任育才初小学校校长，又任刘仁众经理多年。
刘信志	31	学	体仁高级小学校毕业
刘天骥	36	学	体仁高级小学校毕业
刘家材	32	学	江西省立农业专门本科修业一年，曾任礼仁初小教员，本年任万载西北收复区域善后临时办事处清查组组员。
刘恩颖	37	学	江西省立农业专门学校毕业
刘和逊	66	商	曾任刘仁众经理多年
刘和溱	70	农	曾任刘仁众经理多年
刘焕文	28	学	江西省立七中毕业
刘育辉	40	农	曾任刘仁祠堂经理
刘凤翔	26	学	万载东洲中学校毕业，现任仁民小学校长。

万载县政府指令　民字第13084号

令第三区区长杨勋畲

呈一件：为据该区半岭刘姓成立族董会连同族董履历清册一份，转乞察核备案，并恳颁发图记以资信守由。

呈册均悉。据称该区半岭刘姓成立族董会，应予备案；并准颁发图记，以资信守。仰即转饬措备刊银五角，来府具领可也。

此令！履历清册存。

县长周

中华民国二十三年九月二十二日

事由：请颁发半岭刘姓族董会图记，以资信守由。

拟办：呈悉。所请照准，图记随令颁发，仰即转饬祗领，此令。

批示：刊资交会计收，交会计室照式刊发。二十三年十二月十日上午十时

案奉钧府民字第13084号指令：为本处呈一件呈为半岭刘姓成立族董会连同履历表一份，转请察核备案，并乞颁发图记以资信守由，令开：呈册均悉。据称该区半岭刘姓成立族董会应予备案，并准颁发图记，以资信守。仰即转饬措备刊费银五角，来府具领可也，此令

① 为与原档案一致，万载县半岭刘氏族董会族董履历清册录有两份，但内容前后有所不同，便于对照。

等因。奉此，兹据刘姓族董会缴来刊费银五角，理合解送钧府俯赐察核，准予颁发该姓族董会图记，以便转给，而资信守。实为公便！

谨呈万载县县长张

附刊费银五角

第三区区长杨勋畲

中华民国二十三年十二月八日

事由：据呈缴刊资五角请发半岭刘姓族董会图记前来，应予照准，图记随令颁发，仰即转饬祗照由。

万载县政府指令　令第三区区长杨勋畲

呈一件：呈请颁发半岭刘姓族董会图记，附缴刊资乞核示由。

呈悉。所缴刊费，业已核收，该会图记准予随令颁发，仰即转饬祗领具报！

此令！

附发图记一颗

县长张

民国二十三年十二月十一日

江西慈化特别区第三区辛姓族董会（1934 年）

事由：为慈化特别区第三区辛姓族董会恳请鉴核备案由。

拟办：核准备案。民国二十三年十二月十九日

窃据属区第一联保主任龙翰芳呈称：

案据辛姓族董会主任辛任启呈称：

案奉钧处十月十八日训令内开：

案奉慈化特别区第三区办公自字第□□□号训令内开：

案奉慈化特别区清乡善后委员会训令清字第十三号开：

案奉慈化政治局政二字第二二号指令：

本会呈送第三区各姓族董会职员履历表，恳请鉴核备案，并请颁发图记式样由内开：呈表均悉，准予备案，并检发族董会图记式样，仰即转饬，依式自行刊刻，赍印摹备查可也，此令，计发族董会图记式样一纸等因。

奉此，查本会早经通令各区，赶速组织各姓族董会，成立日期汇报备查在卷。除第三区各姓族会业已呈请备案外，其余一、二、四区各姓族董会尚未组织成立汇报备查，殊属玩忽。为此，令仰该区长即便遵照。凡未组织族董会者从速成立，已成立者即依式自行刊刻

图记赍呈印摹备查,以利进行而图善后此令等因,计发族董会图记式样一纸。

奉此,合行抄发图记式样,令仰该主任即便遵照。凡未组织族董会者从速组织成立,已成者即依式刊刻图记赍呈印摹三份,以凭转报备案,此令等因。

奉此,查以前各姓族董会行文均直接区办公处,本处未有稽核,奉令等因合行抄发图记式样,令仰该主任自行刊刻并赍呈印摹三份,以凭转报备案,此令等因。

奉此,遵即依式切刻木质图记一颗,文曰"江西慈化特别区第三区辛姓族董会之图记",并于本月一日启用,理合赍呈印摹三份备文呈请钧处鉴核,乞即转报备案,实为公便,谨呈等情,附呈印摹三份。据此,除指令准予转呈备案,仰即知照外,理合检同印摹三份,随文呈送钧长鉴核,转报备案实为公便,谨呈等情,附呈印摹三份。据此,查所赍印摹核与核定相符,除存查外,理合原赍印摹二份备文呈送钧长鉴核备案,实为公便!

谨呈慈化特别区政治局局长白

附呈印摹二份

慈化特别区区长龙保衡

民国二十三年十二月十六日

江西慈化特别区第三区韩姓族董会(1934年)

事由:为慈化特别区第三区韩姓族董会恳请鉴核备案由。

拟办:准予备案。民国二十三年十二月二十八日

呈为遵式刻就图记粘恳察核备案事。本年十月二十日案奉,钧局治字第九二二号指令本会,呈据第三区各姓族董会职员复历表,恳鉴核备案,并颁发各族董会图记式样由内开:呈表均悉,准予备案,兹检图记式样,仰即转饬,依式自行刊刻,赍呈印摹备查可也,此令。计发族董会图记式样一纸等因。奉此,主任等遵即刻就图记,于本月二十四日敬谨启用,除呈报区办公处备案外,理合粘附印摹,呈恳钧长察核备案,实为公便!

谨呈慈化特别区政治局局长白

计附印摹纸一张

江西慈化特别区第三区韩姓族董会主任韩邦怀

民国二十三年十二月廿日

江西慈化特别区第三区徐姓族董会(1934年)

事由:为慈化特别区第三区徐姓族董会恳请鉴核备案由。

拟办:准予备案。民国二十四年一月十二日

呈为遵令依式刊刻图记并粘呈印摹恳请备案事。案奉钧局治字第九二二号指令开:呈表均悉,准予备案,兹检发图记式样,仰即转饬,依式自行刊刻,赍呈印摹备查可也,此令,计发族董会图记式样一纸等因。奉此,当即遵令刻就木质方印一颗,文曰"江西慈化特别区第三区徐姓族董会之图记",并于一月八日正式启用。除存册备查外,理合备文呈请钧局恳予察核备案,实为德便!

谨呈慈化特别区政治局长白

附粘印摹一纸

慈化特别区第三区徐姓族董会主任徐江松谨呈

民国二十四年一月十九日

兹据本区徐姓族董会主任徐江松遵令刊刻图记一颗,文曰"慈化特别区第三区徐姓族董会之图记",已于去年八月一日正式启用,并检具印模三份到处,请予分别存转等情。据此,除抽存一份备查外,理合抽检一份备文呈请钧局俯赐存案备查,并乞指令祇遵!

谨呈慈化特别区政治局局长白

附检呈印摹一份

第三区区长龙元辅

民国二十四年一月二十七日。

江西慈化特别区第三区吴姓族董会(1934年)

事由:为江西慈化特别区第三区吴姓族董会之图记印信式样及启用日期呈请鉴核备案由。

窃民祠前奉钧局指令,关于各姓组织族董会,颁刻图记条章等因,奉令遵即照章组织族董会,业经将族董名单履历呈报在案。兹于本年三月一日,遵照颁布划一式样自制族董会图记一颗,文曰"江西慈化特别区第三区吴姓族董会之图记",又宋体字调整一颗,文曰

“江西慈化特别区第三区吴姓族董会”。旋即开始启用，履行民祠族董会职责，以昭信守。所有印信式样及启用日期是否有当，理合备文呈请钧长鉴核备案示遵，实为德便！

谨呈江西慈化特别区政治局局长白

附呈印式二颗

江西慈化特别区第三区吴姓族董会主任吴元龙因病族董吴俊福代行

民国二十四年三月一日。

万载县第三区昌田钟姓白水王姓族董会(1934年)

事由：为据属区钟姓、王姓先后成立族董会，转请呈颁发图记，加委任由。

呈为呈请事。案据职区昌田钟姓祠、白水王姓祠先后成立族董会，推定族董主任及委员，造具履历表册呈请转呈钧府鉴核，准予颁发图记及委任，以专责成而促进行等情前来。据此理合备文连同钟王两祠附呈族董委员会履历表，一并呈请钧长查核，准予颁发图记，加给委任以专责成，实为公便！

谨呈万载县县长周

第三区区长冯澄

中华民国二十三年八月十一日

万载第三区白水王氏族董委员会委员履历一览表

姓名	年龄	籍贯	出身	经历
王有宾	68	万载	耕	现充保长责任
王昌明	53	万载	耕	
王复祥	52	万载	商	
王泰云	51	万载	商	曾在国中理持工会
王起云	30	万载	学	现充乐育学校校长兼保长
王沟云	22	万载	学	现充保长责任
王质轩	36	万载	学	现担任教员
王飞云	43	万载	耕	曾充义勇附队
王名高	37	万载	学	现充乐育学校教员

万载县第三区昌田钟姓族董会职员履历表

姓名	籍贯	年龄	经历
钟鸿业	万载	38	江西公专本科及吏治训练所毕业,前充广昌县政府第一科长,现任二区保甲经费委员。
钟天锡	万载	36	东洲中学毕业,现充万载县保安队副官。
钟宏辟	万载	36	东洲中学,曾充迪蒙、得英各初级小学校长教员暨高志小学教员、校长。
钟士仪	万载	27	江西五专毕业,现充靖安县农业合作社主任。
钟国琏	万载	36	东洲中学毕业,曾充第四区办公处书记。
钟丙炎	万载	31	现任潭溪义勇队队长
钟召棠	万载	61	前充三省职业学校图画、国文课教员
钟炎舒	万载	53	三省高小学校毕业
钟祥兴	万载	52	前充益智小学校长
钟云山	万载	54	现充第一区第五联保义勇队队长
钟炳洪	万载	44	曾充龙田守望队队长,现充第四区第二保保长。
钟本义	万载	49	三省高小学校毕业
钟奇澜	万载	34	东洲中学校毕业,现充第三区第四联保办公处事物员兼书记。

万载县政府第12467号　民国二十三年八月十九日

令第三区区长冯澄

呈一件,为据该区昌田区钟姓、白水王姓先后推定族董成立族董会,连同履历表二份转请察核备案,并恳请颁发图记加给委任以资信守而专责成由。

呈表均悉。据称该昌田钟姓、白水王姓先后组织族董会,应予备案,并准刊发图记,以资信守,仰即转饬各措备刊费银五角,来府具领可也。

此令！履历表存。

县长周

中华民国二十三年八月十四日

今领到钧府刊发昌田钟氏族董会图记一颗,是实。

主任钟鸿业

中华民国二十三年九月五日

事由:三区呈报钟氏族董会成立情形,并检同印模,恳请鉴核备案由。

案据本区昌田钟氏族董会主任钟鸿业呈称:呈为呈报成立日期,并检同印模,恳请鉴核存转事。本年九月二日,案奉钧处转奉县府颁发族董会图记一颗。文曰:万载县昌田钟氏族董会图记等因到会,奉此遵于九月四日在昌田祠开成立会议,除分行外,理合将成立情形,并检同印模,一并备文呈送鉴核准予存转,实为公便！附呈印模一颗,谨呈等情。据此理合转呈钧长察核备案，是为公便！

谨呈万载县县长周

附呈钟氏族董会印模一颗

第三区区长杨勋奩

万载县昌田钟氏族董会图记

中华民国二十三年九月三十日

万载县政府指令　第13270号　民国二十三年七月四日

令第三区区长杨勋奩

呈一件：为据该区昌田钟氏族董会呈报成立日期并检同图模转呈备案由

呈件均悉。准予备案，仰即转饬知照！

此令！图模存。

县长周

中华民国二十三年十月

事由：请颁王姓族董会图记，以便转发由。

文到日期：二十三年九月十五日

呈为备具刊费请发图记以资信守事。案奉钧府民字第一二四六七号指令，为职处呈报本区白水王姓推定族董组织族董会请察核备案，并恳加给委任以资信守由令开：呈悉。据称该区白水王氏组织族董会应予备案，并准颁发图记以资信守，仰即转饬措备刊费银五角来府具领此令等因。奉此兹据该族董会备资银五角来处，理合将刊费银解送钧府察核，准予具领，以便转发。

谨呈万载县县长周

附图记刊费银五角

第三区区长杨勋奩

中华民国二十三年九月十三日

万载县政府指令民字第12915号　　民国二十三年九月十七日

令第三区区长杨勋奩

呈一件：为据白水王氏族董会措缴刊费银五角，恳转颁发图记以资信守等情，转请核察准予颁发由。

呈悉。据呈刊费银五角，业已照收，并检同该族董会全图记一颗，随令附发，仰即查收，转给祇领；并将启用日期，报府备查为要！

此令！附发该区白水王氏族董会图记一颗

县长周

中华民国二十三年九月十六日

事由：为三区白水王氏族董会启图视事检同印模，恳请察核准予备案由。

案据本区白水王姓族董会主任王有实呈称：案奉钧处转颁图记一颗（文曰：万载县王氏族董会图记）等因到会，遵即于九月二十日到会启图视事，理合检同印模呈请鉴核准予存转，是为公便！

谨呈万载县县长周

附白水王氏族董会印模一颗

第三区区长杨勋奩

中华民国二十三年十月八日

万载县政府指令　民字第13466号　　民国二十三年十月十七日

令第三区区长杨勋奩

呈一件，为转报该区白水王姓族董会启用图记日期并检同图模乞备案由。

呈件均悉。准予备案。仰即转饬知照！

此令！图模存。

县长周

中华民国二十三年十月十六日

万载县第一区宋氏族董会（1934年）

事由：第一区呈为检送履历表一份，呈请察核备案由。

呈为转请察核备案事，兹据本区内司背宋氏、城南宋氏先后造具族董会族董履历表随文呈请转呈备案，并颁发图记以资信守等情到处。据此理合检同来表赍呈钧府察核备案，并恳颁发图记，以便转发遵守，实为族便。

谨呈万载县县长周

计呈族董履历表二份

万载县第一区区长郭如奎

中华民国二十三年九月二十二日

万载县司背宋氏族董会族董姓名籍贯年岁履历清册

职别	姓名	籍贯	年龄	经历
主任	宋青和	万载	38	江西豫章专门法政学校毕业，曾任宜丰培根职业学校主任教员，现任万载私立龙河中学校训处主任兼教员。
当然族董	宋式金	万载	69	清廪生，曾任万载私立朝宗小学校校长。
族董	宋光汗	万载	33	北京大学预科毕业，现任万载县清乡善后委员会常务委员。
族董	宋维章	万载	39	江西豫章专门法政学校毕业，曾任江西私立志成中学教员，万载私立朝宗鹅峰小学校长，现任万载私立植基小学校代校长。
族董	宋志豪	万载	39	北京大学预科毕业，曾任万年县政府科员。
族董	宋思元	万载	30	万载私立龙河中学校毕业，曾任万载私立朝宗小学校校长，现任万载县第一区区办公处书记。
族董	宋焕臣	万载	24	万载私立龙河中学校毕业，曾任万载私立朝宗小学校教员，现任万载私立笃志小学校校长。
族董	宋师寿	万载	30	万载私立龙河中学校毕业
族董	宋志光	万载	33	江西甲种农业学校毕业，曾任万载县第一区第三联保主任。
族董	宋廷伟	万载	30	万载私立龙河中学校毕业，曾任万载私立朝宗小学校教员。
族董	宋开鼎	万载	24	万载私立龙河中学校毕业
族董	宋师尧	万载	42	商
族董	宋云程	万载	48	商
族董	宋联增	万载	46	商

万载县城南宋氏族董会族董履历表

职别	姓名	籍贯	年龄	经历
主任	宋盛堂	万载	48	现充本县商会委员
当然族董	宋敬齐	万载	55	现充旅省万载同乡会委员
族董	宋礼昌	万载	26	龙河初级中学毕业
族董	宋甫田	万载	58	曾充私立维新小学校教员
族董	宋積多	万载	39	现充昌田团办事员
族董	宋功猷	万载	40	高等小学校毕业
族董	宋功财	万载	41	青阳小学校毕业
族董	宋聚生	万载	28	高小学校毕业
族董	宋肇熙	万载	65	工
族董	宋定告	万载	63	商
族董	宋成生	万载	52	工

万载县第一区郭氏、陈氏等九姓族董会(1934年)

事由:为赍送区内各族族董履历表,呈请察核备案,并乞颁发图记,以资遵守由。

查接管卷内,案奉钧府民字第二二四号训令内开:案奉江西民政厅训令自字第一五四号开:为令遵事,案据武宁县长宋屏呈拟各姓族董会简章及月报表式,呈请核准备案等情前来。当以该县长宋屏欲籍宗族组织,团结社会,以增进效率,立意甚善,经将原呈简章,祥加修改,呈请省政府核示在卷。兹奉法字第七五五号指令开,呈件均悉,准予照修正案试办,仰即转饬遵照,此令,附件存等因。奉此除指令武宁县政府并分令外,合行检发修改简章暨月报表式,令仰该县长即便遵照转饬所辖区内各姓族董,遵照试办,仍将办理情形具报等因,计抄发各姓族董会简章暨月报表各一份,奉此经由前任区长遵照分令区内各族,照章组织具报在卷。兹查组织就绪,列表呈报到处者,计有田下郭氏、双虹桥陈氏、城隍庙侧龙氏、东门邓氏、梨花春巷翟氏、笔架洲王氏、西门施氏、花园唐氏、后街汪氏九姓。其余各族尚在组织中,一俟报到,当即续呈。理合检具上开各族族董履历表,随文呈请钧府察核备案,并乞颁发图记,以资遵守,实为公便。

谨呈万载县县长周

计呈各族董履历表九份

万载县第一区区长郭如奎

中华民国二十三年九月二十日

万载县第一区田下郭氏族董会族董姓名履历清册

职别	姓名	年龄	籍贯	经历
族董会主任	郭怀准	29	万载	曾任县财务委员会委员长、县农民团体指导员兼主任,现任养正小学校校长、清乡善后委员会委员。
当然董事	郭严	69	万载	前清附生,曾任民粹中学教务主任。
董事	郭鸿棋	49	万载	现任县政府常务委员、财政委员会出纳主任
董事	郭志宏	48	万载	曾任县政府交际员、公安局稽查长、金溪县巡官
董事	郭熙芬	42	万载	曾任县商会常务委员,现任第一区办公处会计。
董事	郭致中	47	万载	江西法政毕业
董事	郭超群	52	万载	江西豫章法政毕业,现任第二区四联保主任。
董事	郭维城	41	万载	龙河中学毕业
董事	郭鸿义	42	万载	现任县商会委员

续表

职别	姓名	年龄	籍贯	经历
董事	郭道远	38	万载	江西法政毕业
董事	郭勋仁	42	万载	曾任县禁烟所所长
董事	郭初兴	49	万载	曾任县商会委员
董事	郭丹诚	35	万载	现任第一区第三十七保保长
董事	郭慰曾	25	万载	龙河毕业

万载县第一区双虹陈氏族董会族董履历表

职别	姓名	籍贯	年龄	出身	经历
族董	陈思泉	万载	72	学	清优廪生，曾署湖北通山县知县。
族董	陈连科	万载	29	军	国军第三十七师军事教育团 及江西保安处教导大队军官队毕业
族董	陈钟后	万载	45	学	宏文师范完全科毕业
族董	陈蕴岚	万载	38	学	江西农业专门学校林业本科毕业
族董	陈鸿芳	万载	35	学	龙章高小学校毕业
族董	陈环中	万载	38	商	
族董	陈逢先	万载	28	学	龙河中学毕业
族董	陈文海	万载	36	学	旧制龙河中学毕业
族董	陈秉彝	万载	40	学	旧制龙河中学毕业

万载县第一区龙氏族董会族董履历表清册

职别	姓名	籍贯	年龄	经历
主任族董	龙济海	万载	42	曾充县党政委员会参事戒烟所长等职
当然族董	龙兆昇	万载	49	曾充教育局长、模范小学教员，现任龙河教员。
族董	龙植基	万载	41	历任植基小学校长、县商会主席
族董	龙镇汉	万载	56	历任钱业工所所长、金融清理处处长
族董	龙赓尧	万载	52	历任三区保卫团团长，龙章、东山等小学校长。
族董	龙云腾	万载	54	曾充广西赣军第一团少校副官，第六军十八 师上校副官、大本营独立营营长。
族董	龙生盛	万载	28	历充二区善后委员会委员
族董	龙尚成	万载	39	历充各业工会联合会常务委员
族董	龙福庭	万载	54	历充本县茶饼业主席
族董	龙秉贤	万载	29	本县卷烟业主席
族董	龙寅斗	万载	51	清监生
族董	龙海涛	万载	62	清监生历任西房房长
族董	龙云会	万载	51	清例员，曾充县司法收发员，县府录事等职。

万载县第一区邓氏族董会族董姓名履历表

职别	姓名	籍贯	年龄	经历
主任	邓世平	万载	39	江西工业专门学校毕业
族董	邓泽春	万载	30	万载私立龙河初中毕业
族董	邓鸿禧	万载	34	万载私立龙河旧制中学毕业,曾任建城镇镇长.
族董	邓惜君	万载	31	龙章高小及湖南陆军讲堂毕业,曾充六军十九师一团干事,本邑警察队分队长、本邑公安局科长,现任第一区第二联保主任。
族董	邓志远	万载	28	曾充六军十八师补充团第二营营副,十九年本邑上二区保靖乡守望总指挥,现任第一区第四十三保保长。
族董	邓焕清	万载	40	本邑农民讲习所毕业
族董	邓水云	万载	45	现任本邑爆业工会执行委员
族董	邓光五	万载	26	江西省立工业专门学校高中部毕业,曾任江西公路处职员。
族董	邓起骊	万载	42	现任万载县军用代办处主任

万载县第一区翟氏族董会族董姓名履历清册

职别	姓名	籍贯	年龄	经历
主任	翟宝堂	万载	58	曾充江西实业厅咨议
族董	翟汉伸	万载	33	曾充丰城县公安局长,现任万载县清乡善后委员会委员。
族董	翟德仕	万载	68	学
族董	翟梅华	万载	32	高小毕业
族董	翟国珍	万载	42	学
族董	翟坤尧	万载	41	商
族董	翟扬缉	万载	52	商
族董	翟生发	万载	72	农
族董	翟灶生	万载	45	农

万载县第一区王氏族董会族董姓名履历一览表

职别	姓名	籍贯	年龄	经历
主任	王济世	万载	54	江西省立法专门学校法律科毕业,曾充上饶县检察官及新喻县审检长兼代知事,莲花县一等判员。
当然族董	王燦昆	万载	65	曾充万载县商会评议员及仝县金融团主任
族董	王春蔚	万载	69	清优附生,曾充龙桥小学校教员及龙河中学校文牍。
族董	王教喻	万载	73	清附贡生,曾充株谭商会会长及德化乡议长。

续表

职别	姓名	籍贯	年龄	经历
族董	王燦星	万载	44	县自治讲习所毕业，历充县招待所所员，前膺江西督军省长给奖一匾额，曾充县清乡局调查员，前地方财政公所所员及国民革命军第五方面军第四路总指挥部万载兵站股员，县警察队饷监管委员会事务员，万载县第一区械监管委员会事务员，万载县第一区第十保保长，兼第九、第十、第十一保保长联合办公处主任，现充县财务委员会事务员，曾奉令代理出纳组主任。
族董	王志沂	万载	30	历任蕃衍小学校校长
族董	王纲	万载	39	豫章专门法律本科毕业，曾充竟成小学校教员。
族董	王伟鹤	万载	37	万载县龙河中学毕业，曾充龙章鹅峰二小学校教员及县立第二义务小学校校长。
族董	王楷庭	万载	24	植基高等小学校毕业，曾充一区建城镇镇长，中国国民党万载县党部第二区六分部执行委员。
族董	王楷宝	万载	37	江西省立国语讲习所毕业，现充万载县第一区第三十一保保长。
族董	王树松	万载	30	江西省立第八中学校肄业生，曾充本邑第二区第六十五保保长。
族董	王先觉	万载	38	江西省立第八中学毕业，曾充龙章小学校教员。
族董	王承平	万载	26	本邑龙河中学毕业

万载县第一区施氏族董会族董姓名履历清册

职别	姓名	籍贯	年龄	经历
主任	施成章	万载	27	现充私立正心小学校校长
当然族董	施景和	万载	36	曾充中国国民党万载县党部候补执行委员
族董	施自由	万载	61	曾任分宜县商会副会长
族董	施咸熙	万载	48	／
族董	施源盛	万载	82	／
族董	施斐文	万载	57	／
族董	施长发	万载	50	／
族董	施元丽	万载	26	／
族董	施福全	万载	64	／

万载县第一区唐氏族董会族董履历表

职别	姓名	籍贯	年龄	经历
主任	唐在云	万载	39	龙河中学毕业，曾任东山高小校长，现任锦衣小学校校长。
族董	唐道言	万载	55	清例奖吏员
族董	唐汉章	万载	39	龙河中学毕业，曾任乐育竟成小学教员，现任特别区第三区中学校教员。
族董	唐炳康	万载	35	现任县商会监委

续表

职别	姓名	籍贯	年龄	经历
族董	唐元祥	万载	36	小学毕业,现任第一区第二十二保保长。
族董	唐彬文	万载	36	保长训练所毕业,现任特别区第三区第八保保长。
族董	唐洪蒸	万载	53	曾任宜春县商会委员
族董	唐永甫	万载	40	小学毕业
族董	唐悠久	万载	31	龙河中学毕业

万载县第一区汪氏族董会各族董姓名履历清册

职别	姓名	籍贯	年龄	经历
主任	汪可舟	万载	59	清孝廉方正,曾充本县地方自治筹备处筹备员,现充县财委员会委员。
族董	汪彭龄	万载	49	曾历充县商会执行委员
族董	汪绍薪	万载	59	清优附生,曾历充民粹中校、植基、平阳各小校教员。
族董	汪文辉	万载	38	武昌师范毕业曾历充龙河中校教员
族董	汪如汉	万载	49	江西高等师范毕业,曾充龙河中校教员。
族董	汪敷仁	万载	49	曾充私立平阳小学校校董
族董	汪澜	万载	47	江西第八中校毕业,现任养正、平阳各小校教员。
族董	汪贞涵	万载	49	曾充私立平阳小学校校董
族董	汪敷青	万载	42	曾充私立平阳小学校校董
族董	汪良问	万载	43	曾充私立平阳小学校校董
族董	汪良员	万载	56	曾充私立平阳小学校校董
族董	汪敷珍	万载	55	现充第一区第十二保保长
族董	汪敷郭	万载	34	江西章江政法毕业,曾充本县第二区区长,现充县党委部助理干事及清乡善后委员会委员。

万载县第一区郭姓、陈姓等十一姓族董会颁发图记

万载县政府指令　民字第13085号　民国二十三年九月二五日

令第一区区长郭为奎

呈二件:为赍送该区内各族族董会履历清册转呈察核备案,并恳颁发图记以资信守由。

两呈暨为履历清册均悉。据称该区田下郭姓、双虹桥陈姓、城隍庙侧龙姓、东门邓姓、梨花春巷翟姓、笔架洲王姓、西门施姓、花园唐姓、后街汪姓、司背宋姓、城南宋姓等十一姓先后组织族董会,应予备案,并准颁发图记,以资信守,仰即转饬各措备刊费银五角来府具领可也!

此令!履历清册存。

县长周

中华民国二十三年九月二十四日

事由:呈请颁发图记,以昭信守而利进行由。

呈为颁发图记以昭信守而利进行事。窃祠奉前令组织族董会,业于本年九月十日遵照修正各族董简章,从事办理,一面呈请一区办公处转呈钧府察核备案并颁发图记在卷。迄今时间已久,毫无着落,是否转呈,尚属不知,假有延误情形,赐令催并请先事颁发图记,籍昭信守而利进行,是为公便!

谨呈万载县政府县长周

邓氏族董会主任世平,族董:泽春、鸿禧、志远、光五、焕清、水云、起骊、惜居

中华民国二十三年九月

事由:呈为呈请察核备案颁发图记,以昭信守而资办理由。

呈为呈请察核备案颁发图记以昭信守事。案准万载县第一区办公处函开,径启者案奉万载县政府民字第二二四号训令开为令遵事案奉江西民政厅训令自字第一五四号开为令遵事案据武宁县县长宋屏呈拟各姓族董会简章及月报表式呈请核准备案等情前来。当以该县长宋屏欲籍宗族组织团结社会以增进效率,立意甚善,经将原呈简章详加修改,呈请省政府核示在卷。兹奉法字第七五五号指令,开呈件均系准予照修正案试办。仰即转饬遵照,此令,附件存等因,奉此除指令武宁县政府并分令外,合行检发修正各姓族董会简章暨月报表式,令仰该区长即便遵照转饬所辖区内各姓族董遵照试办,仍将办理情形具报,以凭核转此令等因,计抄发各姓族董会简章暨月报表式各一份。奉此自应遵照办理,除分函外相应检同各姓族董会简章及月报表式各一份,函达贵祠请烦查照办理,并将办理情形见覆为荷等由准此。属族遵章召集各房士绅开全族大会,决议采取十三人制,组织本姓族董会,依法推选王璨昆、王春蔚、王教谕、王济世、王灿星、王治沂、王纲、王伟鹤、王楷庭、王楷宾、王树松、王先觉、王承平等十三人为族董,互推定王济世为主任,已于八月十九日,经本姓大祠造具主任履历表,补造二份具文呈赍钧长察核备案,并予颁发图记以昭信守,而资办理实为公便!

谨呈万载县政府县长周

计呈送王氏族董会族董姓名履历一览表二份

万载县王氏族董会主任王济世

中华民国二十三年九月十二日

万载县第一区王氏族董会族董姓名履历一览表

职别	姓名	籍贯	年龄	经历
主任	王济世	万载	54	江西省立法专门学校法律科毕业，曾充上饶县检察官及新喻县审检长兼代知事，莲花县一等判员，万载县承审员。
当然族董	王燦昆	万载	65	曾充万载县商会评议员及全县金融团主任
族董	王春蔚	万载	69	清优附生，曾充龙桥小学校教员及龙河中学校文牍。
族董	王教喻	万载	73	清附贡生，曾充株谭商会会长及德化乡议长。
族董	王燦星	万载	44	县自治讲习所毕业，历充县招待所所员，前膺江西督军省长给奖一匾额，曾充县清乡局调查员，前地方财政公所所员及国民革命军第五方面军第四路总指挥部万载兵站股员，县警察队饷监管委员会事务员，万载县第一区械监管委员会事务员，万载县第一区第十保保长，兼第九、第十、第十一保保长联合办公处主任，现充县财务委员会事务员，曾奉令代理出纳组主任。
族董	王志沂	万载	30	历任蕃衍小学校校长
族董	王纲	万载	39	豫章专门法律本科毕业，曾充竟成小学校教员。
族董	王伟鹤	万载	37	万载县龙河中学毕业，曾充龙章、鹅峰二小学校教员及县立第二义务小学校校长。
族董	王楷庭	万载	24	植基高等小学校毕业，曾充一区建城镇镇长，中国国民党万载县党部第二区六分部执行委员。
族董	王楷宝	万载	37	江西省立国语讲习所毕业，现充万载县第一区第三十一保保长。
族董	王树松	万载	30	江西省立第八中学校肄业生，曾充本邑第二区第六十五保保长。
族董	王先觉	万载	38	江西省立第八中学毕业，曾充龙章小学校教员。
族董	王承平	万载	26	本邑龙河中学毕业

事由：王氏族董会主任王济世呈报就职视事，启用图记，恳准备案由。

拟办：准予备案。民国二十三年十月二十日

呈为呈报就职视事启用图记，恳准备案事。窃属族奉令组织族董会采用十三人制，曾经推定王济世等为族董，又互推王济世为主任，业已呈报在案，并颁发图记，即于十月十四日在王大祠就职视事启用图记，举行宣誓典礼，将就职情形，除函知各房外是否有当，理合备文呈报钧长，俯赐鉴核，准予备案，实为公便！

谨呈万载县政府县长周钧鉴

万载县王氏族董会主任王济世

计粘呈印模一纸

中华民国二十三年十月二十日

万载县政府指令　民字第 13621 号　民国二三年十月二四日

令本县王氏族董会主任王济世

呈一件:呈报任事及启用图记日期并附具图模乞准备案由

呈件均悉,准予备案。

此令!图模存。

中华民国二十三年十月二三日

万载县第四区曾氏、戴氏族董会请准备案并分别颁发图记

事由:四区为曾氏、戴氏成立族董会,请准予备案,并分别颁发图记下区,以便转发启用由。

案据职区曾氏族董会主任曾振家呈称:呈为呈请转呈颁发图记以利进行事。窃属会于夏历五月十二日正式成立,推定曾振家、曾桂元、曾有章、曾少枢、曾文魁、曾日华、曾国权、曾挺松、曾道贯、曾光斐、曾星谐、曾伟铭、曾起麟为族董,同时族董内推定曾振家为主任。为此造具族董姓名履历表一份,呈送察核并请转呈县府颁发图记以利进行,实为公便。又据戴氏民众代表戴希贤等呈称:呈为呈请转呈备案,并请颁发图记事。缘民族奉令组织族董会,于本年七月二十日召集全族各界开会。当经推定戴安道为主任,戴德贻、戴冬元、戴礼保、戴德癸、戴禄孙、戴子恒、戴有道、戴金生、戴安道为族董。理合造具族董姓名履历表呈送察核转呈备案并颁发图记各等情;附曾氏、戴氏族董姓名履历表各一份。据此,查修正各族董简章,第九条及第十条之规定,族董会图记由钧府颁发之,并须造具各族董姓名履历清册,呈请钧府备案。为此理合检同原呈各表,呈送察核!伏乞准予备案,并分别颁发图记下区,以便转发启用,实为公便!

谨呈万载县县长周

附呈曾氏、戴氏族董会姓名履历表各一份

第四区区长张仰道

中华民国二十三年九月二十九日

万载大桥曾氏族董会族董履历一览表[①]

姓名	年龄	籍贯	出身	经历
曾桂元	46	万载潭背	学	曾充槽兴图图长兼曹氏房长
曾文魁	32	万载潭埠滩下	学	东洲中学毕业
曾星阶	48	万载高岭大坳	学	东洲中学毕业，现任高岭联保书记。
曾日华	34	万载袁家塅	学	体仁学校毕业
曾有章	50	万载双料	学	东洲中学毕业，曾充益智小学教员。
曾道贯	33	万载槽下	学	宜丰中学毕业
曾少枢	36	万载马下	学	体仁学校毕业，曾充浴沂小学校长。
曾挺松	36	万载西坑	学	东洲中学毕业曾充正源小学校教员
曾光斐	38	万载高村上坪	学	东洲中学毕业
曾振家	34	万载大桥	学	省立八中毕业，曾充上邑区立小学教员，分宜县立小学训育主任兼教员。
曾国权	48	万载老鸦石	学	国立北大毕业，现任江西教育厅科员。
曾伟铭	58	万载曾家湾	医	历充房长。
曾启鳞	54	万载株谭获富	学	历充房长。

万载县戴氏族董姓名履历表 中华民国二十三年九月

姓名	年龄	籍贯	出身	住址	经历
戴安道	35	万载	学	城内	江西公立洪都中学校毕业
戴德贻	47	万载	商	大桥	／
戴冬元	35	万载	学	城内	／
戴礼保	49	万载	农	大桥	／
戴禄孙	52	万载	学	大桥	／
戴子恒	36	万载	农	大桥	／
戴有道	32	万载	学	城内	／
戴德癸	45	万载	农	大桥	／
戴金生	39	万载	工	大桥	／

万载县政府指令　民字第13271号　民国二十三年十月四日

令第四区区长张仰道

呈一件，为据该区大桥曾氏、戴氏族董会主任曾振家等呈报组织族董会，请颁发图记

① 本表内容与前52表不一致，为保持与原档案一致一并录入。

以利进行等情，检同原送族董履历表，特乞核办由。

呈件均悉。准予备案，并刊发图记，以资信守。仰即转饬各备案刊资五角，呈府请领可也！

此令！附件存。

县长周

中华民国二十三年十月一日

万载县第一区辛、巢、韩三姓族董会请察核备案并恳颁发图记

事由：为据辛、巢、韩三姓组织族董会造具清册，转请察核备案，并恳颁发图记由。

呈为据情转请察核备案事。窃本区内已成立之族董会计有十一姓，业经转请钧府备案在卷，兹又有辛韩巢三姓照章组织族董会，造具清册先后呈报到处，理合检同清册，呈请钧府察核备案并恳颁发图记以资信守，实为族便！

谨呈万载县政府县长周

附呈辛氏、巢氏、韩氏族董会履历清册三份

万载县第一区区长郭如奎

中华民国二十三年十月八日

万载县第一区巢氏族董履历表

职别	姓名	年龄	住址	经历
主任	巢思澄	27	小北门	赣省中学毕业曾任广丰县政府会计主任，莲花县政府第二课科员现任本邑第一区第一联保主任。
族董	巢致远	31	东门	鹅峰小学校毕业
族董	巢安	26	水管头	龙河中学毕业
族董	巢慎修	29	小北门	植基小学毕业，现任执中初级小学校校长。
族董	巢克齐	63	小北门外	江西医学传习所毕业，现任第一区第八保保长。
族董	巢龙章	30	后塘充	现任第一区办公处书记。
族董	巢正隆	31	里仁乡	模范小学毕业
族董	巢一诚	35	涂泉	商
族董	巢文达	31	里仁乡	鹅峰小学毕业，现充私塾教师。
族董	巢嘉徽	61	新田乡	历奉嘉奖良医
族董	巢隆兴	62	泰和乡	农

万载县政府指令　民字第13458号　民国二十三年十月十六日

令第一区区长郭如奎

呈一件：为据该区辛巢韩三姓组织族董会造具清册，转请察核备案并恳请颁发图记由。

呈暨清册均悉。查所呈辛氏族董会族董履历清册，共有族董十五人，除族董主任之外，复列有族长一人，又韩氏族董会族董履历清册，仅列族董八人，均与定章不符，该区长不加察核，准予转呈，殊有未合！应将原册发还更正，另呈核夺。至巢氏族董会族董履历清册，尚无不合！应予备案；并准刊发图记，以资信守，仰即转饬措备刊费银五角，来府具领可也。

此令！

计发还韩辛氏族董会族董履历清册共二份

县长周

中华民国二十三年十月十四日

事由：为据辛、韩二姓族董会更造族董履历清册，转请察核备案，并颁发图记由。

案奉钧府第一三四五八号指令，本处呈一件，为据该区辛韩巢三姓组织族董会造具清册，呈请查核备案，并恳请颁发图记由。节开：呈暨清册均悉。查所呈辛氏族董会族董履历清册，共有族董十五人，除族董主任之外，复列有族长一人，又韩氏族董会族董履历清册，仅列族董七人，均与定章不符，应将原册发还，另呈核夺，此令等因，计发还辛、韩氏族董会族董履历清册共二份。奉此遵即转令该族董会查照简章更造清册，送处核转。去后，兹据辛氏族董会主任辛赞猷呈节称：遵即召集各房会议，更造清册二份。惟属族因房分人选，不敷分配，加选族董二人，共成十五人，互推辛赞猷为主任，理合将遵办情形，连同族董会清册二份，呈请核转备案，并颁发图记，以昭信守等情。正拟办间，复据韩氏族董会主任韩德山呈称为遵令加添族董二人，共为九人，以符简章，呈请核转备案等情到处，除指令外，合理检同原册各一份，随文赍呈钧府俯赐察核，准予分别备案！并恳颁发图记！以资信守，实为族便。

谨呈万载县政府县长周

附呈辛、韩氏族董会族董履历清册共二份

万载县第一区区长郭如奎

中华民国二十三年十月二十六日

万载县第一区韩氏族董会族董姓名履历表

职别	姓名	万载	年龄	出身
族董主任	韩德山	万载	57	清职员
族董	韩国兴	万载	63	清职员
族董	韩捐云	万载	57	公民
族董	韩翰章	万载	40	曾在县立模范高等小学毕业
族董	韩俊财	万载	42	曾任第一区第五十九保保长

续表

职别	姓名	万载	年龄	出身
族董	韩林森	万载	56	公民
族董	韩保连	万载	32	公民
族董	韩集兴	万载	46	公民
族董	韩焕升	万载	40	公民

中华民国二十三年十月二十七日族董会主任韩德山造呈

万载县第一区辛氏族董会族董履历清册

职别	姓名	年龄	籍贯	经历
族董主任	辛赞猷	52	万载	曾充万载县学务课长,县视学员。
族董	辛观涛	74	万载	曾充万载私立龙河初级中学校学监
族董	辛兆南	52	万载	曾充万载私立龙河初级中学校校长
族董	辛承勋	38	万载	曾充广豊芋酒税局票照主任
族董	辛赞周	49	万载	曾任万载县县立模范学校校长
族董	辛达权	59	万载	曾充万载县商会会计
族董	辛步庭	58	万载	曾充万载私立鹅峰小学校教员
族董	辛佐治	38	万载	现任万载县地方财务委员会委员长
族董	辛镇寰	28	万载	曾任万载县第一区区长
族董	辛肇福	24	万载	曾任万载私立鹅峰小学校长
族董	辛基平	45	万载	曾任万载县商会常务委员
族董	辛士奎	42	万载	现充万载私立正心小学校教员
族董	辛如竹	58	万载	现充万载私立龙河初级中学校校长、道德会会长
族董	辛超	48	万载	曾充万载县财政局局员
族董	辛作新	54	万载	曾充星子县政府科员

中华民国二十三年十月族董主任辛赞猷造呈

万载县政府指令　民字第13687号　　民国二十三年十月三日

令第一区区长郭如奎

呈一件:为据辛韩二姓族董会更造族董履历清册,转请察核备案并颁发图记由。

呈暨附件均悉。据呈送辛韩二姓族董会,更造族董履历清册各一份,查核尚无不合,应予备案;并准分别刊发图记,以资信守,仰即转饬各措备刊费银五角,来府具领可也。

此令! 附件存。

县长周

中华民国二十三年十月二十九日

事由:辛姓族董会呈送董会章程乞核备由。

批办：呈悉，所拟章则，尚无大碍，准予备案。中华民国二四年四月四日

批示：所拟章程条文意旨均欠要适，所请备案之处，无此先例，未便照准，原件发还。

呈为呈送族祠暂行章程仰祈察核备案事。窃属族……久未整理，兹因族董会奉令组织成立后，特修订祠中章程，借敦风化而整祠规，除经族董会议通过外，理合检同章程一份，具文呈请钧长察核备案，并乞指令祗遵俾资施行，实为公便！

谨呈万载县县长张

附呈万载县辛氏宗祠暂行章程一份

万载县辛氏族董会主任辛赞猷

中华民国二十四年四月四日

事由：据呈送辛氏宗祠章程请俯备案等情，指令应毋庸议由。

万载县政府指令　　民字第951号　　令辛氏族董会主任辛赞猷

呈一件：呈送辛氏宗祠暂行章程，请核备案令遵由。

呈暨附件均悉，查核所拟章程，条文殊欠要适，又第六章亦属有触法令。所请备案，查无先例可据，应勿庸议，仰即知照！

此令！原件发还。

县长张

中华民国二十四年四月

万载县第三区高村陈氏族董会（1934年）

事由：呈为遵章成立族董会，刊具图记，粘呈印模，恳请核备案由。

陈氏族董会主任陈起群呈为遵章成立族董会刊具图记粘呈印模，恳请察核备案事。窃敝族当事人陈广东等于九月十二日，召集全区陈姓各支人员，在高村陈氏宗祠开会，组织陈氏董会，当推陈定富、陈春梅、陈天锡、陈超群、陈能睽、陈则忠、陈炳兴、陈有光、陈生发、陈水金、陈文星、陈道修、陈发炎等十三人为族董，并互推陈超群为主任，业经刊具木质图记一颗，文曰：万载县五区高村陈氏族董会，理合粘呈印模一纸，备文呈请钧长察核，俯准备案，实为公便！

谨呈万载县县长周

附粘印模一份

主任陈超群

民国二十三年十月

万载县政府批　民字第13505号　　民国二十三年十月十八日

批高村陈氏族董会主任陈超群

呈一件：为遵章成立族董会刊制图记粘呈图模，恳请察核备案由。

呈暨图模均悉。查修正各姓族董会简章，第四、九、十等条规定，各姓族董会应推举族董九人至十三人，造具各族董姓名、籍贯、年岁、履历清册二份，并由该管区办公处转呈县政府备案及颁发图记等语。据呈该姓组织族董会既未造具各族董履历清册；复擅自刊制图记，率尔呈请备案，核与定章，殊多不合！应将图模发还，仍仰遵照以上指示各点办理可也。

此批！

计发还图模一纸。

县长周

中华民国二十三年十月十七日

万载县第一区周氏族董会（1934年）

事由：为据周姓组织族董会，转请察核备案由。

案据周大祠首士周心余等呈称：呈为遵章组织族董会并造具族董履历表，请转核查备案事。案奉钧处转奉县府训令；以去年十一月间，奉江西民政厅训令，据武宁县长宋屏拟定各姓族董会简章及月报表式一案。本年四月间，复奉令催促组织，以团结宗族精神，增进社会效率起见，遵于九月一日，召集族内人士开会，公推周心余、廷黄、生茂、德光、获汉、王孙、德庸、瑞厚、树镐、茂生、大猷、笃初、尚林等十三人为族董，并互推周获汉为主任，记录在案。为此将组织情形，并族董履历表，备文呈请鉴核，准予分别存转，是为公便等情。据此，除指令外，理合检同族董履历表一份，随文呈请钧府察核备案，并恳颁发图记，以资信守，实为族便。

谨呈万载县政府县长周

第一区区长郭如奎

中华民国二十三年十一月十三日

万载县第一区周氏族董会族董姓名履历表

姓名	性别	年龄	住址	经历
周获汉	男	36	二区	江西省立第五师范毕业，历任公安局长、二区区长。
周心余	男	52	一区	本邑师范毕业，历充康域小学校校长。
周迪黄	男	53	一区	小学毕业，现充第一区第六联保主任。

续表

姓名	性别	年龄	住址	经历
周德光	男	33	三区	江西法政毕业，曾充安远县政府第一科科长及国军第九十六师师范部书记官等职。
周生茂	男	54	一区	农
周玉孙	男	61	二区	农
周瑞厚	男	33	一区	商
周树镐	男	35	五区	龙河中学毕业
周茂生	男	32	二区	
周大猷	男	54	六区	龙河中学毕业
周尚林	男	38	一区	小学毕业
周笃初	男	63	一区	学
周德庸	男	61	三区	前清附生，曾充本县第三区区长。

万载县政府指令　民字第13960号　　民国二三年十一月十七日

令第一区区长郭如奎

呈一件：为据该区周姓组织族董会检同族董履历表转请察核备案由。

呈表均悉。据送该区周姓族董会族董履历表，查核尚无不合，应予备案；并准刊发图记，以资信守，仰即转饬措备刊费银五角，来府具领可也。

此令！

县长周

中华民国二十三年十一月十七日

万载县第四区曾氏戴氏族董会颁发及启用图记（1934年）

事由：为遵令呈缴刊资一元，请分别颁发曾氏、戴氏族董会图记由。

案据戴氏族董会主任戴安道呈称：案奉钧处仁字第401号训令内开，案奉万载县政府民字第一三二七一号指令本处。呈一件：为据曾氏、戴氏族董会主任曾振家呈称组织族董会请颁发图记以利进行等情，检同原送族董履历表转乞核办由令开，呈件均悉，准予备案并颁发图记，以资信守，仰即转饬各备刊资五角呈府请领可也，附件存此令等因。奉此除分令外，合行令仰该主任备刊费五角呈由本处转此令等因，奉此当即筹备刊资五角缴呈钧处察核转领，俾便启用，实为公便，谨呈。同时，复据曾氏族董会主任曾振家呈同前情各等情。据此，理合检同刊资一元，备文呈请察核！伏乞准予分别颁发图记下区，以便转发启用。

谨呈万载县县长周

附呈刊资一元

第四区区长张仰道

中华民国二十三年十月二十八日

事由:第四区戴氏族董会戴安道呈报启用图记就职日期由。

呈为呈报事。案奉钧长刊发职氏族董会木质图记,文曰:万载县四区戴氏族董会图记一颗。奉此遵于本月十二日召集族董在大桥河东街开正式成立大会,遵行宣誓就职典礼,启用图记,为此经过情形,呈请钧长察核指遵实为恩便!

谨呈万载县政府县长周

附呈印模一张

第四区戴氏族董会主任戴安道

中华民国二十三年十一月十二日

万载县第五区黎源乡钟姓族董会(1934 年)

事由:呈为遵令成立族董会,恳请察核备案,并请发给委任,以专责成,颁发印信,以昭信守事。

拟办:存后查并饬遵。中华民国二三年十二月四日

批示:批令呈由区办公处转呈。

案因本年六月间奉层峰令饬各姓应即成立族董会,并造具族董履历表转呈备案等因,奉此查本姓聚族于本县六区黎源乡,在全县统辖之下,虽于大桥昌田总祠已经成立钟氏族董会,但与本境道路相隔百余里,交通极感不便,故对于一切族务,均有鞭长莫及之憾。本处爰于六月二十日召集各支会议,选举钟日辉等七人,组织万载五区黎源钟氏族董会。即日依照族董会简章,正式办公,理合备文连同族董会履历表一份,呈请县长,察核备案,并恳发给委任,以专责成,颁发印信,而昭信守,实为公便。

谨呈万载县县长张

万载五区黎源乡钟姓各支代表会

临时主席钟光璜

通讯处大南门外三元寺钟天锡家

中华民国二十三年十二月

万载县第五区黎源乡钟姓族董会族董履历表

职别	姓名	年龄	籍贯	经历
主任	钟日辉	27	黎源乡	东洲初中毕业
族董	钟天锡	39	黎源乡	赣省公学毕业，现充县保安队副官。
族董	钟光璜	38	黎源乡	现充五区三十二保长，现奉铜鼓卢县长奖以义勇可风。
族董	钟照球	30	黎源乡	旧制中学毕业，曾历充本县各高小校长兼教员。
族董	钟谷鸣	54	黎源乡	曾充前五十五保保长
族董	钟体乾	31	黎源乡	高小毕业
族董	钟启鸾	38	黎源乡	

万载县政府批　民字第28号　　中华民国二三年十二月七日

批第五区黎源乡钟姓代表钟光璜

呈一件：呈为成立族董会，请备案及颁发印信由。

呈悉。查修正各姓族董会简章第四节十二条之规定，各姓族董会，应推举族董九人至十三人，于一个月内造具各族董姓名、籍贯、年岁、履历清册二份。呈由该管区办公处，转呈县府备案等情。兹查所呈履历表仅列董事七人，显与规定不符，仰即遵照上列两条办理，并措备图记刊资五角，一并呈由该管区办公处，转呈本府备案可也，仰即知照！

此批！

县长张

民国二十三年十二月四日

事由：为黎源钟氏照章组织族董会，恳请加给委任，颁发图记，以专责成而昭信守由。

拟办：呈件均悉，刊资已收到，准予备案，暨刊发图记，仰即转饬具领，所请加委，因无成案，毋容置议，并仰知照。表存，图记另记。中华民国二十四年一月十三日

呈为转呈事：案据属区黎源钟氏族董会临时主任钟光璜呈称：呈为照章组织万载黎源钟氏族董会，选定钟日辉等九人为族董并推定日辉为主任，恳请转呈县府加委备案，颁发图记以昭信守，实为公便等情，附呈族董履历表一份，刊印费大洋五角。据此，理合检同履历表、刊印费备文呈送钧长俯赐鉴核，准予加委备案，并恳颁发图记以昭信守，实为公便。

谨呈万载县县长张

附呈万载黎源钟氏族董会履历表一份

刊印费大洋五角

万载县第五区区长彭振亚

中华民国二十四年一月十一日

万载县第五区黎源钟氏族董会族董履历表

职别	姓名	年龄	籍贯	住址	经历
主任	钟日辉	27	黎源乡	中村	东洲初中毕业
族董	钟天锡	39	黎源乡	中村	赣省公学毕业,曾充县保安队副官。
族董	钟光璜	38	黎源乡	中村	三十二保保长、思颖学校总经理
族董	钟照球	30	黎源乡	中村	东州中学毕业,历充本县各高小校长。
族董	钟谷鸣	52	黎源乡	上村	前五十五保保长
族董	钟体乾	30	黎源乡	前村	正源高等小学毕业
族董	钟启鸾	40	黎源乡	上村	
族董	钟启封	56	黎源乡	上村	
族董	钟郁庭	38	黎源乡	上村	正源高等小学毕业

备考:钟天锡现寄居城南门,钟光璜前奉铜鼓县长卢题赠“义勇可风”四字。

事由:据呈送钟氏族董会履历表及刊资五角,准予备案刊发图记,令仰知照由。

令第五区区长彭振亚:

据呈送钟氏族董会履历表,暨刊资五角,乞鉴核备案及颁发图记由。呈件均悉,刊资已收到,应准备案,暨刊发图记,仰即转饬具领。所请加委,因无成案,着毋置议。

此令! 表存。图记另寄。(民字第364号)

中华民国二十四年一月

万载县第一区高姓族董会(1934年)

事由:为高姓族董会呈请核准备案由。

拟办:呈表均悉。所赍高姓族董会履历表查核尚无不合,应准予备案并准刊发图记,以资信守,仰即补发刊资五角来府具领可也。此令! 二十三年十二月十四日上午十时

案据高姓族董会主任玉梅呈称:呈为呈请备案事,案奉钧处令饬组织族董会等因,计抄发各姓族董会简章洎月报表式各一份。奉此,自应遵照办理。无如本族散居各区,一时难以召集,所以延至月前,始得聚集开会。但本族分为十一房,由各房推举族董一人,共推举族董十一人,复由族董互推玉梅为主任,玉梅德薄能鲜,本不便胜任,惟既被公推,辞而不获,不得不强免从事。奉令前因,理合造具族董履历表二份,呈请钧长俯赐鉴核备案,实为公便等情。据此,除指令外,理合检同履历表一份,备文呈请钧府察核备案,并恳颁发图记,以资信守,实为族便。

谨呈万载县县长张

计送呈高姓族董履历表一份

万载县第一区区长郭如奎

中华民国二十三年十二月三日

江西万载县第一区高姓族董会职员履历表

职别	姓名	年龄	籍贯	经历
主任	高玉梅	63	万载	曾充宜春株谭商会长历充株谭保卫团长
族董	高煜士	63	万载	学界,历充大祠董事。
族董	高日中	40	万载	曾充中国国民党万载三区五分部及二区四分党部执委。
族董	高庭耀	53	万载	现充城溪房房长又充三区让字乡联保主任。
族董	高福庆	72	万载	现充溪房房长兼大祠董事
族董	高丙炎	32	万载	龙州小学毕业,现充大祠董事。
族董	高熚华	38	万载	高五房小学毕业
族董	高源德	52	万载	现充二区保长
族董	高焕章	63	万载	业商,曾充万载酒业执行委员。
族董	高躬洲	64	万载	业商,现充大祠董事。
族董	高柏青		万载	学界,现充赤陂房房长。

事由:据呈送高姓族董会履历表,乞颁图记等情,准予备案,仰补缴刊资具领,指令知照由。

万载县政府指令　民字第116号

令第一区区长郭如奎

呈一件:赍送高姓族董会履历表请核准备案,并乞颁发图记,以资信守由。

呈表均悉。所赍高姓族董会履历表,查核尚无不合,应准备案,并刊发图记一颗,以昭信守,仰即补缴刊资,并同派员来府具领可也!

此令! 表存。

县长张

民国二十三年十二月十五日

事由:呈为转呈高姓族董会补缴图记刊资,恳请核收,刊发转给祗领由。

拟办:呈悉,除饬庶务室刊就图记外,仰即来府祗领转发。

批示:刊就颁发。

呈为转呈高姓族董会补缴图记刊资,恳请核收刊发转给祗领事。案据高姓族董会呈称:为遵令补缴图记刊资,恳请转呈核收刊发给领事。案奉钧处训令内开,案奉万载县政府指令,本区长赍送该姓族董会履历表,请核准备案,并乞刊发图记以资信守。呈件内开,呈表均悉,所赍高姓族董会履历表查核尚无不合,应准备案,并刊发图记一颗,以昭信守。仰即补缴刊资五角派员来府具领可也,此令表存等因。奉此,合行令仰该姓族董会遵即补缴刊资洋五角,派员径向县府具领可也,此令等因。奉此,遵即补缴图记刊资银五角,理合备文呈送钧处，核收转呈刊发给领，以资信守，实为公便谨呈等情。据此，理合检同补缴刊资银，备文转呈钧长俯赐核收，准予刊发转给祇领，以资信守，实为公便。

谨呈万载县县长张

计呈送高姓族董会补缴图记刊资银五角正

第一区区长郭如奎

中华民国二十四年三月三十一日

事由：为转据高姓族董会恳请颁图记等情，指令遵照由。

万载县政府指令　　民字第940号

令第一区区长郭如奎

呈一件：为转据高姓族董会补缴图记刊资恳请核收刊发转给祇领由。

呈悉，准予随令颁发，仰即转给祇领，仍将启用日期，连同图模，呈钧府备查。

此令！

附发图记一颗。

县长张

中华民国二十四年四月四日

摘由：为据高姓族董会呈报启用图记日期，检同图模转请察核备案由。

拟办：呈悉。应准备案，仰即转饬知照，此令。中华民国二十四年五月二十五日

案据高姓族董会主任高玉梅呈称：呈为呈报事，案奉钧处训令内开，案奉万载县政府指令，本区长赍送该姓族董会履历表请核准备案并乞颁发图记以资信守呈件内开，呈表均悉，所赍高姓族董会履历表察核尚无不合，应准备案，并刊发图记一颗，以昭信守。仰即补缴刊资五角派员来府具领可也，此令表存等因。奉此，合行令仰该姓族董会遵即补缴刊资洋五角，派员具领可也，此令等因。奉此，遵即补缴刊资洋五角。至本年四月二十二日，始蒙前郭区长发下图记一颗，文曰：万载县第一区高氏族董会图记。兹于五月十八日，在本城田下族祠内召集各会董开会成立启用图记，理合将启用图记日期并印具图模二纸，呈报钧处俯赐转核备案，实为公便，谨呈等情。计粘呈图模二纸。据此，除指令外，理合检同图模一纸备文呈请钧长察核备案！

谨呈万载县县长张

计粘呈高姓族董会图模一纸

兼代第一区区长刘梦鸿

中华民国二十四年五月二十二日

万载县政府指令　　民字第1310号

令兼代第一区区长刘梦鸿

呈一件:为据高姓族董会呈报启用图记日期检同图模转请核备由。

呈暨图模均悉。应准备案,仰即转饬知照!

此令! 图模存。

中华民国二十四年五月二十五日

万载县第三区白水王姓族董会造月终报告表及预算表

报告:二十三年十二月二一日于第三区区办公处

事由:顷据职区白水王姓族董会造送月终报告表及预算表各一份来处,理合转呈钧府察核,实为公便。

谨呈万载县县长张

附月中报表、预算表各一份

第三区区长杨勛龠

事由:为转呈白水王姓族董会造送月终报告表及预算表请察核由。

拟办:呈悉。此令,附件存。十二月十七日

万载县王氏族董会会务月终报告表

关于宣传政令事项	因未奉到政令等文件,现在尚无。
关于宣传八德及对象如何	每月召集各房董事开会一次,并令饬董事宣扬八德内容。
关于家族之兴革事宜	前我大祠遭劫被焚,现饬后裔复修,今乐育小学亦在筹备装置。
关于族内风化之整饬事项	族内严禁赌博奸盗并奢侈之颓风
关于族内有无入共产党情事	自白水蒙国军收复,百姓认同,且我族前逃走者经族董宣传均已陆续回归
其他	此月终末按作三个月之月终表
1934年12月16日　　族董会主任　王有缤	

民国二十三年九月二十五日起至二十四年九月二十五日止预算表

收入款项	收各会派来洋152元	
支出款项	办公费	18元
	特别费	26元
	福食费	120元
	装置费	4元
	合计	168元
备考	1934年9月25日起至1935年9月25日止	
1934年12月16日　　白水王氏族董委员会		

万载县政府指令　　民字第247号

令第三区区长杨勋龠

呈一件：呈送白水王姓族董会月终报告表及预算表，乞察核示由。

呈悉。

此令！附件存。

县长张

民国二十三年十二月十六日

万载县第一区鲍氏、张六房祠族董会(1935年)

事由：为转呈鲍氏、张氏族董会族董履历，并恳颁发图记由。

拟办：呈表均悉。所赍鲍氏张氏族董会族董履历，应准备案，并刊发图记以昭信守。仰即补缴刊资五角另呈核发可也！此令，表存。二十四年一月六日

呈为据情转呈事：案据鲍氏族董会主任鲍钦文呈称，案查前奉钧处通告颁发修正各族董简章一份，并饬着即召集族民大会，选举族董主任，仍应将各该族董履历造报前来等因，奉此遵即于本年十一月成立本族族董会筹备处。于十二月二十三日，由筹备处召开族民大会当经推举钦文、干青、纬成、勋纯、模裕、谦臣、馨宜、兰孙、雄九人为族董，并由族董中互推钦文为主任，并于本日开成立大会。除通告本族人民一体周知外，理合遵章造具族董会履历表二份备文呈送钧处鉴核，准予分别存转，并乞转恳县政府准予照章颁发本族会图记一枚，俾便正式成立，实为公便。复据张氏族董会主任张兆元呈称：呈为呈报成立日期，造送族董履历，恳祈核转备案，颁发图记，俾资信守事案。奉钧处令饬组织族董会一案，遵经召集族内同人，共策进行。嗣因族人散居各地，集会维艰，以致一延再延。兹经召集全祠会议推定张兆元等为族董，并以张兆元为主任，遵于二十三年十二月三十日正式成立，

理合造具族董姓名履历表二份,备文赍呈钧处核转备案颁发图记,俾资信守,实为公便谨呈等情,附呈族董会履历表二份。据此,理合检同该姓族董会族董履历表各一份,备文呈请钧府俯赐察核,准予颁发图记,俾资信守,实为公便!

谨呈万载县县长张

附呈鲍氏族董会族董履历表一份

张氏族董会族董履历表一份

第一区区长郭如奎

中华民国二十四年一月六日

万载县第一区张六房祠族董会族董姓名履历表

姓名	别号	职别	年龄	经历
张兆元	镜芙	主任	74	前清附贡生,曾任万载县商会坐办万载县自治局文牍。
张锡洪	邵刚	族董	59	学
张忠厚	持躬	族董	24	龙河中学毕业,曾任万载第一区第四联保主任。
张巩黄,	固卿	族董	44	龙河中学毕业,曾任万载县立模范小学校校长。
张容真	存诚	族董	39	龙河中学毕业,曾任龙桥鹅峰小学校校长。
张载赓	飏臣	族董	65	前清监生,曾任第三区黄茅各处善后委员坚字团团长。
张有恆	紫云	族董	78	前清庠生
张甘霖	苏槁	族董	39	龙河中学毕业,曾任私立文献小学校校长。
张遐龄	鸣皋	族董	58	学,曾任玉山统税局分局长。
张国泰	喜书	族董	48	前清监生,现充作新小学校校董。
张惠民	迪吉	族董	43	鹅峰小学毕业。
张耀华	子炎	族董	64	前清监生
张海涛	镜清	族董	64	前清庠生,历充县商会监察委员,酒业同业公会主席、集贤镇镇长。

中华民国二十三年十二月三十一日

万载县第一区鲍氏族董会族董履历表

姓名	性别	年龄	籍贯	经历
鲍钦文	男	41	万载	江西豫章法政法律专科学校毕业,现任慈化特别区第三区第四联保主任。
鲍干青	男	42	万载	本县龙河中学旧制毕业,现任本族俊逸小学校长。
鲍伟成	男	62	万载	现任本族房长
鲍谦臣	男	58	万载	曾任四区善后委员会财务主任
鲍磬宜	男	63	万载	/
鲍兰孙	男	63	万载	/
鲍雄	男	37	万载	曾充本县警察队少尉排长

中华民国二十三年十二月万载县鲍氏族董会主任鲍钦文造呈

事由:据呈送鲍氏、张氏族董履历乞发图记等情,仰即措缴刊资各五角,另呈核发,着即知照由。

令第一区区长郭如奎:据呈送鲍氏张氏族董会族董履历并乞颁发图记由。呈表均悉,应准备案,并刊发图记,仰即补缴刊资各五角,另呈核发可也!

此令表存(民字第254号)

中华民国二十三年十二月

事由:鲍氏族董会呈缴图记刊资五角,乞查收并请颁发图记。

拟办:准发并指令知照。中华民国二十四年元月二十五日

案奉万载县一区办公处训令内开:案奉万载县民字第254号指令,本处为呈送鲍氏族董会族董履历表并乞颁发图记呈一件内开:呈表均悉,应准备案,并刊发图记,仰即补缴刊资五角,另呈核发可也,此令等因。奉此,除分令外,合行令仰该族董会即便知照补缴刊资五角,径呈县府听候核发为要,此令等因。奉此,遵即补缴图记刊资五角,备文呈送钧府查收,并乞颁发图记一颗,以便启用,实为公便。

谨呈万载县县长张

附缴图记刊资五角正

万载县鲍氏族董会主任鲍钦文

中华民国二十四年一月二十三日

事由:张祠族董张兆元呈为措缴刊资,恳请颁发图记由。

拟办:准发并指令知照。中华民国二十四年元月二十五日

呈为措缴刊资恳请迅颁图记,以资信守事。案奉万载县第一区区办公处训令内开:案奉万载县政府民字第254号指令,本处为呈送张氏族董会族董履历表并乞颁发图记呈一件内开:呈表均悉,应准备案,并颁发图记,仰即补缴刊资五角,另呈核发可也,此令等因。奉此,除分令外,合行令仰该族董会即便知照补缴刊资五角,径呈县府听候核发为要,此令等因。奉此,理合措备刊资五角具文呈缴钧府俯赐察收,核发图记,以资信守,实为公便。

谨呈万载县县长张

计呈刊资洋五角正

万载县张六房祠族董会主任张兆元

中华民国二十四年一月二十三日

事由:令发该区张鲍两氏族董会图记,仰转饬具领由。

令第一区区长郭如奎

呈一件:据该区区民张兆元、鲍钦文等呈缴族董会图记刊资各五角,乞颁发图记由。

呈悉,刊资已收到,准予颁发,仰处查收转给具领,并将启用日期报查!

此令! 图记另发。(民字第459号)

中华民国二十四年一月

万载县第三区高姓族董会(1935年)

事由:为成立族董会,恳请备案加委由。

万载县政府批　　民字第41号

具呈人高氏族董会高文波等呈一件:呈为成立族董会恳请备案加委,并颁发图记由。

呈悉。查该会族董姓名履历一览表,未据呈送到府,无从查核,仰该管区长转呈到府再行核夺可也。

此批!

县长张

中华民国二十四年七月二十一日

事由:为据情转呈高氏族董会,改刊图记,恳请察核备案由。

拟办:族董会图记应由本府刊发,以昭信守,以资划一。又原刊图记冠刻江西字样,殊过繁冗,仰即转饬缴呈刊资五角。中华民国二十四年八月十八日

案据属区高姓族董会主任高之栋呈称:窃本会于本年八月十一日召开临时会议讨论事项第一案,内载慈化特别区政治局奉令撤销后,吾区归还万载县政府建制,本会原有图记理应销毁,依式改刊一颗,文曰:江西万载县第三区高姓族董会图记,并于八月十四日启用,理合备印模三份,随文赍呈钧长鉴核转呈万载县政府准予备案,实为公便等情。据此,理合转呈钧府查核备案,至为公便!

谨呈万载县县长张

附粘呈印模三份

暂代第三区区长黄孟嘉

中华民国二十四年八月十六日

事由:据呈高氏族董会改刊图记,转请备案等情,指令遵照由。

万载县政府指令　　民字第103号

令代第三区区长黄孟嘉

呈一件:据高氏族董会呈恳改刊图记,附呈图摹转请备案。

呈悉附件均悉。该会改刊图记，冠以江西字样，殊过繁冗……应缴呈刊费五角，另由本府刊发图记启用，以昭信守以资划一，并应由该区长查照转饬缴交刊资，汇呈核发，仰即遵照！

此令！图摹发还。

县长张

中华民国二十四年八月二十三日

事由：呈转本区高氏族董会奉令呈缴图记费刊银五角，恳请核收由。

拟办：呈悉。应准刊发图记一颗，仰即转给祗领，并取具图模报查。来呈漏盖钤记，殊属疏忽，区办公处应予申斥，嗣后处理公文务须注意，毋再疏忽。中华民国二十四年九月十六日

案查接管卷内，据本区高氏族董会主任高之栋呈称：案奉钧署本年八月二十九日训令，以奉万载县政府民字第一零三号指令，饬本会呈缴刊费银五角，以便转请刊发，毋延此令等因，图模发还。奉此，遵将图记刊费银五角，备文缴呈俯赐察收，转请刊发，实为公便等情，计呈缴图记刊费银五角。据此，理合将该会呈缴图记刊费银五角，备文转呈钧府核收，并恳即予颁刊图记，俾资转给，至为公便！

谨呈万载县县长张

计呈送纸币五角

代理第三区区长项之化

中华民国二十四年九月十二日

事由：呈据本区高氏族董会呈缴图记刊费五角乞核收刊发等情，指令准予刊发由。

万载县政府指令　　民字第147号

令代理第三区区长项之化

呈一件：据本区高氏族董会奉令呈缴图记刊费银五角，转请核收刊发图记由。

呈悉，准予刊发图记一颗，图记随文附发。仰即转给祗领，并取具图模一份，呈府备查！来呈漏盖钤记，殊属疏忽，应予申斥，嗣后处理公文，务须注意，仰并遵照！

县长张

中华民国二十四年九月十九日

事由：据高氏族董会呈报启用钤记日期等情转呈核备由。

拟办：呈悉，此令。中华民国二十四年十月五日

案据职区高氏族董会主任高之栋呈称：窃本年九月二十六日转奉万载县政府发下木质图记一颗，文曰：万载县第三区高氏族董会之图记等因，即于月之二十八日敬谨启用，理合将奉到及启用日期并盖备印摹随文呈请钧长鉴察，准予存转备案谨呈等情；计粘呈印摹二份，据此，除指令准予存转外，理合连同印摹备文呈请钧府核备。

谨呈万载县县长张

计附粘印摹一纸

万载县第三区区长项之化

中华民国二十四年九月三十日

事由:据呈以据高氏族董会呈报启用图记日期等情,转乞核备等情,指令知照由。

指令　　民字第180号

令第三区区长

呈一件:为据高氏族董会呈报启用图记日期等情转请核备由。

呈悉。

此令!

县长张

中华民国二十四年十月五日

摘由:为据高氏族董会主任高之栋呈请公推高德光高耀辉补充本会族董会族董,并造送履历表一份,伏乞鉴核备案由。

拟办:准予补充。中华民国二十四年十一月八日

据高氏族董会主任高之栋呈称:窃查本会族董高永寿、高树华因病相继去世,业经召集各族董开临时会议,公推高德光、高耀辉二人补充,理合造具高德光、高耀辉族董履历二份随文呈请钧长鉴核存转备案谨呈等情。计呈送高德光,高耀辉族董履历表二份。据此,理合将高德光,高耀辉,族董履历表一份,随文呈请钧长鉴核示遵!

谨呈万载县县长张

附呈送高德光高耀辉履历表一份

第三区区长龙凤瑞

中华民国二十四年十一月十三日

万载县第三区高氏族董会族董履历表　民国二十四年十一月十三日

职位	姓名	年龄	住址	职业	经历
族董	高德光	52	株谭	商业	江西农林专门学校林科毕业
族董	高耀辉	49	株谭	教育	龙河中学旧制毕业,现充保长。

事由:据转呈高氏族董会主任高之栋呈请公推高德光、高耀辉补充族董并造送履历一份,乞察核备案等情指令知照由。

万载县政府指令　　民字第270号

令第三区区长龙凤瑞

二十四年十一月丨三日呈一件:呈据高氏族董会主任高之栋呈请公推高德光、高耀辉补充本会族董,并造送履历表一份,伏乞察核备案由。

呈件均悉,准予列补,仰即转饬知照!

此令!

县长张

中华民国二十四年十一月十九日

摘由:第三区区长龙凤瑞呈据高氏族董会主任高之栋,呈为枣木桥高遇万众公请高五房祠董事负责管理众资,抄同原约一纸,伏乞鉴核准予备案由。

拟办:呈附均悉,该高遇万众,既有后裔,所有资产应属其嫡系子孙管理,如不能取得经管人资格,亦应由嫡系宗亲管理。据声高五房祠是否为该词直系宗亲,未据声叙明白,碍难照准,仰即转饬知照! 中华民国二十四年十一月十九日

据高氏族董会主任高之栋呈称:窃据枣木桥高遇万公众裔孙高承有、高社生、高石元等面称:缘我遇万公众派衍六房,而生齿不繁,世历八传而门庭未显,幸赖先人之積累,得以建置屋宇田产,凡我后人当思创业固艰守成亦匪易,自宜矢慎矢公管理生息,扩充祭田,增拓基业,兴水源木本之恩,尽报本追远之诚。无如世道衰微,人心陷溺,各房子孙贤愚不齐,倘任性刚愎不恤众言,扣私肥己众资一败,庙毁祭灭,子孙因之纷争,乡邻因之欺侮,家庭既失孝友之风,宗族更无团结之念。爰于二十四年八月二十日在株谭高五房祠会同清理以前账项,并公请高五房祠房长董事,自本年起负责管理众资,各房子孙均无异议,当即立公请管理众资约一纸存照等情。据此,复经之栋提交族董临时会议讨论决议,照约履行职务,理合抄同原约,随文呈请钧长俯赐鉴核,准予转存备案谨呈等情,计抄原约二纸。据此,查该众裔孙,既愿立约请人管理众资,复经该会议决照约履行职务,两无不合,据称前情;理合检同原约一纸,备文呈请。

谨呈万载县县长张

附呈原约一纸

第三区区长龙凤瑞

中华民国二十四年十一月十四日

事由:据转呈高氏族董会呈为枣木桥高遇万众公请高五房祠董事负责管理众资,并检同原约一纸,乞核备等情指令知照由。

万载县政府指令　　民字第269号　　令第三区区长龙凤瑞

二十四年十一月十四日呈一件:呈据高氏族董会主任高之栋呈为枣木桥高遇万众公请高五房祠董事负责管理众资,抄同原约一纸转乞准予备案由。

呈附均悉。该高遇万众,既有后裔,所有资产,应归其子孙管理。如其子孙不能取得经管人资格,亦应由嫡系宗亲管理。据称公请高五房祠董事管理,是否系原该祠直系宗亲,未据声叙明白,碍难照准,仰即转饬知照!

县长张

中华民国二十四年十一月十九日

万载县第三区白水欧阳氏族董会恳请颁发图记(1935年)

事由:为白水欧阳氏成立族董会,转请察核备案,并恳颁发图记由。

拟办:呈悉。仰即转饬补具族董会族董履历表二份并措缴图记刊费五角呈处核发可也。此令! 二十四年一月二日

案据本区白水欧阳氏族董会主任欧阳沂等呈称:呈为呈请转呈县府察核备案颁发图记以昭信守而利进行事,窃本族业于本年十二月八日召集旅县人数在县城欧阳大祠开会,讨论照章组织白水欧阳氏族董会,公推沂等九人为族董,并由各族董公推沂为主任,主持会内一切事宜。为此,具文呈请钧长察核备案并恳转呈县府颁发图记,以昭信守,而利进行,实为公便谨呈等情。据此,理合转呈钧长察核备案,并恳颁发图记,以便转发,实为公便!

谨呈万载县县长张

第三区区长杨勋龛

中华民国二十三年十二月三十日

事由:据呈报欧阳氏成立族董会等情,仰即转饬补具姓名履历表二份,并刊资五角呈核由。

令第三区区长杨勋龛:据呈报白水欧阳氏成立族董会乞核备案并颁发图记由。呈悉处仰即转饬补具族董会族董姓名履历表二份并措缴图记刊费五角呈处核发可也!

此令!

中华民国二十四年一月

万载县第四区曾氏族董会呈报就职启钤日期(1935年)

事由:为呈报就职启钤日期,乞核备案由。

(大桥曾氏族董会主任曾振家呈)

拟办:呈悉。此令。二十四年一月三日

呈为呈报事:案奉万载县第四区办公处指令内开仁字第四百零二号,奉钧府民字第一

三二七一号指令，本处呈一件，为据该区大桥曾氏族董会主任曾振家呈报组织族董会请颁发图记以利进行等情，检同原送族董履历表转乞核办由令开，呈件均悉，准予备案，并颁发图记以资信守，仰即转饬该族董会主任呈府请领可也，此令等因。奉此遵于本年十二月二十四日正式就职，敬谨启钤视事，理合具文呈报钧府察核备案，实为公便！

谨呈万载县县长张

中华民国二十三年十二月

事由：据报就职日期及启用图记等情，指令备案由。（民字第204号）

令第四区大桥曾姓族董会主任曾振家：据呈报就职暨启用图记日期乞呈核等情；准予备案。

此令！

二十四年一月四日

万载县第一区田下郭氏族董会改选（1935年）

事由：呈为呈报改选，恳请察核备案由。

拟办：指令准予备案。中华民国二十四年三月八日

呈为呈报改选情形恳请察核备案事：窃属族自旧遵章组立族董会后，曾造具族董履历表分呈周前县长暨第一区区办公处奉准各在案。惟自属族前主任郭怀准离会数月，职务虚悬，工作停滞，爰经召集全族士绅开会改选用资健全，当场选定族董十三人（姓名另详履历册），互选职鸿祺兼理主任记录并分函各在卷，所有上述改选各缘由，理合备文连同族董履历册随文呈请钧长察核备案，并乞指令祇遵，实为公便。

谨呈万载县政府县长张

附呈族董履历册一份

万载县田下郭氏族董会主任郭洪鸿祺　族长郭严

中华民国二十四年三月七日

万载县第一区田下郭氏族董会族董姓名履历清册　民国二十四年三月七日

职别	姓名	籍贯	经历
族长	郭严	万载	前清附生，曾任民粹中校教务主任。
主任	郭鸿棋	万载	现任县商会主席
董事	郭致中	万载	江西豫章政法毕业
董事	郭熙载	万载	曾任县商会执行委员

续表

职别	姓名	籍贯	经历
董事	郭志宏	万载	曾任县政府交际员、禁烟所所长、金溪县巡官
董事	郭潜	万载	龙河中学校毕业
董事	郭维城	万载	龙河中学毕业
董事	郭熏南	万载	商
董事	郭道远	万载	江西豫章政法毕业
董事	郭衡钧	万载	龙河中学校毕业
董事	郭履谦	万载	商
董事	郭勋仁	万载	曾任本县禁言所所长
董事	郭荣宗	万载	现任第一区三十保保长
董事	郭文林	万载	商

事由:据报改选情形连同姓名册,乞核呈前来指令准予备案由。

万载县政府指令　　　民字第746号

令田下郭氏族董会主任郭鸿棋

呈一件:呈报改选情形连同履历清册乞癸核由。

呈件均悉,准予备案！此令,册存。

县长张

中华民国二十四年三月八日

万载县第三区潭埠张姓族董会(1935年)

事由:呈为遵令组织族董会,恳请鉴核备案,加委刻发图记事。

拟办:准予备案,仍仰将刊资措缴,再行核发。中华民国二四年三月十八日

呈为遵令组织族董会恳请鉴核备案加委刻发图记事:敝族于本月四日召集全族代表大会,案奉层峰颁发简章规定之第四条组织之,咸推张冠群、少骞、汉宾、伯箴、洪芹、旦初、才启、慕纲、国栋、流桂、锦成、亦成、学荣等十三人为族董,复由族董互推张冠群为主任,理宜填造履历备文呈报,恳请钧府鉴核备案加委刻发图记至为感便！

谨呈万载县政府县长张

附呈族董履历表一份

治下第三区潭埠张姓全族代表材林(押)、潮鉴(押)、流桂(押)

中华民国二十四年三月十四日

万载县第三区潭埠张姓族董会族董履历表

姓名	年龄	籍贯	职业	经历
张冠群	44	万载	学	东州中学毕业，历充崇德、新田、志仁、萃英、明德各初小校教员，现任明德初级小学校教员。
张少骞	46	万载	学	万载东洲中学毕业，历充成德高等小学校教员，现任成德高级小学校校长。
张汉宾	46	万载	学	曾在江西专门肄业，历充初小校及康西高小校教员，并曾任详宇团长，现任康西高级小学校教员。
张伯箴	37	万载	学	万载东洲中学校毕业，历充龙岩、文德、新智、步文各初小学校校长及教员，现任黄氏族立初级小学校教员。
张洪芹	52	万载	商	入学四年，曾历管公尝会众及经理初小校务。
张旦初	41	万载	学	万载东洲中学毕业，历充体仁三省高小教员，现任文德初级小学校教员。
张才启	23	万载	学	成德高小毕业，曾历管公尝会众及经理初小校务。
张慕纲	41	万载	学	体仁高小毕业，历充新育、文德两初小校校长及教员，现任新育初级小学校校长兼教员。
张国栋	46	万载	学	入学六年，历任文德初小校校长，现任文德初小校校长。
张流桂	58	万载	工	入学三年，历管公尝会众及办理初小校教育。
张锦成	26	万载	农	入学五年，历管公尝会众及办理初小校教育。
张亦成	42	万载	工	入学五年，历管公尝会众及办理初小校教育。
张学荣	36	万载	学	成德高小毕业，曾任志仁初小学校毕业。

事由：据报成立族董会准予备案，批示知照由。

万载县政府批　　民字第811号

具呈人第三区潭埠张姓代表张材林等呈一件：呈报组织族董会，连同族董履历乞备案加委颁发图记由。

呈表均悉。据呈族董履历表，查核相符，应准备案，仰即补缴图记刊资五角，另呈核发。所请加委之处，该会属民众团体，由公众所推选，自毋庸加委，并仰知照！

此批！表存。

县长张

中华民国二十四年三月十九日

事由：呈为遵令组织族董会，续恳鉴核备案，加委刻发图记事。

拟办：呈悉。仍仰呈由该管区长转核备案可也，此批。

呈为遵令组织族董会续恳鉴核备案加委刻发图记事，敝族于前月六日召集全族代表大会，案奉层峰颁发简章规定之第四条组织之咸推张冠群、少骞、汉宾、伯箴、洪芹、旦初、才启、慕纲、国栋、流桂、锦成、亦成、学荣等十三人为族董，复由族董互推张冠群为主任，现已填造履历备文呈报，恳请钧府鉴核备案加委刻发图在卷，迄今尚未沐批。为此，续呈复恳备案加委，刻发图记以利进行，至为感便！

谨呈万载县政府县长张

治下第四区潭埗张姓全族代表：张潮鉴（押）、材林（押）、流桂（押）

中华民国二十四年四月十六日

万载县政府指令　　民字第1315号

令第四区潭埗张姓全族代表张潮鉴等

呈一件：为遵令组织族董会恳请备案加委，及颁发图记由。

呈悉。仍仰呈由该管区长核转备案，以昭系统，着即知照。

此令！

县长张

民国二十四年五月

万载县第四区黄氏族董会（1935年）

摘由：据情转报成立族董会，恳请备案，颁发图记以专责成由。

拟办：呈件均悉，准予备案，至请颁发图记，俟刊就后，再饬具领，并仰拟具手则呈府备核。中华民国二四年五月四日

案据本区黄氏族董会黄晋等呈称：呈为设立黄氏族董会恳请察核转呈备案，并乞发给图记，以专责成而利进行事。窃民族之结晶，即家族联合之造成，家族的结构亦各个人民团聚的因果，是以民族兴家族实，联络一气，不可同时分离，关系切要，诚非浅鲜。况今日国家飘摇，疮痍满目，正宜以总理的三民主义之民族主义为原则保存家族主义为基础，努力恢复旧道德，实行新生活，如是由家族上乘为国族民族主义立国精神，庶可澎涨于中外，晋等有鉴于此，乃于去年十一月十二日聚各房族绅于宗祠开全族大会，决议组织黄氏族董会奉行政令……庶几家族巩固，民族亦可稍臻于光荣，并公推黄迅、黄晋、黄炳辰、黄辰清、黄砺初、黄保权、黄睿哲、黄绍忠、黄上游、黄振翰、黄森财、黄建申、黄建裕十三人为族董，互推黄迅为主任，为此缮具族董姓名履历表二份，连同备文呈请钧长察核转呈备案，并乞颁发图记以专责成而利进行，实为公便谨呈等情。附族董姓名履历表二份，据此，理合检同原表一份，备文呈报钧长俯赐察核，准予备案，并颁发图记，以利进行，实为公便！

谨呈万载县县长张

附黄氏族董姓名履历表一份

代理四区区长李德训

中华民国二四年四月三十日

万载县黄氏族董会族董姓名籍贯履历表　民国二十四年元月二十二日

职别	姓名	年龄	籍贯	经历
主任	黄迅	50	万载	江西吏治训练所第一类毕业、后补县长,历充分宜、宜春各县府秘书。
族董	黄晋	43	万载	东洲中学、潮州军校毕业,历充国民革命军建国桂军排长、副官连长、万载县警察队副队长、四区靖卫团团长。
族董	黄炳长	45	万载	中学毕业,历充小学校校长教员。
族董	黄砺初	51	万载	中学毕业,历充小学校校长教员。
族董	黄辰清	71	万载	历充东洲分局经理
族董	黄睿哲	39	万载	中学毕业,历充小学校校长教员。
族董	黄绍忠	44	万载	中学毕业,历充小学校校长教员。
族董	黄保权	26	万载	中学毕业,历充小学校校长教员。
族董	黄振翰	36	万载	中学毕业,历充小学校校长教员。
族董	黄上游	28	万载	中学毕业,历充小学校校长教员。
族董	黄森才	51	万载	历充黄万兴祠经理
族董	黄建申	56	万载	历充黄万兴祠经理
族董	黄建裕	60	万载	历充黄万兴祠经理

事由:据情转报成立族董会准予备案,并刊发图记由。

万载县政府指令　　民字第1153号

令代第四区区长李德训

呈一件:为据黄晋等呈为成立黄氏族董会转请备案,并乞颁发图记由。附族董履历表一份。

呈表均悉,准予备案。所请颁发图记,俟刊就后再行饬知具领。仰即补缴刊费五角来府为要。

此令! 表存。

县长张

中华民国二四年五月四日

事由:呈为据呈转呈颁发族董会图记乞核示由。

拟办:呈悉。准予刊发黄氏族董会图记一颗,随文颁发,仰即转给祗领,仍将启用日期、取具图模报查为要。中华民国二十五年七月三十日

案据区属黄氏族董会主任黄迅呈称:窃属会于二十四年五月十日奉万载县前第四区区办公处训令内开,案奉县政府民一字第二五三号指令为本处呈一件,为据黄晋等呈为成立黄氏族董会,转请备案,并乞颁发图记由令开,呈表均悉,准予备案! 所请颁发图记,俟开就后,再行饬知具领! 仰即补刊资五角来府为要等因。奉此,遵令备缴刊费银五角备文呈请钧署俯赐察核,迅予转请颁发图记,以昭信守,而利进行,实为公便等因,附刊资法币五角。据此,除指令照转外,理合检同刊资法币五角,备文呈请鉴核,准予颁发图记,以昭信守!

谨呈万载县长张

附缴刊资法币五角
第二区区长欧阳鹤
中华民国二十五年七月十七日

事由:据呈转请颁发族董会图记乞核示等情指令知照由。
万载县政府指令　民字第582号
令第二区区长
呈一件:为据转呈颁发黄氏族董会图记,乞核示由。
呈悉,准予刊发黄氏族董会图记一颗,随文颁发,仰即转饬给祇领!仍将该会启用图记日期,取具图模报查为要!
此令!
计刊发黄氏族董会图记一颗。
县长张
中华民国二十五年八月二日

万载县第三区叶姓族董会改选(1935年)

事由:为据转叶姓族董会改选情形检同表册印模,呈请鉴核备案由。
拟办:呈附均悉。应准备案,仰即转饬知照,此令,附件存。中华民国二四年五月二十二日
案据叶姓族董会主任叶肇康呈称:查族董会简章第五条规定族董任期以一年为限,本会成立经年理宜改选,爰于四月八日召集各支开全族大会,改选职员。当依法定手续选出叶肇康、叶爵秋、叶振耀、叶家福、叶根培、叶基玙、叶邦彦、叶文和、叶锡翠、叶荣耀、叶金云、叶玉麟、叶顺和十三人为族董,互选叶肇康为主任,即日就职视事。又本区旧属慈化特别区管辖,今归还建制,原有图记已不适用,业照颁发式样,另行刊刻,文曰:江西万载县叶姓图记。所有改选更印缘由,理合检同履历印模呈报钧署,请予核转备案,实为公便等情。附呈叶姓族董会职员履历表二份、印模二张。据此,除抽存一份备查外,理合检同该原表册印模,呈送钧府,请予鉴核备案!
谨呈万载县县长张
附呈叶姓族董会职员履历表一份
原印模一纸
第三区区长龙元辅
中华民国二十四年五月

万载叶氏族董会职员履历表

职别	姓名	年龄	籍贯	经历
主任	叶肇康	47	万载	前袁州府立中学毕业，江西高等学堂修业，曾充正谊、明道体仁、辅材各高小校长兼教员、东洲中学事务主任，慈化特别区清乡善后委员会常委。
族董	叶荣耀	41	万载	北京中国大学毕业、上海党务学校毕业，历充万载东洲中学教员、省立七中学校年级主任兼党议国文教员。
族董	叶邦彦	43	万载	万载东洲中学毕业，曾充正谊三省各高小校校长兼教员。
族董	叶家福	52	万载	曾充本族会众经理
族董	叶爵秋	53	万载	曾充地方及本族会众经理
族董	叶顺和	43	万载	曾充本族会众经理
族董	叶文和	57	万载	曾充本族会众经理
族董	叶振耀	60	万载	曾充本族会众经理
族董	叶基玙	36	万载	曾充本族及地方会众经理，现任万载三区第八十保保长。
族董	叶金云	61	万载	曾充本族会众经理
族董	叶锡翠	,36	万载	曾充本族会众经理，现任万载三区第八十一保保长。
族董	叶根培	49	万载	曾充株谭镇商会会长
族董	叶玉麟	37	万载	正谊高小毕业，曾充本族会众经理。

事由：为据情转呈叶姓族董会改选情形，请令核备案等情指令照准由。

万载县政府指令　民字第1293号

令第三区区长龙元辅

呈一件：为据情转呈叶姓族董会改选情形检同表册呈请察核备案由。

呈暨附件均悉。应准备案，仰即转饬知照！

此令！附件存。

县长张

中华民国二十四年五月二十三日

万载县第一区唐氏族董会撤销并补充族董（1935年）

摘由：为据唐氏族董会呈以唐元祥窃账妄载，撤销其族董职务，即以唐鼎祥补充等情，转请察核备案由。

拟办：呈暨履历均悉。准予备案，仰即转饬知照，此令，履历存。中华民国二十四年五月二十六日顷据唐氏族董会主任唐在云等呈称：窃属会族董唐元祥于本月十九日夜晚在大祠总账内窃载福生盛来洋一百元。查给账人唐洪蒸账单及卸职首士唐鼎盛流水均未载有此项账目，实属有意扰乱祖宗血食。当今属会议决，以欺诈祖宗论罪。除面饬当众，挽销福生盛来洋外，并撤销其族董职务，遗额即以唐鼎祥补充，理合将撤职族董唐元祥横行及属会核办情形暨补充族董唐鼎祥履历三份备文呈请钧长鉴核备案，并恳转呈上峰备案实为公便谨呈等情。附履历表三份，据此，除指令外，理合检同履历表二份备文转呈。

谨呈万载县县长张

计呈唐鼎祥履历表二份

兼代第一区区长刘梦鸿

中华民国二十四年五月二十四日

万载县唐氏族董会补充族董履历表

姓名	性别	年龄	籍贯	经历
唐鼎祥	男	50	万载	曾办本街公益事物

事由：据呈唐氏族董会更换族董转请核备等情指令知照由。

万载县政府指令　民字第1342号

令兼代第一区长刘梦鸿

呈一件：为据唐氏族董会呈以唐元祥窃账妄载撤销其族董职务，即以唐鼎祥补充等情转请核备由。

呈暨履历呈悉。准予备案，仰即转饬知照！

此令！履历存。

县长张

万载县第四区大桥蓝氏兴仁祠族董会(1935年)

事由：呈为成立万载大桥蓝氏兴仁祠族董会，恳请备案加委颁发图记，以便遵行事。

拟办：查一览表未据呈送到府，无从考核，仰该管区长转呈到府再行核夺，批示知照。中华民国二四年七月十七日

窃生等祖居万载大桥、潭埠、黄茅、礶头、马下、东江、高岭、仙源等处约有人丁三千余名。自民国十八年恶匪蹂躏，道德沦亡家规丧失。今者国军恢复，理应振兴良好家规，辅佐国家事业发展和肃清"匪类"善后事宜。生等爰于本年四月间，召集族务会议成立族董会，择定马下蓝功习公祠为适中办公地点，公举蓝文波、蓝为祯、蓝衮裳、蓝为士、蓝为祥、蓝国韶、蓝厚棠、蓝启元、蓝云、蓝中国、蓝为炳、蓝万成、蓝炳国十三人为族董，内推蓝为士为主任。为此填造职员一览表，是否有当，除呈报四区办公处外，理合备文呈请钧长俯赐

察核，伏乞准予备案并乞加委颁发图记，以便遵行，深为德便。

谨呈万载县县长张

族董：蓝文波、蓝为祯、蓝衮裳、蓝为士、蓝为祥、蓝国韶、蓝厚棠、蓝启元、蓝云、蓝中国、蓝为炳、蓝万成、蓝炳国

中华民国二十四年七月十二日

万载县第二区岭东孙姓族董会（1935年）

事由：为遵章成立族董会，恳请核备案由。

批办：该族董会地址系属何区，仰呈由该管区署转呈核备，并仰遵照族董会章程推举董事长造具名册呈送批示知照。中华民国二十四年八月二十三日

为遵章成立族董会恳请核准备案事。窃维吾国家族制度历数千年，中华民族相与维持，于不敝者，胥为是赖我总理遗教谆谆然，以恢复民族固有地位，须将原有家族组织健全扩大而为国族，诚有见于我国之積弱，由于团体涣散也。敝族去年奉钧府令饬组织族董会，本应即日组织完善，而迁延至今者，以数年来……地方荼毒，族人皆避难奔走，星散四方。自去年……地方稍称安谧，于是流离颠连者渐归故里，乃于本年六月十日召集合族绅耆会议，计到会人有显荣、高林、咸生、承诏、贵才、炳煊、基良、冠英、伟才等，当即一致议决选举炳丰为族长，基鸿、俊才、承勋、祥、林炳鸾、外林为族董，于六月二十日遵照章规宣告成立，为此理合备文呈请钧长俯赐鉴核，准予备案，实为公便。

谨呈万载县县长张

孙显荣、孙高林、孙咸生、孙承诏、孙贵才、孙炳煊、孙基良、孙冠英、孙伟才、孙炳熙、孙树林

中华民国二十四年八月

事由：据呈报成立孙姓族董会乞核备等情，批示由区转核由。

万载县政府批　　民字第107号

具呈人孙显荣等呈一件：为遵章成立族董会乞核备案由

呈悉。遵照族董会简章，选举董事长造具名册，仰呈由该管区署转呈到府区，再行核办，仰即遵照！

县长张

中华民国二十四年八月二十四日

事由：呈为遵照指令造具族董会姓名履历事项表，恳请察核准予立案由。

拟办:呈表均悉。应准备案,仍仰即缮具履历一份,送呈该管区署备查为要,此令。

中华民国二十四年十月十五日

呈为遵照指令造具族董会履历事项表恳请察核准予立案事。窃维国家组织民族始有统系,而后能化民成俗,使人人知由修身齐家治国而平天下矣。总理遗教谆谆然以组织民族为急务,诚有见于我国之積弱,由于团体之涣散也。民族遵照规程组织族董会,使涣者组之,散者聚之,以纠正其不法行为。曾经呈报在案,兹遵章造具族董会履历事项表,为此理合备文呈请钧长察核准予立案,实为公便。

谨呈万载县县长张

具呈人:孙显荣、孙高林、孙咸生、孙轶华、孙炳煊、孙基良、孙祥瑞、孙冠英、孙伟才

中华民国二十四年十月

族董会立案呈报事项表

名称:万载二区岭东田心孙氏族董会

目的:遵从三民主义为目的

族董会所在地:设立田心孙荣公祠内

资产资金或其他收入详细项目:荣公祠捐资二十石本族各祠会共捐资金洋一百元。

姓名	性别	年龄	籍贯	出身	职务	住址	经历
孙炳丰	男	62	万载	商	董事长	田心	曾任三区株谭镇商会副会长
孙俊才	男	46	万载	学	文书	田心	曾充民众学校教员
孙基鸿	男	76	万载	商	司理财务	田心	曾办地方公益
孙外林	男	54	万载	商	监视财务	小关岭	曾办地方公益
孙承勋	男	53	万载	学	会计	楼霞	曾办地方公益
孙炳鸾	男	51	万载	商	监视财务	田心	曾办地方公益
	男	48	万载	商	监视财务	楼霞	曾办地方公益

说明:由本族遴选公正廉明的人充理董事多数人赞成为合选。注意本族或有不法行为之人以纠正之。

事由:据呈送族董履历表乞核备等情,指令知照由。

万载县政府指令　　民字第200号

令第二区孙氏族董会族董孙显荣等

呈一件:为遵令造具族董会履历表乞察核备案由。

呈表均悉,准予备案。仍仰缮具履历表一份,呈由该管区署核转备查为要!

此令！表存。

县长张

中华民国二十四年十月十七日

万载县第二区朱氏族董会(1935 年)

摘由:为据朱氏绅民代表朱文彦呈报遵令组织族董会,转恳备案并颁发图记由。

拟办:呈表均悉。应准备案,恳请刊发图记一颗,着即措缴刊费五角再行核办,并仰转饬知照。此令! 中华民国二十四年九月十二日

案据本区朱氏绅民代表朱文彦呈称:本年三月十日案奉上令,宗族精诚,易谋团结,成立各姓族董会,且便宣扬政令,提倡道德,维系人心,颁发族董会简章,督催组织一案,除原文有案邀免冗叙外尾开,令仰遵照组织具报等因,附发简章一份。奉此,爰于同月六日召集族中绅耆人等开合族大会,遵照奉颁修正族董会简章第四条之规定,推举朱中树、朱维溪、朱敬舆、朱汉章、朱文士、朱如玉、朱海源、朱文华、朱秋发、朱荣光、朱熙照等十一人为族董,并由族董互推众望素著之朱中树为主任,业已决议通过记录在案。迄今成立半载,成绩颇著,惟尚未呈请政府核备,以致族内一切重大事宜,多待举谋。兹仍遵照简章第十条所载,族董成立后应造具各族董姓名、籍贯、年岁、履历清册二份之规定,为此合理造具上项履历清册二份,备文赍呈钧长察核,转呈县府准予备案,颁发图记指令祗领,以资信守,至为公便,谨呈等情。据此,理合将原呈族董会族董姓名履历表一份备文呈请钧长鉴核备案,并恳颁发图记以资信守。

谨呈万载县县长张

附履历表一份

第二区区长欧阳鹤

中华民国二十四年九月八日

万载县第二区钤溪朱氏族董会姓名履历表　　民国二十四年八月三十一日

职别	姓名	籍贯	年龄	经历
主任	朱中柱	万载	58	法专毕业,曾充龙章高小教员,、县财委会出纳组主任等职。
族董	朱霞岛	万载	31	私立龙河中学毕业
族董	朱汉章	万载	34	赣省中学毕业
族董	朱维汉	万载	41	私立龙章高小毕业
族董	朱敬舆	万载	42	私立龙河中学毕业
族董	朱文华	万载	28	江西省立第八中学毕业
族董	朱荣光	万载	41	宜春县自治讲习所毕业

续表：

职别	姓名	籍贯	年龄	经历
族董	朱海源	万载	59	曾办地方公益事务
族董	朱秋发	万载	45	曾办保甲事务
族董	朱如玉	万载	38	江西省立第八中学毕业
族董	朱熙照	万载	48	曾任保长

事由：据转报成立朱氏族董会，乞备案颁发图记等情，指令知照由。

万载县政府指令　民字第137号

令第二区区长欧阳鹤

呈一件：为据朱氏绅民朱文彦等呈报组织族董会转请备案颁发图记由。

呈表均悉。应准备案。仰即转饬措缴图记刊资五角，再行刊发，给领可也！

此令！表存。

县长张

中华民国二十四年九月十五日

万载县第二区刘氏族董会改易图记（1935年）

事由：为地境改属二区，拟改易图记，恳请核示由。

拟办：呈悉。该会区域，自分区设署后，改隶第二区管辖，应将原颁图记呈缴毁销，仍仰补具刊费五角，呈由该管区署转请核办也可。此令！中华民国二十四年九月二十一日

呈为呈请事。窃职会前颁发图记，文曰：万载县三区刘氏族董会图记，今分区设署，职会地境现隶属二区范围，应改为二区刘氏族董会，拟将原印三字改为二字，以节经费，是否有当，理合备文呈请钧长俯赐察核指令祇遵，不胜侍命之至。

谨呈万载县县长张

万载县二区刘氏族董会主任刘家驹

中华民国二十四年九月

事由：据呈该会区域改隶二区，拟易政图记字样不另刊刻，乞核示等情指令知照由。

万载县政府指令　民字第158号　令刘氏族董会主任刘家驹

呈一件：为本会区域，改隶二区，拟收发颁图记，改为二字，以节经费，乞核事由。

呈悉。该会区域，既经改隶第二区管辖，应收原颁图记，呈缴毁销。仍仰补具刊费五

角,呈由该管区署转请核办可也!

此令!

县长张

中华民国二十四年九月二十五日

万载县第二区张氏族董会(1935年)

摘由:呈为万载县张氏成立族董会,造具族董名册,乞加委并颁发图记由。

拟办:呈表均悉。仍仰补缴图记刊资五角,再行核办,仰即转饬知照,此令!中华民国二十四年十月五日

案据职区张氏合族公民代表张崇望等呈称:窃奉层峰颁发各姓族董会简章通令施行以来,早拟遵章组织,惟民族星罗棋布,枝蘖繁多,一时骤难聚合,日前仍得会商合族,组织万载张氏族董会筹备会。于本年九月十七日召集合族绅耆,开会成立。遵章遴选张学荣、张其清、张锡奎、张联辉、张楼新、张汉滨、张智龙、张翼程、张士牙、张作舟、张权俊、张干才十三人,为族董会董事,互推张学荣为主任,正式成立万载张氏族董会。并择定潭埠张子英公祠为事务所。除记录在卷外理合造就族董履历表计二份备文呈请钧长察核!转呈备案加委,颁发图记,以资信守,而专责成,实为公便,谨呈等情。据此,除批示照转挂发外,理合检同该族董履历表,备文呈请鉴核,准予备案,发给委任,颁发图记,以专责成,而资信守,至为公便!

谨万载县县长张

附呈族董姓名表一份

第二区区长欧阳鹤

中华民国二十四年九月二十二日

万载县张氏族董会族董履历表

职别	姓名	年龄	籍贯	经历
主任	张学荣	36	万载	第四十军军官讲习所毕业,曾充中央军校教育处干事、宜春保卫团事务员。
族董	张其清	36	万载	中学毕业,历办地方公益,曾充宜春县保安团书记。
族董	张锡奎	54	万载	中学毕业,曾充尊美、存真小学教员,现充全五小学校董。
族董	张学清	40	万载	中学毕业,历充体仁小学教员。

续表:

职别	姓名	年龄	籍贯	经历
族董	张联辉	50	万载	曾充本族房长,历办地方公益。
族董	张汉滨	44	万载	中学毕业,现充康西小学教员。
族董	张楼新	46	万载	历充本族房长,历办地方公益。
族董	张智龙	27	万载	旧制高小学校毕业,历办地方公益。
族董	张翼程	49	万载	曾充本族房长,历办地方公益。
族董	张士才	46	万载	中学毕业,现充明德小学校长兼教员。
族董	张作舟	33	万载	江西法政专门学校毕业,历充各小学校教员。
族董	张权俊	30	万载	中学毕业,现充肇修小学校长兼教员。
族董	张干才	,28	万载	高小学校毕业,曾办地方公益。

事由:据转送张氏族董会族董名单履历清册请予加委,并领颁发图记乞鉴核等情,指令知照由。

指令　　民字第178号　　令第三区区长欧阳鹤

呈一件,据转送张氏成立族董会族董履历清册加委并颁发图记乞鉴核由。

呈表均悉。仰即补缴刊费五角,到府领,再行核夺,仰即转饬知照!

此令! 附件存。

县长张

中华民国二十四年十月五日

万载县第二区张刘二姓族董会刊发图记(1935年)

案据属区刘氏族董会主任刘家驹呈称:呈为遵令缴毁原颁图记恳请转呈另颁图记借资信守事。案奉万载县政府民字一五八号指令开:呈悉该会区域既经该隶第二区管辖,应将原颁图记呈缴毁销,仍仰补具刊费五角呈为该管区署转请核办可也,此令等因。奉此,理合将原颁图记截角呈送钧处并附上刊费五角,乞一并转呈县府鉴核销毁。原颁图记另行颁发新刊图记以资信守,实为公便,谨呈。同时复据张氏族董会张学荣呈缴图记刊费,请转呈刊发图记各等情;据此,除指令转呈核颁外,理合检同刊资一元,备文呈请鉴核,准予刊发该张刘二姓族董会图记各一颗,以资信守,而昭郑重,实为公便!

谨呈万载县县长张

附呈:缴刘氏族董会截角图记一颗,

刘氏族董会另颁发图记刊资银五角
张氏族董会图记刊资银五角
第二区区长欧阳鹤
中华民国二十四年十月二十日

事由:据呈缴刊资请发图记,以资信守等情,指令知照由。
万载县政府指令　民字第210号　令第二区区长欧阳鹤
呈一件:为呈缴刊资,请刊发图记,以资信守,乞察核由。
呈悉,应准照办,图记随文颁发,仰即分别给领,仍转饬将图模报查为要!
此令!
附发张氏族董会图记、刘氏族董会图记各一颗。
县长张
中华民国二十四年十月二十五日

万载县第一区鲍氏族董会呈报改选暨造送族董履历表(1936年)

事由:据呈转据鲍氏族董会呈报改选暨造送族董履历表,请核备等情,指令知照由。
万载县政府指令　民字第349号
令第一区区长辛焕镒
中华民国二十五年一月十一日呈一件:为据鲍氏族董会呈报改选并造送族董履历表,请转呈核备等情;转呈核备由。
呈附均悉。该姓族董会,既经遵章改选,应准备案,仰即转饬知照!
此令!履历表存。
县长张

摘由:为据鲍氏族董会呈报改选并造具族董履历表,请转呈核备案等情,转呈核备由。
拟办:呈附均悉。该姓族董会,既经遵章改选,应准备案,仰即转饬知照,此令,履历表存。中华民国二十五年一月十四日

案据鲍氏族董会主任鲍钦文呈称:案查前奉钧署通告颁发修正各族董会简章第五条之规定,族董任期以一年为限,属会自成立以来一年已满,理合遵章改选。于二十四年十二月二十日,召集全族代表大会,当经票选钦文等九人为族董,互推钦文为主任。除通告本族人民一体周知外,理合遵章造具族董履历表二份,备文呈送钧署鉴核,准予分别转存

核备等情，附呈族董履历表二份。据此，除指令外，理合检同原表一份，备文转呈钧长俯赐察核！

谨呈万载县县长张

附呈鲍氏族董会族董履历表一份

第一区区长辛焕镒

中华民国二十五年一月十一日

族董履历表

姓名	性别	年龄	籍贯	经历
鲍钦文	男	42	万载	江西私立法政法律专科毕业，曾任三区第四保联主任。
鲍干青	男	43	万载	龙河中学旧制毕业，现任私立俊逸小学校长。
鲍纬成	男	34	万载	龙河中学旧制毕业，曾任本县商会委员。
鲍勋纯	男	63	万载	曾任四区善后委员会财委股主任
鲍谦臣	男	57	万载	
鲍济人	男	62	万载	
鲍模裕	男	58	万载	
鲍振扬	男	38	万载	曾任本县警察队少尉排长
鲍善交	男	39	万载	

备注：本会互推钦文为主任。

摘由：据鲍氏族董会呈送族董履历表，请核转备案等情，转乞核备由。

拟办：呈暨履历均悉。应准备案，仰即转饬知照，此令，表存。中华民国二十六年一月二十二日

兹据鲍氏族董会主任鲍钦文呈称：案查前奉钧署通告颁发修正各族董会简章，如第五条之规定族董任期一年为限，属会第二届族董任期已满一年，理应改选，于二十五年十二月二十四日召开全族代表大会，当经票选钦文等九人为族董，族董中再票选钦文为主任，除通知本族人民一体周知外，理合遵章造具族董履历表二份，备文呈送钧署鉴核，准予分别转存并乞转呈县府鉴核，实为公便等情，呈附履历表二份。据此，除将履历表一份摘由备查外，理合检同该族董会履历表一份，备文转呈钧长察核备案。

谨呈万载县县长张

附呈鲍氏族董会履历表一份

第一区兼区长黄孟浩

中华民国二十六年一月二十一日

万载县第一区鲍氏族董会族董履历表

姓名	性别	年龄	籍贯	出身
鲍善交	男	40	万载	/
鲍合和	男	60	万载	/
鲍模裕	男	59	万载	/
鲍济人	男	63	万载	/
鲍谦臣	男	56	万载	/
鲍发祥	男	64	万载	/
鲍纬成	男	64	万载	龙河中学旧制毕业
鲍苍岩	男	44	万载	龙河中学旧制毕业
鲍钦文	男	43	万载	龙河中学旧制毕业

事由:据呈转送鲍氏族董会各族董履历表,乞核备等情,指令知照由。

万载县政府指令　民字第922号

令兼第一区区长黄蒙嘉

呈一件:据鲍氏族董会呈送族董履历表,请核转备案等情转乞备案由。

呈暨履历表均悉,应准备案,仰即转饬知照!

此令！表存。

县长张

中华民国二十六年一月二十三日

万载县第三区白水王氏族董会改选(1936年)

事由:为呈报就职视事,恳请备案事。

拟办:应将改选经过情形详细报核并检送职员一览表二份备查,着即知照,此令。

批示:来呈署名爰未将全衔缮写,云称主任殊属荒谬。中华民国二十五年四月二十八日

呈为报告就职视事恳请备案事:缘民族族董会业于本月十八日召集全族会议,公推民等九人为委员,民等已于是日接钤视事。为此呈请钧府准予备案,实为公便。

谨呈万载县政府县长张

据呈人王钟祥、委员铨云、乾云、忠明、名贤、罗云、起云、有台、登云

中华民国二十五年四月二十二日

事由:据呈报族董会改选,经公推委员,已于本月十八日接钤视事,乞核备等情,批示

知照由。

万载县政府批　民字第428号

具呈人王忠祥等

本年四月二十二日呈一件:为呈报族董会改选,推各委员,已于本月十八日接钤视事,请核备由。

呈悉。查来呈所称,过于草率,应将此次改选经过情形,详细报核,并填具职员一览表二份,呈府备查;来呈署名,来将全衔冠上,直称主任,殊属荒谬,特斥并仰即知照!

此批

县长张

中华民国二十五年四月三十日

事由:为报告改选,准予备案事。

拟办:呈悉,应候新任人员检同改选会员职别表二份呈府再核,仰即知照。中华民国二十五年四月二十八日

呈为报告改选准予备案事。缘民族于民国二十三年七月八日成立族董会,当时推民为该会主任,曾备文呈报钧府,并蒙前县长核准备案,遣发钤记一颗。迄今三载,遵照会章理应改选。况民年已七旬有余,老病缠绵,步履维艰,不能负责维持,爰于本年四月十八日召集全族大会当众谨辞,遂公推钟祥继任,并推定乾云、登云、有台、起云、名贤、铨云、忠明为委员,所有民所经手一切事物钤记等项,均于是日交卸清楚,谨此备文呈请钧府,以昭郑重而便备案。

谨呈万载县政府县长张

具呈人王有缤

中华民国二十五年四月二十二日

事由:据呈报族董会改选,所有以前任内经管手续均已交代清楚,请核备等情,批示知照由。

万载县政府指令　民字第429号

具呈人王有缤本年四月二十二日呈一件:为呈报族董会改选主任职务,均已交代清楚,乞核备案由。

呈悉。应候该会接替人员持职别表暨接收移交情形呈核发再行核办,仰即知照!

此批!

县长张

中华民国二十五年五月一日

万载县第一区汪氏族董会改选(1936年)

事由:据汪氏族董会呈称改选,造具族董履历表,乞分别转存等情,转请备案由。

拟办:呈府均悉,准予备案,仰即转饬知照!此令,表存。中华民国二十五年五月四日

案据汪氏族董会主任汪可舟呈称:案查本会奉令成立,曾经遵章组织呈报在案。兹因第一届族董任期已满,业于本年四月九日上午十时召集各族绅耆大会,在宗祠会议改组,结果选举汪可舟等十三人为第二届族董,并推可舟为主任。为此理合造具第二届族董姓名履历表二份,备文呈送钧署,俯赐鉴核并恳分别转存,实为公便等情,附呈汪氏族董会姓名履历表二份。据此除抽存履历表一份备查外,理合检同一份备文转赍钧府察核备案。

谨呈万载县县长张

附呈汪氏族董会履历表一份

第一区兼区长李相均

中华民国二十五年五月二日

万载县第一区汪氏族董会族董姓名履历表

职别	姓名	籍贯	年龄	经历
主任	汪可舟	万载	61	现任县商会及禁烟分会常委
族董	汪绍新	万载	61	现任平阳小校教员
族董	汪文辉	万载	40	现任龙河中学教员
族董	汪功懋	万载	50	曾任平阳小校教员
族董	汪敷仁	万载	51	曾充第一届族董
族董	汪彭龄	万载	51	曾充商会执行委员
族董	汪澜	万载	49	曾充养正、平阳各小校教员
族董	汪贞涵	万载	51	曾充第一届族董
族董	汪治讓	万载	48	曾任万载、宜春等县硝磺局长
族董	汪敷青	万载	44	曾充平阳小学校校董
族董	汪敷珍	万载	57	曾充第一届族董
族董	汪敷衢	万载	54	曾任平阳小学校校董
族董	汪敷郭	万载	36	现任县党部干事

事由:据呈以据汪氏族董会呈送改选造具族董履历表,请分别存转,转请核备等情指令知照由。

万载县政府指令　民字第431号

令第一区兼区长李相均

本年五月二日呈一件:为据汪氏族董会呈以改选,造具族董履历表,乞分别转存等情;请核备由。

呈件均悉,准予备案,仰即转饬知照!

此令! 附件存。

县长张

中华民国二十五年五月六日

万载县第四区湖源潘氏族董会(1936年)

事由:为湖源潘氏族董会筹备完竣,即经开会推定职员,仰祈鉴核备案并赐分别给委由。

拟办:呈悉。仰取具表册,呈由该管区署核转,以再行核办,此批。中华民国二十五年六月二日

呈为湖源潘氏族董会筹备完竣,即经开会推定职员,仰祈鉴核备案并赐分别给委,以辅治安事。窃族董会之设也,具有自治之精神,下可以警奸邪而治人心;上可以辅政府而昭平明之治也。故此颁发成立族董会法令以来,各姓莫不风行,草堰争相成立。过因民姓僻处山隅,所以族董会虚延至今尚未成立,且族民繁多,良莠不齐,不免有作奸犯科及为忤逆不善者。偶一发见,惩解极感困难,乃思追步诸姓之后,爰于五月二日开会组织筹备。兹将族董会筹备事宜办理完竣后,于五月十八日开族董会职员选举大会,当即公选潘燮梅为族长,潘光泽为主任,潘益群、潘道枢、潘气浩、潘喜生、潘炽锦、潘文彬、潘炳才等为会员,全体通过记录在卷,事关要政,理合具文呈请钧长鉴核备案,并赐分别给委以专责成而利治安,实为公便。

谨呈万载县政府县长张

第四区湖源潘氏族董会筹备员:潘一和、潘际泰、潘文峰、潘世忠、潘文教、潘学成、潘初生、潘良裕、潘斐然、潘循凌

中华民国二十五年五月二十九日

事由:据呈为族董会筹备完竣,经核定职员请核备给委等情批示知照由。

万载县政府批　　民字第485号

具呈人潘一和本年五月二十九日呈一件:为湖源潘氏族董会筹备完竣,即经开会推定职员,仰祈鉴核备案,并分别委任由。

呈悉,仰取具表册,呈由该管区署核转后,再行核办。着即知照!

此批!

县长张

中华民国二十五年六月三日

事由:为湖源潘氏族董会乞转核委职员会员由。

拟办:呈表均悉。卷查本年五月十九日,据该氏族董会筹备员潘一和等呈请核备有案,应准备查,仍仰补缴刊刻图记费银五角呈府核办,仰即知照,此令,履历存。中华民国二十五年九月十七日

案据本区湖源潘氏族董会代表潘一和呈称:本会前已公推潘夒梅为正主任,潘光泽为副主任,鸣盛为干事,潘炽锦、潘逸群、潘炳才、潘气浩、潘道枢、潘启生、潘文彬等为会员。当于六月二十八日呈请郭前区长转请县府给委在卷,末沐示知。为此,再造具族董会会员履历续恳钧长转呈县府给委,以专责成等情。据此,该会即经郭前任转请给委在卷,除指令外,理合检同履历一份,据情转呈钧府核委。

谨呈万载县县长张

计检送潘氏族董会职员会员履历表一份

万载县第四区兼区长苏景春

中华民国二十五年九月十四日

万载县第四区湖源潘氏族董会会员姓名履历表

职别	姓名	年龄	籍贯	出身	经历
正主任	潘夒梅	58	湖源	学	清职员,曾充三百兴保卫团正团长。
副主任	潘光泽	46	湖源	学	高等小学毕业曾充守望队队长
会员	潘鸣盛	26	湖源	学	高等小学毕业,曾充保长。
会员	潘道枢	57	湖源	学	龙河高等小学毕业,现充族学校长。
会员	潘气浩	46	湖源	学	江西工业专门学校毕业,曾充奉新中山民众学校校长。
会员	潘炽锦	26	湖源	学	高等小学毕业,曾充警察队排长。
会员	潘益群	41	湖源	商	高等小学毕业,曾充守望队队长。
会员	潘启生	58	湖源	商	历办地方公益,现充甲长。
会员	潘炳财	61	湖源	商	曾充保长
会员	潘文彬	58	湖源	商	曾充保长

中华民国二十五年九月八日填造

事由:据呈为据湖源潘氏族董会呈送履历表转请核备等情指令知照由。

万载县政府指令　　民字第　　673号

令兼第四区区长苏景春

呈一件:为据湖源潘氏族董会呈送履历表,特乞核备由。

呈表均悉。查本年五月十九日,据该氏族董会筹备员潘一和等呈请核备有案,应准备查。所请加委一节,应毋庸议。仍仰即补缴刊刻图记资五角呈府,以便刊发图记,而昭信守,着并转饬知照!

此令!表存。

县长张

中华民国二十五年九月十九日

万载县第一区王氏族董会改选(1936年)

事由:转呈万载王氏族董会履历表,请核备案由。

拟办:呈表均悉。应准备查,仰即转饬知照,此令,表存。中华民国二十五年六月六日

案据万载王氏族董会呈称:呈为属会改选缮表呈请核备事。窃维万载王氏族董会前任族董已多因故出缺,不足法定人数,兼且任期届满,似可照章改选,曾于五月十四日由改选筹备会召集各公支下代表到会,依法选出王子受等十三名为族董,并互推王子受为主任。爰将前项情由暨族董姓名履历表二份备文呈请钧长鉴核,分别呈转备案,实为公便,附呈履历表二份等情。据此,除将呈表抽留一份备查外,理合检同一览表一份,备文转呈钧府备案。

谨呈万载县县长张

附呈万载王氏族董会履历表一份

第一区兼区长李相均

中华民国二十五年六月六日

万载县第一区王氏族董会族董姓名履历一览表

职别	姓名	籍贯	年龄	经历
主任	王子受	万载	48	湖南新民法政讲习所毕业,历任湖南安乡厘金分局委员,江西湖口船捐局主任,统税局会计主任,宜春县公署交际主任,财政部江西芋酒事务局第三分局牌照税徵收专员专职。
族董	王燦昆	万载	67	曾充万载县商会评议员及全县金融团主任
族董	王教喻	万载	75	清附贡生,曾充株镇商会会长及德化乡议长。
族董	王志沂	万载	32	江西省立第八中学校毕业,曾充模范、鹅峰、植基、龙桥、贻哲各小学校教员及私立蕃衍小学校校长。
族董	王锦旭	万载	36	龙河旧制中学毕业,曾任模范小学教员,现任龙章小学校教员。
族董	王纲	万载	41	豫章专门法律本科毕业,曾任竟成小学校教员,现充兰溪小学教员。
族董	王振汉	万载	32	江西省立第八中学毕业,曾充国民革命军第一军补充团上士文书、独立第四师第二团第二营少尉书记、新编第一师第三团上尉书记、福建省安溪县第一科科长专职,现任私立蕃衍小学校校长。
族董	王燦星	万载	46	县自治讲习所毕业,历充县招待所所员、地方财政公所所员、财务委员会事务员等职,现任私立远山小学教员。

续表

职别	姓名	籍贯	年龄	经历
族董	王伟鹤	万载	39	龙河旧制中学毕业,曾充龙章鹅峰小学教员及县立第二义务校长,现任兰溪小学教员。
族董	王燦章	万载	67	清职员,曾充乔居龙河两乡监察员及龙江镇筹备员。
族董	王承平	万载	28	龙河中学毕业,现任兰溪小学校教员。
族董	王楷宝	万载	39	江西省立国语讲习所毕业,曾充万载县第一区第三十一保保长。
族董	王球鼎	万载	48	宏文师范毕业,曾任万载县政府事务员。

中华民国二十五年五月二十日填制

事由:后转呈本县王氏族董会履历表,请核备等情,指令知照由。

万载县政府指令　　民字第494号

令第一区兼区长李相均

本年六月六日呈一件:为转呈本县王氏族董会履历表请鉴核由。

呈表均悉,应准备案,仰即转饬知照!

此令! 表存。

县长张

中华民国二十五年六月九日

万载县第五区罗城高氏族董会(1936年)

事由:为遵章组织族董会及选举族董,恳准察核备案由。

拟办:呈表均悉,应俟该管区署报府,再行核办,仰即知照,此令,表存。中华民国二十五年十月三日

呈为遵章组织族董会及选举族董恳准察核备案事。窃民族居僻壤,距城穹远,人烟稠密,事务浩繁,雀角之争时所难免,民等为调解纠纷保持族纲起见,爰于四月十二日假本祠召开合族全体大会,组织高氏族董会。当即遵章选举族董九人,并经公同推定映南为主任,除分呈第五区区署外,理合将当日开会情形及填具各族董姓名履历表,备文呈请钧长俯赐察核,准予备案并乞指令祇遵,实为公便!

谨呈万载县县长张

计附呈族董姓名履历表一份

万载县第五区罗城高氏族董会主任高映南

中华民国二十五年七月三日

江西省万载县第五区罗城高氏族董会职员履历表

职别	姓名	年龄	籍贯	经历
主任	高映南	37	万载	龙洲小学毕业,现充第一保联第一乡仓储委员。
族董	高文明	67	万载	清吏员,曾充大祠董事,现充族长。
族董	高祖骞	38	万载	龙州小学毕业,曾充本区保长,现充大祠董事。
族董	高儒修	46	万载	业商,曾充大祠董事。
族董	高超	32	万载	龙洲小学毕业,曾充大祠董事。
族董	高峰	20	万载	龙洲小学毕业
族董	高生春	55	万载	业商,现充大祠董事。
族董	高永盛	48	万载	业商,曾充本区高潘守望队队长。
族董	高光鳌	17	万载	江西进贤小学毕业,现升江西鸿声初中修业。

事由:据呈为遵章组织族董会及选举族董,恳准察核备案等情,指令知照由。

万载县政府指令　　民字第541号

令第五区罗成高氏族董会主任高映南

呈一件:为遵章组织族董会选举族董,恳请察核备案由。

呈表均悉,应俟该管区署呈报到府,再行核办,仰即知照!

此令!

县长张

中华民国二十五年七月七日

事由:为呈送高氏族董姓名履历清册,乞核备案由。

拟办:呈表均悉。准予备案,刊刻图记须补缴刊费五角,再行刊发,仰即转饬遵照,此令,表存。中华民国二十五年八月二十七日

本年八月十六日,案据本区罗城高氏族董会主任高映南呈称:呈为呈请备案事。窃民族居处罗城,人烟颇密,惟其星罗棋布,素少统系,鼠牙雀角之事,时所难免,民等为调解纠纷,维持族纲起见,爰于四月十三日假本祠召集全族代表大会,组织族董会。当即遵章选定族董九人,并经公推定映南为主任,以专职务。为此理合将当日开会情形,连同族董履历表,备文呈请钧长俯赐察核,准予备案,并乞转呈县府指令祗遵,实为公便等情,附呈族董履历册一份。据此,查册所选族董,尚称公正,除指令遵照所颁修正各族董会简章办理外,理合抄呈上项族董姓名、籍贯、年岁、履历清册,备文呈送钧府察核备案,并请依章颁发图记,以凭转给领用,实为公便!

万载县县长张

计抄呈高氏族董会族董姓名籍贯年岁履历清册一份

万载县第五区署区长熊俊

中华民国二十五年八月二十四日

万载县第五区罗城高氏族董会族董姓名籍贯年岁履历清册

职别	姓名	年龄	籍贯	经历
主任	高映南	37	万载	龙洲小学毕业,现充第一保联第一乡仓储委员。
族董	高文明	67	万载	清吏员,曾充大祠董事,现充族长。
族董	高祖骞	38	万载	龙州小学毕业,曾充本区保长,现充大祠董事。
族董	高儒修	46	万载	业商,曾充大祠董事。
族董	高超	32	万载	龙洲小学毕业,曾充大祠董事。
族董	高峰	20	万载	龙洲小学毕业
族董	高生春	55	万载	业商,现充大祠董事。
族董	高永盛	48	万载	业商,曾充本区高潘守望队队长。
族董	高光鳌	17	万载	江西进贤小学毕业,现升江西鸿声初中修业。

事由:据呈为呈送高氏族董会姓名履历清册,乞核备等情指令遵照由。

万载县政府指令　民字第644号

令第五区区长熊俊

呈一件:为呈送高氏族董姓名履历清册,乞核备由。呈册均悉。准予备案,该会图记应补缴刊资五角,再行刊发,仰即转饬遵照!

此令!存。

县长张

中华民国二十五年八月二十八日

事由:为呈缴罗城高氏族董会图记刊刻费五毛,乞察收刊刻转发以资信守由。

拟办:呈悉。兹随令刊发高氏族董会图记一颗,仰即转给祗领启用,仍将图模具报备查,仰即转饬知照,此令,附发图记一颗。中华民国二十五年九月十八日

案据本区罗城高氏族董会主任高映南呈称:本年九月四日,案奉钧署民字第九五号训令内开:兹奉万载县政府民字第六四四号指令内开:呈表均悉。准予备案,该会图记,应候补刊资洋五角后,再行核发,仰即转饬遵照,此令等因。奉此,合亟令仰该会补缴图记刊资洋五角,以便转请刊发为要,此令等因。奉此,遵即筹就刊资洋五角,除着丁送来外,理合备文呈复钧长察核,并恳转呈县府刊发图记,以资启用,实为公便等情。据此,理合将所缴刊费五毛,具文呈请钧府察核,恳请迅速刊发,以资信用,实为公便!

谨呈万载县县长张

附缴图刊费五毛

万载县第五区署区长熊俊　公出

区员李灏　代

中华民国二十五年九月十七日

事由:据呈缴高氏族董会图记费五角,转乞察核等情,指令知照由。

万载县政府指令　民字第680号

令第五区区长熊俊

呈一件:为呈缴高氏族董会图记刊费五角,转乞察核由。

呈悉,准予刊发高氏族董会图记一颗,图记随文附发,仰即转饬祗领启用,仍转饬将图模具报备查,并仰知照!

此令!

计发高氏族董会图记一颗

县长张

中华民国二十五年九月二十一日

摘由:呈为据高氏族董会呈报启用图记日期及印具图模,请分别转存备查等情,转赍原呈图模,乞核备由。

拟办:呈悉。中华民国二十五年十月九日

案据本区高氏族董会主任高映南呈称:二十五年九月二十五日,案奉钧署民字第二三三号训令内开:案奉万载县政府民字第六八零号指令本署呈一件,为呈缴高氏族董会图记刊资洋五角转乞察核由。奉令开:呈悉。准予刊发高氏族董会图一颗,图记随文附发,仰即转饬祗领启用,仍转饬将图模具报备查,并仰知照!此令等因,计发高氏族董会图记一颗。奉此,合亟检同图记,令仰该会即便遵照,仰并将启用日期,及印具图模二份,具报来署,以凭转报,是为至要!此令等因,计检发高氏族董会图记一颗。奉此,遵即谨择十月二日,举行成立仪式,并于启用图记,奉令前因,理合将启用日期及印具图模二份,备文呈请钧长察核!准予分别转存备查,实为公便等情,附呈图模二份。据此,理合检同图模一份,转呈钧长察核备案,实为公便。

谨呈万载县县长张

附呈图模一份

万载县第五区署区长熊俊　公出

　　　　　　　　区员熊平安　代行

中华民国二十五年十月七日

万载县第一区唐氏族董会补充族董

摘由:据唐氏族董会呈以族董唐汉章病故,经会议推唐世光补充,造具履历转请核备由。

拟办:呈表均悉。应准备案,仰即转饬知照,此令,表存。中华民国二十五年七月二十

八日

案据唐氏族董会主任唐在云呈称：窃属会族董唐汉章因病身故，遗缺经属会第十二次常会议决，着以唐世光补充，理合造具该员履历二份，备文呈请钧署鉴核备案并恳转呈县府备案，实为公便等情，附呈履历表二份。据此，除抽存履历表一份备查外，理合检具一份备文转赍钧府鉴核备案。

谨呈万载县县长张

附呈履历表一份

第一区兼区长黄蒙嘉

中华民国二十五年七月二十七日

万载县第一区唐氏族董会补充族董履历表

姓名	性别	年龄	籍贯	经历
唐世光	男	48	万载	宾兴高小毕业，曾充第三区第三保保长。

事由：据呈据唐氏族董会呈以族董唐汉章病故，经会议推唐世光补充，检具履历特乞核备等情，指令知照由。

万载县政府指令　民字第577号

令兼第一区长黄孟嘉

呈一件：据唐氏族董会呈以族董唐汉章病故，经会议推唐世光补充，检具履历，特乞核备由。

呈表均悉，应准备案，仰即特饬知照！

此令！表存。

县长张

中华民国二十五年七月三十日

万载第二区半岭刘氏族董会遗失方印(1936年)

事由：为呈报职会被“"匪”遗失条印及育才小学方印等情，请察核由。

拟办：准予备查。中华民国二十五年八月十一日

呈为呈报事：窃职会于本月三日晨后九句钟，突有股“匪”窜入境，当即慌忙失措，遗失职会木质条印一颗，文曰“万载二区半岭刘氏族董会印“，及育才初小学校方印一颗“万载私立育才初小学校印”，族董兼育才初小校长刘子贞旋被该匪杀死，同时被该匪搜去伊身

佩戴证章一枚(系菱形式刊有万载育材学校字样,计铜质)。该匪人数约六七十枝,抢杀掳掠,任意肆行,至于地方有枪义勇队快枪十一枝弹药军用品等,悉被该匪抢去一空,碉堡二个,被匪焚毁,职会根据地今已失掉,无可如何,只得备文呈报钧长俯赐察核,恳请饬派军队前往驻守,以维地方,以利清剿,实为公便!

谨呈万载县县长张

万载二区半岭刘氏族董会族董主任刘家驹

中华民国二十五年八月六日

事由:据第三区半岭刘氏族董会呈报被匪骚扰情形,并遗失条印方印证章乞核备等情,令仰遵照指令知照由。

万载政府训令警字第 901 号

令各区区长

案据第二区半岭刘氏族董会主任刘家驹呈称:

呈为呈报事:窃职会于本月三日晨后九句钟,突有股“匪”窜入境内……实为公便等情。据此,除指令并颁令外,令行令仰该区遵照,并转奉所属一体遵照!严防匪徒刊用该校校印及证章,混入境内,据乱治安为要!

此令!

县长张

中华民国二十五年八月十七日

万载县政府指令　警字第 902 号

令刘氏族董会主任刘家驹

呈一件:为呈报被“匪”骚扰情形,并遗失条印方印证章,乞核备由。

呈悉,准予备案,并通令各区知照。

此令。

县长张

中华民国二十五年八月十八日

万载县何氏族董会(1937 年)

事由:何大祠族董主任何汉章为呈请恳请准予备案事。

拟办:呈悉。仍仰取具各族董履历呈报察核办,所请备案暂毋庸议,来呈应以主任署名并仰知照,此令。中华民国二十六年三月七日呈为呈请恳请准予备案事。窃祠于本年二月二十六日上午十时开全族大会讨论结果,经决议,根据法定组织何氏族董会,当即公推何茂才、何外兴、何汉章、何德厚、何兴田、何维藩、何维城、何玉树、何振球等为族董,同时照章由族董公推何汉章兼主任。除记录备查外,理合备文呈报钧长俯赐察核,恳请准予备案,实为公便。

谨呈万载县县长张

中华民国二十六年三月一日

事由:据呈为遵章组织族董会公推何汉章为族董。请核备等情。指令知照由。

万载县政府指令　　民字第999号

令何大祠族董主任何汉章

二十六年三月一日呈一件:为遵章组织族董会,公推何汉章等为族董,呈请准予备案由。

呈悉。仍仰即填具各族董履历表,呈处核办,所请备案,暂毋庸议。来呈应以主任署名,并仰知照!

县长张

中华民国二十六年三月三日

事由:据送何氏族董履历表恳请核备等情批示知照由。

万载县政府批 民字第1082号

具呈人何氏族董会何汉章廿六年四月八日呈一件:呈送族董会履历表请核备由。

呈既履历均悉,仍仰呈由该管区署转呈核办可也!

此批! 履历表转存。

县长张

中华民国二十六年四月十四日

江西万载县何氏族董会族董履历表

姓名	年龄	籍贯	出身	经历
何汉章	40	万载	江西省立旧制第三高小毕业	前任正蒙、聚云各小学校长兼教员,本县第一区56、44、35各保保长,县政府巡官办公处稽查,江西硝磺总局万载县硝磺分销处稽查长,监狱公署花爆三厂经理等职。
何维藩	46	万载	江西省立高等师范学校毕业	前任龙河中学校教员,县立模范小学校校长。
何振球	46	万载	万载县公立宏文师范毕业	前任何氏聚云初级小学校校长兼教员等职
何维城	43	万载	江西公立医学专门学校毕业	前任国民革命军第十四军,前方医院院长海陆空军总司令部三兵团卫生队队长,军事委员会第二十三陆军医院军医正等职。

续表：

姓名	年龄	籍贯	出身	经历
何玉树	23	万载	植基高级小学校毕业	前任万载县爆业同业公会征收处委员，现任聚云小学校教员等职。
何德厚	53	万载	清大学生	／
何茂才	63	万载	清大学生	／
何兴田	58	万载	清大学生	／
何外钦	35	万载	商业	／
何炳士	36	万载	商业	／
何招桂	30	万载	商业	／

摘由：据何氏族董会造具族董履历表，附呈图记刊资，乞核转等情，转呈核备并赐刊发图记由。

拟办：呈及履历均悉，应准备案，并刊发图记一颗，随令颁发，仰即转给祗领，此令。中华民国二十六年五月三十一日

案据本区何氏族董会主任何汉章呈称：为组织族董会造具履历附呈图记刊资恳请转呈核备刊发图记事。属族经召集全族会议推定何汉章为族董兼主任，何维藩等为族董，理合造具履历附呈刊资恳请核转备案并刊发图记实为公便等情，附呈履历表二份，图记刊资五角。据此，除抽存履历表一份备查外，理合备文转呈钧府鉴核备案，并赐刊发图记，实为公便！

谨呈万载县县长张

附呈族董会履历表一份，图记刊资法币五角。

第一区兼区长黄孟嘉

中华民国二十六年五月三十一日

事由：据呈转送何氏族董会履历表并呈图记刊资，乞核刊发等情，指令知照由。

全衔指令　　民字第1185号

令第一区区长黄孟嘉

本年五月卅呈一件，据何氏族董会呈送履历表，并附呈图记刊资乞核转等情，转呈核备，并刊发图记由。

呈表均悉，准予备案，并刊发图记一颗，随令领发，仰即转给祗领可也！

此令！表存。

县长张

中华民国二十六年六月二日

万载县第一区安仁坊李姓族董会(1937 年)

摘由:呈送李氏族董履历及请刊图记刊资,转乞核备颁发由。

拟办:呈件均悉。准予备案,并刊发木质图记一颗,随领颁发,仰即转给启用可也,此令。中华民国二十六年三月十七日

案据安仁坊李姓族董会主任李辉煌呈称:案奉钧署前区长辛函开,案奉万载县政府民字第二二四号训令开,为令遵事案奉江西省民政厅自治字第一五四号训令开,为遵事案据武宁县长宋屏呈拟各姓族董会开简章及月报表式,呈请核准备案等,除原文有案邀免冗叙外,计抄发族董简章及月报表式各一份,函达贵祠,查照办理,并将办理情形见覆为荷,此致等因。奉此,自应遵办。惟因本族共分十七房,均散居各区,精神久涣。嗣因"匪"患甫平,谋生不暇,一时难以召集,以致迟滞,至今迁延为覆。当此强邻横暴外侮频仍,不得不亟谋组织,借资团结社会,以巩固国家民族基础,是特于本年元旦日召开全族大会,由十七房代表会议公推族董九人,并由族董中互推辉煌为主任。辉煌自顾才全力薄,本不堪胜任其责,然固辞不获,祗得暂任其劳。但会经成立,理合造具族董会履历表二份,并缴呈族董会图记刊资五角,具文呈请钧长俯准备案,并恳转呈颁发图记,以昭信守,不胜切祷等情。据此,除抽存履历表一份备查外,理合检同履历表一份,法币五角,备文转呈钧长察核迅予刊发图记,俾资信守,实为公便。

谨呈万载县县长张

附检呈李姓族董会履历表一份

图记刊资法币五角正

第一区兼区长黄孟嘉

中华民国二十六年三月十六日

江西万载县安仁坊李姓族董会职员履历表

职别	姓名	年龄	住址	经历
名誉族董主任	李绍息	36	万载杉树亭	欧美大学毕业，现任浙赣铁路理事会主任。
族董主任	李辉煌	39	万载小江西	江西南华政法学校毕业，曾充司法书记员及县法院书记官，保安队军需等职。
族董	李文开	48	万载五区湖溪	江西监狱专修科毕业
族董	李拱治	46	万载四区白良	龙河旧制中学毕业，曾充贻哲小学及龙桥小学校校长、第五区保卫团主长、万载第一中山民校指导主任。
族董	李逢庚	58	万载高村	江西师范毕业，曾充船市保卫团团长。
族董	李士芳	56	万载二区车溪	清国学生，曾充大祠董事。
族董	李树荣	75	万载小江西田背	清例贡生，曾充第一区兴江市保卫团长，现为小江西田背房房长。
族董	李文照	62	万载小北关	清庠生，曾充大祠董事。
族董	李皆直	81	万载衡江	清例贡生，现为七支祠族长。

民国二十六年三月十日

万载县田下郭氏族董会(1937年)

事由:为呈报改组情形造具履历表仰祈鉴核由。

拟办:呈表均悉。应准备查，仰即知照，此令，表存。中华民国二十六年五月一日

窃属会遵章成立，迄兹三载，前已呈报备案在案。顷届族董连任期满，照章改组，业于四月十日召集全族代表大会，推举安涧、经才、熙芬、贻孙、勋仁、去病、宗沂、振中、文炳、鸿官、錫斌、镜虚等十三人为族董，互推安涧兼族董主任继续办理，理合备文连同族董履历表一份，呈请均长俯赐鉴核！实为公便。

谨呈万载县县长张

附呈族董姓名履历表一份

万载田下郭氏族董会主任郭安涧

中华民国二十六年四月

万载田下郭氏族董会族董姓名简历表

姓名	职别	年龄	籍贯	出身
郭安涧	族董主任	61	万载	曾任县商会会长
郭经才	族董	61	万载	曾任县商会副会长
郭熙芬	族董	46	万载	曾任县商会常务委员,现任县商会监督交际员
郭贻孙	族董	56	万载	曾任县商会常务委员现任县商会监督委员
郭动仁	族董	44	万载	曾任万载县禁烟所所长
郭去病	族董	45	万载	现任充族立世兴小学校校长
郭宗沂	族董	24	万载	现任县立中学第一区中心小学校委员
郭庸	族董	25	万载	现充世兴小学校教员
郭振中	族董	41	万载	现充县营业税征收员
郭文炳	族董	54	万载	清邑痒生
郭鸿官	族董	62	万载	清监生
郭錫斌	族董	78	万载	清监生
郭镜虚	族董	28	万载	龙河初中毕业

事由:据呈为遵章改组情形造具履历表仰祈鉴核等情指令知照由

万载县政府指令民字第 1126 号

令万载田下郭氏族董会主任郭安涧

廿六年五月一日呈一件:为呈报改组情形,造具履历表,仰祈鉴核由。

呈表均悉。既据遵章改选,应准备案,仰即知照。

此令! 表存。

县长张

中华民国二十六年五月五日

万载县第四区第四保联吴氏族董会(1937 年)

摘由:遵令组织族董会恳请备案颁发图记,以利进行由。

拟办:仍仰备具刊费五角,连同履历表一并呈由该管区署转呈核办。中华民国二十六年五月一日

呈为遵令组织族董会恳请备案颁发图记以利进行事。案查属姓前奉万载县政府转奉江西省政府民政厅颁发各姓族董会组织简章到处,早经提议,延未遵章组织,现因族务日繁,族人散漫,一切事务急待整理,爰于二月初六日召集各支人士开全族大会,当即票选吴际南、礼齐、炳辉、东明、海山、有邦、世兴、院科、其正、宝泉、外庆等十一人为族董并推

定海山为主任，又推定宝泉为副主任，记录在卷，理合造具族董履历表一份，备文呈请备案，颁发图记，以资遵循，实为公便！

谨呈万载县县长张，

万载县第四区第四保联吴氏族董会主任吴海山谨具

中华民国二十六年四月

万载第四区第四保联吴氏族董会族董履历表

姓名	年龄	职业	出身
吴际南	54	商	萃升校董家修校长，
吴礼齐	62	商	乡长老会会长
吴炳辉	40	商	家修校董
吴东明	30	农	家修校董保学委员会员
吴海山	56	商	枫林校董，保学委员会员长老会。
吴有邦	52	农	／
吴世兴	45	农	／
吴院科	28	农	／
吴其正	64	士	自治研究所毕业、自治议员、存诚学校校长、四区四十七保保长
吴宝泉	44	学	龙云高等小学毕业，存诚、作英两初小学校教员，四区四十七保学教员和保长
吴外庆	46	农	／

发起人：吴际让、吴际康、吴成生、吴经源　　中华民国二十六年四月

事由：据呈以据第三保联吴氏族董会遵令组织族董会恳请备案，颁发图记，以利进行，转核示等情，指令饬照由。

万载县政府指令民字第1146号

令第四区代理区长易振兴

廿六年五月四日呈一件：据本区第四保联吴氏族董会呈为遵令组织族董会，呈请备案，并恳发给图记以利进行等情，转呈核示由。

呈件均悉，应准备案，所请刊发图记一节，仰即补缴刊费五角，呈府核办，着即转饬知照！

此令！附件存

县长张

中华民国二十六年五月八日

摘由：据呈为补具刊资，呈请发给图记，以资信守等情，转呈鉴核准予刊发由。

拟办：呈附均悉，仍仰补送履历表呈府核备，再行颁发图记，仰即知照，此令。中华民国二十六年七月二十九日

案据第四保联吴氏族董会主任吴海山呈称：为遵示缴具刊费，恳请核收迅予颁发图记，以资进行事。缘属姓组织族董会一案，依法组织族董会十一人及分别推定职责，于前

四月三十日，缮表填具各族董履历表二份，呈请钧座察核沐批恩准备案，需补缴图记刊费洋五角，呈候核办等因。奉此，遵即补缴刊费五角，呈解钧座恳请核收转解县政府，伏乞迅予颁发图记，以资进行，实为恩便等情，附呈刊资五角。据此，理合检同刊资，备文呈请钧长鉴核，准予发给图记，以照信守，实为公便！

谨呈万载县县长张

计呈送刊资洋五角

第四区区长易振兴

中华民国二十六年七月二十五日

事由：据呈以据补具刊资，呈情发给图记，以资信守等情，转请鉴核刊发等情，指令知照由。

万载县政府指令　　民字第1389号

令第四区区长易振兴

廿六年七月廿五日呈一件：据呈为补具刊资呈请发给图记，以资信守等情，转呈鉴核，准予刊发由。

呈件均悉，仍仰转饬该族董会补选负责人履历表呈府核备，再行刊发图记，仰即知照！此令。

县长张

中华民国二十六年七月卅一日

摘由：奉令补送吴氏族董会族董履历表，呈请鉴核，准许刊发图记由。

拟办：指令，呈件均悉，准许刊发图记，仰转饬该族董会来府祗领，着即知照，此令。件存。中华民国二十六年八月十一日

案奉钧府民字第一三八九号指令，本署二十六年七月二十五日呈一件：据呈为补具刊资呈请发给图记以资信守等情转呈鉴核准予刊发由奉令内开：呈件均悉，仍仰转饬该族董会补送负责人履历表呈核，再行刊发图记，仰即知照，此令等因，奉此遵即补造该会负责人员履历表一份，理合备文呈请鉴核，准予刊发图记，以资转发，而昭信守，实为公便！

谨呈万载县县长张

计呈送吴氏族董会履历表一份，

第四区区长易振兴

中华民国二十六年八月十日

万载县第四区第四保联吴氏族董会族董履历表

姓名	年龄	职业	出身
吴济南	54	商	四十五保保长，萃升校董家修校长。
吴礼齐	62	商	乡长老会会长
吴炳辉	40	商	家修小学校董
吴东明	30	农	四十五保保学委员会委员
吴海山	56	商	四十五保保委员会委员、乡长老会会长
吴有邦	52	农	
吴世兴	45	农	
吴院科	28	农	
吴其正	64	士	自治研究会毕业，四十七保保长、存诚学校校长。
吴保泉	44	学	龙云小学毕业，四十七保保长、保学教员存诚、作英两校教员。
吴国庆	46	农	

事由：据呈送本区吴氏族董会履历表，请刊发图记等情，指令知照由。

万载县县政府指令民字第1445号

令第四区区长易振兴

廿六年八月十日呈一件：奉令补送吴氏族董会族董履历表，呈请鉴核，准予刊发图记由。

呈件均悉，准许刊发图记，仰转饬该族董会来府祗领，着即知照。

此令！件存。

县长张

中华民国二十六年八月十三日

万载县第一区常氏族董会（1937年）

摘由：据常氏族董会造具族董履历，呈缴图记、刊资，乞转核备等情，转请核备并刊发图记由。

拟办：呈件均悉。应准备案，并刊发图记一颗，随令领发，仰即转给祗领。此令。中华民国二十六年五月七日

案据本区常姓族董会主任常运安等呈称：为组织族董会，造具族董履历，恳请核转备案事。窃属祠组织族董会，公推常运安为族董主任，常和光、常锦照、常礼凤、常振民、常森财、常锁贵为族董，理合造具履历表二份，呈缴图记刊资五角，备文呈请钧长俯赐核转备案，并迅刊发图记实为公便等情，附呈履历表二份，图记刊资五角，据此，理合检同原件刊资，备文转呈钧府鉴核备案，并恳刊发图记，实为公便！

谨呈万载县县长张

附呈履历表一份、图记利资五角

第一区兼区长黄孟嘉

中华民国二十六年四月三十日

常氏族董会履历表

姓名	年龄	籍贯	职业	出身
常运安	37	万载	商	前万载硝磺局局务主任，曾充本祠首士及房长、南昌三义盛经理等职。
常和光	29	万载	学	曾在文献小学毕业及民干训练所毕业。
常锦照	36	万载	商	曾充本祠首士，前玉江春富美号经理。
常礼凤	42	万载	商	曾充本祠首士，现任骏义昌国货号司长。
常振民	25	万载	学	曾在鹜峰小学毕业及江西省立第七中学毕业，现充万载私立大同林场厂务员及萃泰记经理。
常森财	31	万载	商	宜春县立小学毕业，现充常晋兴花爆店经理。
常锁贵	32	万载	商	曾充本祠首士。

事由：据呈以据常氏族董会造具族董履历，呈缴图记、刊资，乞转核备转请核备并刊发图记等情，指令知照由。

万载县政府指令　　民字第1146号

令第一区兼区长黄孟嘉

廿六年四月卅日呈一件：据常姓族董会造具族董履历，呈缴图记、刊资，乞转核备等情，转请核备并刊发图记由。

呈件均悉。应准备案，并刊发图记一颗，随令颁发，仰即转给祇领可也，着即知照。

此令！附件存。

计发图记一颗

县长张

中华民国二十六年五月十一日

万载县第四区乐平陈氏族董会(1937年)

摘由：据乐平陈氏族董会呈为遵章组织族董会，恳请转呈备案，颁发图记等情，呈请核备由。

拟办：呈暨履历表均悉，准予备案，并刊发图记一颗，随令颁发。此令。中华民国五月二十一日

案据乐平陈氏族董会呈称：窃维敝族迁居乐平已历三十余世，男丁妇口不下五百余人，惟是离城遼远，风气不堪开通，农村古朴，俗习犹多，简陋克明等。为谋进化起见，遵照修正族董会简章，推定族董九名，组织万载乐平陈氏族董会，籍以宣扬国内政教，解除族内

纠纷，对于地方人心风俗，不无裨益，理合造具各族董姓名略历表二份，备文呈请钧署鉴核转呈县府备案，颁发万载乐平陈氏族董会图记，以便启用，不胜感激之至等情，附呈族董姓名略历表二份，刊资五角。据此，除抽存履历表一份备查外，理合检同原履历表一份，刊资五角，备文呈请均长鉴核，准予备案，并请颁发图记，以昭信守，实为公便！

谨呈万载县县长张

计呈送陈氏族董履历表一份刊资五角

第四区区长易振兴

中华民国二十六年五月二十一日

万载乐平陈氏族董会族董姓名略历表

姓名	年龄	籍贯	出身
陈克明	52	万载	袁州中学旧制毕业，曾任明德初级小学校长二年，龙云高等小学教员二年，万载模范小学教员半年。
陈信初	58	万载	业农，曾任陈氏含英学校校董二年，任陈时学公祠首士数年。
陈锦邦	52	万载	业农，曾任陈氏含英学校校董二年，任第四十八保甲长一年。
陈克修	37	万载	曾任县立第十六初级小学校校长，前第五区第五保联主任。
陈沄秋	52	万载	业商，曾任陈氏含英学校校董二年，现任陈维一公祠首士。
陈长兴	62	万载	业商，曾任陈氏含英学校校董二年，任第四十八保甲长一年。
陈运奇	37	万载	本县鹅峰高等小学及村制人员养成所毕业，曾任陈氏含英小学校长一年，马氏绛帐小学教员半年。
陈祯祥	36	万载	业工，前任第四十八保甲长一年，任第四十八保保学委员会委员一年。
陈苏吉		万载	业工，前任陈氏含英学校校董二年，现任陈时学公祠首士。

事由：据呈以据本县乐平陈氏族董会呈为遵章组织族董会，恳请转呈备案，并颁发图记等情，指令知照由。

万载县政府指令民字第1177号

令第四区区长易振兴

廿六年五月廿一日呈一件：据本区乐平陈氏族董会呈为遵章组织族董会，恳请转呈备案，颁发图记等情，呈请核备由。

呈暨履历表均悉，准予备案，并颁发图记一颗，随令颁发，仰即转给祗领！

此令！

计发图记一颗。

县长张

中华民国廿六年五月廿五日

摘由：据乐平陈氏族董会呈报启用图记日期，请鉴核等情转呈核备由。

拟办：呈悉，此令。中华民国二十六年八月十一日案据乐平陈氏族董会主任陈光明呈称：案奉钧署民字第八七七号训令内开，案查前据该会呈为遵章组织族董会恳请转呈备案，颁发图记等情，业经本署转呈核示在卷，兹奉万载县政府民字第二七七号指令内开，呈既履历均悉，准予备案，并刊发图记一颗，随令颁发，仰即转给祇领等因，计发图记一颗，奉此合行检发图记，令仰该会即便遵照祇领，仍将启用日期连同印模两份呈署，以凭核备为要，此令等因，计检发图记一颗，奉此谨择本月九日遵将颁发图设敬谨启用，理合连同印模二份，备文呈请钧署鉴核备查等情，计呈送印模两份。据此，除抽存一份备查外，理合检同原印模一份，备文呈请钧长鉴核备案！

谨呈万载县县长张

计呈送印模一份

第四区区长易振兴

中华民国二十六年八月十七日

万载县第四区福塘乡钱氏族董会(1937年)

摘由：据钱氏族董会呈为奉令组织族董会，恳请核转备案等情，呈请核备由。

拟办：呈暨履历均悉，应准备案，并刊发图记一颗，随令颁发，仰即转给祇领，此令。

中华民国廿六年五月廿四日

案据福塘乡钱氏族董会筹备代表钱有财等呈称：为奉令组织族董会恳请核转备案事。窃民等世居福塘乡，素无族规，每遇纠纷不能调解，动辄与讼。民等有鉴及此，乃于去年四月十六日假钱大祠召集绅董开第一次组织族董筹备会议，讨论事项，钱寿兴提议本族族董会应如何组织案，决议以九人组织之。第二项族董人选应如何推定案，决议公推钱增修为族董主任，钱寿兴、钱志和、钱春荣、钱耀童、钱连贵、钱象贤、钱长根、钱其伟为族董等语记录在卷，当经呈请郭前区长转呈县府，迄今尚未奉到指令，心殊悬悬，合再补造族董姓名履历表两份，备文呈请钧长迅赐核转县府备案颁发钤记，俾变着手进行，实为公便等情，附呈族董姓名履历表两份，刊资五角。据此，除抽存履历表一份备查外，理合检同原表一份，刊资五角，备文呈请钧长鉴核，准予备案，颁发图记，以照信守，实为公便！

谨呈万载县县长张

计呈送福塘钱氏族董履历表一份，刊资五角。

第四区区长易振兴

中华民国二十六年五月二十二日

万载县第四区福塘乡钱氏族董姓名履历表

姓名	年龄	籍贯	职业	住址	出身
钱增修	54	万载	商	南岭下	历办地方公务
钱寿兴	48	万载	学	县城	历办地方公务
钱志和	29	万载	学	福塘	龙河中学毕业，现任第廿七保保学校长。
钱象贤	43	万载	商	福塘	曾充保长
钱春荣	47	万载	农	福塘	曾充保长
钱连贵	50	万载	农	福塘	曾充保长
钱耀童	68	万载	商	南岭下	历办地方公务
钱长根	38	万载	农	福塘	曾充保长
钱其伟	22	万载	学	小洲上	龙桥高小毕业，龙河肄业一年。

事由：据呈以据本区钱氏族董会呈为本会组织族董会，恳请核转备案，并颁发图记等情指令知照由。

万载县政府指令民字第1178号

令第四区区长易振兴

廿六年五月二十日呈一件：据本区钱氏族董会呈为本区组织族董会，恳请核转备案，并颁发图记等情。

呈及履历表均悉，应准备案，并颁发图记一颗，随令颁发，仰即转给祗领可也。

此令！

县长张

中华民国二十六年五月二十五日

摘由：据福塘钱氏族董会呈报启用图记日期，乞鉴核等情，呈请核备由。

拟办：存。

案据福塘钱氏族董会主任钱增修呈称：案奉钧署民字第二七八号指令内开：除原文有案邀免冗叙外尾开，合行检发图记一颗，令仰该会即便遵照祗领，仍将启用日期，连同印模两份呈报本署核备为要，此令等因。奉此遵于本月十日接铃视事，启用图记，除布告本族人等一体周知外，理合检同应模二份备文呈请 钧长察核备查等情，附呈印模二份。据此，除抽存一份备查外，理合检同原印模一份，备文呈请钧长鉴核！

谨呈万载县县长张

计呈送印模一份

万载县第四区区长易振兴

中华民国二十六年七月三十一日

万载县第一区张氏族董会(1937年)

事由:据转呈张氏族董会履历,请核备案等情,指令知照由。

全衔指令　　民字第1201号

令第一区区长黄孟嘉

呈一件:为据呈张氏族董会履历请核备案由。

呈件均悉,应准备案,仰即转饬知照。

此令! 件存

县长张

中华民国廿六年六月十一日

摘由:转呈张氏族董会履历表请核备由

拟办:应准备案,仰即转饬知照。中华民国廿六年六月十一日

案据本县张氏族董会主任张维汉卸任主任张兆元呈称:呈为呈报改组日期造具族董履历表恳祈核转备案事。案查奉颁修正族董简章第五条之规定:任期一年为限,连举得连任但不得过三次等因,自应遵照办理以符规章。兹查本族族董会自去年五月改组以来,迄今期满,例应再行更改,业于前月十一日由兆元召开扩大族绅会议,改选维汉等接充,并互推维汉为主任,业于同月三十日正式成立,理合造具族董姓名履历表二份,备文赍呈钧署核转备案,实为公便谨呈等情,附呈族董履历表二份。据此,除将族董履历表抽存一份备查外,理合检同该会族董履历表一份,钧长察核备案,并乞指令示遵。

谨呈万载县县长张

附呈张氏族董会履历表一份

第一区兼区长黄孟嘉

中华民国二十六年六月

万载县张氏族董会族董姓名履历表

姓名	别号	年龄	职别	出身	略历
张维汉	叔云	42	主任	江西公立医学专门毕业	曾任院长、科长、军医主任、视察员、参议等职
张允文	执中	52	族董	学	曾任本会书记
张忠厚	持躬	28	族董	龙河初中卒	曾任小学教员、保长主任等职。
张甘霖	苏稿	41	族董	龙河旧制中校毕业	曾任文献鹅峰小学校长

续表

姓名	别号	年龄	职别	出身	略历
张志和	融生	18	族董	藩衍小学毕业	／
张锡平	玉衡	37	族董	龙章小学毕业	／
张闻人	明仕	66	族董	商	曾任商会会董
张均祥	子炎	66	族董	清监生	／
张学余	汲三	20	族董	高小毕业	／
张任兴	治堂	55	族董	商	／
张兆平	和盛	27	族董	鹅峰小学毕业	／
张升平	继阶	29	族董	模范小学毕业	／
张惠民	定祥	45	族董	鹅峰小学毕业	曾任澄塘小学教员

万载第四区县蓝氏族董会(1937年)

摘由:据大桥蓝兴仁祠代表呈为遵章组织族董会,造具履历表,恳请转呈备案,刊发图记等情,呈请核备由。

拟办:查卷,指令照准。中华民国廿六年七月二日

案据大桥蓝兴仁祠代表蓝文彩、蓝启洪等呈称:窃本祠遵照江西省政府修正各县各族董会简章组织族董会,宣扬政令,提倡道德,除莠安良,和邻睦族,共谋地方一切应兴应革事,爰于六月二十日在本祠召集全族各房代表大会,依法组织族董会,当即选出蓝承先、蓝泉展、蓝日珍、蓝仕茂、蓝衮裳、蓝启源、蓝济霖、蓝度云、蓝士义、蓝玉山、蓝日为、蓝鼎、蓝有为等十三人为族董,互推蓝承先为主任记录在案,并造具族董履历表二份,附图记费五角,理合备文,呈请钧长府赐察核,恳请转呈县府备案并颁发图记一颗以利进行,不胜待命之至等情,附呈族董姓名履历表二份,刊资五角。据此,除抽存履历表一份备查外,理合检同原表及刊资,备文呈请钧长鉴核备案,并请颁发图记,以资转发,实为公便!

谨呈万载县县长张

计呈送履历表一份,刊资五角。

万载县第四区区长易振兴

中华民国二十六年六月二十九日

万载县第四区大桥蓝兴仁祠族董会姓名履历表

姓名	职别	籍贯	履历
蓝承先	主任	宜春	国立东南大学毕业，经江西省政府任用官吏资格审查委员会审查合格荐任职，曾任中国国民党江西省党部特派员、江西省第二区党务办理处视察员、宜春县党务委员，宜春县商会主席、新淦政府第一科科长代理县长，现任宜春植材小学校校长等职。
蓝启源	族董	万载	曾任万载第六区黎源靖卫团团总、铜万边区主任等职。
蓝家展	族董	万载	南昌剑声中学肄业，曾任私立兴贤小学校校长。
蓝衮裳	族董	万载	万载东洲初中毕业，曾任万载县第四区第四联保书记代理主任、私立东升乐群二初级小学校校长等职。
蓝有为	族董	万载	曾任万载县第五区第五保联办公处主任、第二十七保保长兼保立小学校校长、第四区第四十九保、五十三保联立小学校校长、蓝氏私立鼎新小学校校长等职。
蓝鼎	族董	万载	江西私立匡庐中学肄业，现任铜鼓县第一区第二保联主任。
蓝度云	族董	万载	万载私立东洲旧制中学毕业，曾任私立步云小学校教员及私立日知小学教员，现任第三区第二十一保保立小学校校长兼教员。
蓝济霖	族董	万载	万载私立东洲旧制中学毕业，曾任南京中央军校图书馆及官生同乐会少尉干事，中央军第五师参谋处准尉司书。
蓝士义	族董	万载	湖南私立复初初中毕业。
蓝仕茂	族董	万载	农
蓝日为	族董	万载	南昌中学毕业，曾任中国国民党万载县党部干事、东江靖卫队长、萍乡县私立潭溪小学校长、蓝氏鼎新小学校长、高魁小学总务主任。
蓝玉山	族董	万载	浏阳张坊镇镇立洞溪高级小学毕业。
蓝日珍	族董	万载	商

事由：据呈以据大桥蓝兴仁祠代表呈为组织族董会，造具履历表，恳请备案刊发图记，转请核备等情，指令知照由。

万载县政府指令民字第1230号

令第四区区长易振兴

廿六年六月廿九日呈一件：据大桥蓝兴仁祠代表为组织族董会，造具履历表，恳请转呈备案，刊发图记等情，呈请核备由。

呈及履历表均悉，应准备案，并刊发图记一颗，随令附发，仰即转给祗领可也。

此令！履历表存。

县长张

中华民国二十六年七月二日

万载县第一区城南宋氏族董会(1937年)

摘由:据城南宋氏族董会呈报改组情形,造送履历表,乞核转备案等情,转呈鉴核备案由。

拟办:指令,呈悉,准许备案。此令,件存,县长张。中华民国二十六年八月十四日

案据城南宋氏族董会主任宋继齐呈称:案查本族董会自民国二十三年七月奉令成立,迄今三年届满,今遵章改组,于七月三十日召集全族人士开会,推定敬齐为族长,继齐、锡章盛堂、庚文、柏林、盛林、生元、国仁、甫田、柏林为族董,互推继齐为主任,理合造具履历表二份,备文呈请钧长察核转呈备案,实为公便等情,附呈履历表二份。据此,除抽存履历表一份备查外,理合检同一份备文转呈钧府鉴核备案。

谨呈万载县县长张

附呈城南宋氏族董会族董履历表一份

第一区区长黄孟嘉

中华民国二十六年八月

万载县城南宋氏族董会族董履历表

姓名	职别	年龄	籍贯	职业	履历
宋敬齐	族长	56	万载	商	现任江西省商会酒业分会委员。
宋继齐	族董主任	26	万载	学	章江高中毕业,曾充万载一区区员,现任万载第四中山民校校长。
宋锡章	族董	30	万载	学	江西豫章法证毕业,曾任植基小学教员,现任青阳小学校校长。
宋盛堂	族董	50	万载	商	曾任青阳校董会校董。
宋礼昌	族董	28	万载	学	龙河中学毕业,曾充维新学校校长,现任青阳小学教员。
宋盛林	族董	32	万载	商	曾任维新初小教员。
宋庚文	族董	41	万载	商	曾任青阳校董会校董。
宋国仁	族董	43	万载	商	曾任青阳校董会校董。
宋生元	族董	48	万载	商	曾任青阳校董会校董。
宋甫田	族董	60	万载	学	江西豫章法证毕业,曾任养政初小校长,现任青阳小学教员。
宋柏林	族董	32	万载	学	植基小学毕业,曾任青云初小教员。

事由:据呈以据组织宋氏族董会呈报改组情形,造送履历,乞转核备,转请核准备案等情,指令饬知由。

万载县政府指令民字第1462号

令第一区区长黄孟嘉

廿六年八月十二日呈一件：据本区域内宋氏族董会呈报改组情形，造送履历表，乞核转备案等情，转呈备案由。

呈件均悉，准予备案，仰即转饬知照。

此令！件存。

县长张

中华民国二十六年八月十六日

万载县第四区戴氏族董会（1937 年）

摘由：为遵章改组戴氏族董会，公推戴冬元等委员，并由戴冬元等公推戴定邦为主任，呈请察核准予备案由。

拟办：呈件均悉，准予备案，此令。中华民国二十六年九月十一日

窃民等世居距城四十余里第四区所辖玉泉乡地方，祖先曾建立祠宇一所，族内丁口不下二百余人，民国二十三年遵令起立族董会，举定戴希贤等为主任，呈请准予，备案在卷。兹任期已逾，民等已于九月七日开会讨论，公推素孚族望戴冬元、戴永启等十五人为族董会委员，并由十五人之中公推戴定邦为主任，除分呈第四区署察核外，理合造具履历表，备文呈请钧长俯赐察核，准予备案，实为德便！

谨呈万载县县长张

计呈送履历表一份

具呈人戴德崇等

中华民国二十六年九月十日

万载县玉泉乡戴氏族董会委员姓名略历表

职别	姓名	年龄	住址	略历
主任	戴定邦	58	玉泉乡	曾任玉泉乡守望队书记。
委员	戴冬元	26	玉泉乡	学
委员	戴吉崇	52	玉泉乡	商
委员	戴永启	32	玉泉乡	农
委员	戴木妹	46	玉泉乡	农
委员	戴全兴	47	玉泉乡	商
委员	戴永桔	28	玉泉乡	农
委员	戴德奎	47	玉泉乡	农

续表

职别	姓名	年龄	住址	略历
委员	戴生洪	28	玉泉乡	农
委员	戴永春	32	玉泉乡	商
委员	戴盛发	33	玉泉乡	农
委员	戴方辐	68	玉泉乡	农
委员	戴德善	54	玉泉乡	农
委员	戴生妹	36	玉泉乡	农
委员	戴集生	28	玉泉乡	农

事由：据呈为遵章改组戴氏族董会，公推戴冬元等为委员，并由戴冬元等另推戴定邦为主任，请察核准予备案等情，指令出照由。

全衔指令 民字第1609号

令戴法崇等

本年九月十四日呈一件：为遵章改组戴氏族董会，另推戴冬元等为委员，并由戴冬元等公推戴定邦为主任，附呈姓名履历表，呈请察核备案由。

呈件均悉，准予备案。

此令！

县长张

中华民国二十六年九月十一日

摘由：为呈请火拘戴希贤等到案，押缴戴氏族董会钤记一颗及一切卷宗，并乞押缴诈取祠中每年主任薪俸洋，以惩效尤而维血食由。

拟办：令第四区署查明核理。呈悉，查所呈系属族董会纠纷，该公民越级呈诉，殊属非是，除饬令该管区署查明核办外，嗣后须依法递呈，仰即知照！此批。中华民国二十六年十月二十三日

窃民等因族董会委员主任戴希贤任期已满，经公举戴定邦等充当，造其履历表呈请鉴核备案。沐指令内开，呈件均悉，此令等因。奉此民等遵即要前主任戴希贤将钤记及案卷移交新主任戴定邦接收，奈戴希贤抗不移交，希图恋栈，除极端否认外，兹将戴希贤种种不法行为敬为我贤明钧长一一陈之：

（甲）查族董会组织章程所有主任及委员均属义务职，如果开会时，不过备些茶点而已。戴希贤藉素蛮横，违反规章，每年到祠内支去主任薪俸法币四十元止，有簿可查，是戴希贤之行为不法者一也。

（乙）变造印信。法有专条，不容幸免。查戴希贤于民国二十三年变造县府印信，侵夺辛石牯职权，发觉后管押囹圄数月，始行保释，有案可查，是戴希贤行为不法者二也。

（丙）查刑法第三百卅七条，窃取他人所有物者为窃盗罪，戴希贤前任第五区书记时，窃取驳壳一枝，四处查寻，始经禁烟局搜出处罚，有案可查，是戴希贤行为不法者三也。

(丁)查刑法第三百五十六条,意图为自己或第三人不法之所有而侵占他人所有物者处徒刑,戴希贤充当族董会主任时,全族人民筹交款项,请希贤赴"拒"[1]交纳民国二十四年钱粮,奈希贤兜收粮款不完,将款吸食鸦片烟后,粮警下乡向祠及各户追粮,又连累祠中及各户开支火食二十余元,有簿可查,是戴希贤行为不法者四也。

(戊)查刑法二百九十三条,加暴行于尊亲属未成伤者处一年以下有期徒刑,戴希贤在祠中取主任薪水时,族人戴定邦以"年尊分尊"[2]资格要求薪水从轻,戴希贤即怒气冲天,持棍殴打定邦,族人皆知,是戴希贤之行为不法者五也。

(己)妨害风化,罪有专条。戴希贤兼戴氏族学校长,于本年七月间率领娼妇入祖堂,族人见之敢怒而不敢言,如其不信,请明察暗访,是戴希贤之行为不法者六也。

(庚)民等族内丁口不下二百余人,其中公正殷实者为数不少,祠中经理必须择公正之人充当,今戴希贤不论人格是否公正,只知一味把持不轮流大家分管只知垄断居奇,现柳串亲兄戴任水霸管三双祠堂租息,亲弟戴毛仔霸管一双祠堂租息,狼狈为奸,任意挥霍,败宗支血食,饱自己私囊,是戴希贤之行为不法者七也。

综上七点,用是具文呈请钧长俯赐察核,鉴法作主,恩准火拘戴希贤等到案,押缴戴氏族董会钤记一颗及一切卷宗交与新主任戴定邦接收,并请押缴诈取祠中每年主任薪俸洋四十元正,依法重办,以惩效尤,而维血食,庶害马除,而后善良安莠稗去,而后嘉穗生阴阳两感,伏乞批示祗遵。

谨呈万载县县长张

第四区玉泉乡戴氏族祠后裔戴德崇等

具铺保人木硚头戴吉星福

中华民国二十六年九月二十八日

事由:据该区戴法崇等呈请火拘戴希贤等到案,押缴戴氏族董会钤记一颗及一切卷宗,并乞押缴诈取祠中每年主任薪俸洋,以惩效尤而维血食等情,令仰查照核办,以免纠纷由。

全衔训令　　民字 1768 号

令第四区署区长易振兴

案据该区玉泉乡戴氏族祠后裔戴法崇等呈称:(录原文)伏乞批示祗遵!等情。据此,查所控各节,是否属实,殊难臆断,除批示外,合行令仰该区长查明核办,以免纠纷为要!

此令!

县长张

中华民国二十六年十月二十三日

---

① 原文为"拒"字不通,疑为"柜"字。

② 此处似不通顺,原文如此。

事由:据呈请火拘戴希贤等到案,押缴戴氏族董会钤记一颗及一切卷宗,并乞押缴诈取祠中每年主任薪俸洋,以惩效尤而维血食等情,批示知照由。

全衔批　　民字1769号

具呈人戴法崇等呈一件:为呈请火拘戴希贤等到案,押缴戴氏族董会钤记一颗及一切卷宗,并乞押缴诈取祠中每年主任薪俸洋,以惩效尤而维血食由。

呈悉,殊属非是,令饬该管区署查明核办为要,呈报核夺,仰即知照!

此批!

县长张

中华民国二十六年十月二十五日

万载县第一区王氏族董会(1937年)

摘由:据王氏族董会呈报改组情形,造具履历表,乞转备案等情,转请察核备案由。

拟办:呈报均悉,准予备案,仰即知照,此令。表存。中华民国二十六年十月二十一日

案据本区王氏族董会主任王思遐呈称:呈为呈请事。窃王氏族董会第二届期满,理应改组,曾于九月二十八日召开全族大会,依法改选,当经选定思遐等十三人为族董,并由族董互选思遐为族董主任,即日接受图记就职视事,所有当选人员理合造具履历表,备文呈请钧长察核,并乞转呈县政府备案,实为公便等情,附呈族董姓名履历表二份。据此,除抽存一份备查外,理合检呈一份备文转呈钧府察核备案。

谨呈万载县县长张

附呈族董履历表一份

第一区区长黄孟嘉

中华民国二十六年十月

万载县王氏族董会族董姓名年龄籍贯履历表　民国二十六年十月八日制

职别	姓名	别号	籍贯	年龄	资格	履历
主任	王思遐	鹤皋	万载	50	豫章法专毕业	曾充中国国民党万载县党部商民部长、万载县党政委员会忝事、木县警察队总队部书记长。
族董	王灿昆	辑轩	万载	68	清监生	曾充县商会评议员及解决金融纠纷委员会主任。
族董	王灿章	华轩	万载	68	清监生	曾充第一区乔居乡公所监察,龙河乡公所筹备员,王氏兰溪学校校董会校董。
族董	王学聪	熙明	万载	58	清监生	藩衍学校董事长
族董	王灿乡	瑞铨	万载	58	清监生	曾充王氏远山学校校董会校董。

续表

职别	姓名	别号	籍贯	年龄	资格	履历
族董	王廷瑞	昌燮	万载	52	龙河高小毕业	曾充国民第五师中医
族董	王球鼎	赓清	万载	51	宏文师范毕业	曾充万载县政府会计
族董	王锦旭	旸谷	万载	36	龙河中学毕业	曾充龙章小学教员，现充一区三六保学校长。
族董	王振汉	南卿	万载	32	省立第八中学毕业	现充第一区第四保联中心小学校长。
族董	王致丰	林森	万载	38	县立国术讲习所毕业	/
族董	王树昆	金生	万载	43	县立国术讲习所毕业	/
族董	王镇鳞	松成	万载	61	清监生	现充第一区第二保联第二三保保长。
族董	王祥云	际汉	万载	31	龙章高小毕业	现充第一区第二十一保保长兼保学教员。

事由：据转王氏族董会呈据改组情形，造具履历表，乞转备案等情，指令知照由。

全衔指令　　民字第1748号

令第一区署号黄孟嘉

本年十月十九日呈一件：为王氏族董会呈据改组情形，造具履历表，乞转备案等情，转请察核备案由。

呈表均悉，准予备案，仰即转饬知照由！表存。

此令！

县长张

中华民国二十六年十月二十三日

万载县第二区汶溪高氏族董会(1937年)

事由：据本区汶溪高氏代表高增金等呈为万载县第二区汶溪高氏族董会请转呈备案，并恳刊发钤记等情，转呈核示由。

拟办：呈悉。查族董会组织由族众推定九人或十一人为族董，族长为当然族董，再由被选各族董互选一人为主任，据呈该高氏族董会组织，核与规定不符，碍难准予备案，仰即转饬知照依法组织呈核，此令。中华民国二十六年十月二十七日

案据本区汶溪高氏代表高增金等呈称：呈为呈请转呈万载县政府准予备案事。窃高氏世居万载县汶溪，历数百年，后裔一千有余。民十九年以前……民十九年后，被“匪”蹂躏以来，族中之政毫无统一。民等为族中善举计，召集全族绅耆等人开会，组织万载县第

二区汶溪高氏族董会，公推高增遗为族长，高锦溪为董事长兼族董，高济桃、高炳财、高增息、高增基五人为族董，通通记录在卷，为此理合备文呈请钧长恳请转呈万载县政府，准予备案，并乞给发钤记一颗。是否有当，恳请指令祇遵谨呈等情。据此，查该代表等所称各节，事属正当，兹据前情，除批示外，理合转呈钧府鉴核，准许刊发钤记，以便转给祇领，实为公便！

谨呈万载县县长张

第二区长李国震

中华民国二十六年十月

事由：据呈以据本区汶溪高氏组织族董会转呈核备等情，指令知照由。

万载县政府指令　　民字第1755号

令第二区署区长李国震

廿六年十月廿日呈一件：据本区汶溪高氏代表高增金等呈为组织族董会，请转呈备案，并刊发图记，转请核示由。

呈悉，查族董会之组织，应由族中推定九人或十一人，担任族董，族长为当然族董，再由被选各族董，互推一人为主任。据呈核与规定不符，所请备案，碍难照准，仍仰转饬造具履历，缴送图记刊费五角，并再行呈请核备刊发，着即转饬知照！

此令！

县长张

中华民国二十六年十月二十四日

万载县朱氏族董会(1937年)

摘由：为撤销族董及纂修职务以敬奸邪而维族纲由

拟办：呈悉，该族董会究竟隶属何区，未据呈明，无从饬办，仰即知照。中华民国二十六年十月二七日

案查省府颁发修正各族董会简章第四条之组织(甲)项：一、公正廉明者，二、众望所归者，三、学识兼优，勇于任事者，四、品行端正，无不良嗜好者，得被举为董族，其(乙)项所列九款，一、未成年者，二、有……三、自新份子尚在监视期内者，四、曾为资“匪”通缉有案者，五、学识缺乏，临事敷衍者，六、有不良嗜好者，七、植党营私者，八、武断乡曲性好构讼者，九、褫夺公权，及受刑事处分者，均不得推为族董，准上所列，是族董资格，至为谨严。查本族族董廿十三人，其合格者，固属不少，而不合格者，亦复有人，如朱汉章，本一市井无赖，人格卑污，素行不法，先年冒充军官，通缉有案，近又通奸水南易吴氏，酿成命祸，实为罪魁，至于包揽诉讼，招

摇撞骗，尤属更仆难尽。九月二十三日，附和朱文彦包庇先年朱生春同居之吴袁氏登诸族谱，号召无知乡民数拾人，拥至祠中，捣乱谱局，几致激成事变。又如朱长源、朱云凤皆武断乡曲，品行不正，学术全无，亦朋比为奸，于本年九月间族董改组，承机钻营为族董，兼任纂修，并不呈报区署，转呈钧府备案，公然任职，公然胆大委为，引起纠纷，对于所颁简章第六条所列任务，完全违背，此种不法之徒，能胜此重任。再查第十一条之规定，族与族之间，不得挟嫌报复，引起争斗，一经发觉，县政府查明后，令解散肇事族董会，并惩办肇事族董，该朱汉章、朱长源、朱云凤等既不合格，又引起争端，理合呈请钧府察核，准予撤销朱汉章、朱长源、朱云凤族董及纂修职务，以敬奸邪，而维族纲，则不胜感激之至！

谨呈万载县县长张

朱胜光（押）、朱岱、朱国光、朱容元（押）、朱立中（押）

铺保卫生茶社

中华民国二十六年十月四日

事由：据呈为族董朱汉章等卑污不法，请撤换以儆奸邪等情，批示知照由。

万载县政府批　　民字第 1810 号

具呈人朱胜光等廿六年十月四日呈一件：为族董朱汉章等卑污不法，请撤换以儆奸邪由。

呈悉。该族董会究竟隶属何区，未据呈明，无从查办，仰即知照！

此批！

县长张

中华民国二十六年十月卅日

万载县第一区鲍氏族董会（1938 年）

摘由：为据鲍氏族董会呈报改选情形，造具族董会族董履历表，乞存转备案等情，转呈备案由。

拟办：呈表均悉，此令，表存。中华民国二十七年元月三日

案据本区鲍氏族董会主任鲍干青呈称：案查前奉钧署通告颁发修正各族董会简章，如第五条之规定族董任期以一年为限，属会第三期族董任期已满，理应遵章改选，爰于二十六年十二月二十二日召集全族代表大会，当经代表票选干青等九人为族董，族董中再票选干青为主任，除通知本族人民一体周知外，理合遵章造具族董履历表二份，备文呈送钧署鉴核，分别存转备案，实为公便等情，附呈履历表二份。据此，除抽存一份备查外，理合检同履历表一份，备文转呈钧府鉴核备案。

谨呈万载县县长张，

附呈履历表二份

万载县第一区区长黄孟嘉

中华民国二十六年十二月三十一日

万载鲍氏族董会族董履历表

职别	姓名	年龄	籍贯	履历
主任	鲍干青	46	万载	本县龙河中学旧制毕业，现任俊逸小学校长。
族董	鲍友仁	36	万载	江西土地测量学校水利班毕业，曾充江西土地局核查及水利局组长调查员副工程师。
族董	鲍扬亚	31	万载	曾任本县义勇队连排长等职。
族董	鲍发祥	60	万载	曾任本族房长。
族董	鲍谦臣	58	万载	曾任本县第四区善后委员会财务股主任。
族董	鲍模裕	59	万载	曾任本族房长。
族董	鲍合和	61	万载	／
族董	鲍善高	44	万载	／
族董	鲍济人	63	万载	／

事由：据呈鲍氏族董会呈报改选情形，造具族董履历表，乞存转备案等情，指令遵照由。

万载县政府指令民字第2056号

令第一区署

二十六年十二月卅一日呈一件：为据鲍氏族董会呈报改选情形，造具族董履历表，乞存转备案等情，转呈备案由。

呈表均悉。

此令！表存。

县长张

中华民国二十七年元月五日

摘由：为奉指令本区转呈鲍氏族董会立案一案未蒙明白核示，应否准予备案，再请指示，以便转饬遵照由。

拟办：呈悉，准予备案，此令。中华民国二十七年元月十六日

查"呈表均悉，此令，表存"等字样即系表示准备案一种批法，此种批法极为普通。如果不准备案，当将附表发还还，该署承办人员对于此项批法不加研究，殊属疏忽，仰即转饬，嗣后注意为要。

案奉钧府民字第二零五六号指令本署呈一件：为据鲍氏族董会呈报改选情形造具族董履历表，乞存转备案等情，转呈备案由内开：呈表均悉，此令，表存等因；奉此，查族董会

立案规定，呈由该管区署转呈，县府核准后，方为有效。该会是否应准备案，未蒙钧府明白核示，理合备文再请钧府俯赐指示，以便转饬遵照，实为公便！

谨呈万载县县长张

第二区区长黄孟嘉

中华民国二十七年一月七日

事由：据呈该鲍氏族董会立案一案未蒙明白核示乞再指示遵照等情再指令遵照由

万载县政府指令　　民字第2107号

令第一区区长黄孟嘉

二十七年一月七日呈一件：为奉指令本区转呈鲍氏族董会立案一案未蒙明白核示，应否准予备案，再请指示，以便转饬遵照由。

呈悉，准予备案。查"呈表均悉，此令表存"等字样，即系表示准予备案一种批法，此种批法极为普通。如果不准备案，当将附表发还，该署承担人员，对此种批法，不加研究，殊属疏忽！仰即转饬，嗣后注意为要！

此令！

县长张

万载县邹氏族董会临时整理族风规约（1946年）

事由：准本族族民代表会议抄录案由，附整理族风规约续呈鉴核，乞示遵由。

决定办法：该会整理风气，革除陋俗，遵照该乡自治规约办理，毋须另拟条则。

拟办：原件发还，指复知照由。七月二十三日

万载县邓氏族董会呈：查本族于三十四年四月六日上午十时举行第二次族民代表大会，讨论事项第三案内载：本族风纪日见颓落，应如何整理案决议：

1. 公推族董主任邹德章，草拟临时整理族风规约，于一小时内送大会审核。

2. 规约十条审核适当，照案通过等语记录在卷。

综上各节，当经抄录案由呈请梅溪区署并乞转呈钧府鉴核，乞予示遵各在案，迄今日久未沐批。回值此地方匪风日炽之际，若非及时防患，一旦发生意外，妨害社会安宁，殊非浅鲜。兹拟再将规约呈准公布，籍资警惕，是否有当，理合录案抄同前规约十条（规约内载罚充兵役拟改送乡公所罚拘服）随文续呈钧长鉴核，乞予示遵！

谨呈万载县县长刘

附抄呈临时整理族风规约一份

万载县邹氏族董会主任邹德章

民国三十五年七月十三日

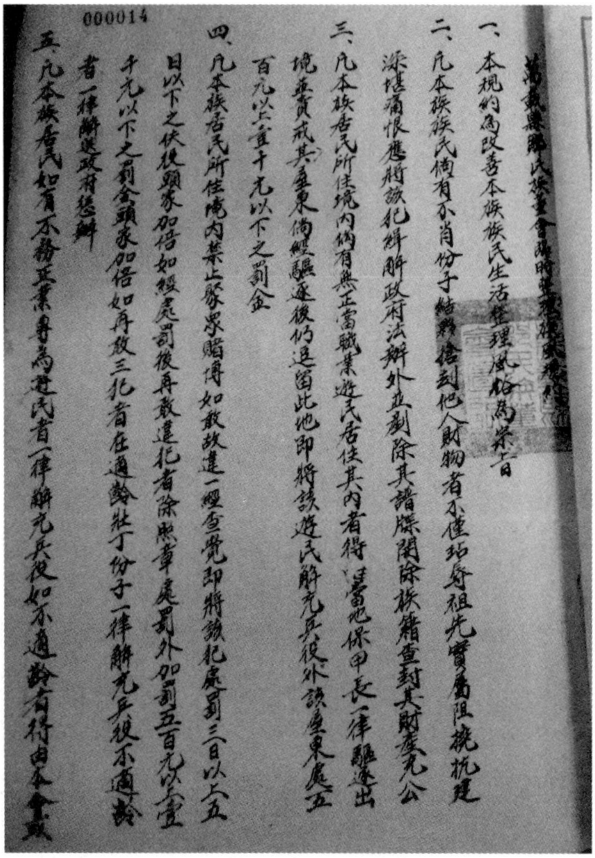
000014

萬載縣鄒氏族董會臨時整理族風規約

一、本規約爲改善本族族民生活整理風俗爲宗旨

二、凡本族族民倘有不肖份子結夥偷竊他人財物者不僅玷辱祖先實屬阻撓抗建深堪痛恨應將該犯緝解政府法辦外並剷除其譜牒開除族籍查封其財產充公

三、凡本族居民所住境內倘有無正當職業遊民居住其內者得與當地保甲長一律驅逐出境並責戒其屋東倘經驅逐後仍逗留此地即將該遊民解充兵役外該屋東處五百元以上壹千元以下之罰金

四、凡本族居民所住境內禁止聚眾賭博如敢故違一經查覺即將該犯處罰三日以上五日以下之伕役頭家加倍如經處罰後再敢違犯者除照章處罰外加罰五百元以上壹千元以下之罰金頭家加倍如再敢三犯者在適齡壯丁份子一律解充兵役不適齡者一律解送政府懲辦

五、凡本族居民如有不務正業專爲遊民者一律解充兵役如不適齡者得由本會或

万载邹邹氏族董会临时整理族风规约

1. 本规约为改善本族族民生活,整理风俗为宗旨。

2. 凡本族族民倘有不肖分子结伙偷窃他人财物者,不仅玷辱祖先,实属阻挠抗建,深堪痛恨,应将该犯缉解政府法办外,并铲除其谱牒,开除族籍,查封其财产充公。

3. 凡本族居民所住境内,倘有无正当职业游民居住其内者,得与当地保甲长一律驱逐出境,并责戒其屋东;倘经驱逐后仍逗留此地,即将该游民解充兵役外,该屋东处五百元以上一千元以下罚金。

4. 凡本族居民所住境内,禁止聚众赌博。如敢故违,一经查觉,即将该犯处罚三日以上五日以下之夫役,头家加倍。如经处罚后,再敢违犯者,除照章处罚外,加罚五百元以上一千元以下之罚金,头家加倍。如再敢三犯者,在适龄壮丁分子一律解充兵役,不适龄者一律解送政府惩办。

5. 凡本族居民如有不务正业专为游民者一律解充兵役,如不适龄者得由本会或保甲长将该游民解送政府惩戒,在五十岁以上者不在此论。

6. 凡本族居民窃伐他人茶桐竹木破坏森林者(不分窃取族内族外者同),一经查觉或告发有据,除赔赃外,处罚五百元以上一千元以下之罚金,夜行者加倍。

7. 凡本族居民窃伐他人财物竹木等项，前来本会密报有据者，即将其罚金三成充偿，并将报告人姓名保守秘密。

8. 以上处罚之罚金一半充为保甲经费，一半充作本会经费。

9. 本规约如有未尽事宜，得随时召会修改之。

10. 本规约由族董会呈请，县府核准后公布施行。

事由：据录呈整理族风规约乞核备等情指复准备查由

江西省万载县政府指令　忠社字第4444号

令邹氏族董会

本年七月十三日呈一件：为录呈整理族风规约请核备由。

呈件均悉，准予备查。

此令！规约存。

县长刘

民国三十五年七月二十一日

万载县周氏联宗祠族董会改组（1946年）

万载县周氏联宗祠族董会呈　濂董字第14号

查本族董会业经于三十四年十月五日召集各支开会商讨改组，除族长德庸为当然族董外，并推定德光、信厚、尚霖、玉孙、义民、树材、大猷、获汉、绍芳、仁祖、蕴玉、绍箕、寿昌等十五人为族董，并互推获汉为族董主任等语记录在卷。获汉遵照前颁钤记式样自行刊刻，乃于三十四年十月十日正式启用，理合检同钤记印模及董事略历表各一份赍呈鉴核备查！

谨呈万载县长刘

附呈印模及董事略历表各一份

万载县周氏联宗祠族董会主任周获汉

民国三十五年八月十五日

万载县政府批示：准予备查

民国三十五年八月二十一日

万载县周氏联宗祠族董会族董略历表

职别	姓名	性别	年龄	籍贯	略历
主任	周获汉	男	48	万载	万载县参议会参议员
族董	周德庸	男	75	万载	前清孝廉方正,曾任校长、区长等职
族董	周德光	男	48	万载	江西法专毕业
族董	周寿昌	男	34	万载	江西工专毕业
族董	周绍箕	男	39	万载	江西警官训练所毕业
族董	周树材	男	38	万载	现任万载田赋粮食管理处科长
族董	周义民	男	40	万载	军官训练团毕业
族董	周大猷	男	66	万载	龙河中学毕业
族董	周蕴玉	男	43	万载	龙河中学毕业
族董	周子道	男	43	万载	宝兴学校毕业
族董	周信厚	男	59	万载	商
族董	周尚霖	男	55	万载	商
族董	周玉孙	男	73	万载	商
族董	周绍芳	男	58	万载	商
族董	周仁组	男	57	万载	商

事由:案呈改组族董会造具族董略历表检同图模,请核备等情,指复准备查由。

江西省万载县政府指令　　忠社字第5102号

令周氏联宗祠族董会主任周获汉

本年八月十五日呈一件:改组族董会造具族董略历表检同图模请核备由。

呈件均悉,准予备查。

此令！附件存。

县长刘

中华民国三十五年八月二十三日

万载县宋氏族董会(1946年)

事由:遵造族董会姓名、籍贯、年龄、履历名册一份,请察核备查由。

万载县宋氏族董会呈　　纬字第九号

案准康乐镇公所慰一民字第九五号通告略开:以奉令各姓族董会应如期成立,造具履历名册呈送县府备查等由,计抄送本县各姓族董会组织简章一份。准此,查本祠族董会业经组织成立,并互推宋文纬为主任。兹准前由,除函复外,理合造具族董会姓名、籍贯、年龄、履历名册一份，随文呈请钧长察核备查，实为公便！

谨呈万载县政府县长刘

万载县宋氏族董会主任宋文纬

民国三十五年八月二十一日

附族董会姓名籍贯年龄履历名册一份

万载县宋氏族董会姓名籍贯年龄履历表

姓名	籍贯	年龄	略历	备改
宋文纬	万载	70	江西公立法政专门学校毕业	族董主任
宋志和	万载	55	豫章法政专门学校法律本科毕业，现充县立民教馆主任	族董
宋子标	万载	44	北京中国大学预科毕业	族董
宋志光	万载	50	江西省立第一甲种工业学校机械本科毕业，历现充丁田乡第三保国民学校校长	族董
宋锦均	万载	45	万载县商会第一届执行委员	族董
宋维新	万载	33	中央军校第九期毕业，曾充排连长少校大队长、中校参谋军事科长	族董
宋贤瑞	万载	65	历充书纸业理事	族董
宋诚齐	万载	73	中国红十字会正会员	族董
宋意初	万载	38	鹅峰高小毕业历任田粮处办事处稽征员	族董
宋绍裘	万载	42	历充夏布业理事	族董
宋思弘	万载	44	县立龙河旧制中学毕业	族董
宋子兴	万载	56	历充国货业理事	族董
宋联章	万载	48	历充酒业理事	族董
宋开鼎	万载	36	县立龙河初级中学毕业	族董
宋全生	万载	25	志成中学毕业，现任高城乡公所文化干事	族董

民国三十五年八月二十一日造

事由：为改组族董会造具族董略历表乞核备等情指复准备查由。

江西省万载县政府指令　　忠社字第五一六二号

令宋氏族董会主任宋文纬

本年八月二十一日呈一件：为改组族董会造具族董略历表乞核备由

呈表均悉，准予备案。

此令！略历表存。

县长刘

中华民国三十五年二十六日

万载县邓氏族董会改选(1946年)

事由:为遵章改选就绪,附呈族董会名册,请核备由。

万载县邓氏族董会呈　　世字第一号

查本会于二十三年一月成立,曾经呈请政府备案在卷。此次案准万载县康乐镇公所三十五年七月二十二日慰一民字九六号通告,暨抄送本县各姓族董会组织章程一份。业于八月二日召开全族大会,将原任族董分别遵章改选,推举世平、汉民、松年、水云、义和、焕清、惜居、光五、宝就为族董,互推世平为主任,除函复康乐镇公所查照外,理合附呈族董会姓名、籍贯、年龄、履历名册一份呈请鉴核备案。

谨呈万载县县长刘

附呈族董名册一份

主任邓世平

中华民国三十五年八月二十二日

事由:据呈改选族董会履历表,乞核备等情,指复准备查由。

江西省万载县政府指令　　忠社字第51210号

令邓氏族董会主任邓世平

本年八月二十九日呈一件:为遵照新颁简则改选就绪,造具族董履历表请鉴核备案由。

呈暨履历表均悉,准予备查。

此令! 履历表存。

县长刘

中华民国三十五年八月二十九日

万载县邓氏族董会族董姓名履历表

职别	姓名	年龄	出身	经历
主任	邓世平	50	江西省立工业专门学校毕业	曾任南阳小学校长,龙桥小学教员及历任族董主任等职
族董	邓松年	28	万载龙河中学肄业	曾任新喻县立中学及简易师范事务员、万载税务与税务员等职
族董	邓汉民	34	万载龙河中学毕业	曾任江西省军官区直属战区第三大队部中尉、书记,现任万载县政府事务员等职

续表：

职别	姓名	年龄	出身	经历
族董	邓水云	48	万载县民众干部训练班第一期结业	曾任县商会常务理事及爆业工会理事长等职
族董	邓焕清	44	万载县国术研究会结业	历任族董等职
族董	邓义和	49	高小毕业	曾任本县印花税事务所副所长，引线商业公会特种委员等职
族董	邓惜居	42	中央军官学校驻豫军官教育团第二期步科结业	曾任陆军步兵连长及军需主任，本县公安局巡官警察队队长等职
族董	邓光五	38	江西省立工业专门学校高中部机械科毕业	曾任江西公路处监工，余干县政府合作室主任，现任万载县政府合作室主任等职
族董	邓宝就	41	高小毕业	曾任高城乡第四保保长，国术研究会教务主任等职

中华民国三十五年八月二十九日主任邓世平造

万载县韩氏族董会改选（1946年）

事由：奉令呈报本族董姓名履历册，乞鉴核备案由。

万载县韩氏族董会呈　　愈总字第0001号

案准万载县康乐镇公所慰一民字第九五号通告转奉钧府忠社字第3926号训令开，以各姓族董会应于本年八月底以前一律改选成立，造具族董履历名册呈报县府备案等由。准此，查改选成立族董会一案业经遵照奉颁族董会组织简章，提交本族第二次族董大会改选完善成立在卷。理合造具本族族董会族董姓名履历一份，随文呈报钧府鉴核备案！

谨呈万载县县长刘

附呈本族族董姓名履历册一份

万载县韩氏族董会主任韩绍藜

民国三十五年八月二十六日

万载县韩氏族董会族董姓名履历名册

职别	姓名	年龄	籍贯	履历
主任	韩绍藜	67	万载	旧制龙桥高级小学毕业，现任昌黎小学校长等职
族董	韩铣	32	万载	江西省立创声中学毕业，曾任青年团股长，现任丁田乡中心国民学校教员等职

续表：

职别	姓名	年龄	籍贯	履历
族董	韩雄	34	万载	县立模范小学毕业，现任康乐镇第五保保长
族董	韩绍信	41	万载	县立模范小学毕业，曾任 中上尉连排长等职
族董	韩树甫	35	万载	江西省军官教导团第二期结业，曾任军政部指导员，现任三兴乡第五保保长代表
族董	韩福材	36	万载	旧制龙桥小学毕业，曾任三兴乡第五保保长等职
族董	韩俊才	54	万载	旧制小学毕业，曾任本县第一区第五十九保保长等职
族董	韩启祥	38	万载	曾任涂泉乡第六保经济干事
族董	韩岳	32	万载	龙河中学毕业，省制团户训班结业，曾任昌黎小学教员，暨白良乡公所干事，现任丁田乡公所户籍干事
族董	韩森林	58	万载	历办地方公益事业曾任保经济干事等职
族董	韩集谷	58	万载	历办地方公益事业，曾任本县守望队队长
族董	韩有发	36	万载	曾任三兴乡第五保副保长
族董	韩树禁	48	万载	历办地方公益事业
族董	韩金生	42	万载	历办地方公益事业
族董	韩海兴	54	万载	历办地方公益事业

说明：本族族董会会址决定丁田韩孟常公祠为会址。

事由：为改选族董会，请核备等情，指复准备案由

江西省万载县政府指令

忠社字第5324号

令韩氏族董会主任韩绍藜

本年五月二十六日呈一件：为遵本新组织简章改选族董会造具族董履历表请察核备案由。

呈表均悉。准予备案。

此令！履历表存。

县长刘

中华民国三十五年一月三十一日

万载县城南宋氏族董会改选（1946年）

事由：为造具族董姓名履历表一份，乞核备案由。

拟办：准予备案。

万载县城南宋氏族董会呈　　楷族字第二十一号

窃本城南宋氏族董会业经先年成立呈报在案，今奉钧府从新整理，乃于八月二十四日召开全族会议，公推锡章等十五人为新任族董，并互推锡章为主任，特造具族董姓名履历表一份呈请钧长查核备案实为公便！

谨呈万载县县长刘

附呈族董姓名履历表一份

主任宋锡章

民国三十五年八月二十八日

万载县南城宋氏族董会族董姓名履历表

姓名	籍贯	年龄	履历
宋锡章	万载	41	江西豫章法专毕业，曾任青阳小学校长，壮训大队指导员
宋思志	万载	46	小学毕业，曾任保长及保学教员
宋赞周	万载	44	小学毕业，历任保学校长兼教员
宋柏林	万载	44	小学毕业，曾任保长及保学教员
宋义瑞	万载	52	曾任商会监事
宋菊生	万载	25	初中毕业，曾任小学教员
宋耀昆	万载	26	初中毕业。曾任小学教员
宋富松	万载	43	曾任乡农会监事
宋盛林	万载	42	小学毕业，曾任保长
宋聚兴	万载	62	曾任乡农会监事
宋成贵	万载	25	志成高中毕业，曾任青阳小学校长，丁田中心国校教员
宋源明	万载	26	初中毕业，曾任保学校长
宋金生	万载	64	曾任合作社监事
宋庚文	万载	46	曾任万载第五区署书记及小学教员
宋聚生	万载	37	曾任保长

民国三十五年八月二十八日填

事由：据呈改选董会核备等情，指复准备案由。

江西省万载县政府指令　　忠社字第5323号

令城南宋氏族董会

本年八月二十日呈一件：为改选族董会造具族董履历表请案核备案由。

呈表均悉，准予备案。

此令！履历表存。

县长刘

中华民国三十五年八月三十一日

万载县深塘钟氏族董会(1946年)

事由:为遵令组织万载县深塘钟氏族董会,并造具各族董履历表一份,请备案由。

万载县深塘钟氏族董会呈　　成字第一号

查族董会设立之意旨,原以协助政府推行政令,提倡道德,除莠安良为目的。本会有见

及此,爰于本年农历七月十五日召集各房族姓人等在此以成祠开全族大会,遵照选举方式用推选法选举,结果经过得鸿业、业群、友三、士侑、士旗、国琏、士清、士信、宏业、奕衿、奕森等十一人为董,并由族董中互推鸿业为主任,士侑、奕衿为常务族董等语记录在案,即于八月二十日上午十时宣誓就职,启图视事。为此,将组织情形理合检同族董履历表,并印模一纸备文呈送钧府鉴核备案实为公便!

谨呈县长刘

万载县深塘钟氏族董会主任钟鸿业

附族董履历表一份,印模一纸

民国三十五年八月二十日

万载县深塘钟氏族董姓名履历表

职别	姓名	年龄	籍贯	略历
族董主任	钟鸿业	48	万载	江西法专毕业
常务董事	钟士侑	38	万载	曾办公益多年
常务董事	钟奕衿	28	万载	县立中学毕业
族董	钟业群	48	万载	明体高小毕业
族董	钟友三	62	万载	曾办公益多年
族董	钟士祺	42	万载	曾办公益多年
族董	钟国琏	36	万载	县立初中毕业
族董	钟士清	43	万载	曾办公益多年
族董	钟士信	30	万载	高小毕业
族董	钟宏业	30	万载	县立初中毕业
族董	钟奕森	60	万载	曾办公益多年

中华民国三十五年八月二十二日造具

事由:据呈组织族董会选具履历表检同图模,请核备等情,指复准备案由。

江西省万载县政府指令　　忠社字第5484号

令深塘钟氏族董会

本年八月二十二日呈一件:为遵照新颁族董会简章组织族董会,选举族董,造具履历表检同图模请核备由

此令!履历表及图模均存。

县长刘

中华民国三十五年九月七日

万载县杨氏族董会(1946年)

事由:呈为奉令成立族董会,赍送祠章、印模、名册恳请核备由。

拟办:经核尚无不合,拟准予备案。

万载杨氏族董会呈　　震字第二号

案准康乐镇慰一民字第95号通告转奉钧府忠社字第三九二六号训令,以奉颁各姓氏族董会组织简章到祠,并限期成立等因。本祠遵即依照简章组织族董会,业经于前月二十八日上午八时召开全族代表大会,举行成立典礼,并制定祠章,今于康乐镇花园里本祠内正式办公。除函复康乐镇公所查照外,理合抄呈章程职员姓名表及印模各一份,一并随文呈报钧长鉴核备案实为公便!

谨呈万载县政府县刘

附呈:万载杨氏家庙章程一份

印模一份,

族董会职员姓名表一份

族董主任杨麓川

中华民国三十五年九月二日

事由:据呈成立族董会,赍送祠章、印模恳请核备等情,指复准予备案由。

江西省万载县政府指令　　忠社字第5511号

令杨氏族董会

中华民国三十五年九月二日呈一件:为成立族董会赍呈祠章、印模、名册恳请核备由。

呈暨附件均悉:经核尚无不合,准予备案。

此令!附件抽存。

县长刘

中华民国三十五年九月九日

万载县杨氏族董会职员姓名表

职别	姓名	别号	年龄	履历	通讯处
族长	杨柱流	淳武	60	江西农专毕业曾任外交部欧美司书记官现任县中教员	万载县中学
族董主任	杨麓川	济周	42	龙河旧制中学毕业,曾任陆军连长、副营长等职	万载县参议处
族董	杨履义	笑天	35	江西私立力行中学毕业,曾任国校教员	志成中学
族董	杨怀之	尚荣	35	江西私立志成中学毕业,曾任国校教员	高村邮代所
族董	杨灿华	映三	49	法专毕业,曾任安义县长	
族董	杨思诰	字行	53	袁洲第八中学	小北关生兴福
族董	杨水生		34	江西警察训练所警官班第一期毕业,现任督察员	本祠
族董	杨学如	明珠	45	酒业常务委员屠业理事长现任保民代表	本祠
族董	杨郊黄		44	高小毕业	三民街辛幼房祠
族董	杨洪思		34	龙桥高小毕业,曾任保长	三兴邮代所
族董	杨人瑞	肇修	62	龙河旧制中学毕业现任志成中学会计	志成中学
族董	杨友成	庚梅	45	龙河旧制中学毕业曾任五区区长	三兴邮代所
族董	杨子光	容甫	64	庚戌科考取优贡历任县中教员	
族董	杨炳光	化锦	55	历任高村乡调解委员现任高村乡民代表	县城巢家场五号
族董	杨泽洲	化连	46	历任大桥商会主席	大桥怡和祥
族董	杨毓峰	秀山	42	培根农业甲种科毕业,本县五区区员	高村邮代所
书记	杨长祥				

民国三十五年九月族长杨柱流呈

万载杨氏家庙章程(地址康乐镇花园里)

第一章:总则

第一条:本祠章程由各房代表大会制定之。

第二条:万载杨氏家庙之主权属于震公名下族人全体。

第三条:本祠族董会为本祠最高机关,凡关于本祠一切权利义务及应兴应革事项概由族董会依照规定办理。凡属族人如有正当意见,得向族董会建议,不得在外有攻毁破坏之行为

第四条:1. 本祠直属各房得成立族董分会,处理本房之事务,惟章程不得与本会章程有所抵触。

2. 各房分会定名为“万载杨氏族董会某某分会”。

第二章:祭祀

第五条:每年中元节依旧例应按正附配享备楮锭若干,祭菜一席由全体族董会于家庙焚奠。

第六条:冬至祭祀遵照谱载仪注,惟得视经济情形分草祭、简祭、大祭三种,事前由族董会决定之。

1. 草祭遵照谱载日期备祭菜一席,由全体族董于是日齐集家庙祭祀。

2. 简祭发灯一夜,习仪散神一律备餐,除族董外酌情各房房长及高中毕业与高中资格同等者与祭,惟不颁胙。

3. 大祭发灯两灯夜,习仪散神一律备席,除族董外,酌情各房房长及初中以上毕业并与初中毕业资格同等者为限,执事者颁胙肉一斤。主祭分献者加一斤,又每一配餐给赴席筹一支,以凭赴席。

第七条:祭祀正献得由族长或族人之得受国家学位官阶最高者担任,但应挨次出席。

第八条:引赞歌诗及各执事人员临时由族董会于与祭人员中派定。

第三章:财务

第九条:本祠所有财产概由族董会负责保管,分别记账交族董会审核。

1. 经管人专任会计出纳,二部另推族董担任审核。

2. 经管人在经管期间内如有亏欠与鲸吞情事,由族董会彻底核查,属实后按其亏欠数目,依照市面规定例行息责,令该房赔偿并将该经管人送办。

3. 本祠所管各处田产、屋宇应刊册详载地名、佃户姓名、田亩四至、租额等以免失业。

第十条:本祠财产之收支分会计、出纳、审核三部,由族董会推举人员,分别负责支付款项。出纳员须根据定例报由族董会决议,族长及主任之许可方能支付款项,其经手支付之数随时缮具账单(附式样),支付连同凭证送交审核员审核,盖章交会计员登账后,凭证由会计保存,报单送主任备查。如有短收滥支情弊,出纳员应负赔偿之责,有串同行为者负连带责任。族长及主任对于收支数目发生疑问时得随时调阅单据账簿。

第十一条:凡本祠款谷非特殊情形,未经会议通过者,无论何人不得挪借拖欠致滋混乱。

第十二条:本祠每年年租谷均须收齐归仓,经管人不得任意折价出粜,如有正当用途必须粜谷时,须经族董会准许并核定价格。

第十三条:本祠所有收支账目每年结算一次,于冬至祭祀时行之。

第十四条:为祠财产充实起见,一切来祠祭祀或结账人员一概不支夫马费,以凭撙节。

第四章:教育

第十五条:凡本祠子弟在学校毕业均得依照左列规定赏受奖励。

1. 初中毕业奖励谷一石

2. 高中毕业奖励谷二石

3. 专科毕业奖励谷四石

4. 大学毕业奖励谷八石

5. 留学外国大学毕业奖励谷十六石

6. 发给期间;七月毕业者以夏历七月中元节烧纸时为验凭给谷期间;冬季毕业者以冬至开会时为验凭给谷期间,但连期得于来年秋冬二季验凭补给。

各级学校以经政府立案者为限,其他中央各直辖各种学校在三年以上毕业者得视其等级比给,短期学校未满三年者概不奖励。

第五章:奖罚

第十六条:凡族人服务国家有特殊功劳者受一等奖。

第十七条:凡族人有专门著述由国内外著名大书局出版声誉卓著者受一等奖。

第十八条:凡族人服务祠中十年以上功绩卓著者受二等奖。

第十九条:凡族人生育子女四人以上均在大学毕业者受二等奖。

第二十条:凡族人捐资救济同宗之鳏寡孤独至若干万元以上者受三等奖。

第二十一条:凡族人热心祠事捐资为祠兴办公益至若干万元以上者受三等奖。

第二十二条:凡族人生育子女七人以上均成年者受三等奖。

第二十三条:一等奖赠祀配享并将其平生事迹立传载谱,二等奖赠祀附享并由族董会给奖状,三等奖填发奖状。

第二十四条:凡族人破坏本祠或财产祠宇者处一等罚。

第二十五条:凡族人非法破坏全族代表大会之决议、本祠章程或本祠其他计划者处二等罚。

第二十六条:凡族人经管祠产有侵蚀行为不遵限结算者处二等罚。

三等罚。

第二十七条:凡族人与直系血亲和奸者处一等罚。

第二十八条:凡亏欠祠中款项故意拖延不偿还者处二等罚至三等罚。

第二十九条:一等罚送请政府法办,二等罚以家法覆予谴责。

第三十条:凡族人宜恪守忠、孝、仁、爱、信、义、和、平及勤劳毅勇诸道德,无论男女老幼不得习染下列行为:

1. 游手游食不务正业甘趋下流玷辱父母祖先者。

2. 残溺婴女摧毁人道,已办婚姻不使其子女受完全义务教育者。

3. 逃避兵役,违反国民公约及破坏团体事业不顾社会利益者。

4. 忤逆父母兄长,盗卖血食骨肉,以及倒行逆乱伦灭纪者。

5. 奸淫邪道、私宰、博吸食鸦片屡犯不悛者,族人如犯前条第一、二、三三项者责成该本支族族董恺切告诫严为纠正,如犯前条第四、五两项者处一等罚,并送请政府法办,毋得徇从。

第三十一条:

凡应受赏或罚者由族人申请,或族董报由族董会开会决定宣布之。

第六章:全族代表大会

第三十二条:全族代表大会为本祠最高会议。

第三十三条:全族代表、族董大会每三年举行一次,由族董会召集之。

第三十四条:全族代表大会以现任族长为主席或族长,因事缺席时得由族董主任或出席人员中互推一人为主席。

第三十五条:全族代表大会出席人员除现任族董外,由本祠所属各房依照现法定族董人数,于会前将名单送交族董会。

第三十六条:全族代表大会之会议事项如下:

1. 创制规章。

2. 选举校董。

3. 审核本祠账目及经管人之更换。

4. 关于本祠之兴革事项。

第七章:族董会

第三十七条:族董会设族董委员十五人由岐源房选定合格人员四人,岭下支二人,瑕源苏溪、安仁、闹城、福塘、横山、明德、游门、谷源等房各选定合格人员一人组成之。

第三十八条:族董会设主任一人,由族董互推综理会内外一切事务

第三十九条:族董须公正廉明热心祠事,年满三十岁以上身家清白者。

第四十条:族董任期三年,但得连选连任。

第四十一条:族董会办理下列事务:

1. 敦睦族谊,维持伦常。

2. 救济孤贫,提倡生产。

3. 教育青年,调解纠纷。

4. 管理祠产,支配用途。

第四十二条:族董会每一年开常会一次,如有特别事务故得由主任或族董三人以上之提议召临时会。

第四十三条:族董暨主任均为无给职,所需办公费由祠款提拨,每年中元节报由常会核销。

第四十四条:族董会设文书一人,年给津贴谷二石。工役一人,由住祠租户专任派遣,不付工资。

第四十五条:族董会办理细则规定之。

第九章:附则

第四十六条:本章程自代表大会通过之日起施行,并呈报县政府备案。

第四十七条:本章程如有未尽事宜,得由代表大会修正之。

万载杨氏家庙祠务委员会职员姓名表

职别	姓名	别号	年龄	履历	通讯处
常委	杨履义	笑天	35	江西私立力行中学毕业,曾任国校教员	志成中学
常委	杨学如	明珠	45	酒业常务委员、屠业理事长,现任保民代表	本祠
常委	杨思诰	以字行	53	袁洲第八中学	本县小北关生兴福
委员	杨郊黄		44	高小毕业	三民街辛幼房祠
委员	杨人瑞	肇修	62	龙河旧制中学毕业,现任志成中学庶务会计	志成中学
委员	杨灿华	映三	49	法专毕业,曾任安义县长	
委员	杨子光	容甫	64	庚成科考取优贡,历任县中教员	
委员	杨泽洲	化连	46	历任大桥商会主席	大桥怡和祥

中华民国三十五年九月填具

万载杨氏家庙祠务委员会简章

第一条:名称　定名为万载杨氏家庙祠务委员会。

第二条:会址　设于本祠。

第三条:宗旨　以宣扬政府政令,提倡国民道德,除莠安良,和邻睦族,共谋地方一切兴革事宜为宗旨。

第四条:组织　本会设委员几人,由委员互推常委三人以负专责。

甲、有下列资格之一者得被推选为委员

1. 公正廉明,众望素学者。
2. 学识兼优,勇于任事者。
3. 品行端正,无不良嗜好者。

乙、有左列行为之一者不得被推为委员

1. 未成年者。
2. 学识缺之,临时敷衍者。
3. 武断乡曲、植党营私者。
4. 抢夺公权,曾受刑事处分者。

第五条:任期　以三年为限,但连选得连任。

第六条:任务

1. 对政府颁布之命令有宣扬之义。务
2. 宣扬三民主义及国民公约。
3. 兴办学校及一切公益事项。
4. 监督本祠收入支出事项。

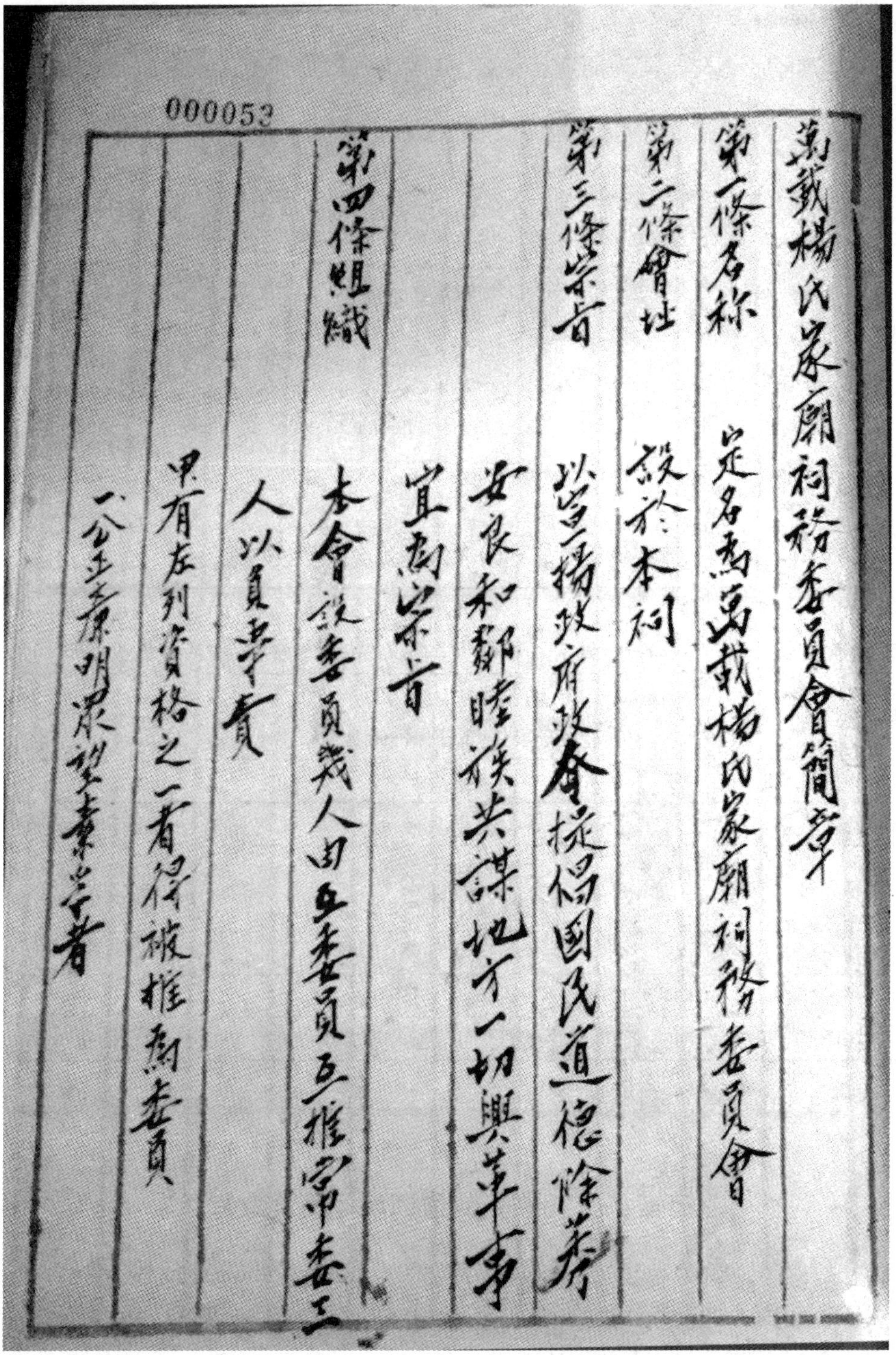
000053

萬載楊氏家廟祠務委員會簡章

第一條 名稱 定名為萬載楊氏家廟祠務委員會

第二條 會址 設於本祠

第三條 宗旨 以遵揚政府政令提倡國民道德除莠安良和鄰睦族共謀地方一切興革事宜為宗旨

第四條 組織 本會設委員幾人由委員互推常務委員三人以負專責

甲 有左列資格之一者得被推為委員

一、公正廉明眾望素孚者

5. 调解本祠纠纷事项。

6. 掌管登记本祠各房出生人数,统计及初中以上毕业或与初中同等资格者等事项,并责由各房支族董分会于年终列表报本会。

7. 本祠如有不肖分子流为匪盗暴徒者,分应由各房负责报告或拿解政府法办,不得徇从。

第七条:会议

分常会、临时会二种:

1. 常会每一年开常会一次。

2. 临时会遇有紧急事项发生,由主任或族董三人以上依照族董会第八章第四十五条之规定办理之。

第八条:经费

祠务委员为无给职,其开会伙食及办公费由祠款撙节开支。

第九条:本简章经本祠大会决议施行之。

万载杨氏家庙纠纷调解委员会职员姓名表

职别	姓名	别号	年龄	履历	通讯处
常委	杨履义	笑天	35	江西私立力行中学毕业,曾任国校教员	志成中学
常委	杨学如	明珠	45	酒业常务委员、屠业理事长,现任保民代表	本祠
常委	杨思诰	以字行	53	袁洲第八中学	小北关生兴福
委员	杨郊黄		44	高小毕业	三民街辛幼房祠
委员	杨人瑞	肇修	62	龙河旧制中学毕业,现任志成中学庶务会计	志成中学
委员	杨灿华	映三	49	法专毕业,曾任安义县长	
委员	杨子光	容甫	64	庚戌科考取优贡,历任县中教员	
委员	杨泽洲	化连	46	历任大桥商会主席	大桥怡和祥

中华民国三十五年九月填具

万载杨大祠族人纠纷调解委员会章程

第一条:本祠为敦睦族谊避免诉讼,特组织纠纷调解委员会(以下简称本会)。

第二条:本会类属于族董会。

第三条:本会设委员几人,由委员互推主任一人。

第四条:本会设委员,任期为三年,连举得连任。

第五条:本会委员均为无级职,其必要之办公费由族董会酌拨之。

第六条:凡族人因家庭争执及亲属纠纷投祠者,由本会秉公调处之。

第七条：族人投祠时应备具书面或当面问主任，叙明理由，经主任认可，有开会调解之必要时，召集各委员开会讨论调处之。

第八条：本会调解纠纷不受酒席，其开会时之茶烟杂用由申请人负担，如申请人确系赤贫，无力负担者得由族董会支给。

第九条：本会接到申请书后，应即传知两造到会认真调处。

第十条：申请人及被申请人于开会调解时无故不到者，得缺席秉公处断之。

第十一条：投祠事件如涉及外姓者，除有特别方法可以调解外，概不受理。

第十二条：凡合理调解后。如有违抗不遵者，得视其情节轻重予以处罚。

第十三条：本章程经核定后施行。

中华民国三十五年九月二日

族董主任杨麓川

万载田下郭氏族董会改选(1946年)

事由：为重新改选造具履历名册，呈请备案。

拟办：准予备案。

案准万载县康乐镇公所通告转奉钧府忠社字第三九二六号训令，并附发族董会组织简章一份。准奉前因，遵于上(八)月二十日重新改选除族长岩为当然族董外，余由各房推举志中、炳成、去病、绍卿、清河、文龙、日新、业兴、鑫坤、其甫、振中、镇兴、景明、元云为族董，互推志中为族董主任，理合备文连同族董履历名册呈请钧府备案。

谨呈县长刘　钧鉴

万载田下郭氏族董会主任郭志中

中华民国三十五年九月十六日

万载田下郭氏族董会族董履历名册

职别	姓名	籍贯	年龄	简历
族董主任	郭志中	万载	38	现任万载县第一届参议员
当然族董	郭岩	万载	80	前清附生
族董	郭炳成	万载	26	现任城南乡乡长
族董	郭去病	万载	52	江西豫章法专毕业
族董	郭绍卿	万载	21	江西志成高中毕业
族董	郭清河	万载	32	现任万载县康乐镇办事处稽征员
族董	郭文龙	万载	46	现任城南乡乡民代表会代表
族董	郭日新	万载	43	现任民权乡乡民代表会代表
族董	郭业兴	万载	36	现任城南乡公所书记员

续表:

职别	姓名	籍贯	年龄	简历
族董	郭鑫坤	万载	42	商
族董	郭其甫	万载	52	商
族董	郭振中	万载	48	学
族董	郭镇兴	万载	43	学
族董	郭景明	万载	54	商
族董	郭元云	万载	38	商

中华民国三十五年九月造

事由:据呈遵令改组族董会造具族董名册履历,乞备案等情,指复准予备案由。

江西省万载县政府指令　　忠社字第六三九四号

令田下郭氏族董会

本年九月十六日呈一件:为遵令于八月二十日改组族董会,缮具族董名册及履历表呈请备案由。

呈册均悉,准予备案。

此令!

县长刘

中华民国三十五年十月十一日

万载县高城乡闻氏族董会(1946年)

事由:为成立族董会造具名册,呈请核备由。

拟办:准予备案。

万载县闻氏族董会呈　　树字第一号

案准万载县高城乡通告以奉令转发县各姓族董会组织简章,限八月底如期成立族董会,并造具族董姓名、籍贯、年龄履历册呈送县府备案等由。准此,经于本年八月十一日依法改选成立完竣,兹准前由,理合造具本会族董名册一份随文赍呈钧长察核备查,并乞刊发图记!

谨呈万载县县长刘

附呈:本会族董名册一份

万载县高城乡闻氏族董会族董主任闻树根

中华民国三十五年九月二十五日

万载县高城乡闻氏族董会族董姓名册

姓名	年龄	籍贯	履历
闻树根	32	高城竹渡	万载龙河中学毕业，江西南州国专毕业，曾任本县振济会总干事，高村田赋征收处主任等职。
闻开成	53	高城竹渡	豫章法政毕业，曾任县商会常务委员
闻秀峰	37	高城竹渡	万载龙河中学毕业，江西农村合作委员会
闻长泽	25	高城竹渡	江西私立行城中学毕业，曾任本县地籍办事处课员
闻朝杰	46	高城竹渡	万载龙河中学毕业
闻寿陶	45	高城竹渡	万载龙河中学毕业，曾任贵州公路局监工员，四川特种工程委员会监工员
闻庚元	54	高城竹渡	豫章法政毕业
闻金生	25	高城竹渡	江西省立二区师训所毕业，曾任国校校长及教员等职
闻源德	52	高城竹渡	本县乡镇人员训练班毕业，历充本县高城乡第二保保长

说明：闻氏族董会通信处：康乐镇第二保义会巷第九号谢家屋内

中华民国三十五年九月万载县高城乡闻氏族董会族董主任闻树根造具

事由：据呈改组族董会造具族董名册履历，乞核备等情，指复准予备案由。

江西省万载县指复指令　　忠社字第6391号

令闻氏族董会

本年九月二十五日呈一件：为遵令改组族董会造具族董名册及履历呈请核备由。

呈册均悉，准予备案。

此令！

县长刘

中华民国三十五年十月十一日

万载县胥氏族董会（1946年）

万载县胥氏族董会呈　世字第一号

窃本祠为宣扬政令暨处理全族一切事务起见，业于本年七月十九日成立族董会，并经刊就图记一颗文曰：万载县胥氏族董会图记，即日启用，理合缮具族董姓名履历表一份，附具印模一纸，一并呈请钧长俯赐鉴核。

谨呈万载县县长刘

附呈族董姓名履历表一份印模一纸

万载县胥氏族董会族董主任胥世桢

中华民国三十五年十月

万载县胥氏族董会族董姓名履历表

职别	姓名	年龄	籍贯	履历
族董主任	胥世桢	64	万载	江西京州中学旧制及江西公立医专毕业，曾任口浒乡三湖淦印花局局长及车政部八九后方医院医官等职
族董	胥性明	31	万载	国立中正大学毕业，曾任上高县立中学教员兼训育主任，现任江西省立宜春乡村师范教员
族董	胥富辉	33	万载	江西省立武宁师范高师毕业，曾任万载县三兴乡中心学校校长
族董	胥嘉谋	31	万载	江西省立体育师范专科毕业，曾任江西平川中学教员，现任万载县立中学教员
族董	胥承烈	30	万载	江西省立污武宁师范高师毕业，曾任上高县立中学教员及万载县立第一中心小学教员
族董	胥福厚	35	万载	万载龙河中学毕业，曾任万载各乡镇干事及国校校长
族董	胥遒三	51	万载	江西甲种工业毕业，现任万载县康乐镇镇民代表
族董	胥绍轩	26	万载	江西志成中学毕业，曾任乡镇干事
族董	胥宏道	48	万载	万载民众干部训练所毕业，曾任保长，现任爆业同业公会常务理事

中华民国三十五年十月七日胥氏族董会主任胥世桢造具

事由：据呈组织族董会，填具族董履历检同图模，乞核备由等情，指复准备查由。

江西省万载县政府指令　　忠社字第6594号

令胥氏族董会

本年十月八日呈一件：为成立族董会填县族董履历表检同图记、印模报请核备由。

呈暨附件均悉，准予备查。

此令！

县长刘

中华民国三十五年十月二十一日

万载县白良李氏族董会（1946年）

事由：为准本乡李大祠函送族董名册及决议案件，呈送察核备查由。

江西省万载县白良乡公所呈　　松民字第7489号

案据本乡衡江李大祠衡治字第第一号公函开：本会于八月三十日召开扩大族董会议，公推拱治为族董主任，并将停办之养正学校复办及改良族内一切事宜为荷等由。准此，除函复外，理合检同该祠族董会名册及决议案件备文呈送钧长察核备查！

谨呈万载县县长刘

附会议录及族董名册各一份

白良乡乡长袁松泉

中华民国三十五年十月十四日

李氏族董会会议录

时间：八月初三日

地点：大祠

讨论事项：（一）本会主任应如何推之案。

决议：公推拱治为族董主任。

（二）备荒会宜保存实物以防饥荒案。

决议：1. 大祠派抖免予负担。

2. 每年所收稻谷除完粮及正当开支外，一概贷给本族实在缺乏粮食之户，每担照市情贷谷以八成行息，外人不在此限。

3. 定四月二十日为放谷日期，八月初二日为收谷日期。倘若有连期不还者，除由族董会切实追缴本息外，以后不得贷款。

（三）整理祠内旧章案。

决议：1. 祠内推定之人如三年内有不幸事故，以父死子继兄终弟及必待众商酌或另选举或有可继者，听众议定登榜为是。

2. 推定禁头二人常至山场巡查，倘获窃害人等，一律分别重加惩罚。

3. 外人损害照章罚金，倘有刁蛮不遵者得由族董会呈请县府罚办。

（四）本族基金应如何谋稳定案。

决议：将本届各会实存法币除三万五千元留存原会开支外，概交由备荒会，首士收买稻谷存放生息。

（五）吾族门首大路拟改治水圳经过案。

决议：1. 培路工程以本族壮丁负担，每天给工资米二升，其老弱（六十岁以上）幼稚（十五岁以下）不能负担工程者则每天以米二升作为代工。士绅无与，老幼同例。

2. 路基经过田亩，如系私人所有得由祠内照时价补尝之。

3. 培路基金以本年丁谷及大祠所收历斗山油、土租开支。

4. 推定贞甫为总务簿章，德叩为监工。

（六）本族办学津贴，拟大幅提高并改发食物案。

决议：1. 大祠：初中一石，高中二石，大学八石。珮公：初中一石，高中二石，大学十石。

2. 澄公：初中一石，高中二石，大学十石。

（七）养正学校停办多年拟予开办案。

决议：1. 开办由族董会呈请备案。

2. 修整大祠为校舍。

3. 开办添建费除由珮公拨谷四石、澄公二石、典公二石外，其余不足之数概由各会分担。

4. 名誉校长一员不支薪，教员一员呈照国民学校教员支给，其校长教员由族董会聘任之。

（八）本祠各户土、山租原系钱码，现在币制改革，钱码等于无用，拟予提高以充祠内经费案。

决议：过去所欠每钱一文收洋一元，自本年起每钱一文收洋二元，概以六年计算，倘有不遵缴纳者，除由族董会追缴外并将其土地收回，而各户所欠油租每斤六百元计算，作六年收清。如有不遵缴者，由族董会追缴外，得将其茶山收回。

（九）本姓附近山土多有荒芜，拟于每年二月由祠内请工栽植茶桐案。

决议：明年元月由族董会通知，各荒山土限期自行种植，逾期则由族董会栽植茶桐。

（十）族祠门首禁止倒放炭渣案。

决议：照案通过。

（十一）拟将养正存款提出部分购买普高考试书籍以供族内文人阅览案。

决议：建立养正图书室，陆续收买图书。

（十二）本姓族董会书记及工丁如何推定案。

决议：书记由养正教员兼任，工丁由守祠人兼之，但概不支薪。

（十三）本会经费应如何筹办案。

决议：由大祠负担。

（十四）经投族董会开会费应如何规定案。

决议：六千元。

散会

万载县李氏族董会族董名册

姓名	籍贯	年龄	履历
李拱治	万载	56	万载龙河旧制中学毕业
李汉章	万载	58	高小毕业
李乾	万载	60	万载龙河旧制中学毕业
李忠	万载	30	江西私立志成初中毕业
李超	万载	27	江西私立志成初中毕业
李亮	万载	34	高小毕业

续表：

姓名	籍贯	年龄	履历
李金卿	万载	32	万载龙河中学毕业
李蕴文	万载	31	江西私立志成高中肄业
李仁龙	万载	38	高小毕业
李钟震	万载	26	江西私立志成高中毕业
李舟发	万载	27	江西私立志成初中毕业

中华民国三十五年九月二十五日造具

事由：据转呈白良李氏族董会名册及各项决议案，请核备等情，指令遵照由。

江西省万载县政府指令　　忠社字第6755号

令白良乡公所

本年十月十四日呈一件：据本乡李氏族董会函送族董会名册及各项决议案请鉴核等情转呈核备由。

呈件均悉，准予备查，仰即转饬遵照！

此令！附件存。

县长刘

中华民国三十五年十月二十六号

万载县欧阳氏族董会（1946年）

事由：本族族董会业经成立，连同族董姓名履历章程、图记、印鉴呈请核备示遵由。

族董姓名履历章程、图记、印鉴计三件

拟办：准予备案。

万载县欧阳氏族董会呈光族字第一号

案查各氏族应遵

令成立族董会籍以团结氏族为国族之坚强基础。本族散居本县境内各地，人口在万人以上，族董会迄未成立，既无以崇明令，复难资振作，现值建国伊始，精诚团结，实刻不容缓，爰于本年十月二十日在本族县大祠召开本族各支代表大会，当经大会决议成立族董会，并推定光汉等十五人为本族族董会族董，并票选光汉充族董主任记录在卷，理合造具本会族董姓名履历表连同章程及依式刊刻之图记一颗文曰万载县欧阳氏族董会图记族董名章印鉴备文呈请钧长核备示遵本会图记，自即日起开始启用，合并呈明。

谨呈万载县县长刘

附呈：本会族董姓名履历表一份

本会章程一份

本会图记印鉴一纸

万载县欧阳氏族董会族董主任欧阳光汉

中华民国三十五年十月二十八日

万载县欧阳氏族董会族董姓名履历表

姓名	性别	籍贯	年龄	职别	经历
欧阳光汉	男	万载	50	族董主任	国立武昌高等师范英语部本科毕业
欧阳凝深	男	万载	43	族董	中央军校第八期毕业
欧阳焕烈	男	万载	29	族董	万载县立中学毕业
欧阳鸿	男	万载	48	族董	中学毕业
欧阳弘	男	万载	34	族董	江西军官教育团毕业
欧阳光	男	万载	26	族董	湖南广益中学高中部毕业
欧阳璧	男	万载	40	族董	万载龙河中学毕业
欧阳杰	男	万载	38	族董	万载龙河中学毕业
欧阳汝	男	万载	45	族董	万载旧制龙河中学毕业
欧阳云轩	男	万载	49	族董	高小毕业
欧阳豪臣	男	万载	37	族董	高小毕业
欧阳高臻	男	万载	48	族董	高小毕业
欧阳祥云	男	万载	46	族董	高小毕业
欧阳湧	男	万载	37	族董	中学毕业
欧阳增林	男	万载	59	族董	旧制高小毕业

中华民国三十五年十月二十八日族董主任欧阳光汉造具

万载县欧阳氏族董会章程
中华民国三十五年十月二十八日

第一条:名称

本会定名为万载县欧阳氏族董会。

第二条:会址

本会以万载县城内欧阳氏族宗祠为会址。

第三条:宗旨

本会以促进本族人口、伦理、经济、教育之发展,俾永为文化昌明之氏族而为富强康乐之国族之健全单元为宗旨。

第四条:产生

本会由本族在县境内之白水、石堖背、黄茅、严坪、四都、后塘、捻溪,七支子姓代表(白水三人,其余每支二人)大会产生之。每三年举行全族代表大会一次,代表大会代表出席会议不给夫马费,供给缮宿,以三天为限。

第五条:组织

本会由族董十五人（白水三人，其余每支二人，由各本支分别推定组织之，互选族董主任一人，以得票最多者当选。推定常务族董七人（族董主任为当然常务族董），并由族董主任聘请书记一人（得由族董兼任）。

第六条：任期

本会族董任期三年，得连举连任。

第七条：职责

本会族董为义务职责办理下列事项：

（一）整肃伦常

（二）敦崇族谊

（三）提倡并鼓励全族生产事宜

（四）促进本族与他族之间谊和睦互助

（五）宣扬国家政令

（六）阐明三民主义

（七）调处本族间或本族与他族之纠纷

（八）监督本祠首士并稽核其收支

（九）其他有关本族应兴应革及应行处理事项

第八条：会议关于本会会议分别规定如下：

（一）全体族董常会每年开会一次，于农历元月二十日举行全体族董临时会，须由族董三人之提五人之副议始得举行。

（二）常务族董会议每月最末之一日开会一次，常务族董临时会议须由常务族董二人之提二人之副议始得举行

（三）举行各种会议由族董主任召集之并由其主席，倘族董主席因事请假时由常务族董互推一人代理之。

（四）关于议案之订论及表决遵照民权初步之办法行之。

第九条：本章程经全体会议通过并呈报政府核备施行，如有未尽事宜，由全体族董会议提出修正复呈核施行。

事由：据呈送族董会族务姓名履历章程图模等乞核备等情指令准备案由。

江西省万载县政府指令　　忠社字第 7144 号

令欧阳氏族董会

本年十月二十八日呈一件：为成立族董会造具字第姓名履历章程图模等呈请鉴核备案由

呈件均悉，准予备案。

此令！附件均存。

县长刘

中华民国三十五年十一月十一日

万载昌田钟氏族董会改组(1946 年)

事由:为重行组织族董会,并推定钟丙炎等十五人为族董,附履历表一份,呈请备案由。

窃查本会之设立原有组织在卷,其宗旨以协助政府、推行政令为目的,本会有见及此,爰于农历十月十六日召集各房族人开会讨论遵照选举方式,重行改组经选钟丙炎、元英、国琏、文杰、士信、照球、宏辟、德贤、浪山、荣霖、庆川、元辉、士元、崇兴、京晃等十五人为族董,互推丙炎为主任,并将办理情形附履历表一份呈请备案。

县长刘

主任钟丙炎

附履历表一份

中华民国三十五年农历十月十六日

万载昌田钟氏族董会族董委员履历表

姓名	性别	年龄	职别	学历	略历	备改
钟丙炎	男	43	学	中学毕业	曾任小学校长	族董主任
钟元英	男	45	学	中学毕业	曾任小学校长	族董
钟国琏	男	42	学	中学毕业	曾任小学校长	族董
钟文杰	男	34	学	中学毕业	曾任县政府秘书	族董
钟士信	男	36	学	中学毕业	曾任陆军书记	族董
钟照球	男	38	学	中学毕业	曾任中心小学校长教员	族董
钟宏辟	男	46	学	中学毕业	曾任小学校长教员	族董
钟德贤	男	37	学	中学毕业	曾任小学校长教员	族董
钟浪山	男	42	学	小学毕业	地方公益	族董
钟荣霖	男	48	学	小学毕业	地方公益	族董
钟庆川	男	48	学	小学毕业	地方公益	族董
钟元辉	男	47	学	小学毕业	地方公益	族董
钟士元	男	38	学	小学毕业	地方公益	族董
钟崇兴	男	49	商	小学毕业	地方公益	族董
钟京晃	男	48	农	私塾二年	地方公益	族董

中华民国三十五年十月十六日造具

事由:据呈组织族董会,造具族董姓名履历表,乞核备等情,指复准备案由

江西省万载县指复指令　　忠社字第7556号

令昌田钟氏族董会

本年十一月十五日呈一件:为组织族董会造具族董姓名履历表乞核备由。

呈表均悉,准予备案。

此令! 表存。

县长刘

中华民国三十五年十一月二十六日

万载汤氏族董会改选(1946年)

事由:为呈报族董会改选情形,并造具族董名册,乞核备由。

万载县汤氏族董会呈　　勋字第八十一号

窃查本会自民国二十三年间奉令成立,迄今十有余年,对于任务上应办事件尚能提纲挈领,并力而赴。兹遵照。钧长忠社字第2056号令颁各姓族董会组织简章,经于本年十一月二十日在黄茅下街汤福吾祠本会内,召开全族代表大会,改选族董,实到代表六十人名,当选出克勋等十五人为族董;并互推克勋为族董主任。理合将改选情形并造具族董名册,备文呈请钧府查核准予备案,实为公便。

谨呈万载县县长刘

附呈族董名册一份

万载县汤氏族董会主任汤克勋

中华民国三十五年十二月十二日

事由:呈报改选情形造具族董名册乞核备等情指复准备案由。

江西省万载县政府指令　　忠社字第8325号

令汤氏族董会主任汤克勋本年十二月十二日呈一件

呈报族董会改选情形造具族董名册乞核备由。

呈册均悉,准予备案。

此令! 册存。

县长刘

中华民国三十五年十二月二十日

万载县汤氏族董会族董名册

职别	姓名	籍贯	年龄	履历
族董主任	汤克勋	万载	47	现任万载县第一届参议员
族董	汤克新	万载	63	历任龙岗高等小学校长
族董	汤克宏	万载	57	曾任龙岗高小教员
族董	汤厚堂	万载	72	历办族务
族董	汤振祖	万载	68	历办族务
族董	汤钟泉	万载	58	历办族务
族董	汤石凤	万载	71	历办族务
族董	汤式贻	万载	28	曾任黄茅乡公所文化干事
族董	汤克辉	万载	35	曾任黄茅乡公所经济干事
族董	汤思贺	万载	29	曾任中正乡公所民政干事
族董	汤焕明	万载	36	历办族务
族董	汤安民	万载	34	曾任黄茅乡第八保国民学校校长
族董	汤克斌	万载	51	曾任县立中学教员
族董	汤起明	万载	64	历办族务
族董	汤书章	万载	42	历办族务

中华民国三十五年十二月汤氏族董会主任汤克勋造具

万载邹氏族董会及会务月报表(1946年)

事由:为填具族董会会务月报表,呈请鉴核备查由。

拟办:呈件均悉,此令。

万载县邹氏族董会呈　　德字第108号

前奉钧府交下万载县各姓族董会组织简章后附会议月报表式一份(计未奉明文)等因,遵将本会自本年七月份起至十一月份止,各月份会务补填月报表各一份,共计五份随文赍呈钧长鉴核备案。

谨呈万载县县长刘

附呈族董会会务月报表五份

万载县邹氏族董会主任邹德章

中华民国三十五年十一月十五日

万载县邹氏族董会会务月报表
中华民国三十五年七月三十一日
族董主任邹德章

类别	案由	办理情形
防范奸匪	查奸匪抢劫时闻本族境内应如何防范案	业经本会通知本族保长邹宸赵、邹昌邦转饬所属甲长严密监察各管住居民,不得有越轨行动,如遇匪入境应随即报告乡公所会同协助,倘有无业游民潜入本境,须即查询明白,如有嫌疑者得送请乡公所究办

万载县邹氏族董会会务月报表
中华民国三十五年八月三十一日
族董主任邹德章

类别	案由	办理情形
公共卫生	查各公共饮水井多不清洁应如何整理案	当经本会分别各族董负责督促所属居民迅速洗涤矣

万载县邹氏族董会会务月报表
中华民国三十五年九月三十一日
族董主任邹德章

类别	案由	办理情形
防止赌博	查赌博实属妨害事业前途之最大败类,虽曾经严禁无迹,诚恐日久玩生,应如何继续防止以期根绝案	业经本会责由族董协同当地保甲长随时查察,一经发觉即依照整理族风临时规约处理

万载县邹氏族董会会务月报表
中华民国三十五年十月三十一日
族董主任邹德章

类别	案由	办理情形
维护森林	据萧和生报称有本族邹细苟砍伐伊山森林应如何处理案	业经本会处罚邹细苟法币一千元,赔偿萧和生之损失森林,惟姑念邹细苟系双目不明,本会宽不另罚

万载县邹氏族董会会务月报表

中华民国三十五年十一月三十一日

族董主任邹德章

类别	案由	办理情形
协助粮政	查本年田赋开征已久,本族业户应如何督催赶早清完案	业经本会转知本族保长派丁在本属境内鸣锣晓谕,各业户赶早清完避免滞罚及催累

事由:邹氏族董会为呈送七月至十一月族董会会务月报表,请核备由。

江西省万载县政府指令　　忠社字第8373号

令邹氏族董会

本年十一月十五日呈一件:为呈送七月至十一月族董会会务月报表请核备由。

呈表均悉,准予备案。

此令！表存。

县长刘

中华民国三十五年十二月二十一日

事由:为本县邹氏全族大会改组族董会,造具族董履历表,备案呈请察核备查由。

万载县邹氏族董会呈　　德字第

案准本年四月二十日本族全族大会讨论事项第五案内载:本族族董任期届满应如何改组案。

决议:1. 推选。

2. 公推基茂、明纷、文寿、明衢、德财、克自、春耕七名为大祠首士兼任当然族董,复选良才、树勋、文崇、培昆、维汉、茂修、德章、先美连任族董。

3. 互推树勋、基茂、培昆、文崇、维汉、五人为常务族董,德章为连任族董主任,当经照案通过记录在卷。缘准前由,理合遵照奉颁族董会组织简章第十条,造具族董履历表一份,录案检同呈请钧长察核备查。

谨呈万载县县长郝

附呈族董履历表一份

万载县邹氏族董会主任邹德章

中华民国三十七年五月二日

万载县邹氏族董会职员履历表

职别	姓名	籍贯	年龄	履历
族董主任	邹德章	万载	52	本县私立乐育高小毕业,曾任第三区第三保联主任,本县经征处组长中正乡田粮征收处储运股长,中正乡第二中学国民学校基金保委员会主任委员
常务族董	邹维汉	万载	45	私立龙河中学毕业,历任私立乐育教员,现任中正乡第二中心国校教员
常务族董	邹树勋	万载	47	本县私立龙岗高小毕业,历任中正乡第十保国民学校教员兼任校长
常务族董	邹文崇	万载	33	曾任本县中正乡乡长,现任中正乡第一保代表
常务族董	邹培昆	万载	56	历任中正乡第十保国民学校基金保管委员会委员
常务族董	邹基茂	万载	55	曾任私立乐育学校基金保委会常委,现任中正乡第十保基金保委会主任委员
族董	邹良才	万载	33	志成中学毕业,曾任中正乡中心学校教员,万载县政府教育科员,现任县银行出纳主任
族董	邹茂修	万载	38	宜春乡村师范毕业,曾任德兴万载等县政府科员,现任江西省民政厅科员
族董	邹明衢	万载	28	力行初中毕业,历任中正乡公所书记
族董	邹明纷	万载	40	县私立乐育高小毕业
族董	邹文寿	万载	31	
族董	邹德才	万载	34	
族董	邹克自	宜春	45	
族董	邹春构	宜春	46	
族董	邹先美	宜春	48	

万载县第三保张姓和第四保辛姓族董会(1946 年)

事由:以奉令填报各姓族董会组织,呈请核备由。

拟办:应并同各该全族族董会办理,指复知照。

万载县白杨乡公所呈　　杰民社字第 878 号

案奉钧府忠社字第 3926 号训令,以查各姓族董会组织奉令整理,仰遵照颁发简则,重新组织成立具报为要等因。奉此，遵即转饬各保办理。兹据三、四保报称已经办理外，其他尚未组织，理合将该两保所选族董列册呈请鉴核备查。

谨呈万载县政府县长刘

附呈三保张姓、四保辛姓族董履历表各一份

白杨乡乡长张荣杰

中华民国三十五年十月二十一

事由：据转呈该乡张、辛二姓族董会族董姓名表，乞核备等情，指复遵照由。

江西省万载县政府指令　　忠社字第 8345 号

令白杨乡公所

本年十月二十一日呈一件，为转呈本乡张氏及辛氏族董会族董姓名表乞核备由。

呈表均悉。查该张氏辛氏两姓族，曾经组织全族族董会，以下支房应并同办理，毋须另行组织，原表发还，仰即分别转饬遵照！

此令！

计发还该乡张氏辛氏族董会姓名表二份

县长刘

中华民国三十五年十二月二十一日

万载县黄茅南家刘氏族董会(1947 年)

事由：为组织族董会呈请备案并颁发钤纪由。

族董履历表一份准予备案，图记仍自行刊装检模呈府备查

拟办：准予备案，图记仍仰自行刊制检模呈府备查。

万载县黄茅南家刘房祖祠呈

案据本祠本年二月十八日族务大会第九案内开：本族为谋协助政府推行要政，提倡道德，和邻睦族，除莠安良起见，拟组织族董会，以处理上项事务，是否有当，请公决案！

决议：根据万载县各姓族董会组织简章之规定，组织成立，定名为万载县黄茅南家刘氏族董会。公推佩琳、师向、少英、峻峡、丙兴、润德、家万、盛万、兴庚等九人为族董，并推定佩琳为主任，峻峡兼任书记等语记录在卷。业于本月一日正式就职视事，除通令合族知照外，理合造具族董姓名履历表一份，备文呈请钧长俯赐察核，准予备案，并颁发钤记启用，实为公便！

谨呈万载县县长刘

附呈族董履历表一份

祠董刘佩琳

中华民国三十六年三月二日

万载县黄茅南家刘氏族董会族董履历表

职别	姓名	性别	籍贯	年龄	履历
主任	刘佩琳	男	万载	51	东洲中学旧制毕业,历任康西小学校长及教员
族董	刘师向	男	万载	56	东洲中学旧制毕业,历任小学教员袁郡刘祠房长
族董	刘少英	男	万载	38	东洲中学旧制毕业,历任小学校长教员本祠祠董
族董	刘润德	男	万载	34	本县私立康西小学高级部毕业,曾任本祠祠董
族董	刘丙兴	男	万载	52	曾充本乡十七保保长,历任本祠祠董
族董	刘家万	男	万载	60	曾任本祠相南房房长,现任本祠祠董
族董	刘盛万	男	万载	54	曾任本祠鼎志房房长,现任本祠祠董
族董	刘兴庚	男	万载	52	曾充本乡二十一保保长,现任本祠祠董
书记	刘峻峡	男	万载	36	东洲中学毕业,曾任本县康西正谊小学校长

中华民国三十六年三月二日刘佩琳填

事由:据组织族董会报请核备乞刊发图记等情,指令遵照由。

江西省万载县政府指令　　忠社字第10020号

令黄茅南家刘氏族董会

本年三月二日呈一件:为组织族董会造具字第姓名履历表报请核备并乞刊发图记由。

呈悉,准予备案,印信仰自行刊制,检模报查为要!

此令!

附发图记式样一份

县长刘

中华民国三十六年三月十三日

万载县水南吴氏族董会改选(1947年)

事由:为遵章组织族董会,呈请备案由。

万载县水南吴氏族董会呈　　修会字第一号

查本会为协助政府推行政令、提倡道德、除莠安良、和邻睦族、共谋地方一切应兴应革事宜起见,业经于本年三月十日召开全族大会决议。遵照万载各姓族董会组织简章,业已组织成立就绪,经会议推定吴修平等九人为族董,并推定吴修平为族董主任。除将各族董造具履历名册一份外,理合备文一并呈请钧长鉴核,准予备案,并将本会图记颁发,实为公便!

谨呈万载县政府

县长刘

附呈各族董履历名册一份
万载水南吴氏族董会主任吴修平
民国三十六年三月二十八日

万载水南吴氏族董会委员履历名册

职别	姓名	性别	年龄	籍贯	履历
主任	吴修平	男	44	万载	龙河中学毕业,曾任柏树乡乡长,中心学校校长
委员	吴耀生	男	41	万载	高小毕业,曾任保长,现任乡民
委员	吴维生	男	48	万载	高校毕业,曾任保长
委员	吴光辉	男	58	万载	高小毕业,曾任保长及小学教员
委员	吴拱辰	男	28	万载	中学毕业,曾任柏树乡书记及干事,现任国校校长
委员	吴修韶	男	44	万载	高小毕业,曾办地方公益
委员	吴伯宗	男	53	万载	曾受私塾教育,办理地方公益
委员	吴显海	男	44	万载	曾受私塾教育,办理地方公益
委员	吴学正	男	64	万载	曾受私塾教育,办理地方公益

中华民国三十六年三月二十八日主任吴修平造具

江西省万载县政府指令　　忠社字第11050号
令水南吴氏族董会
本年三月二十八日呈一件:为组织族董会缮具族董姓名履历册乞核备并请该发图记由
呈件均悉,准予备案,该会图记仰自行刊制,检模报府备查。
此令! 册存。
附抄发图记式样一份
县长刘
中华民国三十六年四月二十二日

事由:为组织族董会检呈本会图记印模一份,乞核备由。
拟办:指复备查
万载水南吴氏族董会呈修会字第4号
案奉钧府忠社字第11050号指令开:本年三月二十八日呈一件,为组织族董会缮具族董姓名履历册乞核备,并请颁发图记由。
呈件均悉,准予备查。该会图记仰自行刊制,检模报府备查,册存附,抄发图记式样一份,此令等因。奉此,查本会图记业已自行刊制,除经启用外,理合备文,一并呈请钧长鉴核备由!
谨呈万载县政府县长刘
万载水南吴氏族董会主任吴修平

中华民国三十六年六月二十九日

事由：为刊制图记检具图模，请核备由。
江西省万载县政府指令忠社字第13416号
令水南吴氏族董会
本年六月二十九日呈一件：为依式刊制族董会图记检具印模请核备由
呈暨图模均悉，准予备查。
此令！图模存。
县长刘
中华民国三十六年七月十四日

万载水南吴氏族董会呈修会字第9号：

窃查本会自去年三月成立以来，业经一年期满，依照各姓族董会组织简章亟应改选，业经于本年八月二十日召开族务大会，改选就绪，除造具各姓族履历名册一份外理合备文呈请钧长鉴核备查！

谨呈万载县政府县长郝
附各族董履历名册一份
万载水南吴氏族董会主任吴修平
民国三十七年八月二十六日

万载县水南吴氏族董会各族董姓名履历名册

姓名	籍贯	年龄	履历
吴修平	万载	45	龙河中学毕业，曾任柏树乡乡长及中心学校校长
吴维生	万载	49	高小毕业，曾任保长
吴耀生	万载	42	高小毕业，曾任保长及乡民代表
吴修涛	万载	40	曾受私塾教育，办理地方公益
吴光辉	万载	51	高小毕业，曾任小学教员，办理地方公益
吴拱辰	万载	28	县立中学毕业，曾任乡镇干事，现任小学校长
吴伯宗	万载	51	曾受私塾教育，办理地方公益
吴显海	万载	45	曾受私塾教育，办理地方公益
吴学正	万载	54	曾受私塾教育，办理地方公益

江西省万载县政府批　安一社字第06980号
具呈人水南吴氏族董会呈一件：为呈送本族第二届族董名册乞核备由
呈件均悉，准以备查！
此批！件存。
中华民国三十七年九月十二日

万载县岭东孙氏族董会(1947年)

事由:为本族成立族董会并造具族董姓名、年龄、履历表乞核备由。

拟办:准予备案。

万载县岭东孙氏族董会呈　汉会字第一号

本族为协助政府推行政令及加紧地方自治起见,爰于本年四月十三日召开全族大会,当经决议遵照,奉颁简章组织族董会并推举孙家汉、孙承德、孙俊才、孙世英、孙冠英、孙洪祥、孙咸生、孙美生、孙树根等九人为族董,并互推孙家汉为族董主任,其会址设蓝田乡岭东孙氏宗祠为此理合造具族董履历表一份呈请

钧长鉴核,并乞准予颁发图记俾资应用!

谨呈万载县县长刘

附族董姓名年龄履历表一份

万载县岭东孙氏族董会族董主任孙家汉

中华民国三十六年四月二十五日

万载岭东孙氏族董会族董姓名年龄履历表

职别	姓名	性别	年龄	籍贯	履历
族董主任	孙家汉	男	31	万载	江西力行中学毕业,江西省训团乡镇长组结业,曾任乡长及中心校长等职
族董	孙承德	男	37	万载	江西私立启瑞中学毕业,曾任保国校教员校长及中心国校校长等职
族董	孙俊才	男	48	万载	私立东山小学毕业
族董	孙世英	男	43	万载	私立东山小学毕业,曾任保国校教员
族董	孙美生	男	51	万载	旧制中学毕业,曾任小学校长教员等职
族董	孙洪祥	男	30	万载	江西力行中学毕业,曾任保国校教员
族董	孙咸生	男	47	万载	高小毕业,曾任保长
族董	孙树根	男	54	万载	曾任保长及副保长等职
族董	孙冠英	男	46	万载	万载龙河中学毕业,曾任公私立小学教员

江西省万载县政府指令　忠社字第1166号

令岭东孙氏族董会

本年四月二十五日呈一件:为组织族董会缮具族董履历表请备案由。

呈表均悉,准予备案,图记仰自行刊制,式样附发(文曰岭东孙氏族董会图记,阳文篆

字),着即遵照!

此令! 表存。

计附发图记式样一纸。

县长刘

中华民国三十六年五月十日

万载县赤陂高氏族董会(1947年)

事由:为遵章组织赤陂高氏族董会,报请备查由。

万载县三兴乡公所呈　　发际民字第810号

案据本乡赤陂高氏族董会介总字第一号呈请:窃本族位居县之东北边隅,与上高昆邻,隶属三兴乡所管辖。当兹宪政伊始,民意风俗亟待转移,以期蹈上三民主义之正规大道,对于文化经济图谋发展自治基础趋于巩固,爰召集本族绅耆开会讨论进行方针决议:遵章组织成立族董会,又以本氏宗繁多散处各地,因冠以地名籍资识别,定名为万载县赤陂高氏族董会,遵照奉颁组织简章第九十二条规定,理合填呈族董姓名表一份,并案赍请钧长察核转呈备案,并请颁刊图记,以昭信守,指令祗遵!

谨呈万载县县长刘

附呈族董姓名表一份

万载县三兴乡乡长高际云

中华民国三十六年四月二十三日

万载县赤陂高氏族董会族董姓名表

职别	姓名	年龄	籍贯	略历
主任族董	高清波	58	万载	龙河中学毕业,曾任万载县司法处书记等职
族董	高际云	37	万载	龙河中学毕业,曾任三兴乡乡长等职
族董	高杰士	37	万载	中学毕业,曾任国校校长教员等职
族董	高明亮	38	万载	中学毕业
族董	高吉祥	60	万载	地方公益事项
族董	高文亮	30	万载	地方公益事项
族董	高章启	60	万载	地方公益事项
族董	高守志	40	万载	地方公益事项
族董	高星斗	37	万载	龙河中学毕业,曾任国校校长等职

中华民国三十六年四月造具

事由：据呈赤陂高氏族董会，请备案等情，指复遵照由。

江西省万载县政府指令　忠社字第11688号

令三兴乡公所

本年四月二十三日呈一件：为据赤陂高氏族董会造具族董姓名履历表报请核备并刊发图记等情，饬呈核示由呈表均悉。准予备案。图记仍仰自行刊制式样附发，着及转饬遵照！

此令！

附发图记式样一纸

县长刘

中华民国三十六年五月十日

万载县镜山陈氏族董会（1947年）

事由：为呈送镜山陈氏族董会族董名册及族董会组织简章乞鉴核予以立案，并恳颁发图记由。

万载镜山陈氏族董会呈云　董字第1号

案准万载县白杨乡公所杰民社族董935号训令开：

查各姓族董会组织简章前奉江西省民政厅令颁下县，当经抄发原简则转饬各姓成立族董会，兹查奉发简则多注重于当事"防匪"策划，与现时国家建设及地方情形，实有修改之必要。本县为整理人民团体地方自治起见，依照原简章并参酌各项自治法令、地方习惯重拟族董会简章一份，提经本县第四次县政会议通过，令仰各乡长即便转饬各姓族董会遵照重新改选组织族董会，尅速成立，造具族董会姓名、籍贯、年龄、履历名册呈报等因。奉此，除分令外合行抄发上项组织简章，仰该保长转饬所属各姓遵照办理，具报为要等由。准此，自应照办，除函请乡公所备案外，理合造具族董姓名、籍贯履历册一份，一并备文呈报钧长鉴核备案，并恳请颁发图记，实为公便！

附族董姓名履历册及族董会组织钧长各一份

谨呈万载县县长刘

万载县镜山陈氏族董会族董主任陈藩

中华民国三十六年元月十六日

事由：为呈报成立族董会，迄今已久，尚未得到指令，查前附件名册内陈玉山族董现今逝世，恳请准予陈荣泉补充为族董，乞鉴核由。

万载镜山陈氏族董会呈　云董字第02号

窃查本年元月十六日云董字第吉号呈报成立族董会情形，造具简章名册一并呈请钧长鉴核备案在卷，迄今已久尚未得到指令，兹查前附件名册内，陈玉山族董于本月逝世，恳请准予陈荣泉补充为族董，是否有当，理合备文呈请。钧长鉴核，并恳请迅予指令祇遵，实为公便！

谨呈万载县县长刘

万载镜山陈氏族董会族董主任陈藩云

中华民国三十六年五月二十四日

万载镜山陈氏族董会组织简章

第一章：名称

本会定名为万载镜山陈氏族董会。

第二章：宗旨

本会以协助政府推行政令，促进本族人口伦理、经济、教育之发展和邻睦族，共谋地方一切应兴应革事宜为宗旨。

第三章：组织

本会族董由各房推举，公正廉明者充任，以九人为董事组织，董事会其中互推副主任各一人，推定常务董事三人（正副族董主任为当然常务董事），并由族董主任聘请书记一人（得由族董兼任），丁役一人（由祠堂看守充任之）。

第四章：任期

本会族董任期以二年为限，连选得连任。

第五章：职责

本会族董均为义务职责，办理下列事项：

1. 对于政府颁布之命令有协助推行之义务。

2. 整肃伦常。

3. 敦崇族谊。

4. 提倡并鼓励全族生产事宜。

5. 促进本族与他族间之交谊，和睦互助。

6. 调处本族间或本族与他族之纠纷。

7. 监督本祠首士并稽核其收支。

8. 兴办学校，强迫族间子弟入学。

9. 凡本祠后裔子弟品行聪明，非常优秀者应设法补救之。

10. 本祠所属各会众财产得由族董会规定收支，所有盈利仍由各会众自行负责。

11. 凡本祠暨各会中款项非有特殊情形，经会议通过后无论何人不得挪借拖欠。

12. 各支房族董应随时监督各支房，后裔倘有不肖之徒流为盗匪者，支房族董应即刻报告族董会，否则以从匪论处。

13. 本族各房如有发生纠纷及争执，事由本族董会调处。

14. 本族与其他外族如有发生争执事情，本族董会洽同他族董会互相调解。

第六章：会期

分常会、临时会、大会三种：

1. 常会以四个月举行一次。

2. 大会每年举行一次。

3. 临时会遇有紧急事项发生，由主任或族董三人以上之建议得召集之。主席因事缺席时由副主任代理之。

第七章：本章程经全体会议通过并呈报政府核备施行，如有未尽事宜由全体族董会会议提出修正，复呈核施行。

姓名	籍贯	年龄	履历
陈藩云	万载	32	万载县立中学毕业，曾任高小教员，乡公所经济干事等职，现任田树乡公所文化干事
陈思治	万载	54	旧制小学毕业，现充白杨乡乡民代表
陈树培	万载	34	旧制中学肄业，现任白杨乡调解委员会主任
陈梅标	万载	31	江西私立志成中学毕业及省立师训所校长训练班结业，曾任小学教员，现任私立万垂小学校校长
陈荣众	万载	55	旧制中学毕业，曾任保联书记、小学教员等职
陈炳书	万载	60	旧制师范毕业，曾任小学校长教员等职
陈煜光	万载	36	旧制小学毕业，曾任保长等职
陈敬兴	万载	47	旧制小学毕业
陈炳生	万载	33	旧制小学毕业

中华民国三十六年元月十六日万载镜山陈氏族董会族董主任陈藩云造具

江西省万载县政府指令　　忠社字第12458号

令镜山陈氏族董会主任陈藩云

本年元月十六日及五月二十四日呈各一件：为组织族董会缮具简章及族董履历表乞核备由。

呈件均悉，准予备案成立，章册存。

县长刘

中华民国三十六年六月九日

万载县鲍氏族董会(1947年)

事由:为鲍氏族董会遵章改选,造具族董姓名履历表呈钧长鉴核备案由。

万载县鲍氏族董会呈　从总字第一号

查本会于本年四月九日由本族各房推派出席代表遵章改选,业经票选鲍无我等九人为本族族董,复经票选无我为主任,理合造具族董姓名履历表一份随文赍呈钧长鉴核备案!

谨呈万载县县长刘

附呈鲍氏族董会族董姓名履历表一份

鲍氏族董会主任鲍无我

中华民国三十六年六月十六日

万载鲍氏族董会族董姓名略历表

职别	姓名	性别	年龄	籍贯	略历
族董主任	鲍无我	男	35	万载	中学毕业,曾任科员秘书等职
族董	鲍振先	男	34	万载	中学毕业,曾任乡长科员指导员等职
族董	鲍友仁	男	38	万载	中学毕业,曾任水利局工程师及县参议员等职
族董	鲍拔群	男	40	万载	中学毕业,曾任区指导员、小学校长、民教馆长等职
族董	鲍汉昌	男	37	万载	中学毕业,历办地方自治工作
族董	鲍振扬	男	38	万载	曾任保长、庖厨业理事长等职
族董	鲍发贤	男	52	万载	中学毕业
族董	鲍重祥	男	60	万载	曾任排长
族董	鲍多文	男	25	万载	中学毕业

中华民国三十六年六月十六日鲍氏族董会主任鲍无我造具

江西省万载县政府指令　忠社字第12873号

令鲍氏族董会主任鲍无我

本年六月十六日呈一件:为遵章改选族董会赍呈改选族董姓名履历表请核备由。

呈表均悉。准予备案。

此令!表存。

县长刘

中华民国三十六年七月二十五日

万载司背宋氏族董会(1947年)

事由:呈报改选族董,缮具履历表,呈请核备。

万载县司背宋氏族董会呈余总字第二号

呈悉,此令。

查本会第三届族董任期届满,经遵照本祠章程召开第七次全族代表大会,决议改选,当选定余阶等十五人为第四届族董,并互推余阶兼主任,青和、思弘兼常务族董等语记录各在卷,理合缮具履历钧长察核备案!

谨呈万载县校长刘

计呈族董履历表一份

万载司背宋氏族董会主任宋余阶

常务族董宋青和、常务族董宋思弘

中华民国三十六年七月二十九日

万载县司背宋氏族董会履历表

职别	姓名	籍贯	年龄	履历
主任	宋余阶	万载	45	曾任本县临参会议长,现任主席,东北行辕科长
常务族董	宋青和	万载	51	江西豫章法专毕业,历充中学教导主任
常务族董	宋思弘	万载	44	曾充江西省财政厅科员,江西省会计处股长
族董	宋志光	万载	51	江西省立工业学校毕业,历充国民学校校长
族董	宋师亮	万载	48	现任民众教育馆总务组主任
族董	宋昭明	万载	26	江西志成中学高中毕业,曾充乡中心国民学校教员
族董	宋长庚	万载	30	现任柏树乡乡长
族董	宋子玙	万载	57	历充国货业理事
族董	宋锦均	万载	46	曾充本县商会第一届执行委员
族董	宋文彬	万载	48	历充县经征处田粮除办事员
族董	宋开祥	万载	47	商
族董	宋联章	万载	49	商
族董	宋祥瑞	万载	60	商
族董	宋开发	万载	45	商
族董	宋世坤	万载	34	商

中华民国三十六年七月二十九日万载司背宋氏族董会主任宋余阶造

事由:为据呈送改选族董会,缮具履历表,乞核备等情,指令知照由。

江西省万载县政府指令　忠社字第 14157 号

令万载司背宋氏族董会本年七月二十九日呈一件　为呈报改选族董缮具履历表,乞核备由。呈悉。

此令！附件存。

县长刘

中华民国三十六年八月八日

万载县白良袁氏族董会(1947 年)

万载县白良袁氏族董会呈友字第二号:

查本会族董任期届满,业经全族扩大会议依法改选推定友梅等为本会族董,并于本月三日接钤就职,除分别函告外理合造具族董履历表一份,备文赍呈

钧长鉴核备查!

谨呈县长郝

附呈本会族董履历表一份

万载县白良袁氏族董会主任袁友梅

中华民国三十六年十月四日

万载县白良袁氏族董会族董姓名履历表

主任袁友梅　中华民国三十六年十月四日

职别	姓名	年龄	略历
族董主任	袁友梅	45	曾任康乐镇民权乡乡镇长等职
族董	袁慎微	51	曾任第五区区长等职
族董	袁荣科	36	曾任白良、三兴乡乡长等职
族董	袁世昌	30	曾任万载县政府合作指导员及田粮处科员等职
族董	袁文奎	51	曾任万载县立白良乡中心小学校长等职
族董	袁子干	26	曾任科员校长,现任本乡乡长等职
族董	袁宝大	36	曾任税三总团司令部二等佐军需等职
族董	袁一匡	24	曾任三兴乡中心国校教员等职
族董	袁松泉	42	曾任股长、乡长等职
族董	袁继枚	50	曾任第五区、第一保联主任等职

续表

职别	姓名	年龄	略历
族董	袁生立	24	曾任三兴乡中心国校教员
族董	袁杨微	53	曾任地方公益事宜
族董	袁鹏	27	曾任科员校长等职

事由:据呈改选族董会,请核备等情,指复遵照由。

江西省万载县指复指令安社字第0254号

令白良袁氏族董会主任表发检本年十月四日呈一件　为改选族董会缮具呈彰选族董履历表请核备由。

呈表均悉,准予备案。

此令! 履历表存。

县长郝

中华民国三十六年十月十日

万载县高氏族董会改选(1947年)

事由:为依法改选族董,缮具姓名履历表,请核备指复由。

拟办:准予核备,指复遵照。

万载高氏族董会呈　　磐总字第001号

查本会族董任期届满,特于本年十月六日召开族务会议,公推高巩磐等十五人为族董,旋于同日下午二时召开成立大会,互推高正域、高清波、高如桂、高松林、高巩磐等五人为常务族董,并互推高巩磐为主任,理合造具姓名履历表呈请钧长核备并乞指令祇遵。

谨呈万载县县长郝

附呈族董姓名履历表一份

万载高氏族董会主任高巩磐

中华民国三十六年十一月十一日

万载高氏族董会族董履历表

职别	姓名	年龄	性别	略历
主任	高巩磐	35	男	省立七中高中毕业,曾任县府科员,现任县农会秘书
常务族董	高正域	54	男	北大毕业,曾任县府科员
常务族董	高清波	54	男	龙河旧制中学毕业,现任康乐镇民代表

续表

职别	姓名	年龄	性别	略历
常务族董	高如桂	57	男	龙河旧制中学毕业,现任励进乡民代表
常务族董	高松林	48	男	龙河中学毕业,曾任三十集团军上尉副官
族董	高警铭	39	男	军校毕业,曾任科长参谋等职
族董	高之栋	60	男	中学毕业,曾任联保主任、镇长等职
族董	高柏文	36	男	省立七中毕业,曾任中山民校校长、株潭镇长
族董	高景铨	27	男	省立散原中学高中毕业,历任株潭镇民代表
族董	高友孙	46	男	中学毕业,曾任区署区员
族董	高吉祥	64	男	中学毕业,现任康乐镇民代表
族董	高德昭	50	男	中学毕业,曾充小学校长、教员等职
族董	高文波	35	男	中学毕业,现任罗城乡副乡长
族董	高生桥	26	男	力行中学毕业,曾充小学教员
族董	高世汉	38	男	中学毕业,曾充小学校长、教员等职

事由:据呈依法改选,缮具新选族董姓名履历表,请核备等情,指复准备查由。

江西省万载县政府指　　令安社字第01358号令高氏族董会

本年十一月十一日呈一件:为依法改选缮具新选族董姓名履历表请核备由。

呈表均悉,准予备案。

此令!表存。

县长郝

中华民国三十六年十二月六日

万载县潭溪冯氏族董会(1947年)

事由:为检呈本县潭溪冯氏族董会委员履历表一份,转请准予核备,并恳颁发图记由。

拟办:指复,准予备查,图记自行刊刻,检具图模报府。

万载县中正乡乡公所　　池民字第201号

案据万载县潭溪冯氏族董会主任冯昊本年十一月十七日茂吉字呈称:窃本族为适应环境,需要经于本月三日上午十时假潭溪正昌祠,召集全族大会议决,遵照县府前颁万载县各姓族董会组织简章,组织万载县潭溪冯氏族董会,当经选举冯昊、冯伟、冯金、冯子和、冯丕月、冯月、冯育泉、冯育申、冯育松、冯发鸿、冯育春、冯岑贤等十一人为族董委员,并互推冯昊为族董主任,会址设潭溪冯正昌祠内,主持族中一切内外事宜。理合填具族董会委员履历表一份,备文赍呈钧所察核,准予转呈县府核备,并请颁发图记以昭慎重,实为公便,附万载县潭溪冯氏族董会委员履历表一份等情。据此,查组织规章尚属合法,理合备文转请。

钧府鉴核准予备案,并赐颁发图记籍资备用,实为公便!

谨呈万载县县长郝

附呈万载县潭溪冯氏族董会委员履历表一份

万载县中正乡乡长丁庆章

中华民国三十六年十一月二十四日

万载县潭溪冯氏族董会委员履历表

职别	姓名	年龄	籍贯	履历
主任委员	冯昊	58	万载	东洲旧制中学毕业,历充成德小学校长,现充中正第一中心国校教员
委员	冯伟	43	万载	东洲旧制中学毕业,历充区员县府科员技士,现任仙源乡长
委员	冯金	28	万载	力行中学毕业,历充教员
委员	冯子和	59	万载	成德小学毕业,历充第二区第一保联主任,中正乡第三保国校校长
委员	冯丕月	59	万载	成德毕业,曾充保长
委员	冯育泉	62	万载	私塾三年,历充国校基金委员
委员	冯育申	56	万载	成德毕业,历充国校基金委员,现任中正乡第四保保长
委员	冯育春	60	万载	小学毕业,曾充征兵协会委员
委员	冯育松	38	万载	小学毕业,历充本族经理
委员	冯发鸿	55	万载	小学毕业,历充本族经理
委员	冯岑贤	25	万载	二中小毕业,曾充第四保国校基金委员会主任
合计	11			

中华民国三十六年十一月冯氏族董会主任冯昊填造具

事由:据转呈潭溪冯氏族董会职员履历,请核备等情,指复遵照由。

江西省万载县政府指令　　社字第01918号

令中正乡公所

本年十一月二十四日呈一件:为检呈潭溪冯氏族董会职员履历表转请核备,并乞颁发图记由。呈件均悉,准予备查。图记不依照人民团体,图记式样自行刊制,检模报呈,仰即转饬遵照!此令!履历表存。

县长郝

中华民国三十六年十二月三十日

万载县第四区乐平陈氏族董会改选(1948年)

事由:为乐平陈氏族董会呈报改选族董,恳请鉴核由。

拟办:呈悉,准予备案。

万载县第四区乐平陈氏族董会呈　奇字第吉号

窃查本族会原任族董任务以来,迄今三载,理应改选以求健全。兹遵章业于去年十二月三十日经召集全族大会,由族中绅耆选定陈锦邦、竹甫、绍书、竹兴、云发、运奇、石生等七人为新任族董,内推定陈运奇兼任族董主任,以资接班族内一切事宜,运承族谊之隆,不愧谫劣,当于是日敬谨就职。为此,理合造具族董姓名履历表一份,备文呈请钧长鉴核准予备案,不胜公便!

谨呈万载县县长郝

乐平陈氏族董会主任陈运奇

通讯便捷处:大桥 慎昌祥代收

中华民国三十七年一月六日

万载县乐平陈氏族董会略历表

姓名	性别	年龄	职业	出身	经历	备注
陈运奇	男	47	学	旧制龙河中学卒业	曾任私立含英小学及保立小学校长,有年并充准少尉书等职	兼本族主任两届
陈竹兴	男	39	商	小学肄业生	曾任族内首士及甲长有年	现任公务员
陈竹甫	男	40	学	龙云小学毕及师资训练所卒业	曾任各保学教师,有年现任保民代表	现任文牍员
陈锦邦	男	62	农	受私塾教育三年	曾充第四十八保保长及族董等职	
陈云发	男	41	农	受私塾教育一年	曾任甲长及族中祠事多年	
陈绍书	男	43	农	受私塾教育一年	曾充本族会服务员及祠会首士	
陈石生	男	45	农	受私塾教育一年	曾任族祠首士,并服国民兵役六年	

中华民国三十七年一月六日陈氏族董会主任陈运奇制填

江西省万载县政府批安社字第02734号

具呈本县乐平陈氏族董会呈一件：为呈送改选本会族董情形，造具族董姓名略历册，乞察核由。

呈悉，准予备查，仰即遵照！

此批！

县长郝

中华民国三十七年二月十八日

事由：为呈报本乡第六保乐平陈氏族董会改选，请予核备由。

拟办：呈悉，准予核备。

万载县槽头乡公所呈　明民字第280号

案准本乡第六保乐平陈氏族董会呈以窃查本族会原任族董任务以来，业以三载，理应遵章改选，以求健全。兹于去年十二月三十日，经召集全族大会，由族绅选定陈锦邦、竹甫、绍书、竹兴、云发、运奇、石生等七人为新任族董，内互推陈运奇兼任族董主任，以资接办族内一切事宜，当于是日敬谨就职。为此，理合备文呈报，恳请钧长鉴核转呈县府！

谨呈万载县县长郝

槽头乡乡长李德明

中华民国三十七年元月二十七日

江西省万载县政府指令　安社字第03145号

令槽头乡公所

本年元月二十七日呈一件：为据乐平陈氏族董会遵章改组转呈核备由

呈悉。仍仰转饬补填新选族董略历表呈府，以凭核备为要！

此令！

县长郝

中华民国三十七年三月十一日

万载县白杨乡半岭刘氏族董会(1948年)

事由：为依法组织族董会，呈请察核并恳颁发图记由。

万载县白杨乡半岭刘氏族董会呈：窃我刘姓住居各地，星罗棋布，难以维系。于元月九日召集白杨乡辖境之半岭刘姓会议，依法组织族董会，并公选刘家材、刘家驹、刘士成、刘育珍、刘子祁、刘建中、刘和叨、刘育祯、刘伯豪、刘洪章、刘育利、刘育连、刘育廷、刘育星、刘子辉为族董，互推刘家材一人为主任，为此理宜造具族董履历表一份呈请钧长俯赐察核并恳请准予备案，颁发图记，以资信用迫切待命！

谨呈万载县县长郝

万载县白杨乡半岭刘氏族董会主任刘家材

附万载县白杨乡半岭刘氏族董会履历一览表一份

中华民国三十七年元月二十日

万载县白杨乡半岭刘氏族董会履历一览表一份

姓名	籍贯	年龄	履历	备考
刘家材	万载	45	江西省立农专毕业，曾任万载县白杨乡公所副乡长及文化干事，又白杨乡调解委员会主任委员	主任
刘家驹	万载	40	江西省立七中毕业，现任万载白杨乡第六保国民学校校长	委员
刘士成	万载	25	县立高中毕业	委员
刘育珍	万载	25	江西省立宜春乡村师范毕业	委员
刘子祁	万载	40	江西省立农业专门毕业，曾任刘氏族立育材小学校长教员及万载白杨乡第六区保国民学校长教员，万载直属白杨乡区分部书记	委员
刘建中	万载	29	中学毕业	委员
刘和叨	万载	45	体仁毕业	委员
刘育祯	万载	45	曾任白杨乡第六七保保长及国教基金保管委员	委员
刘伯豪	万载	30	体仁高小毕业	委员
刘洪章	万载	42	家庭教育	委员
刘育利	万载	42	家庭教育	委员
刘育连	万载	44	旧制中学毕业	委员
刘育廷	万载	50	家庭教育	委员
刘育星	万载	46	家庭教育	委员
刘子辉	万载	30	二区高小毕业，曾任万载县白杨乡第六保保长及国校分校教员又白杨乡公所书记	书记

江西省万载县政府指令　安社字第03049号

令白杨乡半岭刘氏族董会

本年元月二十日呈一件：为组织族董会，推定族董缮具履历表请核备并请颁发图记由。

呈表均悉，准予备查。图记仰查照人民团体图记式样自刊制，检模报查可也！

此令！履历表存。

县长郝

中华民国三十七年三月八日

事由:为启用图记并检模呈报备查由。

拟办:呈府均悉,准予备查。

万载半岭刘氏族董会呈,案奉钧长安一社字第 03049 号指令开:令白杨乡半岭刘氏族董会呈表均悉,准予备查,图记仰查照人民团体书记式样自行刊制检模报查可也等因。奉此,遵即刊制图记一颗,文曰"万载半岭刘氏族董会图记",即择三月二十二日启用并检模一份,理宜呈报钧长俯赐察核,并恳备案示遵!

谨呈万载县县长

郝族董会主任刘家材

中华民国三十七年三月二十二日

事由:据呈刊制图记检送图模请核备等情,指复准备查由。

江西省万载县政府指令　安一社字第 03654 号

令白杨乡半岭刘氏族董会

本年三月二十二日呈一件:为刊制图记呈报启用日期并检送图模请鉴核备案由。

呈件均悉,准予备案。

此令! 图模存。

县长郝

中华民国三十七年三月二十七日

万载县彭氏联宗祠族董会(1948 年)

事由:为呈报组织族董会推选彭协之等十三人为族董,请鉴核备案,并颁发图记式样,以便刊用由。

批示:准予备案,抄发图记式样一份。

缘本族第三次扩大族务会议,第二案决议推定彭协之、彭允升、彭子宜、彭洪徽、彭宏远、彭绥犹、彭国维、彭清刚、彭锡贵、彭奎、彭镜如、彭德安、彭茂荣等十三人为族董,互推彭子宜为族董主任等语记录在卷,理合备文呈请钧长鉴核备案等,并请颁发图记式样,以便刊用!

谨呈万载县县长郝

万载彭氏族董会主任彭子宜

中华民国三十七年六月一日

事由:据呈组织族董会请颁发图记式样等情,指复准照由。

江西省万载县政府批　　安一社字第 05268 号

具呈人本县彭氏族董会主任彭子宜呈一件：为推选彭协之等十三人为族董，请鉴核并颁发图记式样，以须刊用由。

呈表悉，准予备查，并抄发图记式样一份，仰即自行刊用，检具图模，报府备查为要。

此令！

附抄发图记式样一份

县长郝

中华民国三十七年六月十日

事由：为遵式刊刻图记，检具图模并呈报启用日期，请鉴核备查由。

拟办：呈悉，所呈图模不合规定，仰查本府安一社字第 05268 号批示，附发式样，重刊报核，示模发还，再发式样。

万载彭氏联宗祠族董会呈：案奉钧府安一社字第 5268 号批，以据报本会组织成立，抄发图记式样，饬自行刊用报查等因，附抄发图记式样一份。奉此，遵经依式刊就阳文篆字方形木质图记一颗，文曰“万载彭氏联宗祠族董会图记”，即于本年八月十二日敬谨启用，理合检具图记备文呈请钧府鉴核备查！

谨呈万载县县长郝

计附呈图模一纸

万载县彭氏联宗祠族董会主任彭子宜

中华民国三十七年八月十二日

事由：据呈该会图模请核示等情，批示遵照由。

江西省万载县政府批　　安一社字第 06573 号

具呈人万载彭氏联宗祠族董会呈一件：为遵照刊用图记，检具图模，连同启用日期乞核备由。

呈暨图模均悉，查所呈图模，核与规定不符，仰查遵本府安一社字第 05268 号批示附发图记式样，重刊报核本会！

此批！

图模发还，附重发图模一件。

中华民国三十七年八月二十四日

万载镜山陈氏族董会(1948 年)

事由:为检同印鉴,呈请鉴核备查由。

万载县镜山陈氏族董会　云董字第 003 号

查本姓族董会,业经遵令成立,并经三十六年元月十六日云董字第 001 号及同年五月二十四日云董字第 002 号呈请备案在卷,因为尚未颁发图记,现蒙批示自制,理合检同印鉴一份,一并备文报请钧长鉴核,并恳请指令祇遵,实为公便!

谨呈万载县政府县长郝

附印鉴一份

万载镜山陈氏族董会:族董主任陈藩云

副族董主任陈思治

中华民国三十七年四月二十日

事由:据呈刊制图记检模,请核备等情,指复遵照由。

江西省万载县政府指令　安一社字第 04323 号　中华民国三十七年四月二十八日

令镜山陈氏族董会

本年四月二十日呈一件:为刊制图记检模,请核备由。

呈暨附件均悉,查所赍图模,核与规定不合,应依照人民团体图记式样刊制,检模报查,仰即遵照!

此令! 图模发还。

附发人民团体图记式样一份

县长郝

中华民国三十七年四月二十日

事由:为刊制图记报请鉴核,恳请指令祇遵由。

拟办:准予备查。

万载县镜山陈氏族董会呈　云董字第 005 号

案奉钧府批开:本年四月二十日呈一件,为刊制图记检模报请核备由,呈暨附件均悉,查所赍图模核与规定不合,应依照人民团体图记式样刊制检模报查仰即知照等因。奉此,自应遵办,除再依照人民团体图记式样刊制报请备查外,理合检同印鉴一份,一并备文呈请钧长鉴核备查,是否有当,恳请迅予指令祇遵!

谨呈万载县县长郝

附印鉴一份

万载县镜山陈氏族董会族董主任陈藩云

副族董主任陈思治(押)

中华民国三十七年七月

事由:据呈该会图模请核备等情,批示遵照由。

拟办:呈悉,准予备查。

江西省万载县政府批　　安一社字第06574号

具呈人万载县镜山陈氏族董会主任陈藩云呈一件:为遵会刊制图记检具图模连同启用日,刊报请察核由。

呈暨图模均悉,准予备查,查仰遵照。

此批!

中华民国三十七年八月二十四日

事由:为本族族董会人事改选完竣,特填呈改选调整人事一览表一份,乞核备由。

万载镜山陈氏族董会呈　　培总字第一号

查本族族董会于去年十二月份,业经前任族董主任陈藩云召集本族各支房长及士绅开改选族董人事改选会议,当即大会公推陈梅标、陈树培、陈济阑、陈盛德、陈盛材、陈恒兴、陈炳书、陈树兴、陈荣泉等九名为族董,厥后再由其中各族董互推陈树培为族董主任,陈济阑为副族董主任,兹以族董人事调整完竣理合填造调整人事一览表一份,除留查外一并备文呈请钧长鉴核备查,并祈示遵!

谨呈万载县政府县长陶

附呈族董会改选调整人事一览表一份

万载县白杨乡镜山陈氏族董会主任陈树培

中华民国三十八年元月十六日

万载县白杨乡镜山陈氏族董会调整人事一览表

职别	姓名	年龄	籍贯	性别	略历
族董主任	陈树培	30	万载	男	旧制中学毕业,现任白杨乡调解委员会主任
副族董主任	陈树培	28	万载	男	力行中学毕业,历任乡镇文化经济干事
族董	陈盛德	27	万载	男	农职专科毕业,历任各国校教员、校长
族董	陈梅标	28	万载	男	省立师训所毕业,历任各级小学教员、校长
族董	陈恒兴	30	万载	男	旧制小学毕业,曾任保长
族董	陈炳书	52	万载	男	旧制宏文师范毕业,历任各级小学教员
族董	陈敬兴	40	万载	男	旧制小学毕业,曾任保长
族董	陈荣泉	34	万载	男	旧制小学毕业,曾任族董
族董	陈盛材	28	万载	男	省立师训所毕业,历任各级小学教员

说明:陈盛材族董兼族董会书记

万载县小浒彭氏族董会(1948年)

事由:为呈报组族董会推选彭义民等十五人为族董,请求颁发图记式样,以便利用由。

万载县小浒彭氏族董会呈　族际字第一号

缘本族于本年八月二十六日扩大族务会议,推定彭义民、彭文彬、彭述尧、彭亮、彭翰材、彭日升、彭介、彭迹、彭述琴、彭庆甫、彭佑民、彭蕴章、彭国维、彭楫、彭定宇、彭克铭等十五人为族董,并互推彭述尧为族董主任等语记录在卷,理合备文呈请钧长鉴核备案,并请颁发图记式样以便刊用!

谨呈万载县县长郝

万载县小浒彭氏族董会主任彭述尧

中华民国三十七年九月十二日

万载县邓氏族董会(1948年)

事由:为呈报改选族董缮具履历表,呈请核备由。

万载县邓氏族董会呈　惜字第002号

查本会族董已于本(37)年十二月二十日冬至大会改选惜居、辉泰、海泉、裕兴、发兴、焕清、锡忠、启祥、继琢九人担任,互推惜居为主任,理合造具族董履历表一份,备文报请,鉴核备查!

谨呈万载县长陶

附呈族董履历表一份

万载县邓氏族董会主任邓惜居

中华民国三十七年十二月三十日

万载县邓氏族董会族董姓名履历表

职别	姓名	年龄	出身	经历
族董主任	邓惜居	42	旧制高小毕业中央军校驻豫军官教育团第二期步科毕业	曾充排连长、副官、参谋团等职
族董	邓辉泰	39	中央军校特训班第一期毕业	曾充排队长、副官等职
族董	邓海泉	38	县立模范小学毕业,地方干部训练班毕业	曾充康乐镇第十三保保长,现任保民代表等职
族董	邓裕兴	35	村镇人员养成所毕业	曾充公安局督查、稽察等职
族董	邓发兴	32	县立模范小学毕业	曾充军政部第九兵站医院二等军医
族董	邓焕清	44	万载县国术研究会结业	历任族董等职
族董	邓锡忠	26	江西私立志成中学高中毕业	历任万载私立正德小学教导主任
族董	邓启祥	52	江西陆军第四师学生队毕业	曾充司务长、排长等职
族董	邓继琢	33	旧制高小毕业	曾充教员、副保长等职

中华民国三十七年十二月主任邓惜居造具

事由:据呈该会改选族董缮具名册,乞核备等情,指令遵照由。

江西省万载县政府指令　　绍一社字第2176号

令万载县邓氏族董会

呈一件:为呈报改选族董情形并缮具族董姓名履历表乞核备由

呈件均悉,查该会图记核与规定不合,应依照人民团体图记式样,自行刊换检模报府,饬赍名册准予备查并仰遵照由!

此令! 册存,附发人民团体图记式样一份。

县长陶

中华民国三十八年元月十一日

万载县白良乡小坑黄鼎昌祠族董会(1949年)

事由:为组织族董会拟定章则并造具族董名册,呈请备案由。

窃查我鼎昌公后裔,住居白良乡之小坑,丁口数百,住居散漫。值此紧急时期,深恐一般愚民,误受异党之煽惑,祸延族间,爰于本年元月二十一日,召集全族绅耆开会,讨论维持族内事宜,并组织族董会,推选族董。兹将拟定之章则暨核族董名册,各缮一份,呈请钧府察核备查,并乞批令祇遵!

附:章则一份

族董名册一份
谨呈万载县县长陶
万载县白良乡小坑黄鼎昌祠后裔:黄光厚 、黄建儒、黄建德、黄明福(押)
中华民国三十八年元月二十六日

万载县白良乡小坑黄鼎昌祠族董会章则

第一章:总纲

第一条:本会定名为万载县白良乡小坑黄鼎昌祠族董会。

第二条:本会会址设于黄鼎昌祠内。

第三条:本会以团结宗族、发扬民族精神、促进地方自治以及调解族内纠纷为宗旨。

第四条:凡族内之男,若有不正当行为或参加未经政府核准之社党者得由本会惩办之。

第五条:凡族内之男,若有不慕正业而嗜好嫖赌者得由本会以家规惩治。

第二章:组织

第六条:本会设族董十一人,由全族族民大会推选之,并由族董内互推主任一人总揽全族事务,副主任一人助理之,惟人数较少的房份得少选族董,但不能一人不选。

第七条:族董会设书记二人,由族董会聘任承办一切文件。

第八条:本会族董主任期三年,连选得连任,均为无给职。

第三章:职权

第九条:本会之职权如下:

1. 遵守本会章则。
2. 协助政府推行政令。
3. 召开全族会议。
4. 维持全族治安。
5. 调解全族纠纷。
6. 劝导族民尽应尽义务。
7. 举办其他一切生产事业。

第十条:本会全族大会每年举行一次,族董会每年举行二次,必要时由族董主任或族董过半数之提议得临时召集之。

第四章:附则

第十一条:本章则经全族大会通过后呈请政府核准施行。

第十二条:本章则如有未尽事宜,得由下次会议修订之。

万载县白良乡小坑黄鼎昌祠族董会族董略历表

职别	姓名	性别	年龄	籍贯	略历
族董兼主任	黄厥中	男	45	万载	旧制东洲中学毕业,历任小学校长、教员等职
族董兼副主任	黄新盛	男	38	万载	私立全五小学毕业,曾任保长、副保长等职
族董	黄宏湧	男	36	万载	旧制东洲中学毕业,曾任江西省合作社事业管理处办事员
	黄文清	男	34	万载	江西省师资训练所毕业,曾任小学教员
	黄建春	男	42	万载	现任甲长
	黄观发	男	46	万载	曾任甲长
	黄荣沅	男	40	万载	旧制东洲中学毕业,曾任保长
	黄建宽	男	48	万载	历办地方公益事业
	黄振光	男	42	万载	私立全五小学毕业,曾任甲长
	黄建祥	男	40	万载	历办地方公益事业
	黄建海	男	40	万载	现任甲长

事由:为组织族董会拟定章则并造具族董名册呈请备案等情批示知照由。

江西省万载县政府批　　绍一社字第4420号

批具呈人白良乡小坑黄鼎昌祠后裔黄光厚等呈一件:为组织族董会拟定章则,并造具族董名册,呈请备案由。

呈件均悉。

此批！附件存

县长陶

中华民国三十八年三月十二日

张氏家庙订正章程

第四条 本家庙设族董十四人,组织族董会,内设族长一人,总经理一人,副经理四人,均由大会就族董中选任之,其资格任期职务如左:

(甲)资格(1)年龄在三十岁以上者;(2)能识文字,知事理,练达人情世务者;(3)品行优良,无一不良嗜好者;(4)能守纪律,负责任并能坚苦耐劳者;

(乙)任期 以服务三年为限,但得连选连任,遇有必要时,得由族董过半数之同意,提交常年大会或临时会议决改选之;

(丙)职务 族长负领导族董主持全族事务,整饬伦纪,解决纠纷,化导族人,共趋礼义廉耻轨道,侦查不良份子,分别惩戒。总副经理专司经费收支保管之责。

第五条 各职员给予左列津贴外,不另支薪:

(1)总理一人每年给津贴法币贰元,副经理四人每年各给津贴法币壹元;

(2)住居辽远的族董或经理,因公赴庙,可由经理人按时酌给路费和交通费,其余不得援例;

(3)族长为纯义务职,但因公来□□□□费,实支实销。

第六条 □□□□□产生,首由各支依照□□□□资格预选族董若干人出席本庙大会决选族董十四人,但各原选出席人如经大会审查不合格者,应以缺席论。

第五章 全族代表大会

第二十二条 全族代表大会为本祠最高会议。

第二十三条 全族代表大会于每年农历五月初十日举行,但遇有重大事件时,得由族董会临时召集之。

第二十四条 全族代表大会出席人数如左:

一、族董会全体族董;

二、祠产管理委员会全体委员;

三、本祠各房开送代表,其人数由族董会临时酌定通知,于会前三日推定,将名单送族董会。

第二十六条 全族代表大会职权如左:

一、创造规章;二、改选族董;三、改选祠产管理委员会委员;四、其他一切兴革事项。

第六章 族董会

第二十七条 本祠依照法定手续组织族董会,以宣扬政令,维持伦常,排解纠纷为宗旨。

第二十八条 族董会人选以公正贤能、热心祠事,无不良嗜好者始得当选,其人数定为十七人,但每房至少须选一人,统由全族代表大会选定之,任期为一年,但得连任。

第二十九条 族董选定后,互推一人为主任,综理会务,副主任一人,助理会务。

第三十条 族董会掌左列事项:

一、宣扬政令,奉行三民主义;

二、调解族人纠纷,惩处违犯风化事项;

三、核算本祠收支;

四、办理本祠公益慈善事业。

第三十一条 族董会每月月终开常会一次,如遇紧急事项发生,得由主任或族董三人以上提议召集之。

第三十二条 族董暨主任、副主任均为无给职,所有会内一切开支,在全族公有财产内酌量提用。

第三十三条 族董会得设书记一人,每月得给津贴。

第三十四条 各房以不与本章相抵触,得设族董分会。

第三十五条 族董会族董均应遵守本会规约，其规约另订之。

第三十六条 族董会办事细则另定之。

第七章 祠产管理委员会

第三十七条 本祠祠产依照法定手续组织祠产管理委员会保管之。

第三十八条 祠产管理委员会委员定为七人，每房推选一人函送族董会备案，其余一人由全族代表大会选为主任委员，任期为一年，但得连任。

第三十九条 祠产管理委员会委员人选须家资殷实，精明廉正者为限，如有亏欠推选之房应负连带赔偿之责。

第四十条　祠产管理委员会掌左列事项：

一、保管本祠一切契约；

二、保管本祠所有田产及壮屋并各会钱谷收支；

三、办理祭祀；

四、保存祠中一切公有物品；

五、维护本祠祠宇。

第四十一条 祠产管理委员会委员及主任之权限如左：

一、主任委员负指挥监督之责；

二、委员负经管本祠及各会钱谷收支之责。

上项规定委员经管各会之分配，以抽签决定分管之。

第四十二条 祠产管理委员会须于改选前将所有收支数目结清交族董会审核后，再由全族代表大会覆核无讹后，登总公布。

第四十三条 本祠及各会一切租息，除正当开支外，余有款项，须由全族代表大会决定经营生产事业，不得私人挪用营私。

第四十四条 本祠及各会租谷均须如数入仓，听候定期出售，不得有早售寄存等事，否则受何亏损概由经管委员负责赔偿。

第四十五条 完粮税契应在法定期内履行，如违期被罚，或受加息之亏，应由经管委员负责，不准列入开支。

第四十六条 本祠及各会收谷售谷期间，由族董会酌量情形决定之。

第四十七条 祠会委员会改选交代时期定为每年古历五月初一日，所有钱谷应于一月内交替清楚。

学产案篇

高魁书院学产案

事由：据呈送处分高魁书院学产一案答辩书并卷宗乞鉴核等情，指令遵照由。

拟办：复鉴核。中华民国二十五年六月二十六日

批示：当系督饬遵照前令办理及明白指定为第三保联中心小学经费基金之意，其性质属于公学款产，由县提收统付，早经廿四年度编造县地方预算时，处分确定。中华民国二十五年十一月五日

江西省政府指令　　教一字第3235号

令万载县县长张芗甫

二十六年五月二十八日呈一件：呈送处分高魁书院学产一案答辩书并检送卷宗乞察核由。

呈暨答辩书卷宗均悉。查诉愿期间，原有规定，本案据诉愿人抄附该县长十一月四日致熊区长手谕，自属确定之处分。惟未填年份，该县长呈送文卷，并无底稿可稽。究竟系何月日，由该管区长转行达到，并无确切证明诉愿期限，无从起算。仰即查明详复，以凭核夺。毋延！

此令，答辩书卷宗暂存。

主席熊式辉、教育厅厅长程时煃。

中华民国二十六年六月十九日

事由：遵令呈复处分高魁书院学产手谕年月日请察核由。

文教字第2385号

案查前奉，钧府教字第三二三五号指令本府廿六年五月廿八日呈一件：呈送处分高魁书院学产一案答辩书，并于送卷宗乞察核由。内开：呈暨答辩书卷宗均悉。查……此令，答辩书卷宗暂存等因。奉此，查十一月四日致熊区长手谕，系于廿五年十一月五日，由熊区转行达到。此项手谕，尚系督饬遵照前令办理，及明函指定该高魁书院款产为第五区第三保联中心小学经费基金之意，但该项公学款产，由县提收统付，早经廿四年度编造县地方预算时处分确定在案。案令前因，理合备文呈复钧府察核示遵！

谨呈：江西省政府主席熊

万载县县长张

事由：为高魁款产典荒过多不敷预算，拟请收回典产，恳祈核示祇遵由。

决定办法：已经前任首士典当之业产，无条件予以收回，于法无据，但如典当手续不清或其中有私相授受情事，自可责成原典当首士取赎或否认其典押有效，据呈仰即开具清单，警复核办。

窃高魁款产实为本校命脉，如收入不敷预算，职校经常费虽在统筹之下，亦恐不无影响。兹查高魁款产，经前首士典当田租，在百担左右，又荒芜约占全数三分之二，现实收谷每年不过百数十担，交纳田赋又需洋百数十元，前奉钧府财字第二二五号训令略开：高魁款产已列入本年度县预算，指定租谷二百石，约值价银四百元，应由县财务机关直接征收等因，似此入不敷出情况之下，何堪设想！职为整理高魁款产充裕经费计，拟将自民国廿四年起，经首士所典当之田产，概行取回收租，一俟高魁款产垦荒充裕时，再行赏还典价。如蒙俯允，非政令执行，殊难达到，兹值晚稻登场，而需款在在皆是，事不容缓，为此具文呈请钧长鉴核，是否可行，乞示祇遵！

谨呈：万载县县长张

万载县第五区第三保联中心小学校长杨星恒

中华民国二十六年十月二十八日

事由：据呈请收回该校前任首士所典当之业产等情形，指令知照由。

万载县政府指令　　文教字第2590号

令县立第五区第三保联中心小学校长杨星恒

本年十月廿八日呈一件：为高魁款产典荒过多不敷预算，拟请收回典产，恳祈核示祇遵由。

呈悉。该校已经前任首士典当之业产，无条件予以收回，于法无据，但如典当时手续不清，或其中有私相授受情事，自可责成原典当首士取赎，或否认其典押有效，据呈仰即开具清单，详细查复，再行核办，仰即知照！

此令！

县长张

中华民国二十六年十一月

贻哲书院学产案

事由：令仰严切提收贻哲书院款产，并补报查封贻哲小学情形，仰切实遵办由。

全衔训令　　文教字第2576号

令第四区区长易振兴

案据该区贻哲书院首士袁桂芬等呈以不服本府处分贻哲书院款产，及停办私立贻哲中学，业经提起诉愿，缮具诉愿书副本请察核等情前来。查此案前据该诉愿人等以呈请恢复私立贻哲小学到府，本府以该书院款产，历年经本县列入县地方预算，并呈报核备在案。该民等事先不经呈准，擅自聘请校长开办学校，核与规定手续不合，应予查封等语批斥，并令饬该区区长派员前往查封，仍将遵办情形限一星期专案呈报察核各在案。迄今逾限已久，犹未据呈报前来，殊属玩忽已任，应予警告！兹据前情除批示：诉愿书悉……此批等语印发外，合行令仰该区长即便遵照前令各令，督饬该区公学款产保学经费管理委员会认真提收该书院款产，毋稍瞻徇，如敢把持，准予送府究办，仍将查封该贻哲小学情形，补报备查，并仰遵照！

此令！

县长张

中华民国二十六年十月

事由：为诉愿由。

拟办：一、依照诉愿法之规定，上级主管行政机关对诉愿未决定以前，仍应维持原主管机关之处分，除令知该管区署照原提收该书院款产外，仰即知照。二、拟具答辩书呈送省府答辩并令区知照。十一月十五日诉愿人袁桂芬（七十岁，万载县四区人，住白良）、喻嘉珍（四十岁，万载县四区人，住坑口）、李苾（三十岁，万载四区人，住白良）、袁金修（四十二岁，万载县四区人，住白良）、李秋兴（三十岁，万载县四区人，住白良）

右诉愿人等以请求恢复学校，不服批谕，依法提起诉愿，谨将事实理由陈述如左：

事实：缘诉愿人董理之贻哲学校，于清宣统元开办至民十九年土匪猖獗，无力抗拒，停办三年，二十二年复加整理照旧开学，去年本区第二联立中心小学强假殆校为校舍，并用去款项二百数十元，以致经费不敷，又复停办本年十月十四日，诉愿人等以校董名义请求恢复原状，至同月二十五日奉到。

钧府批谕“呈悉查贻哲书院款产历年经本县列入县地方预算在案，该民等事先不呈明核示，擅自聘请校长开办学校，与规定手续不合，应予查封，况该项款产一经列入县地方预算，已有一定用途，任何机关，亦不得变更，何得由该民等擅自处置，殊有不合，所请备案一节，应毋庸议，所有支用贻哲款产，无论理由如何正当，概依擅行处分公有款产论一律不予承认，责令赔赏，违则由区拘送来府，以凭究办。除令该管区署知照外，仰即遵照”等因，奉此，诉愿人殊不甘服依法提起诉愿，请求撤销批谕，以维教育。

理由：查贻哲学校系乡先辈袁浩等，于清宣统年间捐资创办，原名乐群，后避重名，改为贻哲，开办以来历经省视学吴君柱枬、陈君笏、蔡君振湘所嘉许，毕业学子升入中学者有之，升入大学者有之，服务党国者亦复不少，以成绩言虽不敢云过人，似亦不落他校之后。查民国二十一年十二月二十四日，国府所公布之小学法第三条第二款之规定“私人或团体亦得设立小学”，又二十年六月一日，国府公布之训政时期约法第五三条规定“私立学校成绩优良者，国家应予以奖励或補助”，即宪法草案第一百五十条，亦同此规定。可见私立学校不但可以设立而成绩优良者并可以得国家之奖励或補助，乃钧府竟以学校认作书院，将所有款产列入县地方预算，且谓一经列入已有一定用途，任何机关亦不得变更，殊不知书院与学校决然不同，科举废学校与大小书院，有改办学校者，有尚未改办者，已改办学校之书院亦不得提拨其款产，以作别用，况开办伊始，并非书院性质，何能将其全部款产，列入县地方预算，而作别项用途，且私立学校之设立，校董亦为上令所规定，校董有董理学校款产之权，钧府以贻校款产列入县地方预算时，并未通告诉愿人等，为数若干不得而知，何时列入亦不得而知，若以公有款产论，更藐不相涉，当捐资创办之时，志在作育地方人材，亦不过一小团体而已，固不得谓之公有，停办三年，实因……不可抗力，请求恢复不能谓无理由，乃不惟不准继续开办，并将全部学款移作别用，自难甘服为此，除向省政府诉愿外，理合将事实理由呈请钧府鉴核，实为公便。

谨呈万载县县长张

具呈人：袁桂芬　李苾　喻嘉珍押　袁金修押　李秋兴押

中华民国二十六年十一月十日

事由：据呈送不服处分贻哲书院款产一案诉愿书副本，请察核等情，批示出照由。

全衔批　文教字第2577号

据呈诉愿书人袁桂芬等本年十一月十二日具呈诉愿书一件：为不服钧府处分贻哲书院款产，提起诉愿，编具诉愿书副本，请察核由。

诉愿呈悉。查诉愿法第是一条上半一为之规定：诉愿未决定之前，原处分不失其效力……除依法议具答辩书经呈省府答辩，并令该管区署严切照原提收该书院款产外，仰即知照！

此批！

县长张

中华民国二十六年十一月

作新小学学产案

事由：呈为遵批呈送诉愿书副本，恳请依法办理由。

拟办：一、在诉愿未决定前，原处分不失其效力，业经诉愿法第十一条，已有明白规定在案，除依法答辩并令饬第一区署照原提收该书院款产外，仰即知照。二、拟具答辩书经呈答辩。中华民国二十六年十一月十九日

具呈人万载私立作新小学校，校址乌溪门外塔下。代表人辛守恒，年四十四岁，住万载马道里，职业，教育；刘士稼，年三十九岁，住万载大北门，职业，教育。呈为遵批呈送事

案奉江西省政府教一第六六二八号批开诉愿代表人辛守恒等，二十六年九月五日诉愿书一件，为不服万载县政府将私立作新小学校私产由县统一征收，并令停办之处，提起诉愿由。诉愿书暨抄件均悉，仰依法将诉愿书副本径送万载县政府，俟答辩送卷到府，再行核辨。此批，诉愿书副本发还等因，奉此相应将诉愿书副本呈送钧府，希予依法办理。

谨呈万载县政府

计送诉愿书副本一套

诉愿代表人：辛守恒、刘士稼

中华民国二十六年十月

诉愿人：万载私立作新小学校（校址乌溪门外塔下，代表人辛守恒，年四十四岁，住万载马道里，职业，教育；刘士稼，年三十九岁，住万载大北门，职业，教育）

原处分官署：万载县政府

呈为不服万载县政府教字第二三七一号训令，收款停学之违法侵权处分，依法提起诉愿事。

谨将事实理由分陈于左：（一）事实：万载私立作新小学校由为私人醵资创立之，启元、两以书院等十七处清代旧制书院学会诗社联合而成，并非公款公产所设之机关或团体，有各各院等老册及本校改租校董会报请备案呈文可为铁据，乃该政府忽收个人私款私产，列入县地方预算案内，朦经钧府核定，用通令饬校遵照，谓应一律由县统一征收，绝对不准任何机关或私人征收，并令停办或归并，不惟迭经本校呈请收回成命，未获允准，反批饬提起诉愿殊不甘服。（二）理由：查“剿匪区”内整理地方财政案程明白规定，以各县地方所有税捐款项为限，并未包括私人互出之共有资财在内，原处分强指少数私人书院款产为地方公款公产，不准所有人自由征收，殊属违法，次查私立学校，除办理不善外，祇有受政府保障褒奖之前例，绝无被政府认作地方公有任意摧残没收其财产，而勒令停办之创闻，关于此点更属违法，再查私人共有财产，原受民法之保障，纵被行政官厅略夺，依法无应对之提出民事诉讼，原处分竟令诉愿人提起诉愿，无属不当，更查本校改组校董会报请备案呈内郑重声明：奉谕各书院余利租息永远拨为作新学校，办学经常费仍由各校董自行经收，不得移作他用，此奉指令内开：呈及附件均悉，准予备案，仰即知照，此令。兹竟前后如出两人，违背前言，暗将私款列入地方预算案内，乘朦准钧府核定之机势，迫令遵照不特处分违法而不当，且有诈欺之故意。

基上事实理由，原处分实有违法侵权行为，用特抄附原处分，据教字第二三七一号训令，本校改组校董会报县备案呈文及指令，请求县府收回成命，呈文及批示，暨各书院等老册向教育厅声明，万难遵从，呈文请求钧府察核讯赐决定撤销其处分，再自八月七日起末至九月五日止为诉愿期间，末日系星期日合并声明谨呈。

江西省政府主席熊，计附抄件份

诉愿人：辛守恒　　刘士稼　　保人：怡关号

中华民国二十六年九月五日

事由:据呈送诉愿书副本请察核等情批示遵照由

全衔批　　文教字第 2593 号

具呈人作新书院代表辛守恒等呈一件:呈为不服钧府处分作新书院款产,业经提起诉愿,兹遵批呈送诉愿书副本,请察核由。

呈暨诉愿书均悉。查诉愿法第十一条规定:诉愿未决定前,原处分不失其效力……是该书院款产,原处分不能认为无效,除依法答辩,并令饬第一区署照原提收该书院款产外,仰即知照!

此批!诉愿书副本存。

县长张

中华民国二十六年九月

事由:据该区作新书院代表呈送诉愿书副本请察核等情令仰遵照由

全衔训令　　文教字第 2594 号

令第一区区长黄孟嘉

案据该区作新书院代表辛守恒等,呈以不服本府处分,作新书院款产提办教育,业经提起诉愿,呈送诉愿书副本,请依法核办等情前来,除批示呈暨诉愿书均悉……此批,诉愿书副本存等语。除印发外,合行令仰该区长即便遵照,切实照县预算所列数目提收解县,以重教育预算,毋稍瞻徇为要!

此令!

县长张

中华民国二十六年九月

事由:奉令以列入县地方预算之区有书院教育款产,如已办理私立小学者,应责令停办等因,令仰知照由。

全衔训令　　文教字第 2681 号

令各区区长、龙岗小学、正谊小学、作新小学

案查前奉江西省政府训令,以据本县私立龙桥小学呈请收回停办成命,准予维持原状办理,饬即查照呈复,以凭核办一案,当经本府遵照呈复在案。兹奉江西省政府教字第九八七七号指令内开:呈悉,该私立龙桥小学租为……此令等因。奉此,自应遵办,除令饬该龙桥小学遵照,并分令外,合行令仰该校即便知照!

此令!

县长张

中华民国二十六年九月

第三区公学款产缴解情形

摘由:第三区区长欧阳鹤为呈复本区公学款产情形,请鉴核由。

拟办:依照诉愿法第十一条之规定诉愿未决定前原处分不失其效力,龙岗、止谊款产仍应照原预算列收数目提收,毋稍瞻徇,如敢顽抗把持,准予送府究办。中华民国二十六年十一月十九日

案奉钧长寝宥教财代电略开:以据县经征处呈各区公学款产遵令缴解者,尚属寥寥,请严厉追缴,以裕库收等情,仰遵照前令表列数目,赶速如数清解,毋得违延干咎等因,奉此查本区应解七、八、九月份公学款产,除龙岗、正谊现在诉愿期间,且该学校仍在继续办理,迭催不缴,无法收取外,其余六百二十二元,业经本区管理会清解在案。奉电前因,除饬区管理会将保联有及所在保款产,按月缴解外,理合呈复钧长鉴核!

谨呈万载县县长张

第三区区长欧阳鹤

中华民国二十六年十一月三日

事由:据呈复该区解缴学款情形及龙岗、正谊二书院首士延不缴款等情,指令遵照由。

全衔指令　　文教字第2588号

令第三区区长欧阳鹤

本年十一月七日呈一件:呈复本区已解七、八、九月份保联有公学款产六百廿二元,其余区有龙岗、正谊书院学款,据称已提起诉愿,迭催不缴,请核示由。

呈悉,准予备查。据称龙岗、正谊二书院已提取诉愿,迭催延不缴款等情,查诉愿法第十一条之规定:诉愿未决定之前,原处分不失其效力……等语,照呈规定在案。该龙岗、正谊款产,仍应照县预算列收数目提收,毋稍瞻徇,如敢顽抗把持,准予送府究办,所有该区十、十一两月份应解款项,仍应查照比额尅日收集解清,并仰遵照!

此令!

县长张

中华民国二十六年十一月

鹅峰小学学产案

事由:据该县私立鹅峰小学校董电请维持原状等情,令仰遵照。

拟办:查明鉴示各点,详实呈复,鉴核。

批示:令该董事辛华云迅将该书院历史沿革,款产数目,各种碑记及有关文件抄录呈送来府,以凭核转。中华民国廿六年四月十四日

江西省政府训令　　文教字第1872号

令万载县县长

案据该县私立鹅峰小学校董辛华云等代电请令县维持该校原状,免将财产没收等情。据此除批示外,合行抄发原代电,令仰该县长即便查明该鹅峰书院历史沿革,款产数目,抄录该院各种碑记,连同有关各项文件,复候核夺。

此令!

抄发原代电一件

主席熊式辉

教育厅厅长程时煃

中华民国廿六年四月五日

抄原代电　　江西省政府教育厅长程时煃钧鉴

缘[1]万载县鹅峰学校系清季由辛铭恭龙玉清等数十人捐资成立,其始系书院性质,后因国体变迁,故改为学校,自成立至今数十余年续存。在本年,万载县政府忽然欲将鹅峰学校财产全部没收充公归为县有,又闻拟将此种办法呈请钧府核准及施行。惊闻之下,不胜骇异。查鹅峰学校系私人捐资,非政府公产,事实照然,有册可据,依法系财团法人。政府为维持公益计,宜多为保护。虽今有法定解散之原因发生,亦宜由法院宣告且只限于解散为止,绝对非行政官署所得而没收。即退一步而言,不认为财团法人,只系公同捐户后裔享有所有权、使用权,亦绝对不能由行政机关任意没收今鹅峰学校。当局以鹅峰财产为作奸犯科之,异有何家凶极恶而遭没收之惨刑,致令数十年之血力额于一旦,瞻会祖先不禁零涕夫。鹅峰学校之于万载,犹葆灵、心远、志成之于南昌,金陵、厦门、光华之于中央也。曾未闻省府借口如何如何而收葆灵、心远、志成之全部财产,没收充公归为省有,亦未闻国府籍口如何如何而收金陵、厦门、光华之全部财产,没收充公归于国有,而万载县政府独收鹅峰之全部财产,没收充公归于县有,斯诚令人大惑不解也。在万载县□□□□□□□□□□□□□□□□□□□左右近习之言,

① 原文如此,此处“缘”字应为“原”字。

以为没收充公后或承办原校改其名目,或变更性质另办其他,必有特殊成绩,求治太切,故有此举耳。然欲求特别成绩,在政府方面可以暂饬鹅峰小学教职员努力进行,何必因噎废食,违法没收耶?闻县府请示钧长之文行将邮区,故特电呈鉴核恳请迅即令饬万载县政府维持鹅峰学校原状,不得将财产充公,实为德便!

万载县鹅峰学校校董会校董辛华云、张乡道押、龙赓尧、宋志和、王振汉、巢致远等仝叩号印

事由:奉令饬将该鹅峰书院历史沿革款产数目,并抄录各种碑记,连同有关系各种文件,呈候核夺等因,令仰遵照抄呈,以凭核饬由。

全衔训令　　文教字第2172号

令鹅峰小学校董会董事长辛华云

案奉江西省政府教字第一八七二号训令内开:案据该县……此令等因,抄发原代电一件;奉此自应遵办,合行令仰该董事长,限文到三日内,将该鹅峰书院历史沿革,款产数目,并抄录该书院各种碑记,连同有关系各种文件,一并呈府,以凭核饬为要!

此令!

县长张

中华民国廿六年四月

书院款产暂准坐支抵解检发各区公学款产半年度实收预算

事由:为各区书院款产本年度暂准坐支抵解检发各区公学款产半年度实收预算表,及各区中小本年度上半年度经临费支付预算表,令仰切实遵办具报由。

全衔训令　　文教字第2684号

令各区区长、区中心小学、经征处主任

查本年度自奉令改发县财政经征手续,及成立银行县金库以来,县教育经费反呈支绌,时有入不敷出之势!关厥原因,总由于县经征处及各区公学款产保学经费管理委员会未能尽征收之责,但各区区长及各区中心小学校长未能负协助征收之责,亦是主要,设长此以往,本县教育前途,何堪设想!兹为挽救目前危局,及各区中心小学请领经费便利起见,经召集财委会及各区区长,暨各区中心小学校长谈话会商决定,所有各区书院款产租息,本年度暂分别斟酌情形,一律予以折扣后,概责成各该区署,照实收预算列收数目负责

征收足额，各该区中心小学校长，应负协助征收之责，所收价币，交由各该区中心小学收用，准予尽本年度上半年度应领经常费内坐支抵解清楚，不合之数，再向县库请领。其鹅峰书院，及学宫、东洲、禹庙等款产仍应由经征发负责照县预算收足解库转发，自此次通令之后，各该区长、主任、校长应绝对破除情面与困难，尽力征收，务须依照表列预算数目（表另附），切实收足。如有豪绅土劣从中把抗情事，应由区署负责押缴，如押缴仍无效，应由该区长随即解县以后依法究办，毋稍瞻徇，贻情安政！负责缴收人员如任务未能达到，应一并同受惩罚。除分令外，合行抄发本年度实收实支预算表，令仰该区长即便遵照，主任即便知照，切实办理，具报为要！

此令！

附发：廿六年度上半年度划归各区中小抵解公学款产实收预算表一份

各区中小十月份起至一月份止经临费支付预算表一份

县长张

中华民国廿六年

万载县廿六年度上半年度划归各区中小抵解公学款产及保学经费实收预算表

单位：元

第一区中心小学	校别	作新小学款产	龙章小学款产		所在地四保义教费	
	原定预算	600.00	60.00		原定数	570.00
	减收数	480.00	48.00		实收数	1098.00
说明：该校因呈准追加经费奉令因增收所在地一保保学经费						
第二区中心小学	校别	成法小学款产	乐育小学款产		所在地四保义教费	
	原定预算	150.00	300.00		原定数	456.00
	减收数	75.00	100.00		实收数	631.00
第三区中心小学	校别	龙岗乐津	正谊款产		所在地四保义教费	
	原定预算	300.00	240.00		原定数	456.00
	减收数	210.00	168.00		实收数	834.00
第四区中心小学	校别	龙云款产	龙桥款产	体仁款产	所在地四保义教费	
	原定预算	200.00	300.00	100.00	原定数	456.00
	减收数	160.00	240	50.00	实收数	906.00
第五区中心小学	校别	龙洲款产	高魁款产		所在地四保义教费	
	原定预算	150.00	200.00		原定数	456.00
	减收数	105.00	120.00		实收数	681.00

附注：1. 本预算表系按照各书院款产实际情形分别折扣后订定之。

2. 本预算表系半年度实际预算数务必达到收呈。

3. 鹅峰书院款产未列入本县预算表，仍由经征处负责照预算表收呈。

万载县立各区中心小学廿六年度十月份起至一月份止经临费支付预算表

单位:元

校别	经常费预算数	修建费预算数	添置费预算数	合计	备注
第一区中心小学	1072.00	576.75	无	1648.75	龙章作新二书院本年度应实收五百廿八元,连学校所在地五保之学经费共一千零九十八元,概据该校坐支抵解不呈再向县库请领。
第二区中心小学	888.00	无	无	888.00	成德乐育二书院本年度应实收百七十五元,连所在地四保之学经费共六百卅一元,概据该校坐支抵解不呈再向县库请领。
第三区中心小学	888.00	269.93	228.00	1385.92	龙岗乐津正谊各书院半年度应实收三百七十八元,连所在地四保之学经费共八百卅四元,概据该校坐支抵解不呈再向县库请领。
第四区中心小学	888.00	549.80	无	1437.80	龙云龙桥体仁各书院本年度应实收四百五十元,连所在地四保之学经费共九百另六元,概据该校坐支抵解不呈再向县库请领。
第五区中心小学	888.00	无	260.00	1148.00	龙洲高魁各书院本年度应实收二百廿五年,连所在地四保之学经费共六百八十一元,概据该校坐支抵解不呈再向县库请领。
鹅峰幼稚园	321	383.19	无	604.19	该园十月份经费已领请,故其十一月份共支如上数,又该园六百零四元一角九分,应会同区署在鹅峰书院租息项下坐支抵解。

蕃衍书院款产纠葛

摘由:为补呈蕃衍款产非公原委,再请察核由。

拟办:该书院款产,既系地方人士所抖集,即为公共力量筹集之款产,自系共有教育款产。且命名为蕃衍书院,自系为奖掖后进,作为育人才而设。其款无论为抖为捐,而其原意,则为嘉惠社会士林,其逐年增大,以迄于今,所有款产,自应以公学款产谕。中华民国二十七年三月七日

为补呈蕃衍款产非公原委再请察核案奉钧府教字第二八零五号批开:

本年二月十七日呈一件为遵议恢复原有小学,恳请察核由呈悉。查蕃衍书院款产经列入二十六年度地方岁入预算,该蕃衍小学因系以公款公产所办,经令停办,并非动员委员会第二次会议所指之私立小学,所请恢复办理一节,碍难照准,着即知照,此批等因。奉此,查蕃书衍院,原由王正远、张义兴、刘孝童三人独力抖集,其发起之初,节年办学经费,均系临时派抖。嗣以节年派抖,麻烦孔多,殊非长久之策,而此三人乃谋一劳永逸计,抖集款产,以为教养基金,颜其名曰蕃衍,以期椒聊蕃衍之义。迨至民初,爰奉公令,取消书院

名义，遂改为蕃衍小学校，即移此款产为学校基金。穷本追源，此款纯系由王张刘三人抖集，以为办学之资，并无捐舍实质，亦未向谁募捐，由无丝毫公款公产集于其间，自无公之可言。即以办学而谕，于今十有余载。节年经费，除原有款产外，如有不足之数，历由王张刘三人后裔负担，从未筹助他山。如果原有款产系为公有，则节年入不敷出之数，自应归地方公筹，何至由王张刘三人后裔分担筹措，此更可为此项款产非公之反证。款既为私有矣，则蕃衍小学，与动员委员会第二次会议所指之私立小学，实相符合，案奉前因，理合补呈此项款产非公原委，备文再请钧长察核，实为学便！

谨呈县长卢

万载县私立蕃衍小学绅董：王拱三、张锡平、刘宜寿、王辑轩、王子受、王华轩、王沛周、王志沂、张洪生、刘松嗣

中华民国二十七年二月

批示：蕃衍小学绅董王拱三等。

事由：据补呈蕃衍款产非公原委再请察核等情批示知照由

具呈人蕃衍小学绅董王拱三等

本年三月七日呈一件：为补呈蕃衍款产非公原委再请察核由

呈悉。该书院款产，既系地方人士所抖集，即为公共力量筹集之款产，自系公有教育款产，且既命为蕃衍书院，自系为奖掖后进，作育人才而设，其款产无论为抖为捐，而其原意，则为嘉惠社会士林，其逐年增大，以迄于今，所有款产自应以公学款产谕。仰仍遵照前批办理为要！

此批！

县长卢

中华民国二十七年三月

东洲学产纠纷案

事由：为东洲学产法属财团，恳请依法保护，恢复原立中学，以重民法而维学产事。

拟办：查东洲宾兴、敬教、舒翘、登瀛四堂，据称当日创立意旨类皆奖掖后嗣入学上进，虽由书院改办东洲小学，其兴办教育作育人才之用意则同。凡此组合，无论其名目若何，自系公学款产之一种，法律亦有明文规定之，其动产与不动既经捐赠人捐与社会，一经捐出，另组团体保管支配，即丧失其私人所有权，而不能与其集股经商同日而语，要知集股与捐赠性质截然不同。来呈自认为财团法人，则亦承认款产非各个私人所有，对此团体法人之财产，国家至此必要时，自可实行其监督管理之权，不使其捐户后裔移交宜、萍、分、万、

修、铜、高、上等各县，亦不出本省范围。江西省政府为全省最高行政机构，凡属江西人民公有之款产，自可加以处分。现公学款产财团法人，而又在本省本县，本府遵奉法令自应遵照施行，无权诿抗，据呈仍仰江西省政府核示饬遵。中华民国二十五年十一月二十五日

案查万载东洲中学校，最初为东洲书院，系清道光七年，由代表人等先祖捐助设立，名曰东洲宾兴堂。聘请山长，使其子孙入院肄业，束修膏火，籍此开支，非捐助者之后裔，不得入院。又因科岁两考入泮时，两学束脩，追呼迫切，于是又复捐资设立敬教堂，为捐助人后裔入学束脩花红之用，非捐助者之后裔，不能沾此利益。继因乡会两试川资重要，寒士往往裹足不能前进，乃又捐资设立舒翘堂，为捐助人后裔赴京省考试川资之用，非捐助者之后裔不能给领。光绪末年科举停办，逐由各捐助人议决，以东洲书院宾兴堂、敬教堂、舒翘堂学产，以设立东洲小学校，并赴京省各大学津贴之用。光绪三十一年袁州中学开办，各县名额，仅正副各七名，府宪传钟麟谕依照部章，自备经费，准予增额，于是捐资设立登瀛堂，缴纹银九百六十两于袁州中学，得增额十六名，依捐得额，原与公司股份得息无异。未几袁州中学停办，经捐助人决议，以宾兴、敬教、舒翘、登瀛四堂学产，以开办东洲中学校并为各省各中大学肄业津贴之用，设立十余年，毕业者十班，共计一千数百人，历得教厅乙等补助，成绩亦颇可观。只因民国十九年以来，万载大桥迭……陷，东洲中学亦遭蹂躏，破坏不堪，莘莘学子不得受课，所有田租均被……占去，因而停顿五年。自二十三年冬……四堂捐户齐集会议，一面设立款产保管委员会，以清理田租；一面设立职业学校，以救济捐助后裔失学；一面筹备恢复中学，以符捐户捐助学产宗旨，近阅江西民国日报十一月十六日登载："万载土客界限化除办法，教厅业已拟定，省府转饬施行……用东洲职校所有款产。"似有以东洲学产合并龙河之意，此则捐户等以为未可，不得已陈明理由如下：

东洲宾兴、敬教、舒翘、登瀛四堂，均属捐资成立。其分子于万载客籍固居多数，但客籍未经捐助者亦复不少，外县如宜春、分宜、萍乡、铜鼓、修水、宜丰、上高、浏阳八县，均有捐户，凡未捐助者即不得享其权利，各堂规定甚严，从无假借。在昔所聘山长携带子弟来院读书，亦不得享受膏火花红奖品。自来四堂后裔，有一堂未捐者，即不得享该堂利益，显与现行民法财团法人规定相符，除办理教育依照法令外，其内部聘请校长教员用人行政一切支配，均由捐助人本人或其直系继承人依法会议选举办理，则是东洲学产不能为融化万载土客意见之用，至为明显，此其一。

民法第六十二条，财团组织及其管理方法由捐助人以捐助章程定之，东洲宾兴、敬教、舒翘、登瀛四堂各有册集，详载捐户捐额及章程具在，一切教育进行，及与原定章程宗旨不相违背者，自当由捐助人意思自由行动，何能由他人恃强违法吞并。中华民国有五千年历史文化种族，决不能受日本大亚西亚主义侵略，东洲捐户，亦有百年历史，决不能受万载具主义包并，事实相同，彰明较著，此其二。

民法第六丨五条，因情事变更，致财团之目的不能达到时，主管官署得斟酌捐助人之意思，变更其目的及必要之组织，或解散之。东洲中学之停顿，不过因于……不能进行，并非不能到达目的可比，则不能不吁请钧府俯顺捐助人之意思，依法维护督促，限年恢复原状，何能由万载一部分人以侵略野心违背民法之规定，此其三。

案查萬載東洲中學校最初為東洲書院係清道光七年由代表人等先祖捐助設立名曰東洲賓興堂聘請山長使其子孫入院肄業束脩膏火藉此開支非捐助者之後裔不得入院又因科歲兩考入泮時兩學束脩追呼迫切於是又復捐貲設立敬教堂為捐助人後裔入學束脩花紅之用非捐助者之後裔不能沾此利益繼因鄉會兩試川資重要寒士往往裹足不能前進乃又捐貲設立舒翹堂為捐助人後裔赴京省考試川資之用非捐助者之後裔不能給領光緒末年科舉停辦遂由各捐助人議決以東洲書院賓興堂敬教堂舒翹堂學產以設立東洲小學校並赴京省各大學津貼之用光緒三十一年袁州中學開辦各縣名額僅正副各七名府憲傅鍾麟諭依照部章自備經費准予增額於是捐資設立登瀛堂繳紋銀九百六十兩於袁州中學得增額十六名依捐得額原與公司股分得息無異未幾袁州中學停辦經捐助人決議以賓興敬教舒翹登瀛四堂學產以開辦東洲中學校並為各省各中大學肄業津貼之用設立十餘年畢業者十班共計一千數百人歷得教廳乙等補助成績亦頗可觀祇因民國十九年以來萬載大橋迭被匪陷東洲中學亦遭蹂躪破壞不堪莘莘學子不得受課所有

江西全省印刷所製

民法规定财团法人不能达到目的时，若欲变更目的及必要之组织，均须斟酌捐助人之同意，不能由捐助人所委托之管理人少数意见违背捐助人原章及共同意思，以妨害主权，更不能受他人强暴胁迫欺凌该管理人，以变更目的，尤属法律上之正义，此其四。

东洲学产现有正当目的循循进行，并无变更改组之必要，捐户后裔，饱受……扰攘，东奔西窜，不得受学，已经数年。自二十三年冬……难民归乡，流离困难，笔难罄书，衣食均极窘迫，受学更属难言，苟非借有宗先捐助之余荫具在，则失学之嗟，谁与问闻，则是以东洲四堂学产，以救济其后裔失学，尚且粥少僧多，何能有分给他人之能力，此其五。

退一步言万，其财团法人不能达到目的，只有解散一法，但是解散之时，应由捐助人自由清算解散，亦不能受他人违法干涉。民主国家法治为本，则无论谁何，亦不得抹煞捐助人意思以摧残法人而悖章制，此其六。

基上理由除呈江西省政府，理合吁请钧府俯赐察核，准予依法保护财团法人，明令限期恢复原立东洲中学，以重法律以维学产而普教育，伏乞批示祇遵，不胜迫切，待命之至！

谨呈万载县县长张

万载东洲学产捐户代表：蓝鼎中、巫宗咸、谢树珊、巫伟、曾上珍、曾拜飏、韩全轩、李德毅、王崇云、王浩、钟鸣、韩士沂、钟振球、陈益新、王庆麟、邱梅映、蓝世仁、彭继明、蓝韵玉、蓝好仁、蓝儒伟、蓝尚仁、王宝生、王希贤、罗作梅

中华民国二十五年十一月二十日

摘抄江西民国日报十一月十六日新闻一段：

万载土客界限化除办法：教厅业已拟定，省府转饬施行，本省万载县民，向分土客两籍，界限甚严，如客民不准城居，彼此禁通婚媾，教育款产，各自保管，形成对立，积习于沿。每因意见发生纠纷，虽经历任县长设法调处，但终无良策根本泯除此嫉忌恶习。程教厅长前次巡视该县，深悉个中情形，特拟订化除土客根本办法签呈熊主席转饬施行，兹觅得办法如下：一、指定县城公有土地，准许客民尽先承购建筑居住，应由县政府调查县城内公有土地，指定一部分，按照时价，布告晓谕，准许客民尽先承购，建筑房屋住居，全县城内，私人所有土地房屋并准买卖自由。二、严申禁令，不准妨碍婚姻自由，应由县政府剀切布告并由县政府会同县党部切实宣传，其有因土客通婚，而受干涉讥評者，县政府应依法保护并制止。三、重修县志，将旧日土客区别记载，悉予删除，应由县政府遵照内政部通令，妥筹经费，延聘名宿，（不分籍别）依照奉颁条例，重修县志，不准再有土客区别记载，以前查禁之土著志，仍应查禁焚毁。四、归并龙河中学，东洲初级职业学校，改办县立初级中学，该两校土客对峙，显分畛域，实际上并无分设之必要，前经令饬该县县长，以龙河校地校舍，均不合用，应另选相当地点，集合全县之力，共同建筑新校舍，以化除土客意见，而维久远在案，应由县政府妥为计划将两校归并，改办县立初级中学，并遵令召集全县士绅筹备经费，就该县土客共有之旧考棚，改建新校舍，将中学迁入，在二十五年度新校舍未落成以前，县立初级中学，暂就龙河原校址办理，东洲地方，姑准就原校址设立分校，校长一职，由县长兼任，以资整理，无论本校与分校，招收学生，不得稍存界域之见，自二十六年度起，本校分校，应实行归并于新建校舍内，不准再行分设，校长一

职，即由县长政府遴选合格人员呈请委任，至该中学所需经费，指定以龙河中学原有学宫、宾兴等项款产全部租息，及东洲职校原有基金充用，东洲职校所有款产，并应依照龙河中学成案，一并列入县预算，由财务委员会统筹，惟暂准组织县立初级中学款产保管委员会，受县政府之监督，负保管出纳及整理之责云。

事由：据呈请依法保护东洲学产，恢复原立中学，以重民法而维学产等情，批示知照由。

万载县政府批第1784号

具呈人万载东洲学产捐户代表蓝鼎中等二十五年十一月二十日呈一件：呈为东洲学产法属财团，恳请依法保护，恢复原立中学，以重民法，而维学产，乞核示由。

呈悉。查东洲宾兴、敬教、舒翘、登瀛四堂，据称当时创立意旨，类皆奖掖后嗣入学上进，虽由书院改办东洲小学，其兴办教育，作育人才之用意则同，凡此组合，无论其名目若何，自系公学款产之一种，法律亦有明文规之；其动产与不动产，既经捐助人捐与社会，一经捐出，另组团体保管支配，即丧失其私人所有权，而不能与集股经商同日而语。要知集股与捐赠性质截然不同，来呈自认为财团法人，则亦承认款产非各个私人所有，对此团体法人之财产，国家至必要时自可实行其监督管理之权，即便其捐户后裔，散处宜、萍、分、万、修、铜、上各县，亦不出本省范围。江西省政府，为全省最高行政机关，凡属江西人民公有之款产，自可加以处分，现以公学财产财团法人而又在本省本县，本府为遵守法令起见，自应遵照施行，无权诿抗。据呈乃仰转呈江西省政府核示饬遵可也！

此批！

县长张

事由：据本县东洲学产捐户代表蓝鼎中等呈以东洲学产法属财团，恳请依法保护，恢复原立中学，以重民法而维学产等情，转呈核示由。

案据本县东洲学产捐户代表蓝鼎中等二十五人呈称：案查万载东洲中学校……云云（照原呈叙述至］该呈等情，摘抄江西民国日报十一月十六日新闻一段。据此，除批：呈悉……云云（照原批叙至），此批等语，理合呈请钧府察核示遵！

谨呈江西省政府主席熊

万载县乡长张

二十五年十一月二十七日

事由：据呈为据蓝鼎中等呈以东洲学产法属财团，请依法保护一案特呈核示等情，指令遵照由。

拟办：饬令东洲学产捐户代表遵照并抄登前道报。二十五年十二月十二日

江西省政府指令 教一字第4825号

令万载县县长张芗甫

二十五年十一月二十九日呈一件据东洲学产捐户代表蓝鼎中等呈以东洲学产法属财团恳请依法保护恢复原立中学等情，转呈核示由。

呈悉。查此案已据该蓝鼎中等以前情呈传到府，除以呈悉此案并据万载县政府转呈请予核示到府，查该项学产，是否为该具呈人等先人捐助，无从证明，即确系该具呈人等先人捐助，一经捐出，则私人所有权早不存在。又自经捐助人决议改办东洲中学，收容非捐资人子弟，则此项学产之性质，早显为县地方之採芹宾兴等款产无异，当属教育款产之一，自不能与私有财团法人牵混。本府为整理教育起见，将龙河中学、东洲初级职业学校合并，改办县立初级中学，并以龙河中学款产，业经列入二十五年度县地方预算，即东洲教育款产，历年均已列入，自应查照成案。将龙河中学原有学宫宾兴等项款产全部租金及东洲职校原有款产合并列入县预算，以充县立中学经费，俾维久远，并非为来呈所称以东洲学产，合并龙河文。凡个人以一定目的捐施其财产，供公众之用者，除于捐施之初，保留其所有权外，该财产即为有特定目的之独立财产，不能复认为原施主之所有。故虽其当初所定之目的，归于消灭，亦仅能依据法例，改供他项用途，而不容原施主及其后人复行处分。业经大理院上字第一零八九号判例载明，该项学产，原系用诸教育，现在仍供教育用途。既已谋其改进，兼以化除土客之恶感，正赖地方人士仰体政府意旨，一致协助进行。乃该具呈人等断之为非法之争持，有违复兴民族之本旨，殊属不合，所请恢复东洲中学一节，应毋庸议，除令万载县政府仍遵前发办法切实办理外，仰即知照！此批等语批示印发，并令第二区行政督察专员公署知照外，仰仍遵照原办法，切实办理，毋稍瞻循为要！

此令！

主席熊式辉

中华民国廿五年十二月八日

事由：省府令以据本府转据代表等呈以东洲学产法属财团，请依法保护一案，指令遵照等因，令仰遵照由。

全衔训令　1057 号

令东洲学产捐户代表蓝鼎中等

案查前据代表等呈，以东洲学产法属财团，恳请依法保护，恢复原立中学等情一案，当经本府批示并据情转呈核示各在卷。兹奉江西省政府教字第四八二五号指令内开：呈悉。查此案……云云(照原文叙至，此令等因。奉此，合行令仰该代表等即便遵照为要！

此令。

县长张

事由：为不服江西省教育厅违法处分私有东洲学产，妨害私权，依法诉愿，请予决定撤销批令签呈处分，以维法治而保私权事，并遵批以万载县政府为原处分官署事。

诉讼人：万载东洲学产捐户代表团及万载东洲旅省同乡会

通信地址：毛家桥七十八号

代表人名册

姓名	年龄	性别	籍贯	职业	住所
蓝鼎中	68	男	万载	律师	毛家桥一百号
巫宗咸	不详	男	万载	东洲旅省同乡会正会长	毛家桥七十八号
巫宗咸	40	男	万载	东洲旅省同乡会副会长	毛家桥七十八号

原处分官署江西省政府教育厅、万载县政府案奉钧府二十五年十二月八日教字第4825号批阅

具呈人万载东洲学产捐户代表蓝鼎中等，二十五年十一月二十日呈一件：为东洲学产法属财团，恳请依法保护恢复原立中学，乞批示祗遵由。呈悉，此案并据万载县政府转呈请予核示到府，查该项学产，是否为该具呈人等之先人捐助，无从证明，即确系该具呈人等先人捐助，一经捐出，则私人所有权早不存在。又自经捐助人决议，改办东洲中学，收容非捐助人子弟，则此项学产之性质，早显与地方之採芹宝兴等款产无异，当属教育款产之一，自不能与私有财团法人牵混。本府为整理教育起见，将龙河中学、东洲初级职业学校合并，改办县立初级中学，并以龙河中学款产，业经列入二十五年度县地方预算，即东洲教育款产，历年均已列入，自应查照成案。将龙河中学原有学宫、宾兴等款产全部租金及东洲职校原有款产，一并列入县预算，以充县立中学经费，俾维久远，并非如来呈所称，以东洲学产合并龙河文。又凡个人以一定目的捐施其财产，供公众之用者，除于捐施之初，保留其所有权外，该财产即为特定目的之独立财产，不能复认为原施主之所有。故虽其当初所定之目的，归于消灭，亦仅能依据法例，改供他项用途，而不容原施主及其后人复行处分。业经大理院上字第一零八九号判例载明，该项学产，原系用诸教育，现在仍供教育用途，既以谋其政进，兼以化除土客之恶感，正赖地方人士，仰体政府意旨，一致协助进行。乃该具呈人等断为非法之争执，有违民族复兴之本旨，殊属不合，所请恢复东洲中学一节，应毋庸议，除令万载县政府仍遵前发办法办理外，仰即知照，此批等因奉此。

又奉万载县政府公函教字第1759号：

案奉江西省第二区行政督察专员公署民字第3605号训全开：

案奉江西省政府教一字第三九七六号训令开：案据教育厅签呈，为万载县土客分籍，亟应根本化除，拟具解决办法，签请鉴核施行等情前来。查所拟办法，尚属周密，合行抄发原签呈，令仰转饬万载县县长遵照，分别切实办理，仍将办理情形，随时呈转察核为要。此令等因，计抄发原签呈一件。奉此，合行抄发原签呈，令仰该县长切实遵照办理，仍将办理情形，随时呈转察核转，此令等因，计抄发原签呈一件。奉此，查本县土客分籍，由来已久，积习相延，牢不可破，过去虽有贤明有司，设法调和，终以缺乏赞助宣传之力未收效果。奉令前因，自因切实遵照办理，除呈报并分别布告函令外，相应抄发原签呈一件，函请贵会查照，并希随时予以赞助宣传，至纫公谊，此致万载东洲旅省同乡会，计抄送原签呈一件等语。又奉万载县教字第1784号批……本府为遵奉法令起见，自应遵照施行，无权推诿……等语。再查程教育厅长复谢籽春、李牧光函（另抄呈），则该处分签呈办法批令，纯由教育厅为原动力，为被诉愿官署。理合依照诉愿法第二条第二款，提起诉愿，兹将理由列下，并

遵批以万载县政府为被诉愿官署。

原批:查该项学产,是否为该具呈人等之先人捐助,无从证明……窃鼎中高祖德权公于道光七年,捐入东洲书院,有册可证。光绪三十年,袁州中学以按照部章岁缴纹银六十两者,即得增额一名,东洲愿岁缴九百六十两,得增额十六名,是岁鼎中亲手以德权公名义加捐东洲登瀛堂,然后始得投考,当蒙录取,是秋由东洲小学升入袁州中学,经年月考第一无间。光绪三十一年,府宪传公钟麟教员马公天翮以鼎中成绩优异,咨送抚学藩臬会考合格。光绪三十二年,以东洲学产咨送留学日本,民国元年归国。所有六年经费,均由东洲汇交学务处,转汇东京留日学生监督处发给。苟非先为捐资,何能与考袁州中学,何能得东洲学产咨送留学。学务处有案,留日学生监督处有案,学部有案,均可旁证。若宗咸则由上祖诚公于道光七年,捐入东洲书院,于光绪三十年加捐东洲登瀛堂,因而族兄绍咸族侄峡得入袁州中学增额肄业,可为铁证。若树珊则由先祖挺芳公于道光七年,捐入东洲书院,于光绪三十年加捐东洲登瀛堂,族叔宗汜(廪庠生)管理东洲款产十余年,于东洲四堂捐户规条莫不了如指掌,树珊亦在东洲中学毕业,考入北京朝阳大学,历领川资津贴,可为铁证。若现在留学日本帝国大学范希陶,则由先祖德安公于道光七年,捐入东洲书院,于光绪三十年以德安公之祖宣二公,加捐东洲登瀛堂,因而希陶之父范懋修得入袁州中学增额肄业,希陶及其弟范希仁,于东洲中学毕业后,先后以私费留学日本。希陶之叔范文彬亦系以私费留学日本,其在未得官费之前,均由东学洲产津贴每年各一百元,可为活证。其他无论何人属于东洲籍者,均能指证其捐名捐额。万载东洲旅省同乡会章程第一条:本会由万载东洲籍内旅省人士组织而成,故定名为万载东洲旅省同乡会;第三条:凡籍隶属东洲者得加入本会。由是可证东洲旅省同乡会会员即东洲学产之主人翁,其所购同乡会址,由雷姓出业,契载卖与万载东洲宾兴、敬教、舒翘、登瀛四堂承买,亦足旁证。不过四堂册籍,因连年……蹂躏,多被焚毁,现正从事搜索,此不特东洲册籍为然,即各姓契据谱牒,莫不皆然,何能便说无从证明,且自该书院成立以来,非已缴东测捐者,则不得投考入院读书;已非缴敬教捐者,则不得免缴两学束脩及领花红津贴之利益;非已缴舒翘捐者,则不得领科会两试川资之利益;非已缴登瀛捐者,则不得入东洲中学肄业。自来科岁小考,即须先报捐名,查对无讹,然后由东洲廪保盖戳送考,否则不准应考。苟非有直系先祖之捐名,则必临时补捐,且须四堂同时并捐,严格章程,虽改中学,世守不失,显属私产,适合民法财团,且属特别财团,与普通捐资一经捐出,则私人所有权早不存在之性质有天渊之别。依照大理院二年上字第二三八号判例……法人之存在本为社会上自然发生之事实,社会因种种之必要,而发生特种之现象,国家唯有制定法则,谋所以规范之,断无根本上加以否认之理。故若法律并无认许及限制明文,而在事实上别于个人有应独立享权利负义务之人类集合体,或财产固定体,当然不能不以为法人而认许其存在。乃教育厅违背法例,以摧残法人,殊不可鲜。

原批:又自经捐助人决议改办东洲中学,收容非捐资人子弟,则此项学产之性质,早显与各县地方之採芹、宾兴款产无异,当属教育款产之一,自不能与私有财团法人牵混。查袁州中学增额停办,东洲小学以登瀛堂款产为东洲中学经费投考学生,必须先报捐名,与前投考书院无异。无捐名者，不得投考。其有捐名，早已移居立籍宜春、分宜、萍乡、浏阳、铜鼓、宜丰等县者，则仍许其投考人入学，享有种种权利，否则必须补缴学费始得入校，则与省会心远、赣省鸿声、剑声、志成、江西章江、章贡、匡庐各私立中学无异。此外，从无容纳非捐资人子弟入校，同享有捐名各项之利益。省会心远等中学，无疑其为私有财团，东洲中学又何摒居私有财团之外，且容纳非捐资人子弟入校一语，有历年呈报表册及毕业证书存根具在，一经查阅，洞若观火，究不知其何所据而云然。依照大理院三年上字第九零一号判例：实际上已成立之特权法人，苟具备其成立之基础条件，自不能不认为已经合法之成立。乃教育厅谬加牵混二字，武断处分，殊属违法已极。

原批：为整理教育起见，将龙河中学东洲初级职业学校合并，改办县立中学……查东洲中学，自宣统末年开办，为校长者谢济沂、李有甲、张耀辰、李祖谦、刘后民、陈益新，均系由东洲学产捐户开会选举聘任，纯属私有性质。民国十九年，因……地方不靖，校舍图书器具毁坏不堪，以致停顿。二十三年冬……乱稍平。二十四年，改立东洲职业学校。历年经过案牍具在，何得称东洲教育款产，历年均已列入县地方预算，教育厅对于民法第六十二条、第六十三条、第六十五条捐助人三字，竟熟视无睹，殊属强为合并，故意侵害财团。

原批引大理院五年上字第一零八九号判例，尤为错误，独不思该判例有施主二字，则明属寺产讼争，与东洲学产性质不特风马牛不相及。且东洲学产固属财团，其捐户则与公司股东相同，盖历来管理人四人，三年一任，由捐户学界推举，得连举连任，与社团社员恍惚相似。捐户籍有捐名，以入院读书；籍有捐名；以领花红津贴（科举时为花红学校时为津贴）；籍有捐名，以领考试川资；籍有捐名，以投考入学肄业。实在捐助之初，即已保存其永远所有权，既非捐施，亦非为公众之用，此岂可与寻常檀越檀那相提并论。教育厅引用不适法则，以妨害私有财团，教育何由以发展，学术何由以精深，法治何由以进展，此不能不为痛哭流涕。

东洲四堂学产，以改办中学，其名曰私立东洲中学校，已经二十余年，教育厅档案可稽。历年考试入学毕业呈报表可证，此项私立东洲中学财团法人，不特教育厅有案，即教育部亦莫不有案，则是私立东洲中学早经政府认许其为法人，且经登记有案。依照大理院二年上字第二三八号判例：财团法人必要不可缺之基础，不外特定之目的，及一定财产，并现在活动之机关，斯三者具备，则于社会上自可认其独立之存在。司法院二十年院字第五零七号解释：私立学校同乡会等团体，如其组织合于民法总则社团或财团之规定，亦得声请为法人登记。私立东洲中学不特已经登记，且民国十六七两年，受政府丙等补助，十八年受政府乙等补助。补助二字惟私立学校有之，既经补助，尤足证明其为私立私有。二十四年改办私立东洲职业学校，则为程教育厅长本任备案之事，反曰历年均已列入县地方预算，则是教育厅签呈办法批令，均属法外行动。

本年（二十五年）十一月二十七日，东洲款产委员会开会决议：东洲中学款产各户未捐入者尚多，纯系私有性质，兼之宜、萍、浏、铜等邑，亦多捐户，此项款产，不能据为县立中学之用。至县立中学经费，自有两籍公款，如考棚、学宫、育婴各会，及吴公讲堂、尹公助款、九江万安栈租金等尽可充用。如不足时，可临时开会商议等语。此为东洲学产经理人之表示,亦即东洲学产捐户之意思,则是教育厅以私立东洲职业学校款产,列为县地方预算,合并龙河,显然与捐助人意思不合,亦即与民法规定相背。

原批该项学产,原系用诸教育,现在仍供教育用途,既以谋其改进,兼以化除土客之恶感,正赖地方人士,仰体政府意旨,一致协助进行……窃谓化除土客恶感为一事,维持私有财团又为一事,决不能以破坏私有财团,为化除工具,例如万载城内有辛、彭、宋、郭四大族,姓辛者必不可使姓彭宋郭者皆为姓辛,姓彭者亦必不可使姓辛宋郭者皆失却其本姓,姓宋郭者不能不有与姓辛彭者发生恶感。恶感发生之后,各姓不能不维持其固有私姓。土客恶感,本属国内寻常之事,原与辛、彭、宋、郭分姓无异,且比较各县巨族,互相械斗者,尚属和平,如谓东洲学产归并之后,便无恶感,则恐辛、彭、宋、郭四族悉皆姓程,亦不能不永无恶感。煮豆燃萁,早咏于前史,斧声灼影,传疑于赵家,周公管蔡,亦不能一心,此天地间无可奈何者也。明乎此则,化除恶感,自有其道,又何须违背法典,用挖肉医疮之术,强而求之。况化除恶感办法四项,除以东洲私产合办中学部分不同意外,其余皆无不十二万分遵令实行,东洲款产委员会,亦已议决在案,至谓教育用途云云,但将东洲私有学产被并吞后,则捐户所有权,已不存在,吾辈后裔求学川资津贴,及留学经费,完全不能由我支配,管理人不能由我自行选举,则是东洲学产捐户之私权自由,被所侵害净尽。依照民法第十七条,自由不得抛弃,吾辈立于青天白日旗帜之下并非苏联管辖,虽欲不为断断争执,已为法律所不许,况民族复兴,端在进展法治。

基上理由,提起诉愿,请求除遵批以副本邮寄万载县政府外,请求钧府依法决定,确认东洲学产为财团法人,恢复固有自由兴学目的,将教育厅以东洲学产合并龙河开办县立中学部分之违法签呈办法批令,悉予撤销,仍由捐户自由决议办法维持,以维法治,而保私权,三民主义幸甚。

谨呈江西省政府主席熊

教育厅长程

附呈东洲款产保管委员会会议录一件

诉愿人万载东洲学产捐户代表团代表:蓝鼎中,万载东洲旅省同乡会正会长巫宗咸谢树珊

中华民国二十六年三月六日補正

三月二十日遵批更正

事由:为遵批送呈诉愿副本,请即依法答辩事。

附件:诉愿副木一件

案查教育厅程厅长签呈违法处分私有东洲学产一案,于二十五年十二月二十九日提起诉愿,三月四日奉江西省政府批教一第1167号“……另缮副本径送万载县政府答辩……经具呈提出理由七项”,于三月十九日奉江西省政府批教一第1500号:“诉愿人万载东洲学产捐户代表蓝鼎中等二十六年三月六日呈一件,为东洲学产合并改办县立中学一案,教育厅为原处分官署毫无疑义,分别陈明補正请依法决定由。呈暨附件均悉,查县政

府遵奉省政府主管厅命令执行之事件，其实施处分既属于县政府，仍应认为县政府之处分，如人民不服此处分，提起诉愿，依法即须向省政府主管厅为之。”业经司法院院字第一一六七号解释通行有案，本案管辖，复经行政院明白核示，自应仍以万载县政府为处分官署。惟诉愿法现已修正公布，省政府主管厅依旧诉愿法受理尚未决定之诉愿案件，于修正诉愿法施行时，应移送省政府办理，并奉行政院令知本件系教育厅受理尚未决定之件，依照上开院令规定，应即由本府办理，原诉愿书等件，仍予发还，仰再更正呈送，并将诉愿书副本，径送万载县政答辩，毋违此批，附件均发还等因。奉此，兹遵批邮号诉愿书副本，即请依法答辩，谨呈万载县政府县长张。

诉愿人万载东洲学产捐户代表团代表蓝鼎中，住毛家桥一百号

事由：据该县东洲学产捐户代表蓝鼎中等呈为不服万载县政府将东洲学产合并改办县立中学之处分，提起诉愿，请予决定等令仰答辩由。

拟办：遵令迅予拟具答辩书并检同有关系案卷呈核。中华民国廿六年五月十四日

江西省政府训令 教一字第 2467 号

万载县县长张芗甫

案查前据该县东洲学产捐户代表蓝鼎中等呈为不服教育厅将东洲学产合并改办县立中学之处分，提起诉愿，准予决定撤销等请前来。当以县政府尊奉省政府主管厅命令执行之事件，其实施处分，现属于县政府，仍应认为县政府之处分，业经司法院解释通行有案。本案诉愿管辖经电奉行政院明白核示，自应仍以万载县政府为原处分官署，先复批示，旋据将诉愿出更正呈送，并据呈称，已将诉愿书副本邮寄万载县政府各在卷。查原处分官署答辩期限，受理诉愿官署决定期限，均经诉愿法分别规定。迄今日久，来据该县政府答辩，无凭决定，会亟令仰该县长，迅即依法答辩，并将关系文件检呈以凭核办。

此令！

中华民国廿六年五月十日

主席熊式辉

教育厅长程时煃

事由：据诉愿人蓝鼎中等呈为不服万载县政府将东洲学产合并龙河改办县立中学之处分，提起诉愿一案，请迅予决定等情，令催依照诉愿法第六条规定办理。

江西省政府训令　教一字第 2961 号

令万载县县长张芗甫

案据该县东洲学产捐户代表蓝鼎中等本年三月十二日呈称：案查诉愿人等于廿五年十二月廿九日，对于教育厅违法处分东洲学产一案提起诉愿，尚未奉送达决定，殊深惶惑。惟查第九百六十五次省务会议第七案主席会议，据教育厅签呈……并拟令县严办反对合校分子，以儆刁风等请决议……其余各节，准予照办。窃惟诉愿及行政诉讼，现于训政约法第廿二条明文规定，宪法草案仍有明文规定，则是人民依法诉愿实为应有之权利义务，

并非逞刁。如果该议案系为诉愿人等而言，则约法诉愿法之所规定究竟何以索解，如果该议案非对诉愿人等而言别有逞刁者在，则对于诉愿人等之诉愿何以延不决定，况诉愿法第八条第二项前项决定，自收受诉愿书之次日起应于三个月内为之。此种法定期间，旧诉愿法固无明文，但在修正诉愿法以前未经决定之案，应依修正诉愿法办理，早有通令解释在案。自十二月廿九日至今逾限已经一月有半，即万载县政府答辩亦闻早已送呈，中间虽有補正，但诉愿法并无除去補正日期之明文，为此诉请迅予依法决定以维法治等情。据此，查此案业经令饬该县长答辩，迄未具复，兹据前情，除批示外，合再令仰该县长，迅即依照诉愿法第六条规定办理。

此令

中华民国廿六年六月一日

主席熊式辉

教育厅厅长程时煃

附抄　致旅京万载东洲同乡函一件　中华民国廿六年八月十日

径达者：顷据万载东洲旅京人士黎新民等来函，对于提拔东洲学产一节极力反对，并故作种种危词耸听，殊属非是，除经本厅函复驳斥外，相应抄录去函一件，即希查照为荷！

此致 万载县张县长

径复者：接阅来函，查东洲龙河两校既经并为县立，则两校原有学产，皆应化为县有方为合法。关于提拔东洲学产一节，前据该籍士绅谢济泝君等在东洲学社台开会议，当议决将东洲一部分学产，交县府管理，并由谢绅等四人代表与本厅接洽。业经允许并为转知张县长，准将其余产业仍留为东洲办理教育事业之用是，政府处理此案，于斟酌法理之中，而又勉从地方士绅之公益，自无不合。东洲人士，凡希请化除土客籍畛域之见者，理应极端赞同，乃来函故从种种之危词，冀图推翻该籍代表之决议，阻碍校务之进行，此或另有好事者从中蛊惑挑拨，诸君爱乡决不出此。除函知该县政府遵照省府教字第一八八四号训令密查究办外，用特函复，即希查照为荷！

此致 万载东洲旅京同乡黎新民等。

事由：该县东洲旅省同乡会代表蓝鼎中等，不服该县政府将东洲学产与龙河学产合并，改办县立中学之处分，提起诉愿一案，业经经予决定检发决定书，令仰知照由。

江西省政府训令　　教字第8553号

令万载县县长张芗甫

案查该县东洲旅省同乡会代表人蓝鼎中不服该县政府将东洲学产与龙河学产合并，改办县立中学之处分，提起诉愿一案，业经本府审查，经予决定，除依法送达外，合行检发决定书，令仰知照。

此令！

计发决定书一份

兼代主席刘体乾

教育厅厅长陈时煃

中华民国二十六年十一月十日

江西省政府决定书　教一字第8552号

诉愿人:万载东洲旅省同乡会

代表人名册

姓名	年龄	性别	籍贯	职业	住所
蓝鼎中	68	男	万载	律师	毛家桥一百号
巫宗咸	不详	男	万载	东洲旅省同乡会正会长	毛家桥七十八号
巫宗咸	40	男	万载	东洲旅省同乡会副会长	毛家桥七十八号

诉愿人不服万载县政府将东洲学产与龙河学产合并改办县立中学之处分提起诉愿一案,本府复查决定如下:

主文:诉愿驳回 。

事实:缘万载县民,向有土著客籍之分,界限甚严,互相歧视,积习相沿,迄今未改。关于教育,主民则就龙河学产,办理龙河中学,客民则就东洲学产,办理东洲中学,彼此对峙,自成畛域,实际上并无分设两校之必要。民国十九年,东洲中学因遭……乱停办,二十四年改组为东洲初级职业学校,未经教育厅核准立案。二十五年十月,教育厅签拟根本化除万载县土客界限办法,经由本府令饬万载县政府遵照办理。该办法第四项,系将龙河中学、东洲初级职业学校合并,改办县立中学,所需经费,即以龙河中学原有学宫宾兴等项款产全部租息,及东洲初级职业学校原有基金拨充,东洲初级职业学校所有款产依照龙河中学成案,一并列入县预算,由县财务委员会统筹,仍暂准组织县立中学款产保管委员会,受县政府之监督,负保管出纳及整理之责。万载县政府奉令后经即分别函令布告,并召集土客两籍士绅开会决议,组织县立初级中学筹备委员会,负责进行。其经费收支保管,暂不另组保管委员会,概由筹备委员会办理,呈报本府核准在案。该诉愿人不服此项处分,提起诉愿到府。

理由:其一,本案系万载县政府遵奉本府命令执行之事件,依照司法院院字第二六七号解释,其实施处分,既属于该县政府,自应认为该县政府之处分。自诉愿人提起诉愿,即迭令该县政府答辩,迄未据复,依照司法院院字第一六六号解释,应即径为决定,合先说明。

其二,查各县书院财产,以及宾兴、採芹等款产多系地方募集,或由地方人士捐助。自科举废后,均已先后收为学产,以充办理教育事业之用。该东洲学产,系由东洲书院财产递嬗而来,性质与之相同,自属教育地方公产,与财团法人迥别。

其三,且龙河中学,与东洲初级职业学校合并,改办县立中学,其经费就龙河东洲原有学产分别拨充,系主管行政机关,为整理改进教育起见,本于职权之所为,万载县政府亦经召集该县士绅开会,斟酌其意思,共同讨论议决。退一步言之,就如诉愿人所称,东洲学产为财团法人,该项处分亦与民法第六十五条之意旨相符,不能谓为违法。

其四,复查修正私立学校规程第二十三条末段载:学校停办校董会失其存在时,其财产得由主管教育行政机关处置之等语。该东洲学产,即系私立东洲中学财产。东洲中学十九年即已停办,校董会早失其存在。其后于二十四年间,虽据先后呈请改办东洲初级职业学校,并未核准立案。所有东洲中学财产,主管教育行政机关,自可依法处置,原处分并无不当。

综上论结,诉愿人之诉愿,为无理由,合依诉愿法第八条上半段之规定,决定如主文。

主席熊式辉

中华民国二十六年十一月十日

如不服决定,得于收受决定书之次日起三十日内向教育部提起再诉愿。

正谊学校校保产管委员会主席叶荣耀诉龙岗学校侵占校址案

事由:为令饬第三区株潭天后宫业令中山民校龙岗学校迁让,并将天后宫暂行封闭,毋庸议由。

江西省政府指令　　教字第4294号

呈一件:天后宫业经让出,并暂行封闭,听候法律解决请核备由。

呈悉,此案业经该区正谊学产保管委员会呈请令饬□□□□□天后宫启封等情到府,除批示应毋庸议外,仰即知照。

此令!

中华民国二十四年三月七日

事由:呈复第三区株潭天后宫业令中山民校龙岗学校决请,并将天后宫暂行封闭听候法律解决请核备由 。

案奉:钧府二十四年一月二十三日教字第三零七八训令开,教育厅案呈据正谊学校校保产管委员会主席叶荣耀等,呈为龙岗学校校长周德庸、中山民众学校校长殴阳进等侵占校舍,抗令不迁,恳请严饬劝迁并予撤职等情前来。查此案迭经本府令饬该局转饬迁让在卷,何以至今尚未迁移?殊属不合,据呈前情除饬特种教育处严限中山民众学校校长殴阳进克日迁让暨批示外,合行抄原呈,令仰该局长即便勒饬龙岗学校迅即退出,毋违此令等因,计抄发叶荣耀等原呈一件。奉此,当即勒令迁移。中山民校已遵迁入万寿宫,而龙岗学校仍后支吾延展。复于上月二十四日,令派本局事务员蒋日煦,并令该区区长龙元辅勒令龙岗学校将校具全数搬出,随将该天后宫房屋全部封闭,正谊学校暂亦不得迁入,以免纠纷，听候另令解决。去后，该处该事务员蒋日煦、区长龙元辅会呈，复称龙岗学校遵令将一切校用物件搬出天后宫，随将天后宫全部房屋均以封存，报请鉴核等情。据此，现该龙岗学校以天后宫房屋权所属问题向司法起诉，称凭法律解决。所有遵令勒饬龙岗学校退出天后宫，暂将天后宫封闭缘由理合具文呈请钧府鉴核备查。

谨呈政府主席熊

全街局长白

中华民国二十四年三月五日

事由：为遵令查封株潭天后宫房屋经过情形，会报备查由。

批示：阅。中华民国二十四年三月一日

案奉钧局本月二十四日命令开：查株潭天后宫房产纠纷久未解决，迭奉省政府令饬勒迁。本局长为制止双方争端计，着勒令龙岗学校在天后宫内之教室，克日迁出，不准留一物。正谊学校亦不准搬进，以杜纷扰。今由本局长派定委员蒋日煦携带封条，将该房屋全部一律查封，听候另令解决，仰该区长切实遵照办理，并将遵办情形会同蒋委员具报为要此令等因。奉此，委员即于二十五日，奉持封条前往，当先达到第三区办公处，商量处置方法，务期以和平息事为原则。区长于奉令之日，并经先行遵照钧局治第一六九五号指令：分令龙岗、正谊两校，应即听候法律解决，为避免纠纷起见，均不准强行迁入，严饬遵照在卷。适蒋委员到达本处，当即会商查封办法。二十六日上午，爰派区员王明德、高棣华二人，会同蒋委员前往龙岗学校，劝令周校长德庸先将原置天后宫内之一切校用物件搬出，以便贴封，惟周校长以此令文内，有听候另令解决一语，不免稍有疑虑，乃再三晓谕：谓龙岗学校，既经提起司法诉讼，又奉政治局二字第一六九五号指令，自必听候法律解决，毋庸杞忧。周校长当即唯唯遵命，旋由本处派丁将一切校用物件，搬出天后宫，另置龙存敬祠内，并无异说。惟天后宫下半截原寄住难民两家，经饬另择住所，毋再逗留，并遵即迁出矣。所有天后宫全部房屋均已封好，借崇钧长息事宁人之旨。奉令前因，理合将查封株潭天后宫房屋经过详请，备文会呈钧长俯赐察查，至为公便！

谨呈慈化特别区政治局局长白

委员将日煦、第三区区长龙元辅

中华民国二十四年二月二十八日

命令　二月二十四日于本局

查株潭天后宫房产纠纷久未解决，迭奉省府令饬勒迁。本局长为制止双方争端计，着勒令龙岗学校在天后宫内教室室，克日迁出，不准存留一物，正谊学校亦不准搬进，以杜纷扰。今由本局派定委员蒋日煦携带封条将该房屋全部一律查封，听候另令解决，仰该区长切实遵照办理，并将遵办情形会同蒋委员具报为要。

此令！

万载第十三区区长龙之辅、委员蒋日煦

中华民国二十四年二月二十三日

事由:呈据龙岗学校校长周德庸以株潭天后宫原系全闽公地,不能让与正谊,向法院起诉,似应听候法律解决由。

案查:钧局以龙岗小学与正谊小学互争株潭天后宫为校舍及中山民众学校利用天后宫为学舍,各遭正谊学校长反对,声明株潭天后宫系属正谊所管,提起呈控一案,本处迭奉钧局训令转饬龙岗小学及中山民众学校遵令迁让在卷。区长视事伊始,当即遵照先后各令转饬遵照,不得违误。去后,兹据龙岗小学校长周德庸呈复内称:窃以株镇天后宫原系全闽公地,有事可征,有碑可证,即据该叶荣耀等原呈所称:亦以天后宫原系闽人巫、林等八姓所建造,则该庙业权应属闽人所有,了无疑议。又称民十三年,由吴经才、巫襄如、林乾初、廖苟妹、刘济民等立约捐与正谊学校。查彼所谓林、巫等八姓究非尽属闽籍,如吴经才、巫襄如、刘济民等皆万载客籍(原出广东),与闽人风马牛不相及,今以万载人而私捐闽人之建筑物,是盗也,按之法律且应处以盗捐之罪,岂能认为有效。本校假公地办学校,本条章所许可,该叶荣耀等凭一纸伪约混争天后宫为正谊私产,妄指本校为侵占,屡向上峰朦控未蒙明察,复饬钧长协同蒋委员勒令迁出。同系办学,独以本校之借设天后宫,认为有碍正谊之教育,非特事实上不能遵移,即法律上亦不愿服从,除向法院起诉外,合理恳请钧长转呈声明谨呈等情。据此,查现值寒假时期,龙岗、正谊均已散学,该龙岗小学校长周德庸既又声明向法院起诉,似应听候法律解决,本处无有强制执行之可能。奉令前因,理合据情转呈钧长察核!

谨呈慈化特别区长政治局局长白

龙岗学校校长周德庸

中华民国二十四年二月二十七日

慈化特别区长政治局局长白指令第1695号

令慈化特别区第三区区长龙元辅

呈一件:为据龙岗学校呈天后宫校址听后法律解决请核备由。

呈悉,准予检同全卷,交司法办理可也,仰即转饬知照。

此令!

慈化特别区长政治局局长白

中华民国二十四年三月五日

训令政二字第1740号

令承审员龙□□

案据第三区区长龙元辅呈称:案查钧局长以龙岗小学……云云察核等情。据此,查此案既经该龙岗小学校校长周德庸依法起诉,除指令以呈悉,准予检同全卷交司法办理可也,仰即转饬知照此令等语印发外,即检同此案全卷,令仰该承审员依法迅办为要。

此令!

附龙岗小学校与正谊小学校检同天后宫校舍互诉一案卷宗一束

局长白

中华民国二十四年三月九日

事由:据呈复天后宫业经让出,并暂行封闭,候法律解决等情,仰知照由。

批示:归卷。中华民国二十四年三月廿八日

江西省政府指令　教字第4294号

令慈化特别区政治局

呈复天后宫业经让出并暂行封闭听候法律解决核备由。

呈悉,此案业经该区正谊学校校产保管委员会呈请,令饬将天后宫启封等情到府,除批示应毋庸议外,仰即知照。

此令!

中华民国二十四年三月廿五日

私立龙章小学与高城乡中心学校合并案

江西省万载县政府训令　咏教一字第11235号

令:本府指导员辛州安

高城乡乡长辛黼文

高城乡中心学校校长刘巨源

查高城乡中心学校亟待整理,兹为便利整刷考核起见,暂由本县县长兼任该校校长,设校务主任、副校长一人,由该管乡长辛黼文兼任,期收政教合一之校原任校长刘巨源调回本府,另候任用。除分令外,合行令仰遵照。

此令!

县长谭

中华民国三十一年五月四日

江西省万载县政府训令　咏教一字第11340号

令:高城乡中心学校校长谭

私立龙章小学校

高城乡乡长辛黼文

一区公学款产委员会

查私立龙章小学与高城乡中心学校咫尺设在一隅,以致关于招生授课施教互有妨碍,诸多不便。本县长业经躬亲实地视察,并征询地方士绅同意,为整理该乡教育,实有将该两校合并办理之必要。除分令外,兹订合并办法一份,令仰该私立龙章小学与高城乡中心学校即便遵照,并将遵办情形尅日具报为要。

此令!

计附发整理龙章小学并入高城乡中心学校办法一份

县长谭

中华民国三十一年五月七日

私立龙章小学并入高城乡中心学校暂行办法

一、私立龙章小学即行停办,所有校具图书表册及受业各级学生应全部归并高城乡中心学校。

二、私立龙章小学原有各教职员均改充高城乡中心学校教员,但本学期应给薪金,仍由龙章学产项下开支。

三、龙章学产仍得保留独立,备作津奖教育及办理文化事业之用,并得由捐户后裔组织龙章学产保管委员会,但须造具财产清册,拟具保管章程呈报县政府备案。

四、龙章学产保管委员会每年应设法津贴高城乡中心学校学生书籍设备,添置新炭及社教灯油等费,并须祥载保管章程。

五、高城乡中心学校原列预算仍由区公学款产保管委员会开支本学期,如有余,得留作该校设备或休整校舍之用。

六、高城乡中心学校本学期暂由县长兼任校长(不支付薪津),以高城乡长辛黼文兼校务主任代行校长职权,以原任龙章小学校校长陈文海兼教务主任。

七、高城乡中心学校自龙章小学归并以后,应考核学生程度,分别编定班级,务以有效方法积极整理。

八、本办法由县政府命令施行。

江西省万载县政府训令　　咏教一字第11378号

令高城乡中心学校教员马人俊、辛德邦

查高城乡中心学校业经本府明令改组,该员着即免职,另候任用,仰即知照。

此令！

县长谭

中华民国三十一年五月八日

江西省万载县政府训令　　咏教一字第11377号

令卸任高城乡中心学校校长刘巨源

查高城乡中心学校校长一职已由本县长暂行兼任，并派该乡乡长辛黼文兼任该校校务主任，合行令仰该卸任校长遵即将校具文卷图书册表等项逐一造具清册移交，辛兼校务主任点收所有历月领购余存食盐，一并核实，扫数移交清楚，毋得有误，仍将交接情形会报为要。

此令！

县长谭

中华民国三十一年五月八日

江西省万载县政府训令　　咏教一字第11376号

令高城乡中心学校兼校务主任辛黼文

查该校卸任校长刘巨源浮报盐额，余存食盐自多经领，□□□□□□□校具文卷图书表册等一并造册移交，合行令仰该兼主任逐一点收，并造具清册汇报备查为要。

此令！

县长谭

中华民国三十一年五月八日

江西省万载县政府训令　　咏教一字第11375号

令高城乡中心学校兼校务主任辛黼文

查私立龙章小学业经本府明令并入该校，办理所有。前龙章小学校长陈文海准改委该校教员兼教导主任，教导主任王伟鹤、教员孙洋瑞、辛茂材，各准改委该校教员，合行检将委令四件，仰即转给具领，并另将奉到职日期呈府备查，再该校教员除钟鸿业一名留职外，余均停职，并仰即知照。

此令！

附发委会四件

县长谭

中华民国三十一年五月八日

江西省万载县政府委任令　　咏教一字第11374号

令陈文海(兼教导主任)、王伟鹤教员、孙祥瑞教员、辛茂材教员

兹委任该员为本县高城乡中心学校教员兼教导主任。

此令!

兼委任该员为本县高城乡中心学校教员

此令!

县长谭

中华民国三十一年五月七日

万载县私立龙章小学校教职员暨学生名册

民国三十一年五月四日　校长陈文海呈送

职别	姓名	年龄	性别	籍贯	备考
校长	陈文海	43	男	万载	俸给月支法币五十元,谷一石,以十个月计算。
教导主任	王伟鹤	42	男	万载	俸给月支法币四十八元,谷一石,以十个月计算。
教员	孙祥瑞	41	男	万载	俸给月支法币四十六元,谷一石,以十个月计算。
教员	辛茂材	35	男	万载	俸给月支法币四十六元,谷一石,以十个月计算。
学生	辛兴泉	30	男	万载	寄宿,膳食月缴油菜费一十五元,食米二斗五升,多还少补。
学生	辛衡	12	男	万载	寄宿
学生	辛焕祥	13	男	万载	寄宿
学生	邓振邦	13	男	万载	寄宿
学生	周长庚	14	男	万载	寄宿
学生	王志勇	14	男	万载	寄宿
学生	王如陵	14	女	万载	寄宿
学生	辛洪生	16	男	万载	寄宿
学生	辛维汉	15	男	万载	寄宿
学生	辛思亮	12	男	万载	走读
学生	周水初	11	男	万载	寄宿
学生	辛湖南	12	男	万载	寄宿
学生	宋仙娥	13	女	万载	走读
学生	汪春生	15	男	万载	寄宿
学生	周初生	12	男	万载	走读
学生	张燕福	13	男	万载	寄宿
学生	郭仲泉	12	男	万载	寄宿
学生	周植秋	12	男	万载	寄宿
学生	周任生	11	男	万载	寄宿

续表

职别	姓名	年龄	性别	籍贯	备考
学生	周俊峰	13	男	万载	走读
学生	高聚兴	11	男	万载	寄宿
学生	宋怡财	16	男	万载	走读
学生	汪礼生	12	男	万载	寄宿
学生	孙志勋	14	男	万载	寄宿
学生	辛迪英	14	男	万载	寄宿
学生	高福生	13	男	万载	寄宿
学生	陈熙元	15	男	万载	寄宿
学生	郭应杰	11	男	万载	寄宿
学生	郭秋云	12	男	万载	寄宿
学生	王如蕴	11	女	万载	寄宿
学生	王荫槐	7	男	万载	走读
学生	刘福生	10	男	万载	走读
学生	刘银娥	11	女	万载	寄宿
学生	王又槐	11	男	万载	走读
学生	朱桂英	10	女	万载	走读
学生	杨水秀	11	女	万载	走读
学生	宋梅英	9	女	万载	走读
学生	郭闰莲	8	女	万载	走读
学生	王同辰	10	男	万载	走读
学生	晏金生	12	男	万载	走读
学生	龙成保	11	男	万载	走读
学生	龙济舟	11	男	万载	走读
学生	王菊兰	8	女	万载	走读
学生	王怡生	8	男	万载	走读
学生	郭应生	10	男	万载	走读
学生	王洪云	11	男	万载	走读
学生	王洪还	12	男	万载	走读
学生	王海生	11	男	万载	走读
学生	王长福	12	男	万载	走读
学生	王林寿	12	男	万载	走读
学生	江外兴	7	男	万载	走读
学生	王保生	13	男	万载	走读
学生	龙元生	8	男	万载	走读

续表

职别	姓名	年龄	性别	籍贯	备考
学生	高成寿	8	男	万载	走读
学生	王万生	8	男	万载	走读
学生	高有生	10	男	万载	走读
学生	郭水有	11	男	万载	走读
学生	闻秀英	10	女	万载	走读
学生	郭德云	8	男	万载	走读
学生	龙长生	10	男	万载	走读
学生	王鸣昆	6	男	万载	走读
学生	周鸣飞	6	男	万载	走读
学生	周成牙	7	男	万载	走读
学生	王高妹	4	女	万载	走读
学生	郭德生	11	女	万载	走读
学生	王九安	12	女	万载	走读
校役	辛明才		男	万载	工资月支法币二十元。谷五石,以十个月计算

事由:呈报复办龙章小学及推定校董由。

决定办法:此案慎重核示。中华民国三十一年四月五日

万载县私立龙章小学校校董会呈报:窃本校自清末创办以来,于兹二十余载,举办毕业十有八次,吾旧二区人士多出于此,与一区之鹅峰、三区之龙岗、四区之龙云等校并驾齐驱。嗣以乱,租息短收,不幸于民国二十五年停办。光阴荏苒,燕鸿又已六度矣,现今收入颇有可观,关于以前亏欠均经陆续还清,并于前年添置田产以之兴办小学,似绰绰而有余裕,爰于本年三月十四日召开捐户后裔大会,当经大会决议复办龙章小学,组织校董会筹备处,推定陈拔、张汝泉、闻搏九、王锦旭、陈文奇五人为校董,并互推陈拔为董事长等语记录在卷,现经筹备就绪,理合造具族董立案呈报事项表及章程二份,随文呈报钧长俯赐鉴核存转备案。

谨呈万载县县长谭

附呈族董会立案呈报事项表及章程各二份

董事长陈拔

中华民国三十一年三月三十一日

族董会立案呈报事项表

<table>
<tr><td>名称</td><td colspan="7">万载县私立龙章小学校校董</td></tr>
<tr><td>目的</td><td colspan="7">本会之目的在谋三民主义教育之普及，发展人民生活技能，扶植国家独立社会生存。</td></tr>
<tr><td>地址</td><td colspan="7">事务所所在地：高城王开泰祠。</td></tr>
<tr><td>经费</td><td colspan="7">资产资金或其他收入详细项目：本会资产以光年旧二区各姓捐献之崇义堂资产为资产，每年可收稻谷一百二十余石，资金约三千元，每年约收入利息四百五十余元，政府补助费约收六十元以上，资产及资金均有先年崇义堂册可为证明。</td></tr>
<tr><td>姓名</td><td>职务</td><td>性别</td><td>籍贯</td><td>职业</td><td>年龄</td><td>住址</td><td>经历</td></tr>
<tr><td>陈拔</td><td>董事长</td><td>男</td><td>万载</td><td>学</td><td>36</td><td>高城乡南窑</td><td>曾充小学教员，保学校长等职。</td></tr>
<tr><td>张汝泉</td><td>董事</td><td>男</td><td>万载</td><td>商</td><td>42</td><td>高城乡高桥</td><td>曾充县政府经征处办事员，现充商号经理。</td></tr>
<tr><td>闻搏九</td><td>董事</td><td>男</td><td>万载</td><td>学</td><td>50</td><td>丁田乡王家</td><td>曾充小学校长、教员等职。</td></tr>
<tr><td>王文范</td><td>董事</td><td>男</td><td>万载</td><td>学</td><td>40</td><td>高城乡李家园</td><td>曾充旧二区区长及小学校长、教员等职。</td></tr>
<tr><td>陈文奇</td><td>董事</td><td>男</td><td>万载</td><td>学</td><td>41</td><td>高城乡南窑</td><td>曾充小学教员、校长等职。</td></tr>
</table>

龙章小学校董会章程

第一条：本会定名为万载县私立龙章小学校董会。

第二条：本会校董定位五人，并互推选一人为董事长。

第三条：本会于本学期终结时召开会议一次，由董事长召集，如遇特别事故，得召临时会议。

第四条：本会之职权分别如下：

1. 有选举校长及罢免之权。
2. 有保管校产及经理款项之权，并规定由董事长总其成，各校董襄助之。
3. 对于本校办学经费有预算及决算审核权。
4. 职教员薪金由本会按月发给。

第五条：本会任期为三年，期满由捐户后裔推选，但得连举连任。

第六条：本会章程有未尽事宜，得由本会过半数之决议修改之，并呈报政府备案。

事由：为呈报遵令迁移并到职日期由。

拟办：指复。中华民国三十一年五月十六日

万载县高城乡中心学校呈　　高字第一号

本年五月八日案奉钧府咏教一字第11375号训令内开：查私立龙章小学经本府明令并入该校，办理所有。前龙章小学校长陈文海准改委该校教员兼教导主任，教导主任王伟鹤，教员孙祥瑞、辛茂材，各准改委该校教员，合行检发委令四件，仰即转给具领并饬将奉委到职日期呈报备查，再该校教员除钟鸿业一名留职外，余均停职，并仰即知照等因。奉此，遵于本月八日迁并中心学校办理，教导主任陈文海，教员王伟鹤、孙祥瑞、辛茂材、钟鸿业等亦同日到校供职，共有学生八十余名，复遵令举妇女班一班，采用半日制，计学生二十八名已上课，兹奉前因，理合备文呈报钧长鉴核备查！

谨呈万载县县长谭

高城乡中心学校兼校务主任辛黼文

中华民国三十一年五月十二日

江西省万载县政府指令　　咏教一字第 11510 号

令高城乡中心学校校务主任辛黼文

本月十二日呈一件：为私立龙章小学经遵令并入本校办理，各教职员亦经到差，呈请察核由，

呈悉，仍将学校概况统计员生四种表及成人班名册、请考毕业生名册。尅日分别填报备查为要。

此令！

县长谭

中华民国三十一年五月十八日

事由：为呈报交接情形乞核备由。

拟办：指令，准予备查。中华民国三十一年五月十七日

万载县高城乡中心学校呈：

案奉钧府本年五月八日咏教一字第 11377 号令开：

查高城乡中心学校校长一职已由本县长暂行兼任，并派该乡乡长辛黼文兼该校校务主任，合行令仰该卸任校长，遵即将校具、文卷、图书表册逐一造具清册，移交辛兼校务主任，点收所有历月领购余存食盐，一并核实总数交清，毋得违误，仍将交接情形汇报为要，切切此令等因。奉此，查本校钤记、校具、文卷、图表等项业于本月八日逐一接交清楚，并经造送交接清册汇报钧府核备在案。关于食盐一节，除胥前校长于本年三月三日在三月份内购去十一斤半及三四五月教职员工友学生食用外，尚存领购余盐十五斤，亦经如数交接清楚，奉令前因，理合将上项情形备文汇报钧长俯赐察核，乞予备案！

谨呈万载县县长谭

新任高城乡中心学校兼校务主任辛黼文

卸任高城乡中心学校校长刘巨源

中华民国三十一年五月十三日

江西省万载县政府指令　　咏教一字第 11769 号

令高城乡中心学校卸任校长刘巨源

新任校务主任辛黼文

本月十三日会呈一件:为遵于本月八日交替职务,并将余存食盐十五斤如数交接清楚,请察核备案由。

呈悉,准予备查,仰即知照。

此令!

县长谭

中华民国三十一年五月廿一日

事由:呈报交接日期造具交接清册乞核备由。

拟办:指复,准予备查。中华民国三十一年五月十七日

万载县高城乡中心学校呈　　会字第一号　　案奉钧府本年五月四日咏教一字第11275号训令内开:

查高城乡中心学校亟待整理,兹为便利整刷考核起见,暂由本县长兼任该校校长,设校务主任一人,由该管乡长辛黼文兼任,期收政教合一之效,所有原任校长刘巨源调回本府,另候任用。除分令外,合行令仰遵照等因。奉此,遵于本月八日交接清楚,理合造具交接清册一份,备文呈请钧长俯赐鉴核准予备案!

谨呈万载县县长谭

计造呈交接清册一份

新任高城乡中心学校兼任校务主任辛黼文

卸任高城乡中心学校校长刘巨源

中华民国三十一年五月八日

交接清册

1. 存万载县高城乡中心学校钤记一颗
2. 存卷宗十二卷(内四卷存寄夫田)
3. 存党旗. 国旗各一面
4. 存校旗一面
5. 存办公桌三张
6. 存课桌三十八张
7. 存议案桌二张
8. 存洋椅四把
9. 存洋几四只,乡公所借用二只。
10. 存狭床六张,乡公所借用二张。
11. 存长漆椅二张
12. 存课凳四十一张
13. 存案卷橱一张
14. 存大黑板二块

15. 存小黑板二块
16. 存面盆架三个，仓库借用一个。
17. 存中国全图二张
18. 存解剖说明.科学战争利器图三张
19. 存防毒识挂图四张
20. 存国府主席像一张
21. 存彩色总理遗像一张
22. 存机械化部队及未来兵器挂图三张
23. 存新撰防空挂图二张
24. 存中国国民党党歌挂图一张
25. 存乒乓球拍一副
26. 存筷子三十二双
27. 存饭碗二十五只
28. 存碟匙二十五片
29. 存大菜碗一十只
30. 存中菜碗十四只
31. 存校务日志一本
32. 存视导记载簿一本
33. 存奖惩记载簿一本
34. 存学生名册一本
35. 存各项成绩记载簿一本
36. 存会议录一本
37. 存学生请假簿一本
38. 存个别训导记载簿一本
39. 存团体训导记载簿一本
40. 存功过登记簿一本
41. 存石砚一方
42. 存铜灯盏三只
43. 存灯柱三只
44. 存小号科学战争利器图三张
45. 存中国历代伟人事迹图六张
46. 存墨烟总理遗像一副
47. 存学生运动会奖旗二面
48. 存滤箕一只
49. 存斗箕二只
50. 存大斗箕一只
51. 存校长室洋铁牌一块

52. 存大铁锅一口
53. 存中铁锅一口
54. 存锡冲壶一把
55. 存菜刀一把
56. 存火钳一把
57. 存饭铲一把
58. 存菜铲一把
59. 存大饭瓶一只
60. 存中水桶一只
61. 存大小锅盖二个
62. 存水米瓮三只
63. 存水米瓮盖三个
64. 存饭勺二只
65. 存洗米盆一只
66. 存万载县高城乡中心学校条印一个
67. 存火铲一把
68. 存瓷器茶壶一只
69. 存茶杯一只
70. 存摇铃一个
71. 存油、醋、盐钵各一只
72. 存时钟一口
73. 存特种购盐凭单一张

江西省万载县政府指令　　咏教一字第 11771 号

令:高城乡中心学校卸任校长刘巨源,

新任校务主任辛黼文

呈一件,为造具移交清册,以分别交接清楚,请察核备案由。

呈及清册均悉,准予备查,仰即知照

此令! 册存。

县长谭

中华民国三十一年五月八日

事由:为呈送检具私立龙章学产保管委员会章程及职员表各一 份暨崇义堂册一本,恳请察核备案由。

拟办:核。中华民国三十一年七月二十七日

万载县私立龙章款产保管委员会呈:窃本会业于本年五月八日遵照奉颁布私立龙章小学并入高城乡中心学校暂行办法之规定组织成立,由龙章捐户后裔推选王洪章、陈文奇、闻雄飞、陈萃如、张汝泉等五人为委员，并互推王文范为常务委员，负责保管龙章学产，除函乡公所外，理合拟具章程检同龙章崇义堂册备文呈请钧长察核备案。

谨呈万载县县长谭

附呈：私立龙章学产保管委员会章程及职员表各一份

崇义堂册一本

万载县私立龙章小学款产保管委员会常务委员王洪章

中华民国三十一年七月二十日

万载县龙章学产保管委员会章程

中华民国三十一年七月二十日呈送

第一条：本会系遵奉万载县政府咏教一字第11340号训令颁发私立龙章小学并入高城乡中心学校暂行办法第三条之规定组织之。

第二条：本会定名为万载县龙章学产保管委员会(以后简称委员会)。

第三条：本会委员定位五人，由捐户后裔推选，并由委员互推一人为常务委员，总理款产收支事宜，各委员帮助之。

第四条：本会委员为义务职，遇到必要时得酌津夫马费。

第五条：本会款产由政府保障独立，除办理教育文化事业及会务必须之款外，不得移作他用。

第六条：本会奉令应津奖高城乡中心学校学生书籍设备、添置薪炭、社教灯油及修理校舍等费。

第七条：本会于年度终结时由常务委员召开会议一次，并将全年收支款项公布，仍报请政府备案，但遇到特别事故得召集临时会议。

第八条：本会委员任期为三年，期满由捐户后裔大会推选，但连选得连任一次。

第九条：本章程自呈准县政府之日起施行，如有未尽事宜，得由本会过半数之决议修正之。

万载县龙章学产保管委员会职员表

中华民国三十一年七月二十日呈送

职别	姓名	性别	年龄	籍贯	职业
常务委员	王洪章	男	四十岁	万载	学
委员	陈文奇	男	三十六岁	万载	学
委员	闻雄飞	男	五十岁	万载	学
委员	陈萃如	男	三十六	万载	学
委员	张汝泉	男	四十二岁	万载	商

江西省万载县政府指令　　咏教字第13766号

令龙章学产保管委员会

呈一件:为拟具保管章程一份,职员表一份,附呈崇义堂公册一本,请察核备案由。

呈件均悉,查所拟章程尚属妥善可行,准予备案,仰即知照。

此令！附件均存

县长谭

中华民国三十一年七月卅日

龙章学校崇义堂册

中华民国十五年孟秋月　谷旦

序

天下事义之所在,有识者皆能知之,以谓当为也,顾为之,而志或不坚,一遇祸变鳃匕。然虑害之及身,逡巡而怯退者比比也。若夫豪杰之士,见义勇为不以利害动其心,冒风涛履霜雪百折而不回,使闻者兴起协力而图之,卒成伟大非常之业,此其志为可嘉,而其功为不可没也。吾关于高城龙章学校之成立,窃叹王君海泉之为,此其热心毅力,不愧为功之首。云高城为邑西孔道,山水环抱。在昔右文之世,无士子弦诵之地,但见贩夫贩妇杂遝于市中。今则入市门,数百武学校在焉,盖即三元寺旧址而扩充之者也。自清季变法,废科举,令直省各州县立学校,于是吾县各区之有书院者因而改之,如一、二区之鹅峰,三区之龙岗,四区之龙云,五区之龙桥,六区之龙洲皆书院也。高城属上二区,旧无书院,则赤地新立,经始于光绪戊申岁,当时捐款者有王君华林、郭君秉藜、闻君宗汉、李君兆蓉、陈君心田、张君康年、龙君起涛、孙君玉丰、海泉尤为出力,而学校始仅有萌芽。至明年乙酉择定校址招生开学,海泉身任校长,筚路蓝缕悉心筹划,而学校始粗具规模。洎自民国五年丙辰,因本区人士意见分歧,忽起毁校之潮,争田之讼,得周君乃德、王君曜球、朱君慕云、王君乘风等先后出而维持 ,学校幸得保存方事之殷也。海泉则挺身奋斗对簿公庭,虽受辱而不悔,案经三审,卒争回寺产之半永为学款。事平,复竭力捐募,一月之内得款五千有奇,于是添建校舍,增置田租,而学校基础乃益巩固矣。夫以半区弹丸黑子之地,前后捐款至一万数千余缗创立一校,屹然与鹅峰龙岗、龙云、龙桥、龙洲诸校并峙,补前人之缺憾,育六乡之英才。虽有好义者之多,然非海泉忍苦受痛,出入于狂风巨浪之中,忠诚勤恳有以感之,曷克臻此。迄今莘莘学子得讲肄、遊息、培植之所,举办华业已十余次,应追念海泉之功于不置也。余虽不佞,因曩年曾任劝学职务与闻其事,爰志巅末弁诸册首,所以反覆称扬海泉之功者亦善,善从长之意,欲后之君子闻其风而勇于任事,有裨于桑梓或不少也。

民国丙寅年孟秋月上浣日

佩蘅居士宋焕奎撰

龙章学校增置校舍序

万邑美擅原隰田有再熟之禾野,饶麻苎、竹木之利俗,善居积牵车远,贾者西入湘南暨粤东,极于白山黑水之乡。三韩百貊之壤,农商之业号称极盛,其民则敦崇敬宗之义,大者数千户,小者或数十百户聚族而居,物力既阜,士夫之先进者辄广置家塾,以学问道艺诏其族之子弟,庠序彬彬,媲于邹鲁。有清之季年,科举制废学堂代兴而建置之,析并款目之纷拏讼端,亦于是伏焉。民国五年,予奉令来典斯邑,适龙章学校以校产构讼相持不决者数载于兹。窃维易讼之象日终凶,盖讼之既久,在私人则破产,在公益则废举不可,且与其合而争焉,毋宁其分而治焉,乃举原有之产划三元寺房屋一区山下田地若干亩,永为龙章学校之用,其有不足者,则拨款以助之,捐廉以次之,并为之通牒大吏而谳遂定。其间经过之逶迤,调剂之匀称,尺版具在,可覆而案也。今年七月,居该校毕业之期,校董孙君玉丰、校长周君乃德等,以监试请至,则墙垣、式廓、校舍增闳,梁栋之堕剥者,葺而新之,场宇之荒废者,剃而治之。辍讼无几时,而校事之进行已焕然改观矣。计是役也,鸠材凡若干,庀工凡若干,集赀凡若干,经始于某年月日,落成于某年月日。予既嘉诸君奉职之劬,任事之勇,而不得不属望于无穷也。盖一校之成立也,无创办之费,则无以虑始;无经常之费则无以持恒,继此以往当如何扩而充之,增而益之?是又在诸君之孟晋不已,而该校教育之业且将逾久,而逾光大也,以无负区区息争兴学之意。古之人之有惠政在民而立生祠,以祷祀之者,如荀勖之于安阳;袁滋之于义成皆是也。至若维持学校,在有司为当尽之责,非有奇功异绩之足述也。诸君于校舍考成之日,遽以盛典相贶,自惟凉德,其何以堪之!阅卷既毕,乃并书其缘起以归之,且致辞焉是为序。

民国七年七月上浣日

知万载县事韩兆鸿撰

劝捐龙章学校引

古者家有塾,党有庠,州有序,培植天下之人才,典至渥意至美也。近因废科举易新章,将天下书院改为学校,于是士子进身之阶由蒙学而小学,由小学而中学而大学,级次必循,不可躐等。我区之中后进之众高等小学之创建,是诚不可稍缓也,况万邑六区各区均有专建,惟我二区阙焉。累奉上峰扎谕催促设立,始以资财匮乏为虞,嗣于清光绪三十四年冬,邀集各乡绅董商度进行,幸均热心教育,踊跃从事,爰议学校中专立木主,以捐钱二百串者居上,一百串者居中,不及百串者次之,二十四串者又次之,其余花户多少随捐者,不得立木主,祇得芳名刊册。凡各祠各会众有殷实大捐者,均于起学之年按一分妆息,其本暂存捐户处目。今酌定高城三元寺,修改为开学之地,俟积有赢余再行整理扩充。所望各乡殷实各户并各祠各会慷慨捐输,以有用之财为子孙立进身之阶,教学有方,异日当为国家之硕,辅克家之令子,岂不懿欤!

光绪三十四年岁次戊申孟冬月上浣日

李兆蓉撰

龙章学校记

邑之西,距城二十里,市名高城,为吾上二区中心地,流临锦水,秀挹紫峰,派承汤周,概左鹅鼻绝胜名区，洵难多得。独昔人士弦诵林泉，蕴蓄经纶，往往近则静养于紫盖尖，远则潜修于月光寺。此地无书院之建设，盖有由耳！清季变法废科举，兴学校，风气恒嫌闭塞地址，惟取重要交通便利。新文化之妆吸自先龙章学校之兴所由昉，此皆吾乡先正王君海泉、李君兆蓉、闻君宗汉与诸同事局坐高城，叠承明令，兴办学校，追踪龙河、龙洲、龙云诸校培植英才，上副国家变章之意，下谋髦士出身之基，不以向无凭籍之隅中停经营之力，从新捐款创建小学。当清戊申，即以原有高城三元寺改为龙章高初两级小学校校舍，规模方之他校虽觉稍逊，究之事功，实则远甚殆与豫章心远相伯仲也！学校粗定，而怀意气之巨姓变乱忽起，此校势成破裂。幸王君海泉苦心孤诣初衷，不负甘为关里之囚，不愧砥柱之号。讼延数载，韩候莅邑，持平调处，得解纠纷。王君海泉复以山海半壁残局力收，以朱君中柱、孙君玉丰诸君为校董，周君乃德为校长，同舟共济，锐意加捐，维持学校不二三年，校舍改观，田产增购，捐户主位业得祀永千秋，继起英才同沐教宏一室，济外游后折回桑梓。适校长王君乘风亦解组归里，继周君乃德承办教育，不嫌葑菲，视作藻蘋，因以志同道合襄办数载，故于事实巅末廉得梗概。兹遇修册将近付梓，不敢以先正一片热忱湮没不彰，益非不揣学浅，荒谬效颦，此记之作，亦义之所在不得已而为之云尔。

民国十五年岁次丙寅仲秋月上浣日

竹渡居士闻济时撰

崇义堂记

社会上义务举之事恒多，惟与学育才乃为急务，所以前人捐资财、起义塾，皆此急公一念相感而为之者也。清季戊申，明令改章，科举停顿，于是向有书院者均变更其名曰学校。我区向无书院，崇义堂起立，由于六乡诸君子不以半区范围狭小，苦心经营，集腋成裘，顾此堂之端倪始得，无非王君海泉首先倡义，乃德不过参赞中一人尔，时公义捐款既有多寡之别，主位亦有等次之分，阳以植学培才，阴以报功崇德，一事之举，两善备焉，意至周义至尽也。方其始也，堂归堂，校归校，栋宇不属，均形简陋，如崇义堂肇禋于仓下部屋，龙章学校开办于三元寺，及其后也。对辛诉讼已息，当前山水可钦，金钟在迩石阁非遥，俨有尼山泗水之模不减，浴沂舞雩之乐，于是复经同意毅然决然锐意增建学资，既厚校舍应修，乃将寺之后进改造为崇义堂，寺之前进及中进重整为讲习寝三室，并欢迎木主，妥以松龛永奠馨香，长留教泽，堂校相联而顾此失彼之虑，自不庸存于衷也。乃德承办教育，在此有年，无长足录梦魂，尤悚但生长其地区人之心事。略悉吾无别言，六乡诸君子以义始，必以义终，同心同德，甚无此争彼执，复肇不详之衅。为是事，即为是记，留之校中以备后日修册，选择付梓焉！

民国七年孟夏月上浣日

后学周乃德撰

公义简章十条

第一、议校长应由公推，教员由校长选聘。每年包办薪水若干，临时照教员多少斟酌，并齐役炭火一概在内。

第二、议首事者每届必须推举三名，每名周年衹给夫马费钱人千文，任期二年为止。交卸时，须先将经手账目开会宣布公核，及六月初二日，再推出殷实公正之士到校公认后得加帖请。

第三、议捐户三百吊以上者得轮充首事一次，六百吊者得轮充首事二次，由此类推，但不足三百吊者不得轮充。

第四、议首士每年会账一次，于暑假期内择日举行，各乡各姓捐户后裔得推代表看账。

第五、议捐户后裔入校肄业不收学费，未输捐者一学生每周年酌收学费洋二元正，以示区别。

第六、议崇义堂常年香灯，首事应负责务，指定斋夫朝夕祀奉，不得任意搁置。

第七、议崇义堂祭祀五年一届，定期十二月初二日午刻，正席捐户二百吊及一百吊者，前一日各来一人赴席，五十串及二十四串之捐户正席一餐，无论远近夫费免给。

第八、议校中添置书籍杂品以及床桌凳椅什用物件，管教员督同学生务须保存，逐件誊具清折移交，以清手续而免疏失。

第九、议每年租息除办学交粮，修整校舍正用外，必须公存生息，续置田业，以厚学款。首事不得私放自利，如有违议事情，临时公同理斥。

第十、议所拟简章如有未尽事宜，得开大会讨论修改，待下次修册刊登后议。

民国二年正月二十日

具禀辛际唐等

为秉公处理恳请销案，并赐谕饬以全公益而杜后衅事。缘高城龙章学校与辛商选互控一案，绅等当以事关公益理宜调和，邀集两造详细询问。据龙章学校诸绅将三元寺内碑记，刷出立于前清雍正十二年者，则云地基买于顺治年间，殿宇起于康熙四十二年。立于前清乾隆二十二年者，系三元殿募化小引，则云肇自明崇祯年间。立于前清乾隆四十五年者，则云创自顺治初年，并云寺内立有老三官、新三官二会，龙章学校初设立寺内，当时将老三官会二十八股捐作学校主牌，每名主牌批钱二十四千，即将老三官会租谷拨出五十石作购归龙章学校抵息，历无异议。惟辛商选于本年二月二十六号，于校中会账时忽因细故损失校中物件，且查助产田五百把现在学校经费支出，理应提充公用等情。据辛商选云创立龙章学校，伊亦系发起人，并无破坏之意。惟先年多有管理失法之处，昨会账到校，因见神像失去，数尊孤老牌位亦未看见，偶因迷信遂有责言，适值乡愚聚观，致有损失等情，绅等酌量情形秉公处理，拟请将龙章学校地点及老三官会二十八股所捐，均仍照旧办理，毋庸置疑议。惟助产田把，现寺内无僧住持，自宜化无用为有用。龙章学校诸绅所云提归公用之处，亦不为无见，应请照会该校诸绅妥慎办理。至于该校管理一层，现已切实改良，应请照会该校诸绅，自后一切校事，须得六乡之同意，失去神像一层既无证据，不必深究，应请晓谕该处居民，不得借端滋事，以破迷信，一面传谕该校学生无许亵渎，以肃校规。至于学校讲堂光线，最要应行搬移之处，公共商办。孤老牌位如果实有，亦应补修。损失校内物件，已责令辛商选赔补所有，调处缘由是否由当，理合禀请知事先生俯赐察核施行，实为公便！

上禀

民国二年三月七日告示

学务课案呈照得，民国肇兴，首重学务，鬼神之事幽杳难稽。案据辛绅际唐等禀称龙章学校与辛商选互控一案，业经秉公调处恳请销案并请晓谕该处居民，不得借端滋事以破迷信等情前来。据此，除批示并面达该校管理员严肃校规外，为此布告，仰该居民人等知悉学校系培养人才，毋得意图破坏，鬼神乃愚人木偶，尤宜力破沉迷。嗣后尔等务，宜各安本业，对于学校不得借端滋事致干咎戾，切匕此布！

县知事张世畸

万载县署公函第十三号

敬启者学务课，案呈本月三日据辛绅际唐等禀称高城龙章学校与辛商选互控一案，绅等当以事关公益，理宜调和寝息，惟据龙章学校诸绅云查三元寺助产田五百把，现在学校经费支出，理应提充公用等情，绅等酌量情形秉公理处。查助产田五百把现寺内无僧住持，自宜化无用为有用。龙章学校诸绅所云提归公用之处，亦不为无见，应请照会该校诸绅妥慎办理。至于该校管理一层现已切实改良，应请照会该校诸绅，自后一切校事须得六乡之同意等情前来。据此，查保护寺产前已奉有通令在案，该高城三元寺如果无僧住持，所有助田产五百把提归公用，用之款化为有用，亦属可行。至学校管理务须严肃，校中如有改良事件，自应得六乡同意，查照学校规程办理。除批示外合行面达贵绅即便查照，妥慎办理。

此致　　龙章学校诸绅

民国四年旧历七月民事起诉

具状周乃德、王海泉、朱中士、陈锡畴、闻浚哲等

为垂涎提款，纠抢图翻，公恳调卷拘追究办，维持学款事。缘民国二年，辛商选纠众焚毁校物件，激经禀控前知事张，旋经邑绅辛际唐秉公和处，恳请前知事宽其罚责，将先年霸占滚收三元寺各施主助田产五百把，提归龙章两等小学校，永为办学公款。六乡绅董因遵谕勘踏田亩，召集六乡绅耆公书提约并校址约各一纸引验存案，痴谓款经公提，应无异议。不料辛商选之子赞钧趁去岁充当会计，商之第世选克当董事之时，稳借进出在手，将民国二年储存租谷一十八石及去岁租谷二十石，借学校名目复瞒收入已，预为翻案地步。结账时公见未将新旧租谷收入众簿，理责无辞，自认清补，各乡亦未便强迫，只令退出会计，另

举接充。本年六月间，生等饬佃书租谷票以便变粜应用，殊世等不惟抗不遵缴，复敢纠带凶徒数十人向佃逼勒吓收，强抢佃户吴安成、郭福妹各租谷八石。生等虽经佃户报知，闻伊野蛮封待，谁敢撄此凶锋。切思助田产确提化无用为有用，热心公益者本属应尽之义务，现立案已逾二载，报款已列专条，若复任其强抢遂彼垂涎，将来学界前途可危可惧，为迫公叩先生作主，恳准立拘辛商选等到案，按数追缴，分别究办，以惩刁风而维学款，实为公便。

上呈周乃德等批状悉。查此案经张前任批令，将三元寺各施主助田产五百把，准该绅等提充龙章学校经费，该辛商选之子赞钧何得借充会计将租谷三十八石瞒收入己，如果属实，殊属不合，仰候饬令教育会理处可也，此批。

余知事初审判词主文

高城三元寺助田产五百把，准照辛绅际唐等处理。原禀及张前知事致龙章学校公函提作校费，辛世选等不得争执，一面由该校设立捐主牌位八座，与会股主牌并列以作纪念，此判。

事实

缘龙章学校系二区公立，于前清季年借高城三元寺为校舍。该寺有老三官会二十八股，曾经每股批钱二十四千文，将会产田租五十石当与该校抵息，又有助田产五百把，品经公议提拔，嗣因民国二年辛商选争闹意见，毁损校物，经正绅辛际唐、周木欣、辛赞猷等理处劝息，并有助产田五百把，现寺内无僧住持，自宜化无用为有用，该校提归公用不为无见等语禀复到县，即经张前知事世畸据禀函致该校妥办在案。本年六月间，该校收租被辛商选之弟辛世选争收租谷十余石，经该校校长周乃德等提起词讼，传集质讯，世选等借系会股保护寺产之名，率以毁像毁牌为词，希图重翻前案，回复原状，其理由殊欠正当，案经讯明，应即判决。

理由

查会产助产性质不同，主体亦异。会产由聚集而成，其意思别有存在，应以原人为所有权之主体，助产从捐输而来，其目的专在宗仰，应以僧侣为所有权之主体。该寺既有会产又有助产区别，自应分明。观碑载助产有求嗣感应一语，其为信仰宗教供佛给僧之用，毫无疑义。辛世选等以会裔而收助产，于名不正，于理不合，况该寺自光绪二十一年老三官会会簿其序文载有，聚集会众，择托数人及逐去贱僧等语可证。主体既不存在，则是项助产既与会产并无关系，以之提作校费办法，自无不合。辛世选等并非僧侣，何能詫保护寺产之名以相抵制？惟既有助主，应由该校按照嘉庆二十五年重修碑载李家园、王肇室、张子光、辛五山、龙五山、龙时光及乾隆二十二年碑载巫惟拔，乾隆三十五年碑载黎辉远等人名各设牌位一座，与会股二十八人主牌同作纪念，而垂久远。本以上理由，特为判决，如主文本审各有不服，于十二月三十一日以前，可自向南昌地方审判厅上诉，于十二月二十一日以前，得向本署陈请转送上诉，但须预缴上诉审费用并记。

中华民国四年十一月三十一日

兼理司法事务万载县知事余重耀

代理承审员徐荫棠

书记员王绍会

中华民国四年十二月二十七日呈南昌地方审判厅首状

具状人王海泉、周乃德、陈锡畴、朱慕云等

为抢吞学款，畏究捏控投诉彻究事。民控吼恶辛世选、商选父子、兄弟、叔侄等抢吞租谷一案，蒙县判决，准照辛绅际唐等处理，原禀及张前知事致龙章学校公函提作校费，世选等不得争执。民等复以抢吞未究，公同声请奉批，俟此案确定后执行，乃伊不思清缴学款，犹复捏词控告。既奉案传，理合投诉指证伪谬，并请彻究如左：

事述之虚伪。世等声叙中有伊祖手于前清顺治间合资起立三元会，会员二十八人名，除由会员特别乐输外，陆续置买田产一千零八十七把，创建庙宇，修立会股牌位，附立佛像招僧供奉云云。此等话头依据何在？查邑乘所载有高城三元殿由胡积德众建，史大成书额等语，又查康熙二十一年三元寺僧智明碑有周景中十二人各助理钱十千文，谷源三元会助钱三百千文。乾隆二十二年，住持僧定升碑有考，其寺宇明崇祯年间肇兴，迄今百余年，佛像如故，第一殿狭陋未堪说法，因出缘簿，十方随缘曾葺扩新，并巫惟拔施助田亩。又三十年，孤老黎辉远自记碑，有伊田付与住持管理。又四十五年，三元寺住持僧光华碑，有三元宝殿自顺治间巍峨耸峙，至康熙年间续置卖田园，香火有资，众僧有赖而且神明显赫，求嗣得嗣，喜施田亩者代不乏人。但殿宇已历百年，榱桷倾颓，因出缘簿募化续建下栋两廊，整饬上栋佛殿山门，卓然可观。嘉庆二十五年，三元殿住持僧慈竺重修。雍正十二年碑，有起初立基由上邑江东胡国珍、高桥、张坤一；邑西王臻八；南昌甘益我，置买田亩又有求嗣感应，善信王肇室等五人施助田亩云云。今世等以庵而指为庙，以寺而变为祀，宜施产、助产、募资添置之产无僧而占为会产，合远名近名前后碑载之名立簿而任作二十八名。利权虽厚，于理无当。至光绪三十三年，六乡办学，该寺并不计较伊等霸占寺产与否，听伊自由捐出田价六百串。迄中华民国二年，商选统凶毁学焚匾碎物，激经伊姻戚校长闻浚哲等控县，自知理虚，央族绅际唐调处，提出溇收寺中施产田五百把归校，化无用为有用，并令修赔原物在案，校中亦立契印验列报各在案。迨是年冬，六乡为化除意见，故推辛世选为董事，商选子赞钧为初等教员兼会计。今春会账，世等叔侄将两年租谷瞒收入已，众斥赔补，遂钉忿而为七月十六日之事，强抢佃租希图翻案第一审据实判决，捏情朦告。此诚吼恶之尤者，然更有奇离焉！民国二年，乃德充宾兴高等教员，海泉为自治乡董，风马牛不相及而随口雌黄诬指争办，足见一斑，此其诉请彻究者一。

反证之悖谬。法律判断，首重证。据第一审根据前案之提定；根据邑乘之详记；根据碑载之有征；根据视学之报告；根据巡按之饬令；根据诣验之确确以故。一月七日，将无佛之殿亲自添设孔子师圣牌，以杜世等觊觎之心，并饬修王肇室等七施主牌位入祀崇义，俾作纪念，乃世等不服理由，内诬族绅为偏袒，诬告前知事为附和，诬第一审为武断。脱复又有据理判断者，出又不知若何？诬诋即如伊所云，此项会产助产系同人所捐所助，互相联络储成，是会未曾集聚。姑不具论，然既云相联，何以有联其产而不联其人，联其近而没其远，联其有后而灭其无后。况平捐者、施者均间代异时，而万不可强联者也。现在有后各裔多半具禀在案，与其饱强梁私囊，不如概归公益，此其诉请彻究者二。

名誉系人生第二财产，肆意污蔑应请恢复，除保护已定基础外，并请加追庵背垦田八十把，毋任侵占以肥恶腹。原判未究抢吞，恳请厅长先生递解世等回县管押，加追抢吞学款租谷五十余石，以资维持学校，幸甚谨诉。

十二月二十七日

具状高城三元寺：施主王锦佳、龙荣元

会股后裔龙乘虚、王清溪、郭乘能、王福来等

为不顾执讼不忍坐视，公推代表恳请救全公益以斩讼蔓事。民等先人施助三元寺租产，原为求嗣感应，以备供佛给僧之用，并不与会故相干。辛世选、商选兄弟借系会股后裔强收施产租谷，动辄假全会之名，色逞健讼之手段。况该寺自世等驱逐僧侣以来，一切租息尽被霸吞，民等并未沾过丝毫。窃思饱世等私囊，不若全区中公益。前遭世兄弟焚毁校舍，控县究办，经邑绅辛际唐等劝处将该寺施产提归龙章学校，虽云赎世等之罪，实则化无用为有用，民等会裔多数乐从，殊世等串集二三鄙棍，假保寺产之名，希图稳拚稳吞破坏公益，莫此为甚。为此公推施主后裔代表龙荣元会股后裔代表王清溪投案应讯，恳请厅长先生救全公益以斩讼蔓，沾恩上呈。

中华民国五年正月初四日

具状附带控告人王海泉、周乃德、陈锡畴、朱慕云

为附带控告请求追缴租谷责偿费用事。缘辛世选等不服万载县公署判决三元寺助产提充校费，向钧厅提起控告一案，民等遵限投审当即呈递办诉状在卷。惟世先后抢吞租谷五十余石，价约值一百三十串，前虽条列请追，遽未遵缴讼费，依法未便干涉审理，用敢另状补缴及声叙事实理由以求适合，从控告之规定，切此案提起诉讼时，虽因辛世选抢谷发生实系辛世选满吞酿成，有原审之初状总数可以证明，查判词事实项下仅有辛世选等争收租谷十余石一语，亦举一概余之意思，否则与请求追缴之数不符，审判虽免疑点，此事实之宜声叙者一。

祥释原审判之基础，是已认定前案为有效，而世等抢吞租谷系张前知事提定以后之行为，故县知事对于控追之款，判内无免追之明文。民状有执行之批示致，民未在县声明不

服。现既移转请求,与新请求之必须调查证据有异,此理由之宜声叙者又一。至此次因滞留所生之辛用预算在百金以外,若不责令赔偿,即收提产数年之租谷,不足弥补损失,学校势必停办,世等破坏计得。民等维持道穷蠡贼公益,讵其甘服!为此遵缴讼费,缕陈请求情形,迫恳厅长先生俯赐鉴核,除租谷按数追缴外,所有诉讼费用数目清单,一俟言辞办论终结,另状粘呈核判。

合并声明谨状

南昌地方审判厅民事判决

判决

控诉人:

辛世选未到。

辛金泉,年三十岁,万载人,业儒。

晏焜焘 年六十七岁,业工。

辛盛兴 年四十三岁,业商。

张学和未到。

被控诉人即附带控诉人:

王海泉 年三十七岁,万载人,业儒。

周乃德 年三十二岁,业儒。

朱慕云 年三十七岁,业儒。

陈锡畴 年六十岁,业儒。

余同上

右控诉人因寺产纠葛案件不服万载县知事公署

民国四年十一月三十一日所为第一审判决声明

控诉被控诉人亦声明附带控诉本厅审理判决如左:

主文

本案控诉及附带控诉并予驳同

控诉审诉讼费用归控诉人负担,附带控诉讼费归被控诉人负担

事实

前清光绪三十三年兴办龙章小学校,系万载县二区公立假县辖西乡高城三元寺为校舍,并由寺中老三官会二十八股,每股批钱二十四串,将会产田租五十石当与该校抵息,以助学校经费。民国二年间,该校与辛商选互诉,经辛际唐等调处允协以助产田四五百把,提作校费,禀请县中批准销案并由张前知事世畸函致该校办理在卷。去年九月间,该校长周乃德暨六乡代表王海泉等以辛商选之子赞钧在校充当会计,辛世选克当董士,时将民国二年储存租谷十八石及去岁(即三年)租谷二十石,借学校名目瞒收入已等词起诉,晏焜焘等亦以焚牌灭像噬涎会产等情互诉于该县,经县判令高城三元寺助产田四五百把准照辛

绅际唐处理,原禀及张前知事致龙章学校公函提充校费,辛世选等不得争执,一面由该校设立捐主牌位八座,与会股主牌并列以作纪念,辛世选等因原判理由中有会产、助产分为两种,遂以会产助产均系同人所捐,同人所助,并以助产从前并未提定等词声明控诉周乃德等,亦以辛世选抢吞租谷五十余石,约价一百三十串,原审未予追缴声明附带控诉到厅。

理由

查和解契约法律上本有完全之效力,故一旦合法成立,则当事人间即发生权利义务之关系,概不许当事人之一造更为空言主张,以冀翻异,此为一般法例所明认者也。本案共同关系人辛商选系该寺老三官会会首,于民国二年间与龙章学校互诉时将助产田五百把提作校费,经辛际唐调处允协禀县批准和解在案,控诉人等当时果未经共同允认,自应即时出而声明主张异议,何以年余之久,寂无一言?是当时将助产田四五百把提充该校经费,控诉人等均已承认,毫无疑义。既已承认,于前又复诉争,于后依照上开说明即为法所不许。即让一步言之,据控诉等主张,此项助产未经提定,假令所呈属实,查民国四年十月二十九日公布管理寺庙条例第十条载,寺庙财产不得抵押或处分之,但为充公益事项必要之需用,禀经该管地方官,核准者不在此限云云,是该项助产提充该校经费,已经该管地方官核准并经该项助产施主后裔来案声明,均愿提为校费。控诉人等有所不服,自非本案应行审究范围之内,此案控诉自应认为无理由。至被控诉人等附带控诉有无理由,应以所称是否正当为断查。被控诉人等附带控诉状称辛世选等先后抢吞租谷五十余石,价约一百三十串,前虽条例请追,据未遵缴讼费,依法未便干涉审理,用厅另状补缴及声叙事实理由,以求适合。从控告之规定等语查控诉审诉讼程序,凡案未经第一审者,不得声明控诉本案,被控诉人等请求追缴租谷,虽原县有俟确定后执行语,而审查原判,实难认其已有此项之裁判。据被控诉状称各节是原判,因未缴讼费未经审理,已无可疑。此项附带控诉既未经过第一审审理,自应照章缴纳讼费,请由原县予以判决,不得径向本厅声明附带控诉。据上论结,本案控诉及附带控诉均难成立,自应并予驳同,并令分别负担讼费,特为判决如主文:

本案当事人自收受判词之二十日内得上告于江西高等审判厅,但须缴纳讼费,由本厅详送并记。

中华民国五年二月二十九日

南昌地方审判厅民事合议庭

审判长推事　林祖绳印

推事　吕烈辉印

推事　邵令泽印

书记官　任昶

此系副本证明与原本无异

民国五年三月刑事发生

具状人:　王海泉　周乃德　陈锡畴　郭秉藜　朱慕云　李士芳　王曜球　张锡元

为聚众骚扰殴吊毁抢公叩火拿律办事。祸因虎豪辛世选等怀挟提款嫌,造意报复。

本月旧历二十一日，辱骂教员朱慕云，挑衅经众理论不耳，旋聚凶徒百余人实行野蛮举动。民等只得避居河背李家园地方，派少数人正当防御。二十二日，请团董孙玉丰等来县禀报，警佐到市后竟同世等统带多人蜂拥入保卫团，裂锁搜出旧存器械十余件，说称是民等军器，复往高城各铺凭空搜索，局董正向警佐声明公存器械情形间，而世等又在河边截殴贽被之王正牙等，吊去王允牙、陈茂材二人，当经警佐验明并收。民等一禀，谅已详覆在案，殊世等乘警佐去后，主令辛细福妹等自行毁碎门户，一面来县提控毁抢，一面约集原众，于是夜三更时候毁抢学校一空，幸各学生逃出未遭毒手。嗣又密阻要路，民等绕越多途，本日始能到县。切思世等聚众骚扰，前委到不即解散，昨警拘乃复啸聚已实，施殴吊毁抢之强暴行为，胆敢铁主不休，势必险象百出，命祸在即。现伤者垂危吊去者生亡未卜，各生膳宿无处，种种危机情形，谅邀垂鉴。除伤已经委验填及失单查明补呈暨请徐先生因便诣验外，为迫公叩知事先生作主，立准火拿辛世选等一干要犯刻日到案，分别确讯案律究办，地方幸甚！学校幸甚！

谨状

具状校长周乃德夏历六月十八日呈

为反押延审冤遭覆盆沥恳调卷察核以凭据实讯究事。切民等前控辛世选等聚众骚扰殴吊毁抢等情一案，豫审时当证明世等之捏情罩抵及学校真正受害情形，殊前任知事漫不加察，飘将王海泉反押，押泉后对于民等迭呈状情，批无一字。虽蒙票传催集审理，然计算距离期间尚二十余日，故意延审为交卸出脱地步。且本案重要部分惟在警察报告、审员堪单二项，乃竟始终不为宣示，显系警佐审员均已袒覆护，故以一味秘密以待移交，希图新任先生根据前案，势必达其捏抵目的。不思世等实施殴吊毁抢之强暴行为，警佐目击有伊日记折可凭，学校毁抢情形，民等随同审员诣勘，岂能任意率覆。审员虽已更代，警佐仍可质证双方互控强毁虚实，终必水落石出。为迫沥陈知事先生作主恳准调卷详察，以便据实讯究，学校有赖覆盆见日，不胜感激！

谨状

具状校长周乃德等夏历六月二十四日呈

为袒详偏勘堂谕失实沥剖冤诬乞恳察核劈究事。切民等前控辛世选等聚众骚扰殴吊毁抢等一案，前任屈押不讯不批情形迭诉台下。本月十八日，奉同一批示意在征实感激。莫名本月二十三日，又奉催传覆盆将揭，本应静候，惟本案内容曾依法请求抄阅，终被弊捺。昨始抄阅一切层冤奇屈见而寒心，查汪警佐详覆内称王姓数百人殴警，然不指警名不言伤痕，架诬显然。又称双方搜查搜获王祠内军械十余件，辛世选家及瓦窑内并无军械等语，果尔先搜王祠后搜辛处，详已分清先后，辛岂有知警将搜而不预藏之理，况器械有案而云无案，闻宗汉等力承而云被驳无语，此等虚词，其将谁欺？尤奇者汪警佐自到高城后，日与辛等密商详内。一则日回饭铺；再则日回饭铺，遮护自己净尽。且云辛世选一早赴县，遂无结果，俨然谓辛无毁抢学校情事，幸天不漏奸，辛讯后续状有世选二三人随依警佐，背后借保生命及下午随同警佐来县等语，辛已自认警佐偏为出脱。互证之下，佐言岂确至谓海泉扬言学生瞎闹，孙玉丰至屏后密商等类，皆警佐圆足其词报酬贿嘱，此详覆之袒获者一。徐审员双方诣勘匕谕，惟学校无有不解，何故碎物则谎言确凿，抢情则游移其词，不思一虚百虚，一实百实，岂可仅以不能勘悉了事？且辛抢单开有同兴茂本票五百串，与别项捏抢无据者不同，徐委当时尽可饬辛交出票簿存案，以便日后查封号码，根究行使之人，证明抢情虚实，乃竟置之不问。而同兴茂本票流通市面，辛无异言，即此一端，可概其余，此勘谕之偏重者又一。有此袒详偏勘，遂产出失实之堂谕。何则堂讯时，经海泉证明构衅情形，辛等无词，孙玉丰等质实报告实状，辛亦不讳。前任先生漫不加察，惟以详文勘谕为根据，飘谓海泉为主动报告为失实，不思海泉偏受攻击，不辨奚明，乃谓其挺身抗辩。匕且不可，则当日安有排解阻止之能力耶？抹煞学校抢毁真相，辛等捏诬罩抵，一味认定以此押泉数月之久，不讯不批，为交卸地步，功则归已，过则推人。万邑刑事累累，办法未有，如是之狡猾者，此堂谕之失实者又一。总之，世等神通广大，故能上下其手串通一气，而警佐审员堕其术中，弹压则寝食世家，诣勘则求如世意。视宪台前日便道高城时，斥责世等拦禀拒绝世等供应，清廉之声口碑载道，将来开庭续审，惟公惟允同，幸人甚学校有赖！现在审期在迩，为此沥剖冤诬情形，迫叩宪台俯赐察核，据为裁判资料，以便劈诬究坐，望光切续。

夏历六月初一日韩知事初审堂谕

此案争点始于王海泉与辛世选因捐助寺产涉讼，辛世选等不服第一审及南昌地方厅判决提起上告，经高等厅复判，当将判决副本分别送达在案。四月间，曾发现捣毁学堂器具及毁坏辛植供家祖牌衣物各情事。本知事到任后检阅卷案，经两造控诉前来所有内容，已得梗概，兹特为两造详言之。兴办学堂，本属公益美举，款项不足以三元寺产补助，亦复以公济公。民国三年辛世选等曾在学堂担任职务，去春公义辞退，当时虽无异言，事后必有意见争此寺产。难保不由此发生及至涉讼公庭，势成水火，初判不服，从而上诉，上诉不服，遂肆野蛮。学界则公愤填膺，辛姓则私怨莫解。星星之火渐至燎原，烂额焦头行将不免。若以毁坏形迹而论，学堂固有损失，辛植供家被毁物件固已数倍于学堂，勘单可凭，人言不谬。虽指称纠众者，未必确实。然一般无识庸愚借端生风，势亦在所必有。如依法律论断，争提寺产业经高等厅判决，级历三审，已无控告之余地。如王海泉等必欲提起非常上告，即当具陈声明，另行上达。至捣毁学堂、毁坏辛姓两事，必须拘传两造供证确凿，方能按律惩办。无论王海泉等坚不承认，即辛姓亦不可认有捣毁学堂之举，供词不实，难以刑求确证无人，未能臆断，欲求讯结，殆不可以时日计矣。纵凭警佐之报告，公团之陈词，衡情酌中强为判断，则此以为公者，彼以为枉不能平一方面之心，即不能止高等厅之诉。窃恐怨愈结而愈深，祸愈酿而愈大，学堂之款半耗于法庭，辛姓之物难还于合浦，川溃堤决，心甚尤之。本知事总核案情，若以两造公益为前提，以后患为莫测，似宜遵照高等厅判决将寺产仍归三元会，由该会首士于例拨学堂租谷外，每年加捐若干作为补助经费，至学堂损坏物件由辛姓修整赔偿，辛植供被失衣物，亦责成王海泉等访查哄毁徒众，分别赔缴，从此各蠲私憾，重笃乡情。虽彼此均有所亏，然较诸缠讼不休，久酿巨祸为得计。以上所述，系于劝谕之中默寓调停之策，不得视为正式堂判也，各代表颇明大义，若能仰体本知事意旨统权利害，切实陈说和平解决，极所希望。倘胶执陈见，不听解纷或声明上诉或要求复审，均于五日内陈复。惟未经判结以前，所有寺产租谷存储公中，不准擅粜，两造尤须约束人众，不许别生事端，如敢恃强逞凶，定为各族首士是问。

此谕

七月二十三日即八月二十一日堂谕

查王海泉与辛世选因捐助寺产互诉一案，辛世选等不服第一审及南昌地方厅判决提起上诉，经高等厅以共有产业得共有人同意，撤销原判发还，地方厅调查覆审，当时判决副本分别送达在案。四月间，发现哄毁辛植供家祖牌衣物及学堂器具两案，前经传集庭讯，两造供词各执原因又复杂不清，因将利害情形谕知各代表，设法劝解，尅日陈复。嗣据教育会长拟具调处条件报告前来，附议又经提集覆讯，供无异词，当谕令教育会取具遵结送案。日久未见呈覆，闻悉会产股分尚有争点条议，亦因之搁置，并经辛植供以勒限赔缴复诉到案，但刑事由民事发生，非从根本解决，不足以清讼源。兹先就寺产会产捐助学校而论，创办伊始，本属同意迨辛商选与该校涉讼有不允捐助之争，如以学校办理不善，议改良则可提回捐助产业，窃以为不可。缘公益事件，罔非集资而成，若彼此一有意见，便将捐款收回，则施于学校者何不可施于寺会，他日会内二十八股后裔，纷匕以收归私有为请，争端其尚有已乎！但缠讼日久，已难推理相衡，且高厅以共有人同意为论点，教育会又以折田补钱为提议，本知事集讯数庭，姑从事实酌为论断，以待地方厅采择，一为彻底清厘办法，三元寺助田五百把，前经辛绅际唐处理提归校费已无争执，现既议以三百五十把归学校，一百五十把交辛五山、张祖光、龙时光后裔收回（此本教育会条议），设或折田不清，必致又生轇轕。孰若将助产田三百五十把照时价折钱若干，并将三元会当日捐助学校设立主牌钱六百吊照数缴还，所有会寺田把租息一概收转公同保存为上策也。一为征求意见办法，三元寺助产如照原议（即教育会议），彼此均无异说，即毋庸再事变更。至三元会田业向分二十八股，应由原股后裔来县陈明，愿助学校者由学校管业，愿照田把拆去者每股补还。校内主牌钱二十四千文，如同为一股后裔，甲愿助学校，乙愿照股折回，彼此相持未能一致者，即暂行归公，另候判决，此次策也。以上两议，如两造择一而从，著自行报明教育会转陈遵结，以便咨请南昌地方厅销案民事。议结刑事，亦当仍照原议赔缴，若民事一部分由南昌地方厅复判，则刑事自当另案办理。惟王海泉等及辛世选等均不承认哄毁，两造中证又出具切结声明，王海泉、辛世选确无哄毁情事，无供无证，碍难臆断，审度再三，当于公正邑绅中选择数人，谕令确切侦查覆候讯结。总之，寺会公举也，学校公益也，因公而有私，因私而成仇，用费日多，考虑日重，学校固属破坏，寺会亦渐归消灭，尚恐讼事无穷期，后患尤不可测也。一般张风助焰之徒，有如对岸观火，灾害切不及身而当事者固已焦头烂额矣！两造多读书分子，切勿受人播弄，自贻伊戚共熟思之。

此谕

结案堂谕

王海泉与辛世选互控一案，迭经详晰堂谕，迄未遵结。调查内容系于会产尚有争点，兹再于教育会条议之内稍事变通，判令会产二十八股除王肇室、王厚德、王绪圣、王臻八，王鼎臣、龙五日、郭信玉七股仍归龙章学校外，其余二十一股由辛世选等收回公同另办。学校前议每股补还，校内主牌钱二十四串，应行取消。辛商选垫用开办经费钱二百余串，龙章学校亦不必归偿，但学校款项奇绌，辛商选垫款虚悬，彼此均难甘服。

本知事具维持学务之责，又有亟切息讼之心，因首先捐廉一百串又筹提钱二百五十串，以一百五十串为学校补助经费，以五十串为修理购置之资（学校计少入二十一股，主牌钱五百零四吊文，除免还辛商选垫用钱二百数十串，又收入二百串，总计所少无几），复以一百五十串归还辛商选垫用（如与学校揭算后计垫用不止二百余串，仍由本知事设法七折弥补），至三元寺助产田五百把，仍以三百五十把归龙章学校，一百五十把交辛五山、张祖光、龙时光后裔收回，并为另办学校经费，不得稍有典卖。所有赔偿损失一事，当照教育会前议办理一并清结，两造当堂允遵不再翻悔，用特各给堂判一纸收执，切勿再生意见致滋讼累。

此谕

九月二十一日韩兆鸿印

学校篇

东洲书院办学情节

东洲书院记

书院创始于道光六年丙戌岁，在万载县之西乡，距城四十里，而近其地诸山环峙豁然中开，土田平衍，风景清回。书院坐艮面坤，河水自右来萦絪缭绕而过其下，故命之东洲，因地而为名也。有享堂以祀文昌，享堂之西有小厅以储藏经籍，东有小厅以批阅文艺，又其东另为客厅以宴会宾客，其外为讲堂、为前厅、为门厅，各一生徒栖息之所，左右罗列计六十余间。庖廪器用罔弗备具，而四周更围以缭垣，可谓完且美矣！予惟袁郡自唐以来人文甲于江右，按有唐一代最重，进士科大抵千人，得第者百一二，以故唐有天下且三百年，江南西道洪、吉、虔、袁、信、饶、江、抚八州第进士者仅七十人，而袁士约居其半，江西通志选举条可覆按也。谕者谓地接衡湘名山大川，孕育秀苞蕴灵异，而房大尉李卫公、韩文公以巨乡硕儒相继为州刺史，兴学校崇教化，士之被其甄陶者，莫不近文章砥砺廉隅相与发名成业，而山川之秀为之一泄理固然欤！万载自南唐保大间，始置为县，隶袁州，宋因之，由宋及元，书院之建于县境者不一，而元时获富里张岩书院，其最著者也。

兹幸生文教覃敷之日，士可不务通经学古，以远绍一郡之前徽而上儁盛朝之躯策乎！予尝窃叹富厚之家枕逸乐，而不说学贫困之人苦饥寒而不能学，或学矣而无亲师取友之功，则亦难以充其量而书其才，故义学之设裨益良不浅也。然而雍虞文公之志张严书院也，又以谓一列于学官，则行有司之事弦诵笾豆，殆为具文者多矣！今东洲之学远予城阙之喧嚣，邈乎公府之拘制，膏火笔赀无乏绝之虑，胜友良朋有观摩之意，藏焉、修焉、息焉、游焉，无所事乎！其外及其闲暇可以观山玩水，发舒其性情，荡涤其湮郁，读书之胜地，几有过于此者矣。虽然乐顺适则志易惰喜，游观则业易荒为，学以精勤为先行已，以笃定为要必也。守岳麓鹿洞之遗规，以上溯关闽濂洛之统，循苏湖眉山之教法，以养成文章经济之全。由是处则为有本之学，出则为有用之才，东洲之士安知他日不即为胜天子东观石渠之选哉？若夫创建之由，财用之数与夫，条规之尽善，足以经久而行远，前之记序矣！兹不复赘，而特举此邦之故事与学问之实功，以期多士共勖焉！

道光癸巳十三年仲秋之吉

赐进士出身、敕授文林郎即选知县前任抚州儒学教授眷愚弟灵殿衡拜撰

崇祀录小引

自来书院之设，所以育人材美风俗，诚地方之急务也。上自省府州县，下及一乡，其地之广狭不同，而非要众君子慷慨好义踊跃输赀，则费无所出，末由集事而又非有数人实心实力相与殷勤提倡，终始其事，则亦不能底于有成。迨夫事之既成，则随其地之广狭而皆有以蒙其利。万邑东洲书院在县之西乡，距城门四十里，而近其规模之宏壮，堂室之轩爽，与夫经费之克裕，前邑侯入闽，陈明府序详之矣。予以今春二月来主讲，于是课读之暇时，时与诸父老相晋接，因为言创建之初，并无丝粟之积可以凭借，赖同乡君子及诸贤媛，或捐房产、或助田业、或输银钱，广狭多寡，各视其力，而首其事者多方筹画，竭数年之力，集费为金三万有几，除构造书院外置田产店房若干，岁收租息以供掌院修脯、生徒膏火奖赏与生童岁科两试及乡会试程仪庆贺之用，于今各乡之士咸欣欣向学炳然，可观是不徒前事之有成，且卜后效之方盛也。先是书院后墙之右有会计之所，其堂分设神位以祀捐资之多者，已有年矣！独念首事诸公各舍其身家之务，从事于数年之久，任事则劳苦不辞，身奉则锱铢不取，设施既定洁身而退洵，可谓实心实力有始终者！他日拟添设木牌备书三十七人之姓字附列其间，而岁时享焉，不识于礼有当否？予曰礼以义起，此即先王报功之遗意，抑亦乡先生祭于社之成法也。奚为不可总之，阖乡之不吝其财，首事之不居其功，父老之必隆其报，是皆敦庞之俗、忠厚之风所酝酿而成也。其后之发皇昌大容可量乎，维时适修东洲崇祀录成，遂书以引其端云。

眷愚弟卢殿衡拜书

附载

道光六年二十五日呈

具禀职员张瀚、生员钟斯英、增生叶懋本、职员曾起兰、监生黄当立、生员刘时行、监生钟斯隽、生员黄云升、职员曾维新、生员钟斯敬、职员张之谟、生员何廷燮、童生李邦彦、监生马典为呈明事：窃维政教隆而学校兴，培养深而人才盛，缅讲道于山阴首推鹿洞，溯谈经于泽畔湖共，仰鹅湖豫章下帷多士名驰艺苑，昌黎振铎满园花映春台，一时神于鼓舞百世仰厥甄陶。我国家重熙累洽稽古右文，典重宾兴，不惜养贤之费赏隆义举，咸予匾额之荣，渐磨既久，格被殊深，不特通都大邑共切观摩，就令僻壤遐荒群思振奋。万邑星分牛斗，壤接衡湘，虽地瘠而民贫，咸怀仁而慕义。恭逢大父师素负宏才，小试下邑，既悉民情，尤重士习，下舆而勤观风识高相马，临场而劳问策望切登龙，一经化雨沾濡，殊胜春风披拂！职等仰承美意，辄拟良图输乐助于乡曲，囊解捐金总数目于簿书，裘成集腋修火有备，人怀造就之思乡会有资士奋功名之路。爰在邑西之大桥，相彼河东之洲上，地势据乎上游，栋宇增其式廓，望峰峦于西东，紫盖云浮白石笔耸聆江流于左右，清泉月漾秀水文成牛潭静深应探明珠于波底，鸡冠雄秀恍谈元理于窗前，卜云吉而立书院，因其地遂名东洲。合将捐建缘由预禀，容齐捐项汇呈，仰祈明鉴俯赐。申详庶藏修得所，无负仁廉造士之深心，文教振兴克副圣皇作人之雅化。上呈县宪陈批，阅禀欣悉，本县已捐廉倡首，并给引劝捐，俟有成数，即择日兴建，仍将乐输数目姓名及支销存剩各数汇开呈明，以凭转详立案。

劝捐建书院设实兴引

从来人才以作育而倍兴，学业以观摩而益善，小雅菁莪大雅棫朴，盖言作育也！记曰敬业乐群，又曰独学而无友，则孤陋而寡闻，盖言观摩也！作育观摩不可废此，各县书院所由设也。虽然今之县古侯国也，古之教者家有塾、党有庠、术有序，度地以居民即随地以立教，况当盛世右文，荒隅僻壤莫不向学。闾里束修之士，邑大者不下二三千数，次亦盈千累百，而徒据县中一书院，即作育维殷，奚能使之尽得观摩之益？所贵关心文教者，师古党庠术序之意，乡区内各建书院，庶远近得所陶成焉不第此也。古乡举里选而升于国，无长征远涉之费，今则始汇于县继考于郡而后试于学使者。三年大比，乡则省会也，贤书入贡，国则京师也。相距窎远，或数百里，或千余里，或数千余里，愈远而费愈多。单寒之儒，家徒壁立，何由得此多费？每见英才积学奋志功名，而坐困于此者，实难仆数，非得乡党宗族设宾兴之资以助之，即有志难于观光也。斯意也，余尝耿匕于心，自筮仕以来，思于所历之处，布告乡村而劝成之。奈前此代庖日浅，竟志而未果。兹补授是邑，虽旁午公牍方拟，传乡中耆老绅士而告之，乃张君瀚等适于建书院设宾兴二事来商于余。匕闻之，不胜其喜，喜诸君之有同志也；喜夙愿之得遂也。又为乡居向学之士，喜其得所造就乘时利见之英；喜其得所凭资，从此人文日起，蔚为国华！昔程子云治天下以正风俗，得贤才为本，然则兴贤育才之举又即化民成俗之方也。喜何能已？惟是功要于有成事期于永久，营建消縻甚巨，延师课费与赀助宜裕，必捐拥厚资存留生息，庶经费源源不竭。苟成于此，而亏于彼或使可支应，后将不继，究非万全之道也！务期尽量捐输踊跃，成兹盛举。余忝居邑，长乐遂其事，爰书以告，并捐廉以为之倡 。

道光六年丙戌阳月知万载县事陈文衡撰

道光七年八月二十二日

具禀职员张瀚、生员钟斯英、增生叶懋本、职员曾起兰、生员黄云升、监生钟斯隽、职员曾维新、监生马典、生员何廷燮、童生李邦彦、监生黄当立、生员钟斯敬、生员刘时行、监生韩肇基、增生陈兆瑚、监生黄众贤、监生冯立经、监生黄金印、童生李康济、监生林玉树、童生罗声和、职员张之谟、生员许并棠、生员钟国英、监生邝上仁、生员黄金瑞、监生刘井、监生梁涛、童生张伟、监生钟挺盛、增生何钧、生员赖汝襄、生员范金、廪生谢国华、廪生郭天池、廪生卓方岳、童生钟春华为呈请转报事，职等恭逢文廉仰体圣化培养人才，捐廉倡建东洲书院，为生童肄业之所。人情欣戴踊跃乐输，通记捐银三万六千两有奇，已于上年十一月初一日兴工创建讲堂书舍，迄今告竣，所置业产并余捐项将来岁收租息，以为师生束修膏火、童试卷资、乡、会试盘费，合汇捐输姓名数目、支销存剩及书院图式，呈请转报，仍恳赏给匾记用。垂亩并店房五间，将来岁收租息，以为师生束修膏火、童试卷资、乡、会试盘费，合汇捐输姓名数目及书院图式呈请详报等情前来，卑职查勘创建东洲书院工程坚固，宽敞壮观，从此客籍生童弦诵得所膏火有备，人怀造就之思，宾兴有资士奋功名之路，堪以上慰！宪台乐育人才，振兴文教之至意，至各绅士等捐银自数十两至一千数百两不等，均属急公好义,可否分别酌给花红匾额?以示奖励之处,出自宪恩,如蒙允准,另行造册详办,合将卑县创建东洲书院缘由,绘图具交详请宪台核示立案。除详抚、臬、督三院宪暨藩各宪外,为此备由具申,伏乞学巡。

府宪赵批:"如详立案,至该县绅士张瀚等捐赀创建书院并置膏火田亩,以为久远经费,似此急公好义,殊堪嘉尚!自应酌加奖励,以昭激劝。惟既据通详,仰候各宪批示,饬遵缴图存。"

盐法道齐批:"据绅士张瀚等倡建书院,以资课读,洵堪嘉尚,仰即造具捐银数目清册通详听候照例给匾,以示奖励,仍候三院宪暨藩、臬二司批示,缴给图存。"

臬台兴批:"据详已悉,仰袁州府核饬,分别酌给花红匾额,以示奖励,仍造册详报,并候三院宪暨藩司巡道批示,缴给图存。"

藩宪继批:"此案已据详,奉抚宪批示转行仰署袁州府查照另檄核饬,将捐输姓名、银数造册送府核议详司,以凭核详,请奖毋稍违延,切匕,仍候学、督宪暨巡道、臬司批示,缴给图存。"

抚宪韩批:"张瀚等捐建东洲书院,洵属急,公自应分别给匾奖,励以昭激劝。布政司核议饬将捐输姓名、银数造册,由司核议详夺,仍候阁督部堂、学部院批示,缴给图存。"

督学部院福批:"据详,该县客籍绅士张瀚等捐建东洲书院置买田店,均属急公好义,洵堪嘉尚,如详立案,至给花红匾额,以示奖励之处,俟本督部堂按临日核办,仍候阁督部堂、抚部院批示,缴给图存。"

两江阁督部堂蒋批:"据详,该县绅士张瀚等倡捐银至三万六千余两创建东洲书院,并置买田亩店房,以为膏火等项之资,俾客籍生童均可安居肄业,洵属义举可嘉,自应各予奖励,仰江西布政司核明转饬立案,一面饬将各绅士姓名及捐输银数开折由司,分别详请示奖,以彰善举,仍候学、抚部院批示,缴给图存。"

道光七年九月初六日县宪陈示:"为恳示杜混事。据职员张瀚等禀称,倡建东洲书院并筹备童试卷赀、乡、会试盘费,职等各处劝捐,彼乐输者固属甚多,而未捐者仍复不少,甚有未经捐输率禀进主,希图混冒地步,现奉批斥在卷。为此,禀恳给示开导,俾家喻户晓。已捐者,作速齐交;未捐者,慷慨再输,以凭续报,以杜混冒等情到县。据此,查书院之设,所以培养人才,各士民捐输倡建并等备膏火卷资乡、会试盘费,均属尚义急公,除详请奖励之外,原可援宾兴堂之式,将乐输姓名设立木牌于另室,以昭激劝。若并未捐助,岂容混冒进主！至该书院虽已落成，而经费尚须扩充。据禀前情，合行示谕。为此，示仰合邑士民人等知悉，如尔等好义乐施捐助经费，无论银钱产业，着即补书交该首事汇齐续报，其已捐未交之项，亦即赶紧交清，以凭一并造册详请奖励。倘有并未捐输，借词混冒生事滋扰者，许该首事指名禀县定行拘究，各宜凛遵，毋违特示。”

道光八年三月二十八日呈

为续呈捐数恳并申详请给奖励事。旧蒙前宪陈倡建东洲书院，业经呈请转报各上宪批准分别给奖在案。嗣陆续捐输共银六千零六两，恭逢文廉荣镇汇单粘呈，伏恳并前呈姓名捐数一体申详转请给奖，以昭激劝。后有捐助，容再续呈。至书院落成，现经延师开馆，合并申明上禀县宪汤批，据禀倡建书院续捐银数，洵属盛举可嘉，自应详请奖励。惟查该书院先后收过捐项若干，用过建造工料银若，干置买田房产业若干，岁收租息若干，是否尽数作为膏火抑有别项支销？系首事何人？经理院长作何延请？岁束修若干？肄业生童几人？必须妥议章程全叙入详，方能造册请奖，着即妥筹详细开折禀复，以便据情转详粘单附。

道光八年四月十八日呈

为禀明事。职等前以续呈捐数等情，呈宪奉批详示一切，曷胜感激！切东洲书院前后收过捐银四万二千一百三十一两，建造工料等费用银一万一千一百五十二两五钱，计左右书舍六十间，爨房二所中立。文昌宫次讲堂旁，魁星阁书院右侧续建宾兴堂宇，如遇生童众多，以便分住肄业，兼为首事经理栖息之所。堂后设立木牌，胪列捐输姓名，以彰义行，用银二千四百零八两。买田四百零五亩，价银二万五千一百九十五两，岁收租谷一千二百三十石。买店房五间，价银三千两，岁收租银一百二十两。院长岁束修银一百二十两。本年肄业生童奉前宪林捐廉考取生监，正课十二名，余列附课童生正课十八名，附课五十二名，其正课每名月给膏火银九钱，一月三课，每课生监超等五名，童生上卷五名，第一名偿银三钱，以次两钱为卒。爨夫二名，每名工资柴炭银二十两。门役一名，工资银六两。除书院经费外，余为童试卷资、乡、会试盘费。一切事宜现在，职等经理后来随时公举，未便预定，据实禀复俯赐申详，实为德便！上禀汤宪批候，据情转详，仍着将院长现系何人？将来是否由该书院自行延请，抑由上宪荐定之处？妥议禀复听候核详可也。

道光八年五月初三日呈

为禀明事。四月十八，职等遵呈东洲书院章程，一切奉批候据情转详，仍着将院长现系何人？将来是否由该书院自行延请，抑由上宪荐定之处？妥议禀复听候核详可也。切本年院长，职等现聘新昌举人刘嘉树先生，自后延请佥议概自行公择，无烦上宪举荐，似较便益，伏恳文廉早赐申详，毋任翘企之至。上禀县宪汤批，候详请宪示饬遵。

道光九年十二月

县宪汤示。为考送书院事，照得江西讲席守楷模于鹅湖，万邑科名特彪炳乎！袁郡良由焚膏继晷，芸恪勤蛾术之功，故能夺锦得标蕊榜耀龙城之色也。本邑大桥东洲书院，环山绕水，毓秀钟灵，洵学士之文坛，实儒生之艺苑。本县心仪已久，属望维殷。兹择九年正月初十日，考取生童送院肄业，合行出示晓谕。为此示仰合邑生童知悉，凡有愿赴东洲书院肄业者，遵照上届章程先期赴科报名投卷，送印至黎明，齐集考棚，听候点名扃试，矗一峰而架笔聚八景，以披吟黄鲁直独传宗派。本是诗豪，殴阳子何处得来？首严文体，各抒吐凤之才，预卜占鳌之兆，务宜踊跃，勿有遐心。

条规

一、举总理、副理首事二人，居局管理钱谷进出数目，并支照一切事宜。每年身俸火食钱，共五十千文。

二、各乡有田产处，举分理首事一人，收卖租谷，收存若干，减去若干，每年结数时各执簿交总理，汇入总租簿。其谷次年二、三、四月照时价发卖，谷钱限四月二十日起二十五日止，概付总理收管。每人于每担谷内除去钱三十文，所减之谷不在数内。

三、总理首事每年立流水簿一本，收支各欵逐一登记。立总簿二本，一汇来往进出数目；一汇各乡租谷。外立租簿十余本，分载某乡某佃额租若干，交分理首事。另立历年大簿一本，每年十一月初三、四、五等日，各首事将一年收用存剩算明，总载大簿。

四、各乡无田产处亦举首事一人，每年结数时从场查核。

五、每年四月清租后，总理首事将分理首事收某佃谷若干，去力钱若干，减某佃谷若干，某人买去若干，价钱若干，逐一开单盖明书院图记，散贴各乡。结数时，分理首事将总理首事收某项钱若干，用某项钱若干，借出若干，余钱若干，逐一开单贴宾兴堂，以杜侵蚀，以免疑议。

六、首事三年一举，总理必殷实公正绅士，分理即不谕绅士亦必殷实公正之人。逢子午卯酉年祭祀之时，公同选择，备席敦请，将芳名登载大簿。其中如有侵蚀短欠，不俟三年即着赔补另举。至经理尽善者，三年之后无妨接管。但举总理、分理，须新旧参管，不得概行更换，以免生疏滋弊。

七、立交代簿一本。交代时，钱谷等项新旧首事细详查核，倘有亏欠，责令赔补，外人亏欠，责令经手人赔补，然后将剩存钱谷及契约簿册等据，逐一载明清交新总理。至各佃耕帖，分交各乡首事输流收执。

八、亏欠公项，毋谕首事外人，永远扣其本人及其子孙书院膏火并宾兴卷资、盘费、花红等项。

九、首事四月清租，十一月结数，在宾兴堂起火，其余办考完粮及往外办公火食，据实开销。分理首事因公到局，每飱众帮总理，伙食四十文，来往轿钱，均按远近支给。至总理副理来局，回家轿钱，除起学、散馆及五月节七月半六次外，平时来往不得开销公项。

十、公项除预存应用，剩钱数十千以上，即行发借，每月与周年皆一分五行息，面立借券订簿，并注某首事经手，如有短欠，经手赔偿。至数百千以上，公议置买田产或仍发借，不得存移私用。

十一、置买产业，必须结数时公同商议踩踏，不得私行擅买。

十二、各庄有些小费用，就近首事调办，如遇争竞追逋等事，费在十千文以上，必知会总理酌量，不得专主。

十三、每年粮米，总理首事及时完纳。

十四、助田子孙不得承佃该田，以免借端逋霸各佃。交租每年限七月十八、十九、二十日交早租一半，十月十八、十九、二十日全数交清，其谷亲送分理首事处，不准钱折，并不准推约。来年卖谷，照时价折转，以致拖欠。如违，将押租钱扣除，其田另发别佃。至送谷力钱，照担数按远近给发。

十五、每年十一月，总理首事禀请县宪，示期甄别取录童生，正课十八名，附课六十名，生监正课十二名，其余概列附课。

十六、县宪示期后，总理首事专人送传单，与分理首事遍贴各乡，通知生童赴考。

十七、考晓别前三日，总理首事二人具册到县，生童各至首事寓所亲填姓名三代住址及捐助姓名，每人领盘费钱一百文。如有假冒混领，除追转外，并不准赴院肄业及下次与考。

十八、场内茶汤点心书差饭食，历蒙县宪捐给。场后给礼科钱八千文，工房赁物雇工钱二百文，卷匠卷钱每本二十四文。

十九、生童考列正课而不赴院肄业者每名赏钱一千文。

二十、生童住居离城百里之远或寄居别邑及委实有不得已之故不及赴试者，仍准到院肄业作为附课。

二十一、书院山长不烦官荐，公议聘请举人进士，品学兼优者每年束修钱一百二十千文，伙食钱三十千文，起馆散馆并两节来回轿钱另给。

二十二、每年二月初十日起馆，十月终散馆，总理二人迎送山长各设席一筵。

二十三、起馆日，肄业生童宜衣冠整肃，恭竭交昌帝君，随参山长贽仪，节礼多寡务宜画一。

二十四、书院学长起馆后，总理于在院肄业生监举一老成严正者，为之以弹压，士子兼理馆中一切事件，每月发俸六百文。

二十五、每年二月十三日开课，生童连三课不到及到院应课后连旷二课不到者，正降附课，附降外课，如委值不得已之故，又当别论。

二十六、正课生童每名月发膏火钱九百文，不住院者，止许当课领赏，不发膏火。附课生童亦不发膏火。凡住院者，毋论正附，均不准携带蒙童。

二十七、起馆三课后，正课生监如不满额，以附课生监三课中考二次超等者升补正课童生，如不满额，以附课童生三课中考二次上卷者升补。

二十八、每月初三、十三、二十三等日，扃门堂课，黎明叩云板三声，击梆三通，各带笔砚诗韵出堂静候山长命题作文一篇、诗一首，申刻交卷，每课取生监超等五名，余列特等童生上卷五名，余列中卷，榜贴书院头门。初八、十八、二十八等日，仍候山长命题古作制艺不拘,不必出榜。

二十九、生监超等二名酌取一名,多不过五名。童生上卷四名,酌取一名,多不过五名。生童第一名各赏钱三百文,次四名各赏钱二百文。

三十、正课生童除五月初三、七月十三两次停课仍发膏火外,其余每旷一课,扣除钱三百文。

三十一、课期限。每月逢三等日,不得移前推后,旷课者断勿准补。

三十二、课期。巳刻学长出堂盖戳,如草稿无小讲,不准盖戳,另置次卷。

三十三、卷面不载姓名,编列座号。如不照坐次或出题后入房及夹带诗文经典另纸起草,开灯誊写盖印犯规,俱置次卷。

三十四、文理荒谬、犯讳及错写至五字、诗失平仄二字或出韵或抬头舛错或誊正违式、正草不符,俱置次卷。

三十五、生童抄袭现文连五句现时二韵,俱置次卷,至抄袭全篇诗文者,俱降课。

三十六、枪代传递查出,一律除名。

三十七、正课童生连五课未考上卷及中卷前五名,降为附课,连考二课次卷,亦降为附课,其额以连考二课上卷或三课考二次上卷者升补。

三十八、每课总理首事按名散卷骑缝盖印钤记,免致移换,誊真后交学长查封,进呈山长榜发,各向学长处领回。

三十九、每课卷发生监第一名写榜,学长随将山长命题并评定甲乙注册。

四十、每日黎明,爨夫击梆一通,各起诵读,学长随时巡查勤勉。

四十一、生童外出毋论远近□□必告明学长,以便稽查,私出院者降课。

四十二、生童如酗酒、打架、赌博、宿娼,凡有乘行止者,学长禀告山长逐出。

四十三、生童膏火钱每月终照数给发,赏钱每课榜后按名给发。

四十四、生童每人给床一张,椅一把,桌一张,凳一条,箱架一只,菜碗二只,饭碗二只,不敷者自备。如损坏遗失,着即赔补。

四十五、书院爨夫二名,除院内大小便□□水听便,卖作柴炭工食外,每名另给钱七千文,仍量人数多寡裁酌。

四十六、书院设门子一名,以司启闭。初更后,将院门封锁,匕钥送呈学长,□□清晨领出。院内左右园土拨与栽种,作为工食,每年另给钱四千五百文。

四十七、院内奉祀。文昌帝君启馆后,每年第一名童生司晨夕香火。

事由:为违反原议恳准分办,以重教育而息纠纷由。

拟办:为化除土客籍界限而合办中学,即系从教育着手,收效必宏,且已有成案,所请分辨碍难准行,惟负担如确有不平。应候再召开会议商讨,务使公允,俾学校得以维持久远,土客籍以水乳交融,敦目前之乡谊,造善□□□□□□□□□□□□批示知照。中华民国二十七年十月五日

窃查本县籍分土客界限甚严,二百余年迄未融化。前此程教育厅长于二十五年间签

呈融化土客办法四点，经省府饬前县长张通令遵照，并先从合办中学入手，籍资测验。惟合办中学固属融化土客界限之一端，而厅长签呈之城居、通婚、修志诸问题，亦为目前当务之急，乃二、三年来未见丝毫进展。而合办中学，对于收款缴款更属异端百出。不平则鸣，此职等难安缄默者也。查张前县长进行合办中学时，为审慎将事起见，曾由双方遴选富有声誉士绅各八人，以县长为主席，组成合办中学筹备委员会缜密研讨，其校务计划均由该会拟定。关于经费预算收入方面：龙河计收实租九百石，应缴谷价一千八百元；东洲计收实租一千九百石，应缴谷价三千八百元；考棚计收实租二百石，应缴谷价四百元；学宫计收租八百石，应缴谷价一千六百元；学费计可收千八百元；又地方教育附加拨补二千六百元，共计一万二千元，早经呈明教厅核准施行有案。

近查龙河等应缴谷款，短收甚巨，县预算仅编二千八百八十元，所有田赋全部在内完纳，统计短缴在一千七百元左右。而于东洲方面，派缴之数则照数收取。田赋仍系私自负责，实与原议不符，揆诸事理，岂得谓平？似此呈准之案，可以藐玩不遵规定，预算可以任意更改，将来纠纷自无待言。吾恐借此以融化界限者，反因此而界限越深。故自二十五年冬，东洲捐户代表对于合办中学，力持异议，曾经提起诉愿，再诉愿，案悬教部，尚待解决。如以现实情况观之，则实合不如分之矣！

钧长秦镜高悬，当能明察，理合将不平之点，缕呈鉴核，恳请令饬龙河等欠缴之款如数补足，并肯准将东洲所派部分租谷赋税，统由公家负担，并于下期准予分办，教育前途曷胜利赖！

谨呈万载县县长卢

万载东洲教育款产委员会主席委员谢济沂、常务委员蓝文彪、冯澄

中华民国二十七年九月二十四日

事由：据呈诉龙河中学违反原议缴纳协款，请准予分别办理，以重教育而息纠纷等情批示知照由。

江西省县政府批示稿

具呈人东洲教育款产委员会主席委员谢济沂

二十七年九月二十四日呈一件：为龙河中学违反原议缴纳协款，请准予分别办理，以重教育而息纠纷由。

呈悉。政府为化除土客籍界限而合办中学，即系从教育着手，定收效必宏，且已有成案。所请分辨碍难准行，惟负担如确有不平。应候再召开会议商讨，务使公允，俾学校得以维持久远，土客籍以水乳交融，敦目前之乡谊，造善□□□□□□□□□□□仰即知照。

此批！

县长卢

中华民国二十七年十月七日

万载县私立东洲初级职业学校

名称:万载县私立东洲初级职业学校校董会

目的:以兴办东洲初级职业学校,改良土产,培养知识青年生活之知识、生产之技能为主旨。

事务所所在地:万载城西四十里之大桥地方。

资产资金或其他收入详细项目:就原有东洲中学校欵产东洲宾兴、登瀛、敬教、舒翘、育才、友文、同文、文昌会等租产拨,充计租五千石。每岁收入约一万五千元,另行招募集股款五万元办附设实习工厂,其校舍即以东洲中学以充用。

姓名	年龄	籍贯	职业	职务	性别	经历	住址
谢济沂	60	万载	学	董事长	男	曾充本县劝学所所长,东洲中学校校长。	萍乡桐木
蓝文彪	33	万载	学	常务董事	男	私立江西法政专门学校毕业	大桥
邹向荣	42	万载	学	常务董事	男	江西甲种农业学校毕业	高城
杨劭龛	33	万载	学	校董	男	曾充江西省立第十三中学训育主任兼教员	谭埠
李牧光	50	万载	学	校董	男	曾充东洲中学校校长兼东洲教育会会长	本县城东
彭子衡	35	万载	学	校董	男	江西省立第五师范毕业,历充万载县督学及小学校长教员。	谭埠
邱一隽	35	万载	学	校董	男	日本明治大学毕业	三百兴
李德毅	40	万载	学	校董	男	东洲旧制中学毕业,历充小学校长教员,现任省党部干事。	本县城南
曾钧衡	45	万载	学	校董	男	国立北京大学毕业	高城
范文彬	38	万载	学	校董	男	日本东京高等师范毕业	卢家洲
谢庭玉	46	万载	学	校董	男	袁州旧制师范学校毕业,曾充万载县视学。	本县城南
叶荣耀	41	万载	学	校董	男	北平大学毕业,现充宜春乡师教员。	宜春
王冕周	43	万载	学	校董	男	武昌高等师范毕业,现充宜春乡师教员。	宜春
范懋修	48	万载	学	校董	男	江西公立法政专门学校毕业	卢家洲
叶肇康	47	万载	学	校董	男	袁州旧制中学毕业,历充小学校长及教员。	高城

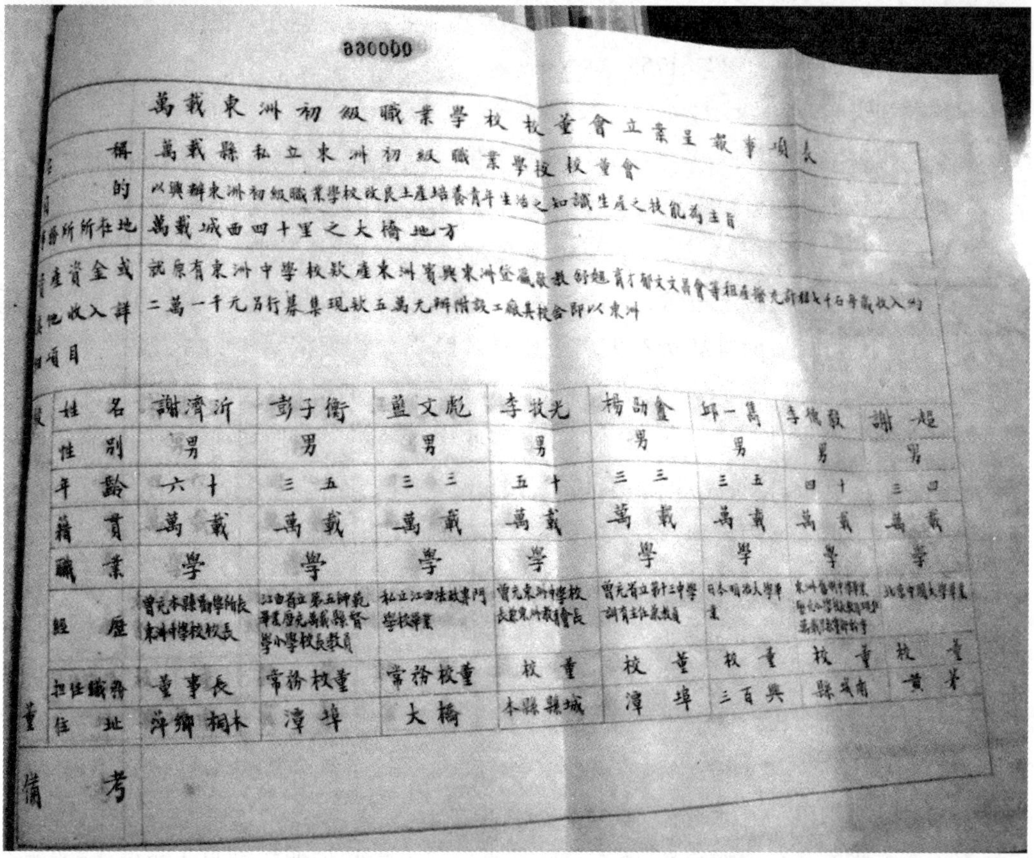

000066

萬載東洲初級職業學校校董會立案呈報事項表

名稱	萬載縣私立東洲初級職業學校校董會
目的	以興辦東洲初級職業學校改良土產培養青年生活之知識生產之技能為主旨
事務所所在地	萬載城西四十里之大橋地方
財產資金或其他收入詳細項目	就原有東洲中學校款產東洲實興東洲[illegible]等租產[illegible]七千石年載收入約二萬一千元另行募集現款五萬元辦[illegible]工廠与校合[illegible]以東洲

姓名	謝濟沂	彭子衡	[illegible]文彪	李[illegible]光	楊[illegible]	[illegible]一[illegible]	李[illegible]	謝[illegible]超
性別	男	男	男	男	男	男	男	男
年齡	六十	三五	三三	五十	三二	三五	四十	三四
籍貫	萬載	萬載	萬載	萬載	萬載	萬載	萬載	萬載
職業	學	學	學	學	學	學	學	學
經歷	曾充本縣勸學所長東洲中學校校長	江西省立第五師範畢業歷充萬載縣[illegible]學小學校長教員	私立江西法政專門學校畢業	曾充東洲中學校長[illegible]東洲教育會長	曾充省立第十三中學訓育主任兼教員	日本明治大學畢業	[illegible]	北京中國大學畢業
担任職務	董事長	常務校董	常務校董	校董	校董	校董	校董	校董
住址	萍鄉桐木	潭埠	大橋	本縣縣城	潭埠	三百興	縣城南	黃[illegible]
備考								

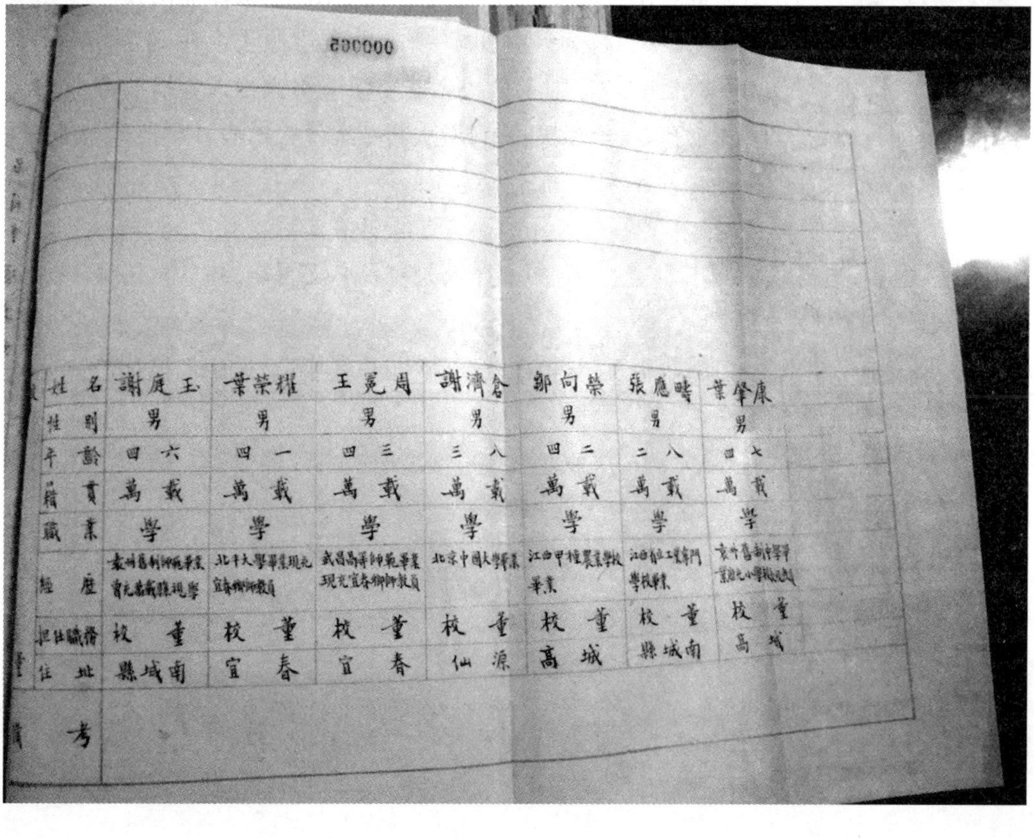

000065

姓名	謝庭玉	葉榮耀	王冕周	謝濟倉	郭向榮	張應時	葉肇康
性別	男	男	男	男	男	男	男
年齡	四六	四一	四三	三八	四二	二八	四七
籍貫	萬載	萬載	萬載	萬載	萬載	萬載	萬載
職業	學	學	學	學	學	學	學
經歷	[illegible]舊制師範畢業曾充萬載縣視學	北平大學畢業現充宜春[illegible]教員	武昌高等師範畢業現充宜春[illegible]教員	北京中國大學畢業	江西甲種農業學校畢業	江西省立工業專門學校畢業	[illegible]舊制中學畢業[illegible]小學校[illegible]
担任職務	校董	校董	校董	校董	校董	校董	校董
住址	縣城南	宜春	宜春	仙源	高城	縣城南	高城
備考							

事由：摘抄奉颁化除万载县土客籍界限办法第四项切实令遵办具报由。

万载县政府训令　　教字1755

令东洲初级职业补习学校

案奉江西省第二区行政督查专员公署民字第三六零五号训令，转奉江西省政府教一字第三九七六号训令颁发化除万载县土客籍界限办法第四项内开：归并龙河中学、东洲初级职业学校，改办县立初级中学。该两校土客对峙，显分畛域，实际上并无分设之必要。前经令饬该县长以龙河校地校舍，均不合用，应另选相当地点，集合全县之力，共同建筑新校舍，以化除土客意见，而维久远在案。应由县政府妥为计划将两校归并，改办县立初级中学，并遵令召集全县士绅筹备经费，就该县土客共有之旧考棚，改建新校舍，将中学迁入。在二十五年度，新校舍未落成以前，县立初级中学暂就龙河原校址办理，东洲地方姑且就原校址设立分校，校长一职，由县长兼任，以资整理。无论本校分校，招收学生，不得稍存界域之见。自二十六年度起，本校分校应实行归并于新建校舍内，不准再行分设，校长一职即由县政府遴选合格人员呈请委任，至该中学所需经费，指定以龙河中学原有学宫、宾兴等项款产全部租息，及东洲职校原有基金充用。东洲职校所有款产，并应依照龙河中学成案，一并列入县预算，由财务委员会统筹，惟暂准组织县立初级中学款产保管委员会，受县政府之监督，负保管出纳及整理之责等因。奉此，自应遵办。查该项办法，业经本府抄发，通令饬遵在案。关于县立初级中学校长一职，经遵令暂由本县长兼任，并于十一月十三日到校视事，委任卢奋孙系为本校校务主任。该两校合并后经费及校舍诸问题，应候召集双方士绅开会重加筹划，所有该原县立龙河中学及东洲初级职业两校，应即遵令归并，除县立龙河初级中学前经令饬改为县立初级中学，业据遵照改组外，东洲初级职业学校名称，着即废止，改为万载县立初级中学分校。兹委任李祖谦为该分校校务主任，委令随发，仰即具领到差具报，所有本、分校教职员，着从新专案呈报本府，以凭核委，而符定制。兹将该两校合并后应行注意各点，分别指示为左：

一、本、分校合并后经费，本学期仍按原预算，分向原机关支领。

二、本、分校合并后，一切对内对外行文一律以兼校长名义署名，校务主任并应副署，以明责任。

三、分校本学期学生表、教职员表、学校概况表，应即从新换造，送由本校加盖钤记，连同本校各项表册汇齐呈报核转。

四、县立龙河初级中学及东洲初级职业学校以前所有校具仪器、标本、图书，应即专案造册，分别移交县立初级中学接收，并呈报本府备案。

以上各点，仰印切实遵办，限文到一星期内，具报备查，毋稍违延为要！

此令！

附发李祖谦委任令一件

摘由：聘请台端为本校年级主任兼教员由。

万载县立初级中学聘函　　财字第10号

兹聘李祖谦同志为本校秋一年级主任(乙组)兼算术地理教员。

校长张芗甫

东洲中学粮户田租清册

佃户	地点	田别	额租	常收	二十七年收	二十八年收
温善初	大桥	早迟	80石	54石	53石	48石
王盛有	大桥	迟	7.5石	4.5石	4.75石	4.25石
王福寿	大桥	迟	2石	1.3石	1石	0.9石
王归仁	大桥	迟	2石	1.5石	1.4石	1.2石
马顺修	大桥	早	4石	2石	2石	2石
刘兴发	龙田	早	69石	38.5石	38石	34石
朱财牙	龙田	早	8石	4石	4石	3.25石
朱正南	龙田	早	15石	9石	9石	8石
钟华监	龙田	早	9石	4.8石	4.5石	4.5石
刘庚发	龙田	早	9石	5.7石	5.7石	5石
苏瑞牙	龙田	早	1.8石	1石	1石	0.6石
钟成标	龙田	早	18石	9.75石	9.25石	8.5石
钟全兴	龙田	早	21石	2.25石	2石	10石
龙福林	太平街	早	4石	2.5石	2.5石	2.25石
汪松福	太平街	早迟	42石	26.5石	27石	24石
谢祯祥	坑口	早	5石	4石	4石	3.75石
喻长瑞	坑口	早	23石	15石	15石	13.75石
巫松妹	坑口	早	25石	16.5石	17石	15.5石
王子牙	坑口	早	5石	3.8石	3.8石	3.5石
巫远泉	坑口	迟	4石	2石	2石	2石
巫光华	坑口	迟	9.5石	2石	2石	1.8石
钟来福	三百兴	早迟	49.5石	14石	14石	12.5石
潘绍酞	三百兴	早	10石	5.8石	5.25石	5石
刘松妹	三百兴	迟	5.5石	2.5石	2.4石	2石
韩连兴	三百兴	早	4石	1石	0.85石	0.85石
张春祥	尚强冲	迟	58石	28石	26.25石	21.5石
李康生	官庄	早迟	52石	27石	27石	23.5石
汪启寿	官庄	迟	10石	7石	7石	6.25石
林桂福	官庄	迟	20石	13.5石	13.5石	13石
郭成兴	官庄	早	6石	1.3石	0.5石	0.5石
黄傅臣	官庄	迟	4石	2.2石	2石	2石
林园云	官庄	早	4石	2.75石	2.75石	2.25石
鲍开莲	官庄	早	12石	7.75石	7.75石	7.25石

续表

佃户	地点	田别	额租	常收	二十七年收	二十八年收
王道焕	高城	早	4 石	3 石	3 石	3 石
辛黑牙	高城	迟	6.5 石	4.5 石	4.5 石	4.25 石
曾发生	高城	迟	20 石	10.5 石	8.5 石	7.5 石
王其二	高城	迟	6 石	3.5 石	3.5 石	3.25 石
蓝麟书	高城	早	23 石	15 石	15 石	13 石
张裕新	高城	迟	60 石	30 石	25 石	24 石
王新宽	高城	迟	9 石	4.75 石	4.75 石	4.75 石
陈贵和	南窑	迟	4 石	2.6 石	2.6 石	2.4 石
陈丁生	南窑	迟	6 石	1.5 石	1.5 石	1.25 石
周茂盛	南窑	早迟	25 石	17.5 石	17.5 石	16.5 石
钟哲启	深塘	早迟	34.5 石	10 石	9.25 石	9.6 石
钟书林	深塘	迟	7 石	2 石	0.5 石	0.5 石
罗冬成	深塘	迟	5.5 石	2.75 石	2.75 石	2.5 石
王逢杨	深塘	迟	7 石	4 石	4 石	3.5 石
黄有名	柏树街	早	16 石	9 石	8 石	7.5 石
黄家通	柏树街	迟	8 石	4.8 石	4.8 石	4.4 石
黄海兴	柏树街	早	5.5 石	3.5 石	3.5 石	3.5 石
彭崇发	柏树街	早	46 石	24.5 石	21.5 石	18 石
黄连生	柏树街	早	8 石	5.75 石	5.5 石	5 石
彭攸崇	柏树街	早	56.5 石	37.5 石	36.5 石	32 石
林炳光	柏树街	早	17 石	11 石	21 石	11 石
张家梅	柏树街	早	7 石	4.5 石	4.5 石	4.5 石
刘用煌	柏树街	早	4 石	1.5 石	1.5 石	1.5 石
林邵勋	柏树街	早	16 石	9.6 石	9.5 石	9 石
陈宝兴	柏树街	早	21 石	13.75 石	11 石	10 石
郭景发	柏树街	早	35 石	18.5 石	15 石	12.5 石
傅石牙	柏树街	早	8 石	5.6 石	3.25 石	3 石
周赞旭	新田	早	4 石	3 石	2.8 石	2.25 石
范福祥	新田	早	4 石	3 石	2.75 石	2.25 石
钟长生	西江	迟	4 石	2.5 石	2.5 石	2.5 石
罗尙妹	西江	迟	59 石	30.5 石	25.5 石	25 石
吴羲福	西江	迟	83.5 石	40 石	38.5 石	28 石
彭集牙	西江	迟	44 石	30 石	26.5 石	21 石
鲁淑生	清水塘	迟	5 石	3.25 石	3 石	3 石
刘香翰	清水塘	迟	8 石	3.25 石	2 石	2 石

续表

佃户	地点	田别	额租	常收	二十七年收	二十八年收
陈福财	清水塘	迟	32 石	25 石	20 石	17.5 石
江来月	清水塘	迟	4 石	2.5 石	1.2 石	0.8 石
陈梅初	下仙源	迟	16.5 石	8 石	6.5 石	6 石
曾启雨	下仙源	迟	8 石	3.8 石	4 石	3.8 石
曾能挺	下仙源	迟	20 石	11 石	10 石	9.5 石
邬佳发	株木桥	迟	7 石	6 石	5 石	4.75 石
李茂实	株木桥	迟	20 石	80 石	69 石	68.5 石
蓝青能	株木桥	迟	18 石	8 石	6.5 石	6.25 石
林丕通	花桥	迟	8 石	5 石	3 石	2.75 石
李祥盛	花桥	迟	48 石	28 石	22.5 石	20 石
张秋俊	三早岭	迟	3 石	2.5 石	1 石	1 石
张光兴	三早岭	迟	10 石	4 石	1.8 石	1.8 石
陈入耿	磳头	迟	4 石	2.25 石	2 石	2 石
杨庆联	磳头	迟	10 石	5 石	4 石	3.75 石
杨进贤	磳头	迟	15 石	9.25 石	5 石	4.5 石
宋家盛	磳头	迟	4 石	2 石	2 石	2 石
曾升吉	磳头	迟	7 石	4 石	3.75 石	3 石
彭洪发	东江	迟	81 石	53 石	54 石	44.5 石
彭锡元	东江	迟	103 石	53.5 石	47 石	44 石
黎松松	东江	迟	110 石	35 石	27 石	20 石
曾新福	东江	迟	4 石	1.5 石	0.5 石	0.5 石
杨国傅	东江	迟	6.5 石	4.25 石	3.5 石	3.25 石
叶旭祥	东江	迟	14 石	8.5 石	5.25 石	4.5 石
王文芳	茭湖	迟	4 石	2 石	1.5 石	1.25 石
钟任德	茭湖	迟	13 石	7.5 石	6.75 石	5.25 石
黎贤章	官田	迟	15 石	8.5 石	6.5 石	6 石
钟久厚	官田	迟	56 石	25 石	22 石	20 石
黎细牛	官田	迟	9 石	5 石	5 石	4.75 石
黎明启	官田	迟	19 石	11.75 石	11.75 石	6 石
韩梧轩	官田	迟	4 石	2.5 石	2.5 石	2.4 石
张火妹	岐源	迟	4 石	2.2 石	2.2 石	2 石
萧章保	岐源	迟	4 石	2 石	2 石	2 石
温生发	岐源	迟	4 石	1.5 石	1.5 石	0.5 石
张高辉	岐源	迟	4 石	1.4 石	1.4 石	0.5 石
杨冬妹	井头	迟	4 石	1.5 石	1.5 石	0.5 石

续表

佃户	地点	田别	额租	常收	二十七年收	二十八年收
谢亦远	井头	迟	10 石	5.5 石	5.5 石	2 石
袁茂林	井头	迟	4.5 石	1.5 石	0.5 石	0.5 石
郑尚贤	井头	迟	4 石	1 石	0.5 石	0.5 石
邓绍六	井头	迟	4 石	1.5 石	0.5 石	0.5 石
陈景育	黎源	迟	2 石	1 石	0.5 石	0.5 石
王世瑞	黎源	迟	10 石	2.7 石	2.5 石	2.5 石
钟启信	黎源	迟	5 石	2.4 石	1.5 石	1.5 石
陶思敬	黎源	迟	4 石	0.5 石	0.5 石	0.5 石
钟启梅	黎源	迟	4 石	2.1 石	0.5 石	0.5 石
蓝家贵	黎源	迟	4 石	1 石	0.6 石	0.6 石
范天高	黎源	迟	2 石	0.5 石	0.3 石	0.25 石
黄家义	黎源	迟	4 石	1 石	0.5 石	0.5 石
黄德新	黎源	迟	34 石	15 石	10.2 石	8.5 石
曾锡甫	黎源	迟	20 石	10 石	9.5 石	7.5 石
曾迪甫	黎源	迟	4 石	1.5 石	0.7 石	0.7 石
曾顺章	黎源	迟	20 石	10 石	2 石	2 石
李世华	谭埠	迟	40 桶	26 桶	10 桶	10 桶
林中和	谭埠	迟	42 桶	22 桶	23 桶	20 桶
李振兴	谭埠	早	42 桶	27 桶	25 桶	27 桶
谢友兰	谭埠	迟	32 桶	17 桶	23 桶	17 桶
黄荣光	谭埠	早	28 桶	18 桶	19 桶	17 桶
张家宝	谭埠	迟	28 桶	14 桶	14 桶	12 桶
梁景秀	谭埠	早	56 桶	39 桶	37 桶	37 桶
叶厚光	白水	迟	100 桶	45 桶	28 桶	22 桶
杨如寿	白水	迟	40 桶	26 桶	19 桶	17 桶
陈世中	白水	迟	60 桶	23 桶	14 桶	12 桶
黄鸣瑞	白水	迟	350 桶	22 桶	126 桶	110 桶
王贞昌	白水	迟	40 桶	19 桶	15 桶	14 桶
黄英元	白水	迟	70 桶	24 桶	10 桶	10 桶
杨开盛	白水	迟	40 桶	24 桶	6 桶	6 桶
蓝为藻	黄茅	迟	10 桶	6 桶	6 桶	5 桶
江振圆	黄茅	迟	36 桶	135 桶	110 桶	100 桶
陈观基	株谭	早	64 桶	51 桶	50 桶	45 桶
汪隆生	株谭	迟	16 桶	8 桶	6 桶	6 桶
贝庆拔	株谭	早	28 桶	2 桶	21 桶	19 桶

续表

佃户	地点	田别	额租	常收	二十七年收	二十八年收
朱景初	株谭	迟	28 桶	19 桶	19 桶	15 桶
张世奎	株谭	早	120 桶	96 桶	96 桶	93 桶
曾定芳	株谭	早	20 桶	10 桶	13 桶	8 桶
刘邦清	株谭	迟	28 桶	12 桶	10 桶	10 桶

万载县龙河学宫考棚等处学产各庄佃底册

名别	佃户姓名	住址	额租数	备注
龙河	陈时英	官庄	16 石	／
龙河	辛辉庆	芋田	2 石	／
龙河	黄棣财	后塘	4 石	／
龙河	黄文棣	后塘	／	每年交纳土租钱 6 千文
龙河	龙文恒	田北	1.6 石	／
龙河	张集州	壢坑	6 石	／
龙河	张遂生	烟塘	3 石	／
龙河	龙元和	东门外	11 石	／
龙河	鲍财元	五里亭	8 石	／
龙河	郭朝茂	岐?	15 石	／
龙河	王回春	李家园	20 石	／
龙河	王雨子	高城	18 石	／
龙河	王庆发	李家园	3 石	／
龙河	谢永妹	东歧	20 石	／
龙河	李鲁牙	桃江口	9 石	／
龙河	辛元隆	蓝田	3 石	每年交纳土租钱 14 千文
龙河	吴财盛	湖潭	13 石	／
龙河	张任生	花桥	13.5 石	／
龙河	辛富成	花桥	9 石	荒
龙河	陈廷其	槽头	8 石	／
龙河	黄秏生	陂脚里	46 石	／
龙河	张礼子、吴外妹	鸭婆洲	40 石	荒
龙河	李细妹	株谭	80 桶	／
龙河	杨天俊	年坪	130 桶	／
龙河	林珠仔	新田	3.5 石	／
龙河	江盛发	青水塘	1.5 石	／
龙河	胡珠仔、胡宝庆	东江	10 石	／

续表

名别	佃户姓名	住址	额租数	备注
龙河	胡书坤	东江	5 石	/
龙河	朱礼保	大桥	10 石	/
龙河	李珍祉	淡里	17 石	/
龙河	辛程鹏	大桥	7 石	/
龙河	易方才	茭湖	4.75 石	此田荒芜甚多
龙河	黄东苟	明江	14 石	/
龙河	李池妹	粽塘	55 石	/
龙河	韩道牙	武家坊	42 石	/
龙河	季友生	西皮塅	10 石	/
龙河	谌金牛	云峰岭	14 石	/
龙河	谌益美	云峰岭	12 石	/
龙河	张信芳	云峰岭	14 石	/
龙河	刘兆才	坪山头	45 石	/
龙河	郭金子、张复仔	坪山头	40 石	/
龙河	张正妹	坪山头	15 石	/
龙河	李细牙	银田	8 石	/
龙河	龙聚珠	花塘	19.7 石	/
龙河	杨元成	淰坡	7.5 石	/
龙河	袁成生、袁珠仔	烟包桥	20 石	/
龙河	王启和	歧里	36 石	/
龙河	王衡兴	歧里	11.5 石	/
龙河	王秀成	歧里	18 石	/
龙河	辛细庚	大桥	2.5 石	/
龙河	杨井妹	六区烟竹何家垴	4 石	/
龙河	李珠牙	高村	8 石	/
龙河	杨登元	水南湾	11 石	荒
龙河	彭谷牙	牛门里	3 石	/
龙河	卢彰元	坝下塅	20 石	/
龙河	李连斗、喻细妹	坝下塅	15 石	/
龙河	杨富高	坝下塅	15 石	/
龙河	彭时发	蓝家岭	4 石	/
龙河	钟八子	钟家坊樟树下	7 石	/
龙河	喻正飞、喻少祖	藏溪	14 石	/
龙河	彭珠牙、彭炳光	小浒	26 石	/

续表

名别	佃户姓名	住址	额租数	备注
龙河	邬细子	莲花亭	4石	／
龙河	易日书	岐山	32石	／
龙河	黄春发	岐山	32石	／
龙河	王细牙	岭下刘家埔	9石	／
龙河	龙瑞发	分宜县黄土店	9石	／
学宫	辛绍岳	东门	6石	每年订交实谷6石
学宫	龙浩仔	栈下	17.5石	每年订交实谷6石
学宫	辛春芳	梅泉	11石	每年订交实谷11石
学宫	王门发	鹤山	12石	每年订交实谷11石
学宫	廖石科	鹤山	33石	每年订交实谷11石
学宫	张元生	思公坪	31.5石	每年订交实谷11石
学宫	杨久松、黄松妹	思公坪	58.5石	每年订交实谷11石
学宫	陈松兰	南窑	6石	／
学宫	杨任牙	横山	28石	每年订交实谷28石
学宫	陈松得	南窑	15石	每年订交实谷28石
学宫	刘福庚、陈外生	蓝田	53石	每年订交实谷28石
学宫	刘旺兴	蓝田	7石	每年订交租钱760文
学宫	宋庚珠	牛裥?	40石	每年订交实谷40石
学宫	辛学和	后塘	24石	每年订交实谷40石
学宫	张金龙、张遂生	烟塘	22石	每年订交实谷40石
学宫	鲍祥任	杨家塘	3石	每年订交实谷40石
学宫	辛建伯	大善口	12石	每年订交实谷40石
学宫	施有元	大善口	／	每年订交土租钱15千文
学宫	张元珍	大善口	／	每年订交土租钱15千文
学宫	杨盛洲	大善口	／	每年订交土租钱洋7元
学宫	龙如海	大善口	／	每年订交土租钱15千文
学宫	龙林如	大善口	／	每年订交土租钱15千文
学宫	龙得胜	大善口	／	每年订交土租钱15千文
学宫	张元珍、龙有元、龙如海	徐家塘	100石	／
学宫	龙贤求	枫子塘	700桶	／
学宫	黄廷才	白水	361石	／
学宫	黄廷瑾	白水	264石	／
学宫	黄廷澜	白水	105石	／
学宫	黄瑾求	白水	180石	／

续表

名别	佃户姓名	住址	额租数	备注
学宫	黄昌攸	白水	105 石	／
学宫	黄高也、黄昌中	白水	100 石	／
学宫	黄建育	白水	90 桶	／
学宫	叶日训	白水	90 石	／
学宫	黄宏智、黄宏礼	白水	230 石	／
学宫	汤怡元	白水	195 石	／
学宫	许元赞	白水	30 石	／
学宫	陈德光	白水	60 石	／
学宫	林叔清	白水	60 石	／
学宫	林相伦	白水	100 石	／
学宫	刘典廷	白水	200 石	／
学宫	朱标杨	栗柱垇	17.5 石	／
学宫	宋甲发	株木桥	15 石	／
学宫	林九成	新田	26 石	／
学宫	严长松	龙田	12.2 石	／
学宫	张林福、彭炳旦	清水塘	56 石	／
学宫	钱新贵、韩敬修	福塘	36 石	／
学宫	杨细毛	淰攸	1.5 石	／
学宫	谌春兴	万岁桥	16.8 石	／
考棚	刘兆海、刘灶妹	高车	46 石	／
考棚	巫海金	月光寺西答里	／	／
考棚	辛黑咕	吹黎	31 石	／
考棚	刘金元、杨永胜	庵仔里	15.5 石	荒
考棚	辛有和	夹仔里	15 石	荒
考棚	龙福牙、刘冬菊	岭东	82 桶	／
考棚	丁胜芳	天符庙	1400 石	抚恤谷 182 桶
考棚	杨春瑞	高村 杨家洲	44 石	

万载县二十六、二十七、二十八年学产租息收入表单位:石　二十九年六月填制表

名称	廿六年	廿七年	廿八年	备考
龙河	419.85	411.45	348.95	查各学产年须修理庄屋费又庄丁工资及庄丁下乡催追各庄佃租谷路上茶水费暨各庄佃缴纳积谷、保学谷等均在各学产租息内开支,理合说明。
学宫	/	835.90	733.40	查学宫租息二十六年由龙河自收,至二十七始并归本处接收,故二十六年未列实收数。
考棚	167.70	155.69	121.40	查考棚租息内龙昭崑抚恤费节年在该租谷内出去桶谷182桶。
合计	587.55	1403.04	1203.75	
计开学产完粮费				
名称	第一二期田赋完粮费			备考
龙河	254.57元			查各学产完粮费,系依据廿八年度学产完纳田赋支付预算数所列计入。
学宫	213.47元			
考棚	159.74元			
合计	627.79元			

万载县龙河学宫考棚粮户清单			
项目/户名		粮户都图甲别	完纳第一二期田赋银数
龙河	龙山书院户	东都一图二甲	64.12元
龙河	龙河书院	二都二图八甲	63.44元
龙河	龙河书院	十六都五图十甲	11.95元
龙河	新增龙河膏火	十六都三图一甲	46.64元
龙河	新捐龙河膏火	二都六图十甲	69.45元
学宫	学兴	二都二图八甲	22.07元
学宫	学元	二四都三十图甲	11.16元
学宫	学师	二四都三图十甲	27.51元
学宫	学儒	二四都三图十甲	31.94元
学宫	学社	二四都三图十甲	19.76元
学宫	学修	二四都三图十甲	100.51元
考棚	万兴贤	二都二图八甲	68.15元
考棚	万育才	二都二图八甲	68.15元
合计		十三户	627.29元

巫氏私立宗正小学校

事由:私立宗正小学校校董巫廷选等为造具校董会立案表,呈请转存核备由。

拟办:令饬遵章拟具校董会章则呈府存核。中华民国二十三年

为造具校董会立案表,恳请分别存转备案事。窃万载第四区龙田地方有巫氏宗正祠原有尝产额租一百五十担。前月召集合族会父老绅耆开会,决议创办宗正初级小学校,提拨该祠租产为宗正学校基金,推举廷选等七、八人为校董,理合造具校董会立案表二份恳请钧长俯赐存转备案,实为学便。

谨呈万载县县长张

计附呈校董会立案表二份

万载私立宗正初级小学校校董会校董巫廷选、巫长启、巫益寿、巫国清、巫懋泰、巫松寿、巫懋全

中华民国二十三年十二月三十日

事由:令遵章规定拟具校董会章程呈府候核。

万载县政府指令　　教字第39号

令私立宗正小学校校董巫廷选等

呈一件:为造具校董会立案表乞核转由。

呈暨名册均悉。仰遵照修正私立学校规程第十五条第四项之规定,拟具校董会章程呈府候核。

此令！原表发还。

县长张

中华民国二十四年一月五日

宋氏私立青阳小学校

事由:为造具校董会成立表册恳请分别存转备案由。

拟办:查所呈各表核与修正私立学校规程规定之表式不符,应另造呈核。

为造具校董会成立表册恳请分别存转备案事。窃职族为发展教育，培植人才起见，因全族开会议决创办族校，名为青阳小学校，办学资金由各祠众会捐助，当即推定校董九人组织校董会。今组织就绪，理合造具校董会成立表册二份呈送钧长俯赐察核，分别存档备案，实为公便！

谨呈万载县县长张

私立青阳小学校董会董事长宋德蕃

中华民国二十四年一月四日

事由：据呈立案各表核与规程不合，应另造呈核由。

万载县政府指令　　教字第47号

令私立青阳小学校董会董事长宋德蕃

呈一件：为造具校董会立案表乞核转由。

呈件均悉。查所填各表核与修正私立学校规程第十五条之规定（私立学校在校董会成立后，须开具的事项包括学校名称、办学目的、事务所所在地、校董会章程、资产资金或其他收入详细项目及其确实证明以及校董姓名、年龄、籍贯、职业及住址。）不符，仰即遵照规定另造呈府，以凭核备！

此令！表发还。

县长张

中华民国二十四年一月六日

事由：换造校董会立案表，准存转由，

万载县政府指令　　教字第84号

令私立青阳小学校董会董事长宋德蕃

呈一件：为遵令换造校董会立案表，乞核备由。

呈件均悉，准予存转，仰即知照。

此令！表及章程存转。

县长张

中华民国二十四年二月二日

事由：为遵令换造校董会立案表及章程，恳请分别存转核备案由。

拟办：存转，准予备案。中华民国二十四年二月二日

呈为遵令换造校董会立案表册及章程，恳请分别存转备案事。案奉钧府教字第47号，指令本会呈送立案表岂核转由内开“呈件均悉，查所填各表核与修正私立学校规程第十五条之规定不符，仰即遵照规定，另造呈府，以凭备核，此令表还”等因。奉此，遵即依照规定换造校董会立案表并校董会章程各二份，备文呈送钧长俯赐察核，分别存转备案，实为学便。

谨呈万载县县长张
万载私立宋氏青阳小学校董会董事长宋德蕃
中华民国二十四年二月一日

万载私立城南宋氏青阳小学校校董会章程

1. 本会依据修正私立学校规程第十三条之规定组织之。

2. 本会定名为私立城南宋氏青阳小学校校董会。

3. 本会设校董9人，由本族城南宋氏分支九房各推举一人内互推董事长一人总理本会一切事务。

4. 本会会址设城南宋氏宗祠内，开会时由董事长召集之校董不得无故缺席。

5. 学校校长由本会选举，教职员由校长聘任。如校长有溺职等事，本会得酌其情节轻重予以警告或罢免之。

6. 学校经费由本族祠会捐助，本会对于经费应负本年度预算及审查上年度决算之责。

7. 校中添置器具及修整校舍得由校长造具预算书交本会经议核后归本会办理之。

8. 本族学生均免收学费，外族学生每学期初级收银一元，高级收银两元。凡学生成绩优良者得由校长将其成绩汇报本会，经审核后分别奖励之。

9. 校董任期为3年，期满即行改选，如有成绩者得连选连任。

10. 本章程如有未尽事宜，容再增修之。

名称		万载私立城南宋氏青阳小学校校董会				
目的		巩固校务,发展教育				
事务所所在地		万载小南门城南宋氏宗祠				
资产资金或其他收入详细项目		资金总额为3200元,由本族城南大祠捐洋400元,一、二、三、四、五、六、七、九、十房,共九房各房众共捐洋2000元,秀四公祠、岐山众、庆台众、灯会、祭会、清明会共捐洋800元,每年依照一份二厘息,共息银384元,外族学生学费每学期初级收银一元,高级二元,本族子女及未婚媳妇一律约免收学费,统计约可收银60元。				
姓名	性别	年龄	籍贯	职业	职务	经历
宋德蕃	男	27	万载	学	董事长	龙河中学毕业
宋振中	男	32	万载	学	出纳	龙河中学毕业
宋汉兴	男	45	万载	商	审核	历办地方公益事务
宋义齐	男	56	万载	商	会计	历办地方公益事务
宋维新	男	28	万载	学	文书	高小毕业
宋德光	男	32	万载	医	协助董事长办理一切会务	医学毕业
宋俊贤	男	27	万载	商	协助董事长办理一切会务	中学肆业
宋绍轩	男	34	万载	商	协助董事长办理一切会务	高小毕
宋益瑞	男	20	万载	学	协助董事长办理一切会务	高小毕

事由:据本县私立城南宋氏青阳小学校校董会董事长宋德蕃呈送该校立案各表,乞分别存转等情,转请核备由。

案据本县私立城南宋氏青阳小学校校董会董事长宋德蕃呈称"呈为……实为学便"等情,计附呈校董会立案表及校董会章程各二份。据此,除将原呈立案表及校董会章程各抽一份备查外,理合各检同一份备文呈送钧府察核示遵!

谨呈江西省政府主席熊

附呈校董会立案表及章程各一份

万载县县长张

中华民国二十四年二月二日

事由:据呈送私立城南宋氏青阳小学校校董会准予备案由。

拟办:转行私立城南宋氏青阳小学校校董会知照。中华民国二十四年二月二十四日

江西省政府指令　　教字第3788号

令万载县县长

呈一件:呈送私立城南宋氏青阳小学校校董会表及章程由。

呈表及章程均悉。查阅该县青阳小学校校董会表及章程,尚均相合,准予备案,仰即转行知照。

此令！附件存。

江西省政府主席熊式辉

中华民国二十四年二月二十四

事由:转本府指令,该校表及章程均尚相合,准予备案。

万载县政府训令　　教字第102号

令青阳小学校校董会

案奉江西省政府指令,本府转呈该校校董会立案表及章程由令开"呈表及章程均悉。查阅该县青阳小学校校董会表及章程,尚均相合,准予备案,仰即转行知照。此令！附件存"等因。奉此,合行令仰该校董会即便知照。

此令!

县长张

中华民国二十四年二月二十四日

私立邱氏梅庄初级小学校

事由:为成立校董会及订定章程填就用表并印模一颗恳请备案由。

拟办:校董会章程间有错误,发还换造。中华民国二十四年一月三十日

呈为呈请事。窃查职地西源向起西溪初级小学校办理有年,毕业多届。嗣因……乱,以致停办。今兹劫后复兴农村破产,而各姓捐款不能负担且地方蒙童又亟待就学,是以职等乃召集我邱汝霖、邱齐岳、邱育智、邱振邦、邱子澄七人为校董,由此七人互推邱燮梅为董事长,并订定校董会章程,填就校董会用表,即于本年春季招生开学,俾使莘莘学子得有进身之阶。为此,理合将校董会章程二份及用表二份呈送钧长核转备案,如何之处？伏乞指令祗遵,俾资遵循。再自刊木质图记一颗,文曰:"万载私立邱氏梅庄初级小学校图记。"理合拓具印模一颗呈请钧府察核备案,合并呈明。

谨呈万载县长张

附呈:校董会章程二份

　　校董会用表二份

万载私立邱氏梅庄初级小学校校董会董事长邱燮梅

中华民国二十四年一月十八日

事由:校董会章程间有错误,发还换造。

万载县政府训令　　教字第70号

令邱氏梅庄初级小学校校董会

呈一件:为成立校董会赍同章程等件呈请备案由。

呈及附件均悉。该姓……能复兴族学，殊堪嘉许，但校董会章程，尚有不少错误，分示如次：

1. 校董人选难免变更，不应将姓名规定于条文内。

2. 校董会有无定额，应加申述。

3. 召集设立者代表大会不宜以改组为限。

权责内应加选聘或改选校长。

5、属于学校范围内的事，校董会不宜逾越职权。

上开几点，应行更正，再行呈候核转，仰即遵照。

此令！表及章程发还。

县长张

中华民国二十四年一月二十九日

鲍氏私立俊逸小学校

事由：呈为遵照各种表册格式造具开办及立案表呈送钧府鉴核准予分别存转。

拟办：存转。中华民国二十四年一月四日

窃查本校自本年春季招生开办以来，迄今学年将满，除本校校董会于本年九月三十日曾经呈奉钧府转奉江西省教育厅核准备案外，对于本校开办经过情形及声请本校立案表册，尚未造送，自应赶办。兹经遵照各种表册格式，克日逐一查填装订成册，理合检同开办及立案表册各二份备文呈送钧府鉴核，准予分别存转，实为公便！

谨呈万载县县长张

私立鲍氏俊逸小学校校长鲍干青

中华民国二十三年十二月二十五日

事由：据呈送县私立鲍氏俊逸小学校开办及呈请立案等表准备案，惟应遵照指饬各点，设法改进由。

拟办：指令俊逸小学遵照切实改进。中华民国二十四年二月二十四日

江西省政府指令　　教字第3278号

令万载县县长

呈一件：呈送私立鲍氏俊逸小学校开办及立案表，乞核令遵由。

呈件均悉。核阅所送各表，大致尚全，准予备案。惟五年级生多未经过初小毕业，应于学期或学年考试时严加甄别，以杜混淆。又表内所列参考图书太少，应应购置儿童文学及本府教育厅最近出版之各种初等教育丛书，仰即转饬遵照为要。

此令！表存。

江西省政府主席熊式辉

中华民国二十四年二月二十日

事由：转知本省府指令，该校立案表等大致尚全，准予备案，仰即遵照指令，切实改进由。

万载县政府训令　　教字第98号

案奉省政府指令“本府呈送该校开办及立案等表，乞核令遵由”令开，“呈件均悉……此令，表存”等因。奉此，合行令仰该校即便遵照，切实改进，毋稍敷衍为要。

此令！

县长张

中华民国二十四年二月二十四日

<table>
<tr><td>学校名称</td><td colspan="2">万载私立鲍氏俊逸小学校</td></tr>
<tr><td>学校种类</td><td colspan="2">完全小学校</td></tr>
<tr><td>学校所在地</td><td colspan="2">万载县西城内鲍大祠</td></tr>
<tr><td>经费来源</td><td colspan="2">以本族义塾不动产额谷396担，每年预算可实收谷255担，又现金1400元每年一分二厘行息，实收息银168元，又本族裕后会不动产额谷31担，每年预算可实收谷15担，以上各数经公众议决提充为学校常年基金。此外，外族学生学费每学期初级征收8角，高级征收1.6元，女生减半，每年除本族子弟及未婚媳妇一律免收外，约可收学费40余元，并义塾裕后租息共计可实收谷270担，每担以2元计算，可值洋540元，息洋168元，统计每年可实收洋740余元，除完粮米80余元外，实存有洋660余元正。</td></tr>
<tr><td>组织及编制</td><td colspan="2">本校组织以分工合作为原则，集权分治为精神，于校长领导之下设置教导处、事务所、新生活指导会、课外活动指导会四系，以分司校政之进行，以校务会议为设施之总汇。
本校编制遵照四二制，初级修业四学年完毕，高级修业二学年完毕。本年春季开办招收初级一班，秋季添招高级一班，现编高初二班，初级以复式教学，高级以单式教学。</td></tr>
<tr><td>实施情形</td><td colspan="2">1. 指导——指导儿童团体自治。
2. 训话——于朝会及周会时由校长或教导主任每次训话一次。
3. 检举——由各教师共同负责检举儿童不良行为并随时纠正之。
4. 联络——将儿童不良言动随时通知其家庭。
5. 惩戒——禁足或禁闭。
6. 激励——奖赏无过失儿童。</td></tr>
</table>

<table>
<tr><td colspan="2">学校名称</td><td colspan="2">万载私立鲍氏俊逸小学校</td></tr>
<tr><td>备考</td><td colspan="3">本校行政分为教导、事务、新生活、课外活动四系办理，而以校长统辖之，其规程约定如下：1. 对于处理校务行政设校务会议，其会议由校长及全体教员组织之，其职权为处理教导及事务会议所不能处理之事务，会期规定每周召开一次，由校长召集之。2. 教导处由教务训育两股组织而成，设主任 1 人，掌理编制课程、考查成绩、研究教育、联络家庭、指导自治及其他一切教务训育事项。对于上项事宜，得召开教导会议，其会议由教导主任召集之，会期规定每周召开一次。3. 事务处由文书、会计、庶务等股组织而成，设主任 1 人，掌理建设布置、会计庶务、文书图书及其他一切事宜。对于上项事宜得召开事务会议，其会议由事务主任召集之，会期规定每周召开一次。4. 新生活指导会设指导员 1 人，关于设计整洁等事项，概由指导员负责指导之。5. 课外活动指导会设指导员 1 人，关于体育、游戏、合作、职业等事项，概由指导员负责指导之。其他对于讲演与竞赛事项，由新生活及课外活动指导会指导员共同负责指导之。</td></tr>
<tr><td rowspan="3">岁入</td><td>资产或资金息金</td><td colspan="2">本校每年度可实收谷 270 担，每担以 2 元估售，得银 540 元，扣除完粮米 80 余元，可实收银 460 余元；又有资金 1400 元之息银 168 元，合计每年可收银 620 余元。</td></tr>
<tr><td>学费收入</td><td colspan="2">44 元</td></tr>
<tr><td>合计</td><td colspan="2">660 余元</td></tr>
<tr><td rowspan="9">岁出</td><td rowspan="3">俸给费</td><td>职员俸给</td><td>24 元</td></tr>
<tr><td>教员俸给</td><td>288 元</td></tr>
<tr><td>校役工食</td><td>72 元</td></tr>
<tr><td rowspan="3">设备费</td><td>图书</td><td>20 元</td></tr>
<tr><td>仪器标本</td><td>30.9 元</td></tr>
<tr><td>校具</td><td>104 元</td></tr>
<tr><td>办公费</td><td colspan="2">30 元</td></tr>
<tr><td>特别费</td><td colspan="2">30 元</td></tr>
<tr><td>合计</td><td colspan="2">598.9 元</td></tr>
</table>

说明：1. 本校系族学性质，对于本族男女学童概行免费，但对于外族学童高级每名每学期酌收银 1.6 元，初级 0.8 元。本校本学年有外族学童 22 名。2. 本校职员除校长月支俸给银 2 元外，余由教员兼充，不另支薪。3. 本校教员 3 人，月各支银 8 元。4. 本校特别费系学童奖励费。5. 本校临时费系实报实销。

万载私立鲍氏俊逸小学校呈报开办课程用表

<table>
<tr><td rowspan="7">课
程</td><td>公民训练</td><td colspan="6">包括体格、德性、经济、政治四项。</td></tr>
<tr><td>国语</td><td colspan="6">包括公民社会、自然、卫生、党义、文艺。</td></tr>
<tr><td>算术</td><td colspan="6">养成儿童计算敏速及正确的习惯以计算日常生活问题的能力。</td></tr>
<tr><td>常识</td><td colspan="6">包括社会、自然、卫生三大类。</td></tr>
<tr><td>社会</td><td colspan="6">适合儿童生活和社会环境</td></tr>
<tr><td>自然</td><td colspan="6">以促进儿童认识自然和利用自然的智能为主。</td></tr>
<tr><td>历史</td><td>地理</td><td>卫生</td><td>美术</td><td>劳作</td><td>音乐</td><td>体育</td></tr>
</table>

说明:1. 所有课程开设自第一学年至第六学年止,但内容和授课时数随学年不同有所变化。2. 所有课程都系必修课程。3. 所有教材选用商务印书馆出版的复兴教科书,参考书选用商务印书馆出版的复兴教科法。

钟氏私立光第初级小学校

事由:为组织校董会,订定章程并各用图记呈请察核由。

拟办:校董会立案应将资产资金及详细项目校董姓名、籍贯、职业、住址开列。来文未曾开列,碍难照准。着造具立案表一份,仰照填呈再候核转。中华民国二十四年一月三十日

呈为呈请事。窃我光第学校,自民国元年呈准立案开办以来,远近学生赖其栽培者不下数百,讵料民十八年……匪乱以致停办,迄今五载,附近之儿童因而失学者不可胜数,成年失学者亦达数十名之多。诚以该处横直十余里,只有此一校,无怪其然也。……职等为挽回人心,洗涤儿童……脑筋,灌输三民主义,恢复固有道德,实行教、养、卫起见,爰于国历去年六月二十日,召集合族绅耆大开会议,重新遵章组织校董会,订定校董会章程,积极筹备开办一切事宜。现在第一学期已告结束,理应将校董会组织情形,填具校董会用表,连同章程呈请钧长核准备案。如何之处,伏乞速赐指令祇遵。又刊就木质正方形校印一颗,名曰"万载县钟氏私立光第初级小学校图记",经于本年一月二十八日启用,理应拓具印模附呈察核,以昭慎重,合并呈明万载县政府县长张。

附呈:校董会章程二份

校董会用表二份

印模一颗文曰万载县钟氏私立光第初级小学校图记

具呈人万载县钟氏私立光第初级小学校校董会董事长钟镜明

中华民国二十四年一月二十八日

事由:核阅附件未将资产资金及其他收入项目详细开列,仰依式换填,再候核转。

万载县政府指令　　教字第73号

令光第初级小学校校董会董事长钟镜明

呈为订立会章并呈印模,请核备由。

呈悉。查阅附件未将资产资金及其他收入项目详细开列,核与规程不符,碍难照转,仰即详细换填,再候核转。又校董会钤记应由主管教育行政机关刊发,该校自行刊用,亦有为合。念该校图已刊就,姑予照准。印模皆存,表发还。

此令!

中华民国二十四年一月卅日

县长张

私立王氏兰溪小学校

事由:呈为兴办族学造具校董会表册,拟缮简章,恳请察核存转备案由。

拟办:所订章程有与限令相抵触之处,据令修改,再行呈核。中华民国二十四年二月一日

呈为兴办族学,遵章组织校董会,造具表册,拟缮简章,恳请察核存转备案事。窃维教育为国家基本事业,民族生存赖乎教育之培养。敝族有鉴及地方。于去年十月十七日召集全族士绅开会,讨论决议遵章组织校董会,取名为"万载私立王氏兰溪小学校校董会",当即公推王济昆等十三人为校董,拟定董事长一人,常务校董二人,以全族各支祠产每年抽收十分之六为办学常年基金。现今计划就绪,开学在即,理合检同表册备文呈请钧长察核俯赐存转,实为学便。

谨呈万载县县长张

计附发:校董会表二份

　　　　校董会组织简章二份

万载私立王氏兰溪小学校校董王灿昆、王纲、王沛园、王济清、王灿星、王楷庭、王灿章、王学聪、王友梅、王球鼎、王锦章、王敷、王盛林

中华民国二十四年一月卅日

事由:兰溪小学呈请立案章程,间有与限令相抵触之处,令仰修正,再行呈核。

万载县政府指令　　教字第76号

令兰溪小学校校董会

呈为造送立案表及章程,请核转备案由。

呈及附件均悉。查所报收入资产尚能维持常年经费,应准备案,惟校董会章程第五、第六两项规定处理校务越出经营设备范围以外,核与规程不符。仰即遵照法令修正,再行呈核。

此令!

县长张

中华民国二十四年二月一日

事由:呈为遵令修正校董会章程,再请察核存转由。

拟办:据准分别存转。中华民国二十四年二月廿日

呈为遵令修正校董会章程,再请察核存转备案事。案奉钧府指令教字第76号内开“查查所报收入资产,尚能维持常年经费,应准备案。但章程第五、第六两项规定处理校务越出经营设备范围以外,,核与定章不符,仰即遵照法令修正,再行呈核,表及章程发还”等因。奉此,遵即将第五、第六两项摘除,是否有当?理合检同表册章程再行备文,呈请钧府察核存转备案,实为公便。

谨呈万载县县长张

万载私立王氏兰溪小学校校董王灿昆、王纲、王沛园、王济清、王灿星、王楷庭、王灿章、王学聪、王友梅、王球鼎、王锦章、王敷、王盛林

中华民国二十四年二月十二日

慈化特别区第三区尚志初级小学校

事由:为兴复尚志初级小学并检呈印模仰祈鉴核俯顺舆情,准予备案加委由。

拟办:准备案,加委。

窃属境改江地□□□□□□□□□□□人众,清光绪末年即由乡前辈联合潘、谢、梅、钟数姓组织尚志初级小学,遵章办理,已层峰备案在卷。不料连年……经济破产,教育停顿,各族儿童徒嗟失学。差幸地方收复,渐次安全,教育之必须恢复与推广,刻不容缓,日华等生长是邦责有攸归。兹于前月二十六日召集各姓父老开会,将原有尚志初级小学重行举办一案提出讨论,当今决议照案通过,并即组织校董会,推潘奕剑为董事长、谢德辉为校长。业于本月十日筹办就绪举行开学典礼,并刊刻图记一颗,即日启用。除将办学经费及经济概况、职教员学生姓名填表呈报外,理合缕呈兴复经过情形,并检呈印模备文呈请钧局,仰祈鉴核俯顺舆情,准予备案加委,以广教育而利进行,实为学便!

谨呈慈化政治局局长白

附呈:经济概况表一份

经济来源表一份

职教员学生姓名一览表一份

潘奕剑、梅仁斯、钟绍林、谢友梅

中华民国二十三年九月二十一日

呈一件:为兴办小学呈送表式备案并予加委由。

呈悉,应准备案并加委,委令随文附发,仰即分别给领为要!

此令! 表存。

计发委令三件

中华民国二十三年十月十四日

慈化政治局局长白

局衔委令　　字第1015号

兹委任潘奕剑为尚志初级小学校董会董事长,兹委任谢德辉为尚志初级小学校校长,谢友梅为尚志初级小学校教员。

此令!

中华民国二十三年十月二十四日

慈化政治局局长白

慈化特别区第三区尚志初级小学校校董、校长及职员表

姓名	潘奕剑	潘叶华	谢日洪	谢志松	谢友梅	梅仁斯	钟绍林	谢德辉
职务	校董	校董	校董	校董	校董兼职员	校董	校董	校长

慈化特别区第三区尚志初级小学校学生名册

姓名	潘叶槐	谢有贵	谢有发	谢有济	潘瀚余	潘叶腾	钟翼春	潘叶秀	潘昌宏
性别	男	男	男	男	男	男	男	男	男
姓名	谢有成	谢有元	谢有源	谢日暘	谢日旺	潘叶添	谢日珍	潘其新	钟士权
性别	男	男	男	男	男	男	男	男	男
姓名	钟翼富	谢日来	潘春生	梅韵华	潘叶桂	潘九牙	潘实牙	潘八牙	谢有玉
性别	男	男	男	男	男	男	男	男	男
姓名	谢有发	谢春古	谢有林	谢日楼	谢日坤	谢日贞	谢圣古		
性别	男	男	男	男	男	男	男		

慈化特别区第三区尚志初级小学校教学

课目	采用书籍	每周教授时间
国语	商务印书馆	12 小时
公民	复兴教科书	2 小时
常识	复兴教科书	4 小时
算术	复兴教科书	4 小时
音乐	复兴教科书	4 小时
体育	复兴教科书	4 小时

慈化特别区第三区尚志私立初级小学校经费来源表

祠庙会社名称	经管人姓名	原有产额总数	原有产额总收入数	提成数	提成应得实数	备改
谢焕成众	谢日亭	迟田 220 把，旱田 15 把。	迟旱谷 44 桶	14%	谷 18 桶	晚稻被旱无收，迟稻因旱少收 12 桶。
谢衍庆会	谢日梅	迟田 85，旱田 140 把。	迟旱谷 50 桶	14%	谷 20 桶	晚稻被旱无收，迟稻因旱少收 4 桶。
谢相启众	谢志梧	迟田 300	谷 62 桶	14%	谷 25 桶	因旱、因荒少收 14 桶。
谢四德众	谢日宏	迟田 65 把，旱田 80 把。	迟旱谷 30 桶	14%	谷 12 桶	晚稻被旱无收，迟稻因旱少收 5 桶。
谢敬睦众	谢志琛	迟田 100 把，旱田 30 把。	谷 30 桶	14%	谷 12 桶	晚稻被旱无收，迟稻因旱少收 4 桶。
潘启成众	潘奕剑	迟田 10 把，旱田 380 把。	谷 85 桶	14%	谷 34 桶	晚稻被旱无收，迟稻因旱少收 10 桶。
潘启谈众	潘长临	迟田 15 把，旱田 125 把。	谷 32 桶	14%	谷 13 桶	晚稻被旱无收，迟稻因旱少收 2 桶。
本校	潘奕剑	迟田 305 把，旱田 1005 把。	谷 308 桶			晚稻被旱无收，迟稻因旱少收 10 桶

慈化特别区第三区尚志私立初级小学校经费收支概况表

支出类别	教员薪金洋	办公费洋	整校舍洋	添置费洋	合计
金额	80 元	17 元	5 元	6 元	108 元
收入总数	110.5 元		收入总数系由各尝及本校租谷售来者		
余存数	2.5 元				
保管机关及管理方法		由校董会保管			

慈化特别区第三区三十六保黄氏私立初级小学校

事由：呈为开办族学校，遵批组织族学董事会，恳请察核备案加委，以利进行事。

批示：准备案加委。中华民国 二三年九月二十二日

呈为开办族学校，遵批组织族学董事会，恳请察核备案加委，以利进行事。窃属校奉到钧局批示内开：查开办族学，呈请立案，应将该校校董会之组织、学校设施情形及经费来源收支概况分别列表呈核。来呈未据造赍，未便据准备案，兹检发表式三种，仰即依式填赍，再候核夺等因。奉此，除遵即召集全族会议，当即推选黄国豪、黄兰芳、黄荣义、黄建藩、黄新德五人为族学董事会董事，内互推黄国豪为董事长，并经遴选黄保权为校长，聘请张守铭为教员外，并善具学校一览表、经费来源收支概况表三种另填呈上。为，此备文呈请钧局俯赐察核，准予备案加委，以利进行而重教育实为公便！

谨呈江西慈化特别区政治局局长白钧鉴

慈化特别区第三区三十六保黄氏私立初级小学校校长黄保权

民国二十三年九月十八日

慈化特别区第三区三十六保黄氏私立初级小学校教学表

科目	国语	常识	公民	算术	珠算	劳作	美术	游戏	唱歌	体育
周时	12 小时	4 小时	2 小时	5 小时	1 小时	4 小时	1 小时	1 小时	1 小时	1 小时
采用书籍	现采用上海商务印书馆民二十二年五六月出版经教育部审定复兴各种教科书籍									
备注	属校于本年 8 月 18 日，开学现布置有黑板两块、讲台一张、号桌 25 张、钟一座、课铃一双，孙总理像一轴，一周共教授 32 小时。									

慈化特别区第三区第三十六保黄氏私立初级小学校学生表

甲班	黄新忠	黄自强	黄永新	黄荣庚	巫南瑞	巫统芳	张福华
性别	男	男	男	男	男	男	男
乙班	黄包生	黄文炳	黄连发	黄绍香	黄利民	黄包寿	巫统升
性别	男	男	男	男	男	男	男
丙班	黄包成	黄益初	黄观华	黄新丙	黄才英	黄包秀	黄建初
性别	男	男	男	男	女	女	男
丙班	黄正康	黄声芳	黄包荣	黄荣美			
性别	男	男	男	男			
备注	以上三班计甲班 7 名、乙班 7 名、丙班 11 名，合共 25 名，均于本年八月 18 日开学入校。						

慈化特别区第三区第三十六保黄氏私立初级小学校董事、校长、教员表

姓名	职务	履历
黄国豪	董事长	康西高小毕业
黄兰芳	董事兼文书	康西高小毕业
黄建藩	董事兼会计	曾历任各公尝会众经理
黄荣义	董事兼庶务	曾历任会众经理
黄新德	董事	曾历任会众经理
黄保权	校长	万载东洲旧制中学毕业,曾经万载县教育局检定教员。
张守铭	教员	万载东洲中学毕业,曾历充龙岩、文德、新智、步文各初小学校长、教员,并曾经万载县教育局检定教员。

慈化特别区第三区第三十六保黄氏私立初级小学校经费来源表

保别	甲别	祠庙会社名称	经管人姓名	原有产业总数	原有产业总收入数	提成数	提成应得实在数
36 保	第三甲	黄玉琳众	黄定登	60 石	25 石	六成	15 石
36 保	第三甲	黄厚本堂众	黄建财	100 石	42 石	六成	25 石
36 保	第三甲	黄奕春众	黄建招	40 石	14 石	六成	8 石半
36 保	第三甲	黄若华众	黄建用	18 石	11 石	六成	6 石
36 保	第三甲	黄子楠众	黄观秀	16 石	9 石	六成	5 石
36 保	第五甲	黄永元会	黄定承	9 石	5 石	六成	3 石
36 保	第三甲	黄桂章众	黄定承	3 石	2 石	六成	1 石

慈化特别区第三区 36 保黄氏私立初级小学经费收支概况表

支出类别	教员费	开办费	伙夫费	置衣费	校长费	办公费	书籍费	杂项伙食费
金额	73 元	6 元	14 元	14 元	4 元	8 元	8 元	13 元
收入总数	150 元	属校对于收入项下将各会众提拔六成,约共收租股 63 石 5 斗之普,值价约 150 元之普。						
余存数	支出合计 140 元,余存 20 元。							
保管机关及管理方法	现收入租谷进出均系校董会管理,存数亦由校董会筹划坚固地存放保管。							

事由:据呈兴办黄氏小学令仰知照由。

局衔指令　　治二字第950号

令黄氏私立初级小学校校长黄保权

呈一件:呈复遵令填送表式恳备案并加委。

呈悉:应准备案,并予加委。委令随文发下,仰即转饬具领为要!

此令! 表存。

慈化特别区政治局局长白

民国二十三年九月二十日

局衔委令　　字第159号：

兹委任黄国豪为黄氏私立初级小学校董事会董事长。

局衔委令　　字第160号：

兹委任黄保权为黄氏私立初级小学校校长。

局衔委令　　字第161号：

兹委任张守铭为黄氏私立初级小学校教员。

此令！

慈化特别区政治局局长白

民国二十三年十月四日

慈化特别区第三区英才初级小学校

事由：呈为将原有英才初级小学继续举办，遴选校董校长，仰祈鉴核俯准备案加委，以广学务由。二三年十月一日

窃属族世居改江，人烟稠密。民十一年材宗等为教育子弟起见，创立英才小学一所，呈准层峰在案。只以地方……沦陷，办学随告停顿，儿童失学于兹数载。今幸地方收复，百废待兴，教育之当为先务，众口铄金，材宗等谬承族务，责无旁贷，爰于前月二十日商同全族父老将原有英才初级小学继续举办，并组织校董会，公推张笃臣为校长，并选定材宗兼理董事长职务，即已分头筹办。于本月十日举行始业典礼，并刊刻校印一颗，理合粘呈印模造具全校经济概况表、经济来源表及职教员学生姓名一览表，备文检呈钧局察核仰祈准予备案加给委任，以利进行，实为公便！

谨呈慈化特别区政治局局长白

附呈：经济概况表一份

职教员学生姓名一览表一份

印模一份

慈化特别区第三区改江张氏族董会主任张材宗

民国二十三年九月二十日

慈化特别区第三区英才初级小学校收支概况表

支出类别	教员薪金		添置费	修整费	办公费
金额	80 元		7 元	3 元	16 元
收入总数	108 元 7 角 5 分	备考　本校及各尝租谷售来者			
余存数	支出合计 106 元,余存 2 元 7 角 5 分。				
保管机关及管理方法	由校董会保存管理				

慈化特别区第三区英才初级小学校校董、校长、教员一览表

姓名	张材宗	张秩宗	张先旺	张士成	张清芳	张笃臣	张肇勋
职务	校董	校董	校董	校董	校董	校长	教员

慈化特别区第三区英才初级小学校教学用表

科目	国语	常识	公民	算术	音乐	体育
周时	12 小时	4 小时	2 小时	1 小时	1 小时	1 小时
采用书籍	现采用上海商务印书馆复兴教科书					
备注	属校于本年 8 月 18 日,开学现布置有黑板两块、讲台一张、号桌 25 张、钟一座、课铃一双,孙总理像一轴,一周共教授 32 小时。					

慈化特别区第三区英才初级小学校学生名册

姓名	张纪纲	张振华	张国新	张振亚	张国长	张国昌	张石保	张祖华	张正秀
性别	男	男	男	男	男	男	男	男	男
姓名	张先宝	张先吉	张意芳	张国蕃	张先祐	张先禧	张德隆	张德厚	张斌牙
性别	男	男	男	男	男	男	男	男	男
姓名	张先开	张晋芳	张先初	张题芳	张接方	张珏牙	张兰香	张慈贞	
性别	男	男	男	男	男	男	女	女	

慈化特别区第三区英才私立初级小学校经费来源表

祠庙会社名称	经管人姓名	原有产业总数	原有产业总收入数	提成数	提成应得实在数	备考
本校	张材宗	早迟田 545 把	谷 130 桶	50%	谷 28 桶	晚稻因旱无收
张翘柏众	张勋明	早迟田 230 把	谷 56 桶	50%	谷 59 桶	晚稻因旱无收
张成美众	张士耀	早迟田 490 把	谷 119 桶	50%	谷 17 桶	晚稻因旱无收
张中元众	张顺芳	早迟田 140 把	谷 34 桶	50%	谷 87 桶	晚稻因旱无收

续表

祠庙会社名称	经管人姓名	原有产业总数	原有产业总收入数	提成数	提成应得实在数	备考
张恭成众	张士玉	早迟田 570 把	谷 178 桶	50%	谷 36 桶	晚稻因旱无收,迟稻因旱少收 20 桶
张凤仪众	张士玉	早迟田 300 把	谷 73 桶	50%	谷 9 桶	晚稻因旱无收
张凤聊众	张士接	早迟田 80 把	谷 19 桶	50%	谷 27 桶	晚稻因旱无收
张凤喈众	张接周	早迟田 230 把	谷 54 桶	50%	谷 8 桶	晚稻因旱无收
张凤高众	张士传	早迟田 70 把	谷 16 桶	50%	谷 15 桶	晚稻因旱无收
涨凤翔众	张士有	早迟田 135 把	谷 31 桶	50%	谷 8 桶	晚稻因旱无收
张若崇众	张先旺	早迟田 90 把	谷 17 桶	50%	谷 9 桶	晚稻因旱无收
张若昆众	张清芳	早迟田 75 把	谷 18 桶	50%	谷桶	晚稻因旱无收迟稻因旱少收 4 桶

事由:据呈兴办英才小学赍填表表令仰知照由。

局衔指令　　治二字第 949 号

令张氏族董会主任张材宗

呈一件:呈为兴办英才小学赍填表式及印模恳备案并加委由。

呈赍均悉:应准备案,并予加委。委令随文发下,仰即转饬具领为要!

此令!表存。

慈化特别区政治局局长白

民国二十三年十月三日

局衔委令　　字第 156 号:

兹委任张材宗为英才初级小学校董事会董事长。

局衔委令　　字第 157 号:

兹委任张笃臣为英才初级小学校校长。

局衔委令　　字第 158 号:

兹委任张肇勋为英才初级小学校教员。

此令!

慈化特别区政治局局长白

民国二十三年十月四日

慈化特别区第三区振网初级小学校

事由:为兴复振网初级小学并检呈印模仰祈鉴核俯顺舆情,准予备案加委由。

批办:准备案,加委。中华民国二三年十月二日

窃属族于民国初年,即由族前辈创立振网初级小学,呈准各层峰备案开办,历有十余载。讵民十九年春,……校舍……焚毁,中途停顿,儿童学子不复得教育,徒抱向隅之感者,于兹数载。兹幸地方收复,百废待兴,教育一端尤为急务,荣向谬膺族务,责有攸归。业于前月一日召集族董开第三次会议,将原有振网初级小学恢复举办一案提出讨论,当今决议照案通过,并即组织校董会推举谢庭燕为董事长,同时荣向兼理校长,即日分头等办聘请教员。已于前月二十日假张姓祠堂为校址,正式开学,并刊刻校印一颗文曰:慈化特别区第三区振网初级小学之图记。为此,理合检呈印模,造具全校经费收支概况表及经费来源表,职教员学生姓名一览表备文缕呈钧局,俯赐察核恳请准予备案加委,俾莘莘学子同沾化雨,失学儿童均沐栽培,实为公便!

谨呈慈化特别区政治局局长白

附呈:经费收支概况表一份

经费来源表一份

职教员学生姓名一览表一份

第三区改江谢姓族董会主任谢荣向

民国二十三年十月一日

慈化特别区第三区振网初级小学校经费来源表

祠庙会社名称	经管人姓名	原有产业总数	原有产业总收入数	提成数	提成应得实在数	备考
本校原有产业	谢庭燕	早迟田 640 把	谷 150 桶	/	迟谷 32 桶	晚稻因旱无收
谢维玉众	/	早迟田 360 把	谷 80 桶	40%	迟谷 56 桶	/
谢新灯会	/	早迟田 590 把	谷 140 桶	40%	早谷 96 桶	/
谢居万众	/	早田 400 把,迟田 480 把。	谷 240 桶	40%	早谷 28 桶	晚稻因旱无收
谢中元会	/	早田 290 把	谷 70 桶	40%	早迟谷 56 桶	晚稻因旱无收
谢光彩众	/	早迟田 570 把	迟早谷 140 桶	40%	迟谷桶	晚稻因旱无收
谢庆余众	/	早田 230 把	早谷 50 桶	40%	早谷 20 桶	晚稻因旱无收
谢裕昌会	/	早田 330 把	早谷 84 桶	40%	早谷 33 桶	晚稻因旱无收

慈化特别区第三区振网私立小学校学生名册表

谢启财	谢观妹	谢启秀	谢启元	谢应国	谢兴荣	谢启承	谢发古
谢振球	谢新民	谢应明	谢应兰	谢荣贵	谢有新	谢复膺	谢幕廉
谢爱群	谢建民	谢钦民	谢荣添	谢有成	谢包古	谢阳发	谢应享
谢启华	谢应添	谢荣仲	谢先明	谢新牙			

慈化特别区第三区振网私立小学校校董、校长、教员一览表

姓名	谢庭燕	谢柱中	谢继枋	谢有思	谢有获	谢荣向	谢日华
职务	校董	校董	校董	校董	校董	校长	教员

慈化特别区第三区振网私立小学校教学用表

科目	国语	常识	公民	算术	音乐	体育
周时	12 小时	4 小时	2 小时	4 小时	1 小时	1 小时
采用书籍	现采用上海商务印书馆复兴教科书					

慈化特别区第三区振网私立小学校收支概况表

支出类别	教员薪金	添置费	办公费	合计
金额	80 元	1 元 7 角五分	20 元	101 元 7 角 5 分
收入总数	117 元 7 角 5 分	备考	本校及各众租谷售来者	
余存数	支出合计 106 元,余存 16 元。			
保管机关及管理方法	由校董会保存管理			

局衔指令　　治二字第 948 号

令谢姓族董会主任谢荣向

呈一件:呈为恢复振网小学推举校董并赍填表式及印模恳备案并加委由。

呈赍均悉:应准备案,并予加委。委令随文附发,仰即转饬具领为要!

此令! 赍件存。

慈化特别区政治局局长白

民国二十三年十月三日

局衔委令　　字第 153 号:

兹委任谢庭燕为振网初级小学校董事会董事长。

局衔委令　　字第 154 号:

兹委任谢荣向为振网初级小学校校长。

局衔委令　　字第 155 号:

兹委任谢日华为振网初级小学校教员。

此令！

慈化特别区政治局局长白

民国二十三年十月四日

慈化特别区第三区龙溪初级小学校

事由：呈为整理原有龙溪初级小学，集资举办遴选校董校长，仰恳俯准备案加委由。

呈悉：准备案加委。民国二十三年十月二日

窃属校于清季间创立成立，历经各层峰备案在卷。年来……地方教育中断，今幸境域收复已告粗定，整理教育层峰既有明令，而庭兰等亦属义不容辞。兹于本月一日召集属校所属各姓各众会各经理商议将原有龙溪小学加提租产，切实整理，经即组织校董会，互推谢有安为董事长，以庭兰为校长著手举办。业于本月十二日开始授业，并刊刻校印一颗，文曰“慈化特别区第三区龙溪初级小学校之图记”。为此，理合填造全校经济概况表，暨经费来源表、职教员学生姓名一览表各一份，备文呈报钧局察核，仰恳请俯准备案加委，以广学务，实为公便！

谨呈慈化特别区政治局局长白

附呈：经济概括表一份

经济来源表一份

职教员学生姓名一览表一份

印模一份

三区龙溪初级小学校校长谢庭兰

民国二十三年九月二十三日

慈化特别区第三区龙溪初级小学校经费来源表

祠庙会社名称	经管人姓名	原有产业总数	原有产业总收入数	提成数	提成应得实在数	备考
本校	谢有安	旱田 25 把 迟田 1300 把	谷 203 桶	／	／	因旱少收 120 桶
谢锡伦众	谢有安	迟田 1000 把	谷 200 桶	60%	谷 120 桶	因旱少收 55 桶
谢报本堂	谢有则	迟田 920 把	谷 180 桶	60%	谷 108 桶	因旱少收 45 桶
谢光前众	谢荣华	迟田 600 把	谷 102 桶	60%	谷 61 桶	因旱少收 45 桶
谢良兴会	谢应龙	迟田 530 把	谷 90 桶	60%	谷 54 桶	因旱少收 39 桶
谢奖序众	谢应泉	迟田 490 把	谷 80 桶	60%	谷 48 桶	因旱少收 39 桶
黄克和众	黄新传	迟田 80 把	谷 20 桶	60%	谷 12 桶	／

慈化特别区第三区龙溪初级小学校学生名册

姓名	谢包秀	谢包庚	谢春秀	谢菊妹	谢荣开	钟成发	钟成生	张石庚
性别	男	男	女	女	男	男	男	男
姓名	谢臣方	谢应崙	谢荣传	黄新万	谢桃华	谢启坤	林炳元	谢鞍珍
性别	男	男	男	男	男	男	男	男
姓名	谢荣培	黄新发	李观贞	谢荣家	谢荣标	谢应洪	谢荣九	谢荣炳
性别	男	男	女	男	男	男	男	男
姓名	谢荣春	林炳贵	李大福	杜石泉	谢应华	黄包庚	谢荣根	谢荣涛
性别	男	男	男	男	男	男	男	男

慈化特别区第三区龙溪初级小学校校董、校长、教员一览表

姓名	谢有安	谢有生	谢应泉	谢荣华	谢新传	谢庭兰	谢健民
职务	校董	校董	校董	校董	校董	校长	教员

慈化特别区第三区龙溪初级小学校教学用表

科目	国语	常识	公民	算术	音乐	体育
周时	12 小时	4 小时	2 小时	4 小时	1 小时	1 小时
采用书籍	现采用上海商务印书馆复兴教科书					

慈化特别区第三区龙溪初级小学校经费收支概况表

支出类别	教员薪金	修整费	添置费	办公费	合计
金额	86 元	8 元	7 元	25 元	101 元 7 角 5 分
收入总数	145 元 4 角 4 分	备考	本校及各众租谷售来者		
余存数		支出合计 106 元,余存 19 元 4 角 4 分。			
保管机关及管理方法		由校董会保存管理			

事由:据呈兴办龙溪初级小学校令仰知照由。

局衔指令　　治二字第 947 号

令龙溪初级小学校校长谢庭兰

呈一件:呈为兴办龙溪初级小学校遴选董事长,推举校长赍填表式及印模恳备案并加委由。

呈赍均悉:应准备案,并予加委。委令随文附发,仰即转饬具领为要!

此令!赍件存。

慈化特别区政治局局长白

民国二十三年十月三日

局衔委令　　字第150号：

兹委任谢有安为龙溪初级小学校董事会董事长。

局衔委令　　字第154号：

兹委任谢庭兰为龙溪初级小学校校长。

局衔委令　　字第155号：

兹委任谢健民为龙溪初级小学校教员。

此令!

慈化特别区政治局局长白

民国二十三年十月四日

慈化特别区第三区第三十八保张氏应德初级小学校

事由:为兴办应德初级小学校呈请核准备案加委,以专责成事由。

呈悉:检发经费来源收支概况等表填报核办,原报存。民国二十三年是十月一日

呈为呈请核准备案加委,以专责成事。缘民族历有应德家塾一所,前被……停止,今幸地方恢复。查各学童尚在失学,爰于六月间召集会议,当即通过组织族学董事会公推,曾经办过学务者五名为董事,并由董事互推张殿松为董事长、张志华为校长,聘李日华为教员,业于七月二十六日开学。兹遵照颁发基金、职员、学生三项表册各填就一份,合即备文汇呈钧局恳请察核准予备案加委,以专责成,至为公便!

谨呈慈化特别区政治局局长白

治下第三区第三十八保张氏应德校董会董事长张殿松。

民国二十三年九月十日

慈化特别区第三区第三十八保张氏应德初级小学校基金册

族姓名称:慈化特别区第三区第三十八保张氏应德初级小学校	所属地点:葵下、铜锣湾、旗焰山等地		族学地点	暂设铜锣湾	
基金数目	租谷	原额465桶,但本岁天旱,收成尚未可定数。		租金	无
基金来源	张仕成公捐迟田十把,张开文公迟田20把,张琨琳公捐迟田20把,张良先公捐迟田20把,张定先公捐迟田20把,张长文公捐迟田20把,张球琳公捐迟田20把,张显长公捐迟田20把,张殿松公捐迟田20把,张宪祥公捐迟田20把,善俗堂公捐迟田20把,共捐迟田340把。				
坐落基金			张聊芳家塾迟田280把		
填报人签名盖章	族学董事会		董事长张殿松		

慈化特别区第三区第三十八保张氏应德初级小学校职员名册

民国二十三年九月十日填

职务	姓名	别号	年龄	籍贯	学历	经历
校长	张志华	震中	24	本区	万载旧制高小毕业曾肄业中学	曾办初级小学
教员	李日华	／	45	本区	与高小毕业同等学力	曾冲初小学校
董事长	张殿松	辅臣	54	本区	医	曾办初级小学
文书	张耀光	藻乡	41	本区	曾在高小肄业	历办初级小学校
会计	张显勤	声朝	48	本区	农	历充本公尝会计
庶务	张显承	声达	40	本区	农	历充本公尝会计
董员	张春雷	振纲	49	本区	农	历充本公尝会计

事由:据呈恢复小学填赍表式令仰遵照由。

局衔批　具呈人:张氏应德初级小学校董事会董事长张殿松。

呈一件:呈为恢复应德学校赍呈三份表式并加委由。

呈悉:所赍表式简略,无从查考,兹检发表式三种,仰即遵照具报,再候核夺。

此批!

慈化特别区政治局局长白

民国二十三年十月四日

慈化特别区第三区三联保六二保邹氏私立养性初级小学校

事由:为恢复办学造具族学董事员姓名、履历表及族学基金表呈报钧局鉴核备案由。

批示:核办。中华民国二十三九月二十六号

呈为呈请事:窃维人才发达,社会进化,国家之兴隆,系为是以平治之道。古昔圣贤惟以兴学立教为务,况乎世界之文明既日进,人民之程度宜日高,非学以开其普通智识,晓畅古今事宜,将何以立足于东亚大陆,以求治人而自治……非学以端其趋向,终无以澈底清乡,是兴学立教,诚为当务之急。族属人民有鉴于此,爰集绅耆会议,决议成立族学董事会,以邹基宗等五人为会员,推定邹懋德为会长。旋经董事会会议决定恢复先年所起养性学校,定名为邹氏私立养性为初级小学校,以大富头邹氏宗祠为校址,公推邹树勋为校长,业于本年八月二十六日实行开学。其开办及常年经费由邹佑德祠、日彩祠、宏毅祠、永兴祠、辛应达中等众按照租金摊派等语记录在卷，除另聘教员依期开学外，理合录案并造具族学董事员姓名履历表，及族学基金表各一份备文呈报钧局鉴核备案，并恳给发委任，以专责成而宏教育，实为公便！

谨呈江西慈化特别区政治局局长白

附呈职员姓名复历表

邹钧猷、邹文粹

民国二十三年九月十六日

慈化特别区第三区三联保六二保邹氏私立养性初级小学校董会员表

姓名	年龄	籍贯	履历
邹茂德	42	杨塘	龙河中校毕业
邹保和	48	大富头	现充各众董事
邹基宗	56	大富头	历充各众董事
邹钧猷	42	大富头	现充各祠众董事
邹文粹	32	大富头	现充各祠众董事

慈化特别区第三区三联保六二保邹氏族学基金表

族学名称	养性学校	所居地点		大富头	族学地点		邹宏毅祠
基金数目	240元	租谷	120石	租金	无	总计	240元
基金来源	由邹佑德祠10石、宏毅祠20石、日彩祠30石、辛应众10石、永兴众30石、辛应达中众20石。						
基金坐落	大富头、胡归坑、杨塘、濠田塅等处						
填报人签名盖章	邹良才			族学董事长	邹茂德		
民国二十三年九月一十六日							

三区三联保第六二保邹氏私立养性初级小学校职员名册

姓名	别号	职务	年龄	籍贯	学历	经历
邹树勋	铭奖	校长	36	大富头	龙岗高小	历充本族先年养性教员，去年充万载四区区办公处书记，上春元本联保民众学校教员，现任本保保长。
邹良才	彦士	教员	35	大富头	龙岗初中毕业	曾充本保保长

事由：据呈办具小学令仰遵照由。

局衔指令　　治字第946号

令邹氏私立养性初级小学校董事会

呈一件:呈报开办小学赍呈表式恳备案并加委由。

呈表均悉:所赍表式与颁发族学规定表式不合,且简略,无从查考。兹检发表式三种,仰即遵填呈报,再侯核夺。

此令! 原表发还。

慈化特别区政治局局长白

民国二十三年十月四日

慈化特别区第三区八十五保鲍氏登云初级小学校

事由:为恢复登云初级小学校呈请钧局长察核备案,并请加委校长由。

批示:检发表式,令填报核办。民国二十三年十月六日

呈为呈请创办族学,以启发童蒙、阐扬道德,恳予鉴核备案,并请下委校长,以专责成事。窃我鲍姓世居本特别区第三区八十五保之零江礄,于民国十七年合族公议,将族中各会众之田租统计百有余石,以作创办族学基金,定名为鲍氏登云初级小学校。因地方……族学由兹停顿,现值收复伊始,承应继续开办,若不从速振兴童蒙,何由启发,道德乌能阐扬。民等有鉴于此,爰于去月十二日,召集全族代表开会,组织族学董事会,负担筹备创办族学事宜,当即推定鲍钦文为校长,决议仍照十七年所提拔之田租为教育基金,择定鲍祥用祠为校址,继续开办初级小学二班,不拘异族男女,一律兼收。业已筹备完竣,招收学生四十余名,理应备文呈请钧局长察核备案,并请加委校长,以专责成,实为学便!

谨呈慈化特别区政治局局长白

鲍氏登云初级小学校校长鲍钦文

民国二十三年十月五日

局衔指令　　字第1010号

令鲍氏登云初级小学校董事员发祥、重祥、勋自、钦诚、初喜

呈一件:呈报开办小学恳备案由。

呈悉:未将具办族学表式填报,未便遵准备案。兹检发表式三种,仰即遵填呈报,再侯核夺。

此令!

慈化特别区政治局局长白

民国二十三年十月十一日

慈化特别区第三区六十一保小溪张氏志仁初级小学校

事由:为恢复张氏志仁初级小学校恳请备案并请加委由。

批示:检发表式,令填报核办。民国二十三年十月七日

为复兴学校恳请备案事。缘敝族先年起立志仁初级小学校,地址设小溪张祠,曾在县教育局立案。自开办以来,历年遵章教授训育蒙童。乃因迩年地方……所有学校物质均被损毁,以致学校停办,蒙童失学。今者幸蒙国军地方收复,欲唤醒群众,非急需振兴学习教育,不可同人等。有鉴于此,爰将原有志仁初级小学校遵章开办起来,改名为慈化特别区第三区六十一保小溪张氏志仁初级小学校,校址仍设原地,以解决失学之困,当即组织董事会,推定张洪芹为董事长,筹备一切事宜。又公推张郁济为校长,经请张启明为教员,于本年七月十二日实行授课,共到校学生 34 名,其学校经费均由各会拔款支持。倘不敷用,尚望上峰设法,从此学校得以振兴,不独学生之幸,而国家实利赖之。但未开学以前,就已呈明联保办公处并转呈上峰备案,迄今数月,未蒙回示。兹特再具呈前来,恳请备案并请加委,俯赐察核,实为公便!

谨呈慈化特别区政治局局长白公鉴

张氏志仁初级小学校董事长张洪芹

民国二十三年十月七日

局衔指令　　字第 1019 号

令第三区六十一保小溪张氏董事会董事长张洪芹

呈一件:呈报具复小学恳备案由。

呈悉:未将具办族学表式填报,未便遵准备案。兹检发具办族学表式三种,仰即遵填呈报,再侯核夺。

此令!

慈化特别区政治局局长白

民国二十二年十月六日

事由:为张氏志仁初级小学校呈表册及刻图记一颗恳请备案事。

批示:准备案加委,图记自刻呈报。民国二三年十月二十九日

为呈表册及刻图记一颗恳请备案事。缘敝会曾为兴办族学呈请备案,蒙付指令一件、族学简章一份、表式三种,今已遵章将表填好,又刻族学图记一颗,名为"慈化特别区第三

区第六于一保张氏志仁初级小学校图记”。统此呈来到请察核俯赐备案,并请加委指导方针,实为公便!

谨呈慈化特别区政治局局长白　公鉴

第三区六十一保小溪张氏董事会董事长张洪芹

民国二三年十月二十五日

局衔指令　　字第1128号

令第三区六十一保小溪张氏族学董事会董事长张洪芹

呈一件:呈报遵填表式,呈赍图模恳备案加委由。

呈暨附件钧悉,应准备案,并予加委,委令随文发下,仰即转给具领。

此令!附件存。

计发委令一件

慈化特别区政治局局长白

中华民国二十三年十一月四日

慈化特别区第三区第六十一保私立张氏志仁初级小学校校董、校长及教员表

姓名	张洪芹	张洪玉	张洪化	张洪和	张锦湧	张郁齐	张启明
职务	董事长	校董	校董	校董	校董	校长	教员

慈化特别区第三区第六十一保私立张氏志仁初级小学校教学用表

科目	国语	公民	常识	写生	算术	体育	音乐	劳作
周时	12 小时	2 小时	1 小时	3 小时	4 小时	4 小时	2 小时	4 小时
采用书籍	采用商务印书馆、中华书局出版社复兴教科书							
备考	每周教授时间共 32 小时							

慈化特别区第三区第六十一保私立张氏志仁初级小学校经费收支概况表

收入总数	共收谷 162 桶正,共收洋 18 元正,共收钱 16 千文正。
支出数	书籍 14 元、教员 30 元、校长 4 元、伙食 10 元、办公 6 元、购置 10 元、杂用 4 元,共 78 元。
余存数	无,现预示仍然亏欠钱洋 10 余元。
保管机关及管理方法	前以张洪芹等组织族学董事会拨定族学基金,尽量提成经费斟酌预算收支,切实保管基金,凡族学事项均以董事人负完全责任。
备考	奈因今岁天旱,所收租息入不敷出,尚望设法指导方针。

慈化特别区第三区第六十一保私立张氏志仁初级小学校经费来源表

保别	别甲	祠庙会社名称	经管人姓名	原有产额总数(田:把)	原有产额总收入数	提成数	提成应得实在数
61保	1甲	仁兴堂	张玉书、张锦增	早迟田280	谷118桶	四成	谷100桶
61保	／	张竹林堂	张锦增、张汉具	早田105	谷3桶	三成	谷30桶
61保	／	张贤林堂	张石兴、张洪玉	早迟田90	谷80桶	二成	谷16桶
61保	／	张云笙	张玉书、张锦增	早田55	谷60桶	二成	谷12桶
61保	／	张永祀堂	张锦蜀、张汉具	早田2	谷2桶	二成	谷4桶
／	／	张十贤堂	张玉崑、张普发	店房二间	钱32千文	五成	钱16千文
52保	1甲	张贤林堂	张石星、张洪玉	店房二所	洋12元	六成	7元2角
52保	1甲	张竹林堂	张锦增、张汉具	店房一所	洋6元	六成	3元6角
61保	1甲	老社会	张郁斋、张洪壬	店房二所	洋12元	六成	7元2角
备考	61保现为万新三区第12保						

慈化特别区第三区第五十九保罗氏培元初级小学校

事由:呈为创办罗氏培元初级小学校恳请鉴核备案推行教育由。

批示:准备案。民国二十三年十月五日

呈为呈报创办族学恳请鉴核推行教育事。窃罗氏培元初级小学校,于八月十八日组织成立,以罗伯三祠为校址,当推定罗俊乐为校长,于八月三十一日开学,其常年经费由罗伯三祠老享会项下提出田租额八十六石零八斗,又有罗文章鉴宗二众项下提出田租额二十一石,又五图兴拔来山田寺田租额六石,共计额租一百一十三石零八斗为该校基金。除招生依照定期开学外,理合备文呈报钧长俯赐鉴核案,实为学便!

谨呈慈化特别区政治局局长白

附检同本会及本校模印二纸,附呈职员表、学生花名表、基金表、授课时间表各一份

慈化特别区第三区第五十九保罗氏培元初级小学校董事长罗月云

慈化特别区第三区第五十九保罗氏培元初级小学校校长罗俊乐

民国二十三年九月二十八日。

慈化特别区第三区第五十九保罗氏培元初级小学校职员表

姓名	职务	年龄	籍贯	学历	经历
罗俊乐	校长	32	本特区第三区	龙河中学毕业	曾充私立朝宗小学及民众学校教员。
罗任贤	教员	32	本特区第三区	万载县立模范小学教员	曾充国民学校教员,现受钧局检定及格。

慈化特别区第三区第五十九保罗氏培元初级小学校基金表

<table>
<tr><td>族名学称</td><td colspan="2">罗氏伯三祠</td><td>族学地点</td><td>乌石塘本祠</td></tr>
<tr><td rowspan="2">基金数目</td><td colspan="2" rowspan="2">原提额租谷一百一十三石零八斗,因本年叠遭水旱奇灾,仅收到实谷三十石,秋收无望矣。</td><td>租金</td><td>按谷价约值银七十余元正</td></tr>
<tr><td>总计</td><td>72 元</td></tr>
<tr><td rowspan="4">基金来源</td><td colspan="2">罗伯三祠老享会项下提出田租额八十六石零八斗</td><td rowspan="4">坐落基金</td><td>水口里</td></tr>
<tr><td colspan="2">罗文章鉴宗二众项下提出田租额二十一石</td><td>团头奖</td></tr>
<tr><td colspan="2">五图兴拔来山田寺田租额六石</td><td>山田寺</td></tr>
<tr><td colspan="2">共计额租一百一十三石零八斗</td><td></td></tr>
<tr><td>具报人</td><td>罗月云</td><td>罗祖照</td><td>罗克明</td><td>罗克华</td></tr>
</table>

慈化特别区第三区第五十九保罗氏培元初级小学校一二级授课时间表

	上午			下午		
	9－9:50	10－10:50	11－11:50	1－1:50	2－2:50	3－3:50
一	纪念周	公民	习字	劳作	常识	体育
二	国语	常识	习字	算术	常识	自然
三	自然	算术	习字	算术	常识	珠算
四	自然	劳作	习字	算术	音乐	体育
五	公民	国语	自然	音乐	劳作	体育
六	自然	作文	作文	劳作	音乐	体育
天	星期日					

慈化特别区第三区第五十九保罗氏培元初级小学校学生名册

姓名	年龄	籍贯	曾经何校	到校年月
罗国清	14	本特区第三区	私塾	23 年 8 月
罗昌文	14	本特区第三区	私塾	23 年 8 月
罗庚林	14	本特区第三区	私塾	23 年 8 月
罗春林	14	本特区第三区	私塾	23 年 8 月
罗昌正	13	本特区第三区	私塾	23 年 8 月

续表

姓名	年龄	籍贯	曾经何校	到校年月
罗正生	13	本特区第三区	私塾	23 年 8 月
罗火球	13	本特区第三区	私塾	23 年 8 月
高石保	13	本特区第三区	私塾	23 年 8 月
孙礼保	13	本特区第三区	私塾	23 年 8 月
罗春泉	13	本特区第三区	私塾	23 年 8 月
罗祖星	12	本特区第三区	私塾	23 年 8 月
罗礼福	12	本特区第三区	私塾	23 年 8 月
孙木生	12	本特区第三区	私塾	23 年 8 月
罗桃化	12	本特区第三区	私塾	23 年 8 月
罗德和	12	本特区第三区	私塾	23 年 8 月
罗外国	11	本特区第三区	私塾	23 年 8 月
罗志贤	10	本特区第三区	潭埠民众学校	23 年 8 月
罗广东	10	本特区第三区	私塾	23 年 8 月
罗包生	10	本特区第三区	私塾	23 年 8 月
罗珠生	10	本特区第三区	私塾	23 年 8 月
罗昌晋	10	本特区第三区	私塾	23 年 8 月
罗庚生	8	本特区第三区	未入私塾	23 年 8 月
罗桃英	8	本特区第三区	私塾	23 年 8 月
罗庚和	8	本特区第三区	私塾	23 年 8 月
罗克盛	8	本特区第三区	私塾	23 年 8 月
罗思盛	8	本特区第三区	私塾	23 年 8 月
罗兴盛	8	本特区第三区	私塾	23 年 8 月
罗明生	8	本特区第三区	私塾	23 年 8 月
罗庆吉	8	本特区第三区	私塾	23 年 8 月
罗庆生	8	本特区第三区	私塾	23 年 8 月
罗成德	8	本特区第三区	私塾	23 年 8 月
罗厚德	8	本特区第三区	私塾	23 年 8 月
罗昆贤	8	本特区第三区	私塾	23 年 8 月
罗子明	8	本特区第三区	私塾	23 年 8 月
罗子光	8	本特区第三区	私塾	23 年 8 月
罗汉贤	8	本特区第三区	私塾	23 年 8 月
罗汉清	8	本特区第三区	私塾	23 年 8 月
罗希贤	8	本特区第三区	私塾	23 年 8 月
罗希圣	7	本特区第三区	私塾	23 年 8 月

事由：呈报开办小学指令照准由。

局衔指令　　治字第981号

令第三区五十九保罗氏培元初级小学校董事会董事长罗月云

呈一件：呈报开办小学填赍表式恳备案由。

呈表均悉：准予备案，委令随文附发，仍仰即分别给领。。

此令！

慈化特别区政治局局长白

民国二十三年十月九日

局衔委令　　字第160号

兹委任罗月云为罗氏培元初级小学校董事会董事长。

局衔委令　　字第161号

兹委任罗俊乐为罗氏培元初级小学校校长。

局衔委令　　字第162号

兹委任罗任贤为罗氏培元初级小学校教员。

此令！

慈化特别区政治局局长白

民国二十三年十月九日

慈化特别区第三区私立唐懋绩初级小学校

事由：呈为遵令填造各表暨图记印模恳请鉴核备案，并恳委任校长以专责成事。

批示：准备案加委。民国二十三年十月十日

呈为遵令填造各表暨图记印模恳请鉴核备案，并恳委任校长以专责成事。窃属校前聘请唐在维为校长及开办情形曾经呈请钧局备案，兹奉治二字第八五五号指令内开呈悉"所请备案应从缓议，兹检发兴办族学章程一份表式三种，仰即遵照详填具报，再候核夺此令"等因，奉此，遵即依颁发表式详实填载二份，并学校图记、校董会图记印模二纸、校长履历表二份，理合备文呈请钧局鉴核备案，并恳颁发给委任，以专责成，实为公便！

谨呈慈化特别区政治局局长白

慈化特别区第三区私立唐懋绩初级小学校校董：唐在云（押）、唐平阶（押）、唐海清（押）、唐江云（押）、唐文峰（押）

民国二十三年十月一日

慈化特别区第三私立唐懋绩初级小学校经费收支概况表

收入总数	由唐懋绩公祠祀产项下拨发 89 石 6 斗，因天旱实得 53 石 7 斗 6 升预约售银。
支出数	支校长薪金和支教员薪金，合计 284 元
保管机管及管理方法	其谷由校董会收存，唐懋绩祠内原有仓内随时出售。

慈化特别区第三区私立唐懋绩初级小学校经费来源表

祠庙会社名称：唐懋绩公享堂（隶属八保）	
原有产额总数	160 石
原有产额总收入数	112 石
提成数	8 石
备考	因天气亢旱，早租欠收，照实得只获六成。

慈化特别区第三区私立唐懋绩初级小学校董、校长及教员表

姓名	唐在云	唐江云	唐海清	唐文峰	唐平阶	唐在维	唐维汉
职务	校董	校董	校董	校董	校董	校长	教员

慈化特别区第三区私立唐懋绩初级小学校教学用表

科目	国语	算术	公民	常识	珠算	社会
采用书籍	商务印书馆，中华书局。					
每周教授时间	上午三节，下午二节。					

慈化特别区第三区私立唐懋绩初级小学校校长履历表

姓名	年龄	性别	学历	经历
唐在维	28	男	东山高小毕业	曾充万载县立第四义务小学校教员二年

慈化特别区第三区私立唐懋绩初级小学校基金表

族姓名称	唐懋绩初级小学校		所居地点	第三区岭塝前	族学地点	唐懋绩公祠
基金数目	租谷	八十九石六斗	租金	无	总计	八十九石六斗
基金来源	由唐懋绩公祠祀产项下拨租八十九石六斗		坐落基金	第三区大富头米筛荷柱坪岭前宜春第七区山陂下		
填报人签名盖章			族学董事会			

事由：令呈赍唐懋绩初级小学表册准予备查加委由。

局衔指令　　治字第1012号

令第三区私立唐懋绩初级小学校校董唐在云

呈一件:私立唐懋绩初级小学校图记印模及表册请鉴核加委由。

呈表均悉:所赍填各表尚无不合,应准备案加委,委状随令附发,仰即分别给领为要。

此令!表册存

慈化特别区政治局局长白

民国二十三年十月十四日

局衔委令　　字第171号:

兹委任唐在维为私立唐懋绩初级小学校校长。

局衔委令　　字第172号:

兹委任唐维汉为私立唐懋绩初级小学校教员。

此令!

慈化特别区政治局局长白

民国二十三年十月十四日

慈化特别区第三区第八十保叶氏族立育元初级小学校

事由:呈为续办族学,造送各种表册粘具印模,请予鉴核备案,并加委校长,以专责成由。

批示:准备案加委。民国二十三年九月三十日

呈为续办族学,造送各种表册粘具印模,请予鉴核备案,并加委校长,以专责成事。叶氏世居本特区第三区叶家塅开散处,各方自民元即创办育元初级族学,以叶家塅叶祠为校舍,办学经费概由各会众按租摊派,每年收支两抵,业经学务机关立案。民十九年,地方……学务因而停顿,兹蒙收复,理宜继续开办,爰于本年二月四日召集合族人士会议开学,定名为慈化特别区第三区第八十保叶氏族立育元初级小学校,暂向各会众筹措大洋十六元八角为开办费,推举叶鸿钧为校长,聘定叶邦彦为教员招生开学。八月七日,又遵照本特区推行族学暂行办法,召集各房代表会议,依法组织族学董事会,当即推定叶荣耀、叶肇康、叶邦彦、叶锡佐、叶爵秋五人为董事,互推叶荣耀为董事长,叶肇康、叶邦彦任文书,叶锡佐任会计,叶爵秋任庶务,划定各会众及私人田产一千一百三十五把为族学基金,由族学董事会负责管理,其余一切设施布置、管理、教授概行遵照族学暂行办法认真办理,以期刷新教育,并刊具图记,文曰:“慈化特别区第三区第八十保叶氏初级小学校章”,启用办

事。所有续开族学缘由，理合造具各种表册粘具印模，备文呈请钧长鉴核备案，并请加委校长，以专责成而利教育，实为学便！

谨呈慈化特别区政治局长白

附呈：学校一览表一份、

经费来源表一份

收支概况表一份

印模一纸

慈化特别区第三区第八十保叶氏族立育元小学校校长叶鸿钧。

民国二十三年九月三十日

慈化特别区第三区叶氏族立育元小学校校董、校长及教员表

姓名	叶荣耀	叶肇康	叶邦彦	叶锡佐	叶爵秋	叶鸿钧	叶邦彦
职务	校董	校董	校董	校董	校董	校长	教员

慈化特别区第三区叶氏族立育元小学校教学用表

科目	国语	公民	常识	算术	珠算	唱歌	体育	劳作	美术
周时	13 小时	2 小时	4 小时	5 小时	1 小时	2 小时	3 小时	4 小时	1 小时
采用书籍	国语读本世界书局出版、公民教科书世界书局出版、常识教科书世界书局出版、新算术教科书商务印书馆出版、珠算教科书商务印书馆出版，唱歌、体育、劳作、美术四科未用教科书，由教员择宜教授。								
备考	国语课时包括讲演 6 小时、作法 2 小时、习字 5 小时，共计 13 小时，所有课程每周教授共 35 小时。								

慈化特别区第三区叶氏族立育元小学校经费来源表

保	甲	祠庙会社名称	经管人姓名	原有产额总数	原有产额总收入数	提成数	提成应得实在数
80	6	叶永兴堂	叶英汉 叶振耀 叶锡佐	早迟田共 890 把	实收早租谷 21 石	40%	早迟田共 350 把，实收早租谷 3 石 7 斗。
80	6	叶亦政堂	叶亮爵 叶基玙	早迟田共 495 把	实收早租谷 11 石	40%	早迟田共 225 把，实收早租谷 4 石
80	7	叶崇兴堂	叶基斌 叶爵秋	早迟田共 220 把	实收早租谷 6 石	40%	早迟田共 80 把，实收早租谷 2 石 4 斗。

续表

保	甲	祠庙会社名称	经管人姓名	原有产额总数	原有产额总收入数	提成数	提成应得实在数
80	7	叶肇山众	叶春锦 叶顺和	早迟田共220把	实收早租谷5石6斗	40%	早迟田共80把,实收早租谷9斗。
80	7	叶云秀众	叶春锦 叶财锦	早迟田共210把	实收早租谷6石	40%	早迟田共80把,实收早租谷9斗。
81	2	叶贞祥众	叶锡喜 叶金茂	早迟田共310把	实收早租谷4石8斗	30%	早迟田共90把,实收早租谷8斗。
72	8	叶肇英众	叶锡通 叶锡瑞	早迟田共190把	实收早租谷3石5斗	25%	早迟田共50把,实收早租谷6斗。
72	8	叶肇宗众	叶锡时 叶瑗爵	早迟田共100把	实收早租谷1石8斗	50%	早迟田共50把,实收早租谷3石7斗。
81	1	叶肇千众	叶麟爵 叶锡章	早迟田共110把	实收早租谷1石8斗	45%	早迟田共50把,实收早租谷6斗。
81	4	叶肇东众	叶清泉 叶仕泉	早迟田共180把	实收早租谷21石	35%弱	早迟田共60把,实收早租谷6斗
82	7	叶茂章			实收早租谷3石8斗		早迟田共20把,实收早租谷7斗。
备考	各会众财产来源不一,股份各异,故所提成数略有多寡之分,叶茂章系私人捐助。						

慈化特别区第三区叶氏族立育元初级小学校经费收支概况表

收入总数	收早租谷15石8斗,收各会众筹措开办费洋16元8角,收外姓附学生学费洋8元,收学生柴炭茶叶洋4元8角,入售早谷14石洋29元4角,以上共入洋84元4角。
支出数	付族学董事会办公费洋5元,付修整校舍洋4元2角,付添置器具洋5元7角,付图书费洋4元,付柴炭茶叶洋6元6角,付上学期教员薪金洋24元,付用丁工赀洋4元,付纸张费洋1元2角,杂费洋2元4角,合计共付洋57元1角。
余存数	存早谷一石8斗,存现洋1元7角。;
保管机关及管理方法	由族学董事会经管,将早晚租谷收存本校,办学需款时即将谷出售。
备考	学生柴炭茶叶费,经董事会议决自本年下学期起一律免收。

事由:据呈开办叶氏族立育元初级小学令知照由。

局衔指令　　治字第1013号

令第三区叶氏族立育元小学校校长叶鸿钧

呈一件:呈送表册、印模请鉴核备案加委由。

呈表均悉:应准备案并予加委,委令随文发下,仰即分别给领为要。

此令!表册存

慈化特别区政治局局长白

民国二十三年十月十四日

局衔委令　　字第173号:

兹委任叶鸿钧为第三区叶氏族立育元小学校校长。

局衔委令　　字第174号:

兹委任叶邦彦为第三区叶氏族立育元小学校教员。

此令!

慈化特别区政治局局长白

民国二十三年十月十四日

事由:据呈江西慈化特别区第三区叶姓族董会粘呈印摹鉴核备查由。

拟办:准备查。民国二十三年十月七日

呈为粘呈印摹请予鉴核备查事。查第三区叶姓族董会,业于本年二月二十四日,开会成立,造具族董表册呈由第三区办公处转呈钧局备案在卷。复经颁发图记式样,令饬依式自行刊刻,赍呈印摹备查。兹依式刊就图记一颗,文曰"江西慈化特别区第三区叶姓族董会之图记",启用办事,理合备文粘呈钧局,请予鉴核备查!

谨呈慈化特别区政治局局长白,

粘呈印摹一纸

令慈化特别区第三区叶姓族董会主任叶肇康

呈一件:呈赍印摹恳察核备查由。

呈件均悉,准予备查。

此令!

局长白

民国二十三年十月十一日

慈化特别区第三区杨氏族立赞化初级小学校

事由:呈为第三区杨氏族立赞化初级小学校遵造各表粘,恳鉴核备案给委,以专责成而宏教育由。

批示:准备案加委。民国二十三年十月三日

呈为遵造各表粘恳鉴核备案给委,以专责成而宏教育事。案奉钧局指令内开:呈件均悉,查族学立案前经本局规定表式通令饬遵在案,外附发表式三种,808 号训令一件,族学章程一份等因。奉此,遵即照章筹设,依式办理一切,遵造各表。兹奉前因,理合粘恳钧长鉴核备案给委,以专责成而宏教育。所有本校印模前经指示,依示刻好执行,以昭信仰,一并粘附备案,合此声明,实为学便!

谨呈慈化特别区政治局局长白

附粘:学校一览表一份

经费来源表一份

收支概况表一份

慈化特别区第三区杨氏族立赞化初级小学校董事会长杨克谐

民国二十三年十月三日

慈化特别区第三区杨氏族立赞化初级小学校校董、校长及教员表

姓名	杨克谐	杨翠鸣	杨辰甫	杨国威	杨大质	杨祚昌	杨国威
职务	校董	校董	校董	校董	校董	校长	教员

慈化特别区第三区杨氏族立赞化初级小学校教学用表

科目	国语	公民	常识	算术	珠算	唱歌	体育	美术	游戏
周时	12 小时	2 小时	4 小时	5 小时	1 小时	1 小时	2 小时	1 小时	1 小时
采用书籍	均采用中华书局出版教科书及世界书局出版教科书								
备考	国语课时包括讲演、作法、习字等,共计 13 小时,加上劳作 4 小时所有课程每周教授共 33 小时。								

慈化特别区第三区杨氏族立赞化初级小学校经费收支概况表

收入总数	现收早稻36谷,晚稻尚未收,售出早稻25石共入大洋45元,收杨孟爵众开办费洋40元,收杨绍弼众开办费洋40元。
支出数	简单修整校舍洋20元,新置学生桌子、黑板洋28元,教授书及标本地图洋26元,教员1名薪金洋40元,杂费洋4元,开办费洋8元,合计共用洋126元。
余存数	存早稻10石。
保管机关及管理方法	由董事会将租谷收存杨孟爵享堂听候使用。
备考	本校外姓附学一概免收学费。

慈化特别区第三区杨氏族立赞化初级小学校经费来源表

保别	甲别	祠庙会社名称	经管人姓名	原有产业总数	原有产业总收入数	提成数	提成应得实在数
70保	2甲	杨孟爵众	杨启彬、杨翠连	1000把	100石	600把	60石
70保	2甲	杨绍弼众	杨翠鸣、杨翠钦	1200把	120石	600把	60石
备考	上棡应得实在数系以丰年而定,本年天旱仅得十成之三,内二车原产共荒田400余把。						

事由:据呈赍表式恳备案并加委指令照准由。

局衔指令　　治字第1014号

令第三区杨氏族立赞化初级小学校董事长杨克谐

呈一件:呈为遵填表式恳备案并予加委由。

呈表均悉:准予备案,并予加委,委令随文附发,仍仰即分别给领。。

此令!

慈化特别区政治局局长白

民国二十三年十月十四日

局衔委令　　字第175号:

兹委任杨克谐为第三区杨氏族立赞化初级小学校董事长。

局衔委令　　字第176号:

兹委任杨祚昌为第三区杨氏族立赞化初级小学校校长。

局衔委令　　字第177号:

兹委任杨国威为第三区杨氏族立赞化初级小学校教员。

此令!

慈化特别区政治局局长白

民国二十三年十月九日

事由:呈为遵式刻就图记粘恳察核备案事。

批示:准备案。中华民国 二三年十月二二日

呈为遵式刻就图记粘恳察核备案事。本年九月七日奉钧局治字第八一四号指令内开,呈一件呈报遵章组织族董会,赍呈董事姓名,恳备案并颁发图记由。呈赍均悉,准予备案,图记可自行刊刻,将印模呈报区办公处备案外,理合粘附印模呈恳钧长察核备案,实为公便!

谨呈慈化特别区政治局局长白

计粘印模一纸

今第三区杨氏族董会主任杨宣民

民国二十三年十月二十日

局长指令字号 1090 号

呈及印模均悉,准予备案,仰即知照。

此令!

局长白

民国二十三年十月二十五日

慈化特别区第三区私立汤竹轩初级小学校

事由:为汤竹轩初级小学校准予备案分别加委由。

批示:准备案加委。民国二十三年十月十日

案奉钧局暂行族学办法第一条,凡有族产之各族,应一律开办族学。本族于民国初年,即办有汤竹轩初级小学一所,经诵一堂,成绩颇嘉,惟其基金,完全由祠众及富户捐助,其保管仍由各捐主担任借领,以其息为常年经费。不幸民十九年……农村宣告破产,而此项债权,遂致根本推翻,故地方虽幸收复,而失学儿童,依然向隅。兹经遵照族学董事会简章,依第四、第三两条之规定,召集全族各户代表大会,推定汤克宏、汤乾生、汤多禄、汤耀辉、汤林生五人为董事,并互推汤克宏为董事长,组织董事会,再召集族董会,开联席会议,决议拨出祠产,以为族学基金,其田把数量,及董事履历,另表呈核。现已聘定汤光亮为校长,业经先行开学,所有组织董事会恢复族学各缘由,理合填造成立表各一份,并案呈请钧座俯赐登核,准予备案,分别加委,不胜惶束待命之至!

谨呈慈化特别区政治局局长白

慈化特别区第三区私立汤竹轩初级小学校董事长汤克宏、董事汤乾生、汤多禄(押)

民国二十三年十月九日

慈化特别区第三区第二联保汤竹轩初级小学校董事会履历表

姓名	职务	年龄	籍贯	职业	经历
汤克宏	董事长	45	黄茅节字乡	学	师范本科毕业,曾充龙岗宾兴高小教育、黄茅善后委员。
汤乾生	文书	56	黄茅节字乡	学	清邑附生,历充小学教员,现充龙岗学校校董。
汤多禄	庶务	52	黄茅节字乡	商	历充祠众管理
汤耀辉	会计	56	黄茅节字乡	商	历充祠众管理
汤林生	董事	34	黄茅节字乡	农	历充祠众管理

慈化特别区第三区第二联保汤竹轩初级小学校经费收支概况表

收入总数	共收洋104元3角
支出数	修整校舍共洋8元5角,购制器具共洋14元2角4分 ,购制书籍挂图共洋7元8角,校长教员每人两月份薪金共洋24元。
	合计:54元5角4分。
余存数	49元7角6分
保管机关及管理方法	本校长房钱柜内经董事事会公同封锁
备考	收数除售股外有竹轩及祖旺二祠开办费24元

慈化特别区第三区私立汤竹轩初级小学校职员名册

姓名	别号	年龄	职务	籍贯	出身	经历
汤光亮	子明	25	校长	黄茅品字乡	万载私立龙河初级中学毕业	历充小学教员及成英初小校长
汤克水	师世	30	教员	黄茅节字乡	龙岗高小旧制毕业	历充私塾教员

慈化特别区第三区私立汤竹轩初级小学校校董、校长及教员表

姓名	汤克宏	汤乾生	汤多禄	汤耀辉	汤林生	汤光亮	汤克永
职务	校董	校董	校董	校董	校董	校长	教员

慈化特别区第三区私立汤竹轩初级小学校教学用表

科目	国语	公民	常识	算术	珠算	音乐	体育	劳作	习字
周时	12小时	2小时	4小时	5小时	1小时	1小时	2小时	1小时	1小时
采用书籍	商务印书馆出版之……适用的复兴教科书。								
备考	每周教授33小时,其分配方法除作文2小时因学生程度关系改作习字外,余皆遵照暂行族学课程标准。								

慈化特别区第三区第二联保汤竹轩族学基金表

族姓名称	黄茅汤氏	所居地点	节字乡之下罗	族学地点	下罗汤竹轩祠	
基金数目	租谷	早租400桶晚租400桶迟租120桶。	租金	无	总计	额租920桶
基金来源	经族董会及校董会联席会议,将竹轩祖旺二祠拨出祠产一部分为本校基金。					
坐落基金	品字乡南岭东山下及本乡塘下					
填报人签名盖章	族学董事会计汤耀辉(押),民国二十三年十月初二日。					

慈化特别区第三区私立汤竹轩初级小学校经费来源表

保别:三十一保	社会庙社名称:汤竹轩祠汤祖旺祠
经管人姓名	董事会会记汤耀辉
原有产额总数	早田1010把,迟田220把。
原有产额总收入数	早租400桶,晚租400桶,迟租120桶。
提成数	早租400桶,晚租400桶,迟租120桶。
提成应得实在数	早租400桶,晚租400桶,迟租120桶。
备考	本庄租谷分早、晚、迟三种,本年早租因旱灾奇重减收120桶,实收280桶。

慈化特别区第三区第四十六保刘氏初级小学校

批示:准备查。中华民国二十三年十月四日

呈为启用图记恳请鉴核备案以昭信行事。属校遵照钧局颁布式样刻定慈化特别区第三区第四十六保刘氏初级小学校章图记一颗,业已启用,理合另盖一份备文呈报钧局,恳请鉴核准予备案,以昭信行,至为公便!

谨呈慈化特别区政治局局长白

局长指令字号980

令慈化特别区第三区第四十六保刘氏初级小学校校长刘佩玉

呈一件:为启用图记附呈印模请鉴核备案由。

呈附均悉,准予备案,仰即知照。

此令! 附件存

中华民国二十三年十月三日

慈化特别区第三区仕节私立初级小学校

慈化特别区第三区仕节私立初级小学校经费收支概况表

收入总数	一共收入租谷 66 石
支出数	学生课桌 30 张 27 元,黑板一块 2 元,讲桌一张 5 元,书籍并学生读本 10 元,摇铃一支 1 元 2 毛,定时钟一挂 5 元 5 毛,教员薪金(并伙食在内)40 元,办公费并布置 15 元,灯油 2 元,各色纸张,合计大共 110 元 7 毛。
余存数	大约尚存 2 元
保管机关及管理方法	学董委员会管理方把各众谷收好,书清账目,要应用时将谷易钱,付清各项账目。

慈化特别区第三区仕节私立初级小学校校董、校长及教员表

姓名	李显才	李显长	李显铭	李理章	李文讲	李辉扬	曹振乾
职务	校董	校董	校董	校董	校董	校长	教员

慈化特别区第三区仕节私立初级小学校教学用表

科目	国语	社会	操体	算术	图画	音乐	手工
每周教授时间	22 小时	2 小时	3 小时	4 小时	1 小时	3 小时	1 小时
采用书籍	采用新课程标准、适用小学国语读本及社会课本。						
备考	每周教授 36 小时,国语课程包括国读 8 小时、国讲 6 小时、国书 6 小时、国作 2 小时。						

慈化特别区第三区仕节私立初级小学校经费来源表

保别:八十四保		甲别:一甲	
祠庙会社名称	李氏仍洲公会众	经管人姓名	李文讲、李傅盛、李显家
	李仕节公会众		李显凤、李璜章、李文芹
	李远球公会众		李文根、李文全、李显扬
原有产业总数	李文讲、李傅盛、李显家三人原有早、迟田一共 200 把,李显凤、李璜章、李文芹三人有早、迟田一共 200 百,李文根、李文全、李显扬三人有早、迟田一共 200 把。		
原有产业总收入数	总收入租一共 60 石		
提成数	均提来办学一共 60 石		
提成应得实在数	一共 60 石		
备考	该各众会只提来 60 石,租来开办学校每石折谷 10 桶。		

慈化特别区第三区蓝氏日知初级小学校

校长姓名:蓝度云 地点设立:柯树下老屋 附学一名郭华矛。

姓名	蓝源兴	蓝为浩	蓝华兴	蓝为璜	蓝为宏	蓝贵兴	蓝为栋
性别	男	男	男	男	男	男	男
姓名	蓝为平	蓝定成	蓝国凤	蓝庚才	蓝崇典	蓝才庚	蓝菊香
性别	男	男	男	男	男	男	女
姓名	蓝素娥	蓝为棠	蓝丙兴	蓝才兴	蓝为尧	蓝国英	蓝国庆
性别	女	男	男	男	男	男	男
姓名	蓝华荣	蓝焕兴	蓝菊华	蓝石清	蓝喜发	蓝玉娥	蓝碧莲
性别	男	男	男	男	男	女	女
姓名	蓝瑞典	蓝庚发	蓝保发	蓝佐兴	蓝景兴	郭华矛	
性别	男	男	男	男	男	男	

民校设立地点或附设:附设于日知学校。民校学生名册

姓名	蓝才石	蓝盛古	蓝石香	蓝仁佐	蓝包桂	蓝包妹	蓝石庚	蓝为森	蓝清妹
性别	男	男	女	男	男	男	男	男	女

慈化特别区第三区张氏旗峰初级小学校

钧局训令一件:据云调查等因。敝族校关于经济困难,待至今九月,业经呈报在案蒙恩赏准来年开办。现今修整尚未成立,候来年开办,祈请训是盼!

谨呈慈化特别区政治局局长白

慈化特别区第三区第四联保凌氏族学校董事

中华民国二十三年十月二十六日。

慈化特别区第三区张氏旗峰初级小学校经费收支概况表

<table>
<tr><td colspan="2">收入总数</td><td colspan="2">共收 294 桶</td></tr>
<tr><td rowspan="3">支出数</td><td>修正校舍</td><td>70 桶</td><td rowspan="3">合计:109 桶</td></tr>
<tr><td>书籍</td><td>27 桶</td></tr>
<tr><td>杂用</td><td>12 桶</td></tr>
<tr><td colspan="2">余存数</td><td colspan="2">185 桶</td></tr>
<tr><td colspan="2">保管机关及管理方法</td><td colspan="2">现在由董事会保管,其谷财蓄仓内,以俟来春出售,非有急需,不许早卖。</td></tr>
</table>

慈化特别区第三区张氏旗峰初级小学校经费来源表

<table>
<tr><td colspan="5">保别</td><td colspan="5">八十一保</td></tr>
<tr><td rowspan="7">祠庙会社名称</td><td>旗远公众</td><td rowspan="7">经管人姓名</td><td>张蓂祥、张宏吉</td><td rowspan="7">原有产额总数</td><td>180 桶</td><td rowspan="7">原有产额总收入数</td><td>54 桶</td><td rowspan="7">提成应得实在数</td><td>22 桶</td></tr>
<tr><td>四兴堂</td><td>张馨吉</td><td>20 桶</td><td>8 桶</td><td>8 桶</td></tr>
<tr><td>敦本堂</td><td>张岑吉、张林祥</td><td>240 桶</td><td>70 桶</td><td>70 桶</td></tr>
<tr><td>崇祀堂</td><td>张湧祥</td><td>120 桶</td><td>37 桶</td><td>37 桶</td></tr>
<tr><td>瑾扬公众</td><td>张壁祥、张浩祥</td><td>340 桶</td><td>110 桶</td><td>77 桶</td></tr>
<tr><td>璠扬公众</td><td>张赐吉</td><td>40 桶</td><td>14 桶</td><td>14 桶</td></tr>
<tr><td>瑰扬公众</td><td>张蓂祥</td><td>340 桶</td><td>110 桶</td><td>66 桶</td></tr>
<tr><td colspan="2">备考</td><td colspan="8">旗远公众提成四成;璠扬公众提成七成;瑰扬公众提成六成。</td></tr>
</table>

慈化特别区第三区张氏旗峰初级小学校校董、校长及教员表

姓名	张林祥	张宏吉	张岑吉	张勇祥	张蓂祥	张效巡	韩应酉
职务	校董	校董	校董	校董	校董	校长	教员

慈化特别区第三区张氏旗峰初级小学校教学用表

<table>
<tr><td>科目</td><td>国语</td><td>公民</td><td>常识</td><td>算术</td><td>珠算</td><td>唱歌</td><td>体育</td></tr>
<tr><td>周时</td><td>12 小时</td><td>2 小时</td><td>4 小时</td><td>5 小时</td><td>2 小时</td><td>2 小时</td><td>2 小时</td></tr>
<tr><td>采用书籍</td><td colspan="7">采用上海中华书局最新出版小学教科书</td></tr>
</table>

慈化特别区第三区黄氏私立初级小学校

慈化特别区第三区黄氏私立初级小学校经费收支概况表

<table>
<tr><td colspan="3">收入总数</td><td colspan="2">180 元</td></tr>
<tr><td rowspan="3">支出数</td><td rowspan="3">合计</td><td rowspan="3">共 372 元</td><td>校长兼教员一人月支薪 8 元</td><td>工役一人月支薪 5 元</td></tr>
<tr><td>办公费约 60 元</td><td>修善费约支 30 元</td></tr>
<tr><td>专任教员一人月支薪 8 元</td><td>图书添置费约支 30 元</td></tr>
<tr><td colspan="3">余存数</td><td colspan="2">无</td></tr>
<tr><td colspan="3">保管机关及管理方法</td><td colspan="2">由学董主任黄治章保管</td></tr>
<tr><td colspan="3">备考</td><td colspan="2">尚欠 192 元,准备由名汉、光华、振公各众拨余租弥补。</td></tr>
</table>

慈化特别区第三区黄氏私立洙山初级小学校经费来源表

<table>
<tr><td>祠庙会社名称</td><td>黄有成祠</td><td>坐落地点</td><td>慈化特别区第三区七十七保八甲</td></tr>
<tr><td>经管人姓名</td><td colspan="3">黄治章</td></tr>
<tr><td>原有产业总数</td><td colspan="3">早田 840 把,迟田 310 把。</td></tr>
<tr><td>原有产业总收入数</td><td colspan="3">共 950 桶</td></tr>
<tr><td>提成数:</td><td colspan="3">六成</td></tr>
<tr><td>提成应得实在数</td><td colspan="3">共 570 桶</td></tr>
</table>

慈化特别区第三区黄氏私立洙山初级小学校校董、校长及教员表

<table>
<tr><td>姓名</td><td>黄治章</td><td>黄国错</td><td>黄芝蕙</td></tr>
<tr><td>职务</td><td>校董</td><td>校长</td><td>教员</td></tr>
<tr><td>经历</td><td>/</td><td>曾在江西省立第七中学毕业,历充宜春私立中心小学教员。</td><td>曾在万载第三区私立龙岗高等小学毕业</td></tr>
<tr><td>备考</td><td colspan="3">开办情由:民国十三年曾由族人黄学稣创办洙山初级小学校,后……停办,迄今年二月开,由黄恒启提议组织校董会,推校董三人,恢复原有洙山小学校,聘黄国错为校长。</td></tr>
</table>

慈化特别区第三区黄氏私立洙山初级小学校教学用表

科目	公民训练	劳作	体育	国语	算术	音乐	社会	自然	卫生
周时	2 小时	3 小时	3 小时	8 小时	5 小时	2 小时	3 小时	3 小时	2 小时
采用教科书籍	均系采用世界书局出版之新课程标准书籍								
备考	本校校具:课桌椅 30 张、椅子 6 把、课钟 1 挂、长桌 3 张、儿童图书 60 件、地图 6 张、挂图 5 件、黑板 2 块、皮球 1 个、铁圈 5 只、痰盂 4 只、党旗国旗 2 面、校旗 1 面,余略。每周教授时间为 31 小时。								

慈化特别区第三区私立李氏平泉初级小学校

事由:呈为呈报私立李氏平泉初级小学校,造具表册,恳祈察核备案,并恳委任校长,以专责成事。

批示:核委。民国二十三年十一月十五日

呈为呈报造具表册,恳祈察核备案,并恳委任校长,以专责成事。儒堪等筹备私立李氏平泉初级小学校,业已就绪,于九月二十八日招收学生李长恒等二十八名,即日正式上课,造具收支概况表册及经费来源表册连同一览表职员表,理合备文呈报钧局察核备案,并恳委任校长,以专责成,实为学便!

谨呈慈化特别区政治局局长白

附表册一本

慈化特别区第三区李氏族学董事董事长李儒堪

民国二十三年十一月七日。

慈化特别区第三区私立李氏平泉初级小学校校董、校长及教员表
二十三年度上学期

姓名	李觉先	李文信	李承绪	李胡叶	李廷赞	李荣嘉	李乘风
职务	校董	校董	校董	校董	校董	校长	教员

慈化特别区第三区私立李氏平泉初级小学校教学用表

<table>
<tr><td>科目</td><td>国语</td><td>公民</td><td>常识</td><td>美术</td><td>算术</td><td>习字</td><td>音乐</td><td>劳作</td></tr>
<tr><td>周时</td><td>12 小时</td><td>2 小时</td><td>1 小时</td><td>2 小时</td><td>4 小时</td><td>3 小时</td><td>2 小时</td><td>4 小时</td></tr>
<tr><td>采用书籍</td><td colspan="8">采用商务印书馆、世界书局出版社复兴教科书</td></tr>
<tr><td>备考</td><td colspan="8">每周教授时间共 30 小时</td></tr>
</table>

慈化特别区第三区私立李氏平泉初级小学校经费来源表

<table>
<tr><td>祠庙会社名称</td><td>经管人姓名</td><td rowspan="4">原有产额总数</td><td rowspan="4">二千零二十把</td><td rowspan="4">原有产额总收入数</td><td rowspan="4">未乱以前历年约收一千一百余桶，本年因干旱又遭劫后仅收六百余桶</td><td rowspan="4">提成数</td><td rowspan="4">提六成</td><td rowspan="4">提成应得实在数</td><td rowspan="4">收谷 360 余桶每桶约值银三角共值洋 108 元</td></tr>
<tr><td>世祥祠明达公</td><td>李儒万、李儒堪</td></tr>
<tr><td>朝鼎公五众</td><td>李观升、李仁升</td></tr>
<tr><td>朝鼎公六众</td><td>李冲、李星升</td></tr>
<tr><td colspan="2">备考</td><td colspan="8">每桶以一斗四升计算，祠庙会社隶属第八保第九甲。</td></tr>
</table>

慈化特别区第三区私立李氏平泉初级小学校经费收支概况表

<table>
<tr><td>总收入数</td><td colspan="4">108 元</td></tr>
<tr><td rowspan="2">支出数</td><td>校长年薪 50 元</td><td colspan="2">教员年新 40 元</td><td>校具 10 元</td></tr>
<tr><td colspan="2">合计</td><td colspan="2">全年合计 100 元</td></tr>
<tr><td>余存数</td><td colspan="4">余 8 元</td></tr>
<tr><td>保管机关及管理方法</td><td colspan="4">由经管人将谷放在黄塘下李世祥仓内</td></tr>
</table>

慈化特别区第三区私立李氏平泉初级小学校职教员履历表

姓名	职务	籍贯	年龄	出身	经历
李荣嘉	校长	万载	32	江西省立林业专门学校毕业	曾任万载育传小学校教员。
李乘风	教员	万载	26	四知小学校毕业	／
李觉先	校董	万载	31	江西省立林业专门学校毕业	曾任万载建设局局员，现任德昌小学教员。

续表

姓名	职务	籍贯	年龄	出身	经历
李承绪	校董	万载	28	东洲中学毕业	/
李文信	校董	万载	28	江西省立工业专门学校肄业	现任德昌小学教员
李胡叶	校董	万载	19	四知小学校毕业	/
李廷赞	校董	万载	24	江西省立法政专门学校毕业	/

慈化特别区第三区私立养正初级小学校

事由:呈为复办养正初级小学校恳请分别存转备案由。

拟办:核示知照。民国二十三年十二月十七日

窃据区属养正初级小学校校董高之栋呈称:呈为复办学校恳请分别存转备案事。窃养正学校原自清末经族前辈呈请各级教育机关备案办理以来,颇称完善。不幸于民十九年……是以停顿,于兹数载,今幸地方收复,而一班……青年不得不借教育以正人心而救残破,乃于七月二十日召集族中绅耆提议复办学校,其经费由族产提拨,当即组织校董会推之栋五人等为校董,同时推定高树华为校长,聘请教员招生上课。尊奉前因,将所有复办情形,理合备文呈请钧长鉴核,分别存转备案,实为公便谨呈等情。

查该校业已开办,颇能遵章教授,据呈前情理合备文转呈钧长鉴核备案!

谨呈慈化特别区政治局局长白

民国二十三年十二月十五日

江西慈化特别区第三区吴姓私立承顺小学校

事由:为恢复承顺高、初两级小学校组织校董会呈请核示委任,转呈省教育厅备案,并颁发校董会钤记由。

批示:核办。民国二十四年三月十二日

窃属校于民国十六年由吴祠提发租产，承顺高、初两级小学校呈经万载东洲教育局转呈省教育厅立案。办学校数载，成绩斐然。迄今□□□□，因民国十九年，□□□□不幸于民国二十年校舍复被焚烧化成焦土，仅余高级教室和自修室两间歪不堪容的破屋。民等为秉承孙总理遗训，恢复民族精神之实，培养青年刻苦勤劳之习惯，发扬教育，普及促进新生活运动之规律起见，遵照上峰明令，恢复与兴办学校，组织校董会，以专责成。奉此，爰于本年二月二八日，召集吴姓全族绅董会议，议决将本祠先年所拨十分之七资产仍作承顺学校常年办学基金，当即公选吴韶、吴克济、吴如章、吴伊川、吴英、吴树藩、吴刚、吴步云、吴俊利、吴宪、吴九渊、吴士林、吴自清等十三人为校董，以吴韶为董事长，以负全校办理一切专责，并由校董会组织建筑校舍筹备委员会，受校董会之指挥，以期建筑完竣，准时开学，业经记录在卷。现建筑筹委员会已于三月一日兴工进行，所有一切经过情形及组织承顺小学校校董会缘由及校董履历，理合一并备文呈请钧长俯赐察核委任，祗遵转呈江西省教育厅备案，并请颁发校董会钤记一颗，文曰“江西慈化特别区第三区吴姓私立承顺小学校校董会钤记”，以昭信守，实为公便！

谨呈江西慈化特别区政治局局长白

附呈校董会立案呈报事项表二份

江西慈化特别区第三区吴姓私立承顺小学校校董会董事长吴韶

民国二十四年三月七日

江西慈化特别区第三区吴姓族立承顺小学校校董会立案呈报事项表

目的	为秉承总理遗训遵照中华民国教育宗旨及其实施方针，恢复民族精神培养国民之道德基础及生活所必需之知识技能为目的。
事务所所在地	江西慈化特别区第三区株潭上街吴姓祠
资产资金或其他收入详细项目	本校办学基金系将吴祠租产拨十分之七（约合田二百一十佃估价值七千三百五十元），常年可以息资洋一千四百余元以作常年办学开支，学费按学生数量高级每名每学年收洋一元，初级免收。
备考	第四栏收入一项包括学费政府辅助费及个人捐赠等，无论临时均应列入，但属临时者应并声明。

江西慈化特别区第三区吴姓族立承顺小学校校董履历表

姓名	性别	年龄	籍贯	职业	职务	经历	住址
吴韶	男	30岁	万载	学	董事长	江西省启新毕业，历任承顺高小教员校长。	株潭市
吴克济	男	29岁	万载	商	校董	曾任初小教员，现任万载大桥市商会执委。	大桥市
吴如章	男	27岁	万载	商	校董	万载私立正谊高小毕业	株潭市

续表

姓名	性别	年龄	籍贯	职业	职务	经历	住址
吴伊川	男	47岁	宜春	医	校董	江西大学医科毕业，曾任养元初小教员及三区七保保长。	宜春城西
吴英	男	40岁	万载	商	校董	正谊高小毕业，曾任株潭商会会计，敬业初小教员。	大水源
吴树藩	男	40岁	萍乡	学	校董	正谊高小毕业，曾任株潭商会庶务，现任萍乡芦溪平民医院会计。	萍乡芦溪
吴刚	男	47岁	万载	学	校董	正谊高小毕业，曾任敬业初小教员，现任瀛洲初小校长。	大水源
吴步云	男	38岁	宜春	商	校董	宜春私立玉山高小毕业	大水源
吴宪	男	27岁	万载		校董	宜春私立钦明高小毕业，现任瀛洲初小教员。	大水源
吴俊利	男	26岁	万载	学	校董	正谊高小毕业，现任茂德初小教员。	大水源
吴九渊	男	27岁	万载	学	校董	万载私立承顺高小毕业，现任民众初小教员。	大桥
吴士林	男	25岁	宜春	商	校董	承顺高小毕业，现任敬业初小校长。	获富
吴自清	男	24岁	万载	商	校董	万载私立承顺高小毕业	亭下
备考	本校系于民国十六年呈请万载东洲教育局转呈省教育应立案，曾办毕业一班后……停顿，现拟继续开办。此表照修正私立学校规程第十五条之规定，凡校董会呈请立案时用之。						

慈化特别区政治局第三区正谊学产及正谊小学校

慈化特别区政治局指令　　中华民国二十三年五月

指令第三区正谊学产保管委员会造具简章表册赍呈备案

呈一件:指令组织校董会选举校董,推定校长赍呈名册钤记印模,请核示遵。

事由:为去岁成立万载三区正谊学产保管委员会呈请补行备案并改名称由。

拟办:改定名称甚安,仰仍候转呈教育厅核示,另令饬遵。

窃地方……蹂躏数载,于兹民众流亡,田园荒芜。自去岁……以来,人心翻然归顺……关于私人产业,各有原主自行处理,惟正谊学校,为一区之文化机关,所有校舍田产,不可无人管理,旅袁人士为维持教育,兴复地方起见,曾于去岁七月间,组织万载三区正谊学产保管委员会,票选荣耀等十五人为执行委员,由执行委员中互选荣耀、希咸、荣向三人为常务委员,再推选荣耀为主席委员。当经抄附简章表册及图模等件,呈请万载县政府备案。迄今万载三区改隶钧局,所有成立正谊学产保管委员会缘由,理合备文连同简章表册等件补呈钧局,仰祈鉴核,准予备案,指令遵行,实为公便!再属会原用图记为万载三区正谊学产保管委员会图记,今应改为慈化特别区正谊学产保管委员会图记,是否有当,并请示遵!

谨呈慈化特别区政治局局长白

附呈:简章一份

委员一览表一份

通讯:指令请寄宜春县商会

万载三区正谊学产保管委员会主席委员叶荣耀、常务委员巫希咸、谢荣向(押)

中华民国二十三年四月

慈化特别区第三区正谊学产保管委员会简章

第一条:本会定名为慈化第三区正谊学产保管委员会。

第二条:本会以保管正谊学校公产,力图复兴地方教育为宗旨。

第三条:本会由慈化第三区正谊各姓人士选举委员十五人,再就委员中互选主席委员一人,常务委员二人组成。

第四条:本会主席委员负召集会议主持会务之责,常务委员须负常驻会办理会中一切会务之责。

第五条：本会委员均为义务职，但驻会办事时须给津贴。

第六条：本会于事务繁重时须均用雇员一人、杂役一人，其员薪数额须由主席委员提交委员会议通过。

第七条：本会委员会议每月至少开会一次。

第八条：本会每月工作经过及收支款项按月列表交由委员会议通过公布。

第九条：本会捐款细则由常务委员拟定，提交委员会议核准行之。

第十条：本简章由委员会议通过，呈请政治局核准施行。

第十一条：本简章如有未尽事宜，得由委员五人以上之提议，交由委员会议修改之。

慈化三区正谊学产保管委员会委员一览表

职别	姓名	年龄	籍贯	略历
主席委员	叶荣耀	38	慈化三区	北京中国大学法律系毕业，历充北京财政部主市，宜春县党部训练部长，江西省立七中教员，现任宜春乡村师范主任教员。
常务委员	巫希咸	45	慈化三区	东洲中学毕业。
常务委员	谢荣向	35	慈化三区	东洲中学毕业，曾充正谊高等小学教员。
执行委员	黄辰清	68	慈化三区	清优附生，曾充正谊学校校董。
执行委员	黄文渊	51	慈化三区	江西吏治训练所第一类毕业，曾充东洲中学教员。
执行委员	黄家藩	41	慈化三区	历充正谊学校校长，万载三区靖卫团团长，宜春县党部干事，万载县警察总队部书记长。
执行委员	杨心傅	43	慈化三区	袁州中学毕业，历充县政府科员。现充宜春全瑞镇商会文牍。
执行委员	谢步叠	42	慈化三区	江西吏治训练所第三类毕业，曾充宜春县政府第一科科员。
执行委员	杨逸农	41	慈化三区	曾充宜春县商会主席，现充万载旅袁同乡会执委。
执行委员	韩伯卿	41	慈化三区	曾充万载旅袁同乡会执委。
执行委员	李策安	35	慈化三区	江西法政专门学校毕业。
执行委员	张锦坊	49	慈化三区	现充万载 旅袁同乡会执委。
执行委员	叶鸿钧	38	慈化三区	江西法政专门学校毕业，曾充正谊高小校长。
执行委员	韩邦怀	43	慈化三区	东洲中学毕业，曾充明道高小教员。
执行委员	刘济民	33	慈化三区	东洲中学毕业，曾充正谊学校校董。

事由：为组织族董会，公推校长，筹备开学，启用钤记，造呈校董名册、钤记、印模，呈请准予备案并加给校长委令由。

窃属校自清季创办，历数十年。近经地方……弦歌辍断，教育缺知。兹幸……社会恢复，为帮助地方善后，复兴乡村文化起见，业由属校学产保管委员会召集各有关系人员开会，组织属校族董会，通过简章，选举庭燕等十五人为校董，并推定曹家藩同志为校长。因原校僻处乡间，恐尚不免危险，为求安全计，已指定以属校所管株市之天后宫为校舍，现经开始筹备开学，并刻制钤记，即于本月启用，理合备文连同校董名册、钤记、印模呈报钧局，仰祈鉴核，准予备案并加给校长曹家藩委令，俾专责成，实为公便！

谨呈慈化特别区政治局局长白

附呈：校董名册一份

钤记印模一份

通讯：指令请寄宜春县商会

慈化特别区第三区正谊小学校校董会董事长谢庭燕

中华民国二十三年四月十八日

慈化特别区第三区正谊小学校校董会董事一览表

职别	姓名	年龄	籍贯	略历
董事长	谢庭燕	56	慈化三区	袁州府立中学毕业，曾充振纲小学校长。
校董	谢济沂	62	慈化三区	曾任黎元洪大总统顾问、东洲中学堂监督（校长）、广州护法非常国会议员、第一期国会众议院议员，万载劝学所所长，东洲中学校校长。
校董	黄迅	51	慈化三区	江西吏治训练所第二期毕业，曾充东洲中学校教员。
校董	黄辰清	68	慈化三区	清优附生，曾充正谊学校校董。
校董	叶荣耀	38	慈化三区	北京中国大学法律系毕业，历充北京财政部主市，宜春县党部训练部长，江西省立七中教员，现任宜春乡村师范主任教员。
校董	曹家藩	41	慈化三区	历充正谊学校校长，万载三区靖卫团团长，宜春县党部干事，万载县警察总队部书记长。
校董	巫希咸	45	慈化三区	东洲中学毕业。
校董	杨逸农	41	慈化三区	曾充宜春县商会主席，现充万载旅袁同乡会执委。
校董	谢旆章	46	慈化三区	曾充明道高小校长，湖南绥宁县政府科员。
校董	韩邦怀	43	慈化三区	东洲中学毕业，曾充明道高小教员。
校董	李策安	35	慈化三区	江西法政专门学校毕业。
校董	刘济民	33	慈化三区	东洲中学毕业，曾充正谊学校校董。
校董	张锦坊	49	慈化三区	现充万载旅袁同乡会执委。
校董	叶鸿钧	38	慈化三区	江西法政专门学校毕业，曾充正谊高小校长。
校董	叶敏初	31	慈化三区	袁州府立中学毕业，曾充体仁高级小学校长兼教员。

事由：呈为转据正谊董事长谢庭燕呈为组设校董会，选举校董推定校长，赍呈校董名册、钤记、印模，恳请鉴核示遵由。

拟办：准予转呈省教育厅，俟核示饬遵由。

呈为转据第三区正谊小学校校董会董事长谢庭燕呈称：窃原校自清季创办，历数十年

□□□□□□□□□□□以专责成，实为公便等情，附呈校董名册一份，钤记印模一份。据此，查组设校董会，选举校董，推定校长各事项均在教育范围，局长未便擅专，除指令呈暨附件均悉，准予连同原件一并转呈教育厅核示，另令饬遵，仰即知照，此令，附件存。除印发外，理合据情连同原附件转呈钧厅呈核，可否备案，仍乞指令祇遵！

谨呈江西省教育厅厅长

附呈：原校董名册一份

钤记印模一份

慈化特别区政治局局长白

中华民国二十三年四月二十三日

全衔指令 治字第102号

令慈化特别区第三区正谊学校族董会董事长谢庭燕

呈一件：为组设正谊小学校董会，选举校董，推定校长，赍呈校董名册、钤记、印模，恳请鉴核备案由。

呈暨附件均悉，准予连同原件一并转呈，呈该会校董名册及钤记、印模省教育厅核示，另令饬遵，仰即知照。

此令！附件存转。

局长白

中华民国二十三年四月三十日

事由：呈为转据本特区第三区正谊学产保管委员会主席委员叶荣耀等呈为组设委员，令造具简章表册赍呈鉴核示遵由。

指令：正谊学产保管委员会主席委员叶荣耀，准发原委员全名称请备案，仰候转呈省教育厅核示，另令饬遵由。

呈为转据本区第三区正谊学产保管委员会主席委员叶荣耀，常务委员巫希咸、谢荣向等（按前隶原万载第三区）呈称：窃地方遭遇蹂躏，数载于兹，□□□□□□□□□□□□□□□□□□□□□今应该改为慈化特别区正谊学产保管委员会□□□□□□□，呈否有当，并请示遵等情，附呈简章一份，委员一览表一份。据此，呈组设学产保管委员会请求备案事项，全系教育范围，局长未便擅专，除指令，呈暨附件均悉，变更委员会名称甚是。惟慈化特别区之下，应加第三区字样，以示区别，至请备案一节，仰候连同原件一并转呈教育厅核示，另令饬遵可也，此令，原件存转，印发外，理合据情转连同原附件转呈钧厅鉴核，可否备案之处，仍乞指令祇遵！

谨呈江西省教育厅厅长

附呈原简章暨委员一览表各一份

中华民国二十三年五月二日

全衔局长白

全衔指令　　治字第103号

令本特别区第三区正谊学产保管委员会主席委员叶荣耀

呈一件：为组设正谊学产保管委员会造具简章、表册赍呈鉴核备案由。

呈暨附件均悉，变更委员会全名称为慈化特别区之下，应加第三区字样，以示区别。呈请备案一节仰候连同该会简章及委员一览表一并转呈省教育厅核示，另令饬遵，呈请该会简章及委员一览表着另各造一份，呈请本局备查，仰即知照。

此令！附件存转

局长白

中华民国二十三年五月二日

事由：为遵令补呈校董会名册、印模及学产保管委员会简章名册由。

奉钧局治字第102号指令尾开：该校校董名册及钤记印模，着另各造具一件，呈留本局备查，仰即知照等因。奉此，遵即填造名册一份及钤记印模，并连同正谊学产保管委员会简章，及委员表各补一份，一并呈送钧局，仰祈鉴核备存！实为公便。

谨呈慈化特别区政治局局长白

附名册一份

印模一纸

学产保管委员会简章及委员表各一份

慈化特别区第三区正谊小学校校董会董事长谢庭燕

中华民国二十三年五月四日

慈化特别区第三区正谊小学校校董会校董一览表

职别	姓名	年龄	籍贯	略历
董事长	谢庭燕	56	慈化三区	袁州府立中学毕业，曾充振网小学校长。
校董	谢济沂	62	慈化三区	曾任黎元洪大总统顾问、东洲中学堂监督（校长）、广州护法非常国会议员、第一期国会众议院议员，万载劝学所所长，东洲中学校校长。
校董	黄文渊	51	慈化三区	江西吏治训练所第一类毕业，曾充东洲中学校教员。
校董	黄辰清	68	慈化三区	清优附生，曾充正谊学校校董。
校董	叶荣耀	38	慈化三区	北京中国大学法律系毕业，历充北京财政部主市，宜春县党部训练部长，江西省立七中教员，现任宜春乡村师范主任教员。
校长	曹家藩	41	慈化三区	历充正谊学校校长，万载三区靖卫团团长，宜春县党部干事，万载县警察总队部书记长。
校董	巫希咸	45	慈化三区	东洲中学毕业。

续表

职别	姓名	年龄	籍贯	略历
校董	杨逸农	41	慈化三区	曾充宜春县商会主席,现充万载旅袁同乡会执委。
校董	谢旆章	46	慈化三区	曾充明道高小校长,湖南绥宁县政府科员。
校董	韩邦怀	43	慈化三区	东洲中学毕业,曾充明道高小教员。
校董	李策安	35	慈化三区	江西法政专门学校毕业
校董	刘济民	33	慈化三区	东洲中学毕业,曾充正谊学校校董。
校董	张锦坊	49	慈化三区	现充万载旅袁同乡会执委。
校董	叶鸿钧	38	慈化三区	江西法政专门学校毕业,曾充正谊高小校长。
校董	叶敏初	31	慈化三区	袁州府立中学毕业,曾充体仁高级小学校长兼教员。

中华民国二十三年五月四日呈

慈化特别区第三区正谊学产保管委员会简章

第一条:本会定名为慈化特别区第三区正谊学产保管委员会。

第二条:本会以保管正谊学校公产,力图复兴地方教育为宗旨。

第三条:本会由慈化三区正谊各姓人士选举委员十五人,再就委员中互选主席委员一人,常务委员二人。

第四条:本会主席委员负责召集会议,主持会务之责,常务委员须常驻会,负办理会中一切事务之责。

第五条:本会委员均为义务职,但驻会办理事者得酌给津贴。

第六条:本会于事务繁重时得酌用雇员一人至二人,其员薪数额须由主席委员提交委员会议通过。

第七条:本会委员会议每月至少开会一次。

第八条:本会每月工作经过及收支款项按月列表交由委员会议通过公布。

第九条:本会办理事细则由常务委员拟定,提交委员会议核准行之。

第十条:本简章由委员会议通过,呈请政治局核准施行。

第十一条:本简章如有未尽事宜得由委员五人以上之提议交由 委员会议修改之

中华民国二十三年五月四日

慈化特别区第三区正谊学产保管委员会委员一览表

职别	姓名	年龄	籍贯	略历
主席委员	叶荣耀	38	慈化三区	北京中国大学法律系毕业,历充北京财政部主市,宜春县党部训练部长,江西省立七中教员,现任宜春乡村师范主任教员。
常务委员	巫希咸	45	慈化三区	东洲中学毕业。
常务委员	谢荣向	35	慈化三区	东洲中学毕业,曾充正谊高等小学教员。

续表

职别	姓名	年龄	籍贯	略历
执行委员	黄辰清	68	慈化三区	清优附生,曾充正谊学校校董。
执行委员	黄文渊	51	慈化三区	江西吏治训练所第一类毕业,曾充东洲中学教员。
执行委员	黄家藩	41	慈化三区	历充正谊学校校长,万载三区靖卫团团长,宜春县党部干事,万载县警察总队部书记长。
执行委员	杨心傅	43	慈化三区	袁州中学毕业,历充县政府科员。现充宜春全瑞镇商会文牍。
执行委员	谢步叠	42	慈化三区	江西吏治训练所第三类毕业,曾充宜春县政府第一科科员。
执行委员	杨逸农	41	慈化三区	曾充宜春县商会主席,现充万载旅袁同乡会执委。
执行委员	韩伯卿	41	慈化三区	曾充万载旅袁同乡会执委。
执行委员	李策安	35	慈化三区	江西法政专门学校毕业。
执行委员	张锦坊	49	慈化三区	现充万载 旅袁同乡会执委。
执行委员	叶鸿钧	38	慈化三区	江西法政专门学校毕业,曾充正谊高小校长。
执行委员	韩邦怀	43	慈化三区	东洲中学毕业,曾充明道高小教员。
执行委员	刘济民	33	慈化三区	东洲中学毕业,曾充正谊学校校董。

中华民国二十三年五月四日呈

事由:指令据呈正谊学校校董会名册,印模及学产保管委员会简章名册已悉由。

江西慈化特别区政治局指令

令第三区正谊小学校董事长谢庭燕

呈一件,呈赍校董会名册印模及学产保管委员会简章名册由。

呈赍均悉,此令,附件存。

局长白

事由:据呈送正谊小学校董会校董履历表及学校钤模应查照规定办理再呈核备由。

江西省教育厅指令

令慈化特别区政治局局长

呈送正谊小学校董会履历表及学校钤模乞核备由。

呈暨表件均悉,查该校并未注明立别,来表填报,亦属不合。兹检发私立学校立案表式一册,教育旬刊第七卷第九期一册(内载修正私立学校规章),仰即转饬遵照换具立案表,呈请候核为要!

此令! 表件发还。

经启者:前接贵局呈请检发私立学校立案表式及第七卷第九期教育旬刊已收,兹照检寄私立学校立案表式一份,教育旬刊第七卷第九期一册,□□□□□□,希查收为盼,专此!

慈化特别区政治局

江西省教育厅收发处启

中华民国二十三年五月二十三日

事由:据呈为转据本区第三区正谊学产保管委员会主席叶荣耀等呈为组设委员会造具简章表册,请核示等情准予备案由。

转令知照。注意调卷拟稿。

中华民国二十三年五月二十八日

江西省教育厅指令

令慈化特别区政治局

呈为转据本特区第三区正谊学产保管委员会主席委员叶荣耀等呈为组设委员会,造具简章表册,请核示由。

呈件均悉,准予备案,仰即转饬遵照!

此令!件存。

中华民国二十三年五月二十三日

江西慈化特别区政治局训令　　政字第359号

令第三区正谊学产保管委员会主席委员叶荣耀等。案查前据该保管委员会呈以组设委员会,造具简章表册请核示各情,业经转呈指令各在案,□□□□□□□□□□□□□。

奉江西省教育厅育字第9783号指令,本局呈一件,为转据本特区第三区正谊学产保管委员会主席委员叶荣耀等呈为组设委员会,造具简章表册请核示由开:呈件均悉,准予备案,仰即转饬知照,此令等因。□□□□□□令仰该会即便知照。

此令!

局长白

事由:呈复教育厅请检发私立学校立案表式一册,教育旬刊第七卷第九期一册□□□□□□遵办由。

局长白

江西省慈化特别区政治局政令

案奉钧厅育字第9768号指令开

呈暨表件均悉,表件发还等因,计发还正谊小学校钤记录印模一纸、正谊小学校校董会校董一览表一本。奉此,自应遵办,惟奉发下教育旬刊二册:一件第九卷第五期;一件第九卷第七期,查阅二册要目内未载有修正私立学校规程,至私立学校立案表式一册未奉颁到□□□□□□恳检发私立学校立案表式一册、教育旬刊第七卷第九期一册下局,以便遵办。现收到教育旬刊第九卷五、七两期,存局负缴,合并声明。

江西省教育厅厅长程

全衔局　　训令正谊小学校校董会

为饬换具立案表呈局核转由

江西慈化特别区政治局训令政字第477号

令第三区正谊小学校董会董事长谢庭燕

案查前据该董事长呈为组织校董会，公推校长，筹备开学，启用钤记，造呈校董名册、钤记印模请予备案等情，经转呈奉江西省教育厅育字第9768号指令开：呈送正谊小学校董会履历表及学校钤模乞核备由，呈暨表件均悉，云云表件发还等因。奉此，合行检发私立学校立案表式一册，抄发修正私立学校规程一份，令仰该董事长即便遵照，换具立案表呈局核转为要，原表件发还。

此令！

附检发私立学校立案表式一册，抄发修正私立学校规程一份，原件一份。

局长白

事由：遵令造换立案表册，拟具章程及启用印模，一并呈送请分别存转备案由。

案奉钧局政字第477号训令（除原文有案邀免冗叙外）尾开：奉此合行检发私立学校立案表式一册，抄发私立学校规程一份，令仰该董事长即便遵照换具立案表，呈局核转为要，此令等因。奉此，遵即依照表式及规程，造换立案表册，并刻换校章，即日启用。理合检陈表册章程印模，呈送钧局，仰祈鉴核，分别存转备案，实为学便！

谨呈江西慈化特别区政治局局长白

附呈：慈化特别区第三区私立正谊小学校校董会立案呈报事项表二份

慈化特别区第三区私立正谊小学校校章印模

慈化特别区第三区私立正谊小学校校董会章程二份

慈化特别区第三区私立正谊小学校校章印模二份

慈化特别区第三区私立正谊小学校校董会董事长谢庭燕

中华民国二十三年八月一日

事由：指令正谊小学呈送立案表并请立案由。

局长白原衔指令

令正谊小学

呈一件，呈赍各表，鉴核准备案由。

呈表均悉，仰收查教育厅颁发立案表式一册，交还再俟核示。

此令！附件存。

局长白

中华民国二十三年八月三日

全五小学校经费使用及办学情节

万载县政府训令　　教字第305号

令全五小学校董会

案奉江西第二区行政督查专员公署民字第204号训令开：案奉江西省政府民字第45197号巡令开：据万载县张呈送该县私立全五小学校董会立案表及校董会章程，乞核备案等情，查阅来表大体尚合，准予备案，惟章程内第十一条报载董事长，月支夫马费、火食费、财务保管员、财务监督员、预算决算审核员以及会计、庶务书记等各月支五元，殊属浪费应饬除。管理租息、审核、预算、计算、决算由该会负责，收租及开会时必要费用得约列支出费外，其余事务缮写，应由该职员兼任，不必另设专员，以节靡费，并应收节余之款尽数拨充该校，或添办初小班次及短期小学班之用。仰即转饬，切实纠正为要，此令，附件存等因，奉此合行令仰该县长即便转饬遵照指示各点，切实纠正为要。

此令！

县长张乡甫　科长谢民德代行

中华民国二十四年四月二十七日

指令：私立全五小学

事由：据呈送毕业学生表册并恳声复省府准予继续开办等情指令知照由

江西省万载县政府指令

令私立全五小学校长黎民望

本年三月七日呈一件：为呈送毕业学生表册并恳请声复省府准予继续开办由。

呈悉。查此案业经本府于三月七日声复在案，仰候省府指复到县，再行核办，着即知照！

此令！附件暂存

县长卢

中华民国二十四年四月

江西省万载县私立全五小学毕业生履历成绩表　民国二十六年度第二学期

姓名	性别	年龄	籍贯	入学年月	毕业年月	备注
廖林桢	男	16	万载	民国二十五年二月	本年一月	／
朱霖华	男	16	万载	民国二十五年二月	本年一月	／
江克英	男	14	万载	民国二十五年二月	本年一月	／
包明德	男	16	万载	民国二十五年二月	本年一月	／
凌振中	男	16	万载	民国二十四年八月	本年一月	留级一学期

续表

姓名	性别	年龄	籍贯	入学年月	毕业年月	备注
王附庠	男	14	万载	民国二十四年八月	本年一月	留级一学期
谢少勋	男	14	万载	民国二十五年二月	本年一月	/
张效良	男	14	万载	民国二十四年八月	本年一月	留级一学期
黎振华	男	15	万载	民国二十五年二月	本年一月	/
钟仁民	男	16	万载	民国二十四年八月	本年一月	留级一学期
黎国荃	男	17	万载	民国二十五年二月	本年一月	/
钟来瑞	男	14	万载	民国二十五年二月	本年一月	/
朱学华	男	16	万载	民国二十六年八月	本年一月	由体仁小学转入插班
张松生	男	14	万载	民国二十六年八月	本年一月	由体仁小学转入插班
陈绍东	男	15	万载	民国二十五年二月	本年一月	/
刘师向	男	14	万载	民国二十五年二月	本年一月	/
廖忠勋	男	17	万载	民国二十五年二月	本年一月	/
邱霖高	男	14	万载	民国二十五年二月	本年一月	/
邬文彬	男	14	万载	民国二十五年二月	本年一月	/
吴士英	男	13	万载	民国二十五年二月	本年一月	/
张洪俊	男	13	万载	民国二十五年二月	本年一月	/
萧德华	男	12	万载	民国二十五年二月	本年一月	/
吴文元	男	12	万载	民国二十五年二月	本年一月	/
夏清平	男	16	万载	民国二十六年八月	本年一月	由萃州小学转入插班
刘震民	男	15	万载	民国二十六年八月	本年一月	由萃州小学转入插班
夏进兴	男	15	万载	民国二十六年八月	本年一月	由萃州小学转入插班
李政模	男	15	万载	民国二十六年八月	本年一月	由萃州小学转入插班
丘元峰	男	17	万载	民国二十四年八月	本年一月	留级一学期
丘国清	男	17	万载	民国二十四年八月	本年一月	留级一学期
丘思齐	男	16	万载	民国二十四年八月	本年一月	留级一学期

民国二十七年三月填

事由:为改选校董会,呈请备案由。

拟办:该校诉愿案尚未解决,所请备案,碍难照准。中华民国二十七年三月九日

窃属校前任校董各职员因任期已满,兹于一月二十日召集全区绅耆会议改选,票选曾振家等九人为校董,复由各校董互推曾振家为董事长。振家谨于本年二月二十八日到职视事,除分行外理合具文呈请钧府鉴核备案。实为学便!

谨呈县长卢

附呈校董会职员一览表一份

万载第四区全五小学校董事长曾振家
中华民国二十七年三月

指令:第四区全五小学董事长曾振家
事由:据呈为改选校董会呈请备案等情,指令知照由。
令私立全五小学董事长曾振家
本年三月七日呈一件:为改选校董会呈请备案由
呈悉。该校诉愿尚未解决,所请备案一节,碍难照准,着即知照!
此令! 附件发还
县长卢
中华民国二十七年三月

私立文联小学办学情节

事由:为呈诉前后误会情形,准考高小毕业并揭示日期地点由。

拟办:仰候县督学出发视事时,前往该校查明后再行核办。中华民国二十七年三月八日

案奉第四区署教字第二十九号训令内开:案查接管卷内奉万载县政府本年元月二十日教字第2701号指令易前区长呈一件呈送本区私立文联小学概况员生表暨请考毕业表请鉴核由内开:除原文有卷邀免冗叙外尾开:该校未经核准办理高级呈请举办毕业,未便照准转饬知照,此令等因。奉此,自应遵办,除分令外合行令仰该校即便知照,此令等因。奉此,查职校添办高级,原于民二十五年二月二十九日,奉钧府教字第694号指令,本校呈一件,为并增经费改办完全小学,呈请备案,由呈件均悉,姑准备案。该校既改办完全小学,仍仰造送职教员表及学生表呈送该管区署,转呈备案为要,此令。遵即开学,计招高级学生喻鼎言等十四名,至每学期呈报表册均由职遵照颁发表式填造,尚有准予备案指令在卷。现高级学生修业期满,呈请举办毕业,忽奉前县长指令,该校未经核准办理高级,所请举办毕业未便照准等因,前后两歧不知何故,岂以完全小学之名称,无高级字样,及遂发生误会。夫谓之完全小学自包括高级在内,正拟声明,适值张县长卸事以致稽延,夙仰钧长文翁之化于变西蜀,理合将前后误会之情形据实呈诉。伏乞俯准考试高小毕业,并揭示日期地点,以便升级至纫公议谊外,呈请考毕业学生履历成绩表及课程表各二份,合并声明!

谨呈万载县县长卢
万载县第四区私立文联小学校喻福海
中华民国二十七年三月四日

江西省万载县私立文联小学请考毕业学生履历成绩表　民国二十六年度一学期

姓名	性别	年龄	籍贯	年级	入学年月	入学资格	成绩
喻鼎言	男	16	万载	六年级	二十五年二月	本校初小毕业	85.2
谢献之	男	14	万载	六年级	二十五年二月	私塾毕业四年	85
曹集椿	男	16	万载	六年级	二十五年二月	培本小学毕业	83.2
喻启初	男	15	万载	六年级	二十五年二月	培本小学毕业	85.2
喻祝英	女	15	万载	六年级	二十五年二月	县立女子小学毕业	82.6
李钟镇	男	13	万载	六年级	二十五年二月	曾在第四区第二联保中心小学肄业，因落伍会考转入本校，原名中正，因二字犯讳改为钟镇。	82.5
喻冠松	男	16	万载	六年级	二十五年二月	私立塾小毕业四年	80
曹瑞兰	男	14	万载	六年级	二十五年二月	培本小学毕业	75.6
彭生财	男	14	万载	六年级	二十五年二月	本校初肄业四年	72
李鹤梅	男	14	万载	六年级	二十五年二月	培本小学毕业四年	70
曹禄荣	男	14	万载	六年级	二十五年二月	本校初小肄业四年	69.9
喻森荣	男	15	万载	六年级	二十五年二月	本校初小肄业四年	68.4
喻清溪	男	14	万载	六年级	二十五年二月	私塾肄业四年	68
袁榜隽	男	15	万载	六年级	二十五年二月	曾在第四区第二保联中心小学肄业，因落伍转入本校。	80.2

江西省万载县私立文联小学请考毕业课程表　民国二十六年第一学期

课程	作者	发行	审定年月	进程
国语（新课程标准通用国语读本）	朱文叔	中华书局	二十二年八月计字第19号	现已授完
社会（新课程标准小学通用复兴社会教科书）	顾缉明、顾曾华	商务印书馆	二二年七月	现授至二十课日本的产业，预计十二月二十日授完。
算数（新课程标准小学适用复兴算数教科书）	顾楠、邹尚雄	商务印书馆	二二年八月	现授至练习二十八，预计十二月二十日完。
自然（新课科标准小学适用复兴算数教科书）	宋亮寰、周建人、沈百英	商务印书馆	二二年九月	现授至第十八课（火药的制造），预计十二月二十日授完。

指令：第四区私立文联小学

事由:据呈明前后误会情形,请准予毕业等情,指令知照由。

令第四区私立文联小学

本年三月四日呈一件:为呈明前后误会情形请准考备案由

呈件均悉。仰候县督学出发视事时,前往该校查明后,着即知照!

此令! 附件存

县长卢

中华民国二十七年三月

事由:据文联小学校长喻福海呈称为呈请派员莅校监考,以利进展等情,呈请核示由。

拟办:呈悉。准派该区长前往监考具报,以凭核夺,仰即转饬知照! 中华民国二十七年三月三十一日

案据本区私立文联小学校长喻福海呈称:案奉万载县政府万字第194号指令,本校本年三月四日呈一件:为呈明前后误会情形请准考毕业由内开:呈件均悉,仰候县督学出发视导时前往该校查明后再行核办,着即知照此令等因奉此,本应遵办。惟本届毕业学生纷纷来校请求毕业,校长难以应付。兹为该班学生前途计及谋发展本校计,理合备文呈请钧长鉴核,准予转呈县府派员莅校监考,以资办理毕业,实为学便等情。据此查该校办理数载,迭经派员视察,颇具成绩,据呈前情,理合备文呈请钧长鉴核,准予派员莅校监视,以昭郑重,实为学便!

谨呈万载县县长卢

万载第四区区长邹元祥

中华民国二十七年三月二十八日

指令:第四区区长邹元祥

事由:据呈以据和立文联小学校长喻福海呈为派员莅校监考以利进展,转请核示等情,令仰知照由。

令第四区区长邹元祥

本年三月二十八日呈一件:以据该区私立文联小学校长喻福海呈称,为呈请派员莅校监考,以利进展等情,转请核示由。

呈悉。准派该区长前往监考具报,以凭核夺。仰即转饬知照!

此令!

县长卢

中华民国二十七年四月

事由:私立文联小学校董事长喻清海呈以公推喻福海为本校校长,请转呈加委等情,转呈　核委由。

拟办:呈件均悉。查私立小学校长规定由校董会推定,呈请教育主管机关备案。该校

校董会推定喻福海为校长，准予备案。所请加委一节，应毋庸议，仰即转饬知照！

此令！附件存。

中华民国二十七年四月七日

案据私立文联小学校董事长喻清海呈称：窃属乡私立文联小学于本月十六日召集当地士绅开扩大会议，讨论事项第一案，本校开学在即，应聘校长着手进行筹备案，决议公推喻福海为校长等语记录在卷。查喻福海系万载私立龙河中学毕业，暨江西第二行政区小学师资训练所毕业，曾任私立贻哲小学校长又县立第四区第二联保中心小学教导主任等职。经验丰富，学识优良，堪以充任，理合造具履历表二份录案，呈请钧长核转加委喻福海为校长，以专责成，实为学便等情，附呈履历表二份。据此，查该喻福海充任校长，尚属适宜，据呈前情，除抽存履历表一份外，理合检同履历表一份，备文呈请察核给委，以专责成！

谨呈万载县县长卢

附呈喻福海履历表一份

第四区署区长邹元祥

中华民国二十七年三月三十日

姓名	别号	性别	年龄	籍贯	学历	经历
喻福海	涤华	男	20	万载	万载私立龙河中学毕业暨江西第二行政区师资训练所毕业	曾任私立贻哲小学校长暨县立第四区第二保联中心小学教导主任。

指令：第四区署

事由：据呈转据私立文联小学校董事长喻清海请加委喻福海为该校校长核委等情，指令知照由。

令第四区署区长

本年三月十三日呈一件：为据私立文联小学校董事长喻清海呈以公推喻福海为本校校长，请转呈加委等情，转呈核备由。

呈件均悉。查私立小学校长规定由校董会推定，呈该教育主管机关备案。该校校董会推定喻福海为校长，准予备案。所请加委一节，应毋庸议，仰即转饬知照！

此令！附件存。

县长卢

中华民国二十七年三月

事由：据私立文联小学校长喻福海呈报办理开学日期乞核转备案等情，转呈核备由。

拟办：呈悉。该校以缴交县预算有余经费继续办理，准予备案。惟应代用该区第14保保立小学，不得另筹保学经费，仰即转饬知照！

中华民国二十七年四月一日

指令:第四区署

事由:据呈以据私立文联小学校长喻福海呈报办理,暨开学日期乞核准备案等情,指令知照由。

令第四区署区长邹元祥

本年四月一日呈一件:据呈据私立文联小学校长喻福海呈报办理暨开学日期乞核转备案等情,转呈核备由。

呈悉。该校以缴交县预算有余经费继续办理,准予备案。惟应代用,该区第十四保保立小学,不得另筹保学经费,仰即转饬知照!

此令!

县长卢

中华民国二十七年四月

业据私立文联小学校长喻清海呈称:窃职校原于民国二十五年,由乡绅喻清海等召集当地绅耆及保长开会,将原有文联、日新两小学合并改办私立文联完全小学,于是年将应改办理由及经费来源遵照呈请立案手续呈请备案,荷蒙钧署及县府指令准予备案。至每学期应呈报表册,均由职遵式填保联有款产之造在卷。迄去年县府指令将职校款产列入县地方预算案内,额租一百四十石零五斗,亦由职缴交,第四区学产委员会收清在卷,尚余经费一部分曾经呈请钧署指令准予附设第十四保保立小学一所,以资续办高级,维持原有名称。现已于二月廿二日开学,继续办理高初两级。理合备文呈请钧长核转备案实为学便等情。据此,查所呈续办高初两级,保留原有名称一节,似属可行,据呈前情,理合备文转呈察核备案。

谨呈万载县长卢

第四区署区长邹元祥

中华民国二十七年三月

事由:据私立文联小学校董事长喻清海呈以改组校董会,造具履历表,呈请核转备案等情,转呈核备由。

拟办:呈件均悉。查所呈校董履历表,未列董事长,应发还换填具报,此令。附件发还。中华民国二十七年四月二日

案据私立文联小学校董会董事长喻清海呈称:案查本校本年元月十六日上午九时召开扩人校董会讨论事项,内载第二案本校校董,尚欠健全,应酌予改选案,决议公推喻朝瑞、喻祥瑞、王因笃、辛崇德、喻象廷、孙炳寅、曹植亭为校董,并推定喻朝瑞、孙炳寅、喻象廷为常务校董等语记录在卷,查喻朝瑞等素孚众望,热心教育,堪以重任,理合造具校董履历表二份录案呈请钧长核转备案,实为学便等情,附呈履历表二份。据此除抽存履历表一份外,理合检同原表一份,备文呈请察核备案!

谨呈万载县县长卢

附呈私立文联小学校董履历表一份

第四区署区长邹元祥

中华民国二十七年三月三十一日

指令:令第四区区署

事由:据呈转据私立小学校董事长喻清海呈报改组校董会,造具履历表,乞核备等情,指令知照由。

令第四区区长

本年三月三十一日呈一件:为私立小学文联小学校董事长喻福海呈以改组校董会造具履历表呈请核转备案等情,转呈核备由。

呈件均悉。查原赍送校董履历表内未列董事长一职,应发还换填具报,再行核夺。仰即转饬遵照!

此令!附件发还。

县长卢

中华民国二十七年四月

摘由:呈为呈明开学日期及筹款情形恳请察核,准予备查,并恳赏准核发校长及教员委任,以专责成,而重校务由。

拟办:呈悉该校原有经费,是否已拨充保学经费,无从悬揣,仰呈由该管区署转呈来府核办。中华民国二十七年四月三日

事由:为呈报派员前往文联小学监视连同试卷呈请核示由。

拟办:呈件均悉。该文联小学学生谢献之等十一名准予毕业,仰即转饬知照为要!中华民国二十七年四月二十一日

案据私立文联小学校长喻福海呈称:案奉钧署教字第359号训令内开　　案奉万载县政府本年四月二日万字第651号指令,本署呈一件:以据该区据私立文联小学校长喻福海呈称:为呈请派员莅校监考以利进展等情内开:呈悉。派准该区长前往监考具报以凭核夺,仰即转饬知照等因,奉此合行令仰该校长即便召集该班学生定期测验,并将测验日期具报来署,以凭派员监考,是为至要等因奉此。遵即召集该班学生,谨定于本月十八日为测验日期理合备文呈请钧长察核等情。据经指派周区员树材,按期前往监试。旋据周区员携带试卷回署,评定优劣,除喻森荣、李锡梅、曹禄荣三名,成绩低劣,拟着留级外,其余谢献之等十一名,似可准予毕业,兹据前情,理合将奉令派员监视情形连同试卷一并呈请钧长鉴核备案示遵!

谨呈万载县县长卢

附呈送试卷三份

第四区署区长邹元祥

中华民国二十七年四月二十日

指令:第四区署

事由:据呈报派员前往文联小学监视赍同试卷,乞核示等情,指令知照由。

令第四区区长

本年四月二十日呈一件:为呈报派员前往文联小学监视连同试卷呈请核示由。

呈件均悉。该文联小学学生谢献之等十一名准予毕业,仰即转饬知照为要!

此令! 件存。

县长卢

中华民国二十七年四月

事由:据呈以转据文联小学呈请毕业证书加盖县印等情,指令知照由。

江西省万载县政府指令　万教字第1114号

令第四区区长邹元祥

二十七年六月十一日呈一件:为转呈文联小学毕业证书请加盖县印由。

呈件均悉,查该区文联小学,毕业学生,并未参加毕业会考,应将毕业证书内经本年春季小学毕业会考及格等字样删除,所请加盖县印一节应毋庸议,仰即转饬知照!

此令! 附件发还。

县长卢公出

秘书陈代行

中华民国二十七年六月

事由:转呈文联小学毕业证书请加盖县印由。

拟办:呈件均悉。

该区文联小学毕业学生,未参加毕业会考,据呈毕业证书应将经本年春季小学毕业会考及格等字删除,仰即转饬知照!

此令! 附件发还

中华民国二十七年六月十一日

案据本区私立文联小学校长喻福海呈称:案奉钧署转奉县府万字第1114号指令开:该文联小学学生谢献之等十一名,准予毕业,着即知照等因。奉此,兹经汇就该谢献之等十一名毕业证书十一纸,理合检呈,并乞转盖县印等情。据此,理合检同该校毕业生谢献之等毕业证书十一纸,备文转呈钧长察核,加盖印信下署,以便转发祗领,而昭慎重!

谨呈万载县县长卢

附呈毕业证书十一纸

第四区署区长邹元祥

中华民国二十七年六月十一日

乐育义塾办学情节

事由:照章改组本校董事会,呈请察核存转备案由。

拟办:查该乐育义塾款产,经列入二十六年度县岁入预算,所请备案,碍难照准。中华民国二十七年三月十三日

案查本校董事会,以任期届满,业经照章改组,召集董事会议,选定光汉等九人为本届董事,并推定光汉为董事长,高济陶、邓文轩、欧阳星协为常务董事,理合造送董事一览表二份,具文呈请钧府鉴核转存备案。

谨呈万载县政府县长卢

万载私立潭埠乐育义塾小学校校董会董事长欧阳光汉,常务董事高济陶、邓文轩、欧阳星,协董事郑光远、张钧鼎、辛国乔、邬德章、欧阳文彬

中华民国二十七年三月九日

事由:推定欧阳光汉兼任本校校长,请核转备案由。

拟办:并案办理。中华民国二十七年三月十三日

案查本校校长一职,业经本校董事会决议推定光汉兼任,除即将校务力加整理,并聘定教员,定期招生开学上课外,理合具文呈请钧府转核备案。

谨呈万载县政府县长卢

万载私立潭埠乐育义塾小学校校董会董事长欧阳光汉、常务董事高济陶、邓文轩、欧阳星,协董董事郑光远、张钧鼎、辛国乔、邬德章、欧阳文彬

中华民国二十七年三月七日

指令:第二区私立乐育小学董事会

事由:据呈改组董事会并推定校长,请核转备案等情,指令知照由。

私立潭埠义塾小学校董会董事长欧阳光汉

本年三月九日呈二件:照章改组本校董事会并推定欧阳光汉兼任校长请核转备案由

呈件均悉。查该乐育义塾款产,经列入本县二十六年度县岁入预算,该校不得以原乐育义塾款产办理,所请备案,暂从缓议,着即知照!

此令! 附件发还。

县长卢

中华民国二十七年三月

事由:照章改组本校董事会,呈请察核转存备案由。

拟办：转呈省府请示。中华民国二十七年四月二十七日

案查本校董事会，系负财产保管责任。现任期届满，照章应行改组，兹经召集会议改组，选定光汉等九人为本届董事，并推定光汉兼董事长，理合造送董事一览表二份，具文呈请钧府察核转存备案！

谨呈万载县政府县长卢

万载私立潭埠乐育义塾小学校校董会董事长欧阳光汉、常务董事高济陶、邹文轩、欧阳星，协董董事郑光远、张钧鼎、辛国乔、邬德章、欧阳文彬

中华民国二十七年四月二十四日

万载私立潭埠乐育义塾小学校校董会董事一览表　二十七年三月

姓名	职位	性别	年龄	籍贯	出身
欧阳光汉	董事长	男	43	万载	万载国立武昌高师毕业，曾任赣省中学省十八中十四中教务主任兼教员。
高济陶	常务董事	男	28	万载	龙河中学毕业
邹文轩	常务董事	男	44	万载	商
欧阳星协	常务董事	男	53	万载	商
郑光远	协董董事	男	32	万载	龙河中学毕业
张钧鼎	协董董事	男	32	万载	江西法政专门毕业
辛国乔	协董董事	男	40	万载	江西第五师范毕业
邬德章	协董董事	男	38	万载	龙河中学毕业，曾充三区第三联保主任。
欧阳文彬	协董董事	男	46	万载	省立第八中学毕业

呈：省政府

事由：转呈本县乐育小学董事一览表，请鉴核示遵由。

江西省万载县呈稿　万教字

案据本县私立潭埠乐育小学校董会董事长欧阳光汉等呈称：案查本校董事会……存转备案。经列入二十六年度预算案，并经本府责令停办在案。该校董事会是否仍有存在之必要。殊属疑问！理合检同原呈董事一览表一份，备文呈请钧长鉴核示遵，实为公便！

谨呈江西省政府主席熊

计呈董事一览表一份

县长卢

中华民国二十七年六月

事由：据转呈本县私立乐育小学校董会董事一览表，请鉴核示遵等情，指示转饬遵照由。

拟办：转饬遵照。中华民国二十七年六月六日

江西省政府指令　教字第4702号

令万载县县长

呈一件:为转呈本县私立乐育小学董事一览表,请鉴核示遵由。

呈悉。查列入县地方预算之款产,均系公款产:自不能以之办理私立小学,该校既经该县责令停办,原有校董会应解散,更无改组之必要。据呈前情,仰即转饬知照!

此令!董事一览表发还。

中华民国二十七年六月初三日

训令:私立乐育小学董事会

事由:据呈照章改组该校董事会请察核转存备案等情,令仰遵照由

江西省万载县政府训令　　万教字

令私立乐育小学校董会

案查前据该校呈以照章改组该校董事会,请察核转存备案等情,业经呈奉江西省政府教字第4702号指令开:呈悉。查列入县地方预算之款产,均系公款产,自不能以之办理私小学,该校既经该县负责令停办原有校董会,即应解散,更无改组之必要,据呈前情,仰即转饬遵照!董事一览表发还,此令等因,附发还董事一览表一份。奉此,查该乐育又学款产,早经列入本县六年度县岁入预算,兹奉前因,所请备案一节,应毋庸议,仰即遵照!

此令!原赍董事一览表发还。

中华民国二十七年六月

私立正蒙小学办学情节

摘由:据正蒙小学校董会呈报开学日期,并公推黄伯辰为校长,黄赞化为教员等情,转请察核加委由。

拟办:呈件均悉。查小学法第十一章第二项之规定私立小学校长,由校董会遴选合格人员聘任,并呈请立管教育行政机关备案。该校校董会公推黄伯辰为校长,应准备案。所请加委,应毋庸议,仰即转饬知照!此令!附件存。中华民国二十七年三月十七日

案据本区正蒙初级小学校董会董事长黄学曾呈称:窃正蒙小学经本年一月间召开校董会决议继续开办并公推黄北辰为校长,黄赞化为教员,业已到校,于二月二十八日开学上课,理合检同教职员履历表一份呈请钧署察核并恳转呈县府备案加给委任以专责成,实为学便等情;附教职员履历表一份。据此,查该会公推校长黄伯辰教员黄赞化品学均佳,堪以充任,理合同原件,备文呈请钧长察核,伏恳准予加给委任,以专责成!

谨呈万载县县长卢

附呈正蒙初级小学校长教员履历表一份

第三区区长刘日新

中华民国二十七年三月二十六日

万载县第三区私立正蒙小学教职员履历表　民国二十七年三月填

职别	姓名	年龄	经历
校长	黄伯辰	35	东洲中学毕业,曾充养材小学教员三年。
教员	黄赞化	36	东洲中学毕业,历充各小学教员,经登记合格。

指令:第三区区长刘日新

事由:据呈以据正蒙小学校董会呈报开学日期,并公推校长教员等情,转请察核加委等情,指令知照由。

令第三区区长刘日新

二十七年三月二十六日呈一件:据呈以据正蒙小学校董会呈报开学日期,并公推校长教员等情,转请察核加委由。

呈件均悉。查小学法第十一章第二项之规定私立小学校长,由校董会遴选合格人员聘任,并呈请立管教育行政机关备案。该校校董会公推黄伯辰为校长,应准备案。所请加委,应毋庸议,仰即转饬知照!

此令!附件存。

县长卢

中华民国二十七年三月

第三区高五房小学校办学情节

事由:第三区高五房小学校董会董事长高玉梅呈请恢复五房小学代用第四、五、七、三保保学,恳请准予备案,加给委任,以专责成由。

拟办:呈悉。仰径呈该官区署核办可也。中华民国二十七年三月三十日

窃属校创办于前清末年,一切费用,由高五房祠祠产,划出一部租息负担。举办以来,成绩优良,久为各界人士所称许,民国六年,属校为推广教育起见,添办高级一班,毕业学徒,为数甚多。迨民国十九年……地方失陷,属校始告停办,至民二十二年地方恢复,属校经费竭蹶,无力兴学,乃筹集经费,改办第四保保学,现属校经费,虽然无着,而办学基金,各支祠后裔,均愿照数摊认,赞襄盛举,乃召集祠中士绅开会讨论,签谓继续开办,并代用第四第五第七三保保学,以收容保内失学学童,当推定高玉梅等七人为校董,互推高玉梅为董事长,旋聘高正域为校长(北京中国大学毕业)、高棣华(北京国立大学毕业)高文清、高棣萼、高耀辉四人为教员,于二月十日开学,到校学童,一百五十六名。分三保教授,数年来停办之小学,弦歌之声于今复闻焉,缘上各情由,理合具文呈请钧长察核!准予备案,并请加给校长委任,以专责成!实为公便!

谨呈万载县政府县长卢

第三区高五房私立小学董事长高玉梅

中华民国二十七年三月二十八日

指令　第三区高五房私立小学董事长

事由：据呈请恢复高五房小学，代用第四、五、七保保学，请准予备案加给委用，以专责成等情，指令知照由。

令第三区高五房私立小学董事长高玉梅

本年三月二十八日呈一件：为呈请恢复该区高五房小学代用第四、五、七三保保学请准予备案加给委任，以专责成由。

呈悉。仰径呈该管区署核办可也。

此令！

县长卢

中华民国二十七年四月

第五区黎源钟氏私立思颖初级小学校办学情节

窃敝族族学，自民十四年成立，开办以来，迄今十有余年，当中只因……乱时，隔了四年，未曾开办。自恢复后，于民二十四年，复行开办，未曾间断。虽然本校原有经费，不敷应用，乃由族间祖叔酌量派款负担。本年2月20日，召集校务会议，共同推定钟日辉承充校长，聘请钟玉辉为专任教员，遵章定于2月28日开学，旋即实行授课。其长年经费，除少数原有学款外，其余不敷之数，仍由族间酌量筹措。现已开学许久，理合详细备文，呈请钧座俯赐鉴核，恳请准予备查！并恳赏准核发校长及教员委任！以专责成，而重校务，实为公便！

谨呈县长卢

万载第五区黎源钟氏私立思颖初级小学校董会董事长钟祝三，董事钟谷鸣、钟启鸾、钟郁庭、钟照球、钟子受、钟光璜

中华民国二十七年三月二十八日

附呈校长教员履历

职别	姓名	出身
校长	钟日辉	原系东州中学生,曾在铜鼓保学师资训练班毕业。
教员	钟玉辉	曾在铜鼓保学师资训练班毕业

指令:第五区黎源钟氏私立初级小学校校董会

事由:据呈报开学日期及筹款情形,恳请察核准予备查等情,指令知照由。

令第五区黎源钟氏私立思颖初级小学校董会

本年三月二十八日呈一件:为呈报开学日期及筹款情形,恳请察核准予备查并恳核发校长及教员委任以专责成而重校务由。

呈悉。该校原有经费,是否已拨充保学经费,无从悬揣,仰呈由该管区署转呈来府核办着即知照!

此令

县长卢

中华民国二十七年四月

私立龙云学校办学情节

事由:呈报校董会改组经过情形及学校恢复办理由。

拟办:呈件均悉。查龙云款产,经列入二十六年度县地方岁入预算,所请备案,碍难照准。此令!附件发还。中华民国二十七年四月五日

案查属校校董会第一届校董任职期满,爰于本年三月十七日假大桥第四区中心小学举行捐户后裔代表大会,重新改组校董会。当经选举辛植柏、辛华云、袁炳照、周树材、欧阳赠、龙禹门、陈梅开、张志尧、袁级升等九人为本届校董会校董,并于第一次校董会推定辛植柏兼董事长袁炳照、辛华云兼常务校董。同月二十七年日又举行第二次校董会议,关于学校本学期应否恢复办理一案,当决议恢复并暂聘辛凤孙为校长,所有校董会改组经过及学校恢复办理情形理合造具校董会校长名册备文呈报钧府鉴核备案,实为公便!

谨呈万载县县长卢

附校董校长名册一份

万载县私立龙云学校校董会董事长辛植柏

中华民国二十七年三月

摘由:为刊就校董会钤记,呈请备案由。

拟办:并案办理。中华民国二十七年四月五日

查属校校董会钤记业已刊就,文曰"万载县私立龙云学校校董会钤记",理合将钤记模样备文呈报钧府备案,实为公便。

谨呈万载县县长卢

附呈印模一份

私立龙云学校校董会董事长辛植柏

中华民国二十七年四月

指令:私立龙云学校董事会

事由:据呈报校董会改组经过情形及学校恢复办理等情,指令知照由。

令私立龙云学校校董会

呈一件:为呈报校董会改组经过情形及学校恢复办理由。

呈件均悉。查前该校款产,业经列入二十六年度地方岁入预算,所请备案,碍难照准。

此令!附加发还。

县长卢

中华民国二十七年四月

摘由:呈请重核前呈对于属校校董会改组备案一节,恳乞俯予核准由。

拟办:令朱袁两督学将该校历史暨现在状况及校董会今昔情形,详查具报再行核夺。

中华民国二十七年四月十九日

查属校校董会因前任校董任职期满,业经召集捐户后裔代表大会正式改组。其改组情形前经呈报钧府备案,兹奉钧府万字第812号指令:呈件均悉,查该校校产业经列入二十六年度地方岁入预算,所请备案,碍难照准,此令等因。嗣经查悉所谓属校款产,列入二十六年度地方岁入预算,其数仅实谷二百担,但属校所有款产收入并不止此,而况属校所有财产业权,钧府又曾无明令移转何处,是维持之责。属校校董会曷能轻易放弃,至滋纷乱,今钧府王科长璋竟不许属校校董会存在,均于法于理均无所据。兹值抗战期间,教育为国家命脉,应请钧座重核,前呈对于属校校董会改组备案一节,恳乞俯赐核准俾属校千余担租息有人维持,而百余年历史悠久且素为地方民众信仰之学校,其生命亦不至中断,临呈毋任感祷待命之至!

谨呈万载县县长卢

万载私立龙云学校校董会董事长辛植柏

中华民国二十七年四月十九日

训令:本府督学朱英达、袁炳照

事由:据私立龙云学校校董会呈报改组情形,请予备案一案,令仰将详细情形查明具报以凭核夺由。

令本府督学朱英达、袁炳照

案查前据私立龙云学校校董会董事长辛柏植呈报该校校董会改组情形，请予备案。当经指令：呈件均悉，该校校产业，经列入二十六年度地方岁入预算，所请备案，碍难照准等语。旋据续称，以该校款产列入二十六年度地方岁入预算，其数仅实为二百石，而款产收入应不止此，应请重核前呈，对于校董会改组备案一节，恳乞核准各等情先后申请前来。查处该校实际情形如何？无从查考，合行令仰该督学将该校历史暨现在状况及该校董会今昔情形详细查明具报，以凭核夺。

此令

县长卢

中华民国二十七年四月

摘由：奉令查明龙云小学校董会呈报改组情形请求备案一案呈复鉴核由

批示：悉。

案奉本府万字第1081号巡令，以据私立龙云小学校董会呈报改组情形，请予备案一案，令仰将详细情形查明具报，以凭核夺等因。奉此，遵经前往查明该校每年实收租谷约四百余旦，除缴解列入县地方岁入预算二百石，并对于县预算所列收入，尚无影响，所呈改组校董会请予备案一节，事属可行，似应照准，但迄今事过境迁，本学期该校已复自行停办，该校董前等呈所请各节，自应毋庸置议。奉令前因，理合将查明情形，备文呈请钧长鉴核！

谨呈县长卢

第三科代理科长朱英达

县督学袁炳照

中华民国二十七年九月二十七日

清泉私立小学办学情节

事由：为发扬教育，恳请俯赐察核，准将原有清泉私立小学复行开办，以利儿童之就学，充实战时之教育由。

拟办：仰候令饬该管区署查明具后，再行核夺。中华民国二十七年十月二十八日

窃民地三十二保之原有清泉小学，自十八年肇乱，民等四散奔逃，以致停办，迄二十三年。国军驻进，地方恢复，民等始陆续回里。而清泉学校所有田亩，荒芜过丰，每年所收谷数，止于十有余石。维时经济极鲜，未能恢复，迄二十五年，经保长赖耀章备文呈请改办为三十二保保学，蒙政府核准开办。至今岁又奉上峰指令，联立中心小学地，不得设立保学，遂将该校移至三十一保开办。民地学童，因往中心小学和三十一保保学，均有八九里之

遥。兼之道路崎岖，河滩险恶，坛社森林，桥梁高险。成人尚惮，儿童何堪。民地三十余名学童，今岁竟至失学，今幸政府加以提倡，准任将原有适当之私立小学，恢复开办。民等仰体政府充实战时教育至意，爰于本月三日召集民众大会。会议结果，推定民等 7 人为校董会会员，实行刻日恢复该校。为此呈明钧府，恳请俯赐察核！准将原有清泉私立小学复行开办，以利儿童之就学，充实战时教育，实为学便！

谨呈万载县县长卢

校董会会员杨华芳、赵大提、赖耀章、张磬声、林中贯、张木声、华贯绪

中华民国二十七年七月十五日

事由：为发扬教育，恳请察核，准将原有清泉私立小学，复行开办，以利儿童就学，充实战时教育由。

拟办：并案办理。中华民国二十七年七月二十八日

窃民保地面广阔，居住分散，乡先辈所以既立正源，又立清泉，以利儿童之就学。自前清光绪三十四年开办初等小学以来，民地儿童就学称便。又自十八年因战争停办，二十三年地方恢复，二十五年经保长赖耀章改办保学，遂将该校移至三十一保开办。而民地到中心小学和三十一保保学，近者五里以外，远者十里以外，遂至民地三十余名学童，今岁因此失学。民等时深慨叹，无可奈何！今幸政府加以提倡，准任将原有适当之私立小学，恢复开办。民等仰体政府充实战时教育之至意，又承前办该校人员，召集会议，民等除绝对赞成恢复该校及推定校董会会员外，为此呈明钧府，恳请俯赐核准备案！准将原有清泉私立小学复行开办。以利儿童之就学，而充战时之教育，实为学便！

谨呈万载县县长卢

五区二保民众代表赖登瀛、张朗声、赖德章、张发声、杨集与、林金华、赵任才、赖辉章、赖文轩、黄光顺、华大伦、赵任松、赖仰山、赵任榜、杨集成、黄光东、张永声

中华民国二十七年七月十五日

指令：第五区署清泉小学校董会

事由：一、据该区清泉小学校董请恢复办学乞核准等情，令仰查复由。

二、为请将原有清泉小学恢复办理，指令知照由。

江西省万载县政府训令

令第五区区长宋继齐

案据该区私立清泉小学校董杨华芳等呈称：窃民地三十二保之原有清泉小学照叙至实为公便等情。据此，查所称各节是否属实，再该校恢复办学对于该保联中小学，有无妨碍，本府无从悬拟，仰候该管区署查明具复，以凭核办为要。

此令！

县长卢

中华民国二十七年七月

又指令

令私立清泉小学校董杨华芳等

本年七月二十八日呈一件:为请准将原有清泉小学恢复办理由。

呈悉:仰候令饬该管区署查明具复后,再予核夺,仰即知照!

此令!

县长卢

中华民国二十七年七月

摘由:呈复清泉小学于保联中心小学尚无妨碍,请鉴核由。

拟办:该清泉小学,准予恢复办理。中华民国二十七年八月十日

案奉钧府万教字第3118号训令,以据私立清泉小学校董杨华芳等呈请恢复办学以利儿童就学一案,除原文有案邀免冗叙外尾开等情。据此,查所称各节是否属实?再该校恢复对于该保联中心小学有无妨碍?本府无从悬拟。除仰候该管区署查明具复后再行核夺外,合行令仰该区长即便查明具复,以凭核办为要,此令等因。奉此,查原有私立清泉小学,设于本区第三十二保之鸟石地方,与保联中心小学及三十一保学,距离约有六七里之遥,对于保联中心小学,尚无妨碍,为推广教育,便利儿童就学,似应准予恢复,奉令前因,理合备文呈复钧长鉴核!

谨呈万载县县长卢

万载县政府第五区区长宋继齐

中华民国二十七年八月九日

指令:第五区署

事由:据呈清泉小学对于保联中心小学尚无妨碍等情,令仰遵照由。

江西省万载县政府指令　万教字

令第五区区长宋继齐

本年八月九日呈一件:为呈复清泉小学对于联保中心小学尚无妨碍由。

呈悉。据呈该区清泉小学既与联保中心小学,距离甚远,尚无妨碍,姑予照准恢复,仰即转饬遵照!

此令!

县长卢

中华民国二十七年八月

私立平阳小学办学情节

事由:为呈报开学日期由。

批办:一、开学情形悉。

二、小学教科书业经第三科商请晨光书局迅速准备齐全。民国二七年八月二四日下午四时报告于本校

事由:本校已于本月二十日开学,二十二日上课,计到有学生八十九人,现仍继续不断,惟因校舍狭小,本学期新生陡增,恐不能完全容纳,所有科书,因交通不便,未能办齐,请饬书局速购,以免荒废学业。再本学期行政计划和教导方法正拟定中,俟专案呈报。理合将开学情形,呈请察核。

谨呈万载县县长卢

私立平阳小学校长汪敷郭

中华民国二十七年八月

指令:平阳小学

事由:据报告开学日期请核备等情,指令知照由。

万载县政府指令稿　万教字

令私立平阳小学校长汪敷郭

本年八月二十六日报告一件:为报告开学日期请核备由。

报告悉,兹分别请示如次:

一、开学日期及情形,准予备查。

二、小学教科书,业经本府第三科商请晨光书店,尅日赶办齐全,仰径向该店购用可也。

此令!

县长卢

报告　时间:中华民国二十七年十二月五日下午一时　地址:马步本校

事由:1. 本校为维持战时教育起见,特迁移南郊外马步郭宅为校舍,一切迁移手续,早已完竣,曾于本月一日正式复课,计到高年级生二十八名,尚有未到者,正在积极设法促其来校。

2. 现有他校失学高年级生,来校请求借读。未审照战时教育条例,可否准予入学,乞示祗遵。

呈表县长卢

平阳小学校长汪丙炎

中华民国二十七年八月

事由:为本校迁移于塔下汪宅为临时校舍复课由。

批办:教育年收仍自八月份起计算,并未更订,其余各项均准备查。

报告时间:中华民国二十八年年四月二十八日　地址:塔下分校

事由:1. 本校已迁移于塔下汪宅为临时校舍,所有本学期行政计划和教导设施,除照工学期办理外,并加紧训练,以期策进战时教育,于四月十日复课。

2. 本学期已聘定登记合格的汪绍薪、汪如汉、郭柏生、汪丙炎等四员为教师。

3. 原有学生一百五十人,嗣因城区疏散人口后,大都迁往乡间离城区甚远,现到有高级生三十余人,初级生二十余人,尚有未到之学生,再行通告促其上学。

4. 查教育年度,常以八月起计算,据报载有改订之说,是否改订? 未奉明令规定,请示。

呈报万载县县长卢

私立平阳小学校长汪敷郭

事由:据呈报该校迁移校舍情形,及请示教育年度应自何起计算,请核示等情,指令知照由。

江西省万载县政府指令　万教字第10666号

令私立平阳小学校校长汪敷郭

本年四月二十八日呈一件:为呈报本校迁移校舍情形及教育年度应自八月份起计算请核示由。

呈悉。教育年度仍自八月份起计算并未更订,其余各项均准备查,着即知照。

此令!

县长卢

私立浴沂小学办学情节

江西省万载县政府批示训令稿　万(教)字

二十七年九月十五日呈一件:为呈报私立浴沂小学恢复经过,请予备案由。

呈悉,已令饬该管区署迅予查明核办具报矣,着即知照。

此批!

县长卢
中华民国二十七年九月

江西省万载县政府训令稿

令四区区长周树材

据该区第六十保人民詹竟成呈报私立浴沂小学恢复经过，请予备案并准免派该校捐户保学经费等情前来，查该族氏所称各节是否属实，未便悬揣，除批示外，合亟令仰该区长迅予查明核办，具报为要。

此令！

附发原呈一件（办毕仍缴）

县长卢

中华民国二十七年九月

事由：奉令查明六十保浴沂小学情形，呈复察核由。

拟办：准予备案。中华民国二十七年十月十三日

案奉钧府本年九月廿一日万教字第4157号训令开：案据该区第六十保人民詹竟成呈报私立浴沂小学恢复经过请予备案并准免派该校捐户保学经费等情前来。查该民所称是否属实，未便悬揣。除批示外，检发原呈，令仰该区长迅予查明核办具报为要。当经转饬该管保联主任彭述琴，查明该校是否开办并斟酌该保实际情形，拟具设立教育意见呈复核转去后。兹据该主任呈复称：查第六十保人民詹竟成呈报，该保地势辽阔，系属实情，请予设立保学分校，亦适其宜。已查明该保保学业经妥为分设办理，对于经费一节，除遵照规定筹措外，每月给薪洋十二元，据此查该主任所拟意见，尚属适当。

谨呈万载县长卢

第四区区长周树材

中华民国二十七年十月

摘由：为四区六十保浴沂初级小学校恳请备案由。

拟办：令饬该管区署，迅予查明核办具报，并批示知照。

四区六十保（西源），因地处长椭圆形，曾奉令设立保学两所，一本校一分校。奈半年度经费支绌，政府乃有调整地方教育之势，准予恢复私立学校，尽可代用保学，而无私立学校之保份，亦须设立保学。至于地处不便之区，亦可设立分校，总计按月给薪洋12元，并由地方筹措。复查本保原有设立学校两所，一梅庄，一浴沂。梅庄经费较比充足（即邱姓族学），在浴沂亦勉强可以支持。兹者从遂邱国瑜一人之己见，设立保学一所，心希每月可独得洋12元，完全偏于上西源一隅，而下西源东源十八洞等处，儿童通统有失学之势。乡人诚恐儿童失学之苦，民众筹款之艰，爰将浴沂学校，仍然继续开办，业已开学一周。理应备文呈请钧长，准予免派职校捐户保学经费，或仍设立保学分校。

谨呈万载县长卢

万载私立浴沂初级小学校校长詹竟成

中华民国二十七年九月十六日

事由:据呈复查明浴沂小学情形等情,指令知照由。

江西省政府指令

令第四区区长

本年十月十三日呈一件:奉令查明六十保浴沂小学情形,呈复察核由。

呈及缴还原件均悉。准予备案,着即知照!

此令!

县长卢

中华民国二十七年十月

事由:为呈报钧长,恢复浴沂初级小学校,恳请再准备案,迅予覆饬指令祇遵由。

拟办:悉存。

窃职校位于四区第六十保之中央,创办历有三十余年,成绩卓著,至十八年,地方秩序混乱,学校停顿,至二十三年地方稳定,才得重新组织校董会,恢复开办,上峰有案可查。奈因时势所趋,各地教育纷纷创设保学为主旨,则私立学校,无形而停顿。讵料保学教育,弊端百出,有其名无实,教育之为教育,可想而知了,上峰有鉴及此,乃有调整地方教育之弊端,仍准恢复私立学校。现职校仍然恢复开办,业经开学一周,兹特备文呈报钧长俯赐察核,恳请再准备案,迅予覆饬指令祇遵!

谨呈万载县县长卢

万载私立浴沂初级小学校长李淑允

中华民国二十八年三月十九日

私立正谊小学办学情节

事由:为遵章刻换钤记二颗粘呈察核备案由。

拟办:准予备案。中华民国二十七年九月二十一日

窃本校钤记暨校董会钤记均系冠有校字,旧时样式,业经明令公布更正在案,兹本校经职遵章刻换钤记二颗,理合检附印模一纸,粘呈钧长俯赐察核备案,以昭信行,再所有旧钤记业经当众销毁并合并声明。

谨呈万载县政府县长卢

万载县第三区私立小学校长杨景颐、董事长谢慧生
附印模一纸
中华民国二十七年九月十日

事由：据呈遵章刻换钤记一颗，附印模一纸，请核备等情，指令知照由。
送达处：第三区私立正谊小学
江西省万载县政府指令
令第三区私立正谊小学董会董事长谢慧生、董会董事长杨景颐
二十七年九月十日呈一件：为遵章换刻钤记二颗，附呈印模一纸请核备由
呈及印模均悉，准予备查，仰即知照。
此令！印模存
县长卢
中华民国二十七年九月

私立萃升高级小学办学情节

事由：为万载私立萃升高级小学复行开学改组校董会并选定校长呈请备案加委由

拟办：查该校前提寺产因未备案，于二十六年度经佛教会收回，所余各姓每年认捐经费租息究竟数目多寡，是否仍愿负担，恢复后经费稳定程度若何，来据声叙前来殊难悬揣，所请仰将筹措复办经费情形，并取具各姓认款字据，呈府再予核夺可也。

窃查萃升小学于逊清光绪三十二年开办以来，迄今三十余载，昔因地方战争无形停办。二十三年荷蒙政府肃清收复地方，本校乃于二十四年春继续开办招生起学，呈请钧府核准在案。二十六年春季，全班办理毕业，因学款不足，未曾继续招生，因之停学两期。今为推行义务教育策进战时失学民众补习教育，重行调整学款，复行开办，乃于十一月四日召集各姓绅董会议讨论办理情形，当由大会公决将前次校董改组即选定张权俊等十五名为校董会，并选定张权俊为董事长，同时即由大会中公推韩绍琦为校长，即日招生开学，今将校董会及校长履历名册表一份连署备查，为此呈请钧府鉴核准予备案以资查考，并恳迅予加委韩绍琦为校长以专责成，实为学便！

谨呈万载县县长卢

万载私立萃升学校前任校长邱志清

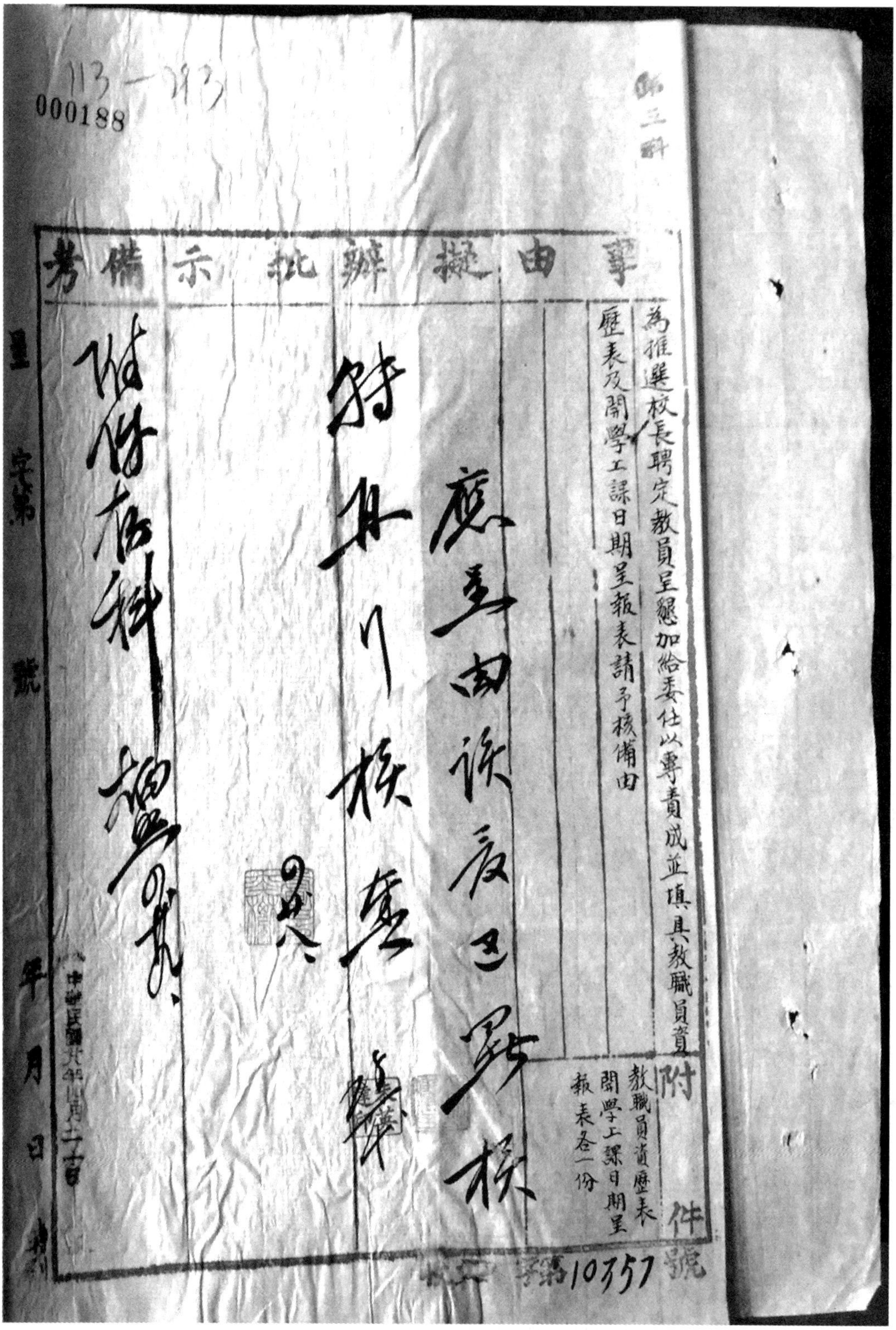
113—393

000188

第三科

事由	擬辦	批示	備考
為推選校長聘定教員呈懇加給委任以專責成並填具教職員資歷表及開學上課日期呈報表請予核備由			附件存科

附件：教職員資歷表 開學上課日期呈報表各一份

字第10357號

呈 字第 號 年 月 日

中華民國廿年四月二十日

(附表一份)　　　　**中华民国二十七年十一月十六日**

姓名	职别	年龄	籍贯	出身
韩绍琦	校长	52	万载仙源	袁州中学毕业,考入江西高等学堂毕业一年。
张权俊	董事长	32	万载早岭	东洲中学毕业,历任小学校长兼教员,现任四区四十三保保学校长兼教员。
韩德棠	董事	21	万载仙源	本校毕业,曾任保联中心教员。
刘文美	董事	31	万载株木桥	高魁毕业,现任四区四保联主任。
邹共才	董事	28	万载株木桥	东洲中学毕业,现任四区四八保学教员。
黎大业	董事	42	万载双料	东洲中学毕业,曾任本校教员,现任四区五一保学教员。
伍志安	董事	24	万载花桥	本校毕业,现任二区十三保学教员。
张甫升	董事	40	万载早岭	本校毕业,曾任本校董事。
江东山	董事	26	万载小水圳	本校毕业,民干特训所毕业。
曾日新	董事	24	万载前峰岭	本校毕业
陈桂启	董事	46	万载袁家墩	商,现任四区四十四保保长。
韩起鸿	董事	48	万载仙源	商,曾任四区四一保长。
吴济南	董事	52	万载青水塘	农,曾任四区四五保长。
蓝滚常	董事	24	万载东江	萃升毕业,曾任四区四保联事物。
赖清波	董事	34	万载前峰岭	商,现任四区四保联事务。
谢桂生	董事	36	万载仙源	商。

事由:据呈复行开办改组校董会并推定校长请备案加委等情指令知照由。

江西省政府指令　万(教)字

令前任萃升小学校长邱志清

本年十一月十六日呈一件:为复行开办改组校董会并选定校长请备案加委由。

呈悉。查该校校前提寺产,因未备案,业于二十六年度经佛教会收回所余该校每年各姓认捐经费,究竟数目多寡,是否稳定以及足敷开办之用,未据声叙前来,殊难悬揣,仰将复办经费收支情形,并取具各姓认款字据呈商,再予核夺。再来呈应由校董会董事长声叙,而毋滥用前任校长名义,以符规定,并仰知照。

此令!附表存。

县长卢

中华民国二十七年十月

鲍氏私立俊逸小学办学情节

事由:为呈报转移校址,乞核准由。

拟办:准予备查案。中华民国二十七年十一月二十九日

为呈报事:窃本县于本月九日被敌机炸毁,其状之惨,令人寒心,全城市民,纷纷逃避。本校地处城池,亦不敢冒险自危,因此于被炸后三日,乃召集高级学生,暂迁于西城外四里许之地名石板塅、三峰岭。本姓义学于十四日照常上课,以全学生之学业,俟平定后,再移转原校址,理合备文呈报钧府核准,实为学便!

谨呈万载县县长卢

万载鲍氏私立俊逸小学校长鲍干青

中华民国二十七年十一月二十九日

私立正心小学办学情节

事由:为报告借空校舍着即知照上课由。

批办:准予备案,查仍仰冠日复课,具报为要。

属校因城内前被敌机轰炸,居民纷纷外避,致各级学生不能来校以至停顿。本月二日乃借定城南宋家镇辛宅为校舍,现在正布置。不日即将照常上课。特此呈报。请予鉴核备案。

谨呈万载县县长卢

私立辛氏正心小学校长辛安潮

中华民国二十七年十二月五日

事由:据呈报借定校舍不日即将照常上课,请核备等情,指令知照由。

江西省万载县指令稿

令私立正心小学校长辛安潮

二十七年十二月呈一件:为呈报借空校舍,不日即将照常上课,请核备由。

呈悉。准予备查,仍仰克日复课,并将复课日期具报备查,仰即知照。

此令!

县长卢

中华民国二十七年十二月

青阳小学校办学情节

摘由:为本校迁移城塘下照常上课,恳祈察核由。

拟办:准予备案。中华民国二十七年十二月二十日

窃本校原设南门宋家坊因敌机迭次轰炸,人民惊恐。校长为学生求安全起见,已于十一月十二日将本校移在城塘下(石山下)宋家屋照常上课理合具文呈报钧府察核备案,实为学便!

谨呈县长卢

万载县城南宋氏族独立青阳小学校长宋继齐

中华民国二十七年十一月十四日

朱氏宗敏初级小学校办学情节

事由:呈明设立本校情形,乞令第四区署收回抽派义教经费成命,并恳指令祗由。

拟办:呈悉。据呈该校既经二十二年呈准开办,迄今犹未停顿,何以历年度办理情形及学校员生概况等表,均不遵章造报,致本府无卷可稽。兹以该管区署估计,该朱敏祖等会众富力着缴义教经费,始行经呈请免,殊属非是,所请应毋庸议,仰即知照!中华民国二十七年十二月二十四日

案查本校成立于民国二十三年春季,依照设学手续,呈准钧府立案,所有经费来源,纯由朱敏祖、朱定赁、朱维沐、朱勤英等会众田租充用,历经五年,从未停顿,屡承督学视察嘉许,均已有卷可稽。乃近有第四区区署通告四纸送来,指定朱敏祖、朱定赁、朱维沐、朱勤英四会众,应缴二十七年度义务教育经费法币共一十四元七角,殊为惊异。盖此间地方辽阔,未办保学,故本校自成立以来,招收学生,不分畛域,不收学杂等费,名为族学,实与保学相同。自各会众祀祖香烛之资,概作乡里教育之费,竭蹶经营,已属不足,何能复任此项抽款之分担,甘剜肉而補人之疮也。伏念钧长下车以来,重视教育,迥非张前县长可比,凡属私立学校,概与公立学校,一视同仁,用敢敬陈下情,恳乞鉴核!迅令第四区区署,收回抽派本校经费之成命,俾免本校附近学童失学,实为德便,并请指复祗遵!

谨呈万载县政府县长卢

万载第四区第一保联第六保朱氏宗敏初级小学校校长朱质彬

指令请陲寄四区大桥山字本校

中华民国二十七年十二月

事由:据呈请令饬四区署收回派认义教经费成命等情,指令知照由。

江西省万载县政府指令

令私立敏宗小学校长朱志彬

本年十二月十八日呈一件:呈请令饬第四区署收回派认义教经费成命由。

呈悉。据称该校既经于二十二年呈准开办,迄今尚未停办。何以历年度办理情形及开学校员生概况各项表册,均不遵章造报,以致本府无卷可稽,兹以该管区署估计朱敏祖等会富力,着缴义教经费,始行经呈,有意取巧规避,殊属是非。所请应毋庸议,仰即知照!

此令!

县长卢

中华民国二十七年十二月

私立龙山小学分校办学情节

事由:呈为学校多远移城外,学生苦无入学之门,恳准暂设一私立龙山小学分校,以便救济失学由。

拟办:姑准所请。中华民国二十八年四月十一日

通讯:均示恳寄一区署前凉亭庵

窃维时事变更,公私学校 ,概远避城外,而学生各随本校就学者固多,因人地关系不能随迁者,亦属不少,以致莘莘学子,就学无路。加以师范兼师训毕业者,未蒙委充教职,虽欲秉承省府使命,苦无服务战场,最近虽有多数失学青年,要求从学于章。苦无学校名称。欲固辞而不纳,则藕断丝连,感情难却,为此思为双方便利计,用恳钧府准予暂设一私立龙山小学分校于凉亭庵(距城北数百武)以便救济失学青年,而使师资服务有由。其经费除收学生自愿备具些小杂费以作校用外,学费不收,教员尽义务,倘蒙核准,则师生感激,公私咸宜,实为学便!

谨呈万载县政府

省立各县县立小学教师训练班毕业员龙章

中华民国二十八年四月十一日

事由:据呈请暂设立私立龙山小学公校于凉亭庵,请核示等情,批示知照由。

江西省万载县政府批示　万教字第 10202 号

二十八年四月十一日呈一件:为请准暂设立私立龙山小学分校于凉亭庵请核示由。

呈悉:姑准所请,仍仰收办理情形具报备案查,着即知照!

此批!

县长卢

中华民国二十八年四月

私立李氏龙湾初级小学校办学情节

事由:为推选校长聘定教员呈恳加给委任以专责成,并填具教职员资历表及开学工课日期呈报表请予备案由。

拟办:应呈由该管区署核转再行核夺。中华民国二十八年四月二十日

窃本校自清季末年开办以来,历二十余年,颇具成绩,战争时期基金被没收,图书标本器物捣毁无存。迄二十三年春,地方收复,召集会议改选校董,决定提拔本族祠产为教育基金,复行开办,业经呈报钧府准予备案在卷。去年举办保学,本校地居五十二保,曾遵章代用,本年一月间钧府举行全县教育经费调整会议,决定私立学校准予尽量恢复,于一月十六日第十次校董会议推选李友仁为校长,聘定李德绥为教员,于三月六日开学到校,学生 32 人,理合造具教职员资历表及开学上课日期呈报表各一份,备文呈恳钧长察核准予备案,并请颁给校长李友仁教员李德绥委任,以专责成,实为学便!

谨呈万载县政府县长卢

附呈:教职员资历表一份

开学上课日期呈报表一份

万载县第四区私立李氏龙湾初级小学校董会董事长李林滋、校董李师德、李国俊、李达启、李子龙、李保生、李启新

中华民国二十八年四月十六日

事由:据呈报该校复办情形及开学报告各表,请核备等情,指令知照由。

江西省万载县政府指令　万教字 10357 号

令私立龙湾小学校董会

本年四月十六日呈一件:为呈报本校复办情形及开学报告各表请核备由。

呈件均悉。该校复办准予备案所呈开学报告表及教职员资历一览表准予备案并仰知照。

此令!件存。

县长卢

中华民国二十八年四月

中正小学校办学情节

事由:为呈明续行恢复学校,恳请注册备案由。

批办:准予备案,并代用该保保学,令行第四区署知照由。

呈为呈明续行恢复学校恳请注册备案事:窃民等先年起立之中正初小学校,前旧两载因办学经费难筹措,兼之学龄儿童亦属大少,所以民二十四年,虽已呈明钧署恢复备案,但是二十六年暂又停办。兹因敝校附近学龄儿童及父兄等纷纷前来要求敝校继续恢复开办,以便一班莘莘学子就学之云。民等于此,爰即召集当地各姓绅耆会议,在会议中已组织黄炳炎、邹炳章、宋家盛、梁兴才、刘有亮、赖召华、左仁盛七人为校董,互推黄炳炎为校长,宋家盛为董事长,同时聘请邹炳章为教员,业已于前月二十九开学,现到校学生已有钧署俯赐察核并请准予备案,实为学便!

谨呈万载县县长卢

万载县第四区漕头乡第五十二保私立中正初小学校校董黄炳炎、邹炳章、宋家盛、梁兴才、刘有亮、赖召华、左仁盛

中华民国二十八年四月十八日

1. 指令:私立中正小学(第四区漕头乡第五十二保)

2. 训令第四区署

事由:据呈报该校复办情形请核备等情,指令知照由。

江西省万载县政府训令　万教字第 10487 号

令私立中正小学校董会

本年四月十八日呈一件:为呈报本校复办情形请核备由。

呈悉该校复办准予备案并准代用该保保学仰即随发,督促认真办理为要。

此令!

县长卢

中华民国二十八年四月

事由:案据该区私立中正小学校董会呈报该校复办情形,请核备等情,令仰知照由。

江西省万载县政府训令稿　万教字

案据该区私立中正小学校董会呈报该校复办情形请核转等情,前来查所称各节尚属

实情,应准备案,并准代用该保学。据呈前情除指令外,合行令仰该区长知照,并督饬认真办理为要。

此令!

县长卢

中华民国二十八年四月

私立绛帐初级小学校办学情节

事由:为呈报本校开学情形,并推定马泰俊为校长,恳请察核备案加委,以专责成由。

窃本校于本年三月二十日,召集校董会议,决议照常开办,并推定马泰俊继任本校校长,当即就职视事,旋经聘定教员,招足学生,业于三月二十九日,正式开学上课。为此理合备文呈请钧长,俯赐察核,准予备案,并恳加委马泰俊为本校校长,以专责成,实为学便!

谨呈万载县政府县长卢

万载第四区大桥镇马氏私立绛帐初级小学校董事长马自华

中华民国二十八年四月十五日

宏文初级小学校办学情节

事由:案据本区西江族立宏文初级小学校董会董事长柳仲箎呈为遵令填补校董姓名履历表,请转呈备案等情,呈请核备由。

拟办:应饬将该校经费来源数量及教职员姓名资历等项列表转报来府,再行核夺。

万载县政府第四区区署呈:案据四区西江族立宏文初级小学校董会事长柳仲箎呈称:案奉钧署教字第76号指令本会,本年三月三十日呈一件,为恢复西江族立宏文初级小学并聘定校长恳请备案核委由。

呈悉,仍仰填补该校校董姓名履历表,呈署转核,着即知照!此令等因,奉此遵即填补校董姓名履历表一份,呈送钧长察核呈转备案,实为学便等情,附校董姓名表一份。据此,理合检同原表一份,备文呈请钧长核备!

谨呈万载县政府县长卢

附检呈该校校董姓名表一份

万载县政府第四区区长宋继齐

中华民国二十八年四月

万载县第四区西江柳氏族成立宏文初级小学校校董履历表一览表

二十七年度下学期填

职别	姓名	性别	年龄	籍贯	出身
董事长	柳仲篪	男	56	万载	宏文师范毕业
董事	柳春熙	男	39	万载	高小毕业
董事	柳长林	男	57	万载	宏文师范毕业
董事	柳柱元	男	46	万载	高小毕业
董事	柳缉熙	男	40	万载	龙河中学毕业
董事	柳庚文	男	47	万载	高小毕业
董事	柳咨舜	男	30	万载	高小毕业,现在县中学校毕业

事由:据呈送宏文小学校校董会董事姓名履历表请核备等情,指令遵照由。

江西省万载县政府指令稿　万教字

令第四区区长宋继齐

本年五月十二日呈一件:为据宏文小学校董会董事长柳仲篪补填校董姓名履历表请转呈备案等情呈请核备由。

呈表均悉。查该校经费来源数目,及教职员姓名资历等项,均未填报,核与规定手续不符,仰即转饬列表呈报来府,再予核夺,着即遵照!

此令!表姑存。

县长卢

中华民国二十八年五月

私立大原小学校办学情节

事由:案据本区易氏族立大原初级小学校董易焕福等呈为遵令组织成立该校,恳请转呈核备等情,转请准予核备由。

拟办:准予备案。民国二十八年三月二十八日

万载县政府第四区区署呈　　教字第54号

案据本区易氏族立大原初级小学校董易焕福等呈称:案奉钧署本年三月十八日批一件:为成立族立大原初级小学,公推易定国为校长并代用保学校长,请核备给委加奉示开:呈悉,查所呈各节,应准备案,仰即依照法定程序,先行组织成立校董会,呈请备案后,并依法列报该校常年经费,及筹措方法,暨保证财产,以凭呈转,着即知照!此批等因。奉此,遵于本月二十五日,召集会议,依照法定程序,组织校董会,公推易焕福等五人为校董,并决定本校常年经费年支贰佰元,由本族易朝兴祠租息项下如数拨给,奉令前因,理合造具

族董姓名表二份，并付颁发图记刊资洋五角，备文呈请钧长核转备案！并恳颁发图记，发给校长委任，以专责成，实为学便！钧长察核，准予备案！

谨呈万载县政府县长卢

附检呈原表一份

万载县政府第四区区长宋继齐

中华民国二十八年三月

事由：据转呈该区私立大原小学校董会呈报该校成立经过情形，请核备等情，指令知照由。

江西省万载县指令　万教字第9997号

二十八年三月二十八日呈一件：为转呈本区私立大原小学校董会，呈报该校成立经过情形请核备由。

呈表均悉，准予备案，仰即转饬知照！

此令！表存。

县长卢

中华民国二十八年三月

万载县私立翠龙初级小学校校董会章程

第一条：本会根据修正私立学校规程第十三条之规定组织之。

第二条：本会定名为私立翠龙初级小学校校董会。

第三条：本会以设立者宜万边陲士民为主体。

第四条：本会遵照小学规程及其实施方针兴办乡学，以实施熏化教育，发展儿童身心，培养国民道德及生活所必需之基本技能为主旨。

第五条：本会设校董七人内，推一人为董事长，校董会董事长均由代表大会选任之。

第六条：本会应办之事项如下：

(一)经费之筹划及增进。

(二)预算及决算之审核。

(三)财产之收支、保管，财务之监督。

(四)学校之设施及扩充。

(五)校长之推荐及改选。

(六)校务之考查及其他行政事项。

第七条:董事长之职权如下:

(一)代表本会全体。

(二)召集本会会议,执行决议案。

(三)处理本会日常事务。

(四)考察校务,协助校长力谋发展。

第八条:董事长有事时得委托各校董代行其职务。

第九条:本会会议分常务会议、临时会议二种。常务会议以本年六月间开会由校董事长定期,但须于十日前发函通知。临时会由董事长或校董三人以上之公请或本校校长之请求,均得召集之。

第十条:本会会议须有校董过半数之出席始得开议。

第十一条:校董事长任期均为三年,但得连选连任。如有溺职者得,依第九条之规定召集设立代表大会随时改选。

第十二条:本会财政实行公开。每学期终结,董事长须将收支数目造具清册交由大会审核。

第十三条:董事长每学期开始,须造具预算经大会通过后遵照执行。

第十四条:校董会经理财政有临时紧急情况事情发生,常年开支不得超过预算以外。

第十五条:如有超过预算,于会议时开具理由请求追认,如经会议否认者,经手人应负赔赏之责。

第十六条:本会遗产不得典押变卖,非有不得已时不得动用基金。

第十七条:本会遗产不得挪作别用,职员不得预支薪水等情。如有上项事情,经手人应负赔赏之责。

第十八条:本章程如有未尽事宜,经大会决议得随时修改之。

第十九条:本章程自呈准之日起。

江西私立龙岗初级中学校

事由:为创办初级中学呈请核备由。

拟办:拟转呈省府核示。

决定办法:照转。

窃龙岗书院系于逊清道光年间合三区地方各姓,为培育乡村人才,捐资创建,屋舍宏敞,地位适中,历办至今,虽学制累更,而百余年间迄为停顿,过去办理高等小学堂实为三区各乡镇族学学生之升级场所,深为本区学生所利赖,所以本区虽僻处,边陲文化得不致教他处低落。惟近年学制再更,乡镇保中心国校普遍设立,龙岗办理小学已失其重要功能，且自抗战以还，生活高涨，农村子弟小学毕业后，欲更求深造，限于经济困窘，多未能远道就学，致失学数量日渐加多，无由博得普通中学之知识，殊为可惜。本校当事诸君有见及此，爰经决议，就本校原有之全部基金改办初级中学，借资补救而宏实效。谨先遵章成立校董会，拟定校董会章程及立案呈报事项表各一份呈请钧长准予核备，教育幸甚！

谨呈万载县县长刘

附呈校董会章程及立案呈报事项表各四份

江西私立龙岗初级中学校董会董事长龙元辅

中华民国三十六年六月十二日

江西私立龙岗初级中学校董会章程

中华民国三十六年六月订

第一条：本章程依修正私立学校规程第十一条订定之，并定名为江西私立初级龙岗中学校董会(以下简称本会)。

第二条：本会以创立私立龙岗初级中学筹集基金发展教育为目的。

第三条：本会事务所设在万载株潭十二保内。

第四条：本会以创始人为当然校董。

第五条：本会校董名额定为十三人。

第六条：本会第一任校董由当然校董聘请热心教育、赞助本校人士组成之。

第七条：本会由校董互推一人为董事长。

第八条：本会董事长、校董任期均为三年。

第九条：本会第一任校董任满后由董事长召集大会另行选举，继任校董但原任校董连选得连任之。

第十条：本会于每学期开始前三日举行常会各一次。

第十一条：本会开会以董事长为主席，董事长请假时应委托一人为临时主席。

第十二条：本会开会以过半数之校董为法定人数，不足法定人数时改谈话会，其决议事项，延俟法定会议时追认生效。

第十三条：本会会议事项取决多数，可否同数时，取决于董事长或临时主席。

第十四条：本校董事长校董均为无给职，惟会中雇用之办事员得酌给薪津。

第十五条：本会职权如下：

1. 经费之筹划。
2. 预算及决算之审核。
3. 财务之监察。
4. 财务之保管。
5. 其他财务事项。
6. 任选校长。

第十六条：关于学校行政，由校长负完全责任，如校长失职，校董会得随时改选之。

第十七条：本会于每学年终结后，应行呈报事项，悉遵部规办理。

第十八条：本章程自呈请万载县政府转呈上级政府核准备案后施行。

第十九条：本章程如有应行增删事，宜得随时呈准修改之。

江西私立龙岗初级中学校董会立案呈报事项表

名称	私立龙岗初级中学校
目的	依照中华民国教育宗旨及其实施方案方针，继续小学基础训练，增进学生智能，培养地方人才，以应建国需要。
事务所在地	株谭镇十二保址坪
资产资金或其他收入详细项目	全部资产为自建校舍全栋百余间，田产租额三千石，约合现值法币二亿四千万元，租息二千石，约合现值法币一亿六千万元，均系道光年间本区各姓所捐助，永作教育基金，并历修校册备细载明呈县府备案。

江西私立龙岗初级中学校董履历表

姓名	性别	籍贯	年龄	职业	职务	经历	住址
龙元辅	男	万载	58	学	董事长	龙河中学旧制毕业，曾任三区及梅溪区长，现任株谭警察所长、县秘书。	株谭下石塘
刘济刚	男	万载	48	学	董事	旧制龙河中学毕业，曾任龙岗小学校长及三区区员，现任黄茅仓库主任。	黄茅源头
龙震东	男	万载	48	学	董事	龙河中学旧制毕业，曾任泰和区长，现任获富代表主席、株谭中小校长。	获富南市街
周庭玉	男	万载	75	学	董事	清优附生，历办地方公益事务。	黄茅中街
龙学余	男	万载	65	学	董事	清优附生，历办地方公益事务。	获富下湾
高棣华	男	万载	52	学	董事	北京大学预科毕业，曾任小学校长、区员等职。	株谭上坊
汤克勋	男	万载	46	学	董事	旧制小学毕业，曾任陆军第五师少校军法官，现任县参议员。	黄茅李家坊
丁耀庭	男	万载	49	学	董事	龙河中学旧制毕业，曾任科员及中学教员，现任中正小学校长。	株谭横江坡
龙凤瑞	男	万载	52	学	董事	龙河中学旧制毕业，曾任县党部执委及三区区长。	株谭横江坡
王明德	男	万载	51	学	董事	龙河中学旧制毕业，曾任区长及上尉书记、田粮办事处主任。	黄茅庙湾
周振兴	男	万载	47	学	董事	龙河中学旧制毕业，历任小学教员。	黄茅中街
高世杰	男	万载	45	学	董事	江西公立法政毕业，历任广东高院书记官。	株谭后街
王光照	男	万载	34	学	董事	省立七中高师科毕业、小学劳作师范班毕业，历充小学教员。	获富后槎

说明:1. 此表照修正私立学校规程十五条之规定,凡校董会呈请立案时用之并三页连同校董会章程呈报。

2. 第四栏收录一项包括学费、政府辅助费及个人捐赠等,无论常年、临时均应列入,但临时者应并声明。

事由:案据江西私立龙岗初级中学校董会呈以创办初级中学及校董会章程及立案呈报五项表,恳请准予批备等情,呈请准予批示由。

案据江西私立龙冈初级中学校董会董事长龙元辅呈称:窃原文照抄……教育幸甚等情。据此,除抽存一份外,理合检同原件,备文呈请钧长迅予核示祇遵!

谨呈江西省政府教育所长周

附呈:校董会章程、立案呈报事项表各三份

万载县长郝

中华民国三十六年七月十日

事由:呈为呈请开办江西省私立龙岗初级中学,乞核准指遵由。

拟办:准予转呈并指复知照。民国三十六年七月八日

江西私立龙岗初级中学筹备委员会呈　　筠字第一号

窃龙岗书院清末改办小学,原为本区(万载县旧三区即现在之株潭、黄茅、获富、中正四乡镇)地方各姓于清道光年间捐资所创建,集中力量以培养乡村文化而辅助政府之不及。历办至今百有余年,继续为本区最高之文化领导机关。良以经费稳定、校舍宽宏、设备充实、地点适中之优越条件,故能形成此领导地位历久。不逾远近数十百里学生素以此为合理选择,因而学额常较他校为充实。惟自抗战以还,乡镇保中心国民学校普遍设立,单位日多,学生数量日益分散,且每一乡镇中心国校之设立地点必择于每一乡镇之中心地区,儿童既行集中,交通尤为便利。在此农村不景气声中,学生家长之送子弟读书,为减少消费起见,何能舍近求远,增加负担?而属校非学龄儿童集中之地,入学必须住校,受此不景气之影响,渐失其争取学生之功能,所以近年来学生数量渐行减少。假令属校今后仍办小学,即使招生不感困难,事实上已失其重要性。此为属校呈请改办初级中学理由之一。且株潭镇之市区距石塘村仅五华里,属校适居两点距离之中心。株潭镇市区之中心国民学校、石塘村之株潭镇十二、十三保联立保国民学校,皆规模盛大之一完全小学,与属校鼎足而三,分布范围已嫌大密,过去且不免有互争学童,同感空虚之虑。属校今一旦舍小学而改办初级中学,则该两校分布适合,可以免除学童分散而益充实其内容。故属校之改制,于国民教育之发展殊多便利。此为属校呈请改办初级中学理由之二。况且自抗战以来,生活日高,本区小学毕业之儿童颇多窘于经济未能远道升学。查本县境内之中学,类皆收费太重,即以收费最低之县立中学而言,每学生每学期收学米八斗,折合稻谷一石六斗,已较属校决定之学谷数额多收六斗,其他私立中学之收费实概谅在钧长洞察之中。似此情形,彼一般困于财力而有志升学之小学毕业生抱憾。所以属校当事诸君为国惜材,群

谋补救，爰经决议就原有之全部资产，呈请改办初级中学，以应需要，俾失学青年以最低之负担而得受用同等之教育，此外别无希冀，视一般商业性之私立中学殊有天壤之别，敢请派员来校彻查，以征实在。此为属校呈请改制理由之三。又教育之首要在有充足稳定之经费与适合之场所，属校全部资产约值现时法币式亿四千万元，每年租息所入亦可值法币一亿六千万元，以之改办初级中学，殊属绰有余裕。全部校舍百余间，可容纳学生二百人左右，预计到开办之第三年完成学生四班，可以不事添建。准诸以上各节，则改办初级中学之举诚属事关必要，力有能及。业于七月十五日召开捐主代表大会，决议尽先组成江西私立龙岗初级中学等筹备委员会，公推龙筠等十七人为筹备委员，并由筹备委员会议推选校董龙沐仁等十三人着手进行改办初级中学事宜，理合将经过事实备文，连同校董会立案呈报事项表、校舍平面图等表各四份，又校董会章程四份呈请钧长转呈层峰核准开办，指令祗遵，地方教育幸甚！

谨呈万载县县长郝

附呈：校董会立案呈报事项表一件

校董会章程一件

校产一览表一件

校舍平面图一件

江西私立龙岗初级中学筹备委员会主任委员 龙筠

中华民国三十六年七月三日

事由：据呈送校董会章程、校舍平面图、校产一览表、立案呈报表乞准立案等情指发知照由。

江西省万载县政府指令

令私立龙岗初级中学筹备委员会主委员龙筠

呈一件：为呈请开办江西私立龙岗初级中学，就校董会章程、校舍平面图，校产一览表、立案呈报表，乞准示遵由。

呈件均悉：仰候转呈省府核示后，再令饬遵，并即补呈表各一份，仰即知照。

县长郝

中华民国三十六年十一月十三日

事由：据本县私立龙岗初级中学，乞转呈立案由。

江西省万载县政府呈

据本县私立龙岗初级中学筹备委员会主任委员龙筠呈称：原复照抄等情，计呈校董会章程、校舍平面图、校产一览表、立案呈报表等各项表各一份。据此，除指复外，理合转呈钧长鉴核示遵！

谨呈江西省政府主席王

附转呈：龙岗初级中学校董会章程

校舍平面图

校产一览表

立案呈报表

县长郝

中华民国三十六年十一月十八日

江西私立龙岗初级中学校董会章程①

中华民国三十六年七月订

第一条、本章程依修正私立学校规程第十一条订定之，并定名为江西私立龙岗初级中学校董会(以下简称本会)。

第二条:本会以创办私立龙岗初级中学筹集资金，发展教育为目的。

第三条:本会事务所设在万载株潭镇十二保龙岗初级中学内。

第四条:本会以创办人为当然校董。

第五条:本会校董名额定位十三人。

第六条:本会第一任校董由当然校董聘请热心教育、赞助本校人士组织之。

第七条:本会由校董互推一人为董事长。

第八条:本会董事长校董任期均为三年。

第九条:本会第一任校董任满后由董事长召集大会，另行选举继任校董，连选得连任之。

第十条:本会于每学期开始前三日及终结后三日举行常会各一次，如有重要事务或校董三分之一人数请求，得由董事长召集临时会议。

第十一条:本会开会以董事长为主席，董事长请假时应委托一人为临时主席。

第十二条:本会开会以过半数之校董出席为法定人数，不足法定人数时改谈话会，其决议事项延后，法定会议追认生效。

第十三条:本会会议事项表取决多数，但同数时，取决于董事长或临时主席。

第十四条:本校董事长校董均为无给职，惟会中雇佣之办事员得酌给薪津。

第十五条:本会职权如左:

1. 经费之筹划
2. 预算及决算之审核
3. 财务之监察
4. 财务之保管
5. 其他财务事项
6. 任选校长

第十六条:关于校长行政由校长负完全责任，如校长失职，校董会得随时改选之。

---

① 此章程与前份内容无区别，只是订定时间不同，特此说明。

第十七条：本会于每学年终结后应行呈报事项，悉遵部规办理。

第十八条：本章程自呈请万载县政府转呈上级政府核准备案后施行。

第十九条：本章程如有应行增删事宜，得随时呈准修正之。

江西私立龙岗初级中学校董会立案呈报事项表

名称	江西私立龙岗初级中学
目的	依照中华民国教育宗旨及其实施方针继续小学基础训练增进学生智能，培养地方人才以应建国需要。
事务所所在地	株潭镇十二保址坪
资产资金或其他收入评细项目	全部为自建校舍，全栋百余间，田产资额三千担，约合现值法币三亿四千万元，年租息二千担，约合现值法币二亿六千万元。均系道光年间本区各姓所捐助，永作教育资金，并历修校册备细载明及呈县府备案。

江西私立龙岗初级中学校董会成员履历表

姓名	性别	籍贯	年龄	职业	职务	经历	住址
龙沐仁	男	万载	53	学	董事长	北京大学文学士，历任省立一中、七中、八中、私立章贡青年、省立体专等校专任教员。	株潭十二保
龙际蕴	男	万载	56	学	校董	北京大学理学士，历任北大讲师、教授及西北临大教授。	获富乡五保
龙成章	男	万载	56	学	校董	北京大学理学士，历任省立二中、二专、私立青年心远等校专任教员。	株潭十四保
龙蕴化	男	万载	56	学	校董	北京大学文学士，历任省立八中、赣中专任教员，万载县中校长。	株潭十四保
汤思道	男	万载	35	学	校董	武汉大学文学士，历任私立袁山、匡庐青年等校专任教员。	黄茅乡八保
汤志道	男	万载	32	学	校董	武汉大学理学士，历任私立袁山、匡庐及宜春县中等校专任教员。	黄茅乡八保
龙惠溪	男	万载	31	工程	校董	中央大学理学士，现任经济部植物颜料厂衡阳厂长。	株潭一保
龙济藩	男	万载	32	政	校董	中央政治大学毕业，现任国防部科员。	获富乡五保
丁耀华	男	万载	48	政	校董	私立北京中华大学毕业，历任分宜、萍乡等县政府教育长等职。	中正乡五保
陈庚三	男	万载	31	工程	校董	浙江大学理学士，历任万载县中教员，现任植物颜料厂工程师。	黄茅十六保
高棣华	男	万载	53	学	校董	北京大学预科毕业	株潭五保
汪岳云	男	万载	56	政	校董	上海新华艺术大学毕业，现任教育部文化委员会职员。	中正乡五保
周德光	男	万载	48	学	校董	省立行政专门学校毕业，历任分宜师范及私立志成等校教员。	黄茅乡十保

事由:据呈送开办私立龙岗初级中学立案等表册,请核准等情,批复知照由。

江西省万载县政府批

批江西省私立龙岗初级中学筹备委员会

呈一件:为呈请开办江西私立龙岗初级中学乞核准指示由。

呈件均悉,省政府核示,仰候指令饬遵,着即知照!

此批! 件存转

中华民国三十六年十二月三十一日

事由:为据私立龙岗初级中学筹备会呈送校董会立案呈报各项表、校董会章程、龙岗书院志各三份等呈鉴核示遵由。

江西省万载县政府呈一件:案据江西私立龙岗初级中学筹备委员会�字第一号呈称,原文照抄等情。据此,经切实调查,该校附近小学林立,毕业生在数百人以上,确有需要设立。且捐学者□□□□□□□硕学,经验丰富、校舍宽敞、经费充裕,核与此呈等实尚属相符,似应准予立案。据此,转发所请,除批复外,理合检同原件一并备文赍呈鉴核示遵,并乞县龙岗书院志审核发还为祷。

谨呈江西省政府主席王

附呈:龙岗初级中学校董会主案呈报各项表三份

校董会章程三份

龙岗书院志三份

县长郝

中华民国三十六年十二月三十一日

事由:据呈送私立龙岗初级中学董事会立案表等情,电复知照由。

拟办:1. 遵照并转饬遵由。

2. 查明前该会检送龙岗书院志是否转呈,如已转呈,再呈请发还。

万载县政府安教字第零九七号

呈暨该县私立龙岗初级中学董事会立案呈表均悉,查该县已有公私立中等学校数所,增设私立中学必要。据称拟县龙岗书院原办小学立校产政办社中,对国民教育系等影?,发据该校董事会请求,经以育字第一三九零八号批示备案所请仍不准允,原呈报表一并发还,仰县饬知照。

江西省教育厅

附发还报表各一份。

事由:为私立龙岗初级中学董事会前检呈龙岗书院志三册,未指示发还,电请鉴核由。

代电　安教零二五四九号

江西省教育厅长周钧鉴,案奉钧厅□□□育中学第1886号代电,以据呈送私立龙岗初级中学董事会立案章表等件电复所请,不准,发还原件,仰转饬知照等因,附发还章表各一份等。奉此,除检同原件转饬知照外,查核会尚检有龙岗书院志三册,经转呈钧所未蒙发还,理合电请鉴核,赐予发还该会!

万载县长郝

中华民国三十七年二月

江西省万载县政府训令

安教字第零二六零四号

案查前据该会呈送立案章表等件经转呈去后,兹奉江西省教育厅□□□育中学子第1886号代电,并查核该县已有公私立中等学校数□□□□□□,仰转呈知照等因,附发还章表各一份。奉此,合亟检发原件令仰该会知照!

此令!

附发还章表各一份

县长郝

中华民国三十七年二月

事由:据呈送私立龙岗初级中学董事会立案表、章程表暨资产证件,请鉴核等情,电发知照由。

拟办:转饬遵照。

万载县政府安教字第零一九三六

呈暨私立龙岗初级中学董事会立案表、章程表及龙岗书院志三本均悉,查该县已有公私立中等学校数所,无增设私立中学必要,迭经本厅以育中字第一三九零八及一五五六一号代电饬知有案。该县未遵办理,殊有未合。该私立龙岗初级中学,应不准办理,所请董事会立案一节,应毋庸议,并仰转饬仍改办小学,以期发展国民教育为要!

江西省教育厅

计发还原呈表各三份龙岗书院志三本

中华民国三十七年三月三日

事由:奉省教育厅代电,以据呈送龙岗初级中学董事会立案表、章程表等件电覆知照等因,令仰遵照由。

江西省万载县政府训令

令私立龙岗初级中学筹备委员会

案查前据该会呈送立案章表龙岗书院志请核转一案,经转呈核示去后,兹奉江西省教育厅□□□育中字第三三五四号代电,以查核县已有公私立中等学校数所……直抄至以期发展国民教育为要等因,计发还原呈章表各三份、龙岗书院志三本。奉此合,亟检同原件,令仰该会遵照仍改办小学,具报为要!

此令！

计发还原呈章表各三份，龙岗书院志三本。

县长郝

中华民国三十七年三月十三日

签呈　　中华民国三十七年三月二十九日

窃职奉令派往调查私立龙岗初级中学开办情形一案，业经前往切实调查，兹查核该校附近小学林立，毕业人数甚多，确有设立初级中学之必要，且办学者资历优良、经验丰富、经费充裕、校舍宽宏、地点适中，核与所呈事实相符，似应准予立案，理合呈请鉴核！

谨呈科长丁　秘书钱　县长郝

职　刘巨源

事由：据呈送开办江西省龙岗初级中学立案等表册，乞核准等情，指复知照由。

江西省万载县政府指令

令江西私立龙岗初级中学筹备委员会委员主任龙筠

呈一件：为呈请开办江西省龙岗初级中学乞核准指示遵由。

呈件均悉，仰候转呈省府核示后，再行另令饬遵，着即知照！

此令！件存转

县长郝

事由：为据江西省私立龙岗初级中学校董会呈送校董会立案呈报事项表，乞准核备等情，呈请鉴核示遵由。

江西省万载县政府呈，案据江西私立龙岗初级中学筹备委员会主任委员龙筠呈称：原文照叙等情，附校董会立案表、校董会章程、校舍平面图各四份。据此，经再派本府督学刘巨源前往切实调查，去后兹据发复。该校附近小学林立，毕业人数甚多，确有设立初级中学之必要，且办学者资历优良，经验丰富，经费充裕，校舍宽宏，设备优美，地点适中，核于所呈事实尚属相符，似应准予立案，除抽存图表等各一份，并指复外，理合检同原件备文呈请钧长迅予核示祗遵！

谨呈江西省政府主席王

附呈：龙岗初级中学校董会章程立案呈报表、校舍平面图各三份

县长郝

中华民国三十七年

全衔 县长郝

万载县政府指令

一、本省政府交由该县政府安教字第零三八一三号，呈暨附件均悉。

二、奉省私立中学□□□□□□□□□□□□□□□□□□,主席指示以后一律不再增设。

三、所呈私立龙岗初级中学董事会立案一节碍难准照。

四、原附各件后还。

五、仰即转饬知照。

江西省万载县私立龙岗小学请考毕业课程表　民国二十九年度第二学期

科目	书名	何人著作	何处发行	审定年月	现授至何处	预计何时授毕
国语	复兴国语教科书	张寄岫 赵欲仁	商务印书馆	/	二十九课	六月上旬
算术	复兴算术教科书	顾楠 胡达聪	商务印书馆	二十六年六月	家用簿记的练习	六月中旬
自然	复兴自然教科书	周建人 周颂久	商务印书馆	二十六年八月	第十四课	六月中旬
历史	复兴历史教科书	徐映川 傅纬平	商务印书馆	/	第十三课	六月中旬
公民	复兴公民教科书	李宗赵 金亮景 录寰源	商务印书馆	二十六年八月	第八课	六月中旬
地理	复兴地理教科书	冯陈傅 达高纬 夫基平	商务印书馆	二十六年五月	第十四课	六月中旬

江西省小学请考毕业学生履历成绩表

姓名	性别	年龄	籍贯	级别	入学年月	入学资格	成绩
汤给梅	女	十六	万载	秋六年级	二十七年八月	中山民校肄业	70.84
龙晚饿	女	十五	万载	秋六年级	三十年二月	私立龙山小学肄业	65.38
龙含英	女	十四	万载	秋六年级	二十七年八月	私立仁山小学肄业	69.25
宋孟兰	女	十四	万载	秋六年级	二十九年二月	县立第一中小肄业	69.86
高惠英	女	十三	万载	秋六年级	二十七年八月	私立龙仁山小学肄业	84.58
龙生华	女	十四	万载	秋六年级	二十八年八月	私立龙仁山小学肄业	68.2
陈寅三	男	十二	万载	秋六年级	二十八年二月	湖南浏阳豫章小学肄业	69.47
周忠贤	男	十四	万载	秋六年级	二十八年八月	私立周南公小学肄业	63.85
汤蔚海	男	十三	万载	秋六年级	二十八年八月	私立储英小学肄业	67.34
刘长生	男	十三	万载	秋六年级	二十八年八月	私塾读书	71.4
辛志远	男	十四	万载	秋六年级	二十八年八月	私立辛义方小学肄业	70.93
汤苞芳	男	十二	万载	秋六年级	二十八年二月	私立储英小学	66.72
王文华	男	十四	万载	秋六年级	二十八年二月	中山民校肄业	69.03
周锦汉	男	十二	万载	秋六年级	二十八年八月	私立康西小学肄业	60.76

续表

姓名	性别	年龄	籍贯	级别	入学年月	入学资格	成绩
周慕黄	男	十四	万载	秋六年级	二十八年八月	黄茅乡中小肄业	60.34
伍秉章	男	十四	万载	秋六年级	二十八年八月	私立康西小学肄业	60.64
龙汝森	男	十三	万载	秋六年级	三十年二月	私立龙仁山小学肄业	66.18
殴阳绍	男	十三	万载	秋六年级	三十年二月	私立龙仁山小学肄业	66.05
龙士累	男	十五	万载	秋六年级	二十七年八月	私立龙仁山小学肄业	67.87
张洪生	男	十五	万载	秋六年级	二十八年八月	私立康西小学肄业	63.66
谭家猷	男	十五	宜春	秋六年级	二十八年二月	宜春县立第四中小肄业	72.37
夏立文	男	十六	万载	秋六年级	二十七年八月	县立第三中小肄业	71.88
阳文松	男	十四	万载	秋六年级	二十九年二月	泉水乡中小肄业	60.49
汤致生	男	十五	万载	秋六年级	二十八年二月	私立龙仁山小学肄业	72.31
龙儒生	男	十六	万载	秋六年级	二十七年八月	宜春第五区卅五保保学肄业	69.91
王凤鸣	男	十四	万载	秋六年级	二十八年八月	私立敦化小学肄业	70.1
龙怀生	男	十五	万载	秋六年级	二十八年八月	私立敦化小学肄业	65.45
高文聚	男	十六	万载	秋六年级	二十七年八月	私立高五房小学肄业	67.31
李成章	男	十五	万载	秋六年级	二十七年八月	三区五十三保保学肄业	81.98
龙国祥	男	十六	万载	秋六年级	二十六年二月	私塾读书三年	71.26
高成发	男	十六	万载	秋六年级	二十七年八月	私立高五房小学肄业	78.21
辛奠华	男	十五	万载	秋六年级	二十八年八月	私立辛义方小学肄业	69.69
辛宝童	男	十五	万载	秋六年级	二十七年八月	私立高五房小学肄业	77.13
王洪生	男	十六	万载	秋六年级	二十七年八月	私立明伦小学肄业	79.64
龙逢庚	男	十五	万载	秋六年级	二十七年二月	私立明伦小学肄业	78.4
邱成邑	男	十六	万载	秋六年级	二十八年八月	私立明伦小学肄业	72.43
龙凤霖	男	十六	万载	秋六年级	二十七年八月	私塾读书四年	68.82

江西私立龙岗初级中学崇义堂租产表

乡镇所属	地名	佃户姓名	田把	租额	实收	陈欠
株潭镇	本校门首	王树林	320 把	220 桶	135 桶	5 桶
株潭镇	本校门首	龙贤球	47 把	410 桶	271 桶	／
株潭镇	本校门首	龙观颜	235 把	205 桶	135 桶	19 桶 1 斗
株潭镇	本校门首	龙石兴	235 把	205 桶	135 桶丰	5 桶半

续表

乡镇所属	地名	佃户姓名	田把	租额	实收	陈欠
株潭镇	本校门首	汤树森	380 把	280 桶	161 桶	8 桶半
株潭镇	马兰头	汤清光	775 把	510 桶	369 桶	28 桶 6 升
株潭镇	马兰头	龙贤进	77 把	520 桶	370 桶	125 桶半
株潭镇	马兰头	孙耀震	45 把	28 桶	5 桶	／
获富乡	亭下	李庆林	135 把	102 桶	80 桶	／
获富乡	亭下	李石云	170 把	136 桶	108 桶	9 桶
获富乡	亭下	李美材	340 把	240 桶	186 桶	14 桶 3 升
获富乡	亭下	李水古	350 把	240 桶	186 桶	／
获富乡	亭下	李庆珠	350 把	240 桶	186 桶	2 桶 1 斗半
获富乡	亭下	李包牙	350 把	240 桶	186 桶	6 桶 1 斗 11 升
获富乡	亭下	李启元	350 把	487 桶	376 桶	15 桶 5 升
获富乡	亭下	罗连发	640 把	487 桶	376 桶	9 桶
获富乡	亭下	李增培	610 把	437 桶	342 桶	26 桶半
获富乡	亭下	黄娇妹	300 把	692 桶	233 桶	59 桶
获富乡	亭下	李栋能	230 把	172 桶	134 桶	2 桶
获富乡	亭下	李明德	250 把	150 桶	120 桶	／
获富乡	亭下	李瑞庆	180 把	140 桶	112 桶	12 桶
获富乡	亭下	张均祖	80 把	68 桶	54 桶	18 桶半
获富乡	枣木桥	高石生	140 把	108 桶	78 桶	／
获富乡	枣木桥	吴国伴	190 把	102 桶	75 桶	／
获富乡	枣木桥坑下	叶荣连	510 把	290 桶	189 桶	59 桶
获富乡	乳石岭	邹清才	180 把	190 桶	121 桶	5 桶 1 斗 1 升
获富乡	邓家平	邓祖隆	800 把	420 桶	270 桶	20 桶
宜春胜利乡	大水源	王春妹	800 把	500 桶	357 桶	／
慈化	竹仔棚下	黎耀琳	905 把	450 桶	384 桶	／
中正乡	河间岭	杨年发	340 把	242 桶	133 桶	106 桶 5 升
中正乡	河间岭	杨水生	140 把	70 桶	40 桶	14 桶半
中正乡	河间岭	杨仕元	295 把	184 桶	95 桶	11 桶 3 升
中正乡	路下田寮	杨树德	250 把	220 桶	148 桶	9 桶
黄茅乡	鱼严形上	李奇玉	835 把	520 桶	341 桶	39 桶半
黄茅乡	源头长源坑	刘世初	180 把	70 桶	25 桶	65 桶
黄茅乡	中罗塅	辛焕庚	80 把	64 桶	48 桶	／

续表

乡镇所属	地名	佃户姓名	田把	租额	实收	陈欠
黄茅乡	石波坑	周保初	850把	500桶	320桶	27桶半
黄茅乡	源头坑	杜大猷	100把	74桶	53桶	／
黄茅乡	水口榨	殴阳石泉	690把	380桶	250桶	15桶半
黄茅乡	北岸	殴阳克胜	350把	208桶	164桶	67桶
黄茅乡	北岸	殴阳厚十	320把	200桶	158桶	69桶半
黄茅乡	北岸	殴阳承恭	80把	44桶	28桶	2桶
黄茅乡	北岸上周	周厚济	470把	280桶	22桶	／
黄茅乡	北岸上周	周厚和	470把	280桶	220桶	16桶
黄茅乡	鸿胪弟	高锦航	1036把	624桶	462桶	44桶11升
黄茅乡	鸿胪弟	高锦衷	1025把	600桶	450桶	／
黄茅乡	鸿胪弟	高锦宴	1025把	600桶	450桶	34桶
黄茅乡	连理山	高洪玉	330把	230桶	127桶	33桶5升
株潭中正乡	横塘塅	刘金和	55把	380桶	240桶	68桶
中正乡	张家塘	罗连生	1040把	660桶	445桶	31桶11升
中正乡	刘家塘	黄来铨、黄来清	1630把	200桶	775桶	186桶9升半
中正乡	刘家塘	黄来广	175把	134桶	85桶	4桶
中正乡	牛江坝	吴仁秋、吴仁伟	1000把	600桶	342桶	157桶12升
获富乡	五里亭	高任生、周湖北	200把	130桶	69桶	105桶1升
解放乡	河间岭	杨庚牙	40把	12桶	6桶	2桶
合计市石:142575						

龙岗学产保管委员会崇义堂移交田亩租额清册

乡镇别地点	佃户姓名	早田	早额租	晚额租	迟田额租	庄屋
株潭镇校门首	王树林	320把	100桶	100桶	／	全栋
株潭镇校门首	龙贤球	470把	205桶	205桶	／	全栋
株潭镇校门首	龙观颜	235把	102.5桶	102.5桶	／	／
株潭镇校门首	龙石兴	235把	102.5桶	102.5桶	／	／
株潭镇校门首	汤树森	380把	140桶	140桶	／	全栋
株潭镇马栏头	汤清光	775把	205桶	205桶	100桶	全栋
株潭镇马栏头	孙耀震	45把	8桶	8桶桶	12桶	全栋
株潭镇马栏头	龙贤进	770把	210桶	210桶	100桶	全栋
株潭中正乡横塘塅	刘金和	515把	190桶	190桶	／	数间
获富乡亭下	李庆林	135把	51桶	51桶	／	全栋
获富乡亭下	李石云	170把	68桶	68桶	／	有

续表

乡镇别地点	佃户姓名	早田	早额租	晚额租	迟田额租	庄屋
获富乡亭下①	李美才	340 把	111 桶	111 桶	18 桶	／
获富乡亭下②	李水古	350 把	111 桶	111 桶	18 桶	／
获富乡亭下③	李庆珠	350 把	111 桶	111 桶	18 桶	／
获富乡亭下④	李包牙	340 把	111 桶	111 桶	18 桶	／
获富乡亭下⑤	李启元	635 把	231 桶	231 桶	25 桶	有
获富乡亭下	李增培	610 把	206 桶	231 桶	／	有
获富乡亭下	黄娇妹	430 把	146 桶	146 桶	／	有
获富乡亭下	李瑞庆	180 把	70 桶	70 桶	／	无
获富乡亭下⑥	李栋能	230 把	80 桶	80 桶	12 桶	无
获富乡亭下	李明德	225 把	75 桶	75 桶	／	无
获富乡亭下	张均祖	80 把	34 桶	34 桶	／	无
获富乡亭下	罗连发	640 把	231 桶	231 桶	25 桶	全栋
获富乡枣木桥	高石生	140 把	54 桶	54 桶	／	无
获富乡枣木桥	吴国伴	190 把	51 桶	51 桶	／	无
获富乡邓家坪⑦	邓祖隆	800 把	210 桶	210 桶	／	全栋
获富乡乳石岭	邹清才	180 把	80 桶	80 桶	30 桶	全栋
宜春县慈化竹仔棚下	黎耀琳	905 把	220 桶	230 桶	／	全栋
宜春县冷水乡大水源	王春妹	800 把	200 桶	270 桶	30 桶	全栋
宜春县冷水乡大水源	王炳清	800 把	200 桶	270 桶	30 桶	全栋
宜春县冷水乡坑下	叶荣连	510 把	145 桶	145 桶	／	数间
解放乡河间岭⑧	杨年发	340 把	101 桶	101 桶	40 桶	全栋
解放乡河间岭⑨	汤仕元	295 把	50 桶	60 桶	74 桶	无
解放乡河间岭⑩	杨水生	140 把	26 桶	26 桶	18 桶	无
解放乡路下田寮	杨树德	250 把	110 桶	110 桶	／	全栋

① 此处田亩未分早田与迟田。
② 此处田亩未分早田与迟田。
③ 此处田亩未分早田与迟田。
④ 此处田亩未分早田与迟田。
⑤ 此处田亩未分早田与迟田。
⑥ 此处田亩未分早田与迟田。
⑦ 尚未修复。
⑧ 此处田亩未分早田与迟田。
⑨ 此处田亩未分早田与迟田。
⑩ 此处田亩未分早田与迟田。

续表

乡镇别地点	佃户姓名	早田	早额租	晚额租	迟田额租	庄屋
解放乡潭埠刘家塘①	黄来铨 黄来清	1630 把	440 桶	440 桶	220 桶	全栋
解放乡潭埠刘家塘②	黄来广	175 把	21 桶	21 桶	92 桶	全栋
解放乡乌石唐内张家塘③	罗连生	1040 把	290 桶	290 桶	80 桶	全栋
解放乡牛江坝④	吴仁秋 吴仁伟	1000 把	300 桶	300 桶	／	全栋
黄茅乡𩽼⑤形上	李奇玉	835 把	160 桶	160 桶	200 桶	全栋
黄茅乡源头长源坑	刘世初	／	／	／	70 桶	全栋
黄茅乡石陂坑	周保初	850 把	130 桶	130 桶	240 桶	全栋
黄茅乡中罗塅	辛焕庚	80 把	32 桶	32 桶	／	无
黄茅乡垇背上	杜大猷	100 把	37 桶	37 桶	／	无
黄茅乡水口榨⑥	殴阳石泉	690 把	190 桶	190 桶	／	全栋
黄茅乡北岸	殴阳克胜	350 把	104 桶	104 桶	／	无
黄茅乡北岸	殴阳厚十	320 把	100 桶	100 桶	／	无
黄茅乡北岸	殴阳承恭	80 把	22 桶	22 桶	／	无
黄茅乡北岸上周	周厚和 周厚济	940 把	280 桶	280 桶	／	全栋
黄茅乡鸿胪弟	高锦航	1036 把	312 桶	312 桶	／	全栋
黄茅乡鸿胪弟	高锦衷	1025 把	300 桶	300 桶	／	全栋
黄茅乡鸿胪弟	高锦宴	1025 把	300 桶	300 桶	／	全栋
黄茅乡连理山	高洪玉	330 把	53 桶	53 桶	120 桶	全栋
获富乡五里亭⑦	高任生 周湖北	200 把	65 桶	65 桶		无
解放乡河间岭	杨庚牙	／	／	／	12 桶	无
合计	25516 把	7492 桶	7677 桶	1602 桶	／	
备注	本表于民国三十八年九月十六日由往年编选人龙翰芳编选，另每田 25 把折合 1 亩。					

① 此处田亩未分早田与迟田。
② 此处田亩未分早田与迟田。
③ 此处田亩未分早田与迟田。
④ 此田遇旱无收。
⑤ "鱼"字和"严"字的合体字。
⑥ 内因出煤水减收，200 把成旱租 60 桶。
⑦ 纯系早田。

龙岗育才堂田册

坐落地名	佃户姓名	早田	早额租	晚额租	迟田额租	庄屋	备注
株潭镇桐柱汤	龙奎章	500 把	80 桶	80 桶	90 桶	有	共欠谷 81 桶
株潭镇桐柱汤	龙城炎	1000 把	250 桶	250 桶	15 桶	有	共欠谷 85 桶
株潭镇龙岗侧	龙贤球	230 把	90 桶	90 桶	/	无	/
株潭镇龙岗侧	龙汝珠	230 把	90 桶	90 桶	/	无	共欠谷 48 桶
株潭镇小源坑	陈金生	210 把	70 桶	70 桶	/	无	共欠谷 29 桶
获富乡关上	黄大发	350 把	110 桶	30 桶	50 桶	有	共欠谷 50 桶
获富乡关上	黄道来	350 把	30 桶	30 桶	50 桶	有	共欠谷 7 桶
获富乡筒车坡	汤珠云	2200 把	990 桶	990 桶	/	有	/
黄茅镇杨梅排	张洪友	390 把	105 桶	105 桶	/	有	共欠谷 15 桶
备注	本册由首士丁文粹于民国三十八年九月十六日填造						

龙岗育才堂获富乡岭上地租、店租及屋租册

姓名	汤化成	王一瑞	龙光近	龙江禄	龙江桃	彭祖庆
租类	店租	店租	店租	屋租		地租
数量	8 桶	5 桶	7 桶	4 桶		3 桶 6 升
姓名	孙包生	方春兰	元益庄	汤谷孙	龙永福	韩春生
租类	地租	地租	地租	地租	地租	地租
数量	1 桶 6 升	1 桶	4 桶 3 升	1 桶 6 升	3 桶 3 升	1 桶
备注	本册由首士丁文粹于民国三十八年九月十六日填造					

龙岗三兴堂田亩册

坐落地名	佃户姓名	早额租	晚额租	迟田额租	庄屋
获富乡址坪冲	韩垂光	420 桶	420 桶	/	有
获富乡址坪冲	叶灏景	210 桶	210 桶	/	有
获富乡址坪冲	叶名寿	48 桶	48 桶	/	有
获富乡址坪冲	叶秉宗	210 桶	21 桶	/	有
获富乡址坪冲	韩楷茅	105 桶	105 桶	/	有
获富乡址坪冲	龙仁癸	140 桶	140 桶	/	有
黄茅杨梅排	张洪友	105 桶	105 桶	/	庄屋一半
宜春县磐石乡土地堂	周益谦	100 桶	100 桶	120 桶	庄屋全新
宜春县慈化	宋滨初	100 桶	/	/	/
备注	本册由首士龙士恩于民国三十八年九月十六日填造				

龙岗学产保管委员会崇义堂民国三十六年度与民国三十七年度租收比较移交表

坐落地名	佃户姓名	三十六年实收股数		三十七年实收股数	
		早租	晚租	早租	晚租
株潭镇校门首	王树林	95 桶	33.5 桶	86.075 桶	48.075 桶
株潭镇校门首	龙贤球	198 桶	67 桶	180.075 桶	91.075 桶
株潭镇校门首	龙观颜	86 桶	45 桶	95.03 桶	37.015 桶
株潭镇校门首	龙石兴	100 桶	32.05 桶	102.075 桶	33 桶
株潭镇校门首	汤树森	100 桶	59.075 桶	111 桶	41.075 桶
株潭镇马兰头	汤清光	174.07 桶	122.14 桶	178 桶	164 桶
株潭镇马兰头	孙耀震	8 桶	／	8 桶	5 桶
株潭镇马兰头①	龙贤进	170 桶	74.075 桶	156 桶	144 桶
株潭镇横塘塍	刘金和	194 桶	44.09 桶	153 桶	82 桶
获富乡亭下	李庆林	51 桶	21 桶	51 桶	29 桶
获富乡亭下	李石云	60 桶	37 桶	40 桶	59 桶
获富乡亭下	李美材	59 桶	100 桶	76 桶	97.12 桶
获富乡亭下	李水古	102 桶	57 桶	102 桶	84 桶
获富乡亭下	李庆珠	72 桶	87 桶	85 桶	98.045 桶
获富乡亭下	李包牙	83 桶	76 桶	93 桶	68.03 桶
获富乡亭下	李启元	116 桶	218 桶	120 桶	234.025 桶
获富乡亭下	李增培	174 桶	130 桶	206 桶	111.075 桶
获富乡亭下	黄春妹	66 桶	104 桶	101 桶	123 桶
获富乡亭下	李瑞庆	62 桶	38 桶	53 桶	47 桶
获富乡亭下	李栋能	62 桶	48 桶	48 桶	86.13 桶
获富乡亭下	李明德	54 桶	46 桶	72 桶	42 桶
获富乡亭下	张均祖	／	31 桶	／	52.075 桶
获富乡亭下	罗连发	170 桶	159 桶	195 桶	162 桶
获富乡枣木桥	高石生	46 桶	30 桶	46 桶	32 桶
获富乡枣木桥	吴国伴	30 桶	43 桶	34 桶	42 桶
获富乡邓家坪	邓祖隆	68 桶	16 桶	145 桶	125 桶
宜春县乱石岭	邹清才	50 桶	41 桶	76 桶	45 桶
宜春县慈化乡竹仔棚下	黎耀琳	150 桶	223 桶	120 桶	264 桶
宜春县冷水乡大水源	王春妹	190 桶	153 桶	180 桶	177 桶

① 此处民国三十七年有迟田租谷 8 桶。

续表

坐落地名	佃户姓名	三十六年实收股数		三十七年实收股数	
		早租	晚租	早租	晚租
宜春县冷水乡大水源	王炳清	190 桶	157 桶	167.03 桶	189.12 桶
宜春县冷水乡坑下	叶荣连	90 桶	90 桶	75 桶	117.075 桶
解放乡河间岭①	杨年发	40 桶	95 桶	3 桶	8 桶
解放乡河间岭②	汤仕元	39.04 桶	54 桶	50 桶	18 桶
解放乡河间岭	杨水生	18 桶	22 桶	26 桶	12.075 桶
解放乡路下田寮	杨柱德	110 桶	42 桶	110 桶	38 桶
解放乡潭埠刘家塘③	黄来铨 黄来清	319 桶	370 桶	342.07 桶	287.01 桶
解放乡潭埠刘家塘④	黄来广	/	84 桶	21 桶	32.04 桶
解放乡乌石塘内张家塘⑤	罗连生	235 桶	185 桶	253.05 桶	98.07 桶
解放乡潭埠牛江坝⑥	吴仁秋 吴仁伟	238.1 桶	/	270 桶	42 桶
黄茅乡[鱼严]⑦形上⑧	李奇玉	127.08 桶	172.07 桶	116 桶	55 桶
黄茅乡源头长源坑	刘世初	/	/	/	/
黄茅乡石陂坑⑨	周保初 周宝初	98 桶	172 桶	48.11 桶	171.05 桶
黄茅乡中罗塅	辛焕庚	25 桶	20 桶	25 桶	23 桶
黄茅乡埛背上	杜大猷	30 桶	23 桶	30 桶	23 桶
黄茅乡水口榨	殴阳石泉	110 桶	70 桶	121 桶	69 桶

① 此处民国三十六年有迟田租谷 17 桶;民国三十七年有迟田租谷 15.1 桶。
② 此处民国三十七年有迟田租谷 27 桶。
③ 此处民国三十六年有迟田租谷 91 桶;民国三十七年有迟田租谷 145.07 桶。
④ 此处民国三十七年有迟田租谷 31.11 桶。
⑤ 此处民国三十七年有迟田租谷 93.04 桶。
⑥ 此处民国三十七年有迟田租谷 99.7 桶。
⑦ “鱼”字和“严”字的合体字。
⑧ 此处民国三十七年有迟田租谷 114 桶。
⑨ 此处民国三十七年有迟田租谷 82 桶。

续表

坐落地名	佃户姓名	三十六年实收股数		三十七年实收股数	
		早租	晚租	早租	晚租
黄茅乡北岸	殴阳克胜	62 桶	92 桶	89 桶	75 桶
解放乡河间岭①	杨庚牙	／	／	／	5.03 桶
黄茅乡北岸	殴阳厚十	51 桶	44 桶	35 桶	123 桶
黄茅乡北岸	殴阳承恭	22 桶	／	10 桶	16 桶
黄茅乡北岸上周	周厚济 周厚和	162.08 桶	262.08 桶	152.14 桶	287.02 桶
黄茅乡鸿胪弟	高锦航	184.08 桶	252.08 桶	230.05 桶	191.01 桶
黄茅乡鸿胪弟	高锦衷	218 桶	207 桶	190 桶	260 桶
黄茅乡鸿胪弟	高锦宴	194 桶	216.1 桶	216.07 桶	211.13 桶
黄茅乡连理山	高洪玉	16.08 桶	86.08 桶	26 桶	82.11 桶
获富乡五里亭	高任生 周湖北	／	／	10.11 桶	19.14 桶
合计	民国三十六年早租 5371.08 桶，晚租 4855.0151 桶，迟租 108 桶；民国三十七年早租 5532.095 桶，晚租 5092.10 桶，迟租 615.14 桶。				

龙岗学产保管委员会育材堂民国三十六年度与民国三十七年度租收比较移交表

坐落地名	佃户姓名	三十六年实收股数			三十七年实收股数		
		早谷	晚谷	迟谷	早谷	晚谷	迟谷
株潭镇桐柱汤	龙奎章	80 桶	24 桶	22 桶	80 桶	28 桶	26 桶
株潭镇桐柱汤	龙城炎	258 桶	88 桶	20 桶	258 桶	70 桶	28 桶
株潭镇龙岗侧	龙贤球	90 桶	27 桶	／	90 桶	30 桶	／
株潭镇龙岗侧	龙汝珠	70 桶	23 桶	／	70 桶	30 桶	／
株潭镇小源坑	陈金生	70 桶	10 桶	／	70 桶	10 桶	／
获富乡关上	黄大发	50 桶	38 桶	／	50 桶	40 桶	／
获富乡关上	黄道来	50 桶	38 桶	／	50 桶	40 桶	／
黄茅乡杨梅排	张洪友	508 桶	30 桶	／	508 桶	28 桶	／
株潭镇牌坊下	汤汉云	早晚米 200 桶			早晚米 200 桶		／
备注	本表于民国三十六年九月十六日由首士丁文粹、王新荣编造						

① 此处民国三十七年有迟田租谷 0.12 桶。

龙岗学产保管委员会三兴堂民国三十六年度与民国三十七年度租收比较移交表

坐落地名	佃户姓名	三十六年实收股数			三十七年实收股数		
		早租	晚租	迟租	早租	晚租	迟租
荻富乡址坪冲	韩垂光	420 桶	60 桶	／	420 桶	200 桶	／
荻富乡址坪冲	叶灏景	210 桶	30 桶	／	210 桶	100 桶	／
荻富乡址坪冲	叶石寿	48 桶	7 桶	／	48 桶	20 桶	／
荻富乡址坪冲	叶炳宗	210 桶	30 桶	／	210 桶	100 桶	／
荻富乡址坪冲	韩楷茅	105 桶	14 桶	／	105 桶	30 桶	／
荻富乡址坪冲	龙仁发	140 桶	21 桶	／	140 桶	70 桶	／
黄茅乡杨梅排	张洪友	105 桶	30 桶	／	105 桶	25 桶	／
宜春县磐石乡土地堂	周益谦	100 桶	20 桶	20 桶	100 桶	30 桶	45 桶
合计		1338 桶	212 桶	20 桶	1338 桶	575 桶	45 桶
备注	本表于民国三十六年九月十六日由首士龙士恩、周克昌编造						

民国三十七年龙岗崇义堂各庄佃户欠租表

佃户姓名	欠数	佃户姓名	欠数	佃户姓名	欠数
龙观颜	3 桶 3 升	罗连发	9 桶	刘世初	28 桶
汤树森	8 桶 75 升	李增培	24 桶 78 升	周保初	18 桶
汤清光	27 桶	黄娇妹	9 桶	阳承恭	2 桶
李石云	9 桶	李瑞庆	12 桶	高锦航	40 桶 10 升
李美材	12 桶 3 升	张均祖	1 桶 75 升	高锦宴	21 桶 12 升
李庆珠	2 桶 10.5 升	杨年发	50 桶 5 升	高洪玉	16 桶 5 升
李包牙	6 桶 12 升	杨水生	1 桶 75 升	刘金和	5 桶
李启元	11 桶 12.5 升	李奇玉	30 桶	吴仁秋、吴仁伟	30 桶
／	／	／	／	高任生、周湖北	38 桶 5 升
备注	本表于 1949 年 9 月 20 日填就				

龙岗崇义堂各庄佃户三十七年以前欠租表

佃户姓名	欠数	佃户姓名	欠数	佃户姓名	欠数
王树林	5 桶	黄娇妹	50 桶	李奇玉	9 桶 75 升
龙观颜	16 桶 75 升	李栋能	2 桶	刘世初	405 桶
龙石兴	5 桶 78 升	张均祖	17 桶	周保初	909 桶 75 升
汤清光	90 桶 6 升	叶荣连	509 桶	殴阳石泉	15 桶 75 升
龙贤进	505 桶 75 升	邹清才	5 桶 19 升	殴阳克胜	607 桶
李美才	2 桶	邓祖隆	20 桶	殴阳厚十	609 桶
李启元	3 桶 75 升	杨水生	13 桶	周厚和	16 桶
李增培	2 桶	杨树德	9 桶	高锦航	3 桶 75 升
高锦宴	14 桶 4 升	高任生、周湖北	401 桶 75 升	刘金和	603 桶

续表

佃户姓名	欠数	佃户姓名	欠数	佃户姓名	欠数
罗连生	39 桶 10 升	黄来铨、黄来清	386 桶 95 升	杨庚牙	2 桶
黄来广	4 桶	吴仁秋、吴仁伟	327 桶 12.5 升	高洪玉	28 桶
备注	本表于 1949 年 9 月 20 日填就				

龙岗育才堂庄佃欠租表

乡镇别	佃户姓名	三十七年以前欠租	三十七年欠租
株潭镇	龙奎章	27 桶	54 桶
株潭镇	龙城炎	40 桶	45 桶
株潭镇	龙汝珠	48 桶	/
株潭镇	陈金生	17 桶半	12 桶 2 升
获富乡	黄大发	110 桶	/
获富乡	黄道来	73 桶	/
黄茅乡	张洪友	15 桶	/
合计		330.5 桶	111 桶 2 升
备注	本表于 1949 年 9 月 20 日由首士丁文粹、王新荣填就		

龙岗育才堂各户借欠谷数表

乡镇别	姓名	借欠数	担保者
株潭镇	王柱林	114 桶早谷	株镇和盛祥
株潭镇	高承许、龙敏孙	33 桶早谷,40 桶晚谷	株镇永春茂
黄茅乡	王子明	289 桶早谷	黄茅王明德
黄茅乡	周培坤	47 桶半晚谷	黄茅周振真、周天奇
黄茅乡	周怡顺堂	230 桶晚谷	黄茅周振真、周天奇
黄茅乡	周维刚	210 桶晚谷	黄茅周真记
黄茅乡	张怀信	23 桶半早谷	黄茅张隆记、张勋德
合计		359 桶半早谷 527 桶半晚谷	
备注	本表于 1949 年 9 月 20 日由首士丁文粹、王新荣填就		

龙岗三兴堂各户欠租表

乡镇别	佃户姓名	三十七年以前欠租	三十七年欠租
黄茅乡	张洪友	15 桶	/
宜春县磐石乡土地堂	周益谦	33 桶	/
获富乡	韩楷芳	/	15 桶
获富乡	叶秉宗	/	15 桶 4 升半
合计		48 桶	30 桶 4 升半
备注	本表于 1949 年 9 月 20 日由首士龙士恩、周克昌填就		

粮食篇

万载县各区学田公产祠会庙产抗征粮食

事由:呈请对于抗征者依法严厉执行,以利事功。

决定办法:如拟办理。万字第13442号　　中华民国卅年二月廿二日

拟办:1.原一区所辖各祠会已派警催办矣,再谕饬严催报核。

2.其余各区令饬区署,层级严催填认购单,送购征购可也。中华民国卅年二月廿一日

万载县粮食管理委员会呈:查征购粮食为当前急务,本会自奉令办理以来,因各层级之漠视,各祠会经理人之避匿,致应征者寥寥,而二、三、五各区则几无一人理会。此事前经呈请钧府,将各抗不应征者予以法办。现为时日久,竟毫无影响。同时,各当购粮食者,则纷至叠来,争欲购米。似此情形,实难应付。若不将各藐抗征购者予以严惩,则前途暗礁重重,势必使粮管政策无法推动。尤有进者,人民抗征犹可诿说,至若区公学款产委员会系区署行政人员所主持,今二、三、五各区公学款产均不将认售单送会,亦无公文理会。二区虽送认售单,但诿称只有二十三石。经代电限本(二)月十六日以前将百分之二十数额补报,迄今亦不理会。似此情形,显系故意抗征,凭借势力破坏要政。事之痛恨,孰逾于此?复查省府泰民粮字第一九三一九号第二款,承办军粮收购余粮调剂民食均得按照评定价格实行征购,拒绝征购者按照非常时期评定物价及取缔投机办法第十四条非常时期农矿工商管理条例第三十二条之规定处理云云,是对于抗征者之处罚已有法令根据,理合开列抗征者姓名,报请钧府察核,迅恳依法严厉执行,以利事功。

谨呈万载县县长姜

兼主任委员 姜怀素

副主任委员 辛安潮

附呈抗征者姓名单一纸

中华民国卅年二月廿日

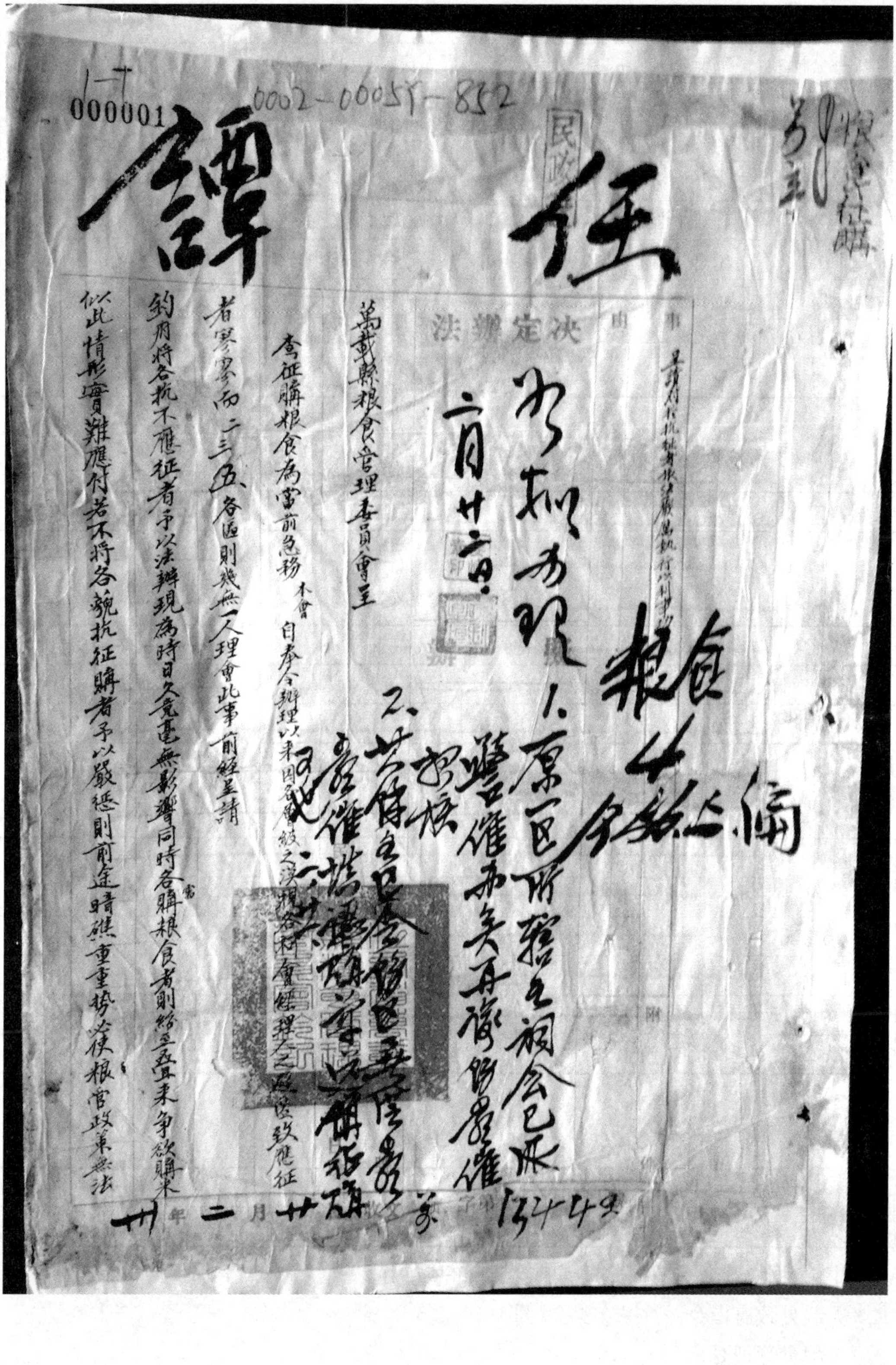

事由 呈請對有抗拒者依法嚴厲執行以利事功

決定辦法

萬載縣粮食管理委員會呈

查征購粮食為當前急務 本會自奉令辦理以來因各級之漠視各科會經理之[illegible]致應征者寥寥而二三五各區則幾無一人理會此事前經呈請鈞府將各抗不應征者予以法辦現為時日久竟毫無影響同時各購粮食者則紛至沓來爭欲購米似此情形實難應付若不將各競抗征購者予以嚴懲則前途暗礁重重勢必使粮管政策無法

卅 年 二 月 廿[illegible] 字第 [illegible] 號

一区抗征者姓名单

彭氏宗祠	辛辅公祠	李大祠	王氏宗祠(财神庙侧)	周氏宗祠
张谷公祠	陈元房祠	辛觐房祠	刘氏宗祠(独仔墟)	郭绿阴公祠
郭挥公祠	郭衡公祠	郭氏义学	龙氏宗祠(城隍庙侧)	巢氏宗祠
孙氏宗祠	陈钦公祠	鲍氏宗祠	邓氏宗祠(下街)	施家祠
黄大祠	辛策公祠	王斐公祠	王东三房祠	陈海公祠
张文公祠	郭经公祠	王海公祠	陈家祠(商会侧)	刘茂公祠
刘定公祠	作新小学	李七支祠	龙氏宗祠(龙家坞)	朱氏宗祠
汪西公祠	宋恩公祠	杨氏家庙	杨氏宗祠(老电报侧)	龙龙山祠
施氏宗祠	鲍五甲祠	龙韶公祠	唐家祠(花园里)	周氏宗祠
张两房祠	郭漠公祠	辛尔公祠	郭家祠(康乐酒馆)	陈七贤祠
王六房祠	龙章小学	龙忠孝祠	闻氏宗祠(田下)	鲍浚甫祠

二区抗征者姓名单

公学款产会	(潭埠)李氏祠	黄氏宗祠	(白水)欧阳氏宗祠	冯氏宗祠

三区抗征者姓名单

公学款产会	(株潭)龙氏宗祠	高氏宗祠	王氏宗祠	汤氏宗祠
阳氏宗祠	(黄茅)周氏宗祠	王氏宗祠	龙冈	正谊
三区乐雪堂	(池下)丁氏宗祠	(白水)邹氏宗祠		

四区抗征者姓名单

(大桥)辛宇公祠	辛元公祠	辛幼公祠	马氏宗祠	柳氏宗祠
(仙源)王氏宗祠	(三市)徐氏宗祠	韩氏宗祠	李氏宗祠	敖氏宗祠
(菱湖)彭氏宗祠	(春田)喻氏宗祠	曾氏宗祠	喻氏宗祠	贻哲小学
(白良)袁氏宗祠	(坑口)彭氏宗祠	龙桥贵院	文联小学	全五小学
(万岁树)张氏宗祠	(云峰岭)谌氏宗祠	登瀛联合会	龙云小学	何氏宗祠
(里源)曹氏宗祠	(湖源)潘氏宗祠	邱氏宗祠		

五区抗征者姓名单

(藏溪)喻氏宗祠	(卢市)卢氏宗祠	龙洲小学	公学款产会	(麻田)李氏宗祠
(歧源)杨氏宗祠	(小浒)彭氏宗祠			

事由:据粮管会呈各祠会抗征粮食,令仰遵办由。

万载县政府指令　　民字第29号

令粮食管理委员会

呈一件:呈报各区违抗征购粮食户名,请依法追办由

呈赉均悉。卷查原第一区所辖各祠会前经派警催交在案。据呈前情,准再饬警严催报核。至其余各区,应购之户并准饬区署严催从速填认购单。径送该会以催购收。仰即知照。

此令!

县长谭

中华民国三十年三月十五日

训令　　民字第30号

令二、三、四、五区区长

案据本县粮食管理委员呈称:查征购云云……谨呈等情,附呈抗征各户名单一纸。据此,除原第一区各辖区祠会应行征购之谷,业经派警严催并分令外,合行抄发原名单,令仰该区长即便遵照,从严催追,尅日填具认购单,径送县粮管会查核,以凭购收,毋得徇延致误要政为要。

此令!

附名单一纸

中华民国三十年三月十四日

签呈　　万字第13476号　　三十年二月廿一日于本会

顷据仁顺福报称,米已无余。“查郭大祠认售之谷诿卸不交,及仁顺福只余米五百余斤”,昨日已面向钧府报告。“郭南轩祠认售之谷诿卸不交,及仁顺福只余米三百余斤”,今晨亦由本会办事员冯秉仁面向钧府报告。今据前情,实属无法拨发军米及各机关食米,以后各购米人员前来,本会只得指其向钧府接洽。至于冯办事员,本会因无米可发,亦只得令其撤回。

谨呈县长姜

副主任委员辛安潮

查代购军米为抗战时期粮管会应负之责任,至于征购发生困难,应依省令切实办理可也。

中华民国三十年二月廿一日

再:粮管会权责均经省令明白规定,查明落项,省令是否已转粮管会并通知辛副主任注意。

又:本日票传两祠首士之原票未经辛副主任签字盖章,应补正。

为再申请豁免事缘民前呈请撤回认购谷等情一案迄今日久未沐批示,然民子张广义在押,业蒙开释,曷胜感谢?切思洪畴堂名义虽存,而每年所收之薄产租谷共十余担均已按股分食,无有账簿,亦无有余存。如有余存,当然认购;无有余存,从何认购?至于账簿

一节，绝对无有，又从何缴呈核夺？辗转思维，无可如何，只有具呈再行申请钧长俯赐鉴原恩准，撤销认购贰担四斗谷担，以免负累而苏民困。铭感。

续呈万载县县长谭钧鉴

具呈人张裕薰

中华民国三十年五月二十五日

县长谭谕　　民字第31号

案据本县粮食管理委员会呈以各祠会经理无故避匿抗征粮食，开具抗征户名请予严催等情到府，除第二、三、四、五区抗征之户业经饬区严催外，合行抄发原第一区各抗征户名，谕仰该警即便遵照将户严催报核，毋得徇延及需索干咎为要。

此谕！

附名单一纸

右谕本府政警

县长谭

中华民国三十年三月十二日　德松（谭咏秋　印）

事由：呈复各区祠会纷纷抗征，对于军食尚难接济，警察队等各机关粮食究核如何拨发，请指令祗遵由。

万载县粮食管理委员会呈：案查本会先后奉钧府民字第一一六五六号、民粮字第11700号、民粮字第11725号调令，以符警察队常备队、中心苗圃等请依照奉颁征购粮食办法规定粮价，发售食米等情，饬会遵照办理等因。奉此，自应遵办，惟查各区应征祠会多数玩忽政令，观望不前。目前征到谷数，应付军食而有不足之虞，本会曾以管字第31号及二月二十五日签呈．请求将各抗征者依法办理。并报告无米拨发情形各在案。兹奉前因，究应如何办理之处？理合呈复钧府鉴核示遵！

谨呈万载县县长姜

兼主任委员　姜怀素

副主任委员　辛安潮（辛安潮　印）

事由：据呈复征购粮食困难情形指复知照由。

万载县政府指令　　民字第516号

令粮食管理委员会　　管字第35号呈一件（录由）

呈悉，据呈征购粮食困难情形，自属实在。惟值此抗战正殷，食粮接济关系后方治安，亟为重大，自应排除万难，共图匡济舟，嗣后该会关于办理业务有需以本府名义行文者并仰径用本府名义拟稿送发，以期便捷，毋庸辗转行文，致滋延误为要。

此令！

县长谭

中华民国卅年三月十八日

事由:本府县政联席会议决议征购粮食办法由。

万载县政府训令　　　咏秘民字第 244 号

令粮食管理委员会 二、三、四、五区区长 直辖各乡镇长

查本月廿一日,本府第三次县政联席会议第四案县政军队过往频繁,需米甚多。征购之谷已将用尽,应如何筹措,请公决。案经决议,仍照前定筹措原则,责成各区长及直辖各乡镇长负责征购送县等语纪录在册,除分令各区暨直辖各乡镇遵办外,除分令粮食管理委员会知照外,合亟令仰分别知照遵照切实办理为要。

此令!

县长谭

中华民国三十年三月廿三日

万载县政府命令　　三月二十五日于本府令一区各乡镇

一、各乡镇辖境内应行征购之粮食限最短期内如数征到,送至粮管会验收。最近二日应

征足十分之八。如违,以贻误军食论罪。

二、各乡镇应征之户如有乘机潜避、抗不应征情事者,该乡镇长即行物送本府押办。

三、各应征之户如有以多报少情事,该乡镇长可将其最近三年之账簿追缴查核以昭实在。

县长谭

中华民国三十年三月廿五日

事由:为经征处所存公学产谷经议决由粮食管理委员会收购及使用,令仰遵照由。

万载县政府训令　　民字第 339 号

令粮食管理委员会

案据本县经征处主任面报,以该处现存公学产谷一百九十七石三斗,应如何疏散等语,当经提交本府本年三月廿三日第四次县政会议议决。依照本县征购粮食规则,按百分之二十由本县粮食管理委员会征购四十石,其余皆交粮管会使用,容后偿还等语记录在卷。除分令外,合行令仰该处(会)遵照办理具报为核。

此令!

县长谭

中华民国三十年三月廿六日

决定办法:派警严催。

万载县粮食管理委员会呈:案查本会征购各学田公产、祠会庙产,去年总数收益百分之二十粮谷一案,业经分别通知限期认售填单,送会听候征购,并经将违不应征各祠会名报请依法办理各在卷。迄今日久,各该祠会遵照规定、到会认售者尚属寥寥,但藐若具文、

抗不应征者实有多数。值此赣北战事紧张之际，本县为军队来往之要道，需米数量自属增加，惟征到数额尚存不多，势有无法接济之虞。兹为未雨绸缪而免临时失措起见，理合缮具一再违不应征各祠会等名单，备文呈请钧府鉴核，准迅严厉执行以利事功，实为公便！

谨呈万载县县长谭

计呈送违不应征各祠会等名单一份

兼主任委员谭咏秋

副主任委员辛安潮（辛安潮　印）

中华民国三十年三月十九日

万载县一区乡镇违不应征各祠会等名单

被征购人	所在地	被征购人	所在地	被征购人	所在地
孙氏宗祠	一区一镇	陈钦公祠	一区一镇	巢奇公祠	一区一镇
彭家祠	一区一镇大北门	彭家祠	一区一镇后街	王幼房祠	一区一镇
陈家祠	一区一镇商会侧	汪永备堂	一区一镇汪大祠	龙龙山祠	一区一镇
常大祠	一区一镇大北关	韩氏宗祠	一镇十字路	陈元房祠	一区一镇
郭观堂公祠	一区一镇	王六房祠	一区一镇	施氏宗祠	一区一镇
汪祀先会	一区一镇首士汪筱秋	周氏宗祠	一区一镇周家塘塍上	张文公祠	一区一镇
龙氏宗祠	一区一镇城隍庙侧	王斐公祠	一区一镇	龙韶公祠	一区一镇
王氏宗祠	一区一镇财神庙侧	李大祠	一区一镇	刘茂公祠	一区一镇
揭氏宗祠	一镇老电报局侧	李七支祠	一区一镇	汪西公祠	一区一镇
彭氏宗祠	一区二镇硝矿局	王东三房祠	一区一镇	张两房祠	一区一镇
朱氏宗祠	一区一镇王家山	黄大祠	一区一镇	朱氏宗祠	一区一镇
杨氏家庙	一区一镇	陈七贤祠	一区一镇	作新小学	一区一镇
易大祠	一区二镇田下	郭氏老义仓	一区二镇	辛辅公祠	一区二镇
周氏宗祠	一区二镇田下	郭衡公祠	一区二镇	郭界公祠	一区二镇
郭氏新义仓	一区二镇	辛策公祠	一区二镇	郭汉公祠	一区二镇
鲍及甫祠	一区二镇	郭家义学	一区二镇	郭挥公祠	一区二镇
龙忠孝祠	一区二镇	郭烈公祠	一区二镇		

万载县二区乡镇违不应征各祠会等名单

被征购人	所在地	被征购人	所在地	被征购人	所在地
李氏宗祠	二区潭埠	欧阳氏宗祠	二区白水	黄氏宗祠	二区潭埠
冯氏宗祠	二区潭埠	黄氏宗祠	二区潭埠	谢氏宗祠	二区潭埠
徐氏祠	二区	黄智房祠	二区	彭氏祠	二区

万载县三区乡镇违不应征各祠会等名单

被征购人	所在地	被征购人	所在地	被征购人	所在地
龙氏宗祠	三区株潭	丁氏宗祠	三区池下	高氏宗祠	三区
邹氏宗祠	三区白水	王氏宗祠	三区	三区乐泮堂	三区
汤氏宗祠	三区	周氏宗祠	三区黄茅	汤氏宗祠	三区
王氏宗祠	三区黄茅				

万载县四区乡镇违不应征各祠会等名单

辛宇公祠	四区大桥	辛文公祠	四区大桥	马氏宗祠	四区大桥
全五小学	四区大桥	柳氏宗祠	四区大桥	邱氏宗祠	四区大桥
袁氏宗祠	四区白良	敖氏宗祠	何氏宗祠	李氏宗祠	四区白良
潘氏宗祠	四区湖源	韩氏宗祠	四区仙源	徐氏宗祠	四区三市
张氏宗祠	四区万岁桥	谌氏宗祠	四区云峰岭	彭氏宗祠	四区坑口
文联小学	四区坑口	喻氏宗祠	四区丰田	喻氏宗祠	四区坑口
曹氏宗祠	四区里源	辛幼幼祠	四区大桥	贻哲小学	四区白良

万载县四区乡镇违不应征各祠会等名单

卢氏宗祠	五区卢市	彭氏宗祠	五区小浒	李氏宗祠	五区麻田
喻氏宗祠	五区藏溪	龙洲小学	五区罗城	杨氏宗祠	五区歧源

事由:据呈抗征粮食各户请予催缴一案,指令知照由。

万载县政府指令　　咏民字第 389 号

令粮食管理委员会

呈一件:呈送各抗征粮食户名恳予严厉执行由。

呈赉均悉,仍仰径拟府令饬由各该管区署严催,尅日认购可也。嗣后各区抗征之户并应责由各该区署负责督办,以期迅捷,并仰知照。

此令!件存。

县长谭

民国三十年三月廿一日

命令于本府　　中华民国三十年三月廿二日

一、查现值赣北战事紧张,本县地居前线,后方军队往来要道,供应食米数量激增。现因多数祠会违不应征,以致征购存量甚少,无法维持现状。

二、着该××长迅即问辖境内未经应征之各祠会书院款产租谷内征购粮谷 × 担碾成糙米计×千×百×拾市斤,限本(三)月二十四日及二十六日以前征派民伕,分二次集中县城鹏程桥,听候粮管会派员验收。事关军队急需,各该××长务宜共体时艰,激发天良,努力奉行,星夜赶办,如限清理,毋得稍有观望推诿不前。倘有违限,定予以贻误戎机,依战时军法处办,决无宽贷,仰各禀遵为要。

右三项令:第二、三、四、五区区长

城厢一、二镇镇长

高城、城南、涂泉、丁田、民权乡等各乡乡长

县长谭

中华民国三十年三月廿二日

万载县政府命令　　咏民字第432号　　民国三十年三月廿七日

一、着该区长限文到三日内将辖境内学田公产、祠会庙产租谷一律征购百分之二十送县听候收用。

二、各学田公产、祠会庙产经管人员如有借故违抗,不愿应征情事,准由该区长即将经管人员拘送本府严办。

三、各学田公产、祠会庙产经管人员如有以多报少及隐瞒情事,准由该区长调阅该会祠最近三年簿账核算,或以其他有效办法查核,倘有扶同舞弊,或庇纵情事,将从严议处。

四、前令限期征送谷额,除第四区已遵令送谷一百石外,其余二、三、五区迄今颗粒未到,殊属有意违抗政令。二、三、五区区长应予各记过一次。倘再违误,致军食发生恐慌,即唯该区长是问。

右四项令:第二、三、四、五区区长

县长谭

中华民国三十年三月廿七日

全衔命令　　咏民字第799号

一、查征购各学田公产、祠会庙产去年总收益百分之二十租谷一案,迭经本府命令限期切实遵办在案。兹查各该区、乡(镇)对于征购此项租谷均未能如限办到,殊有未合。现需米甚急,万难任其拖延,贻误军糈。

二、着该区、乡(镇)长迅将征购之谷派伕送县听候粮管会验收。一面将各祠会认售之数量造册送府查核,务宜按照规定百分之二十切实征购,毋得稍事徇延并苛扰民间,致干严议。

三、该区、乡(镇)各保余粮之户,以及购屯粮食者,仰切实调查,分别具报,听候另令饬办为要。

右三项令:第二、三、四、五区区长

城厢一、二镇镇长

高城、城南、涂泉、丁田、民权乡等各乡乡长

县长谭

中华民国三十年四月

报告　　中华民国三十年四月三日于本镇公所

事由:兹因军政部第九十九伤病官兵收容所,于三月二十二日移驻卢家洲,及陆军五八师少数队伍经过此间,所有该所等需要食米,由本所遵照粮食评价规定售给(每百市斤十五元)。该项售给食米,系借自彭姓谷二十石、卢姓谷二十石,现彭、卢两姓奉令遵照粮食征购办法认售谷七十二石,查余粮认售,系属统筹军食,而本所售给五八师及九十九收容所食米,拟在彭、卢认售谷内抵解,是否可行,理合报告钧长察核,批示祇遵,实为公便!

谨呈万载县县长谭

万载县第五区卢洲镇镇长卢翰章

全衔指令　　咏民粮字第93号

令第五区卢洲镇镇长卢翰章

报告一件:为售给军政部九九伤病官兵收容所及五八师零星部队售米,请抵销认售谷额,乞核示由。

报告悉。查本县各乡镇价售军米,业经拟订暂行办法通令施行在案。据称,军政部九九伤病官兵收容所移驻及五八师零星队伍经过该镇,既经遵照评定价格售给食米,自应依照前项办法第五条之规定填表具报以凭核发。在尚未遵照规定手续办理呈核以前,所请碍难照准,仍仰遵照规定迅将部队单拨,依式填表,再行呈侯核议。饬遵着即知照!

此令!

县长谭

民国三十年四月八日

高村乡第三保保长以疏远之族属冒领优待谷代金

窃以政府发给二十九年度出征抗敌军人家属优待谷代金,凡系直系抗属均已具领。可怜无知下民同为抗属(民刘泰伦之子天喜、吕李氏之子隆发于二十七年七月被征送入营,李明源之子吉赞于同年十二月被征送入营)独丝毫未占政府实惠。事因民等与保长素无结识,故民等直系抗属被瞒未报而让以疏远之族属呈报上峰,致民等应享之权利化归乌有,而反观与保长有亲故者,则并非由保征送及非自动投效军人之家属均已享受优待,个中保长有无情弊不问可知,影响将来将至胡底!为此,民等已将原情呈报本乡乡长,而保长长袖善舞只得冒 钧长鉴核,请派员实地调查,如事实正确,则请赐维持,以昭政府深意。或有妄言,民等甘当重处。

谨呈万载县政府县长谭

万载县第五区高村乡第三保出征抗敌军人家属刘泰伦、李明源、吕李氏

中华民国三十年九月十五日

事由：据该乡征属李明源等呈请补发优待金等情，令仰遵照由。

江西省万载县政府训令　军优字第6011号

令高村乡乡长彭树声

案据该乡第三保征属李明源刘泰伦、吕李氏等联名呈称：窃以政府发给二十九年度出征军人家属优待谷……云云叙至甘受重处等情。据此，该征属等所称各节如果属实，该保长殊属非是，据呈前情合行令仰该乡长即便遵照，将该征属李明源列入被核落未领优待金出征军人家属花名册内，汇送优待会核发并仰转饬知照。

此令！

县长谭

中华民国三十年九月廿七日

宋维新呈请发还错交宋复堂祠田赋谷

报告　　元月二十九日于本部

事由：窃职于本年元月八日据财政科长告知，云职有粮未交，职以历年服务他乡对于舍下事务从未过问。闻悉之下不胜惊恐。自身既为公务员，在此抗战期间有粮不交，实觉于心有愧，但思不是本身制业，何能有职之名号，当将先祖先父之名号请高城粮食仓库辛主任查明代交。不意辛主任未查职之先祖先父名号，即查维新之名确实相对，当即照数交出。职本身未制田地何能欠粮？因此特返舍下追究。据家母告知，所有职管田亩，业经如数交清，先祖先父并未制买西都一图二甲之田亩。因此即查出是项欠粮并非职有，职当时亦是出自公务首先完粮之热忱，以为社会之唱导。然职之天职已尽，是项欠粮自不能负任何责任，应请钧座转饬经征处收田粮票另追欠户拨还已交款项，实为公便！

谨呈县长谭

附粮票三张

职宋维新

事由：为宋维新错缴田赋款谷等情函请查照由。

拟办：查明实户追还，并先函复。中华民国三十一年七月二十九日

万载县政府公函　　咏财字第13684号

案据宋维新本年七月二十三日报告称：查职去岁十一月间，错交西都一图二甲宋维新

户田赋款谷一案，经查明职家并无是项田产，显系误交，当经报请钧长转饬经征处发还是项赋税及缴纳之稻谷在卷。今逾时日久，未蒙核销，且是项赋税及稻谷是由高城仓库主任辛焱魁垫出，今钧长行将移交而辛主任一再催还是项赋税及正税稻谷归垫。为此，报请鉴核恳乞转饬承办机关，将是项款谷发还，实为德便等情到府。查该宋维新实是另有其人，具呈人确无由产，误缴属实，自应查明真管业人认缴，另为发还而符事实。除指复外，相应函请贵处迅予查照办理，并希见复为荷。

此致万载县田赋管理处

县长谭咏秋

事由：函复宋维新户错交田赋谷，一俟追出实户，即行归还由。

财政部江西省万载县田赋管理处公函稿　　载田征字第277号

案准贵府咏财一三六八号函开：案据宋维新报告，查职去岁十一月间错交西都一图二甲宋维新户田赋谷款一案，经查明职家并无是项田产，显是误交，当经报请钧长转饬经征处发还是项赋税及缴纳之稻谷在卷。今迄时日久，未蒙催还归垫，报请转饬承办机关将是项款谷发还等情到府。查该宋维新实是另有其人，具呈人确是田产误缴属实，自应查明真管业人认缴另为发还，而符事实。除指复外，相应函请贵处迅予查照办理，并希见复为荷等由准此。除查明实户追缴应完稻谷，再行归还外，相应函复贵府并转饬知照为荷。

万载县政府县长谭

中华民国三十一年七月三十日

事由：饬查明宋维新户并勒令将其应交田赋谷款如数归还错交之宋维新由。

财政部江西省万载县田赋管理处谕稿　　载田征字第310号

谕催征警王桂林等

案准万载县政府公函开：案据宋维新报先去岁十一月间错交西都一图二甲宋维新户田赋谷款一案，当经报请转饬经征处发还。今逾时日久，未蒙催还归垫。为此报请鉴核恳乞转饬承办机关，将是项谷款催还等情到府。查该宋维新，实是另有其人，自应查明真管业人认缴发还，除指复外相应函请贵处，迅予查明办理，见复为荷等由准由。除函复外，合行谕仰该警等即便遵照，查明该宋维新并勒令将其应完田赋谷款如数归还错交之宋维新，并自具串票，具报核夺，去警等不得徇纵索延，致干严处为要！

兼处长何　副处长熊

中华民国三十一年八月十四日

事由：案据本府军事科股长宋维新报请发还以前错误完缴田赋稻谷，以免私人受累等情，函请查照办理见复由。

拟办：传该祠首士讯明核办。中华民国三十一年八月廿二日

万载县政府公函　　心财字508号

案据本府军事科股第一股长宋维新报告称:案奉钧府心财字第二一号训令,宋维新户错交田谷,一俟查明实户追出应完之稻谷,即行发还等因。奉此,是项业户既经注册,决有其人。经职查明,乌溪门外之宋祠祖先是宋维新在万载宋姓,再无与维新之同名,况是项业户应完稻谷在三担余,私人田产决无如此之大。祠会产业自应按照祠内祖先名号催追,维新从戎多年,不明已业田户以至错交,但事出激发爱国天良,经查明错交后于去岁十一月即将是项粮票呈缴钧府报请发还。今愈期已达八月之久,况一再候查未克,使维新受累,且田赋行政权在钧府,尤以是项稻谷因当时完纳地域所限,系由高城仓库借垫,为此报请鉴核恳乞核还实为德便等因。据此,查该员所称,乌溪门外之宋祠祖先系宋维新,如果确实,尽可派警切实追究,勒令完纳,以凭将该员完缴稻谷按数归还。据报前情,相应函请贵处查照办理并希见复为荷!

此致　　财政部江西省万载县田赋管理处。

县长何心谷

中华民国三十一年八月廿一日

事由:为宋维新系乌溪门外宋祠祖先名号谕仰迅传该祠首士核办由

财政部江西省万载县田赋管理处谕稿　　载田征字第339号

案准万载县政府心财字第508号公函开:以据本府军事科第一股长宋维新报称案奉钧府第三号训令,“宋维新错交田谷,一俟查明实户追出应完稻谷,即行发还等因。奉此,是项业户既经注册,决有其人,经职查明乌溪门外之宋祠祖先是宋维新,在万载宋姓再无与维新之同名,况是项业户应完称稻谷在三担余,私人田产决无如此之大,祠会产业自应按照祠内祖先名号催追。维新从戎多年,不明已业田户,以至错交,但事出激发爱国天良。经查明错交于去岁十一月,即将是项粮票呈缴发还,已逾八月之久,倘一再候查,未免使维新受累,且是项粮谷因当时所限是由高城仓库借垫,报请核还等情。据查,该员所称乌溪门外之宋祠祖先系宋维新,如果确实,尽可派警切实追究勒令完纳,以凭将该员完纳稻谷按数发还,函请贵处查照办理见复为荷等因准此”。除函复外,令行谕仰该警等遵照前往乌溪门外,将该宋祠之首士立即传唤来处,讯明核办。去警不得徇纵索延干处为要。

此令!

兼处长何　副处长熊

中华民国三十一年八月廿三日

宋复堂公祠呈

拟办;检卷送请司法处讯明办理。中华民国三十一年八月廿六日

决定办法:函复县政府转何心谷。中华民国三十一年八月廿七日

案奉钧处本年八月载征字339号谕开以准,万载县政府函据兵役股长宋维新签呈,称本年讬高城仓库完纳本人三十年度田赋计缴稻谷三石有余,户名为宋维新,但此户并非本人所有,确系乌溪门外宋祠完粮户名,因此外再无与本人同名之人,私人亦无此巨大之粮

等语，嘱查明勒令缴纳，以凭发还该员错纳稻谷等由，饬警前往传该祠首士来处讯问等因。奉此，查本祠确无宋维新之粮户，但本祠祖先名为维新则属事实，不过粮户向少的名，且今既有宋股长与之同名，安知又无第三、第四者与之同名？故问户追粮，殊难确实，至于宋股长所谓此外再无与本人同名之人更是武断。查本县宋氏，依据县志所载共有九支，即以居住县城者而言亦尚有土田一支，以全姓之大，宋股长从何知其再无与本人同名之人？更何知除本祠以外，宋氏子孙私人即无此巨大之粮？倘非造有宋氏九支子孙姓名财产专册，此语似觉遽难以置信。窃以为宋股长既自认为是代本祠缴纳田赋，则其行为为民法上之无因管理其性质，属于民事上之债权债务。政府无论对宋股长与本祠似均不发生公法上之关系，亦不必对其负公法上之义务。倘宋股长自认证据确凿，当可依法提起民事诉讼，最后此谷应否责由本祠归还，自可诉诸公判。奉谕前因，理合申述理由备文呈请钧处鉴誉，并俯赐核转，实为公便。

谨呈财政部江西省万载县田赋管理处处长何、副处长熊

本城乌溪门外宋复堂祠首士宋师亮　宋的宣、宋康侯等押

中华民国三十一年八月廿六日

事由：为函复宋维新报请发还错交田赋稻谷一案情形由。

财政部江西省万载县田赋管理处公函稿　　载田征字第 366 号　　民 31 年 8 月 30 日

案查前准贵府心财字第 5087 号公函开：案据本府军事科第一股长宋维新报告称案奉心财字第二一号训令，"宋维新户错交田谷一俟查明实户，追出应完之稻谷，即行发还等因。奉此，是项业户既经注册，决有其人。经职查明，乌溪门外之宋祠祖先是宋维新，在万载宋姓再无维新之同名，况是项业户应交稻谷三担余，私人田产决无如此之大，祠会产业自应指照祠内祖先名号催追。查该员所称，如果确实，尽可派警切实追究，勒令完纳发还。函请贵处查照办理，见复为荷等情准此，当经再行派催征警将乌溪门外宋祠之经理首士传唤来处迅明核办"。

兹据该宋复堂祠首士宋师亮、宋德宣、宋康候等呈称：案奉钧处本年八月征字 339 号谕开，以准万载县政府函据兵役股长宋维新签呈，本年讬高城仓库完纳本人三十年度田赋计缴稻谷三石余，户名为宋维新，但此户并非本人所有，确是乌溪门外宋祠完粮户名，因此外再无与本人同名之人，私人亦无此巨大之粮等语，嘱查明勒令缴纳以凭发还该员错纳稻谷等由，饬警前往将该祠首士来处讯问等因。奉此，查本祠确无宋维新之粮户，但本祠祖先名为维新则属事实，不过粮户向少的名，且今既有宋股长与之同名，安知又无第三、第四者与之同名？故向户追粮，殊难确实，至于宋股长所谓此外再无与本人同名之人，更近武断。查本县宋氏，依据县志所载共有九支，即以居住县城者而言，亦尚有土田一支，以全姓之大，宋股长从何知其再无与本人同名之人？更何知除本祠以外宋氏子孙私人即无此巨大之粮？倘非造有宋氏九支子孙姓名财产专册，此语似觉遽难置信。窃以为宋股长既自认为是代本祠缴纳田赋，则其行为为民法上之无因管理其性质，属于民事上之债权债务，政府无论宋股长与本祠似均不发生公法上之关系，亦不必对其负公法上之义务。倘宋股

长自认证据确凿,当可依法提起民事诉讼,最后此谷应否责由本祠归还,自可诉诸公判。奉谕前因,理合申述理由,备文呈请钧处鉴察并得赐核转等情。查此案迭次饬警,迄未查出确名粮户。相应函复贵府查照转饬知照为荷。

此致　　万载县政府

兼处长何　副处长熊

中华民国三十一年八月卅日

事由:据本府军事科第一股长宋维新呈请发还错交田赋谷一案请烦查照由。

江西省万载县政府公函　　心财字第1274号

案据本府军事科第一股长宋维新报告称:案奉钧府心财字第八二零号训令,以准田赋管理处函据宋复堂祠首士宋师亮、宋德宣、宋康侯等称:本祠确无宋维新之粮户,但本祠祖先名为维新则属事实,不过粮户向少的名等情。查此案迭次饬警查究,迄未查出确名,相应函复等由,合行令仰该员知照等因。奉此,查是项粮户系咸同年间所买之业。职今年仅有二十九岁,决不会在未生以前先行购买田地,此事实俱在,今该祠既不承认,职又无是项田产而田管又无处追究,应纳之粮谷早经缴纳,此种情形之下难免不由职负其责职,亦只好自认其献谷于国家而已。然对今后完纳义务,职则不能再负,并请将职缴呈之串票发还,以备侦查该户之业主担负完纳义务。奉令前因,理合报请鉴核并乞指令只遵等情。据此,查该员所呈情节,尚属实情,相应据情转请贵处查照,再予派警彻查,以免公私受累为荷。

此致　　财政部江西省万载县田赋管理处

县长何心谷

中华民国三十一年九月十七日

事由:为饬该警速将宋维新户承耕业主传唤来处核办由。

财政部江西省万载县田赋管理处谕稿　　载田征字第519号

万载县政府心财字第11274公函开:案据本府军事科第一股长宋维新呈称,据调查宋师亮等称宋复堂祠祖先确有其人,并拟报现分与后裔宋子琛之宋辛氏管业各等情。据此,名为宋维新,确属事实。不过粮户向少的名等情。相应函复等由,合行令仰该员知照等因。奉此,查是项粮户是咸同年间所买之业,职今年仅有二十九岁,决不会在未生以前先行购买田地,此事实俱在,今该祠既不承认,职又无是项田产业,田管又无处追究,应纳之粮谷早经缴纳。此种情形之下,难免不由职负其责,亦只好自认其献谷于国家而已。然对今后完纳义务,则不能再负,并乞指令只遵等情。据此,查该员所呈情节,尚属实在,相应据情转请贵处查照,再予派警彻查追究,以免公私受累为荷。除函复外,合行谕仰之该警等克日前往,速将宋维新户现承粮业之宋子琛之妻宋辛氏传唤来处,以凭核办,不得徇从索纵为要。

此谕

右谕龙汉章、唐业青准此
兼处长何、副处长熊
中华民国三十一年九月二十七日

首士黄冬苟拒完田赋殴警远逃

报告　　中华民国三十一年十一月二十三日

窃警奉命下乡催征以来,不敢稍懈。于去月十九日下午抵二区所属柏柱乡第三保上石地方,催十都三图一甲、曾家陂十一都二图十甲、黄龙霄享堂十六都一图二甲、普济堂普济田巽都三图六甲普济会应完田赋,当促各该会首士黄冬苟等定期赴柜完纳。讵该黄冬苟不但不理,反信口漫骂竟施毒殴,警等受伤至重,乡人皆知,旋报请该管乡公所叩乞验明。当沐乡公所派兵缉拿,不料该黄冬苟已畏罪远逃不获,无可奈何。此种强暴,若不报请究惩,警等虽死不足惜,将来下乡员警不免人人自危。除面报王科长外,理合报请察核,准予拘拿黄冬苟到案撤究,并乞勒缴应完田赋,以裕赋收而惩强暴。

谨呈财政部江西省万载县田赋管理处兼处长何、副处长熊
催征警廖甘春、刘炳生、郭德胜
中华民国三十一年十一月二十四日

批示:函请县府将黄冬苟拘讯究办。

事由:据催征警廖甘春等报告,因在上石催征,被黄冬苟漫骂毒殴,请拘案察办等情,函请查照办理见复由。

财政部江西省万载县田赋管理处公函稿　　　载田征字第766号

本年十一月二十三日,据本处催征警廖甘春、刘炳生、郭德胜报告称:原文照叙等情。据此,查该黄冬苟身居会众首士应完纳田赋,自当及早清完,以为表率,乃竟抗攉拒纳殴打粮警,事后复又畏罪远逃,实殊有意抗粮,不法已极。据报前情,相应函请贵府查照,希即派警前往上石地方将该黄冬苟拘案法办,以维国课而惩强暴。

此致　　万载县政府
兼处长何、副处长熊
中华民国三十二年一月五日

黄明堂承粮业主辛安民欠完田赋

事由:为令饬查明辛安民家属勒令缴纳欠完田赋具报核夺由。

财政部江西省万载县田赋管理处训令　　载田征字第883号

令白杨乡乡长陈梅开

案据本处科长贾顺天报称,有粮户二十都一图六甲黄明堂承粮业主辛安民,因案逃避拖欠未完,无法追获,报请令饬该管乡公所就近查明辛安民家属兄弟,勒令完纳等情。据此,合行令仰该乡公所遵照,迅予查明辛安民家属兄弟,勒令于五日内如数缴纳。如仍隐匿拖欠,遵照省府电令,查明该产及存谷封存备抵,仍将奉令遵办情形,具报核夺,毋稍玩忽,违误为要!

此令!

处长何副处长熊

事由:奉令查明辛安民欠缴田赋具报核夺等因,遵即查明呈请察核由。

拟办:祥查严追。中华民国三十二年元月廿二日

万载县政府白杨乡公所呈　　民粮财字第134号

案奉钧处载田征字八八三号训令略开:为令饬查明辛安民家属勒令缴纳欠完田赋,具报核夺,毋稍玩忽,迟误为要等因。奉此,遵即饬丁传到辛安民之弟辛安基来所质讯,据云,他兄弟所有田赋现已交纳,有串票可证,并经本所验明所交纳田赋串票三张(串票内容附详复于后),又云安明堂之粮户非他的户名,查该名所管田地,据保甲长云,在本县的实与所交串票之数相等,安明堂是否为辛安民之粮户,或有同名,亦不得详知?恳乞钧处再详查该粮户或有同名,或姓相符否?为此,合应呈复钧处察核。

谨呈财政部江西省万载县田赋管理处处长何

白杨乡乡长陈梅开

附抄验交已完田赋户名串票:

二十都一图六甲　辛吉昆　银三元六角四分

两都一图九甲　辛善吉　银六元一角二分

九都一图三甲　辛炳文　银五元零八分

中华民国三十二年元月十四日

事由:为再行勒令辛安民家属完派安明堂田赋具报由。

财政部江西省万载县田赋管理处据令稿　　载田征字第980号

令白杨乡乡长陈梅开

本年元月十四日呈一件:为:奉令查明辛安民欠赋,验明串票户名,抄呈察核由。

呈悉。查安明堂户承报业主，确是辛安民。业经本处查明属实，仰该乡长再行勒令辛安民之家属克日将安明堂户三十一年田赋征实征购如数归完，倘仍拖欠，即将该家属解来处，以凭押缴，仍将办理情形于五日内具报核夺为要。

此令！

兼处长何、副处长熊

中华民国三十二年元月廿六日

乐泮堂粮户经管人龙兆群蓄意拖应纳欠田赋

事由：为函请饬派武装，将三区乐泮堂粮户经管人龙兆群拘案追办见复由。

财政部江西省万载县田赋管理处公函稿　　载田征字第1094号

案据本处马步征收处粮警唐万青、张柏盛报告，查有二都二图八甲粮户三区乐泮堂户，为数甚大。复查该户三十年以前，经管人汤云辉所有田赋均已完纳。自三十年龙兆群接管以来，蓄意拖欠迭催不理，理合报请转函县府另派兵将该经管人拘案追缴等情。据此，相应函请贵府查照饬派武装，将三区乐泮堂粮户经管人龙兆群拘案追缴而重赋政，并希见复为荷。

此致　　万载县政府

兼处长何、副处长熊

中华民国三十二年三月十日

窃警于二月二十七日查有二都二图八甲户粮三区乐泮堂户为数甚巨，复查该户三十年以前经管人汤云辉所有田赋均已完纳。自三十年龙兆群接管以来，蓄意拖欠迭催不理，警实无能追获，理合报请钧长转函县府另派兵将该经管人拘案追缴，以裕赋收。

谨呈兼处长何、副处长熊

粮警张柏盛、唐万青

中华民国三十二年三月十四日

江西省万载县政府公函　　心粮字第4711号　中华民国三十二年三月

案准贵处载田征字第一零九四号公函，以据马步征收处粮警报告三区乐泮堂欠纳田赋迭催不理，函请饬派武装，将该堂经管人员龙兆群拘案追办等由准此。除转饬梅溪区长拘案押缴外，相应函复查照。

此致　　万载县田赋管理处兼处长何　副处长熊

县长何心谷

中华民国三十二年三月十九日

黄钦书众后裔粮户纠纷案

事由：为黄秀月兄弟得业丢粮，希图抵赖，波累弱小，乞恳调验田契，饬警催追田赋由。

拟办：传集双方讯明核夺。中华民国三十二年六月廿一日

呈文：为黄秀月兄弟得业丢粮，延不完纳控词过割无干粮户，希图抵赖波累弱小。缘民先祖黄钦书，原生三子，长子何龙、次子何麟、三子何凤，遗有田产十余亩，立有粮户黄朝贵载在十都三图五甲，黄朝兴载在十七都五图一甲。在昔众管众完，自无问题。惟自民国二十四年冬，地方遭……乱，初告恢复后，各种物件荡然无存。当时管理钦书众者，黄秀日、秀福、来清三人，以各房后裔经此浩劫，无法维持生活者多，乃召集会议决议每房分配田产二百把，同时又以众家支出不敷，复决议绝卖田产二百八十把，当由本公子孙黄彩旗承买。论情论理，黄采旗应在钦书公所有之粮户黄朝贵或朝钦名下，过割田粮四百八十把，彼乃一味拖延从不过割。在过去，以钱完纳，每年由众完清，为数无多，尚可支持。迄三十年田赋改行征实征购后，钦书众以未管田业，毫无收入，自无法完纳，复再三催彼过割仍置不耳。迄本年潭埠第二仓库派人催追田赋时，该黄秀月兄弟始支难其说，瞎三话四，过后有时据说已在民之私人粮户黄发兴名下割除。窃我黄发兴计粮户，历年按期完纳银钱相符，何得谓为秀月兄弟在发兴户已过除四百八十把、此中情弊实不可捉摸。有说秀月于本年四月间，才来县申请过割，然如何玩弄玄虚，非民愚人所能逆料。然彼说是割除民之私有粮户，此事似已牵涉及民矣，第恐黄秀月兄弟惯行武断，使用阴谋，运用此一转圜，掩饰其得业丢粮之罪过，除于上月曾向县政府及潭埠第二仓库声明外，理合将黄秀月兄弟得业丢粮，延不完纳民国三十年三十一年之田赋征实征购，及其临时捏词过割与彼毫不相干之粮户，希图抵赖，波累及民之种种情弊略述如上，伏乞调念田契，饬知粮警严切责成该黄秀月兄弟如数完纳，实为德便。

谨呈万载县田赋粮政管理处处长何、副处长漆

具呈人黄秀贤

事由：为据黄秀贤呈报黄秀月兄弟承买黄钦书众田产，延不割粮，乞调契完纳等情，仰即传案讯办由。

财政部江西省万载县田赋管理处论稿　　载田征字第 1129 号

案据黄秀贤呈报略以民祖先黄钦书遗有田产十余亩，立有粮户黄朝贵载在十都三图五甲，黄朝兴载在十七都五图一甲。在昔众管众完，自无问题。惟自民国二十四年冬，地方遭……乱，初告恢复后，各种物件荡然无存。当时管理钦书众者，黄秀日、秀福、来清三人，以各房后裔经此浩劫，无法维持生活者多，乃召集会议决议每房分配田产二百把，同时

又以众家支出不敷，复决议绝卖田产二百八十把，当由本公子孙黄彩旗承买。论情论理，黄采旗应在钦书公所有之粮户黄朝贵或朝钦名下，过割田粮四百八十把，彼乃一味拖延从不过割。在过去，以钱完纳，每年由众完清，为数无多，尚可支持。迄三十年田赋改行征实征购后，钦书众以未管田业，毫无收入，自无法完纳，复再三催彼过割仍置不耳。迄本年潭埠第二仓库派人催追田赋时，该黄秀月兄弟始支难其说，瞎三话四，过后有时据说已在民之私人粮户黄发兴名下割除。窃我黄发兴计粮户，历年按期完纳银钱相符，何得谓为秀月兄弟在发兴户已过除四百八十把、此中情弊实不可捉摸。有说秀月于本年四月间，才来县申请过割，然如何玩弄玄虚，非民愚人所能逆料。然彼说是割除民之私有粮户，此事似已牵涉及民矣，第恐黄秀月兄弟惯行武断，使用阴谋，运用此一转圜，掩饰其得业丢粮之罪过，除于上月曾向县政府及潭埠第二仓库声明外，理合将黄秀月兄弟得业丢粮，延不完纳民国三十年三十一年之田赋征实征购，及其临时捏词过割与彼毫不相干之粮户，希图抵赖，波累及民之种种情弊略述如上，伏乞调念田契，饬知粮警严切责成该黄秀月兄弟如数完纳等情。据此，合行谕仰该警遵照，克日前往，协同当地保甲长，勒令将黄秀月兄弟检同田锲过割粮票等件，及黄秀贤自近三年完纳粮票，限五日内传集到处，以凭质询，分别核办。去警毋得徇纵索延，空俏致干惩处为要！

右谕粮警龙汉章

万载县田赋粮政管理处处长何、副处长漆

中华民国三十二年六月廿三日

事由：为据黄秀贤呈报黄秀月兄弟买黄钦书田，延不割粮，乞调契催完等情，仰即传案讯办由。

财政部江西省万载县田赋管理处谕　　载田征字第1449号

案据黄秀贤呈报略以民祖先黄钦书遗有田产十余亩，立有粮户黄朝贵载在十都三图五甲，黄朝兴载在十七都二图一甲。在昔众管众完，自无问题。惟自遭……乱初告恢复，以各房后裔经此浩劫，无法维持，乃召集决议每房分配田产二百把，同时又以众家支出不敷，复经绝卖田产二百八十把，当由本公子孙黄采旗承买。论情论理，应在钦书公所有之粮户黄朝贵或朝钦名下，过割田粮四百八十把，彼乃一味拖延。不过在过去，以钱完纳，每年由众完清，为数无多，尚可支持。迄三十年田赋改行征实后，钦书众以未管田产，毫无收入，自无法完纳。迨本年，潭埠征收处派人追催黄朝贵等户欠赋，再三催彼过割，仍置不耳。该黄秀月兄弟始支离其说，瞎三话四，已在民之私人粮户黄发兴名下割除。窃我发兴计粮户，历年完纳银两相符。何得谓为在发兴户过除。此中情弊阴谋，希图抵赖，波累民之种种情弊，伏乞调验田契，饬警严切责成黄秀月兄弟如数完纳等情。据此，合行谕仰该警等遵照，克日前往，协同当地保甲长勒令黄秀月兄弟检同田契过割粮票等件及黄秀贤带同近三年完粮串票，统限五日内传集到处，以凭质讯分别核办。去警毋得徇纵索延，空俏致干惩处为要！

此谕

计闻黄秀月兄弟　黄秀贤
右谕粮警汉章准此
中华民国三十二年六月廿五日

立限结字人黄秀月兄弟，今当万载县田赋粮政管理处副处长漆台前，实结得于本月十八日亲自携带契据、粮串，投案呈明与黄秀贤报告一案，如有违期，惟铺保是问，不敢冒结，所具切结是实。

铺保永丰栈店主李景乾（押）
中华民国三十二年七月八日
黄秀月兄弟具

事由：检呈粮户黄朝贵纠纷案件请察核由。
拟办：传集双方讯明核办。中华民国三十二年七月廿日
江西省万载县田赋管理处潭埠征收处　　谋征字第70号

案据本处所辖十都三图五甲粮户黄朝贵（黄钦书众）积欠多年田赋，均不完纳。经查讯明确，指派本处员丁前往催征后。据该众经理黄秀德、秀泳、来益等呈以，该户并未管有田产，至朝贵户税额系前经理黄来清黄彩初等，于出卖田产时暗中舞弊。所叙函请潭埠镇公所分别传讯问后，据该众后裔黄秀贤呈以伊祖黄钦书有田数百把，于民国二十四年由首士召集会议，本工支下三房每房分去田产二百把，又出卖二百八十把与黄彩旗名下承买，因黄彩旗承买众田及伊房受分之田四百八十把全未过除，致朝贵户粮无人承完。又据黄秀月呈称，伊父彩旗承买众田二百八十把及伊房受分之田二百把合为四百八十把，经黄秀贤指定粮户发兴记，由伊兄弟承完，籍免过割手续，并呈验田锲粮串，以资佐证。经派员察验，尚属真实。惟以情词各执，而本案主要关系人又延不到处，致未剖决。顷闻该民业已径向钧处呈诉，理合抄具原呈四件暨本处一等管理员高军磐报告研讯经过鉴呈一件，备文呈赍钧长察核，以备参考。

谨呈万载县田赋粮政管理处处长何、副处长漆
附抄呈：原呈四件
本处承办职员签呈一件
潭埠镇征收处主任龙徽谋
中华民国三十二年七月十一日

计抄黄朝贵众经理秀亿、秀泳、来益等本年五月二十二日呈一件

窃民祖朝贵公于民国十四年得买本支田业一处，当日即在立兴户内过割田粮五百把。因出卖业主又系经管首士，内中粮户情形，渠得明悉清楚。后及民国二十四年，祖管田业又概出卖，契载过除粮户不书立兴而书发兴。此中隐情，唯来清、彩初始得明晰。今发兴户内尽行割去而田业仍多管有，以累立兴之户有粮无田，是当日出卖朝贵祖业之时，即被

来清包蔽别书发兴户内过除，实则立兴发兴确是一个业主。民等接理众务，以为众无田管，即无国课银粮。今钧座饬丁前来催收旧岁朝贵户内粮谷，始悉日前经理来清等暗中舞弊，贻害留粮，实属出人意外。民等奉令催缴欠粮无法应付，谨敢缕陈下情恳请主任先生准予按照法令，传集日前经理黄来清等详加追究，查明发兴户内果实无粮无田，立兴户内是否有粮有田，两户针对自有水落石出，粮归田完亦为普通法令，无田贻粮更为公理难容。民等乡愚无知，用特备文呈明钧座俯赐察核，实为公便。

又黄秀贤五月三十一日呈一件

缘民先祖黄钦书原生三子长何龙、次何麟、幼何凤，遗有田产数百把。粮户户名黄朝贵，在十都三图五甲，税洋十余元；又一户户名黄朝兴，在十七都二图一甲，完纳现有簿据可凭。延至民国二十四年冬，由首士黄秀月、秀福、来清三人经手召集会议，谓各房后裔经过此次红羊浩劫，家中困难者多，决议每房分去田产二百把，又因会内支出不敷，乃又出卖二百八十把与黄采旗名下买去。迄今钦书公原有田产分与各房者多数过割清楚，惟黄彩旗名下所买之田二百八十把及伊何龙房受分之田二百把共计四百八十把全未在黄朝贵户内过除，以致朝贵户欠缴前后二年粮税无人承认。如谓已经过除，恳请调契查验及过除粮单，则经渭自分。业经黄彩旗之子黄秀月兄弟拟将朝贵户所欠之粮欲向钦书公承认完纳，有是理乎？似此得业丢粮，累及会众，会无租息，将何以堪为？此缕述缘由，恳乞钧处鉴核准予转报县府，饬令黄秀月兄弟将伊父黄彩旗于二十四年得买黄钦书田契调验及过除田赋单据，则粮从田出，泾渭自分，实为恩便。

又黄朝贵众经理秀亿、秀泳、来益等六月六日呈一件

民祖钦书公管有粮户朝贵颇有田产数百把，历年经理上交下接任内事务非经本人不能洞悉，民于去岁蒙推管理众事，殊于前月间得奉钧座饬丁催完民祖钦书公拖欠朝贵粮户三十、三十一两年粮谷。奉命之下不胜惶惑，民所接理众已无田，何复有粮追诡？往昔稍明头绪，原田民祖于民国十余年时，买管大岭黄堂立田山屋宇等，业系秀贤为总理，秀泰、秀庭为协理，其业过割粮户不知何名？迨至民国二十四年，又将众田分去三房，每房计田二百把，此外出卖与彩旗、来发、秀发之业契载粮户名称俱是发兴，记当日首士来清、秀福、秀日三人，究竟所分所卖之业其中过割粮户有无差误？民等刚经接理，实难清楚明了，但经民等前呈声请钧座追究源委，现有秀贤等呈明谓系彩旗后裔得业丢粮云云，今彩旗后裔秀月等亦将得业承粮户名是发兴记，自廿八、廿九、卅、卅一年完粮串票呈验可凭。似此情形，民祖朝贵所欠两年粮谷非经责成当日总理秀贤等，明将所买所卖过割实情分别清楚。按田完纳，粮跟田去，以维国课外，民等万难完交，民祖亦难承交，更无力量应交。谨此再诉钧座俯赐鉴核，迅予傳集有关粮业人另调验过割完纳证据，按田清理拖欠粮谷，以维粮政，实为公便。

又黄秀月六月六日呈一件

窃民先祖钦书公于民十三年价买堂六(秀贤之祖父)所管蓝田大岭田山屋宇一处,计田五百把,彼时秀贤为钦书公总理,其粮如何过割民不知情,当以价款不敷,即将附近田产分当各小支。民父彩旗承当田二百四十把,至民二十四年经……乱后,开会议决将当转卖并河龙公授分二百把连承买田二百八十把合为四百八十把,经秀贤指定粮户发兴记,由民兄弟完纳免过割手续,有印契粮串,足资证明。查秀贤兄弟叔伯所管田业不下千把左右,现所承粮户立兴、茂兴不过三四百把之数,所余朝贵户粮,应由秀贤负责完纳,可无疑义。理合申明,恳请派员勘量,真象自明。

又抄呈本处一等管理员签呈一件

窃职奉命处理粮户黄朝贵(即黄钦书众)纠纷事件。经详览该众经理黄秀亿、秀泳、来益暨后裔黄秀月、秀贤等先后诉呈,获悉该众经理及黄秀月等,对当日过割赋税真相,尚欠明了。但据秀贤所称朝贵支下共分三房,于民国二十四年协议每房分去田产二百把,又伊租立有粮户二户:一为黄朝贵,在十都三图五甲;一为黄朝兴在十七都二图一甲。经面讯,黄秀月、黄来益等均谓确系事实,并谓朝兴户业于民国三十年随同出卖田产推出于违支族人黄先发、黄福宝承完有案,惟所称伊祖原有田产分与各家者,多数过割清楚,僅有黄彩旗名下所买之田二百八十把及伊何龙房受分之田二百把未曾过除,所有朝贵户赋税应责成黄彩旗之子秀月兄弟承完等情,似涉虚构。查黄秀月来处呈验田契及发兴记历年粮串。职曾仔细考察,并无讹误,课税亦无出入,证之以该众经理所呈民国二十四年出卖祖业之时,契载过除粮户不书立兴而书发兴,是朝贵户赋税,黄秀月兄弟应不负责任,其理甚明。复查该众经理所称,该众于民国十四年承买黄堂六(秀贤祖)田产五百把,载明税粮在立兴户内过除,出卖时被来清包蔽,别书发兴过除,致使立兴之户有粮无田,发兴之户赋税尽行割去而田业仍多管有等语,亦似与本年案不甚关涉。查现在所遭搁置之粮户,并非立兴、发兴而是朝贵。又据黄秀月面称,昔日朝贵承买田契尚未投税,又称该众在分卖田产以前,曾帮交粮款与黄秀贤经收。似此黄朝贵承买黄堂六田业,应未办接收手续,是则契载粮户虽有差异,仍非构成该众有粮无田之主要原因。第该众田产既作三房均分,赋税自应分别过割。今据该民等所呈,除何龙房受之田承完有据外,其余河麟、河凤二房受分之田四百把及该众出卖黄新炎、来发、来清等田一百四十把(黄秀月供称)如何推收承完,殊无显据。且该众朝贵户,既未有巨量割出,而朝兴户又出卖远支有据,则二房受分田产之赋税,何从过割?其为本案症结,彰彰明甚,只以该众前经理黄来清、彩初、秀贤等迭经函请潭埠镇公所傅集质讯,均未到案,以致无从割决。兹闻该民等已赴县上诉,理合将研讯经过情形,签请转呈以备采择。

事由:为公同实报事。

批示:据作考证。七月廿四日

窃民祖钦书公先年时买黄堂六(系秀贤之祖父)所管大岭田产伍百把,当时秀贤为钦书公总经理,至于其田粮由秀贤经手,过割多寡不明,至今朝贵欠粮确归秀贤、彩初、秀书等负责完纳。因今秀贤与秀月等因粮纠葛一案，民属族等不忍其两造涉讼，以伤族雅。兹以备文呈请钧处鉴核，乞请公裁，以维族谊，以息讼端，实为公便。

谨呈万载县田赋管理处兼处长何、副处长熊

族公同具报人：黄来桑、黄来钜、黄秀福、黄来清、黄来广

事由：为据实证明以分泾渭由。

拟办：查考。八月五日

窃民等钦书公□□□□□业产需款，运用不敷，故将附近田产经过代表会议，均得全体同意出卖与黄彩旗名下管业，一切手续均为清白，该业应完粮米，当时全体通过，指定在十都三图六甲发兴记户内过除完纳，已在契约上注明白，毫无疑义。今该黄秀贤等与黄秀月兄弟挟有私怨，欲借国课大题消忿任意捏造事情呈报钧处，业经傅案审讯在卷。该案事实谅已完全洞澈，民等当时在场立契，并在契约上签名画押，负有中人之责任已。今成为合法契约管业多年，完粮多载，那有坐视涉讼之理？民等与双方均属族谊，毫无袒隐，岂忍袖手旁观？至于朝贵户粮，确由彩初、秀书、秀贤等完纳。为此，据实呈请财政部江西万载县田赋管理处兼处长何、副处长熊。

具证明在场立契见中人：黄秀藩、黄来桑、黄来钜、黄秀亿（押）、黄秀福（押）、黄秀和（押）、黄秀江

民国三十二年八月四日

事由：为黄秀月兄弟得业丢粮，延不完纳，再恳传讯断处，以息纠纷由。

批示：饬传到处詢明核办。九月二日

为黄秀月兄弟得业丢粮，延不完纳，再恳传讯处断，以息纠纷。缘民先祖黄钦书原生三子长何龙、次何麟、三何凤，共有田产分立朝贵、朝兴二户及其他经管情形业于前呈详细声明在案。现续有所告者为秀月兄弟，屡延屡推，迄未将朝贵田赋完纳，而且一味言语支吾，实不意欲盖弥彰，就其无法掩饰之。最著者言之，彼父黄彩旗得买钦书公之田为二百八十把，民租黄发兴记实有田为四百八十把，多寡不符。查其本年临时仓皇所税之契，足以不辨自明。乃该黄秀月近年因我叔母黄徐氏、伯母黄邬氏分得粮户黄发兴记，经请其经手完纳内容田把为彼所知，因而黄秀月兄弟遂心生暗计，便将其所得之黄钦书众产及其分业大致相符，遂欲移花接木，将原有黄朝贵一户丢落不完纳，捏称徐氏、邬氏所托其完纳者，骗存串票于其手中，以遂其企图蓄意抵赖之毒计，实为彼兄弟多年之阴谋。现在黄秀月兄弟既历经牵涉于民，自不得不再为申叙，乞钧长查明实在情况迅予传讯究办，实为德便。

谨呈万载县田赋粮政管理处处长何、副处长漆

具呈人黄秀贤

被告人黄秀月、黄秀日

中华民国三十二年八月廿七日

事由:为黄秀贤报告黄秀月得业丢粮,延不完纳等情一案,谕饬该警一并传处讯明,分别核办由。

万载田赋粮食管理处论稿　　田粮契字第293号

谕粮警

案据黄秀贤报告黄秀月兄弟得业丢粮,延不完纳等情一案合行谕饬该警克日前往,会同当地保甲长迅将勒令黄秀月兄弟检带该业契据过粮串票等件及黄秀贤等,并饬令双方邀同本案有关证人,一并速予传集到处,以凭讯明,分别核办。去警不得徇纵索延干处为要。

此谕

计被传黄秀月、黄秀日、黄秀贤

兼处长何、副处长漆

中华民国三十二年九月四日

事由:为黄秀贤意图隐骗田赋不交,妨害征购征实,竟敢任意指射,恳请迅予派警,拘案详究法办由。民32年9月8日

窃查该黄秀贤确有遗产田在三十亩以上,屡不完纳田赋,将伊所应有之户名任意指东射西,意图抗骗国课,殊属可恶。如本年七月间,将伊自己应完田赋指射系黄秀月、黄秀添所有,嗣经黄秀月、黄秀添缴出合法契约及历年完纳田赋收据证明,当经钧处窥破其伎俩,即斥其虚,未究抗粮罪刑。至八月二十八日,潭埠田赋办事处催征黄秀贤之粮,该黄秀贤又飘指是民等钦书众所有。该黄秀贤性似疯犬,逢人乱咬。此种抗粮不纳,依法应予严办,民等钦书众等顶可带同勘踏。该黄秀贤所有田产足资证明抗粮不纳之罪刑,毫无狡辩之余地,为此据实呈请钧处察核俯赐,派警拘案详究法办,以重国课而惩刁奸,深感德便。

谨呈财政部江西省万载田赋管理处兼处长何、副处长漆

具呈人黄来益、黄秀泳、黄秀意呈

被告黄秀贤

中华民国三十二年九月八日

事由:为再叩勒拘黄秀月到案,依契过除输纳,以裕国课由。

拟办:定十二月十日再派警传集双方,携带有关契约到案讯办。中华民国三十二年十一月二十九日

呈为黄秀月阴谋蒙混,图骗国课,恳请勒令过除输纳,以裕库收而杜纠纷事。窃民四与徐、邬二氏分有田产,承粮户名黄发兴记,历年输纳清楚。而黄彩旗名下,于民二十四年,得买钦书公众之田产,原承户名黄朝贵,既得是产,应完是粮,业于前呈详细申述。乃查黄秀月兄弟即彩旗之子,在得买钦书公众田产时,公推秀远代兴记之粮,而秀月居心阴恶,卡串不给,丢黄朝贵之粮不完,冒认黄发兴记为已之承粮户名。以表面而论,与徐、邬二氏固得其便宜,以事实言之,民受害非浅。切思钦书公众民与徐、邬二氏三分之一,自经

公议拍卖田产后，并未享受此种权利，当不负完粮责任。在得业者，应按承粮户名，过除输纳，方为合法。今黄秀月不但不过除输纳，乃冒认代完黄发兴记之粮，为其承粮户名，企图桃僵李代，管业骗粮之计，如果黄户拖欠不完，于兹三年，诚恐牵涉于民。似此妨碍国课，尤恐殃及池鱼。为此理合再叩鉴核俯赐，勒拘黄秀月到案过除输纳，以免被其蒙混，而裕库收，合并声明！

谨呈万载田赋管理处兼处长何、副处长刘

具呈人黄秀贤

铺保久泰栈

中华民国三十二年十一月二十五日

事由：谕仰传集黄秀月、黄秀贤到处迅办由。

万载县田粮管理处　　田粮契字第950号

谕粮警龙汉章

案据黄秀贤呈称：呈为黄秀月阴谋蒙混，图骗国课，恳请勒令过除输纳，以裕库收而杜纠纷事。窃民因与徐、郭二氏分有田产，承粮户名黄发兴记，历年输纳清楚，而黄彩旗名下，于民二十四年，得买钦书公众之田产，原承户名黄朝贵，既得是产，应完是粮，业于前呈详细申述。乃查黄秀月兄弟即彩旗之子，在得买钦书公众田产时，公推秀远代笔，立有文契。当时秀月兄弟在家嘱咐田价及承粮户名，民因未察其阴谋亦未制止，不料其蓄意蒙混，顿生骗粮之心。恰值徐、郭二氏连年托其代完黄发兴之粮，而秀月居心险恶，卡串不给，丢黄朝贵之粮不完，冒认黄发兴记为已之承粮户名。以表面而论，与徐、郭二氏固得其便宜；以事实言之，民受害非浅。窃思钦书公众民与徐郭二氏三分之一，自经公议拍卖田产后，并未享受此种权利，当不负完粮责任，在得业者，应按承粮户名，过除输纳，方为合法。今黄秀月不但不过除输纳，乃冒认代完黄发兴记之粮，为其承粮户名，企图桃僵李代，管业骗粮之计。如果黄发兴记是彼承粮户名，缘何又由民出来完纳，足此便见冒认之铁证。现查黄朝贵一户拖欠不完于兹三年，诚恐牵涉于民。似此妨碍国课，尤恐殃及池鱼。为此理合再叩鉴核，俯赐勒拘黄秀月到案过除输纳，以免被其蒙混，而裕库收，合并声明等情。据此，合行谕仰该警克日前往传集黄秀月暨黄秀贤（住址向铺保久泰栈询问）双方于十二月二十日来处迅办，以定实名实粮。

此谕

兼处长何心谷

事由：为公同据实证明，恳请秉公法裁以免争执而惩刁奸由。

拟办：并同前案传集讯办。中华民国三十三年一月十二日

窃民等钦书众之田产，于先年出卖一份与黄秀月兄弟管业，其田过除户名当经公众指定发兴记户名，系由黄秀月兄弟尽户完纳，已在契约上证明，自毫无争执。业经钧处迭次审讯明白，事已洞澈无微。该黄秀贤自己蓄意抗骗田赋不纳，竟敢欺蒙政府，任意指东射

西，殊属可恶已极。民等负有钦书众首士责任，不忍坐视涉讼，特此证明发兴记粮户确属黄秀月兄弟所有。事关国课重大，不敢袒隐，如有涉虚甘坐伪证罪刑。为此，据实呈请钧长察核俯赐，秉公法裁，以惩奸究而平公愤，实为公德两便。

谨呈财政部江西省万载县田赋管理处兼处长何、副处长刘

具证明人：钦书众首士黄秀意、黄来益、黄秀泳等呈

铺保慎泰昌

事由：为飘遭假名捏情妄控，恳请撤销告诉并乞深究伪造，以重民誉而为法纪由。

拟办：仍交廖科员查明办理。中华民国三十三年元月八日

缘民等远居乡村，只知耕田自守，对于一切外务概不与闻。嗣因黄秀月与黄秀贤等管业丢粮，涉讼数月，未沐裁判，在民故无须伸办，无如宵小之徒假民等姓名，伪刻民等私章，捏情妄控。黄秀贤为非理，似此藐视法纪，假名妄控，伪刊私章，图载人祸。若不攀法深究，将来效尤者，何堪设想？况民等虽是钦书公子孙，在出业时，已由当事人，负责订好契约，傅究对质，立明真像。今民等被人妨害信誉，实有难甘。为此，呈请钧处长鉴核，准即撤销告诉，并乞深究假名伪造之罪，以维法纪，而重民誉，令仰声明。

谨呈万载田赋粮食管理处兼处长何、副处长刘

具呈人黄秀泳、黄秀意（押）

铺保久兴酒

中华民国三十三年元月三日

事由：为业经审讯明确，事已洞澈无微，恳请迅赐依法判办以重国课而符法规由。附田赋收据两张、文契一纸。

拟办：1. 田契错填之粮户准予查明更正。

2. 代黄秀贤垫完之粮谷准予追还。

3. 缴呈三十一及三十二两年粮票并交还黄秀贤收存。中华民国三十三年三月二十三日

窃民被黄秀贤控诉一案，业经钧处这次傅案审讯。现民已将发兴记积年田赋先后完清，但错填粮户户名田契亦恳即予更为黄朝贵户名。为此，理合检同三十一年及三十二年完纳发兴记田赋收据两张，呈请钧处察核俯赐，判令该黄秀贤克日补还各年粮谷费用，以重国课而彰法纪，深感德便。

谨呈万载县田赋管理处兼处长何、副处长刘

具呈人黄秀月

中华民国三十三年三月二十日

事由据呈接黄钦书会众田契错填粮户乞予更正等情批令遵照由。

万载田赋粮食管理处批稿　　田粮契第449号

批具呈人黄秀月

呈一件：为据买钦书公会众之田契错填粮户，乞查明更正，并恳饬令黄秀贤将代完发兴记户粮谷归还，以免无端损失由。

呈及附件均悉：查该民所呈接买钦书会众之田契错填粮户名称一节，经本处传集各方有关人证，查讯明确，实属错误，准予更正并于更正处加盖本处图印，以昭信守，仰即备具领据来处领还，并移行据收过割手续，以利粮政而免争端。至错代黄秀贤完交发兴记户之粮谷，亦经本处取具黄秀贤谷票，并面饬其径向中心办事处，将黄朝贵户应完三十二年征实征购稻谷交纳清楚后，持票来处换领发兴记户粮票及谷票。除分批黄秀贤遵照办理外，合亟批仰该民即便遵照为要。

此批！附件暂存候领。

中华民国三十三年三月三十一日

事由：呈请调核文契以免互相狡辩而分泾渭由。

拟办：仍交缪科员查明办理。中华民国三十三年元月七日

中华民国三十三年一月

窃民钦书公众，因入不敷出，嗣经召会决议，将管有田产出卖与彩旗之子黄秀月兄弟得买管业，由各房派民代书文契，调契核对笔踪，真伪自可立辩，以免互相狡辩。查钦书公所管田产，只有承粮户名黄朝贵一户，并无其他，在得业者，应于黄朝贵户内过除输纳，方始合法。今黄秀月执捎发兴记之串票，为得业之承粮户，纯是桃僵李代，管业骗粮之奸计。对于发兴记之户名，确是徐、邬二氏及黄秀贤私人所有，纳税义务已尽数十年矣。而钦书公出业，时在民国二十四年，以此计之，悬殊甚矣，尤其黄朝贵之粮，在未出业以前，谁不听悉，是钦书公应完户名。民责在代书文契，不容不据实呈请钧处长鉴核俯赐，秉公法裁，以恤民困，实为恩便。

谨呈万载田赋粮食管理处兼处长何、副处长刘

具呈人黄秀远

铺保元兴酒

中华民国三十三年元月四日

事由：谕仰前传集黄秀月、黄秀贤、黄秀远、黄秀泳等来处讯办由。

万载田赋粮食处理处谕　　田粮契字123号　民国三十三年

谕粮警龙汉章

案据黄秀远呈称：窃民钦书公众因入不敷出，嗣经召会决议，将管有田产出卖与彩旗之子黄秀月兄弟得买管业，由各房派民代书文契，调契核对笔踪，真伪自可立辩，以免互相狡辩。查钦书公所管田产，只有承粮户名黄朝贵一户，并无其他，在得业者，应于黄朝贵户内过除输纳，方始合法。今黄秀月执捎发兴记之串票，为得业之承粮户，纯是桃僵李代，管业骗粮之奸计。对于发兴记之户名，确是徐、邬二氏及黄秀贤私人所有，纳税义务已尽数

十年矣，而钦书公出业，时在民国二十四年，以此计之，悬殊甚矣，尤其黄朝贵之粮，在未出业以前，谁不听悉，是钦书公应完户名。民责在代书文契，不容不据实呈请钧处长鉴核俯赐，秉公法裁，以恤民困，实为恩便。焉因正核办间，复据黄秀泳呈称：缘民等远居乡村，只知耕田自守，对于一切外务概不与闻，嗣因黄秀月与黄秀贤等管业丢粮，涉讼数月，未沐裁判，在民故无须伸办，无如宵小之徒，假民等姓名，伪刻民等私章，捏情妄控。黄秀贤为非理，似此藐视法纪，假名妄控，伪利私章，图栽人祸，若不攀法深究，将来效尤者，何堪设想？况民等虽是钦书公子孙，在出业时，已由当事人负责订好契约，傅究对质，立明真像。今民等被人妨害信誉，实有难甘。为此，呈请钧处长鉴核，准即撤销告诉，并乞深究假名伪造之罪，以维法纪，而重民誉，合并声明各等情。据此，查所称是否属实，合亟谕仰该警前往传集黄秀贤、黄秀远、黄秀泳、黄秀忆、黄来益等（住址向铺保元兴酒号询问）于一月二十九日，各携有关证件契据来处讯问，以凭核办。去警毋得需索干究为要！

此谕

兼处长何心谷

中华民国三十三年元月卅一日

事由：谕仰传集黄秀月、黄秀贤、黄秀远、黄来钜于廿日等来处讯办由。

万载田赋粮食管理处谕　　田粮契字第369号

谕粮警龙汉章

案据黄秀远来处声称：本人于二十四年黄秀月接买黄钦书公会众田产时，本人被推为书写契据代表，当时契上并未填书粮户姓名，以后闻黄秀月加填发兴记户，希以粮串为据，图侵占钦书公会众之田，特请求传讯，以兹实在等语。据此，查此案前经黄秀贤控诉到处，当经传讯在案。惟黄秀月迄未到处质讯，致无法对证，合亟谕仰该警克日前往，勒传黄秀月、黄秀贤及保长黄来钜与代笔人黄秀远于三月二十日，各携有关证件来处讯问，以凭核办！去警毋得需索干究为要！

此谕

兼处长何

中华民国三十三年三月十四日

事由：据呈黄秀月管业丢粮，恳即派警催缴，以维国课而免众累由。

万载田赋粮食管理处批稿　　田粮契字第450号　民国三十三年三十日发

批具呈人黄秀贤等

呈一件：为黄秀月管业丢粮，恳予派警催缴，以维国课而免众累由。

呈悉。查该民所控黄秀月管业丢粮一案，业经本处饬警传集黄秀月四人征到案查讯，察悉黄秀月接买钦书会众田契之粮户填载为发兴记户，实有错误。除饬其具呈来处申请更正为黄朝贵户并来处接收过割清楚外，合亟批仰该民知照。至该民所管发兴记户应完三十二年度之粮谷，已由黄秀月错代为完清。该民自应克日将黄秀月代完发兴记户之粮谷,全数缴送至中心办本处,定作黄朝贵户三十二年度应纳之粮谷,以抵还黄秀月代完发兴记户之粮谷,并取具黄朝贵户三十二年度粮票来处换领发兴记户粮票,切勿再有延误或争执为要!

此批

中华民国三十三年三月廿七日

讯问笔录

问:你是黄秀远吗?

答:是黄秀远潭埠人,年三十七岁,在宜春服务。

问:黄秀月买钦书公的田,是你写的契吗?

答:于二十四年黄秀月买钦书公的田产时,是我写的。

问:契上当时落了过粮户名没有?

答:契上当时是没有户名,以后是黄秀月加的。

问:黄秀月为什么要交黄发兴户的粮,其目的何在?

答:黄秀月希图以粮票为据,图占钦书公之田,所以要交发兴记户的粮。

黄秀远押

时间:三月二十二日上午十时

地址:本处。

问:你是什么名字?

答:黄秀月。

问:你上次传你为什么不到

答:有病。

问:你带了契据没有?

答:都带了。

查看看契纸粮票情形:

粮户都图均与契上笔迹显有不同,据该秀月声称是中人秀人落的,后秀仁查看笔迹声称是我落的。

黄秀仁问:你们钦书公的田是那一个粮户?

答:是黄朝贵与发兴记两户。粮票是发兴记,正附税共 4.92 元,自三是年至三十二年止。

中正乡第十七保各姓氏学谷收支

中正乡第十七保国教基金保管委员会卅二年度收支学谷结算表

业户姓名	设备谷	基金谷	收缴数	结欠数
杨姓	九斗	二石四斗	一石八斗二升五	一石四斗七升五
谢姓	八斗	二石一斗	二石九斗	／
林姓	五斗	一石四斗	一石四斗	五斗
辛姓	五斗	一石三斗	七斗	一石一斗
鲍益春众	四斗	一石三斗	一石五斗	二斗
郭姓	四斗	一石	／	一石四斗
朱姓	三斗	八斗	一石一斗	／
叶姓	三斗	八斗	六斗	五斗
陈姓	三斗	八斗	六斗三升	四斗七升
李白玉众	三斗	八斗	五斗七升	五斗三升
廖姓	／	五斗	五斗	／
冯姓	／	五斗	一斗	四斗
许姓	／	三斗	三斗	／
马姓	／	二斗	／	二斗

第十七保国教基金保管委员会卅三年度收支学谷结算表

业户姓名	旧欠数	加三成息	认缴本年基金利益谷	合计	收缴数	结欠数
杨姓	一石四斗七升五	四斗七升	二石四斗	四石三斗升五	一石四斗	二石九斗一升五合
谢姓	／	／	二石一斗	二石一斗	二石一斗	
林姓	五斗	一斗五升	一石四斗	二石零五升	一石四斗	六斗五升

续表

业户姓名	旧欠数	加三成息	认缴本年基金利益谷	合计	收缴数	结欠数
辛姓	一石一斗	三斗三升	一石三斗	二石七斗三升	六斗	二石一斗三升
鲍益春众	二斗	六升	一石三斗	一石五斗六升	二石	五斗六升
郭姓	二石四斗	四斗二升	一石	二石八斗一升	一石九斗	九斗二升
朱姓	／	／	八斗	八斗	五斗	三斗
叶姓	五斗	一斗五升	八斗	一石四斗五升	一石	四斗五升
陈姓	四斗七升	一斗四升	八斗	一石四斗一升	四斗一升	一石
李白玉众	五斗三升	一斗五升九合	八斗	一石四斗八升九合	一石三斗三升	一斗五升九合
廖姓	／	／	五斗	五斗	三斗	二斗
冯姓	四斗	一斗二升	五斗	一石零二升		一石零二升
许姓	／	／	三斗	三斗	三斗	／
马姓	二斗	六升	二斗	四斗六升	／	四斗六升

第十七保国教基金保管委员会卅四学年度收支学谷结算表

业户姓名	旧欠数	加三成息	认缴本年基金利益谷	增筹本年县级数	合计	收缴数	结欠数
杨姓	二石九斗一升五合	八斗七升五合	二石四斗	二石二斗	八石三斗九合	七斗五升	七石六斗四升
谢姓			二石一斗	二石	四石一斗		四石一斗

续表

业户姓名	旧欠数	加三成息	认缴本年基金利益谷	增筹本年县级数	合计	收缴数	结欠数
林姓	六斗五升	一斗九升五合	一石四斗	一石二斗	三石四斗四升五合	七斗	二石七斗四升五合
辛姓	二石一斗三升合	六斗三升九合	一石三斗	一石	五石零六升九合	一石六斗	三石四斗六升九合
鲍益春众	五斗六升	一斗六升八合	一石三斗	一石一斗	三石一斗二升八合	一石二斗	一石九斗二升八合
郭姓	九斗二升	二斗七升	一石	九斗	三石零九升	二石	一石零九升
朱姓	三斗	九升	八斗	七斗	一石八斗九升	四斗五升	一石四斗四升
叶姓	四斗五升	一斗二升五	八斗	七斗	二石零八升五合	二斗五升	一石八斗三升五合
陈姓	一石	三斗	八斗	七斗	二石八斗	七斗二升	二石零八斗
李白玉众	一斗五升九合	四升七合	八斗	六斗	一石六斗	一石	六斗
廖姓	二斗	六升	五斗	四斗	一石一斗六升	九斗	二斗六升
冯姓	一石零二升	三斗	五斗	三斗	二石一斗二升	二石一斗二升	/
许姓	/	/	三斗	二斗五升	五斗五升	一斗五升	四斗
马姓	四斗六升	一斗三升八合	二斗	二斗	一石二合	二斗	八斗

第十七保国教基金保管委员会自卅二学年度起结至卅四年度终止各姓欠缴学谷本息数量结算表

欠户名称	总结欠数量	卅五年早稻登场加(三成)息谷	合计
杨姓	七石六斗四升	二石二斗九升	九石九斗三升
谢姓	四石一斗	一石二斗三升	五石三斗三升
林姓	二石七斗四升五合	八斗二升	三石五斗六升五合
辛姓	三石四斗六升九合	一石零四升	四石五斗零九合
鲍益春众	一石九斗二升八合	五斗七升六合	二石五斗
郭姓	一石零九升	三斗二升七合	一石四斗二升
朱姓	一石四斗四升	四斗三升六合	一石八斗七升六合
叶姓	一石八斗三升五合	五斗五升	二石三斗八升五合
陈姓	二石零八升	六斗二升	二石七斗
李白玉众	六斗	一斗八升	七斗八升
廖姓	六斗	七升八合	三斗三升八合
许姓	四斗	一斗二升	五斗二升
马姓	八斗	二斗四升	一石零四升
附注	(一)曾经本保三十四、三十五年教育会议讨论,欠缴学谷按年度计算,每学年均加息谷三成,以免互相观望而昭平允等语,决议通过并呈请上案,核备施行。(二)表列尾数采用四舍五入算法。		

祠会公产按照实际田亩照额认购足数

报告中华民国三十一年十一月八日于万载县

查万载县三十年度征购稻谷标准极不一致,尤以大户田亩以多报少,各保未能切实查挤,有欠公允。兹经职等会同拟订补救办法如下:

一、此次征购稻谷最高额以每亩不超过六十市斤为原则。

二、超过六十市斤者概予剔减。

三、此项剔减之数,查明田亩大户(包括祠会公产)无论已否认售,一律按照实际田亩照额据购足数。如有违抗。即依非常时期违反粮食管理治罪暂行条例惩处。

四、此项办法,俟各乡镇认售?暨认售清册造送齐全后,再行公布实施(在未造送以前,应保守加密,以免流弊。)

右报当否，乞钧裁！

谨呈局长胡

万载县县长谭咏秋、粮政局视察王序灏、龙起鸣

中华民国三十一年十一月八日

前任镇长卢翰章侵吞各祠会征购谷款

万载第五区卢洲镇镇公所呈　清民粮第58号

查已死前任镇长卢翰章侵吞征购谷款一案前经呈报钧长核夺在卷。顷奉钧府民粮第四三零九号指令开：呈悉。仰克日召集各保长及有关人员切实清算，随将清算情形报府再行核办等因。奉此，遵于七月三十一日召集各保保长及有关人员清算，经查前任镇长卢翰章任内，侵吞三十九年度卢姓三十七石征购谷，洋三百八十四元八角；彭姓九石征购谷，洋九十三元六角；游姓二石征购谷，洋二十元另八角；李姓三石征购谷，洋三十一元二角。上项侵吞各款，职拟在将二十九年度各祠会欠交十八石三斗四升各内，照市价售卖，偿还前任镇长卢翰章侵吞各祠会谷款一部份，其不足之数又如何处置？理合呈请钧长核夺示遵，实为公便！

谨呈万载县县长谭

万载县第五区卢洲镇镇长卢雅

中华民国三十年八月三日

二、三两区各姓征购谷谷额殊欠平允

事由：准本会委员龙济海报查二、三两区征购谷各种情弊，经提会核议录案函饬照由。

拟办：函复已饬科参照办理。中华民国三十一年三月廿日

万载县征购粮食监察委员会公函　粮字第四号

案准本会委员龙济海报称，上次会议推济海调查二三两区征购谷各种情弊，兹将调查所得略述如下："三区株潭镇泉水乡征收各保谷多未裁送认购单，征收时由保长指定多少，谷价完全未发，黄茅乡派购殊欠平允，如源头刘姓居多，认购谷止有数名，汤文光家所管该处之田不多，认征四石，一家胜过一姓。二区征购谷款闻经发给出入秤两，亦略欠平，如蓝田乡蠡山等处稍有声望之人，多未认购，即认购亦较少于他人。派购不公，几成通弊。三

十一年度转瞬又来，似应贡献意见按粮派征，其弊端或可较少此致。”等由，准此，经提交本会第四次会议讨论决议：“查龙委员所调查各项情形，已成一般通弊，应转函县府采择，设法改善”等语纪录在卷，相应录案函请贵府查照为荷！

此致万载县政府

兼主任委员汪敷郭、副主任委员杨烂华

中华民国三十一年三月十七日

召集该族绅耆开会开导族民踊跃认售征购谷

事由：仰召集该族绅耆开会，阐明征购意义，开导族民踊跃交验足额具报由。

江西省万载县政府训令　　咏粮一字第12499号

令第三区周、王、龙汤、丁、高族董会

查征购稻谷原为充实军糈民食之重要国策，际此抗战进入严重阶段，粮食一项关系军政以及后方生活至深，有智人士自禀斯义。本县上年度奉令征购稻谷七万九千三百六十担，当经本府提交县政会议决定摊派标准，通过在案。惟事属创业，地方人民间有不明大义，借词推诿，观望不前，以不能明征购限足额，深以为忧。须知征购乃属购买性质，并非捐派可比，私人既不受损，国家有益良深，慷慨认售□□□□。值此强寇迫境国族危难之秋，凡我国人各应体念时艰，赞助政府完抗战大业。本县欠购谷额为数甚巨，曾峰文电交催，急不容缓。除派粮政科长宋德宣科员令轩亲赴各区督催并分令外，令仰该会遵照，即日召集族人开会阐明政府征购要义，激发爱国热忱，迅将派售数目踊跃交验，务期克日清楚，仍将办理情形具报为要。

此令！

中华民国三十一年六月七日

万载县征购各祠众及公学款产租谷未认售清单

万载县政府谕　　咏民粮字第1215号

案查征购各祠众及公学款产租谷以济分配购售一案，早经本府分令饬遵在案，乃各该祠会依限认售者固多，而疲玩法令延不认售者仍复不少。兹查有辛姓公祠等42处，延至今日尚未遵照认售。事有未合，合亟抄附各祠延未认售清单一张，谕仰该警长即便遵照督饬该警分别通知各祠首士，限于2日内向粮食管理委员会认售谷石。如再违延，准由该警随时拘府惩办，毋及违延徇情干咎为要！

此令！

附祠堂清单一张

右仰本府政警长孙福胜等淦此

县长谭

中华民国三十年四月十八日

彭氏宗祠 笔架洲	李大祠 下街头	周氏宗祠 周家塘	龙氏宗祠 城隍庙侧	朱氏宗祠 王家山	杨氏宗祠 老电报局	彭家祠 后街	王氏宗祠 财神庙侧
高氏宗祠	黄大祠	兰家祠	韩家祠	龙章小学	汪祀先会	易大祠	巢奇公祠
郭氏义学	郭烈公祠	施氏宗祠	龙忠孝祠	作新小学	柳氏宗祠	周氏宗祠	孙氏宗祠
王斐公祠	刘茂公祠	李七支祠	汪西公祠	龙韶公祠	常氏宗祠	陈七贤祠	王六房祠
张六房祠	辛铺公祠	辛策公祠	鲍及甫祠	郭界公祠	郭经公祠	郭汉公祠	王东三房祠

万载县涂泉乡公所各祠粮食认售单[①]

事由：为呈送各祠认售单及部队购米报告表暨员丁领购食米人数表恳请鉴核示遵由。

拟办：移粮管会办，准将抗征首士送处法办。中华民国三十年五月九日

万载县涂泉乡公所呈文：

案奉钧府永民字第277号训令略开：

案据本县粮食管理委员会呈称：

由会拟定万载县各乡镇售卖军米及购领员丁食米暂行办法，提交第五次委员会议讨论，当经决议，照案通过纪录在卷。查所拟办法，尚属可行，除指令分行外，合亟抄发原办法，令仰遵照办理。正遵办间，复奉钧府三月二十二日命令，着职乡向辖境内未征之各祠会公学款产租谷内征购粘谷二百担，碾成糙米一万四千斤送交粮管处验收各等因。奉此，当即派员前往各保详查，除职属第九保境内有汪祀先祠年可收租二百余担，虽经职所公函通告数次，而该祠首士汪筱秋竟置之不理，又揭成宪焕祠首士揭炳辉，匿簿不缴，抗不认售，理合检就各祠会认售凭单四份及过境部队购米报告表既职所员丁购买食米人数表各一份，备文呈请钧长俯赐察核，准予核消过境部队食米。其本所员丁购买数量，及汪、揭两

① 名单缺失。

祠首士抗不征购可否押缴，伏乞示遵。

谨呈万载县县长谭

附呈：各祠认售单四份

部队过境购米报告表一份

部队购米证件七张

本所员丁购米人数表一份

涂泉乡乡长辛焱魁

中华民国三十年五月二日

万载县第一区丁田乡公所余粮认售花名清册

报告：中华民国三十年五月三日于本所

事由：案奉钧府咏民粮字第1234号训令，除原文有案邀免冗叙外尾开，合行令仰该乡长遵照，如逾半月未将辖境内认售单汇交粮管会者一律不予核销此令等因。奉此，自应遵办。惟查本乡原属山多田少之地，地瘠民贫之区，祠众富户，百不得一，穷苦农民，十居八九，余粮稀少，认售无方。兹将所属各保已经认定数量造具清册及过境部队购米数量，本所员丁三四月份应领食米数量造具表册，一并汇呈钧长察核，予以核销，批示祗遵，实为公便！

谨呈万载县县长谭

附呈：余粮认售花名清册

过境部队购米日报表

本所员丁三四月份额用食米月报表各一份？

证件七件

万载县第一区丁田乡乡长刘象乾

万载县第一区丁田乡公所余粮认售花名清册

中华民国三十年五月三日乡长刘象乾填报

姓名	韩孟公祠	李陈氏	蕃衍堂	李三公	李师魏	张家祠
数量	1石	5石	5石	2石	2石	1.5石
姓名	辛玺公祠	宋茂林	李时梅众	龙三九祠	龙长房祠	韩鼎公祠
数量	2石	2石	0.5	3石	2石	0.7石
姓名	徐家祠	温家祠				
数量	3石	2石	石	石	石	石
备考	合计31.7石米，又每石以七十市斤计算，折合糙米2219斤。					

万载县城厢二镇调查未经认售谷祠会清册

万载县城厢二镇镇公所公函　志民粮第313号

拟办:通知来会认售。中华民国三十年六月十九日

查本镇征购祠堂会众公学款产粮食,兹据各保长呈报到所,尚有佛教会等未经认售相应造具清册一份函送贵处,即予查照为荷!

此致　　万载县粮食管理处邱主任

附未经认售为祠会清册一份

城厢二镇代镇长郭志中

中华民国三十年六月十七日

万载县城厢二镇调查未经认售谷祠会清册

祠会名称	首士姓名	首士住址	祠会名称	首士姓名	首士住址
佛教会	王乘风	力行中学	郭德公祠	郭芳修	商会
鲍及甫公祠	鲍璧轩	／	辛昌房祠	辛仙湖	平民公兴
宋辑轩公祠	宋师铎	／	闻礼公祠	闻金文	竹渡
周在祠	周子道	洞口	／	／	／

万载县城厢一镇祠会名称经管首士名册

事由:为汇送未经认售之祠会公产学田及首士名册乞察核转饬认售由。

拟办:交粮管会查明分别通知认购。中华民国三十年六月十九日

万载县城厢一镇公所呈　民粮字170号

案查办理二十九年度征购粮食一案,送经本所转饬各祠会公产学田,业经来会认售者固多,而延未认售者亦复不少,除严加查报外,兹将复查所得汇就一表,理合备文呈送钧府转饬认售!

谨呈万载县县长谭

附呈征购祠会公产学田调查表一份

城厢一镇代镇长辛植彭

中华民国三十年六月十八日

万载县城厢一镇祠会名称经管首士名册

祠会名称	首士姓名	住址	备考
郭氏义塾	郭宗沂	一区中心小学	
龙东房祠	／	／	祠址东门
王东三房祠	／	／	祠址东门桥柱下
王幼房祠	王树松	二区瓦宅	祠址财神庙侧
陈大祠	陈瑞生	西门城外水口里	祠址双虹桥头
汪成公祠	汪敷郭	县党部	祠址□□□
汪石溪公祠	／	下街兰闻□家祠侧	祠址镜子口
陈大祠	／	岭东	祠址财神庙侧
柳大祠	柳心田 柳柱元 柳逢新	大桥 龙家场树棚里 大桥	／
郭佩公享堂	郭任择	本屋	／
邹氏宗祠	邹德章	县政府	
汪鹏房祠	汪春年	后街里酒铺	祠址老电报局

郭氏义塾、郭德公祠、杨氏祠认售征购稻谷通告

通告 管字第00109号中华民国三十年六月廿二日

案查贵□□□□应认售征购稻谷，曾经本会于本年六月十五日附发认售单请填送来会听候征购在案，现逾时日，未据填送，兹再通告，限于文到一日内，迅即来会认售。如再观望玩延，即以抗征报请县府依法办理，幸勿贻误干处为荷。

此致　　郭氏义塾首士郭宗沂、郭德公祠首士郭芳修、杨氏祠首士杨石生

兼主任委员谭

副主任委员邱

万载县城厢二镇学田公产祠会庙产调查表

万载县城厢二镇镇公所公函　民粮字第98号 中华民国三十年六月廿二日

拟办:存查。中华民国三十年六月廿四日

案奉万载县政府咏民字第2001号训令,以各乡镇保应在六月底以前,将各学田公产祠会庙产田租分别造具年收实谷调查分送县府粮委会查核等因,奉此遵即督饬田亩所在地之保长遵照册式查报在案。前据各保先后将该项调查册送所,再由本所汇造总册二份。除分呈一份县府外,相应检同总册一份函送贵处查照。

此致　　万载县粮食管委员会

附学田公产祠会庙产调查册一份

城厢二镇代镇长郭志中

中华民国三十年六月廿二日

万载县城厢二镇第一保学田公产祠会庙产调查表

名称	坐落地点	首士姓名	租谷	名称	坐落地点	首士姓名	租谷
郭鼎梅公众	/	郭赞寿	8石	宋宗公祠	司背	宋师寿	18石
明德堂	月台山	宋晚崧	4石	永息堂	马布	郭怀准	2石
百诚堂	/	郭芳修	2石	陈丁会	大北门	陈元泉	3石
郭南轩义仓	田下	郭学成	18石	宋大祠	宋家坊	宋怡初	10石
宋秀祠	宋家坊	宋锡章	8石	宋锦衣祠	宋家坊	宋怡初	2石
辛刀公祠	南门岭	辛花苟	3石	郭南轩祠	田下	郭学成	3石
宋一三九众	宋家坊	宋自妹	3石	源怡堂	大北门	陈元泉	5石
宋身公祠	下街头	/	4石	惜字会		龙济海	4石
关王会	/	/	3石	龙船会	西门天符庙	/	3石
敬惜堂	/	辛焕镒	10石	/	/	/	/

万载县城厢二镇第二保学田公产祠会庙产调查表

名称	坐落地点	首士姓名	租谷	名称	坐落地点	首士姓名	租谷
刘匡七祠	/	/	4石	辛益公众	/	/	7石
宋一三九祠	/	/	7石	宋善公祠	/	/	5石
郭新义仓	/	/	4石	宋宗公祠	/	/	7石

续表

名称	坐落地点	首士姓名	租谷	名称	坐落地点	首士姓名	租谷
宋身公祠	/	/	6石	宋善公祠	/	/	5
杨成祠	/	/	3石	汪大祠	/	/	6石
宋三公香贤堂(1)			5石	宋三公香贤堂(2)			5石
宋三公香贤堂(3)			4石	宋溪公众			11石
八名会	/	/	2石	四一堂	/	/	2石
宋善公祠	/	/	2石	鲍五甲	/	/	5石
龙西房祠	/	/	2石	郭大祠	/	/	8石
江大祠	/	/	7.5石	宋桥会	/	/	2石
宋连公众	/	/	14石	陈海公祠	/	/	5石
备考	关王会、龙船会、敬惜堂三处款产,前经区署没收。						

万载县城厢二镇第三保学田公产祠会庙产调查表

名称	坐落地点	首士姓名	租谷	名称	坐落地点	首士姓名	租谷
陈钦公祠	大北门	陈耀奎	10石	翟大祠	梨花香巷	/	10石
汪大祠	后街	/	5石	辛金魁众	/	辛初贵	15石
六同庚堂	东门邓家巷	郭祥光	4石	宋六房祠	宋家坊	宋锡章	10石
宋宗公祠	司背	宋师寿	10石	聚星书院	/	郭慎堂	10石
辛宅公祠	南门岭	辛钦云	10石	/	/	/	/

万载县城厢二镇第四保学田公产祠会庙产调查表

名称	坐落地点	首士姓名	租谷	名称	坐落地点	首士姓名	租谷
龙伟公祠	西城外锦衣市	龙石泉	1石	周国鼎公祠	西城外锦衣市	周福生 周书言	1.5石
龙老灯会	义井头龙大祠	龙益贵	1石	陈监公祠	西城外陈家场	陈执中	1石
备考	周国鼎公祠系先年周氏宗祠名称						

万载县城厢二镇第十保学田公产祠会庙产调查表

名称	坐落地点	首士姓名	租谷	名称	坐落地点	首士姓名	租谷
汪立秀堂	新礄下	/	2石	启元书院	新礄下	刘兆祺	2石
鲍大祠	西大街	/	10石	宋运公祠	司背	/	10石
吴公江堂	/	/	5石	/	/	/	/

万载县城厢一镇学田公产祠会庙产调查册

万载县城厢一镇镇公所公函　民粮字第156号 中华民国三十年六月廿八日

拟办:存查。中华民国三十年六月廿九日

案奉万载县政府咏民字第2001号训令,以各乡镇保应将各学田公产祠会庙产田租分别造具年收实谷调查清册及田亩所在地为原则等因,奉此自应遵办,兹据各保先后造具各学田公产祠会庙产田租年收实谷清册到所,今由本所分别汇具造送。除呈县府外,理合检同该项清册一份,备文呈请钧长察核。

谨呈万载县粮食管理管委员会兼主任谭

万载县粮食管理管委员会副主任邱

附呈本镇学田公产祠会庙产调查册一份

城厢一镇代镇长辛植彭

中华民国三十年六月廿八日

万载县城厢一镇第四保学田公产祠会庙产调查册

名称	坐落地点	首士姓名	租谷	名称	坐落地点	首士姓名	租谷
辛统公祠	/	/	2担	张五福众	/	/	4担
五冬至会	/	/	7担	陈家学田	/	/	3担
陈家祠	/	/	4担	陈钦公祠	/	/	8担
五扁志众	/	/	6担	陈清明会	/	/	6担
张魁公	/	/	4担	巢大祠	/	/	2担
陈清会	/	/	3担	惜字会	/	/	4担
因心会	/	/	3担	集贤坊	/	/	5担
关王会	/	/	2担	恒升会	/	/	3担
庆寿堂	/	/	8担	丹桂堂	/	/	2担
备考	集贤坊、关王会、恒升会、庆寿堂、丹桂堂五处款产,由公学产款委员会管理。						

万载县城厢一镇第八保学田公产祠会庙产调查册

名称	坐落地点	首士姓名	租谷	名称	坐落地点	首士姓名	租谷
巢光公祠	/	/	2 担	巢奇公祠	/	/	1 担
易大祠	/	/	2 担	张魁公祠	/	/	4 担
辛悦公祠	/	/	1 担 8 斗	龙韶公祠	/	/	1 担 1 斗
辛童子会	/	/	11 担	邓伟公祠	/	/	3 担
张家祠堂	/	/	3 担	东莱山	/	/	7 担
张乔魁祠	/	/	1 担 8 斗	城隍庙	/	/	1 担 5 斗

万载县城厢一镇第九保学田公产祠会庙产调查册

名称	坐落地点	首士	租谷	名称	坐落地点	首士	租谷
汪贤乎祠	/	/	12 担	辛策公祠(1)	/	/	4 担
龙韶公祠	/	/	4 担	胥耀公祠	/	/	12 担
辛策公祠(2)	/	/	12 担	周大祠	/	/	4 担
张大祠(1)	/	/	4 担	张大祠(2)	/	/	8 担
王科怀众	/	/	5 担	大保会	/	/	3 担
后殿会	/	/	1 担	三元会	/	/	4 担
城隍庙	/	/	2 担 5 斗		/	/	5 担

万载县城厢一镇第十保学田公产祠会庙产调查册

名称	坐落地点	首士	租谷	名称	坐落地点	首士	租谷
郑继耀祠	/	/	5 担	汪大祠	/	/	3 担
张家祠	/	/	5 担	辛童子会(1)	/	/	7 担
辛童子会(2)	/	/	4 担	张五福堂	/	/	3 担
汪池会	/	/	1 担 5 斗	周大祠	/	/	2 担
辛达祠	/	/	1 担	汪德兴堂	/	/	1 担 5 斗
汪培兴堂	/	/	1 担 4 斗	汪祀先会	/	/	2 担
汪贻远堂	/	/	3 担	汪容和堂	/	/	4 担
汪祀先堂	/	/	3 担 5 斗	/	/	/	3 担

万载县城厢一镇第十一保学田公产祠会庙产调查册

名称	坐落地点	首士	租谷	名称	坐落地点	首士	租谷
辛街公祠	/	/	5 担	辛观房祠	/	/	16 担
张乔居祠(3)	/	/	2 担 5 斗	宋大祠	/	/	5 担
郭挥公祠	/	/	15 担	张乔居祠(1)	/	/	2 担

续表

名称	坐落地点	首士	租谷	名称	坐落地点	首士	租谷
汪裕公祠	／	／	4担	郭家义仓(1)	／	／	1担5斗
汪接祀堂	／	／	3担	大保会	／	／	4担
郭五庙堂	／	／	14担	巢大祠	／	／	2担
辛一峰众	／	／	4担	郑继耀祠	／	／	3担
汪乐育堂	／	／	3担	郭家义仓(2)	／	／	12担
宋家桥会	／	／	12担	宋德公祠	／	／	3担
张乔居祠(2)	／	／	5担	辛达房祠	／	／	3担
宋洗心堂	／	／	14担	施唸一祠	／	／	8担
图会	／	／	6担	易大祠	／	／	10担
大保会	／	／	3担5斗	福主会(1)	／	／	3担
纱灯会	／	／	4担	福主会(2)	／	／	5担
八隅会	／	／	1担	厂塘真君会	／	／	1担
集益书院	／	／	2担	唐大祠	／	／	6担
柏成会	／	／	2担5斗	／	／	／	／

万载县城厢一镇第十三保学田公产祠会庙产调查册

名称	坐落地点	首士姓名	租谷	名称	坐落地点	首士姓名	租谷
陈牌祀堂	／	／	20担	糴神会	／	／	8担
敬奉堂	／	／	4担	七七敬祀堂	／	／	5担
乐泮堂	／	／	5担	财神会(1)	／	／	17担
辛贻燕会	／	／	10担	财神会(2)	／	／	4担
郭义仓	／	／	14担	郭大祠	／	／	8担
郭氏义塾	／	／	3担	明德书院	／	／	15担
王海公祠	／	／	2担	宋大祠	／	／	4担

万载县第四区三兴乡各族祠会认售粮食数量清册

事由:查卷奉令征购粮食,填具认售清册并赍备查由。

拟办:仰遵照迭令澈底清查各祠庙会产公学款产,按年收额征足百分之廿,不足之额候清查后再行饬遵。中华民国三十年五月廿三日

万载县第四区三兴乡公所呈文　　维民粮字第29号

案查接管卷内奉令征购粘谷三百三十七石五斗整，下乡奉经调集各祠会会核，未能如额征足。兹奉前因，除严密查挤，并饬属加以查挤，务使如额征足。分呈第四区署外，理合先将经调集各族祠会账目核定认售数量，造具清册一份并赍钧长察核备查，在未能足额部分，并乞指示施行。

谨呈县长谭

计造送认售数量清册一份

第四区三兴乡兼代乡长宋维新

中华民国三十年五月二十一日

万载县第四区三兴乡征造送各族祠会认售数量清册

祠会名称	李氏宗祠	曾九河主会	张文良祠	欧阳清公祠	黄三房祠	潘九甲大祠
认售数量	4石	5石	3石	1.3石	1石	5石
存放地址	7保西陂	6保燕仔塘	3保云峰	3保螺塘裡	2保武家坊	6保湖源
祠会名称	潘伏一祠	潘国公祠	潘宁四祠	潘七甲祠	喻姓众	
认售数量	3.25石	2.6石	1.86石	1.25石	1石	
存放地址	6保湖源	6保湖源	6保湖源	6保湖源	8保五百兴	

民国三十年五月二十日 乡长宋维新填具

事由：据查为查卷奉令征购粮食，填具认售清册请核示等情，指令知照由。

江西省万载县政府指令　　咏民粮字第2362号

令第四区三兴乡长宋维新

本年五月二十一日呈一件：呈为查卷奉令征购粮食，填具认售清册乞核备由。

呈及附册均悉。仰遵照迭令澈底清查辖境内各学田公产祠会庙产，去年总收入数量按百分之二十如数征购后，不足之额候统筹办理可也。惟该乡在未澈底清查以前，仍应尽量征购具报为要！附册暂存

此令！

县长谭

中华民国三十年五月二十六日

洪畴堂声请豁免认售征购谷

为再申请豁免事。缘民前呈请撤回认购谷等情一案，迄今日以来，未沐批示，然民子张光义在押，业蒙开释，曷胜感谢！切思洪畴堂名义虽存，而每年所收之薄产租谷共十余

担，均已按股份分食，无有账簿，亦无有余存。如有余存，当然认购。无有余存，从何认购？至于账簿一节，绝对无有，又从何缴呈核夺？转展思维，无可如何》只有具呈再行申请钧长俯赐鉴原，恩准撤销认购二担四斗谷，以免负累而苏民困，铭感续呈万载县县长谭钧鉴。

事由：据声请豁免洪畴堂认售征购谷等情，批示知照由。

江西省万载县政府批　　咏民粮字第2454号

具呈人张裕薰

本年五月二十五日声请一件：为洪畴堂租谷业已分枝，请豁免认售征购谷由。

声请悉。仰该民即日亲行来府讯明核夺，着即知照！

此批！

县长谭

中华民国三十年五月二十八日

第五区罗城乡征购不足额数粮食无法供给

事由：据呈征购不足额数，拟请就私有余粮中征补，乞核示等情，指令遵照由。

江西省万载县政府指令　　咏民粮字第2604号

令第五区罗城乡乡长李国柱

本年五月廿五日呈一件：为征购谷数不足，拟请就私有余粮中征补，乞核示由。

呈悉。查贵呈过境部队购米日报表并单据，既已面交粮管会，候依法核抵。惟查该乡各大姓祠会，多未按照百分之二十征购足数，仅凭随意认售，借故塞责，殊有未合，仍仰排除万难，澈底征购，务期足额。所请在私有余粮中征补一节，关系通案，未便单独准行，应毋庸议，着即遵照！

此令！

县长谭

中华民国三十年六月一日

事由：为征购稻谷除解抵已亏欠二担八斗，本所员丁七月食米无着，防空二哨及乡中心小学需米，请饬向他处购买私人存谷，拟准征购接济统乞示遵由。

万载县第五区罗城乡乡公所呈　　民粮字第33号

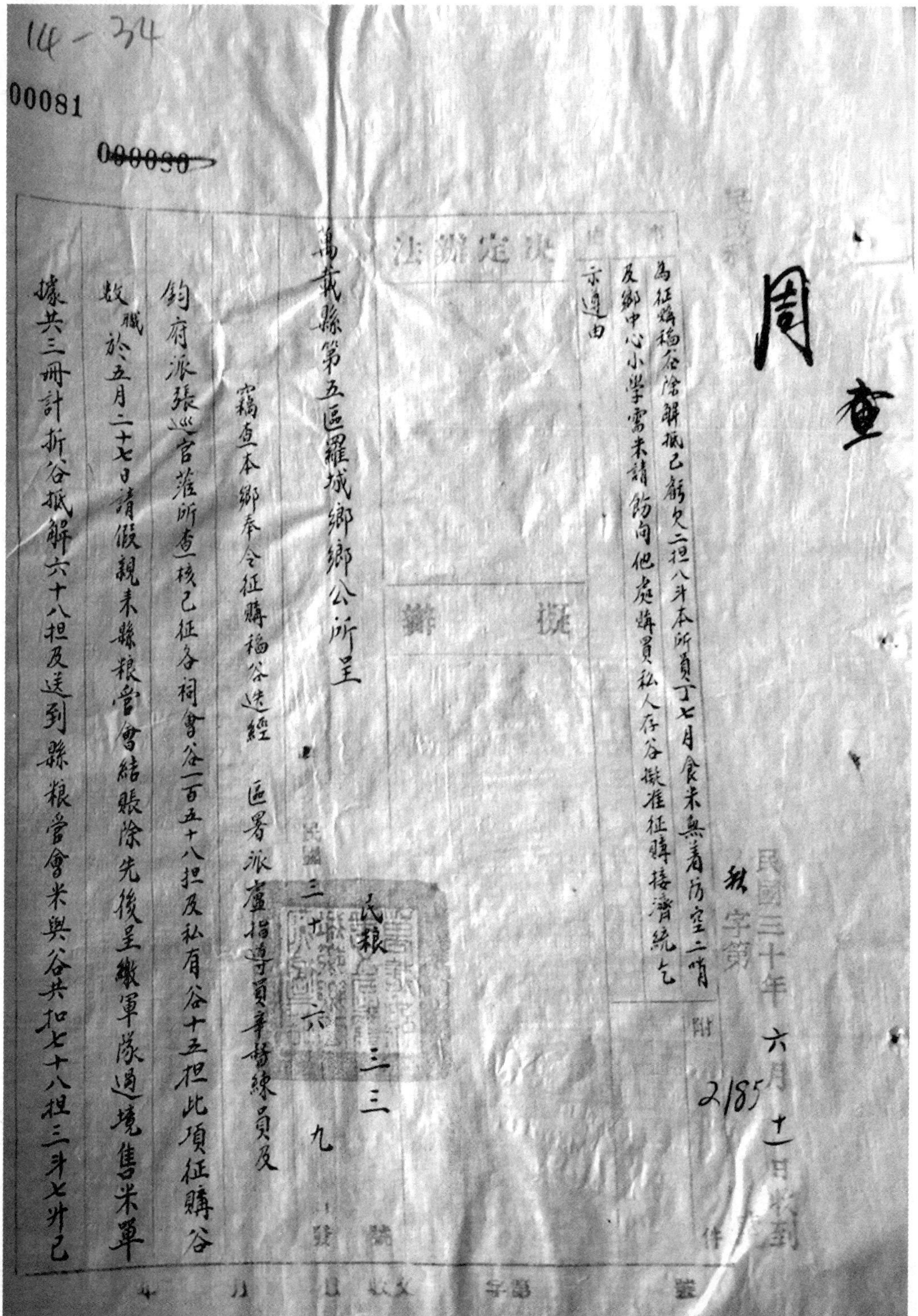

14-34

00081

~~000080~~

民國三十年六月十一日收到

秋字第2185號

附件

周

查

事由：為征購稻谷除解抵已虧欠二担八斗本所員丁七月食米無着历室二哨及鄉中心小學需米請飭向他處購買私人存谷俾准征購接濟統乞示遵由

擬辦

決定辦法

萬載縣第五區羅城鄉鄉公所呈

竊查本鄉奉令征購稻谷迭經　區署派盧指導員章督練員及

鈞府派張巡官蒞所查核已征各祠會谷一百五十八担及私有谷十五担此項征購谷

數職於五月二十七日請假親來縣糧管會結賬除先後呈繳軍隊過境售米單

據共三冊計折谷抵解六十八担及送到縣糧管會米與谷共扣七十八担三斗七升已

民國三十年六月九日

民糧三三

窃查本乡奉令征购稻谷，迭经区署派卢指导员、辛督练员及钧府派张巡官莅所查核，已征各祠会谷一百五十八担及私有谷十五担。此项征购谷数职于五月二十七日，请假亲来县粮管会结账。除先后呈缴军队过境售米单据共三册，计折谷抵解六十八担，及送到县粮管会米与谷共扣七十八担三斗七升已结实外，本所四月份职员所丁十人、征收屠税一人食米四百一十二斤半，五六月份职员所丁十人、征收屠税一人、队丁十人、递步哨一人，共食米一千六百四十六斤，共折合谷二十九担四斗，应在征购谷数内抵解。统计已亏欠谷二担八斗，尚有少数过境军队硬向本所买米，几相殴闹，已垫卖二担有零。以及本所员丁七月份食米均无着落，尚待请示，设法维持。兹因防空二哨及本乡中心学校奉令向本所购买，此项军米确已无米照售，用特耑文呈请钧长察核，另饬防空哨及本乡中心学校向他处购买，并乞指示本所员丁七月份食米接济方法。再私人存谷尚有少数，拟请准即征购，借资接济，是否可行？合并呈请，候示祇遵！

谨呈万载县政府县长谭

万载县第五区罗城乡乡长李国柱

中华民国三十年六月九日

事由：据呈为征购谷无着，防空哨及中心学校等无法供给，可否征购私人存粮，乞示遵等情，指令知照由。

江西省万载县政府指令　　咏民粮字第 3129 号

令罗城乡乡长李国柱

本年六月九日呈一件：为征购谷无着，防空哨及中心学校等无法供给，可否征购私人存粮接济，乞示遵由。

呈悉。查该乡辖境内据报有李、喻等大姓祠会，年共总收入租谷在壹千担以上，按照百分之二十征购，均应认售贰佰担以上。查核该李、喻等祠会各只应征二三十担，核数相差甚巨，自不能任其颟顸，仰即切实清查如额征购足数。其余各姓祠会亦应严切清查，毋任偷漏，以符规定。所请应不准行，仍应切实办理报核。至该乡应行抵解食米，除乡公所规定编制人员十人应准分配供给，自四月份起按月扣抵外，其余额外人员在未统一编制以前暂不分配。着并遵照！

此令！

县长谭

中华民国三十年六月十七日

城厢一镇陈胡公祠呈请仓谷启封

报告　　中华民国三十年六月八日于本镇公所

事由:案据本镇第三保陈源房祠首士陈源泉报告称“窃本祠共收入仓谷叁拾余石,又陈海公祠寄在本祠仓内谷贰拾余石,共计约存谷六十石左右,均经先后分别认定,粮管处征购谷数在卷。查本祠之谷为数无多。历年均系低价分售本祠后裔,有余则尽数售与米商以作完粮、修整祭扫之用。五月二日本祠因早已售定,正在量谷之际,适值贵公所调查仓谷,即经封存,以致售谷未曾发清,而本祠后裔原领之谷亦有尚未领去者。值此青黄不接之时,莫不亟待救济。为此,理合报请贵公所迅予启封,俾使分别发清,以济急需”等情。据此,查该祠首士所报各节尚属实情,理合报请钧长鉴核示遵,实为民便!

谨呈县长谭

城厢一镇代镇长辛植彭

事由:据转报陈源房祠首士报以仓谷请启封等情,转请核示一案,令仰遵照由。

江西省万载县政府指令　　咏民粮字第3010号

令城厢一镇公所

本年六月八日报告一件:据陈源房祠首士报以仓谷被封,请启封等情,转请核示由。

报告悉。既经查明属实,准予依照处理,查据《存粮办法》第五条一项之规定办理可也。惟应行征购之谷额,仰负责督饬,如数清理为要!

此令!

县长谭

中华民国三十年六月十四日

潭埠镇陈胡公祠首士呈以重征食谷请准予注销

事由:为据陈胡公祠首士呈以重征食谷,报请核示等情,转请准予注销示遵由。

拟办:依法应由潭埠应征,所认柏树乡谷额应准注销,并予指复。中华民国三十年六月九日

万载县政府第二区区署　　民字第826号

案据本区潭埠镇陈胡公祠首士陈贤光等呈称“呈为重征食谷万难两遵,恳请令饬柏树乡启封,准民挑送,以维主权事。民祖陈胡公祠先年建筑在柏树街,自民十九年间被……焚,咸成焦土。先灵无处安妥,只得将本族陈永余祠迁就,买好置龛栗主,以妥胡公先灵。是民胡公祠已移潭埠,至今一十余年矣,不论大小款项,概归潭埠镇派抖。不过,因公财不足,屡次要求从轻,从来未有反抗。前县政府派员来潭办理各姓认购食谷,据云论祠址所在地,民族亦认购五石。昨镇公所来谕催送,民亦旋请挑伕五名,每人给工力洋贰元。沐钧长给条至柏树乡陈光华家,令将民祠存放之谷挑送。不料,柏树乡乡长不维欺民弱小,胆敢违抗钧长命令,一味胡行乱为,似此尾大不掉、鱼肉乡民,万难遵从。又害民受损失足力洋拾元。为此,呈明钧长,恳请令饬柏树乡乡长,将民谷启封,准民挑送县府,以维主权,实为公便!”等情。据此,查该陈胡公祠重征认购谷在柏树乡十石,潭埠镇五石一节,奉查属实!前次潘委员莅区督办征购时,亦经渠面允,祇在潭埠镇认征;柏树乡所征者,予以注销。复查该祠去年总收益,亦仅可认征五石。据呈前情,除批示外,理合备文报请鉴核:准予注销柏树乡十石,以免重征,并祈迅予训示。俾资分别饬遵!

谨呈万载县政府县长谭

万载县政府第二区署区长庞茨如

中华民国三十年六月六日

事由:据呈为据情转请注销陈胡公祠重征食谷等情,指令知照由。

江西省万载县政府指令　　咏民粮字第3058号

令第二区区长庞茨如

本年六月六日呈一件:为据陈胡公祠首士呈以柏树乡重征食谷等情,转请准予注销由。

呈悉。查该陈胡公祠祠址在潭埠镇,既经认售征购谷去年总收入百分之二十足额,该祠在柏树乡系认之数应予注销,仰即分别转饬遵照为要!

此令!

县长谭

中华民国三十年六月十五日

第二区区署区民张北躔声明锦猷公享堂并非祠堂会众

事由:为据区民张北躔等声明征购谷石请予免认等情,转请核示由。

拟办:查卅年度征购实施已奉令规定按田亩为标准,现正由府拟议饬遵间,所请仰仍转饬,勉为其难为要。中华民国三十年六月十三日

万载县政府第二区区署呈　　民字第834号

案据区民张北躔等呈称"窃民等于民国十五、六年间就二区柏树乡泉塘上旧屋改建新屋一栋,移家居住,匾其庐曰'锦猷公享堂',不过为父亲留纪念,并非祠宇也。民等经……后,赀产荡然,一家大小生活无法维持,以故未留租息,堂上香火久未祀奉,情形概见。兹政府办理认购,凡属公众,自应踊跃认购,借以安定后方。民等虽愚,岂敢后人?惟此次办理认购,对民父锦猷公事实并未调查。见有享堂,遽定派额。民等声明:张锦猷系民父亲,并非祠堂会众,于例不在认购之列,于事实更无力措缴。乃承办人始则允予通融,继则以已报县府不能改易,倘再推诿,定予押缴为词。嗟我细民,何以堪此?合将锦猷公不能认购谷石实在情形,备文呈请钧长俯赐查明,准予免缴,不胜迫切待命之至!"等情。据此,查所称各节,核属实在。惟二十九年该乡征购,既经派定,未便更改,拟饬勉为其难。三十年度拟准免征。是否有当?理合备文报请钧长鉴核示遵!

谨呈万载县政府县长谭

区民张北躔

中华民国三十年六月十日

事由:据呈以据区民张北躔等声明征购谷石请予免认等情,转请核示等情,指令知照由。

江西省万载县政府指令　　咏民粮字第3084号

令第二区区长庞茨如

本年六月十日呈一件:为据区民张北躔等声明征购谷石请予免认等情,转请核示由。

呈悉。查三十年度征购实施办法已奉令规定按田亩为标准,现正由府拟议饬遵间,所请仍仰转饬,勉为其难为要!

此令!

县长谭

中华民国三十年六月十六日

茂林堂首士郭春牙不缴并漏报应征之谷

事由:为茂林堂首士郭春牙对于应征之谷抗不征缴并漏报过半,将该首士及造具漏报清册呈请鉴核押缴由。

决定办法:已清理此件,存卷。

拟办:暂交警队定管,俟依法提讯核办。中华民国三十年六月十日

万载县第一区高城乡乡公所呈　　民粮字第180号

(万载县第一区高城乡乡公所图记)

窃查本乡第六保会众茂林堂,前据该保长造报认售征购谷时,仅造实收十七石,经饬丁屡催屡推,性属抵抗。前经本所民政干事刘又新复查粮食时,始悉该堂所报之数漏报过半,当即传唤该堂首士郭春牙到所质问,直认不讳。似此舞弊,有碍要政。为此,理合将该堂首士郭春牙并造具佃户姓名、谷担册备文解送钧长鉴核,并乞准予押缴。

谨呈万载县县长谭

附呈漏报谷册一份　郭春牙一名

高城乡乡长辛黼文　　调训

副乡长王锦旭代行(王锦旭印)

中华民国三十年六月八日

万载县第一区高城乡茂林堂漏报谷担清册

佃户姓名	闻元冬	闻所福	刘王田	鲍姓	王文化	郭胡水
耕种谷担数	25担	6石5斗	8担	8担	10担	3担

具切结人　　　(锡兴号　　郭锡兴)

县长谭 台前　实结得郭春牙认售征购谷六担,如到期不缴,即与保人是问。所具切结是实!

对保人　(张德清章)

准保　　六、廿一

中华民国三十年六月念二日

具切结人 锡兴号

王宗杰祠无资产恳请核销认购谷

事由：为查王宗杰祠实无资产，前造认购谷四石系保长王益三误造，恳请准予核销由。

拟办：现据查明确无收益，应准核销。该保长忽视要政，殊为不合，应予记过一次示惩。中华民国三十年七月八日

万载县第一区高城乡公所呈　民粮字第241号

查本乡第三保保长王益三前送各学田公产祠会认购粮食清册一案，经遵钧府咏民粮字第二〇一二号指令分别调阅各该祠会簿据详细查核，册内王宗杰祠原列谷报年无收益二十石，依照规定征购应予认售四担。惟查阅该祠簿据，确实无有资产，依法不能认购。嗣经质问保长，据说王宗杰祠乃王宗公祠之误，是册报时之重填，应请免予认购，并自请处分等语。查该王宗杰祠既无资产，该保长妄事册报，其事荒唐，殊属非是，除经严予申斥外，理合报请钧长察核，将该王宗杰祠册列认购粮食四担，予以核销！

谨呈万载县县长谭

高城乡乡长辛黼文　调训

副乡长王锦旭 代行（王锦旭章）

中华民国三十年七月六日

事由：据呈查该王宗杰祠确无收益，姑准核销征购，指令知照由。

万载县政府指令　　咏民粮字第3867

令高城乡公所

本年七月六日呈一件：为查明王宗杰祠确无收益，呈请核销前报认购谷四担由。

呈悉。据称查明该祠确无收益，应准核销。该保长王益三忽视要政，殊为不合，应予记过一次，以示薄惩。除登记外，仰即知照，并转饬知照！

此令！

县长谭

中华民国三十年七月十日

卢洲镇前镇长卢翰章侵吞各祠会征购价款

区长卢转呈万载县长谭钧鉴，二十九年度本镇各祠会认售谷，经前镇长卢翰章收交九十六石，现奉钧长电令派兵扫荡，催交甚急，遵即严令各祠会首士迅交在案。惟据各首士

面称，前任镇长卢翰章所命领认售谷款五六百元未曾偿发，应在抵前认售谷内照扣，否则颗粒不交等语。据此，查前镇长卢翰章经领认售谷款，确有五六百元未转发各祠会，职处此将万难交付，无法应对。理合电呈钧长察核电示祇遵，实为公便！

卢洲镇镇长卢雅午齐民粮印

高村第五区卢区长转卢洲镇长卢雅午齐民粮电悉。已死卸任卢洲镇长卢翰章生前侵吞征购价款，着即迅将其家属先行扣押，一面将其所有财产悉数查封列册具报。至各祠会欠交之谷，仍仰妥予开导，尅日送交为要！

万载第五区卢洲镇镇公所呈　　清民字第41号

查本所二十九年度欠交征购认售谷，叠奉钧府电令扫数收交，遵即严饬各祠会首士尅日缴交在案。前据各祠首士面请前任镇长卢翰章已死，生前侵吞征购价款应在欠交谷内扣除，业经电呈钧长核示在卷，复奉钧长午佳民电开："已死卸任镇长卢翰章生前侵吞征购价款，着即将其家属先行扣押，一面将其所有财产悉数查封，列册具报。至各祠会欠交之谷，仍仰妥予开导，尅日送交为要！"等因。奉此，遵即派员将其家财查封，一面派丁将家属扣押。据派去员丁先后报称，已死前任镇长卢翰章家属已乞食外县，同时下无寸土，上无片瓦，无从扣押查封，亦经电呈钧长核示，迄未奉复。昨日，本所复召集各祠会首士再三开导，仍决不遵交，且坚执前说，请求将欠交之谷抵偿前任侵吞价款，否则颗粒不交等语。如何之处？理合将上项情形呈请钧长核夺，实为公便！

谨呈万载县县长谭

万载县第五区卢洲镇镇长卢雅

中华民国三十年七月十三日

批示：令饬召集各保保长及有关人员切实清算一次。中华民国三十年七月十八日（谭咏秋印）

江西省万载县政府指令　　咏民粮字第4307号

令第五区卢洲镇镇长

七月十三日呈一件：为据本镇欠交廿九年征购认售谷，各户仍请将已故前任镇长卢翰章侵吞征购价款应在欠交谷内扣除，请核示由。

呈悉。仰尅日召集各保保长及有关人员切实清算，随将清算情形报府再行核办。

县长谭

中华民国三十年七月廿三日

报告　　中华民国三十年七月十四日于本保保办公处

事由：职保所辖祠会款产多系入不敷出，业经政令征购调查□□□□租额按数征定，分别在卷。新任镇长催款，急如星火，着丁拘办，恳赐原宥，列举如左：

1. 彭姓祠会所认购谷共计陆拾贰担柒斗贰升，经前镇长卢翰章征收三拾五担外，仍存谷贰拾肆担贰斗贰升，但此款项除收到外，实歉法币玖拾余元，职屡追收。新任镇长雅以该歉铁抗不耳，似无着落，使职催缴碍难者一。

2. 保境祠会收谷于未查之先将谷售尽以支敷用不少，于既查之后依限缴交者亦多。今缴交者，以未清理法币致累生怨。惟无力缴交者，前缴为比较。使职催缴碍难者二。

3. 卢镇长雅不体职艰，于本月十二日着李锦光、郭右中责以冥顽不灵，拘送法办。恳请钧座察核者三

4. 统之，认购歉谷恳俟早稻登场催交来府，前任歉款如何应付以支祠会，特此报告。

谨报万载县县长谭

万载县第五区卢洲镇第五保保长彭福初

附呈卢镇长拘送命令一件　（彭福初章）

命令　中华民国三十年七月十二日于本所

着该丁李锦光、郭右中前往第五保追缴彭姓祠会欠交认售谷贰拾肆石贰斗贰升正，如该保长冥顽不灵，仍行抗交，即将该保长彭福初径行押解送赴县府法办。如该丁徇情，即将该丁禁闭不贷！切切

此令！

万载县第五区卢洲镇镇长卢雅

江西省万载县政府指令　　咏民粮字第4325号

令第五区芦洲镇第五保保长彭福初

本年七月十四日报告一件：为报告办理征购谷实在困难情形，乞核示由。

报告及附件均悉。兹分别核示如次：

1. 前任镇长卢翰章侵蚀征购谷价款已另案办理矣。

2. 该保各祠会欠交之谷仍仰尅日收集汇缴，以维军糈，毋得借故搪塞，致干惩处！

右二项仰即遵照毋违为要！

此令！附存

县长谭

中华民国三十年七月廿三日

万载第五区卢洲镇公所呈　　清民粮字第105号

查已死前镇长卢翰章将领发本所二十九年度征购价款完全侵吞，以致彭、卢两姓所欠征谷均未如数缴清，而滥收胥姓等之谷又无法发还，曾经将各项实情叠呈钧府核示在（卷），迄今数月之久，亦未蒙如何指示？近复风闻桥头胥姓控告本人与民政干事辛棠瑞，将溢收之谷变卖中饱，请钧府拘办惩治贪污。职听逖之余，不胜愤激。查滥征胥姓之谷原

在已死前镇长卢翰章任内事情，卢翰章因未办楚移交，本人当然无甚责任。况滥收胥姓之谷，现仍经民政干事辛棠瑞手保存，并未有变卖情事，而胥姓人士竟不分皂白，捏造事实，危言耸听，在今日政府雷励风行粮食政策之下，当然请钧长必迅派员澈查，以明是非，以重粮食。若案本人等有舞弊贪污事实，宁引颈受戮而无悔。若胥姓人此案如诬告危害，钧府倘不严加虚坐实究，以杜恶风，则职所担任时时刻刻容易触法之乡镇工作，政府未有相当保障，本人誓与胥姓人不能甘休也。

谨呈万载县县长谭

万载县第五区卢洲镇镇长卢雅

中华民国三十年十二月二十一日

城南乡张乃猷众抗不缴送认售谷

报告　中华民国三十年七月十七日于城南乡公所

事由：窃职奉办征购各学田公产祠会庙产二十九年度年总收益百份之二十粮食稻谷，对于张乃猷众认售征购谷十八担，业经列册呈报在案。现年度已满，应予结束。查核该张乃猷众认售数量除已缴交三担五斗零半升外，仍欠谷十四担四斗九升半。职屡派丁催交，而该众首士张亨燕等竟捏词推延，乃翻异无出，致职无从转解。似此认定之数逞刁翻异，若不予以押缴，将来职乡任何事务难以推行。为此，恳请钧长准予派警，协助职所公丁前往押缴，以利来兹推行之效能，所请是否可行？伏乞鉴核示遵，实为公便！

谨呈万载县县长谭

城南乡乡长辛友云

批示：兹饬警传案押缴可也。中华民国三十年七月十九日（邱祐之印）

江西省万载县政府指令　　咏民粮字第4380号

令城南乡长辛友云

本年七月十七日报告一件：为本乡张乃猷众抗不缴送廿九年度认售稻谷，报请追缴由。

报告悉。准予令派本府政警队长谭承福立赴该乡，会同该所迅将该首士张亨燕传府押缴，除另令外，合行令仰该乡长知照，并予协助为要！

此令！

县长谭

中华民国三十年七月廿五日

江西省万载县政府传票

案据城南乡乡长辛友云报以张乃猷众首士张享燕欠交廿九年度认售征购谷拾四石四斗九升半，抗不送缴，报请追缴等情到府，除指复外，合行谕仰该队长立往城南乡会同乡公所迅将该张享燕勒传来府押缴，毋稍徇延，该队长亦不得需索干咎！

此谕！

县长谭

右仰政警队长谭承福准此。

中华民国三十年七月廿七日

报告　　中华民国三十年五月二十二日于本保办公处

事由：顷奉钧府周科员面谕"饬即查明张洪畴堂租产实在情形，具报核办！"等因。奉此，遵即切实调查，兹查得本保所辖境内，该堂管有额租三十余石，每年约收实谷贰拾石。惟去年因旱灾欠收，仅收实谷拾贰石，曾由裕薰叔嫂三股平分无余。此系实在情形，但以外地区是否有无租产不得而知。职亦无法调查，未敢擅报。奉令前因，理合备文报请钧长察核，实为公便！

谨呈万载县县长谭

万载县第一区丁田乡第六保保长张良厚(张良厚章)

拟办：张光义准予取保开释，限五日内将认售谷清理。中华民国三十年五月二十二日

具保结商铺宝华楼今当

万载县政府县长谭　台前实保得张光义外出，限五日内将洪畴堂认售征购谷清理。如违，与保是问，不敢冒保，所具保结是实。

具保结商铺万载宝华银楼店主，住高车

中华民国三十年五月廿一日

具呈人张裕薰偕男在押张光义

为据实申明，请求核准撤销认购谷担并恳释回，以免诬陷而还自由。事缘张洪畴系民先父之名，遗有薄田数十亩，因民兄弟贫困甚多，已将薄田数十亩按三股分析，而洪畴堂之名称已不存在，即粮户一端亦由张洪畴堂推收张昆兰等名下输纳国课，有推收证书可查。兹第一区丁田乡乡长据保长一面之词，谓民仓内蓄积有数拾担谷，抗不应征，呈请钧府传案追缴，钧府信以为实，即饬传押缴。除安分守法外，切思洪畴堂名称早已取消，租谷亦早已分食，何有认购之必要？何有首士之名义？钧府不以为然，硬要认购，民实无力认购，情迫，为此呼叩钧长俯赐鉴原，恩准迅予撤销认购谷担，并恳开释民子光义回家安业，以还自由而免诬陷汤火。

谨呈万载县县长谭 钧鉴！

中华民国三十年五月二十日

万载县政府传票　　咏民字第2070号

案据丁田乡乡长刘象乾报告，以第六保张洪畴堂认售谷壹拾担，首事张裕薰借故抗征，违不缴交，请押缴等情。据此，查该堂首士张裕薰胆敢借故抗征，殊属非是，合亟着该队长前往将该首士张裕薰勒传到府，以凭讯明押缴，毋得徇延，致干严议为要！

此谕！

右仰政警队长谭承福准此

县长谭咏秋

中华民国三十年五月十八日

第五保张文良等祠首士抗缴征购谷

事由：为第五保张文良等祠首士张广西等五人抗缴征购谷额解押缴由。

万载县第四区三兴乡公所呈　　林民粮字第51号

案查本乡第三保张文良祠首士张得胜、张冻娄欠缴认售谷三石正，张宽公祠首士张顺修欠缴认售谷一石，张埙公祠首士张余妹欠谷二石正，张仁公祠首士张长生、张秋苟二名计欠缴认售谷七斗正。前列征购数量系经宋前任内于五月三十日召集保长及族祠代表会议，并由粮管会派韩办事员金生监视公决，确定征购数量造册呈报。惟该第三保各祠会认售数额系由该保长张业梅亲自签划数量在案。去后，该首士等迭经本所饬催该保长张业梅督促清缴，致若具文各在案。迄今奉令限催，将收支数量具报下乡。本月十八日，派丁严传该各族祠首士到所。复经讯明，只由其随意轻认，其余大额抗不清缴。复查，该保长张业梅对征购粮食不仅不加以努力督促清缴，更护同该各首士符同抗辩，阻挠征购事务，愈加长起该各首士威风，应请记大过一次，以试轻惩。根据各情，理合将各该首士张得胜等各抄呈讯问笔录，解请钧长察夺，分别押缴抵消总欠额内六石七斗，以期清额，并予施行处分该第三保保长张业梅，以试惩戒！

谨呈县长谭

计呈送第三保各祠会首士张得胜等五名名单一纸、讯问笔录三份。

第四区三兴乡乡长张钧林

中华民国三十年七月十九日

批示：1. 保长张业梅撤职；

2. 张得胜等收押。

中华民国三十年七月十九日

张文良祠首士张得胜，年四十八岁；住云峰岭；职业，农。
　　　　张冻婆，年五十八岁；住万岁桥；职业，农。
张宽公祠首士张顺修，年五十八岁；住万岁桥；职业，农。
张埙公祠首士张余妹，年龄不详。
张仁公祠首士张长生，年三十八岁；住云峰岭；职业，农。
　　　　张秋苟，年龄不详；未到。

问讯笔录
问：姓名，年龄，职业，住址。
答：张得胜，四八岁，农，万岁桥。
问：你是张什么祠首士？
答：张文良祠首士。
问：文良祠的曾经在乡公开会认定征购谷八石，你知道吗？
答：知道。并且保长对我说了。我于乡公所会议后一天我自己来认定的。
问：你现在交送了多少？
答：现在缴送了五担。
问：仍欠三担，还愿交清吗？
答：不愿交清，就是任押也不愿清缴的。
张得胜（张得胜章）（押）　七月十九日

问：姓名，年龄，职业，住址。
答：张冬婆，五八岁，农，万岁桥。
问：你是经管文良祠吗？
答：是经管文良祠的。
问：不清缴认售谷的理由何在？
答：同张得胜所说是一样的。
张冬婆（押）　七月十九日

问询笔录
问：姓名，年龄，职业，住址。
答：张成修，五八，农，云峰岭下。
问：经过什么祠首士？
答：经管张宽公祠首士。
问：宽公祠欠缴认售征购谷，愿缴清吗？
答：不愿清缴。
问：现送请押缴，到底愿不愿缴清？
答：就是押也不愿缴清的。

张成修（押）　七月十九日

问讯笔录

问:姓名,年龄,职业,住址。

答:张长生;卅八;农;云峰岭下。

问:你经管什么祠?

答:我经管仁公祠首士。

问:你现仍欠缴认售谷七斗,愿清缴吗?

答:不愿缴清,就是押也不愿缴清的。

张长生(押)　七月十九日

签呈　中华民国三十年七月廿四日于办公所

敬签呈者。查三兴乡解送张文良各祠首士张得胜等押缴认售征购谷欠数一案,业经分别讯明并派员查覆各在案,惟查本案云云症结系因当时乡公所召开摊派征购会议时,该管保长张业梅因故意取巧,希图降低征购谷额。据报,曾在会议席上吵闹,未经散会即行离席,故派定谷额不知可否,自行降低额数,转知各祠首士办理,以致酿成纠纷,应责成该撤职保长张业梅自行设法如数清理欠数。在未清理以前,应取具殷实商铺担保清理所有,张文良等祠首士张得胜等拟暂准取保释放,仍应检阅最近三年簿据,限二日内送府审核,以凭额定征购数量,是否可行?理合检阅全案文件,签请钧座核示遵照!

谨呈县座谭

职周树材呈(周树材印　邱祐之印)

批示:张得胜等交保,张业梅撤职禁闭。中华民国三十年七月廿四日

江西省万载县政府训令　　咏民字第4649号

令第四区署区长辛世安

案据该区三兴乡乡长张钧林呈,以第三保保长张业梅擅自降低保内张文良各祠会征购谷额,扶同各祠首士抗不应缴,请予议处等情到府。经予传案讯明,确属实在,除将该保长押管,清理原派谷额,并予撤职外,遗缺着由该管乡长就该保内遴选合格人员接替,呈由该署转呈核委,仰即转饬遵照为要!

此令

县长谭

中华民国三十年八月四日

报告　中华民国三十年七月廿三日于粮委会

奉钧长本月廿二日手谕,“派往三兴乡查明第三保张姓各祠关于认售征购谷经过详

情，据实具报，以凭核夺。合行检同原案文件，仰即遵照毋延为要”等因，奉此，遵即前往该乡查明，兹将查明情形列报如下：

一、据乡公所承办干事高星斗报，张姓各祠认售数量系经会议决定派认，保长张业梅并出席会议当场认定者。

二、据保长张业梅报以张姓各祠认售谷数，系当时以四百五十担派额，以九保分担，每保五拾担数量派认者，后经依照征购百分之廿规定，故变更各祠派认征购数，将此项情形口头报告公所等情，业经复查，无从核定。奉谕前因，理合检同原件，报请钧长！鉴核，

右项谨呈股长刘 （刘侃之印）转呈

副主任委员 邱（邱祐之印）

县长谭

附呈原案文件

粮委会办事员潘鉴蘋押

具保商铺　　大白楼今当

钧长台前　　实保领得张慎、张长生、张冻婆、张德胜、张维妹等五名在外听候，随时明讯，决无脱逃事情。如有前发生，与具保商铺是问。不敢冒保，具领保是实。

谭队长对保，不准索分文。七、廿四

中华民国三十年七月廿四日具保商铺大白楼

批示：准予开释。七、廿四

讯问笔录

问：姓名？

答：张德顺，四十八岁；住万岁桥；业农。

问：你是什么祠的首士？

答：张文良祠首士。

问：这祠认售了多少谷？

答：五担。

问：交清了吗？

答：交清了五担。

问：既交清，为什么会捉你呢？

答：因乡公所原派了八担，因照他规定，还欠叁担，所以捉我。

问：欠的叁担你会交吗？

答：没有这多谷不能交。

张德胜（押）

问：姓名？

答:张冻娄,五十八岁;住万新桥;业农。
问:你也是当张文良祠的首士吗?
答:是。
问:文良祠认售了多少谷?
答:乡公所派售八担,我只交五担。
问:为什么只交五担?
答:因荒旱,收成缩减,只收十五石余谷,所以只交五担。
问:文良祠到底共有多少谷?
答:不清楚。
问:你既是首事,何以不清楚?
答:因我接事未久,又不认识字,系挂名首士。
问:欠的三担谷到底缴不缴?
答:请求调查,如有这么多甘愿照补。
张冻娄(押)

问:姓名?
答:张顺修,五十岁;住万新桥;业农。
问:你是什么祠的首士?
答:张宽公祠的首士。
问:这祠收了多少谷?
答:去年收了十五担。
问:你认售了多少?
答:三担。
问:交清了吗?
答:既交清为什么会捉你呢?(按:这个地方应该是丢漏了一句。)
问:因保长派我叁担,而乡公所要我认售四担,所以欠壹担。
问:欠的谷一担你会缴吗?
答:力量不及,不愿缴交。
张顺修(押)

问:姓名?
答:张余妹,四十八岁;住万新桥;业农。
问:你是什么祠的首士?
答:张埙公祠的首士。
问:这祠收得多少谷?
答:年岁丰就收得贰担多,旧年只收贰石五斗
问:你认售了多少征购谷?

答:乡公原派认售贰担,保长要我认售壹石贰斗。

问:壹石贰斗交清了吗?

答:交清了。

问:既交清了,何以捉你呢?

答:因交的壹石贰斗没有把收条送给乡公所看,又尚欠乡公原派额八斗,所以捉我。

问:所欠的八斗你会缴吗?

答:力量不及,已缴的一石贰斗都是借族人的。

张余妹(押)

问:姓名?

答:张长生,卅八岁;住万新硚;业农。

问:你是什么祠的首士?

答:是张仁公祠首士。

问:这祠收得谷多少?

答:壹石五斗。

问:认售了征购谷呢?

答:乡公所原派我认售一石,我已交叁斗。

问:为什么只交三斗?

答:因祠中租谷只有这样的收入,保长也酌量我交三斗。

问:所欠的谷七斗,你会交清吗?

答:力量不及,交不出。

张长生(押)

查本案经讯明,该张文良等祠首士张得胜等系因乡公所原派定认售征购谷额与保长张业梅饬办征购谷额数目以及各该祠实收租谷数量各不相同,以致各首士不愿清交,但乡公所因无法清理粮委会欠额,故尔解送押缴以卸责任。惟此案保长张业梅明知乡公所派额已定,自不应含混对各祠首士额定征购,殊有未合,拟予撤职查办。各祠欠额仍候切实查明,依照规定办理。首士张得胜等五名拟暂准取具铺保,听候随传随到,可否?理合签请示遵!

职周树材(周树材印)呈

中华民国三十年七月廿一日

批示:一、保长撤职究办。

二、派人澈查究竟张得胜等抗不应缴。

中华民国三十年七月廿一日

事由:据三区龙四九甲祠首士呈请制止三区署将上年欠缴认购谷抬价折收,以苏民困等情,令仰查复核办由。

江西省万载县政府训令　　咏民粮字第4899号

令委员潘鉴藾

案据第三区石塘龙四九甲祠众首士代表龙江菁、瑞川呈以请迅赐制止三区署将上年欠缴认购谷抬价折收,以苏民困等情。据此,查来呈所称各节如果属实,殊属非法,合行检同原呈,令仰该员遵照,前往当地详实查明呈复,以凭核办,毋稍徇延为要!

此令!

计检复原呈一件(办毕仍缴)

县长谭

中华民国三十年八月十五日

石塘龙四九甲祠众控诉第三区署认购谷抬价折收

报告　　中华民国三十年八月二十七日于粮委会

奉钧府咏民粮字第四八九九号训令开"案据第三区石塘龙四九甲祠众首士代表龙江菁、瑞川呈以请迅赐制止三区署将上年度欠缴认购谷抬价折收,以苏民困等情。据此,查来呈所称各节如果属实,殊属非法,合行检同原呈令仰该员遵照,前往当地详实查明呈复,以凭核办,毋稍徇延为要!此令!"等因。奉此,遵即前往石塘查询,兹分查报如左:

一、四九甲祠名目虽有,而代表龙江菁、瑞川等,问无其人。

二、上年度各祠会欠缴征购谷,第三区署如何追收。据该区署承办人称:当时因上高会战,军队过境,川流不息,食米无法应售。在此情势之下,因向地方私人留食谷米,拿借应急,以后由各祠会认售谷拨还。其有祠会已粜无存谷者,则以当时市价四十元扣折,垫还于借谷人,在区署不过经手而已。其四九甲之认购谷,当日业如数拨还义仓借谷等语。文内指龙昌泗众而言,其余众祠,大都皆然,话虽浅长,却是真情流露,请县长于公务旁午之际,节点时间,注意看察。三区公直大王龙光附献刍言,伏乞采纳。

三、原呈载文内指龙昌泗而言,署名三区公直大王龙光,查并无此种会众,亦无龙光其人。奉令前因,理合将原呈及查询情形,报请钧长!鉴察!

谨呈县长谭

附呈原文一件。

万载粮委会办事员潘鉴藾(潘鉴藾印)

呈请迅速制止三区署将上次欠缴认购谷抬价折币由。

穷苦不堪的小众的首士代表龙江菁、瑞川等稽首顿首恭呈谭县长台前，我众均居三区石塘地方，隶属治下。近年来，以抗战军兴，力加紧缩，积下金钱输捐，是在促成抗战必胜，建国必成之计划，所以往者，各种捐输，均遵数完纳，以冀国存民存。忆至现在，小众出了多少层叠不匀之捐派，被了重轻不等之压榨，榨得小众真惨苦，好似长沙油渣一大箍，干枯枯，焦枯枯，已过者剜了肉，医了疮，咬紧牙根，卧着地上，正在榨压不胜之时候，又来了一项变幻莫测之初次认购谷，据云分作两期收，一期收了十三斗，二期要收十九斗，三十年的征购谷，又来了，暂且不论，可怜的，那十三斗之谷，好容易得来。去年的早稻，遭了虫伤，报了灾，到后来算收到了七成。晚稻呢，莫讲，完全干死了，佃户还说要帮他的种谷。计算小众的田，是有三百二十多把，每年额租，早晚二百六十桶，去年应收早谷一百三桶，以七成计算，实收九十一桶。实收之谷，出清去年的捐派与交粮及众用等费，到过年的时候，还没有团年钱，只好认贵息借了法币廿元，匀作团年，与明年新正接神、清明扫墓之用。不料，到了今年四五月间，要出认购谷十三斗，追缴逼迫，急于星火。没办法，粜新谷，每十桶价贰拾贰元，粜了三十桶，得币六十六元，买了十桶旧谷，付出六十四元，以为够了，谁知还差四升，补了法币一元七角四分，总算消了差，可以升脚睡大觉，乃不数日，又要第二次征购谷十九斗五升，只好婉言要求，请展至新出交清。及新谷登场之时，那晓得公事又斠了底，来了二位副爷，不要谷仔了，又要法币了。每欠谷一斗，只要补法币二元九角六分，就可以了账。该死该死，我众刚才催促佃户，晒燥了拾桶新谷，买了法币三十二元，还去了去年借款二十元，出了息币六元，余有八元，准备中元用费，但以十九斗五升认购谷补价计算，要出币五十七元七角贰分，那里有这宗巨款出捐？请转言贵上司原谅，还是收谷子好吧，那副爷板着脸、燥着喉说，那不行，不行，我副爷要带首士去，我说莫慌，还有话说。征我众的谷子，每市担止给价十元零四角，今卖给我众每市担硬要四十元，一买卖间，就得三四倍之利，难怪那中孤翻的赌客们，今都收了场，一心想要干这种事去了。捆起，捆起，那时我以为就要交辰（绳）运了，亦是八字注定，幸有王保长前天喝了我的酒，跑来做了解交，暗中进了一张五元的花花手本，我看得势头松了，只好溜之大吉。到了晚上，潜行回家，想来想去，总不了解，政府是征购谷子，怎么又征输法币？若谓新谷登场，谷价低落，而变更，则政府原意购谷是为供给军政学等界人员粮食，并非以十元零四角之谷价买入，而以四十元之谷价卖出，以效市侩营利之鄙行也。若谓征购谷数有多，亦应留存以供将来之需，又何必于谷价平落之时，强迫要币，硬要将灾后之谷，扫光卖尽，换币输捐？下民愚戆，百思莫解，除分呈国民政府，省政府，财政厅，粮食管理委员会外，理合恭呈钧长俯赐矜察，迅饬三区署仍旧征谷，实为德便。

谨呈万载县县长谭

三区石塘龙四九甲祠众首士代表江菁（押）、瑞川（押）

批示：派员澈查，具复核示！中华民国三十年八月七日（邱祐之印）

施大祠认购谷纠纷

声请书

具声请书人施景和(施景和印)

为责人不责,反权责人,声请拘责责人事。切民施大祠派分清、温二房,惟我温房又派分三房(有禄、德六、有光)。向推首士有禄、包妹、德六、长发、有光、锁生,其中互推德六房长发一人司总责,负全权。现在民祠总理早经推定德六房长发负责,其余助理包妹,惟锁生在分宜营商,向无责权。去年,民祠所收租谷七担余,至腊月概是长发、包妹经手,今奉令派征民祠认购谷贰石,由丁持票向民取问,始知民祠总理妄指民名,况民既未经理,亦未助理,何得妄为诿弃?杜已麻烦,为此缕述情形,声请钧长俯赐察核,迅饬粮食管委会将该项认购谷改向施大祠长发、包妹负责,实为德便。

谨呈万载县县长谭

具呈人施景和(施景和印)

中华民国三十年六月十八日

作新小学欠交征购谷

据粮管会签报以私立作新小学前经认售征购二十担七斗,除缴交十二担六斗外,当欠送谷七担四斗担。迭经催缴,屡催屡延。现军糈民食需要孔急,不容再延,请求饬警追缴等情到府。查所称各节核当属实,合亟谕仰该警立即前往作新小学,勒令该校长于限日内将欠交送谷交克日送交。倘再违延,即予警押缴,毋稍勿延,切切!

此谕!

县长谭

中华民国三十年七月六日

事由:为乞恩令饬粮管会,将作新小学认售欠缴谷七石四斗,全数拨为本校征购米由。

拟办:呈悉。兹令二镇公所从速拨购至作新小学。认售之谷系粮管会直接办理,业有专支,所请之处应毋庸议。中华民国三十年六月二十四日

万载县城厢二镇中心学校呈　　镇呈字第17号

案查本校教职员及校工等六人，每月应食之分配征购米，业由本校遵照法定编制，造具名册呈核。本年五月三十一日，奉钧府咏民粮字第二五三六号指令：以本校六人应食之征购米，准自五月份起，开始分配，令仰本校径向城厢二镇公所购取等因：奉此，遵即录令转函城厢二镇公所。顷准万载县城厢二镇公所民粮字第九三号公函开“案准贵校公函，以员工征购米，奉令径向敝镇派征额内征购等由，准此，查敝镇所有祠会公产，均由粮管会直接征购，经再三侦查，无孔可入，所有贵校员工征购米，仍请径向粮管会征购。兹准前由，相应函复贵校查照，为荷！此致”等由；准此。窃本校因米价高涨，曾借食作新小学之食谷数担。今作新小学欠缴粮管会认售谷七石四斗，屡逼本校借食之谷偿还，值兹本学期结束在迩，而校中各教职员之薪，已早用去无存之候，何力籴谷清偿？迫不得已，理合录呈镇公所之复函，及本校之苦状，一并具文呈请钧长，俯赐鉴核。乞恩令饬粮管会，将作新小学认售欠缴谷七石四斗，全数拨为本校征购米，俾本校得以抵还作新小学借食谷，不胜感戴待命之至！

谨呈万载县政府县长谭

校长宋志和（宋志和印）

中华民国三十年六月二十二日

事由：据呈请饬粮管会将作新小学认售欠谷拨为本校征购米等情，指令知照由。

江西省万载县政府指令　　咏民粮字第3506号

令二镇中心小学

本月二十二日呈一件：为呈请令饬粮管会将作新小学认售欠谷全数拨为本校征购米由。

呈悉。查该校征购米仍候令二镇公所从速拨购至作新小学认售之谷系粮管会直接办理。业有专支，所请之处应毋庸议，仰即知照！

此令

县长谭

中华民国三十年六月廿八日

陈大祠、宋辑轩公祠等抗不应征稻谷

签呈　　中华民国三十年七月六日于粮管会

谨签呈者：考查陈大祠、宋辑轩公祠等对于应征送稻谷一案，迭经本会文电交催，并限期来会认售在卷。惟迄今多日，未据前来，殊属弃髦政令，抗不应征。兹开具一再通知未据认售之祠会清单一纸,拟请县府派警将各该祠首士传讯勒缴,是否妥当,理合签请鉴核示。

谨鉴呈:粮食管理委员兼主任谭

粮食管理委员副主任委员邱

附呈未认售祠会清单一纸

股长刘佩之

祠会名称	祠会所在地	首士姓名	首士住址	备考
陈在祠	双虹桥头	陈瑞生	西门外水口里	施大祠由施包妹填售2市担,总管施长发抗不送米。
宋辑轩公祠	小南门	宋师铎	小南门宋宅	
郭佩公享堂	郭家桥头	郭任择	本祠	
汪鹏房祠	老电报局	汪春年	后街酒铺	
邹氏宗祠	郭家桥头	邹德	军运代办一所	
施大祠	乌溪关外	施长发	理学	

郭佩公享堂汪鹏房祠施大祠抗不应征被勒传缴谷

全街传票　卅年七月九日　管字第00117号

案据粮管会签称以郭佩公享堂首士郭任择(住郭家桥头本祠)、汪鹏房祠首士汪春年(住后街酒铺)、施大祠首士施长发(住理学)抗不应征,请勒传缴谷等情。据此,合行谕仰该队长即便派警分别前往,将各该祠首士勒传至粮管会遵令认售,毋得徇延干军为要!

此谕

右谕政警队长谭承福

县长谭

万载县政府传票三十年七月九日

案据粮管会签称以郭佩公享堂首士郭任择(住郭家桥头本祠)、汪鹏房祠首士汪春年(住后街酒铺)、施大祠首士施长发(住理学)抗不应征,请勒传缴谷等情。据此,合行谕仰该队长即便派警分别前往,将各该祠首士勒传至粮管会遵令认售,毋得徇延干军为要!

此谕

右谕政警队长谭承福

派政警郭炳章

县长谭咏秋

龙东房祠请准予免除认售征购稻谷

报告三十年七月三日

窃祠于六月二十八日奉钧会管字第00113号通告，饬本祠于文到一日内，迅即来会认售征购稻谷，幸勿延误等因，理应遵办。惟以本祠所管田产原属微薄，并无别款收入，只以每年所收租谷，除尽行粜作比年烧纸挂扫需用外，毫无余存，尤以在旧年干旱之岁，颗粒未收，尽可调查，似此实无法认售。兹奉前因，理合将实际情形报乞钧长察核，准予免除认售征购稻谷，则感戴无既！

谨报：万载县粮食管理委员会兼主任委员谭

万载县粮食管理委员会副主任委员邱

龙东房祠首士龙有珠

批示：仍仰出具切结，取具保甲长证明书呈府核夺。三十年七月五日

府衔批　　管字第00119号

具呈人龙东房祠首士龙有珠

报告一件：为东房祠收入微得，仅足供烧纸挂扫，请免认售由。

报告悉，仍仰出其确无余存切结，并取具该管保甲长征明书，一并呈府核夺！

此批！

县长谭

中华民国三十年七月十三日

柳氏祠乞免在县城重认售征购谷

事由：为本祠已向第四区大桥镇公所认售稻谷三十石乞免在县城重认由。

案奉钧会管字第0105号代电开：查委本会前以奉颁征购办法，当经提交第三次委员会议决，征购各学田公产祠会庙产，本年总收益百分之二十限本年一月廿六日，将认售单送会听候征购等语，业经分电各祠会查照认售，并请各区乡镇长查明，漏夜电知各祠会名随时报会办理各在卷。兹查贵祠前因遗漏，现查报前来，相应检同认售单电请查照按本年总收益百分之二十租谷于本（六）月廿二日以前填具认售单送会听候征购。如违，即依照前

次决议案报请政府依法办理，幸勿玩延为荷等由，计附发认售单一份。奉此，查本祠祠址虽在县城，然其后裔及所有田亩一百五十十石，均在第四区大桥镇第七保辖境，于本年五月已向大桥镇公所，依照规定认售稻谷三十石（有案可查），并经大桥镇公所如数出去。奉电前因，理合将本祠认售稻谷情形，备文呈复钧会察核，准免在县城重复认售。

谨呈万载县粮食管理委员会兼主任委员谭

柳氏祠首士心田

中华民国三十年七月五日

府衔批 管字第00118号 中华民国三十年七月十三日

具呈人柳氏祠首士柳心田

呈一件：为柳氏祠首士向大桥镇认售卅担，乞免重认由。

呈悉，查核相符，准免重认，仰即知照！

此批

县长谭

中华民国三十年七月十日

事由：为声明本祠已按照规定向大桥镇公所认售租谷并如数送清请免在县城重认由。

窃查本祠前奉钧会管字第0105号代电，以征购各学田公产祠会庙产本年总收益百分之二十租谷，检同认售单，电饬本祠填具认售单送会听候征购一案，本祠业将已向大桥镇公所认售情形呈报察核在案，兹复奉钧会管字第00113号通告，限于文到一日内，迅即来会认售等因。奉此，查本祠前向大桥镇公所认售租谷，业已如数送清（有案可查），应请免在县城重行认售，本祠不惟无抗征情形，且无观望思想。兹奉前因，理合备文呈复钧会察核！

谨呈万载县粮食管理委员会兼主任委员谭

龙家场树棚里柳氏祠首士柳心田

中华民国三十年七月三日

施大祠总管负全权认缴征购谷

具呈报人施包妹（押）

呈为责人不负责，反权不责人，声请拘责责人事。切民大祠派分三房，有禄、有彰（即德六）、有光，向来互推德六房支下首士长发一人司总责负全权，其余助理者向无责权。今奉令派民祠认购谷二石，民始悉当时通知该总管长发，近又民亲自奔走他家两次，伊约昨日来县答复，今日未见到来，民只得请求钧会俯赐察核，迅速饬丁拘施大祠总管长发到会认缴，免民杜已麻烦，实为德便。

谨呈:万载县粮食管理委员会正主任谭

万载县粮食管理委员会副主任邱

具呈人施包妹

中华民国三十年七月一日

拟办:派警押缴。中华民国三十年七月四日

刘仁祠祠址隶属高城乡

事由:为城南乡未经查明刘仁祠地址,强制派征,呈请钧长察核准予撤销而轻负担由。

万载县第一区高城乡乡公所呈　民粮字第248号

案据本乡第三保刘仁祠首士刘育延、刘位超报称:窃维国家兴亡,匹夫有绝大之责任,应征粮食,人民岂无当然之义务!查征购粮食规定,由各乡镇祠会之实收谷内征购百分之二十,但以祠址所在地为原则。敝祠在下院,属高城乡应征之谷,已由高城乡第三保征购交纳,此后城南乡又派定民祠征购谷式担。民思祠产微薄,难任重征,又思既应高城乡之征购,难就城南乡之重采。为此,恳请钧长转呈县府,迅饬城南乡收回成命,准予取销民祠应征款数,是为德便谨呈等情。据此,查该祠所在本乡认购四担,业经送交在案,今城南乡未经查明该祠地址,强制派征,殊欠公允。据报前情,理合备文转呈钧长察核并乞转饬城南乡,将派征该祠稻谷二担准予撤销而轻负担!

谨呈万载县县长谭

高城乡长辛敝文(调训)

副乡长王锦旭(代行)

中华民国三十年七月十三日

府衔指令　管字第00124号　中华民国三十年七月十四日

令高城乡公所

呈一件:据报乞将城南乡公所派谷二石取缔等情转呈察核由。

呈悉。查该祠二十九年度总收益数为二十担,按照百分之二十征购标准应征四担,现仅据送交二,仰即转饬补认。至城南乡派征一节,倘该祠所在地属该乡管辖,自应免予重认,严令城南乡查明核夺可也,仰即转饬知照。

此令!

县长谭

中华民国三十年七月十三日

府衔训令　管字第00131号 中华民国三十年七月十八日

令城南乡公所

案据高城乡粮字第248号呈称：案据本乡……准予撤销而轻负担等情。据此，查该祠业由城南乡征送二担，应准免予重认售。该祠所在地，究属高城管辖，抑或该乡管辖。除令高城乡查明具报外，合行令仰该乡查明具报为要！

此令

县长谭

中华民国三十年七月十四日

刁民欧阳树槐该欠祠谷抗不缴还捣乱粮政

报告　　中华民国三十一年三月三十日

事由：窃属姓聚族白水，离城辽远，民气枭张，对于家规政令，常视蔑如，兹有经管白水宗堂首士欧阳国祥于上年农历九月间，私擅出谷四十五桶，激起族众反响，纷纷出谷，迄今尚抗不交出。又有刁民欧阳树槐拖欠祠谷（忘其数目），亦抗不缴还，致令已清偿者，籍端索还，无法应付。查值兹抗战建国，各姓族董，均负有协助政府推行政令责任，乃遇此顽抗之徒，故意捣乱，关于族祠中应纳国课，以及认购等谷，以致无措筹缴，若不严予惩处，将来影响所及，为害甚巨，迫不得已，恳乞钧长俯赐鉴核：准予拘案押缴，以儆刁顽，实为公便！

谨呈万载县县长谭

万载白水欧阳氏族董会主任欧阳文彬

批示：令二区拿办。中华民国三十一年三月三十一日

事由：1. 据白水欧阳族董会报称族氏欧阳国祥等私收祠谷，抗不交出，请押缴等情，令仰拿解由。

2. 据报族民欧阳国祥等私收祠谷，抗不交出，请押缴等情，指令知照由。

江西省万载县政府训令　　咏粮字第10186号

令第二区区长庞茨如

案据该区白水欧阳氏族董会主任欧阳文彬报告称：窃原姓聚族白水，离城辽远，民气枭张，对于家规政令，常视蔑如云云叙原文至实为公便等情。据此，查该欧阳国祥等，私收祠产，对于应交征购积谷，抗不缴纳，殊属顽强已极。兹据前情，除指令外，合行令仰该区署遵照，迅即派丁将该欧阳国祥、欧阳树槐等拘拿解府严办，以儆刁顽，毋及徇纵为要！

此令！

县长谭

中华民国三十一年四月三日

全衔指令　　咏粮字第10187号

令白水欧阳氏族董会主任欧阳文彬

本年三月卅日报告一件:为族民欧阳国祥等私收祠谷,抗不交出,影响国课,请拘禁押缴由。

报告悉,准令第二区署,拘拿解府押缴,仰即遵照!

此令!

县长谭

蓝田乡第六保业户孙、龙二姓违抗征谷阻抗政令

万载县政府第二区区署代电　　民粮字第1186号

万载县政府县长谭钧签,蓝田乡第六保保长孙永德面报以该保业户孙云成、孙伟才、龙任牙、龙良洪违抗征购稻谷,并且阻止其他业户送谷,请究办等语前来。经查属实,该民等素称刁顽,平日阻抗政令,迭有所见,应请派警拘案严办,以利政务,万不可任警徇纵,空票销差为祷,万载县政府第二区署区长庞茨如叩。

中华民国三十一年三月二十四日

拟办:派警拘案勒缴拘。中华民国三十一年三月廿八日

事由:据电称蓝田乡第六保业户孙云成等阻扰征购,请拘办等情,指令遵照由。

江西省万载县政府指令　　咏粮字第10484号

令第二区署区长庞茨如

本年三月廿四日代电一件:案据蓝田乡第六保保长孙永德报称业户孙云成等阻扰征购稻谷,经查属实,特请拘办由。

代电悉。准派警拘案严办,以维粮政。仰即遵照!

此令!

县长谭

中华民国三十一年四月一日

事由:谕仰前往二区蓝田乡第六保拘拿阻扰征购犯孙云成等来府究办由。

江西省万载县政府谕咏粮字第10500号

案据第二区区长庞茨如电，据蓝田乡第六保保长孙永德报称该保业户孙云成、孙伟才、龙任牙、龙良洪违抗征购稻谷，并阻止其他业户送谷等语，经查属实，特请派警拘办等情。查该孙云成阻扰征购，实属不法已极。兹据前情，除指令外，合行谕仰该警等即日前往，将该孙云成等四人一并拘府究办，务获到案。该去警等不得需索徇情，空票回销，致干查究为要！

右谕警士准此

县长谭

中华民国三十一年四月三日

事由：谕仰前往二区蓝田乡第六保拘拿阻扰征购犯孙云成等来府究办由。

万载县政府谕咏粮字第10500号

案据第二区区长庞茨如电，以据蓝田乡第六保保长孙承德报称该保业户孙云成、孙伟才、龙任牙、龙良洪违抗征购稻谷，并阻止其他业户送谷等语，经查属实，转请派警拘办等情。查该孙云成等阻扰征购，实属不法已極，兹据前情，除指令外，合行谕仰该警等即日前往将该孙云成等四人一并拘府究办，务获到案。该去警等不得需索徇情，空票回销，致干查究为要！

右谕警士李根生、邓佑卫准此

县长谭咏秋

中华民国三十一年四月三日

报告　　中华民国三十一年四月六日下午二时于本府

事由窃警等奉令拘拿孙云成、孙伟才、龙良洪、龙任牙等违抗征购谷一案，警等遵即前往分别拘拿。据该保保长及邻居称：该孙云成等三名均如数缴交清楚，惟龙任牙一名尚欠少数征购谷未缴，现住宜春不返，俟返县时，该龙任牙妻云今日即可交纳，决不有误。今将未能拘到情形，据实呈报钧长察核，准予销差，实为公便！

谨呈县长谭

附呈保长报告及证明书各一件

警士邓佑卫、李根生呈

批示：转令第二区署知照。中华民国三十一年四月六日

证明人蓝田乡第六保保长孙基邦

该保居民龙任牙一名征购稻谷一案，已经本人前往宜春地界，所具证是实。

证明人蓝田乡第六保保长

中华民国三十一年四月六日

万载县第二区蓝田乡第六保保办公处报告　　中华民国卅一年四月五日

窃职经查本保居民孙云成、孙伟才、龙良洪卅年度征购谷已于前月底如数送清，并取得该民验收凭单无欠升合，为此特备文呈报钧长鉴核。

第六保保长孙基邦

事由：据警士邓佑卫等报告以该区蓝田乡第六保业户孙云成等欠缴之征购谷，业经交清等情，转令知照由。

江西省万载县政府训令咏粮字第10698号

令第二区署区长庞茨如

案查该区蓝田乡第六保业户孙云成等违抗征购稻谷一案，业经以咏粮字第10500号府谕饬警拘拿到府，究办在案。兹据承办警士邓佑卫、李根生四月六日报告称，窃警等奉令拘拿孙云成……云云：今日即可交纳，决不有误等情。据此，合亟令仰该区长，即便查照具报为要！

此令！

县长谭

中华民国三十一年四月九日

陈源房祠余粮认售单

报告　　中华民国三十年六月廿四日于本镇公所

事由：案奉钧府咏民粮字第3010号指令开：本年六月八日报告一件，据陈源房祠首士报以仓谷被封请启封等情，转请核示由。报告悉，既经查明属实，准予依照处理查挤存粮办法第五条一项之规定办理可也。惟应行征购之谷额，仰负责督饬如数清理为要等因。奉此，自应遵办，当由本镇派定警卫班班长巢鸣科前往盘量查核。兹据该员报称，该祠所存仓谷六十担，确系按丁售给本姓后裔，所有应行征购之数，除前经粮管会征购五担外，以百分之二十计算，自应加征购七担，业由该祠首士陈源泉补填余粮认售单一纸，计谷七担。理合检同该单，备文赍呈钧长鉴核！

谨呈县长谭

附呈陈源房祠认售单一纸

城厢一镇代镇长辛植彭

余粮认售单

兹愿遵照江西省征购粮食办法之规定，将本会稻谷认售柒市石，每市石重100市斤，存放本祠处,可听候给价收购,决不短少。

此上

认售人:陈源房祠会首事陈源泉

万载县粮食管理委员会

中华民国三十年六月二十四日

张乔居祠认购谷三十担寄存首士张喜书家

具禀人张垂复,年四八岁,住厂塘

为代办公米谷被查封,恳请迅予启封拨出,以便办送而免贻误要公事。民半工半商,素守本分。缘本年粮食管理处征购各姓粮食,本族大祠认售谷二十担正,乔居祠认售谷三十担两房祠认售谷一石,仁公祠认售谷一石,文公祠认售谷一石,共计认售谷五十三担正。当时承张忠厚介绍粮管处,将本族各祠认售之谷交民负责代办公米,每谷一石办交糙米70市斤。嗣因粮管处拟将民承办之米抵还堆积所之借垫除大祠、仁公、两房、文公各祠,现正出谷砻办候命送交外,乔居祠认售之谷实因民人力不敷,稍有缓延,仍存栈下张喜书首士家(乔居祠之谷因辟免空袭起见,经全族会议存首士家。),正拟克日量出办交,昨日突经钧府派员前往将张喜书家中存谷扫数封存,将民负责承办公米谷卅担,亦已查封在内。值此青黄不接之时,清查粮食固当严重搜储杜奸,系为善法。民虽乡愚,粗知大义。惟上项之谷,确已拨民代办公米,现粮管处催送甚急,若不请求启封拨出,民实无法办交。为此,特将实在情形禀叩钧长俯赐察核,并恳派员查明启封拨出,俾便承办而免贻误要公,实为公德两便。

谨呈万载县县长谭

批示:交粮管会查明签复。中华民国三十年五月十四日

查乔居祠认售款三十石已交张忠厚碾米预备,还堆积所之米是实。惟是否存在张喜书仓内,未敢断定,应传该祠首士讯明并侦查后再行核夺。

中华民国三十年五月十五日

具切结人张乔居祠首士洪喜、锦塘、钧治、允文(押)

万载县县长谭台前实结得此次查封张喜书家中存谷,确有张乔居祠认购谷三十担在内,应恳启封解缴,免误公要,倘有情弊,甘受严厉处分,所具切结是实。

中华民国三十年五月十八日

兹查张乔居祠认购谷三十担,确系寄存首士张喜书家中,尚未出取并无假借冒充等情弊,特此登明。

第一区丁田乡第五保保长张佑桂

中华民国三十年五月十八日

汪祀先会爰拟认购谷三石

敬启者敝会汪祀先因旱灾收入锐减,旋因支用浩繁,去冬经将租谷出售以应急需。闻贵处征购本县各祠会田租以资救济,敝会理应不能例外,爰拟认购三石借便支配,刻因校课忙,迫不克抽身,拟于本星期六日赴县前来接洽,代表该会清结一切手续,希烦察复为荷!

万载粮食管理处主任邱

汪啸秋启

中华民国三十年五月十三日

安泰仓首士呈请转饬四区署放行占谷

报告五月十四日

窃本仓前买有鹅峰管有四区属之东江佃户占谷七十石,又本仓管有四区属之槽头佃户占谷三十石,共计一百石须,经过大桥运县城安泰仓存储。顷据本仓护送走庄高所牙、郭焕牙报告,被四区署查封,请转饬四区署放行无阻,实为公便。

谨呈:粮管处兼主委员谭

粮管处兼副主委员邱

安泰仓首士郭力行

张乃猷众首士张享燕传票

万载县政府传票

案据城南乡乡长辛友云报以张乃猷众首士张享燕、张子元欠交二十九年度认售征购谷十四石四斗九升米，抗不送缴，报请追缴等情到府。除指复外，合行谕仰该队长立往城南乡会同乡公所将该张享燕勒传来府押缴，毋稍徇延。该队长毋得需索干咎！

此谕！

右仰政警队长谭承福准此

中华民国三十年七月二十五日

县长谭咏秋

报告　　八月一日于本府

窃职于七月廿七日，奉令前赴城南乡第五保催交张乃猷众二十九年度经购谷一案，已经如数收交仁顺福，理合报请钧座察核。

谨呈县长谭

职谭承福呈

批示：交粮管会核请送科，交仁顺福收碾备用。八月二日

高城乡第一保祠会积谷摊户清册

事由：案据第一保保长杨吉恒呈以前造积谷摊户清册略有错误，兹造呈清册二份，请转呈更正等情，报请更正印发由。

拟办：准予更正并予申诉。中华民国三十年十二月二十日

万载县高城乡乡公所呈

案据第一保保长杨星恒报告称：窃保长奉令填呈本年积谷摊户清册时，因各佃应交东主租谷均未讲定，又以业户亦略有变更，保长有失审慎，完全依照去年底册造呈，以致错误诸多，征收困难。为此，理合造具清册二份连同错误收据四十二张，恳请转呈更正补发，以

便征收等情。据此，查该保长所呈各节均属实情，据呈前情，恳乞准如所请，迅予补印收据，俾便转发征收。

谨呈万载县县长谭

附呈：错误收据各廿一张

清册二份

未印县乡仓收据各廿三张

高城乡乡长辛皺文

万载县高城乡第一保补盖县印积谷数量清册

单位：担

花户姓名	积谷	数量	合计	花户姓名	积谷	数量	合计
	县仓	乡仓			县仓	乡仓	
郭南轩祠	1	1	2	王三房祠	5	5	10
宋希公祠	35	35	70	鲍五甲祠	5	5	10
鲍大祠	1	1	2	张魁公祠	15	15	30
宋宗公祠	5	5	10	宋善公祠	1	1	2
郭大祠	1	1	2	郭遐轩	5	5	10
图会	1	1	2	永伸堂	85	85	170
水府祠	175	175	350				

中华民国三十年十二月十七日乡长辛皺文填

万载县高城乡第一保错误未收积谷数量清册

单位：担

花户姓名	积谷	数量	合计	花户姓名	积谷	数量	合计
	县仓	乡仓			县仓	乡仓	
宋运公祠(1)	24	24	48	宋运公祠(2)	12	12	24
汪大祠(1)	11	11	22	汪大祠(2)	15	15	30
汪大祠(3)	15	15	30	王三房祠	3	3	6
宋宗公祠	21	21	42	张善公祠	12	12	24
张魁七祠	12	12	24	吴公讲堂	12	12	24
西屏山(1)	24	24	48	西屏山(2)	9	9	18

中华民国三十年十二月十七日乡长辛皺文填

粮食统制委员强行派销第一区各族祠食米亏折

摘由:呈复未能召集各族祠派销食米情形请核夺由。

拟办:呈件均悉,仍仰遵照前令迅速勒限派销。倘有借故推诿意图抵制,准予拘提究办。此令。中华民国二十四五月十九日

案奉钧府民二字第一一九二号训令内开:案查本月五日本县粮食统制委员会第二次委员会议讨论事项第一项,据采卖股主任汪可舟报称,此次在省贷款购办食米二千石,现已到埠应如何处置请公决案。决议:分部备价派销商会负担一千石,富户派销六百石,城厢各族祠派销四百石。富户由县府召集派销,各族祠由第一区办公处召集派销,商家由商会召集派销,统限十日以前备价领销完竣等语记录在卷。除分令外,合行录案令仰该区长遵照,迅即召集城厢各族祠剀切劝导责成派销四百石,尅日备集价款,悉数缴交粮食统制委员会采买股主任汪可舟核收,毋得延忽瞻徇,仍将办理情形,具报备查为要此令等因。奉此,遵即召集各族祠首士于本月十七日到处商认销办法,而各族祠首士,届期推延多不到会,佥以此项购米纯系商人经营性贷,绝非公款购运,专为接济民食可比,现一旦跌价亏本,则责之祠众负担,于情于理,殊属不合。为此,将经办情形抄同已到及未到各族祠清单备文呈请钧长,俯购察核指令遵行。

谨呈万载县县长张

计呈已到及未到各族祠清单一纸

兼代第一区区长刘梦鸿

已到各祠名单:

巢大祠、龙大祠、汪大祠、韩大祠、鲍大祠、邓大祠、胥大祠、陈大祠、高大祠

未到各祠名单:

辛大祠、郭大祠、宋大祠、张大祠、王大祠、刘大祠、李大祠、易大祠、彭大祠、唐大祠、杨大祠、朱大祠、周大祠、柳大祠、小南门土田宋大祠、林大祠、揭大祠、孙大祠、闻大祠、欧阳大祠、施大祠、黄大祠、何大祠、邹大祠、萧大祠、钱明六祠、甘大祠、常大祠、谭大祠、潘大祠、袁大祠、翟大祠、郑大祠

事由:据呈复未能召集各族祠派销食情形请核夺等情指令先照由。

万载县政府指令　民二字第128号

令兼代第一区区长刘梦鸿

呈一件:呈复未能召集各族祠派销食米情形请核夺由。

呈件均悉。仍仰遵照前令迅速勒限派销,倘有借故推诿意图抵制,准予拘提究办。

此令!

县长张(调省训练)　科长代行

中华民国二十四五月廿三日

事由:为派销食米恳请另派,以免重叠亏累由。

拟办:呈悉。仍仰遵照前令,尅日备价认销,不得推卸,此令。　五月十八日

案奉钧府民二字第一一九三号训令内开:案查本月五日本县粮食统制委员会第二次会议讨论事项第一项,据采买股主任汪可舟报称,此次在省贷款购办食米二千石,现已到埠,应如何处置请公决案。当经决议,由商会暨富户及城厢各族祠分别派销,统限十日以前备价销领完竣等语纪录在案。自应照案办理,兹经本府体察各富户经济状况,指定郭遐轩认销三百石、陈七贤众认销二百石,彭实删、周信厚、郭有谷、汪延席、汪云程五人各认销一百石,巢筹添、辛礼门二人各认销五十石。除分令外,仰即迅速备足价款如限缴交粮食统制委员会采买股主任可舟核收,毋得诿词观望,致滋延误,其各禀遵,勿违切切此令等因。奉此,查此次购办食米,职与周信原合开之宜丰号同在负责借款之一业,由县商会分派七十包至郭遐轩储仓,县中均无商号。对于商会派销毫未负责,且资财雄厚,非民等万分所及,至此项食米或另派具他富户或派与族祠均可备价领销。奉令前因,理合诿呈钧长察核,伏乞恩准所请,以免重累,实为德便。

谨呈万载县代县长谢

万载县夏布业同业公会主席郭贻孙(即有谷)　商民周信厚(押)

中华民国二十四年五月十四日

事由:为拟具派定各族祠派销食米亏欠数目检同等级一览表请察核指令遵行由。

拟办:呈附均悉。据称援例派认等第尚无不合,应准照办,仍仰切实执行,毋稍瞻延,并将办理情形随时具报为要,此令。中华民国二十四年五月卅日

案奉钧府民二字第一二八七号指令,本处为呈复未能召集各族祠派销食米情形,请察核示遵呈一件内开:呈件均悉,仍仰遵照前令,迅速勒限派销,倘有借故推诿,意图抵制,准予拘提究办此令等因。奉此,遵于本月二十四日再行召集各姓族董会主任及首士来处会商认销办法,惟是日各族祠族董会主任,到会者又属廖廖,显与前次各族首士取同样之消极抵制态度。若不勒派限缴,一再违延,将必决无结果。兹拟援照历来派捐成例,分别族祠等级各认多寡,以为派认标准。凡各族祠原列甲等者,此次着派认银五十元,其次乙、丙、丁、戊等均以十元为率,依次过减,其他已、庚、辛三等均予免派,总计各族祠列居甲等者二姓,乙等者一姓,丙等者九姓,丁等者七姓,戊等者四姓,共约计收银洋五百九拾元,核与奉令派销数目适可符合,尚无短少情事。所有拟援成例勒限派认食米亏垫情形,是否可行?理合造具各族祠等级一览表,备文呈请。

谨呈万载县县长张

计呈各族祠等级一览表一份

兼代第一区区长刘梦鸿

中华民国二十四年五月二十六日

丙等	丙等	丙等	丙等	丙等	乙等	甲等	甲等	等级别
鲍大祠	李大祠	刘大祠	王大祠	张大祠	宋大祠	郭大祠	辛大祠	族祠名称
30 元	30 元	30 元	30 元	30 元	40 元	50 元	50 元	派认银额
丁等	丁等	丁等	丁等	丙等	丙等	丙等	丙等	等级别
杨大祠	邓大祠	唐大祠	彭大祠	易大祠	汪大祠	陈大祠	龙大祠	族祠名称
20 元	20 元	20 元	20 元	30 元	30 元	30 元	30 元	派认银额
／	戊等	戊等	戊等	戊等	丁等	丁等	丁等	等级别
／	宋大祠	柳大祠	周大祠	高大祠	朱大祠	巢大祠	胥大祠	族祠名称
／	10 元	10 元	10 元	10 元	20 元	20 元	20 元	派认银额
己等	己等	己等	己等	己等	己等	己等	等级别	
林大祠	施大祠	欧阳大祠	闻礼公祠	孙大祠	韩大祠	揭大祠	族祠名称	
辛等	辛等	庚等	庚等	庚等	庚等	庚等	等级别	
常大祠	甘大祠	钱明六祠	萧大祠	邹大祠	何大祠	黄大祠	族祠名称	
辛等	辛等	辛等	辛等	辛等	辛等	辛等	等级别	
岐东聂大祠	岐东谢大祠	邱大祠	郑大祠	翟大祠	袁大祠	潘大祠	族祠名称	
乙等宋大祠系指祠址在小南门土前的宋氏宗族。							备考	

案据邓民族董会主任世平呈称:呈为奉款当缴,无力遵命,乞恩原情豁免事。切族有祠向少储积,所管之业每年收得租谷三十余石,店钱三百余吊,在平时严行樽节,谨抵香灯挂扫以及完纳国税,稍一不慎,乃使不足殊。自民国以来,在北阀之下连年出去公债,在南府之中,亦叠缴过军糈,从此亏欠大甚,无法补救。奈至民十八年……民不聊生,征剿无暇,派款源来以是连年缴纳捐款,及其碉堡电线等费,并祠朽之修整,总计该洋四千元之左右,致今不堪设想。乞去年奉令成立族董会,职等穷力搜索,是于九月间缕述情形呈请县长周备案指示,破产在卷。迭召全族董会议之通过三祈债权人以情让,谨留祠宇享祀祖先田租拾石,以祀香火,余将祠管田租店房扫数典卖,按数摊还。此外,尤有孤老残废所存者三百余元尚未付过,只待募捐进享以偿之。今又奉令派缴船米亏折洋叁拾二元四角,职生斯土,其债本无旁待,奈心有逾而力不足,义当尽力而力量不能。祠产典卖待尽,族人又少富翁,千思百说无力遵命,只再缕情上达乞恩破例豁免。若谓职有朦蔽及其他姓之排挤,伏乞据拟原情备查征收处之粮户吊核职祠之账目,以证也。为此,迫切陈祠泣恳钧长俯赐原转,破例恩准豁免,功同天日,德并乾坤,联族阴阳不胜感恩之至谨呈等情。据此,理合备文谨呈钧长核夺示遵,实为公便。

谨呈万载县县张

兼代第一区区长刘梦鸿

中华民国二十四年六月二十三日

事由:据转据邓民族董会主任世平呈以无力奉派食米亏折转请核示等情指令遵照由。

万载县政府指令　　民二字第1508号

令第一区区长刘梦鸿

呈一件:为据邓民族董会主任呈以无力奉派船米亏折等情转请核示由。

呈悉。该主任邓世平所称各节不无不原,惟事关定案,未便变更。且派缴之款,为数无多,仰即转饬本好善乐施之心作急公好义之举赶速如数凑缴,毋得借词推诿。

此令

县长张

中华民国二十四年六月二十六日

事由:为呈请豁免派缴亏折米价以苏困难由。

拟办:呈悉。查此案业经本府指令第一区核准照办在案,所请免派亏折,碍难照准。来呈有谓一区办公处是日召集各祠首事开会,出席者未过半数,违背法规,不生效力等语,殊属不合。

呈为呈请豁免缴亏折以苏族因而昭公允事。案查此项派缴亏折,业经呈复一区办公处请求转呈钧府豁免沐批。呈悉。查此案业经呈奉县政府指令,核准照办,所请事关定案,仰径呈县政府核饬遵办可也。因未蒙办公处转呈,仅将前所呈苦衷,呈明钧府原情豁免。此项派缴款目,虽属慈善义务,奈因各族祠……疮痍未复,经济异常困难,实无力罗掘措缴。且奉明令各姓创办族学,不分男女族姓一律待遇,普及教育发展,民族精神进谋国族团结。现在经费支绌异常用难,又加重亏折负担,事处两难,实为狼狈,势必功败垂成,殊为可惜。况间有弱小民族,苦况尤甚□□□□□□□□□□□□□□□□□□□□□□□□□,实无慈善之力。自顾不暇,又安能济人。所谓佛沉波底,岂能救落水罗汉?如此苦衷,若不原谅未免难人所难,责人大苛也。查一区办公处训令内载于六月一日召集各祠董首士洎族董会主任,届期均多未据到会。然应召集之人既未多数到会,即未出席过半数,亦不合法定人数。既不能合法开会,即不能违法表决,按之立法章程法团规则及民权□□之程序,种种违背法规,当然不生效力。且当时采买股承办,虽为赈济起见,并非买卖行为,包办性质,应由各族祠出席与议,承认赞成方能有效!乃既经召集,何以不经各族祠出席动议讨论通过,亦未经正式表决,及购买到县又未拟销各族祠派领,兼之售米之际并未参加会议。似此采购股包买包卖,操纵蒙呈,置各族祠于度外,如同壁上观,实为买卖行为,何得强制各族祠派消亏折?究竟如何亏折,难免瓜李之嫌,安知非赢则归私,亏则归公?揆诸情理,岂得谓平?且种种手续不清,当然无效。即以米价而论,较之以前价格,则愈售愈高,又何见逐渐低价?总之,此项亏折始终既不由各族祠负责任,当然不应由各族祠尽义务。窃查明令所载迅即召集城厢各族祠剀切劝导,是以地方之人,办地方之事,以地方之财,济地方之急,足见应当公开主义,方为平允。晾仁廉主持公道,必无左袒于其间。为此情迫难堪,理合呈请钧府察核俯顺舆情,准予豁免派缴亏折,以苏族因而昭公允,不胜切祷。

谨呈万载县政府县长张

城厢各族祠代表：鲍振扬、邓世平、朱禄庭、辛炎恭、宋枬木、郭源亮

中华民国二十四年七月一日

事由：事由：呈为拟请援照历来派捐成例，分别族祠等级派销亏折由。

拟办：呈表均悉。准予照办。仍仰克勒限凑缴，毋稍延误为要。此令，表存。

案奉钧长手令内开：案查粮食统制委员会购办民米亏折派由该区各族祠认销四百石，以资抵补一案，久经饬遵在卷。现闻米已逐渐低价销售，而各族祠始出承销数量，意在希图幸免补价，殊属非是。合亟令仰该区长遵照于三日内限各族祠补足米价百元以符定案，不得延误干处，切切此令等因。奉此，自应遵照办理。惟查此案，前经本处召集各族祠首士，并一再召集各族董会主任，来处会商认销办法，均到会寥寥，作消极之抵制，业经呈报有案。兹奉前因，若不勒派限缴，必无圆满结果，拟请援照历来派捐成例，分别族祠等级，各认多寡，以为派捐标准。凡各族祠原列甲等者，此次着派认银九拾元，其次乙、丙、丁、戊四等均分以五十四元、三十二元四角、二十五元四角四分、十五元二角六分着派认银，总计各族列居甲等者二姓，乙等者一姓，丙等者十二姓，丁等者七姓，戊等者三姓，□□□□□□限派认食米亏折情形，是否可行？理合造具各族等级一览表，备文呈请钧长俯赐鉴核指令遵行！

谨呈万载县长张

计呈各族祠等级一览表一份

兼代第一区区长刘梦鸿

中华民国二十四年六月十三日

万载县第一区办公处经办各族祠派认船米亏折等级数目一览表

丙等	丙等	丙等	丙等	丙等	乙等	甲等	甲等	等级
刘大祠	汪大祠	龙大祠	王大祠	张大祠	宋大祠	郭大祠	辛大祠	名称
32.4 元	32.4 元	32.4 元	32.4 元	32.4 元	54 元	90 元	90 元	金额
丁等	丙等	丙等	丙等	丙等	丙等	丙等	丙等	等级
胥大祠	唐大祠	邓大祠	陈大祠	鲍大祠	巢大祠	李大祠	易大祠	名称
32.4 元	32.4 元	32.4 元	32.4 元	32.4 元	32.4 元	32.4 元	32.4 元	金额
戊等	戊等	丁等	丁等	丁等	丁等	丁等	丁等	等级
欧阳大祠	柳大祠	杨大祠	朱大祠	周大祠	彭大祠	巢大祠	高大祠	名称
15.26 元	15.26 元	25.44 元	25.44 元	25.44 元	25.44 元	25.44 元	25.44 元	金额
丙等易大祠祠址在王家山，丙等龙大祠包含义井、集贤两支。另祠址在土前的宋大祠本表中列为戊等，似与前表不一致。								备考

报告（万载县粮食统制委员会）　　中华民国二十四年七月三日

事由：窃查吾县本年春荒，粮食缺乏，曾由粮食统制委员会在于仓米项下向南昌裕民银行商借，先后购买赈米一千三百零二石（并六区一百石在内）。除电省代售及退盘外，实由汽车连县原年米七百三十五石，并经职会协同商会逐日经理平粜，幸蒙钧长指定监察员

轮流监察,致未发生意外恐慌。惟查所到之未现尚余存四十八包,计米六十石未能售脱。际此早稻成熟,买者甚少,近日以来直至无人问津殊。若久事迁延,不予设法粜售,不但碍难结束,尤恐天热米坏,殊为可惜。兹职拟请钧长由粮食统制委员会召集城乡粮食商销按照市价分摊,所有米价准其半月后给付,在各米铺分买无几,不过举手之劳,在公家可免久事迁延,增加损失之累。是否可行?理合报告。

呈为呈明操纵蒙呈恳请主持公道,准予豁免事案。奉此次派米亏折,曾将各姓困难情形及种种不合手续,业经呈明在案沐批,所请免派一节碍难照准等谕。奉此,代表等既经各姓公推负责,应再请愿陈诉,仅将假借名义蒙呈派缴情形条陈理由于后,伏诉鉴核:

(1)会议不合,未经承认。查办公处训令内载于六月一日再召集各祠前事泊族董会主任,届期均多未据到会。又奉全批,“查该区两度召集各祠首事及族董会议,竟有多数不遵到会,显系消极抵制等谕”。查此项派款,乃采买股操纵蒙蔽。当筹办之先,并未召集各族祠与会。及购买到县之日,虽由办公处召集各族祠会议,届期到会者候过钟点,并无主体亦无人理会,究不知所议何事?真莫明其妙,会尚未开,何有剀切劝导?若谓再召之举,凭证何在?确系抹煞各姓若有若无,故各姓始终不愿承认,并非消极抵制。然既不合法开会,即为非法表决。开始不由人承认,缪然强制派缴,按之立法院章程法团规则及民权初步之程序,种种违法,当然无效。此采买股操纵蒙呈,应请豁免之理由一也。

(2)手续不合,非法包买。当时采买股承办,应当召集会议及购米到县亦当宣布价格,应由各族祠出席与议派领分销承认负担,方为有效。乃前次既不召集各族祠,此次又不经各族祠出席动议,讨论正式表决,显系私人营业,殊属不合。此采买股非法包买,应请豁免之理由二也。

(3)独断操纵,非法包买。当时售米价格之高低,买卖之盈亏,采买股并未宣布,各

族祠亦未参加会议,置之度外,等于壁上观,实为买卖行为,何得强制各族祠负担亏折?究竟如何亏折?难免瓜李之嫌,借此中饱私囊,此采买股非法包买,应请豁免之理由三也。

(4)米未拨祠粜,自行包办。沐批仍共体时艰为怀等谕,奈因有是心而无力,前已呈

明苦衷在卷,但此种采办赈济虽属急公义举,亦应事先召集各族祠与议米到分销,方为名正言顺。现米价逐渐愈高,该采买股何得假借名义蒙呈应派缴亏折?显系操纵独断,不顾公益采买,不由承认售卖,不经与闻,包买包卖,一味独权,赢则归私,亏则归公。揆诸情理,岂得谓平?此采买股操纵包办,应请豁免之理由四也。

以上四理由,种种手续不清,合各姓公忿,万难承认。原以地方之人,办地方之事,以地方之财,济地方之急。事前应由各族承认;事后责成各祠负担,方为合法。该采买股一纸空文,重若千钧,今代表等一再诉愿,轻如鸿毛。孰是孰非,谅仁秦镜高悬,必无左袒于其间。代表等因负各姓摊牌之责,故不敢诿卸,亦不敢擅认派。与其天外寻天,曷若佛中求佛?事关公论,理合再呈恳祈钧府原情察核,主持公道,俯顺舆情,迅赐批免斩断纠纷,则各姓幸甚!

谨呈万载县政府县长张

城厢各族代表:鲍振扬、邓世平、朱禄庭、辛炎恭、宋枬木、郭源亮

中华民国二十四年七月十一日

兵役篇

罗城乡第六保有土籍、客籍之分且李、范二姓素来不睦

事由:为保长李惟谨恃父灭法贪污已极,恳请将父子迅予严办,依法核办以苏民困由。

拟办:检同原件,令区澈查。中华民国三十年九月卅

查本保保长李惟谨恃父李仰由灭法贪污,种种事实证据条列如下:

1. 兵役舞弊。查保长承继父李仰由,乘此抗战时期,继收买应征壮丁三名,并李惟谨共详四名,迄今未征一名。

2. 浮勒征购谷。查此次乡公所派征本保田亩谷,共四百六十三石零九升,该保长召开保甲会议编组调查本保田亩,共计七伯零亩七分,与所查田亩计算,每亩应派购谷六十六斤,该保长父子商议,勒抽每亩八十一斤半,合计全保浮收一万一千三百六十八斤半,有收据可证。

3. 扣用储券缴款。查县政府所发节约储蓄卷,曾由乡长所派本保六伯零三元 ,该保长当即收清,讵伊父子不但商扣私用,不缴上峰,尤其将此款籴买新谷,剥民利已,惟此储券迄今各户,均未领到,民众可证。

4. 多派月捐。查保长李惟谨,自接任以来,始则账目公布两月,嗣后每月除派规定款外,均多派廿余元至三十余元不等,故账目从无公布(请缴簿清算)。

职等受各甲民众之付托,痛剥削之难忍,为此列呈事实证据,恳请钧长察核,速将李惟谨父子严拘依法撤办,以儆效尤,以苏民困,实为公便。

谨呈万载县县政府谭

被告保长李惟谨

罗城乡第六保具呈甲长:范华林、范推成、卢秀芳、张王风、范珠妹、范杰珍

第六保长民众到表:卢罗妹、范美秀、张仁、范善缘、卢蓝生、范哲生、张阳春

铺保振兴号

事由:为保长李惟谨串商舞弊、包免兵役、私勒役金(六十元)欺甲弱小,恳请迅于严拘依法撤究,追回役金,以苏民困由。

拟办:移民政科并案办理。中华民国三十年十月六日

窃查保甲制度足以救亡,亦足以促亡。非法不善,实难得其人耳。若本保长李惟谨恃父违法,贪污无厌,于本年四月初一日统率保队附及排长甲长等串商舞弊,包免民子兵役,勒免役金(六十元),民以出钱可免,何乐而不为?况民虽有四子,长子国文民二十六年九

月二十八日应征,次子德华民二十七年又七月十六日应征,三子生发民二十九年四月二十六日应征,罗城乡公所有册可查。小子茂林于本年四月初一日勒款免役,今又强征入营,似此侍父行强,人才两去,欺挟弱小,情实难堪。查保长之父李仰由乘此抗战时期收买壮丁三名为嗣,并保长共四名。自抗战以来,从未应征服兵役,横行全保。若不速予严拘依法撤究,□□□□□□□□□□□□□□□钧长迅速依法拘办,追回勒役金六十元,以苏民困。

谨呈万载县县长兼军法官谭

被告保长李惟谨、保队附卢逢春、排长卢所寿、甲长宋有耀 、在场人宋子辉

店保振兴号

中华民国三十年十月四日

事由:为呈复办理范华林等呈控保长李惟谨贪污枉法一案经过情形乞鉴核由。

拟办:现据查明,均非事实,准予免议。中华民国三十年十一月二日

江西万载县政府第五区署呈　　民字第37号　案奉钧府本堪十月五日永民财军字第6237号训令开:案据该区罗城乡第六保甲长范华林及民众代表卢罗妹等呈以保长李惟谨恃继父李仰由势,浮勒征购谷担,扣用储蓄券款,多派月捐,包庇兵役种种贪污枉法,恳请严拘撤办等情。如果是实,殊属不法,合行检同原件令仰该区长撤查究办具报等因,附检发罗城乡第六保甲长范华林等原呈一件(办毕仍缴)。奉此,当经本署传集双方讯问,该甲长所控各节,均非事实。至其发生原因,实因该乡民族有土籍、客籍之分,且李、范二姓素来不睦。除告知双方以后,须化除成见,不得再有类此行动发生外,理合将办理情形,备文呈复钧长鉴核!

谨呈万载县县长谭

附缴还原呈一件

万载县政府第五区署区长廖中芸

中华民国三十年十月二十八日

事由:据呈复办理范华林等呈诉保长李惟谨贪污枉法一案经过情形乞鉴核等情,指令知照由。

江西省万载县政府指令　　民财军字第6991号

令本府第五区区署区长廖中芸

本年十月二十八日民字第37号呈一件:为呈复办理范华林等呈控保长李惟谨贪污枉法一案经过情形,乞鉴核由。

呈悉:现据查明,均非事实,准予免议,着即知照!

此令!

县长谭

中华民国三十年十一月六日

罗城乡第二保王火牙户因出继取得独子身份请免兵役

事由:为出继合法取得独子身份,理合检同证件,恳请察核批准独子,以维法益由。

拟办:查该民既非本年中签壮丁,三十年国民兵调查在迁,应发还原件,仰遵规届时填呈免役申请书。批示。中华民国三十年十一月十四日

窃民生于光绪三十四年十月初一日,即于同年十一月初二日。堂祖盛有逝世,无人承孝,就便起见旋出继堂祖盛有之亡丁堂伯恩发、堂叔英明二人名下为嗣,以承堂祖盛有之孝。继又报载草谱,嗣于民国十二年九月。家族不肯,闹吃继酒,于是年九月初十日,加办继酒,经族戚再立继帖一张,可见与父兄等出世一月零二日即已脱离关系。据之兵役规章既民国二十年五月公布,民之出继并不触法,自应取得独子身份。今以地方征役黑暗,消息不露。兹据民妻称云"曾于古历八月十二日于半时间,突来枪丁数名围屋,叫捉当兵,开门视之,尽皆不识"。幸民外出未被遭害,嗣问保长未有中签。上年县府派员中签,曾未沐拘检验,以此故不明解,愚弱实难安居乐业。设民身外无有妨碍而有助丁维持家务,对于出征救国自是国民应尽之天职!民又何必触呈无奈负担甚重,无人维持?既据法章与公布无违规例出继者取得独子身份,民不得不贪。惟深恐有受不明之骗害,且族谱断不能依民出继修告造一次,又谁料有此不测征役之事,故仍邀集当出继之余存族戚王正生、喻义子、邬滋生、吴炳业等,及本甲甲长邬水生既邻甲甲长曾长生、邬炳发等具结证明外,理合检同当时报载之草谱和民国十二年之继帖,一并备文求请钧长察核大放光明救济愚民,批准独子,以维法益,庶可安居乐业,铭感五中,没齿难忘,不胜迫切待之至!

谨呈县长谭

具呈愚民罗城乡第二保十二甲王火牙(现年三十四)

中华民国三十年十一月十日

白良乡第四保朱生牙户因出继取得独子身份请免兵役

报告　三十年十月十九日于白良本所

案据第四保保长袁华凤报称：窃保八号中签壮丁朱文兴蓄意潜逃无法征送，现签号已到，上峰催交急如星火，万难再延。今将该壮丁之父朱生牙解送钧所，请令饬该家属将子征送入营等情。据此，查该壮丁家属朱生牙经本所拘押限交，现逾限已久，抗不征送，殊属消极抵抗，用特备文解送钧府察核收押饬交。

右报告谨呈万载县政府县长谭

附送壮丁家属朱生牙一名暂押警察队十月十九日

第四区白良乡乡长袁荣科

批示：交警队押后提讯。十月二十日

事由：为捕拿出继家属实施拘押无期，号叩鸿恩矜悯，迅予电饬第四区署所辖白良乡公所开释返家，以免农田荒无由。

拟办：1. 检交白良乡查明核办具报。

2. 批示知照。三十年十一月二十三日

批示：本件办毕仍缴。

附送壮丁家属朱生牙一名，暂押警察队。十月十九日

为捕拿出继家属实施拘押无期，号叩鸿恩矜悯，迅予电饬第四区署所辖白良乡公所开释返家，以免农田荒无事。缘民夫妇生育二子，长名文兴，于民国十六年初生时候，当经亲族会议祧继与斯腾名下为嗣，后即书立继贴，交与斯腾收执，铁证尚存，然后文兴乳哺至五岁时即由其继父母收归抚养，负担抚养义务，故教读配之责，均由继父母负责到底，民对此文兴脱离家庭后毫未过问，当然切不相干。而次子水生年甫十一岁，亦曾祧继亲兄样牙名下，接统双挑，均由继贴炳据，即所有亲族及附近邻居无不洞悉。讵该保长袁华风统率保队袁细牙、排长袁汉田等突于农历八月十五日蜂拥民宅，不分皂白将民逮捕递解乡公所收押在卷，勒令将出继斯腾之子文兴交出当兵，不知是何道理？况文兴又不适征兵年龄，且已继斯腾名下，即为承祧独子，并在他个保甲范围以内，编册五户，各居另灶已非一日。奈民夫妇年过六旬，家境赤贫。不必所谈值此晚稻登场刻不容缓，皆待民一人收获，昨将上项情形呈请乡公所，而该乡长亦竟不察要为，拒绝谕民向保长接洽，实不知其中之底蕴？似此情形不平，孰甚迫不获已号叩钧长，俯赐悯察思开雨露。姑念年迈孤弱，饬令返家维

持收获，来生当作犬马之报。

谨呈万载县政府县长谭

具呈人在押朱斯群（即生牙）

具禀人朱斯腾（住大桥）、朱生牙（即斯群）在押

为借公报私强征独子，检同切结继帖，恳请依法惩处，以维役政而扶弱小事。窃民住居第四区白良乡第四保，保队附袁细牙前因口角生仇，前月间妄指民子文兴应征，民即婉言要求。但民虽有二子，长子文兴于民国十六年出生时，经亲族朱斯堂、潘绍山等在场，过继朱斯腾名下为子，早年脱离父关系，与继父斯腾同居，是构成独子取得独子身份无疑。况文兴年方十五岁，不合兵役年龄，请兵役须满十八足岁才能应征入营，该保队附不依法令，一味糊涂报由乡公所，妄指文兴逃避兵役，不由分说押禁十余天，勒交文兴，竟借公报私，暗无天日，解送钧府拘押，叩请钧长主持公道，一视同仁。特检同证件切结，依法办理，实为德便！

谨呈万载县县长谭

附呈亲族朱斯堂等证明切结一纸、过继帖一纸

具证明切结人朱斯堂潘绍山等今当万载县政府县长谭台前，实结得朱斯章之子文兴确于民国十六年三月初十日出继朱斯腾名下为子，民等在场是实，不敢冒结，如有虚伪，干愿坐罪，所具是实。

具结人：朱斯堂、朱斯章（押）、潘绍山（押）、吴里妹

中华民国三十年阴历九月十六日

供称有子女二人，一名文兴（十五岁），一名水生（十岁）。文兴已出继，外出未归，不知下落。水生在家，五人同居，文兴之妻在内云云。

朱生牙

十月二十四日

万载第四区白良乡乡公所呈　　荣军役第87号

案奉钧府咏军役字第6752号训令开：案据该乡乡民朱斯群呈以冤被拘押，请转饬释归等情。据此，本案真情究竟如何，无从悬揣，合亟检发原呈，令仰该乡长即便查明核办具报等因。奉此，查朱斯群系第四保第八号中签壮丁朱文兴之父，因朱文兴逃避该保，即将其父送押饬交。当该保送押该民时，经本所讯问实情，据云该朱斯群有子二人，长名文兴，次名水生，于本年二月间中签后，文兴即逃往他处等情到所，经本所拘押数天，总是延期寻交消极推诿。本所为奉行法令计，于十月十九日备文解送钧府饬交等语在案，所云文兴出继一节，并无合法证件，其云继父负责抚养更非事实。奉令前因，理合呈请钧长察核。

谨呈万载县政府县长谭

附呈原呈一件

第四区白良乡乡长袁荣科

民国三十年十一月三日

事由:为朱文兴已自行投案,朱生牙业已释归,仰查明有无挟嫌举报情事,具报凭核由。

江西省万载县政府训令　　咏军役字7501号

令白良乡长袁荣科

查该乡于十月十九日,据情解送第四保第八号中签壮丁朱文兴之父朱生牙(即朱斯章)一名,请收押饬交到府。经准发押讯究后,时历一月。已据朱文兴自行投案,此经交由新兵招待所收容备拨。惟该朱文兴身体矮小,似未适龄,能否拨出,尚属问题。该原管保长及保队附究竟有无挟嫌举批之处,仍应查究,以免假公济私陷害民众。除将朱生牙释归外,令仰该乡长查明具报,以凭核办为要。

此令!

县长谭

民国三十年十一月二十五日

事由:令仰查明朱斯群被押案情具报由。

江西省万载县政府训令　　咏军役字第6752号

令第四区白良乡乡长

案据该乡乡民朱斯群呈以冤被拘押,请转饬释归等情。据此,本案真情究竟如何?无从悬揣,合亟检发原呈,令仰该乡长即便查明核办具报!

此令!

附发还朱斯群原呈一件

县长谭

中华民国三十年十一月二十五日

全衔　批示

批具呈人朱斯群

呈一件:为冤被拘押请请转饬释归由。

呈悉。案经检交原管乡么所查明报核,仰即知照。

此批!

县长谭

赖振芳构成独子身份请免兵役

事由：呈复赖梁氏呈诉保长廖祥启违法征兵一案，检呈原呈乞鉴核由。

江西省万载县政府呈　　咏军役7612号

案奉钧署民字第6621号训令开：（抄原文）等因，附原呈一件。奉此，查本案前据该氏呈诉到县，即曾依法饬查，嗣据该赖氏族众证明，赖振芳系民二十四年出继，依法自不能认为有效，予以免役，并曾转据批办各在卷。至所指未征各壮丁，是军方尚未屈临，并非该保长私卖包庇。该氏凭嫉妒心理，砌词妄控，似应予以驳斥。遵奉前因，理合将本案实际及处理情由，检同赖梁氏原呈一件，呈请专署鉴核。

谨呈江西省第二区行政督察专员危

附呈赖梁氏原呈一件

万载县长谭

宋木生出继构成独子身份请免兵役

具禀人宋木生，业南货，现住宜春东大街益昌南货店（谱名即馀火）。为保长宋守全违法征兵，恳请依法免役而符法令事。缘民父于民十七年将民出继基叔元寿名下为子，当与生父脱离共同生活，遂与继父同居，众皆周知。无论形式上、事实上早已构成独子，有族谱可资铁证，况且自民二十六年在宜春县谋生，登载该县户籍已阅四载，所有民训义务等项无不尽服。此次请假回家烧纸，至多不过三天，而该保长因有谋买民叔之业产，不该被民窥破，因而未遂，即将民征服兵役送交城厢二镇，转送国民兵团待拨。查兵役法施行暂行条例第二十九条第二项，仅服国民兵役而免常备兵役。今该保长因谋买未遂，将民拉充兵役，民何以堪？为迫不得已，检同族谱一本，恳请钧长俯赐察核，准予依法免役，并恳将该违法征兵者依法治罪，以符法令而免愚民受害，不胜迫切待命之至！

谨呈万载县县长谭

附呈族谱一本

被禀人宋守全（现任城厢二镇三保保长）

批示：令该管镇长查报核办。九月九日

续禀人宋木生,住宜春城乡一镇第一保益昌号(现在国民兵团)

为谋买未遂,挟嫌征兵,续恳依法免役,恩准释放,以免久羁而符法令事。缘民祖父遗下土方一处,时值百余元,最宜种菜。不意保长宋守全垂涎已久,立意谋买,近竟密诱宋生贵私行交易,以二十六元之代价迫立卖契。民闻之下不胜骇异,以为此系祖上遗业所得,代价以四股平分,每人所得无几,何必毁败祖先遗续。当即出而阻止,殊不知保长仗有征兵之权,随即怒形于色愤恨而去。去不一时,旋即拿民充当兵役并请镇公所即时送县,毋待声述,理由可谓黑暗已极。窃民当民国十七年已出继元寿名下为子,所有教读婚配全由继父负责,继帖尚存于宋贻初之手。该保长明知早已构成独子,因谋买未遂故意与民作难,近竟煽惑宋贻初将民继帖隐瞒,希图闭塞。为不得已报请族董会理谕,众斥其非,以事属实在。当即缮具证明书一纸,予以负责证明免致莫白。兹特检同证明书一纸,备文续恳钧长俯赐查核,准予依法免役,并恳迅予释放,实为恩便!

谨呈万载县县长谭

附呈宋氏族董会证明书一纸

事由:据该镇征送壮丁宋木生呈以保长宋守全挟仇强征出继独子,请释放等情令仰查复由。

江西省万载县政府训令　　咏军役字第5591号

令城厢二镇镇长汪镇汉

案据该镇征送壮丁宋木生禀称:为保长宋守全违法征兵之云叙至……之至等情,附呈族谱一本。据此,查该丁所称各节如果确实,该保长殊属不法,除批示外,合行令仰该镇长即便详实查明具诉,毋得徇隐为要。

此令!

县长谭

中华民国三十年九月十一日

(全衔)批　　咏军役字第5592号

具禀人宋木生呈一件:为保长保长宋守全挟仇强征出继独子,恳请释放由。

呈悉。已转令城厢二镇镇公所详实查复核夺。

此批! 谱暂存。

县长谭

中华民国三十年九月十二日

拟办:案经饬令该管镇长查报,仍仰查复到府再行核办。九月十二日

万载城南宋氏族董会

兹据宋木生本月六日报称于民国十七年,经其生父宋陈寿出继宋元寿名下为嗣,当经族戚在场,立有继帖为据。自民国二十六年在宜春谋生已经数载,并造当地保甲册。现因

回梓烧纸，不料本县二镇三保保长宋守全突然捕捉抵保内兵额，解送县府验收，恳请钧会转报县府俯赐查核，准予释放等情。据此，经查属实并无虚伪，理合据情转报，恳请钧府查核准予释放，实为德便！

谨报万载县县长谭

万载城南宋氏族董会主任宋于明

中华民国三十年九月十日

报告　九月二十日于本所

案奉钧府咏军役字第5692号紧急代电，以征送壮丁宋木生呈以保长宋守泉挟仇强征出继独子请释放，仰文到一日内查复报府，毋得徇延干咎等因。奉此，遵即派员查询，而该保保长宋守泉于本月十八日又呈报本所，告该丁确有兄弟三人，应予征送。本日上午该宋氏族董会亦又公函来所，认为该宋木生，确系民十七年出继元寿，请求免役，各执一词，究竟是否应征应释，本所实难辨别。奉令前因，理合检同双方案卷，备文呈赍钧长俯赐核夺！

谨呈县长谭

附呈：宋氏族董会呈文公函各一件

宋木生节略继帖各一件

保长报告二件

城厢二镇镇长汪镇汉

批示：迅传一干人等本府质讯核办，待该族董会证明书来缴再行处理。九月二十三日

报告　三十年九月十四日于本保保办公处

为申复由：案奉钧所本年九月十二日镇军役字第200号指令，以据宋木生略称挟征兵等情，除原文有案邀免冗叙外尾开，查该宋木生所报各节是否属实，殊难悬揣，仰该保长详细申复以凭核办为要，此令等因。奉此，查宋木生同胞兄弟三人，兄柱生，弟金生，兄弟三人征派其一，自属合法行为，有何挟嫌可言？所云出继伊叔有族谱可证，但宗祧继众，民法已经废止，例如兵役法规释疑所载，某甲所生二子，其一继承他人为子，其一留作已子，均不能作为独子，予以免常备兵役，此在二十八年五月经军政部解释有案。今宋木生既有兄弟三人，就令出继，根据上述军政部之解释，亦不能构成独子身份，免服常备兵役已无疑义，为此备文申复钧镇长俯赐鉴核！

谨呈万载城厢镇长汪钧鉴

具呈第三保保长宋守泉

报告　九月十六日

案奉钧所镇军役字第128号指令，以该保征送壮丁宋木生系挟仇强征出继独子有族谱证明，饬即详实查明具报等因。奉此，查该壮丁宋木生确系兄弟三人，今该壮丁申请出

继独子请求免役，事属非是，而该谱系民国二十八年建修，不在请求免役之例，同时该壮丁继父继母及妻子均无又构成单身独子，亦属应征，所请邀免服役事实不合，奉令前因理合备文呈复

钧长鉴核，准予转请服役！

谨呈镇长汪

第三保长宋守泉

批示：转呈县府，讯夺后呈复。九月十八日

具节略人宋木生（原籍万载，现籍宜春东大街。）

为谋买未遂，挟嫌征兵，恳请转呈，依法免役而符法令事。缘民父于民国十七年，将民出继与基叔元寿名下为子，当与生父脱离。共同生遂与继父同居，众周邻知，无论形势上与事实上，早已构成独子，有族谱可证。况自民二十六年已住宜春县谋生，登载该县户籍，已阅四载，所有一切民训义务等项无不尽服，此次请假回家烧纸至多不过三天，而该保长因谋民叔之业产，不该被民窥，随即将民征服兵役送交钧所转县国民兵团。查兵役法施行暂行条例第二十九条第二项，僅服国民兵役而免常备兵役。今该保长因谋买未遂，挟嫌征充兵役，民何以堪、为此迫不得已，恳叩钧长俯赐仁慈，迅予转呈县府，准予依法免役，以符法令实为恩便！

谨呈万载县城厢二镇镇长汪

附呈族谱一本

被诉保长宋

批示：转令该保长详细申复，以凭核办。

长发其祥

立出继约人宋善霭，缘因胞弟元寿本年身故，膝下无嗣，不僅弟妇孀居照料乏人，兼之难忍胞弟无后，爰是经请族戚，应将次子本生出继为嗣，接绍宗支。今二比情愿，均属应继。但自今出继之后，应与继母同居，亦须侍奉无违，所有胞弟名下家产均伊母子执掌，他人无得，并言惟愿今后瓜？绵绵，长发其祥。恐口无凭，立此出继约，永远存升

在场族戚：宋生明、宋德甫、宋作哲、宋庚文、宋海苟、宋生遗等画押

中华民国十七年十一月廿日立出继约人宋善霭笔立

第三保长宋守泉

万载县城南宋氏族董会　青字第43号

经启者，兹有敝族六房支下宋木生虽属壮丁，但于民国十七年出继其叔宋元寿为嗣，是年元寿辞尘，木生身着麻衣承孝执绋，合族均知，同时经戚族立有继帖，谱牒详登可据。

该木生应列子独地位，征兵亦在缓役，且木生于民国二十六年分居宜春县经商多载，户册余名，事实具在，证件犹存。中元回家烧纸，曾被贵镇第三保保长宋守全拿作应征，事有误会。兹检继帖一纸，理合具文一并函请贵镇予以释放，请烦查照并希见复为荷。

此致汪镇长镇汉

城南宋氏族董主任 宋子明 谨启

中华民国三十年九月十九日

事由：为释回宋木生仰知照由。

江西省万载县政府训令　　咏军役字第7877号

令城厢第二镇镇长

案据壮丁宋木生呈以保长宋守泉谋买未遂，挟仇强征独子，经检据乞验候命日久，未蒙核释，谨再请察核等情。据此，查该案经该镇转送到府后即曾呈缴谱牒、继帖等件请释，嗣因候原征保长呈缴户口册为征集之证明，以致留所多日。现该民身份既有谱牒等可为独子之证明，而查该镇中签名册又未将其列入，经传讯该保长谕饬速缴户籍册，以凭核夺，又一再延未呈缴。征集当非适当，自应予以释归，以杜挟嫌强征之刁风，俾得趋于正执。除将该丁遣归外，合行令仰知照并转饬知照为安。

此令！

县长谭

中华民国三十年十二月七日

为保长宋守泉谋实未遂，挟嫌违法强征独子再请查明释归，以符法令事。民于十七年出继后，经依法取得独子身份，得免服行常备兵役，其谱牒、继帖等证已呈送在案，此外并且□□□□居宜春经商将历六年，业已列宜春户籍。民在万载并无户籍，当无受任何权利服行兵役义务之可言。该保长何得据捉送役，事理在复明显。况侧闻征兵办法条例，须先定应征签号名册，依法顺序征送，绝不□□□□□□□□。今民既非该保中签壮丁，偶然回乡祭杞即行捉送，当属违法。今待命日久，未蒙核释，不胜疑骇。除分呈各兵役司令部外，恳乞钧府为主持役政官署用敢不避，再续请求依法释民，并惩处该违法保长，实为公德两便！

谨呈万载县县长谭

具呈人宋木生

铺保 合记日日旅社

批示：传宋守泉讯明征集情由再夺。十一月二十五日

据宋守泉称，该宋木生确久住宜春，身份则不详，而查签号册列无其名，出继又有该姓族谱及结证可凭。扣押日久，应令遣归，以壮滥捕刁风。

中华民国三十年十二月五日

杨亲民呈谱凭验请免兵役

谭咏秋县长钧鉴：

我是一个乡下的老百姓，国家一切法律，我都不晓得。但是对于征兵条例，我又听得好多，先生说过，稍微懂得一点。谭县长，现在有五兄弟的人，是不是应该抽人去当兵呢？谭县长，我今天写这封信给你，并不是做鬼作怪，真的是一件事实。现在株潭益年堂药号有一个杨亲民，他现在益年堂担任经理。他有五兄弟。在民国二十年三、四年的时候，有一个姓罗的保长就要抽得他去当兵，后来因罗保长的贪污，结果到现在冇有当兵，以征兵条例来论，就应该抽三个去当兵，然而他所以现在没有当兵的原因，就是他（杨亲民）每当新保长接事的时矣，就给钱把保长。谭县长，你是我们万载的一个雄才大略的人物，对于作事方面，大有经验。我们中国之民有五兄弟的人，是不是一个都不要去当兵，他现在的年纪造到五十二岁，他的实年纪是二十六岁，你县长是不信的话，他姓杨的还修了谱，拿出他的来看就明白。他的长兄现在在宜春大生祥，二兄在宜春慈氏硝磺局，他的三兄在萍乡，他自己是老四，老五在宜春学徒弟，因曾当兵的原因，所以他散住在各县。你县长如果是不信的话，请到株潭来详细调查，他现在对龙保长有点不睦，他恐惧在保长故害，他（杨亲民）现在想又到别处去避免兵役。你县长如果是真心替大家出力，那么县长就要严办贪官，严办避免兵役的人，严办舞弊的人，那你县长就上可对得天住，在下可对得老百姓住。县长对杨亲民这个逃避兵役的，如果是不实行征兵条例去做，那么我们还是会报告上峰。谭县长，你要晓得我们给这封信把你，为的纠正逃避兵役的人，另一方面是打倒舞弊的贪污保长。你县长是能够替国家尽忠报国，将来我们万载同胞也有复兴的一天，我们中国全国的县长如果都像谭这样的尽忠报国，国家定能强盛。对于杨亲民这回事是否如意，请县长再三思索为要。此敬达顺叩公绥！

我等各姓不能当面书出请谅之！此事是不信的话，望县长再三调查。

事由：电仰拘送杨亲民等以凭究办由

江西省万载县政府代电　　咏军役字第9855号　　中华民国31年

株潭镇高镇长，据报该镇益年堂药号经理杨亲民有贿赂保甲长，伪报年龄妨碍兵役之所为，特电仰立将该杨亲民及该管保长拘送来府，以凭究办，如有违误，以徇纵舞弊连坐，仰即原禀遵为安。

县长谭公出 教育长钟代行

中华民国三十一年三月六日

龙凌云，年二十六岁，现充株潭一保保长。

问是几时当保长的？自二十九年七月接充。

问做什么事业、做生产（硝磺）。

问知道杨亲民有几兄弟？有三兄弟，其长已死，其第在当兵。

问平日得过他的人情么？我平日与他无怨亦无恩。

问究竟有弄弊的事么？绝对无徇情舞弊事。

问他第在□□□□□□？去年曾领取优待金。

龙凌云押 三月十八日

杨亲民，年四十二岁，株潭人，业商。

问共有兄弟几人？有三兄弟（新民、亲民、保民）

问兄弟现在那里？长兄已过世，三第在江防独立队充兵。

问以前有个罗保长么？罗保长是有的。

问你有个兄弟在大生祥么？大生祥是房下兄弟（牖民）

问你还有兄弟在萍乡和宜春？并没有兄弟在萍乡和宜春。

问你能在何日呈出谱牒呢？限三日内呈谱凭验。

问还须详细查办，愿交保候核。

杨亲民押 三月十八日

具保结商铺 万载万安旅馆

今当万载县县长谭台前实结得株潭镇第一保居民杨亲民因兵役案随传随到，否则惟保人是问，所具保结是实，拟准保释。

具保结商铺 万载万安旅馆

中华民国三十一年三月十八日

事由：呈为确系出征军人家属，绝无贿赂情形请察核由。

拟办：案经传讯，原密告失实，且被告密人杨亲民为不治之近视者，已经卫生院验明，应注销原案，予以免议，代电株潭镇长转饬知照。中华民国三十一年四月四日

窃民父裕和生我兄弟六人，长兄福厚，于清光绪二十年出生时，即出继胞伯礽和为嗣。次兄新民，不幸于民国十六年弃世，遗子一人，名锐，经民教读婚配后即入伍多年，现在军事委员会军训部第一团三营十连服务。三兄宣民，于民国十九年地方匪患时，即迁居宜春并在第五区署担任书记职务多载，至上年始调任为财政部西岸硝磺总处宜萍分处慈票支处事务员，并有服务证件可据。五第保民，现住江防独立总队第四大队水雷训练班队员，大弟逸民，数龄即遭害。似此民兄弟含出继及死亡外，仅余三人，且一为历任公务人员；一为现役军人，依法应在缓役之列。今民侄锐之妻及五弟保民室家合计数口，日用衣食均由民一人负担。值此生活日昂，既无遗产，兼之目患近视，行动欠灵，致生活维艰辛。得戚友

资助集股在株市，经营小商，俾度数口生活。讵本月十二日，忽奉镇公所拘票拘民到所讯问，据报株潭益年堂经理杨亲民有贿赂保甲长、伪造年龄、舞弊兵役情事等因，民趋听之下，不胜骇异。窃民弟、侄均已先后从戎多载，均有信件相片及服役证件可查，纯为出征军人家属，依法不在应征之列。既不应征，何须贿赂？似此凭空捏报，实属挟嫌陷害。理合亲自投到并检同族谱证件备文呈送钧府鉴核，乞批示祗遵！

谨呈万载县县长谭

计呈送：族谱二本

委任令一件

家信二封

相片二张

万载株潭镇第一保商民杨亲民押

中华民国三十一年四月一日

事由：为处结杨亲民被告一案仰转饬知照由。

江西省万载县政府代电　　咏军役字第10644号

株潭镇高镇长，杨亲民被告行贿避役一案，业经讯明，原密报失实，应予注销免议，况该杨亲民目系近视，已经卫生院验明，依法应予以免役，特电仰转饬知照。

县长谭

中华民国三十一年四月八日

事由：呈为确系出征军人家属，绝无贿赂情形请察核由。

拟办：案经传讯，原密告失实，且被告密人杨亲民为不治之近视者，已经卫生院验明，应注销原案，予以免议，代电株潭镇长转饬知照。中华民国三十一年四月四日

窃民父裕和生我兄弟六人，长兄福厚，于清光绪二十年出生时，即出继胞伯礽和为嗣。次兄新民，不幸于民国十六年弃世，遗子一人，名锐，经民教读婚配后即入伍多年，现在军事委员会军训部第一团三营十连服务。三兄宣民，于民国十九年即迁居宜春并在第五区署担任书记职务多载，至上年始调任为财政部西岸硝磺总处宜萍分处慈票支处事务员，并有服务证件可据。五第保民，现住江防独立总队第四大队水雷训练班队员，大弟逸民，数龄即遭害。似此民兄弟含出继及死亡外，仅余三人，且一为历任公务人员；一为现役军人，依法应在缓役之列。今民侄锐之妻及五弟保民室家合计数口，日用衣食均由民一人负担。值此生活日昂，既无遗产，兼之目患近视，行动欠灵，致生活维艰辛。得戚友资助集股在株市，经营小商，俾度数口生活。讵本月十二日，忽奉镇公所拘票拘民到所讯问，据报株潭益年堂经理杨亲民有贿赂保甲长、伪造年龄、舞弊兵役情事等因，民趋听之下，不胜骇异。窃民弟、侄均已先后从戎多载，均有信件相片及服役证件可查，纯为出征军人家属，依法不在应征之列。既不应征，何须贿赂？似此凭空捏报，实属挟嫌陷害。理合亲自投到并检同族谱证件备文呈送钧府鉴核，乞批示祗遵！

谨呈万载县县长谭
计呈送:族谱二本
委任令一件
家信二封
相片二张
万载株潭镇第一保商民杨亲民押
中华民国三十一年四月一日

事由:为处结杨亲民被告一案仰转饬知照由。
江西省万载县政府代电　　咏军役字第 10644 号
株潭镇高镇长,杨亲民被告行贿避役一案,业经讯明,原密报失实,应予注销免议,况该杨亲民目系近视,已经卫生院验明,依法应予以免役,特电仰转饬知照。
县长谭
中华民国三十一年四月八日

高珠才出继声请免役

事由为保甲长行私舞弊包庇己子、强征弱民,恳请拘案法办,先征多数兄弟者,以昭平允而维役政由。

窃民住赤陵三兴乡第一保第二甲,保长谌顺和甲长高文常、谌超昌等妄报民子珠才中签,以备顶替伊子兵役,而民虽有四子,其余三子均在年幼。兹将民子确实年龄录述次:长子珠才年二十岁,二子宝才年十四岁,三子才生年四岁,四子明才年二岁。且民子珠才亦已于民国十七年出继亲兄高寅牙、高水茂为子,双承祧,有继帖可据。讵知该保甲长见民懦弱可欺,将民已出继之长子妄造名册,伪称中签。民闻兵役法亦有规定,如系家庭为长子者应予缓役,且民年将花甲,体力薄弱又兼家道贫寒,其余三子年龄尚幼全靠珠才耕种,以供一家衣食。一旦征去,民家生命定遭饿死矣。该保甲长狼狈为奸,欺民贫弱,意图强征以替伊子。查保长谌顺和有子三人,均系甲种壮丁。甲长谌超昌,有子五人,有半数系合格壮丁。又甲长高文常,有子六人,亦半数以上系甲种壮丁。而本保内有势有人的人,三四兄弟者、七八兄弟者皆未征一人,何独民只有一个合格壮丁便中签?盖兵役法,不论富贵贫贱皆要服兵役,是极公平的法令。今该保甲长行私舞弊,以不应征之壮丁中签包庇自己亲子及有势力之富户多人,民心万难甘服,迫不得已号叩钧长迅予拘案法办,将该保甲长亲子及有势兄弟者多人先征服,以征昭平允而安良懦,以维役政,实为恩便!
谨呈万载县政府县长谭

被告保长谌顺和、甲长谌超昌、高文当等
第四区三兴乡第一保二甲住户高所贵呈
中华国民三十一年四月一日
铺保聚合生

全街批　　咏军役字第2099号
批具呈人高所贵
呈一件：为长了珠才被保长谌顺和列入中签，请拘案法办由。
呈悉。查因出继声请免役，须备具谱牒及亲族保甲长等切结呈候核夺，不得徒托空言挟嫌妄控，现行兵役法并无长子缓役兵规定，并仰知照。
此令！
县长谭
中华国民三十一年四月八日

邓成生出继取得独子身份请撤销签号

具呈人邓光兰（住大桥镇第四保居民）

为继承独子强征兵役，恳请电令乡公所转饬撤销签号，以全负担而符法令事。窃民次子成生，派名映集，于民国十四年出继胞兄芳兰为嗣，是年重修族谱，修载确凭。讵本保保长辛善臣征兵违法，强中签号。氏检呈谱牒向大桥镇公所申请撤销，沐镇长郭振声批呈悉，据呈已径向县政府呈请撤销签号，仰静候县府核夺可也。旋沐 钧府批谕，仍依法检呈证件，申请该管镇公所转呈核夺。民遵即检证密据申请镇公所转呈，而保长辛善臣仍要征派。民又检谱及镇公所与钧府各批谕说明，辛善臣不依证据批谕，务要勒交成生服务兵役。现邓成生身沾痨疾数年，时鲜黑血，家中妻女全靠成生负担日食。非再请撤销签号，家庭生活待毙。为此请求检呈族谱，请求钧府俯赐察核，迅予电令大桥镇公所转令辛善臣销签，深为德便！

谨呈万载县政府县长谭
计呈族谱一本发交大桥镇转给

查证谱牒，该邓成生确曾因出继取得独子身份，应令大桥镇查明，依法办理具报，分别批令。四月三日

事由：据转邓氏族谱，仰查明依法办理邓成生免役具报由。

江西省万载县政府训令　　咏军役第10696号

令第四区大桥镇镇长

案据该镇第四保民邓光兰以伊子邓成生(派名映集)于民国十四年出继,取得免役身份且负担家庭生活,而保长辛善臣仍要征派,呈缴谱牒请转饬镇公所撤销签号等情。据此,查该邓成生出继已详载邓氏重修族谱,依法应准免服常备兵役。该丁出继父母是否尚存,有无家庭负担,本府无从悬揣。合行检发邓光兰谱牒一本,令仰该镇长即便查明,依法办理具报并将谱牒转给具领为要。

此令!

附邓氏重修族谱一份(办毕径行给领)

县长谭

中华国民三十一年四月八日

全街批　　咏军役字第10697号

批具呈人邓光兰

呈一件:为呈缴谱牒乞准邓成生免役由。

呈赍均悉。案经转饬该管镇公所查明依法办理具报,仰静候核办并向镇公所领回谱牒可也。

此批!

县长谭

谢寿生出继取得独子身份尚存疑问

事由:为呈复澈查本区白水乡第三保长阳晋良征送壮丁谢寿生一案祈鉴核由。

拟办:转饬仙沅乡公所,迅传该氏询向具报核夺。五月廿五日

万载县政府第二区署呈　　役字第758号

案奉钧府邓文军役代电,以本区白水乡第三保保长阳晋良有触犯妨害兵役治罪条例第五、六两条之所为,饬即彻查具报等因。奉此,遵经令据该管乡长陈国兴彻查报以,查本乡第三保确系于三月二十八日将该谢寿生解送到所,并具以谢寿生及其兄如兴兄嫂杨氏姪招兰等四名,均于民二十九年逃来本保四甲(大源坑)居住,迭经职令其编户列册,一再拒绝。本年春令重编保甲复查户口,始允登册,现编入新编保十甲十三户。该民是否征送服役,理合将谢寿生送交钧所验收,并将迁来经过报请鉴核等情前来。当经询问事属不虚,本所乃将该民解送到县。兹奉抄发原呈,谓该寿生系独子身份,有谱可据,则不知其是否以谱载重名之独子抵赖或申以伪谱亦未可知?至称本所当拉外保人民顶充,而本乡保

甲各家则抖八百1一千元一名，以作报酬，上下其手云云，更属荒谬。职自问本乡自职任内以来，并未扯过外保一人抖过保甲一元，事实俱在，无可讳言。该民信口雌黄，不据事实，令人难以认受。奉令前因，理合将经过情形剖呈鉴核等情到署核属实在。奉令前因，理合备文呈复鉴核。

谨呈万载县政府县长谭

附呈原呈一件

万载县政府第二区区长龙茨如

中华民国三十一年五月廿二日

事由：呈为第二区白水乡乡长陈国兴、三保保长欧阳晋良诈骗保外独子，强迫顶兵役额，泣叩迅予提释，以遏贪枉而救倒悬由。四月四日

拟办：查谢寿生已交，电第二区署立拘白水乡第三保保长欧阳晋良讯明核夺。

批示：发交该管这署澈查具报凭核。四月十七日

窃民历居第四区仙源乡第四保五甲，不幸夫早亡，故家贫如洗，所生一子谢寿生（谱名光北）木工谋生，娶媳陈氏，家有三口，仰事俯蓄，均惟该子是赖。因谋生故时，往二区白水乡地方工作。讵于古历二月十四日下午，适在白水乡大壮欧阳姓家修整窑碓之际，突来该乡第三保保长欧阳晋良携带不识姓名之乡丁数人，声称陈乡长要寿生前往乡公所修理监房，工资例给等词。氏子以待修完窑碓再往答复，殊该保长及乡丁不由分说强拉而去，禁闭监中，翌晨即派枪兵解送钧府验收转交东门外壮丁招待所，迄今杳无信悉。氏闻报当即报告本保保长转报仙源乡公所，荷蒙乡长立书公函证明，令氏驰往二区白水乡交涉放回，讵该乡及保长避不谋面，只有称干事者声言你子已解送县府当兵无法放回，毋多言，须速去。言讫愤然不顾窃民以子寿生既在仙源乡造入户口册服务，且确为独子身份自不应征（有谱为据）。该乡保长纵使本保抽调，独子亦在缓役之例，何诈骗强迫顶送役额？且现查得该乡保对于派征兵额常拉外保人民顶充，而该乡保甲应征各家则抖款八百或一千元一名以作酬报，上下其手，狼狈为奸。外保被捉小民，致使有冤莫诉，是该乡保长等强迫不应征之壮丁服兵役，实犯妨害兵役治罪条例第六条之罪。而其违背职务，朋比收受贿赂，更犯妨害兵役治罪条例第五条第二项之罪。惟因氏子被捉，生计断绝，迫得泣叩钧座俯赐怜恤，迅予提讯氏子谢寿生开释，速拘该乡保长到案，撤惩移交司法，依法判辨，以遏贪枉而救倒悬。

谨呈万载县政府县长谭

具呈人第四区仙源乡第四保五甲住户谢张氏

铺保益松茂

中华民国三十一年二月十九日

事由：为据发谢张氏控诉白水乡第二保长强拉伊子谢寿生抵充兵额一案，仰饬案赍讯具报由。

江西省万载县政府训令　　咏军第三征字第12059号 中华民国31年

令仙源乡乡长刘文美

案查前据该乡第四保居民谢张氏呈诉，伊子谢寿生在白水工作被当地保长欧阳晋良捉抵兵额一案。当经转饬第二区署澈查具报，去后兹据复称该谢寿生并非独子，与兄如兴嫂杨氏姪招兰等，于民二十九年即逃来大源坑居住，一再拒绝登册。至本年重编保甲，始编入户册自不得谓为强拉外保独子等情到府。查该谢寿生既有兄，何能成为独子？居住白水在二年以上，岂是作客？自不免有借词躲避之嫌隙。除指复外，合行检发各原呈，令仰该乡长遵照迅传谢张氏讯明具报凭核为要。

此令！

附发原呈二件（办毕仍缴）

县长谭

中华民国三十一年五月廿八日

事由：为呈复澈查白水乡第三保征送壮丁谢寿生情形祈鉴核等情，指令知照由。

全衔指令　　咏军第三征字第12060号

令第二区区长龙茨为

本年五月廿二日呈一件：为呈复澈查第三保征送壮丁谢寿生一案祈鉴核由。

呈件均悉。已据情转饬仙源乡公所，传讯具报核夺，仰即知照。

此令！

县长谭

张有妹呈家族既保长切结取得独子身份恳请免役

事由：为副保长吴冬才征兵舞弊，违背法令乱捉贫民单丁送抵兵役，卖放富室应征壮丁，希图得金，恳请撤职拘案，照依军法惩办由。

决定办法：副保长征送，保长又来申明，确系独子，殊为矛盾，令该管乡长查复核夺。二月二日

为三区白水乡第十四保副保长吴冬才征兵舞弊，违背法令，乱捉贫民单丁送抵兵役，卖放富室应征壮丁，希图得金，恳请撤职拘案，照依军法惩办事。民世居白水乡第十四保淡塘地方，有侄张有妹确系几代单丁家庭独子。冬季农二□出外？科春判回家务农营生，家有妻室苏氏专陈有孕，已将分娩。民侄住居地点素系正保长郭济汉管辖，征兵派伕均系正保长经手，副保长吴冬才窥民侄张有妹至其辖境古塘牵牛耕田，竟不分皂白违背法令将

民侄张有妹乱捉解县,害得民侄所耕之田,早稻虽插秧未耘,迟田更未动手,其馀蕃薯杂粮更无劳力生产,侄媳苏氏又一弱质少妇,现怀孕在身,不能操作。今被其如此征兵舞弊,如此欺凌弱小,上峰法令等于鸿毛。况该副保长本人一家有应征适龄壮丁四人一味保守,他人则几代单丁乱解乱捉,似此谬应副保长一席,只知有己不知有人,影响役政,诚非浅鲜,将见地方黎戾,任其宰割死无唯类。若不乞法惩办,不知祸伊胡底?业已声明在卷,未沐批示。除呈报省政府既专员公署外,理合检同切结二份连文再行呈明钧府恳请鉴核,迅将副保长吴冬才撤职拘案,照依军法惩,办以维役政而全弱小,实为德便!

谨呈万载县政府县长谭

附呈家族既保长切结各一份

具呈民人:张家文、张有生、张家财(住三区泉水乡第十四保淡塘)

被告:吴冬才

中华民国三十一年六月四日

兹申明得张有妹今已取得独子身份,详其谱牒,该有妹虽有兄弟二人,其兄德妹于民前二年出继家明为嗣,当即随父外出,不知所在,存亡未卜,仅存有妹茕茕孑立顾影生怜。今被吴冬才征去充当兵役,家庭生活不堪设想。保长职有所在,只得出具申明恳予察核,事关役政,未敢冒昧,所具申明是实。

具申明　　保长郑济汉(即善益)、甲长张家瑞

中华民国三十一年五月二十六日

具证明犹保结人张有生等

兹证明犹保得张有妹确系家庭独子,煢煢孑立,顾影生怜,家中仅一弱质少妇,现又怀孕。今被副保长吴冬才违背上峰法令,强将此人征去,家庭状况不堪设想。民等叨属同宗同里不敢隐瞒,只得联名出其证明耽保切结。事关役政,不敢冒昧,所具犹保结是实。

具证明犹保人:张有生、张玉书、张宗衡、许有才(押)、张喜连(押)、张立华、张相琐(押)、李世全(押)、林文辉(押)、李开全(押)、林成岳(押)、郑茂宣(押)、张相揖(押)

中华民国三十一年五月二十六日

事由:据该乡第十四保住民张家文等呈以副保长吴冬才违法强征独子,据呈保长申明,家族切结请择回等情,令仰查复凭核由。

江西省万载县政府训令　　咏军三征字第12471号 中华民国三十一年

令白水乡乡长丁

案据该乡第十四保居民张家文、张有生、张家财等呈称,以副保长吴冬才家有适龄壮丁四人不予应征,而违法强征独子张有妹,现径送县服役。据呈保长申明、家族切结恳请释回,并将该副保长予以撤惩等情。据此,查该张有妹系副保长征送,而保长又具结申请释归,殊反矛盾。除批示外,合行令仰该乡长查照呈复,以凭核办为要!

此令！

县长谭

中华民国三十一年六月十一日

全衔批

具呈人张家文等

六月四日呈一件：为副保长违法强征独子，检呈保长申明、家族切结，恳请释回由。

呈件均悉。专候令该管乡公所查照呈复，再行核夺，仰即知照！

此批！

县长谭

事由：据该县县民张家文等诉副保长吴冬才征兵舞弊等情令仰遵照由。

拟办：原呈未检，呈请补检下县。

江西省第二区行政督察专员公署训令　　民字第3230号 民国31年2月

令万载县乡长谭咏秋

案据该县第三区白水乡第十四保民张家文等具诉副保长吴冬才征兵舞弊、乱捉抵捕，请撤惩等情到署，除批示外，合行检同原呈既切结，令仰该县长遵照查明办理。

此令！

专员危宿钟

中华民国三十一年六月十五日

事由：为恳请将张家文原呈补发下县俾资遵办由。

江西省万载县政府呈　　咏军三征字第13105号

案奉钧署民字第3230号训令，以据该县白水乡第十四保民张家文等呈诉副保长吴冬才征兵舞弊等情，检发原呈，令仰查照办理等因。奉此，自应遵办。惟查原件漏未检发，理合备文呈请补发下县，俾资遵办。

谨呈江西省第二区行政督察专员公署专员危

万载县县长谭

中华民国三十一年七月八日

保长周志颐家族观念大深致征兵不公

报告　　五月

事由：为本乡第四保保长周志颐隐瞒壮丁、征兵不公，恳请拘办，以合公平原则而重征政。民等虽在被征之列，而一家之中不得同征二人，理宜分期续征。但当此抗战救国之际，服役当兵是应有的责任，故本月十七日，民很高兴，未经保长拘究即嘱弟喻集龙自行至本乡公所到赴县入伍，不料该保长又将民兄喻海兴日夜拿捉。民查保内应征额十三名，民家竟征二名，该保长家族观念大深，伊周姓尚有双子好多，如周初妹、周运财、周福田、周牙仔、周洪兴、周禄元、周丙庆、周择牙、周哑仔、周保邦、周德庆等都是二、三兄弟应征壮丁。此次征兵，周族并未征解一名。该保长胆大如天，欺骗上峰复欺小民，似此征政不平，法固不容。民亦不甘用将备文呈请钧长鉴核，民一家之中征兵二名，保长本族不征一名，是否合法？并恳将该保长拘询法办以重役政，实为公便。

谨呈万载县县长谭

万载县第五区罗城第四保居民喻集虎呈

签呈　　三十一年六月十一日

谨签呈者：罗城乡第四保居民喻集虎控该保保长周志颐隐瞒壮丁、征兵不公一案，经传双方对质，喻集虎同胞弟兄五人，除集弟龙已征，尚有二人在外，二人在家，喻海兴为其祖父之族弟，同胞亦有三人。依法喻集虎弟兄除已征外，尚应征一名，喻海兴弟兄本应征一名。又查周姓壮丁，除有其他原因复得缓役者外，尚有周牙仔同胞弟兄三、周春年同胞弟兄二、周黑子同胞弟兄二，皆各应征一人而未征，该民所控不为无理，且该保在竟征期配额十三名，只交七名，尚欠六名。既有壮丁，竟不征交足额。该保长隐瞒之罪，自属难免，究应如何惩处？理合签请钧座该夺！

谨呈科长黄

附呈喻集虎原报告一件

批示：一 、转饬罗城乡依法将各应征壮丁次第征送；二、批示喻集虎既有兄弟五人，仍应征一人，其余各应征壮丁并经转饬依法征送。

六月十三日

事由:为饬依法将该乡第四保应征之壮丁喻集虎次第征送由。

江西省万载县政府训令　　咏军征三字第12672号

令罗城乡乡长

案据该乡第四保居民喻集虎报告略称:“民第喻集龙前经本保保长征送,兹该保长又须征民兄喻海兴,实不合法。该保长本姓双子尚多,并未征送,实隐瞒不公,恳请拘称办等情。”据此,经派员切实调查,该喻集虎同胞弟兄五人,除已征一人外,仍应征其一人,喻海兴非其同胞,亦有兄弟三人,周牙仔同胞第兄三、周春年同胞弟兄二、周黑子同胞弟兄二,皆应征一人,均未征送。合行令仰该乡长转饬依法将各应征之壮丁于征兵期内次第征送,不得徇情干咎!

此令!

县长谭

中华民国三十一年六月十九日

全衔批　　咏军征三字第12673号

批喻集虎

报告一件:为本乡第四保保长周志颐隐瞒壮丁、征兵不公,恳请拘办由。

报告悉。案经本府派员切实调查,该民自有兄弟五人除已征一人外,仍应并征一人,及其馀各应征壮丁,并转饬该管罗城乡长依法征送,仰即知照。

此批!

县长谭

中华民国三十一年六月

在1935年,江西省政府规定各县筹措保学经费按下列各项办理。

彭三财出继取得独子身份依法应予免役

事由:为保长彭住发征兵舞弊,包庇不征双子,强征合法独子,缴呈证件恳请予以释放由。

拟办:继帖非合法征件,应呈验谱牒凭核,否则应征。批示六月十一日

窃民夫彭三财曾于民国十八年出继与保和名下为嗣,有继帖确证,乃氏夫彭三财已构成独子身份,依现行兵役法第二十九条第二款有明文现定,依法应予免役。又查民国三十年十一月十三日,宜吉萍师管区司令部解释,继承关系免服常备兵役事,并转令各县府,略谓馀□□□兄弟多人,均已出继,但继承父母俱亡,仍与生身父母共同生活一案,可否征召?军政部□□□□□□□系未发生以前,其继承父母即均死亡而与生身父母同胞兄弟,共

同营生。若尚未复用,本生父□□□□□□□,继承关系未经宣告终止,不能认为已回复本生父母之关系,仍得免服常备兵役云云。该保长不依法规,不征双子强征独子服役,尚且夫兄德生幼殇。兵役法亦有明文规定,该保长强迫不应征集之壮丁送服兵役,实触妨害兵役法第六条有明文规定。该保长胆敢玩渎保甲职务,包庇适龄壮丁,张柏茂有兄弟三人,张挞毛有兄弟二人,李细牙四子,彭细牙三子,卢大钳二子,彭耀均二子,均是适龄壮丁包庇不征。又包庇李焕牙兄弟四人,不造户口,只要与保长做工就可免服兵役。似此不法,任何人岂能甘服?兵役以公平原则,氏本应呈谱牒足征,奈彭姓姓微人弱,届满30年,方得重修一次,无法呈缴。为此备具证明切结检同继帖呈请钧长察核俯赐,释放氏夫彭三财,以符规定,并乞将四子者,提前服役,以重役政,而惩舞弊,深感德便!

谨呈万载县政府县长谭

具呈人庐州镇第七保住户彭郭氏呈

铺保万载安民福

中华民国三十一年六月十九日

保长彭占先征兵包庇族人强征独子

事由:呈为应征不征,包庇双丁,勒征独子,私卖壮丁,恳请依法究办,以昭明令由。

拟办:转饬第五区署传案澈查报核。六月三日

民国31年6月

呈为应征不征,包庇双丁,勒征独子,私卖壮丁,恳请依法究办,以昭明令事。窃民李逸民世居卢洲镇第七保,缘因本保保长彭占先违法强征拿捉独子李家兴以充兵役,而应征壮丁不征。故民略将个中情缕而陈之。查保长彭占先原有兄弟二人,其第石牯年龄合格不征卖壮丁□□□□□□□□洋五百元,有活证黄应生在。又副保长张柏茂兄弟三人,保队长洪如兴兄弟四人均在应征之列。又小队附彭士先包庇彭耀炳、彭耀黎、彭水清、彭水南兄弟四人。又班长彭胡水包藏雇工张树牙兄弟二人,准伊免役。又甲长刘金妹亦有兄第三人,借现有职务敢作敢为,玩视兵役,如住户彭美通、彭细冻、卢火钳等皆系双子,而该保长等未尝过问,竟将独子李家兴拏捉送兵。似此应征不征,违法强征,未免有碍役政兴。念及此,情何以堪?迫不及已,只得据实呈报,伏乞钧长俯赐察核,一面饬乡调查,一面拘拏彭占先等到案,依法究办,以昭明令而维法纪,实为德便。

谨呈万载县县长谭

事由:据李逸民呈以保长彭占先强征独子、包庇兵役等情,令仰传案讯明核办具报由。

江西省万载县政府训令　　咏军三征字第13672号 中华民国31年7月

令第五区署区长刘日新

案据该卢洲乡人民李逸民呈称,全文照叙等情。据此,令仰该管区长传案讯明核办具报为要!

中华民国三十一年六月十一日

高村乡第二保民众代表控诉保长辛振华包庇族人免征兵役等恶行

事由:呈为万载五区高村乡第二保保长辛振华卑污龌龊、营私舞弊、违背法令,公请撤职严办,另委贤能接充,以维地方行政由。

在此全民抗战数亡图存之际,保长为民众最接近之人员,自应遴选公正廉明为充任,才能输抗战建国之效。本保前保长喻至中公正廉明,不幸于今岁二月间身故,业经各户另推接充,不料杨前乡长肇基不得民众同意,擅为戚属观念,保委其妻舅辛振华。查辛振华于民国二十六年充任队副,罪际层叠,经刘前区长拘罚有案,并经属保民众将详情请求乡公所,无如杨肇基恃权保障就职。讵该老羞成怒,做事仍蹈前辙,不但不能公诸执政,只顾一人自私利已,不顾全保民众之利益。兹将其劣迹举列如下:营私舞弊背违法令,查兵役法规,应从兄弟多数者优先抽调,但辛振华居心不正,即将其属族壮丁辛水牛、辛源文等皆兄弟数人,包庇隐匿,以大报小,以小报大,更将应征之辛黄牛假借承继于人,竟将年仅十六岁不及役龄之杨道贵强拿充役,经蒙区署察觉释回在案,此其舞弊兵役,违背法令,应请依法撤职严办者一也。二,狼狈为奸。本保保学经费由田租额一千零九十石摊派,每石抽收一斗,统计抽收之谷百余石,再有秀峰学校扩充,均由辛振华、白岚光二人操纵把持,并无收支公布单,又无三联收据,此其两者借图浮收之数,实属不少。据辛振华当与王贤滨说:只浮收保学款四十元之多。即谓四十元之数,亦无公布证实。为此营私利已,刮削民众脂膏,饱伊私囊,情有不合,除经向伊二者清算外,合行呈报,应请撤惩者二也。三,索摊民财。前次破路,辛振华于长礵大举筵馔滥食,另一方面即行博奕为乐,结果食耗之款十余元,向民众摊认。窃思保长于本保监视破路工作,系一种义务职责,当不能向民众认派伙食,而该辛振华不顾民间疾苦,只顾一人享乐,竟将琼筵乐肆消费之款,向民众摊认。况民众苦力破路,皆自备伙食,此其索摊民财,理法何容,应请撤惩者三也。四,惯行赌博,赌博为败图亡家之根源,早经政府厉禁,保长不但不能犯赌,且有禁止民众之责。讵该辛振华,不能以身作则,竟敢素时滥赌,如今岁中秋于严田王家坳赌博,九月底又于保办公处与白岚光聚赌,众人皆知。据理发之王正妹云:该次赚获白岚光之洋边数十元,可资为证。他如于保学所在地(保办公处)纸牌麻雀为保长、校长之家常便饭,似此公务人员尚能如此滥赌,无怪其他人民更不知凡几,将来赌风滥盛,影响地方进至国家民族,受害非浅,应请严予撤惩者四也。以上所述，不过略举其劣迹昭著者而言，他如对群众恃势勒索、鱼肉平民等等……诚非笔墨间所能尽述，勇敢缕呈前情，伏乞钧府依法迅予饬令撤职究办，以肃甘邪，而维地方，实为公便。

谨呈万载县政府县长

万载县第五区高村乡第二保民众代表：王文彬、谢运来、张寿吉、王志昌押、王步瀛、魏栋朝、袁正古、谢久理、陈柱金、张才万、易春文、潘启长、王国毛、王寿山、喻毛古、彭吉祥、王耀华等押

中华民国二十九年八月二十八日

涂泉乡第七保保民控诉保长龙灿瑞包庇龙姓征兵杂姓等恶行

报告中华民国三十年五月十九日于涂泉乡第七保

窃查本县之保长，违法殃民，莫如涂泉乡第七保保长龙灿瑞其人，豺狼成性，蛇蝎为心。自到差以来，于今八载，根深蒂固，所有各甲长及班排长，均以适龄壮丁为之，该班排甲长。欲冀免兵役，乃甘为之傀儡爪牙，包藏祸心，彼此狼狈为奸，又因与某某当事人等，系结盟兄弟，籍有此种严密之组织，更无忌惮，凡事任性妄为，上下相蒙，无恶不作，而乡民处此虎威之下，任其宰割，莫敢奈何。故凡各乡民，除年节仍应请酒，此外他如婚丧寿诞、栽禾一切俗规，必须请来同桌，不然则苛派差徭，逼勒强输，以致乡民畏之若虎，敬之如神，所有以前不公法之罪，擢发难数。兹略举其最近罪大恶极者五条，陈述如下，(1)克扣盐票，造册之时，每户十人者，则与以七人之盐票，五六人者，则与以二三人之盐票，大共克扣八十余名之盐票(将各甲盐票拘集与户口册查对便知)。所得克扣之盐，则填伊欲壑，以饱私囊，而被克扣之家，均系向有宿怨之人。(2)私卖壮丁，献岁腊月，有第四甲五户易牛古，系中签壮丁，出洋一百二十元，买人顶替兵役，竟可买闲在家，而顶替之人，钧府未曾收录，经该保长将人领回放走，而此洋并未交还易牛古，仍饱伊之私囊，如斯影响役政，殊非浅鲜，不仅为害乡民，实足贻送国家，真堪痛恨。(3)擅离职守，当此抗战方殷，百端待举，况上峰三令五申，不得擅离职守。该保长因历年由敲诈而来之金钱，至城中下街，开设恒丰益烟铺(查未充保长时衣食尚且不给合乡皆知)。保务事件，使龙姓名猪头钵仔代理。既未呈请，钧府核准，又未经乡公所许可。(4)包庇壮丁，此次前月征兵，查中签之人，均系诸杂姓，而龙姓则庇护不征一人，杂姓则征之又征，如易姓前已征其弟锦臣，今又征其兄梅吉，单身亦征，如曾才妹，独子亦征，如刘明兴，该丁于民国二十六年应征，出洋二十六元，经该保长手，介绍顶替兵役，亦买闲在家。如有谎言，饬伊交出户口册，切实查明并将第五科黄科长之征兵册对质，龙姓是否包庇，则真伪立见。(5)非法编订保甲。查编造户口，并

不遵依保甲条例,一屋之内有四户者,则有四甲之名称,例如第一甲该处五户在内,而此五户则又在六甲,六甲此处抵有六、七户而三、四户又杂在二甲,而二甲此处抵有八、九户,而一二户又杂在九、十甲中。职此之故,便于蒙闭乡民。以上诸端,均系定事铁据,并非狭嫌诬陷,实欲解除民众痛苦,实现保甲起见。若长此以往,则乡民生命财产前途实堪危险。为此,依兵役法规,并遵十五日开会时面谕,理合呈报钧长察核,恳将该保长龙灿瑞撤职,严行究办以敬将来,另换贤能接充。兹值钧长贤明,秦镜高悬,守正不阿皎然不欺,定能救民于水火。以维保甲,而重役政,不胜迫切翘首侍命之至!

谨呈万载县县长谭

高城乡第七保保长郭钧顺包庇本姓及戚友适龄壮丁等情事

事由:为依法推选本乡第七保保长经过情形呈请察核委任由。

万载县第一区高城乡乡公所呈　民字第136号

案据本乡第七保民众代表王之佐等呈称:窃民保保长郭秀青因年迈调充干事,保长一职未经召集会议私行交与本姓逃避壮丁郭钧顺代理。查该郭钧顺素性贪污,前任保长时新造监所非法逮捕人民羁押,种种不法行为不胜枚举。兹谨检呈一二分呈如次。一:该郭钧顺借征兵名义勒素鲍茂盛现金十元又期票三十六元,又诈索鲍任生养猪一只,值洋四元五角,又期票十三元五角饱入私囊。二:该郭钧顺保长任期内民系应派积谷四十石另一斗五升,不依法令规定擅行加倍多收,所余积谷四十担,一味侵吞。以上各节曾经第一区辛区长侦查属实,将该郭钧撤职在案。今又经郭秀青私行交代复充代理保长,未及三月,不但不复改前过反而变本加厉受贿,熏心胆致包庇兵役舞弊。对于弱小人民遇事诈欺,本姓及戚友适龄壮丁一味包庇。民等在其铁蹄威迫之下,痛苦万,状岂能任其死灰复然,缄默不言。为此,缕呈情由,联名请钧长鉴核,准将郭钧顺代理保长撤消并请派员监视开会公选,以昭填重而慎舆情,实为德便等情到所。正严办间,复据该保全体甲长呈称:窃保保长郭钧顺自从代理以来对于一切保务开诚公布,并无侵吞舞弊不法情事。倾闻系不良份子在钧所控告在卷,所控事实职等无从知悉。恳请迅即提案讯办,以分黑白、严惩不贷。查保长郭钧顺前任有讹事过境,还有何提控之必要。顷据代保长郭钧顺召集职等开第丨次保务会议先行向职等辞职,职思现任之际确系维护桑梓、办理保务,理合联络呈请钧所挽留原职,地方幸甚民众幸甚各等情。据此,查代理保长郭钧顺于民国二十八年任保长时确有过迹,前第一区署有案可查。此次原任保长郭秀青因投考乡镇干事,调任本所时因难兼顾,委其代理。虽曾召开甲长会议并未报由本所转发核委,殊有未合。现该郭钧顺在最近代理期内,对于一切保务均能一秉至公、无甚过失。经查明后当于本五月二十四日派民政干事刘又新前往该保,召开国民月会时依法再行票选。是日计到甲长户主及公民一百四十五名,结果郭钧顺得九十票,邱江傅得五十票,郑洪基得四票,王月兴得一票,依法郭钧顺应选为该保保长。据呈前情,理合将办理情形备文呈请钧长察核并乞颁发委令俾专责成!

谨呈万载县县长谭

高城乡乡长辛毅文(调训)

副乡长王锦旭(代行)

民国三十年五月二十五日

江西万载县政府指令　民字第2660　民国30年

令高城乡公所

本年五月二十五日呈一件:为依法票选第七保保长呈请察核由。

呈悉:查应选保长郭钧顺据该保民众王之佐等呈诉,业已犯重大过失,未便核委。惟究竟有无事实,本府难以悬揣,仰即逐项澈查具报。至该保保长一缺,仍仰遵照保办公处组织第四条规定,召集该保保民大会选举合格人员,检同纪录及选举票一并呈报核办为要。

此令!

县长谭

民国三十年六月三日

三兴乡第四保保长对于其族谊征兵、派捐、科款使其私而忘公

江西省万载县政府批　咏民字第4334号

具呈人龙济海等

呈一件:为呈诉保长阳垂隆滥用职权、徇私舞弊乞撤惩由。

呈悉,饬令该管区署查明办理具复。

此批!

县长谭

中华民国三十年八月五日

江西省万载县政府训令　咏民字第4732号

令第四区署区长辛世安

案据该区人民龙海庆等呈诉三兴乡第四保保长阳垂隆滥用职权、徇私舞弊请求撤惩等情前来。查所控各节，是否属实，无凭悬揣。除批示外，合亟抄发原呈，令仰该区长查明办理具复为要。

此令！

计抄发原呈一件

县长谭

中华民国三十年八月七日

事由：为三兴乡第四保保长阳垂隆对于其族谊征兵、派捐、科款使其私而忘公，恳钧长鉴核迅予饬警严拿由。

为变吞公款搜集确证附卷再恳迅于核据根究按行政法令处分事。前民等控诉三兴乡第四保保长阳垂隆滥用职权、徇私舞弊等情一案，对于本案之事实，均有前卷可核，不须多赘。惟该保长之任务①，当日系族谊关系私相授受而来，并非民众公认，所以他任保长以后，无不把持族谊纲纪范围以内，即对于其族谊征兵、派捐、科款使其私而忘公，竟不知违法尚有收支派款票据。露证在明显，莫可隐匿。就查本案之谭炳林等，亦为本案要证。既有人证又有物证，自难逃脱刑纲。即此该保长负狡猾非常之手段，决难一手掩尽，且有法令之莫容。似此该保长在职一日，使民众多受一日痛苦。为此，再恳钧长鉴核迅予饬警严拿，按法惩办，民众幸甚。

谨呈万载县政府县长谭

具呈人：龙海庆、韩复生、韩森林、韩增士、龙有庆、韩人妹、韩金生、龙吉宝、谭水生、袁珠林、龙观光、龙流秀、韩建才、韩忠如

中华民国三十年八月八日

保长王闲云借恃族大人众枉法横行

事由：呈为藐抗上令、酷虐下民、纵护爪牙、滥肆权威，续叩签拘究办明令撤惩，以崇国法而维良弱由。

拟办：查本案前据该民呈诉到府，经令饬该管区署澈查具报在案，据呈候再令区速查具报核夺。中华民国三十年十一月十五日

窃民前诉保长王闲云纵丁殃民假官吓诈苛征暴敛藐法横行一案（见十月二十日呈）当沐钧长赐鉴垂念下民，迅予转令第二区署查复核办在卷。讵料陈乡长一味包庇部属，袒护

---

① 此处原文似应为“保长之任”。

员丁藐视上令，不恤下民。虽经区署严令查复核办，始终一再包庇掩饰，非对保长不加惩责，即对丁役亦漫不过问，徒以一一纸谬妄虚文呈复了事（现存区署呈复可核）。而区长亦以下民易虐随而姑息下去，迫民受迫无奈上诉钧长台前详陈下情，以伸冤抑。旋蒙令饬区署查复以凭核办之后，乃再电令该乡长不得以保长枉法诿之保丁了事是责。今该乡长奉电已逾两旬，不惟不加究惩以警将来，而仍任由保长王闲云等因民控诉其罪恶指出其枉法触怒神威，拂动逆鳞，乃更逞其厉害之手段，以肆其神通广大权威，时而派枪饬丁来家勒索（明知民将八月份苛征暴敛收款单缴呈区署转交公所，强要向民取款，民以单呈区署是答，且言区署能够还钱吗?）。大言炎炎，目无法令，谓民你会一再上诉，岂能奈我何为？我要你生就生，要你死就死（该保长借恃族大人众，任何枉法横行，无人敢以反对，保长一职非王充当不可，现已次第接充者四人了，尤以王闲云为最桀黠，乡人称为王斑虎，其凶威之厉害可以想见，所以一般民众莫不被其慑服。）。区署相距三十华里，县城相距九十华里，民处此水深火热之中，遭此咆哮宰割之痛，而上亦不知情。况民前诉各点均属证据确凿，毫无虚捏架诬，徒令查复核办真情，终难实现。非独下情不能上达，反而增加民众痛苦，将来枉法横行之保长转更明目张胆，敢作敢为。民欲迁居异地以避其锋，无如祖世相居，田园庐墓聚集于斯，又为事势不可能。欲求苟延残喘以全蚁生，只得一再冒昧渎呈钧长俯赐拯救，迅加援助，准予鉴拘藐法横行之保长王闲云等一干到案，依法惩办以职凶焰而全良弱，不胜迫切待命之至！

谨呈万载县政府县长谭

续具呈诉人刘相成（年 55 岁，业农，住本乡第二区白乡水第一保第二甲江上

被呈诉保长王闲云、保丁刘水牙、队丁欧阳庚牙

中华民国三十年十一月十五日

三兴乡第八保下半保杨水生包庇本姓壮丁及认购征谷

窃民等自古讫今，世居万载县三兴乡第八保小洲上。而民等所居之保因，本绅申民互相竟争，故有保甲以来，就有上下半保之分，上半保所在地五百兴，闹城上、菇竹埚等三处主管者是由正保长喻挺文负责夫下。半保之所在地小洲上、木鱼塘、庵仔前、坪山頭等四处主管者是由副保长杨水生负责。盖民等所居之保本来无有分上下半保之起见，原因皆在下半保的土劣杨炳清、杨文波、水生等三名为着肥私利已的起见，争名夺利的原因，将本保划为上下半保，对一切公私事务及征兵、服公役、公务捐款等，亦分为上下半保平均公办。理由此上半保由正保长喻挺文负责办理一切政务，公勇可嘉，劳苦可录，公平足羡，忠恕足称。在他管辖之下者，时有闻其乐。而下半保由副保长杨水生负责办理一切政务，遇事胆大妄为，不公不法鱼肉保民异于风火利刃，剥削地方胜于猛兽毒蛇，在他管辖之下处

烈焰之中。今民等居于下半保，如处水火之中，由是现民等故不避利刃劳苦，备文呈请公恳将杨水生依法拘 府严办，以维民生。兹将副保长杨水生办事违法违章最大罪恶略陈于后：(一)私卖壮丁。窃民等处下半保，副保长杨水生协同土劣杨炳清、杨文波等虎狼成性，胆大妄为，违背法令，敢将应征壮丁钱海林、万文贤私卖，共勒得法币百余元，萤已私囊，此应请依法严办撤究者一也。(二)包庇壮丁及运输。副保长杨水生协同土劣杨水波藐视政令，妄敢包庇壮丁杨五谷、杨才牙、杨合兴、杨炳银等四名。此四名俱有兄弟三四名不等，自蒋令抗战征兵以来，不但从未征过兵役，还且一切一切捐款及运输俱未派科，对杂姓家重复派科，此应请依法严究撤查者二也。(三)包庇本姓认购征谷。副保长杨水生协同土劣杨炳清、杨文波将本姓田亩完全包庇，如杨文波、杨荣怀等，俱管有田亩或七、八亩或九、十亩不等，这次认购征谷毫粒未派征，对民等田亩重加勒派征购。民等值此米珠薪桂之际，民族抗战之日如何受得这种剥削，此应请依法撤究者者三也。(四)侵吞神会款产。副保长杨水生自莅任以来，妄敢将本地区署公学款产委员会漏收惜字会管有额祖十数担隐瞒没有还，且自耕自作已成己产，此应请依法为究者四也。(五)剥削民众营私舞弊。副保长杨水生剥削民众胜于猛虎毒蛇，如最近奉令派科往铜鼓运米，公款每壮丁勒派一元五角。下半保大，共派科法币一百五十元左右，现实开支六七十元，余者肥已私囊。又前平空将本地赖外子、张寿泉强勒法币八元，言其洋作代同他另请替做工之用，实在非也。现本月奉令本乡国民兵役训练，而民等对国民兵役训练是应尽天职，不料副保长杨水生对这次训令在下保的人民，受了几多的劳苦剥削，如擅将应派去受训壮丁张寿泉、杨友才、黄瑞唐、钱珠昌等四名，每名私勒法币十四元饱已私囊。是此，他出了十四元，就擅将不派他去训练，又另派过他人，如此剥削人民，如何活生？此应请依法撤究者五也。上项各条，具是实情，非民等诬告，因此副保长杨水生虎狼成性鱼肉保民，故等民特备文叩请钧长察核，迅予将本保副保长杨水生撤职究，办以维地方，则国家幸甚！民等亦幸甚！

谨呈万载县县长谭

三兴乡第八保下半保第一、二、三、四甲居民周得胜、喻锁生、袁锁福

中华民国三十年十二月十七日

乡长杨卧虚借征黎姓兵役祸及族人摧残教育

事由：据呈菱湖乡第三保保立小学校长黎建勋呈以乡长杨卧虚籍征兵役，摧残教育，恳请究办等情，令仰查明报核由。

拟办：查明呈复。中华民国三十二年二月廿五日

决定办法：派龙指导员前往实地查明呈复。中华民国三十二年二月廿五日

江西省万载县政府训令　　心民字第4033号

令高村区区长巢思澄

案据该区菱湖乡第三保保立小学校长黎建勋呈以乡长杨卧虚籍征兵役，摧残教育，请

予究办等情到府。查所称各节,究系实情如何?殊难臆断,合行抄发原呈令仰该区长即便遵照查明报核为要!

此令!

计抄发原呈一件

县长何心谷、秘书李秉刚代行

中华民国三十二年一月二十八日

事由:为乡长杨卧虚借征兵役,摧残教育将职私拉逮捕,恳请钧长撤职完办由。

万载县菱湖乡第三保保立小学呈　　建教字第17号窃职住居菱湖乡第六保横坑村,于三十年度下期经谭县长委令菱湖乡第三保保立小学分班主任教员,暑期经县所小学教员暑训班结业,三十一年度上期,沐钧长委令菱湖乡第三保保立小学校长兼教员一职,遵期前往安心教授。三十一年十二月二十七日,经乡长杨卧虚饬经济干事兼第六保保长长江浩统举枪兵四名到横坑持枪拘拿家族,据云是“因十二月二十二日公丁拿捉黎梓学兵役,欧伤保丁黎上珍一案”,该日着族黎振学强要寻职回家。至二十三日夜回早到,就要逼职带枪往家叔家中牵牛管猪,当即申诉“职与叔黎经印父子不睦,戚族皆知,虽属亲交,屡被压迫,职一人不敢前去,要家族大家前去方可”,即被枪兵喻寿松用棕绳将职捆绑,视如贱人,待拘至乡公所,叫打叫押,强逼职与族等□□□□,□限一月三十日解送黎梓学,而乡公所罚去法币四百九十余元,又公丁人等伙食三百二十余元,共法币八百二十六元余。职与族人前往家叔家牵母牛一支,职被此累延,不但延误教学而且不能前来钧府报告。职至一月十四日,职与族人甲长拍卖牛猪尚且不够,而兵役黎梓学尚且不知何往?职亦无法可想。窃思奉钧长之命前往办学,而乡长杨亦是奉钧长之命前往办公,同为公务何至打教员吊校长,法岂能容!如职分校教员谢燕乐被杨打伤被押警闭,足可证明摧残教育。讵料又如此借故架陷捆吊,职等窃思,职乃负校长极力宣传,又未包庇兵役、阻挠壮丁,何至受此污辱?披心沥胆,毫无半点,纵有差误,亦不应擅行捆吊,亦应呈请政府撤职处办,决不应为如此横行,将来菱湖乡之教育前途何堪设想?似此等忽视政府已极!为此乡长杨卧虚借征兵役,摧残教育,将职私拉逮捕,违法已极,恳请钧长俯赐察核饬令派员查究,或饬令乡中小校长周振亚查明具复,依法撤职究办,则教育幸甚!职亦幸甚!实为学便。

谨呈万载县县长何

万载县菱湖乡第三保保立小学校长黎建勋

中华民国三十二年一月十八日

其他篇

白杨乡第七保刘姓族人挟嫌报复保长

事由：为挟嫌报复砌词鏖诬以图陷害，恳请察核查实依法惩治，以维后方治安，巩固抗战前途事由。

拟办：查此案前经该保人民刘国光等呈控到府，经以民字第3010号令饬第二区署澈查具报在案。据呈前情，合再令仰并案澈查具复。中华民国二十九年八月十四日

本年七月二十三日奉钧长票传限二十九日对审，职以奉令破毁乡村道路及征送壮丁民夫等工作急如星火，未克如命（乡长亦不肯职走）。兹为该刘思颖等捣乱份子诬控一案，反诉如后。古谚云闲事莫管免得事非，况现值非常时期征兵派夫派款各节，即为是非起事之肇端，实结将来之冤业。大凡公务人员，均为民心不悦，多被诬蔑，遍地皆同，尤其保甲长接近民众，即如冰炭。窃职自二十八年九月到差以来，自问无愧，不过职素性坚硬，私情观念是不大计较。该捣乱份子刘思颖等即因气成仇，捏词架害。复查刘思颖仇气，因廿八年八月间笼络少数人民介绍伊为旧十五保保长之职，乡公所亦有嫌疑，民众多数反对，搁下不委。至九月间，乡公所即下一代理委任与职，职为着国难时期义务当尽，即行到差视事。不料该刘思颖以未做此任保长，气忿成仇。于十一月本保征收积谷及保学经费等，伊阻抗各祠户莫缴，弄至第二区署庞区长面斥伊等不是。又刘和丹之次子刘生古中签壮丁，该刘思颖即要保守并督促逃避浏邑。职以征兵大记，未克敷衍，违法即拘捉其家长，限交该中签壮丁入营，此又未雇及伊的面仔，在职亦非故意，怎样事实上有不能变动，故此仇视职。具查刘云华原系第一班壮丁班长，以其屡次工作不能切实做到，职即警告鞭击。刘福禄乃屡犯保甲规约，职亦数次拘究，立有亲笔犯约，乡公所亦有案可查。刘万程以屡派伊当夫仔，籍势保长同姓不去，职亦以怠工处罚。刘国光前任保队附未到县受训，层峰撤职，伊疑作职有攻击意思故意呈换。以上所呈各节可咨可查。该捣乱分子认职不是同姓，无有观念，事属确实，仇从以积，案从仇发。查双方捏控大題反诉如下：查二十八年七月间，层峰发下军米共九十大小包。奉令以为□□□□□□□共扣处六十八小包，□□□□□□□共送完军米七十一小包，已有收据可查。余一包现存在四甲长处，何为浮收中饱？前第二区署决议重新在兴澄庵建设区署一座，需工需料由本区各保平均摊派。职于本年二月间派夫将前存各甲板料送去二块，以为区署建设之用，有据可查，何为伪造收据？查刘任芳并非本年之事，乃二十八年九月间新旧交接时，作拘送家长论，亦非作解兵论，故伊报解兵由。查本年解送壮丁刘大牙，现年三十二岁，有册可证，何谓不适龄？除落单独子及家庭负担重责者缓征外，合格者又说不适龄，苟再征一个，即谓胁迫欺压。若

不要征兵,公务员亦欢天喜地。现值国难时期硬要兵役,一保以内除落族友戚邻四种人外还有谁人便之?保长到那里去征不当征,而征的违法,当征去又说卖兵受贿。职何在卖兵受贿何人?可以告实查实。似此因气成仇反而大韪加害。职虽无愧公事,请查实以维地方治安,巩固抗战前途,实为公便。

谨呈万载县司法检察官姜

第二区白杨乡第七保保长刘士章

中华民国二十九年八月十三日

柏树乡第四保朱姓族人蛊众捣乱
借甲长民众会议撤职保长

事由:呈为否认谢维新充当本保保长,恳请令区收回成命,遵照保甲条例由甲长公推,以符法令事。

拟办:转饬该管区长秉公处理具报。中华民国二十九年八月二十六日

窃查前任保长刘茂林办公勤敏、作事和平,保内民众并无闲言,不过因朱宏发等假借运输队名义招摇索诈未遂一案。该朱姓族人蛊众捣乱控词妄控讬,借甲长民众会议朦准将该保长撤职,委任谢维新接充在案。窃谢维新素无办事能力,既非甲长公推,缪然委任承充,殊不合乎保甲条例。况保长一职为民众领导者,办事毫无经验且又不敷众望,际兹抗战紧张,保长不得其人,弊害从生,将来民众如水益深如火益热,保甲前途万分堪虞。甲长等为地方计,为民众着想,均有应妥慎之必要,不得不提出否认。为此,联名呈请钧长俯赐察核,迅即令行第二区区署立予收回成命,免任谢维新充任本保保长之职,照准遵照保甲条例,由甲长推选干练充任,以昭慎重而符法令,地方辛甚。

谨呈万载县政府县长姜

具呈人:万载第二区柏树乡第四保队副梁亮根、第一甲甲长梁长发、第三甲甲长罗云盛、 第四甲甲长杨宣民、第二甲甲长刘宣香、第五甲甲长梁云松、第六甲甲长刘复兴

中华民国二十九年八月二十五日

高城乡副乡长王锦旭与该族地痞王之佐舞弊选举

事由:为副乡长王锦旭舞弊选举,邱江傅当选保长,呈请钧长速即调查由。

拟办:查保长邱江傅系属该保保民大会依法票选,业据该乡公所检同记录及选举票呈请核示到府,依法尚无不合。

窃民保代保长郭钧顺办事努力,奉公守法,合保咸知。今由本乡副乡长王锦旭与该族地痞王之佐捏请控告民保代保长郭钧顺误征兵役郑拐妹,曾经该代保长六月七日详呈在卷。顷闻民保保长职务,已由钧府委邱江傅继任。查保长为一保之主干,为民众之公仆,应当慎重,以顺民意。查副乡长王锦旭临保投票时,均由同族地痞王之佐主持,违反保办公处组织规程第四条之选举,曾经民保民众代表周有光等于六月九日祥呈,有卷可查。民等绝不认邱江傅为保长,该副乡长担保催委,显系行私舞弊。如果确认邱江傅为保长,将来地方纠纷,不知胡底,不知胡底!理合备文呈请钧长速即调查,讯问法办,以分清浊,实为公便!

谨呈万载县县长谭

第一区高城乡第七保民众代表:林朋良、郭林福、郑喜星、郑洪基、林贻勤、郭盛妹、晏建初、辛国生

中华民国三十年六月十七日

江西省万载县政府批咏民字第3523号

具呈人高城市第七保人民林朋良等

呈一件:呈为地痞王之佐等串同副乡长王锦旭舞弊选举乞传讯由。

呈悉,查该保保长前据该管乡公所呈以郭钧顺获选,请予核委到府,当以该郭钧顺兵役件纠纷悬案未结,未便照委,业经指令依法召集保民大会公开政选,去后旋据检同选举票及记录等件前来,核与规定尚无不合。该民等竟一再屡陈,而不能指证事实又不能提出合法合理由,显系存心捣乱,殊属非是。兹特警戒,倘仍执迷不悟,定予依法严惩不贷。

此批!

县长谭

中华民国三十年六月二十一日

杨裕丰恃大陷害小辈不听族绅劝导

全衔批　　澄民字第24号　民国三十二年一月二十一日

具节略人杨富成本年一月二十日节略一件：为杨裕丰为恃强欺弱，卖契强赎，赎不遂意声称舍身短见，陷害事由。

节略悉，查事关民刑诉讼，本署未便受理，仰径向司法处呈诉可也，仰着即知照。

此批！

区长巢思登

中华民国三十二年一月二十一日

事由：为恃大压小卖契强赎，赎不遂意，声称舍身短见，陷害事由。

民祖逢祥于光绪壬午八年，得买坎臣泰生兄弟屋字一全所，迄今六十余年，有契为凭，已历三世，从无异说。不料泰生之孙裕丰听人唆讼，于本年正月十八日持钱强赎，民旋即经请保长族绅理论，裕丰不遵，反掇出老母李氏年将六十到家中恶言厉语咒骂不已，声称舍身短见企图陷害民等以人命。在此青天白日之下，卖契要作典契，于理不合，恃大陷害小辈，于法何存？民不得已，迫叩申诉钧长俯赐察核，迅即饬警拘拿到案，依法惩究惩究不听，请转呈县府究办，则民不胜感激之至！

谨此申诉万载县高村区区长巢

具节略人杨富成（年龄四十八岁，住岐源大庙里。）

被告人杨裕丰、杨李氏（住罗城乡第五保湖溪）

中华民国三十二年一月二十日

蓝光壁告族恶蓝余基等恃大压小抗殓谋产

事由：为恃大压小，抗殓谋产，叩法澈究，以全孤苦而维残生由。

为恃大压小，抗殓谋产，叩法澈究，以全孤苦而维残生事。缘民不幸于于古历本二月初五日家父逝世，当经跪投家族蓝余基、蓝有端、蓝有春、蓝有德、蓝学茂等，伊即来民家一视，均已返家矣。民观此情况，翌日又往跪求，伊等乃前来民家，说及要将民所有遗产卖去做醮，不然不准瘗埋。民再三哀求，不惟不允，反将民打。民以无法可想，乃再央请外房家族，始卖去迟田六担，以作家父理葬醮祭费用。族恶蓝余基等出而申言，除已卖者外，所遗之田产，不准民家人享用，一概归作众管，作为挂扫坟墓之用。窃民家有老母一人，年近花甲，胞弟一人，年甫七岁，民虽年龄稍大，可以维持家口，惟已中签，签号快将遴到，急宜为国应征。若民之田产，概被族恶逼谋罄尽，民家幼弟老母将何以谋生活？在民父已死，未埋不过臭气难闻，而民母、弟无产可靠，形将成为饿殍。以目下民未应征以前，民可出而维持。倘民出征以后，民之母、第二人将何以维持乎？所幸政府对于征属有优待之明条，则民虽翌日出征，民之家属有所倚靠，而刻下被族患蓝余基等无理讹诈，将遗产短价勒买，并且强行追打，实属无法无天，迫不获已，特此缕陈伏乞钧长俯顺下情，予以拘恶惩究，勒令归还民之遗产，则生没均感矣！

谨呈万载县政府高村区区长巢

中华民国三十二年三月十四日

被告蓝余基　蓝有瑞　蓝有春　蓝有德　蓝学茂　住黎高乡第一保

全衔批　　澄民字第62号　民国三十二年三月十四日

具呈人蓝光壁本年三月十九日呈一件：为恃大压小，抗殓谋产叩法澈究，以全孤苦而维残生由。

呈悉。仰候传讯核夺！

此批！

区长巢

中华民国三十二年三月十四日

全衔传票

案据黎高乡第一保居民蓝光壁呈以：乃父南轩逝世，被族恶蓝余基、蓝有端、蓝有春、蓝有德、蓝学茂等无理讹诈，并将遗产短价勒买，阻止殓葬，并且强行追打各等情前来。查所呈是否属实？本署无从悬揣。除批示外，合行票传，仰该原、被告人等于三月十六日上午十时一同到署候询，毋违为要！

右传原告蓝光壁

被告蓝余基、蓝有端、蓝有春、蓝有德、蓝学茂

以上人等均住黎高乡第一保

区长巢

中华民国三十二年三月十四日

具切结人蓝光碧

今当高村区署区长巢台前，实结得本人自此以后，对于每年清明挂扫不得惰落及不予挂扫。如违，愿将家产交作家族管理外，同时甘愿从严惩处，不敢冒结，所具切结是实。

中华民国三二年三月十九日具切结人蓝光碧

万载县政府高村区区署傅票

案据黎高乡第一保居民蓝光壁呈以：乃父南轩逝世，被族恶蓝余基、蓝有端、蓝有春、

蓝有德、蓝学茂等无理讹诈，并将遗产短价勒买，阻止殓葬，并且强行追打各等情前来。查所呈是否属实？本署无从悬揣。除批示外，合行票传，仰该原、被告人等于三月十六日上午十时一同到署候询，毋违为要！

右传原告蓝光壁

被告蓝余基、蓝有端、蓝有春、蓝有德、蓝学茂

以上人等均住黎高乡第一保

去丁辛友生、彭熙广

区长巢思澄

中华民国三十二年三月十四日

事由：为对于蓝光壁虚诬控告答辩及诉事。

决定办法：讯问核夺。中华民国三十二年三月十九日

缘堂兄有田、有元入继南轩以来，家资挥霍殆尽，有子不率家教。虽然南轩连年病惫，准备毫无。前日就毙衣衾棺椁安埋醮祭，在在需钱，束手无措，对族对乡自觉赧颜无地，央中售产借作丧费，召到本族蓝余基承买水田数石，契价五百二十元正，业价不为不高，何为短价勒买？死则买棺殡殓，殓则远山安埋，谁阻殓葬？本宜亲视含殓，竟尔无故逃亡，父丧而逃应追，不知其逃有谁追？父死而亡应打，不见其亡有谁打？道场一旦二夕三餐，纯用素疏，当此米珠薪桂之际，丧费仅一千左右，节约至此已极，此合族所共知，合乡所共见，无所用其掩饰饬者也。乃光璧无良，作种种虚诬告诉如颠如狂，亟应严惩来丁旅费五十元，火食在外，候讯火食□□□元，工资在外。无端遭此损失，乞请照数追赔，庶足以儆刁风以安户善。

谨呈高村区区长巢

诉呈人蓝余基、蓝有德等

为据实声明事。本族蓝南轩病惫频年，奄奄就毙。伊子光壁等以丧葬无资，央中鬻产，召到蓝余基承买水田数石，契载业价五百二十元，比之当地，原属最高价格，有何短价？自已需钱葬父，遂尔向人求售，何为勒买？□□□□□□□□□多其亲属。有谁阻葬，亲丧无故潜逃，有谁追打？惟南轩入继以来，挂扫都付缺如，尚有尝田十余石，欲其立约保存，永为祖宗扫墓之需，不许再行私鬻。光壁实不心愿，遂致重服在身，竟敢临丧逃避，人心安在？天理何存？且为种种虚诬告诉准诸事实，真家法所不恕，国法所难容！若不严加惩究，不足以儆刁顽。惟属在同支，同一本统，希原宥乞赐恩全，则感激多多。

此呈高村区区长巢

蓝仙楼、蓝克宽、蓝联临、蓝清真、蓝逢春、蓝吉中、蓝元春

中华民国三十二年三月十九日

黎高乡华姓家族纠纷案

具禀人:华敦本,年三十六岁,住黎高乡二保中青塘,业农。

为霸占尝产,请求拘究,以遏强风事。缘民曾祖王成公生有四子,长焕琳,次焕球,三焕然,四焕乎,而焕球殇,故王成公所有遗产除拨开一部份为焕球挂扫费用外,其余均归琳、然、乎三人平享利权。衅因王成公管有中菁塘门首水田一处,计租三担,以及门首园土屋后荒田,经焕琳裔华茂春耕种二载,既无租交,又无账结,是大房已享两年权利,民乃三房焕然之孙,依房分轮流论应归民照样耕种两年,以昭平允。再三詑族华丕基及甲长钟定鸣等与茂春商洽,而茂春不耳公然视如已业霸种霸耕。似此恃势逞强霸占尝产,用特略述事由,请求钧长恩赐拘究,以遏强风。

谨呈万载县高村区区长巢

被告华茂春

中华民国三十二年四月

具禀人华敦本　年三十六岁　住黎高乡二保中菁塘　业农

为措据阻赎、禀恳拘案究办事。缘民祖父于乱前,该欠华敬爱堂债项本息累算,合计法币一百元。民因家计窘迫,无力清偿。至民二十九年春,该堂首士华丕光、华丕基等催索甚严,不得已遂将民所管黎源中菁塘张家坝水田一处,计租十五石,凭华金山、华绍徽、华弦五、华丕彧等在场为中,卖与华敬爱堂管业,契载业价法币一百二十元,即除一百元,偿还华敬爱堂债项,其余二十元延至十年冬始兑。窃此业系被迫,不过权行交卖,故当经在契内批明六年以内准行照价取赎。民以祖业难舍,乃于旧年古历九月廿四日,备出法币一百二十元送交华丕光手领去,适华丕基、华金山亦在旁,比谓契存华茂春手略候数日,自必领出交你。不料至是月廿七日,华丕光将款送转,不准收赎。斯时,民不在家,伊遂置诸案上而去。民于十月十六日,在家经请乡保甲长及绅乡家族理论。因华茂春铁抗,致未清息,后经众约十月二十日至哨前看明契据,以凭公断解决,而华茂春又措契不交众览。民复于本年农历二月二十七日,再将业价如数送交华不基手收去后又送还。听信华茂春主令阻挠霸业,终不准赎。似此措据阻赎,无法无天,民无可奈何,恳请钧长俯赐拘案究办,准予照价收赎,以重字约。又华茂春抗粮不完,强砍杉树(其详情俟审时面禀),合并声明请求并案办理,严予追究,戴德!

谨呈万载县高村区区长巢

被告华丕光、华丕基、华茂春分别住黎高乡二保鸡公岭、哨前、中菁塘

中华民国三十二年四月

铺保火和堂

具禀人华敦本年龄住址职业均仝前

为毁挖秧田，妨害农务，迫叩饬丁制止，拘案严惩，以维民生事。民前指控华茂春、华丕光、华丕基等措据阻赎一案，其实主动力出自华茂春一人，华丕光、华丕基不过是敬爱堂首士，对于本案有连带关系，故并为一谈。讵华茂春既不讲情理，任意措阻于前。今复借未严拘重究，益露狰狞面目，愈演愈奇。突于本年古历三月二十四日上午统率妻妾多人，如狼似虎冲至民所耕作之田边，舞掌磨拳，肆口辱骂，声称要牵民耕牛，还要打人（此时民正在耙田）。民见势不佳，只得低头丧气，若丧家犬不敢回言，放牛疾驰而去。伊待追之弗，及转身便挖民之秧田塍，害民要莳八十余担谷田之秧－行将枯萎净尽。窃一年之计在于春，春若不耕，秋无所望。华茂春等胆敢蓄意殴抢，毁挖秧田，妨害农务至于此极，一家大小终必成为饿莩，至于租谷国课，更无从出办，情迫为此催请钧长立予饬丁制止拘案，严惩以维民生，无任感激！

谨呈万载县高村区区长巢

被告华茂春　铺保仝前

中华民国三十二年四月

事由：据该乡民人华敦本控诉华茂春耕毁挖秧田，妨害农务一案，本署无从悬揣？兹情转饬该乡长就地秉公办理具复由。

仝衔训令　　澄民字第110号

令黎高乡乡长杨星恒

案据黎高乡民人华敦本呈称：为毁坏秧田……无任感激等情。据此，查所称各节，本署无从悬揣？除批示外，合行令仰该保长就地秉公办理，并将办理情形报署备查为要！

此令！

区长巢

中华民国三十二年五月二日

仝衔批　　澄民字第110号　民国三十二年五月二日

具案人华敦本

本年四月三十日呈一件：为毁挖秧田，妨害农务，迫叩饬丁制止拘案严惩，以维民生由。

呈悉，已转令黎高乡公所秉公办理，着即知照。

此批！

万载县高村区区长巢

中华民国三十二年五月二日

为族孽华敦本、华敦美兄弟主母上门逞凶行殴，恳请依法追，以彰法纪由。

窃民于本年四月一日被华张氏逞凶殴打，曾经呈请黎高乡公所提验在案，不料该华敦本等相机报复辱骂之事，无日不有月之一日。氏在园追鸡，该华张氏竟百般辱骂□□□，私人人格等等，忍无可忍，只得以理由质回辱骂□□，该华敦竟主使伊母张氏共同前来将氏痛殴，及氏痛苦难忍，大呼救命，始有邻里前来解救，伊自知理亏，亦卧地装伤。现氏身患之伤有头部，在眼角一青红伤，又鼻子一伤，胸堂则一拳伤及指伤、小腰一伤、下肚角一重伤，左手又口咬一伤，其余小伤不计其数。伊假装之伤，曾经黎高乡一保办公处主张调解，当已论实无重，况氏身一人，伊行母子二人，其轻重高下，亦可分列。又况伊氏之时，在氏菜园中，更可论实伊之上门追殴。现氏身患重伤，诚恐生命攸关，事出无奈用特报请钧署察核，请求准予傳案对讯，澈底追究，不胜感戴之至1

谨呈高村区署区长巢

具呈人曾福香（住址西坑青塘）

被告人华敦本、华敦美（住址西坑青塘）

民国三十二年六月七日

高村乡李姓宗族纠纷案

事由：为拦途抢纸，掳人勒票，呈请拿办，转详县府司法由。

决定办法：转饬该管乡公所调解委员秉公调解。中华民国三十二年三月廿六日

窃民在本市开设德康全，先后二十余载，素安本业，合乡皆知。不料本月二十五日，有恶棍李家贤孽侄李傅家（前充县府指导员，今撤职田家无事。）等因借贷未遂，串商本祠首士李春林等无故生端，捏情加山价，升店租，统率流岷李德近等数十人，乘民父子由冷水坑挑纸回高行至十驳桥头，蜂拥将纸抢去，又将民捆绑至湾里禾仓内，私行勒诈，搜去法币三五十元，逼写本票二张后，将民店内货物抄检封闭，合街目视，形同匪寇，幸蒙钧署饬丁提人，始行释教乃，得故全生命。情迫只得呈请钧署作主，严拿追究，一面转详县府依法惩办，良民感激！

谨呈万载县高村区区长巢

具呈人李文钦，住高村市德康全。

被告恶棍李家贤、主犯李傅家、从犯李春林、李德近，均住三湾里。

中华民国三十二年三月廿一日

万载县高村乡调解委员会公函　　民字第238号

案准贵署澄民字第78号公函开，案据该乡所辖商民李晋贤与李家贤等纠纷一案，业经本署传集双方讯明详情，并由二比出具自愿调解切结各一纸在卷。用特函请贵调解委员会召集拴缚秉公调解，并希见复，至纫公谊，附双方原禀一件，办毕仍缴署等由……附双

方原禀各一件准此，当于三月三十日饬丁传讯双方对称，并将顶贴及先年估山帖考核，要求履行期约，自属不非。而李春林等所称亦属理，确经多方劝解，已由李文钦念祖宗份上，加为当背菁山估价法币一千元，并将先年所立估山帖取缔重订新帖。复据李文钦抄呈先年所立估山帖，请予对核存查等情到会，即对核无讹。除准予存备外，准函前由相应将调解经过情形函复贵署查照。

此复！

万载县高村区区长巢

中华民国三十二年四月一日

具呈人李英文经理春林、文泉 均住山湾里

为李晋贤欺宗灭祖，请枪恐吓，恳请依法拘办，以惩强恶事。窃民等管有冷水坑等处山场，于民庚辰冬合族集股建造□宇槽校，取名三星工厂。屡次开会，总以建造祠宇起见，当即订定估山法币一百二十元，不论士农工商，均征工十只，以腌白丝表芯，不料晋贤借恃身为总经理照厂工资，屡次加增，显出阴谋手段欺压族内民众。民等受伊压迫不过，只得于壬午三月间忿心将所腌原料及□宇槽校出顶与晋贤、清贤二人营业，改名天记、和记。旧冬清贤和记一半出顶与鼎昌纸厂，当订定估山洋一千八百元。惟晋贤天记一半，想照从前合族三星工厂样固执只有法币六十元，独不思早前三星工厂乃合族士农上高大小会众都有份的，所以估山价洋多少均不计较。兹今合族各众均出项与晋贤、清贤，其山租不得不加升，试思清贤一半山租已估定一千八百元，惟晋贤一半固执六十元，否则听司法解决等语。似此行为，是一族人相欺一个人，还是一个人压迫一族人乎？恳请钧长明察，定有高裁！

谨呈万载县高村区区长巢

被呈人李晋贤

中华民国三十二年三月廿八日

息呈

具寝息人李满科，为事经寝息，请求恩赐销案事。缘民控诉郭招贵侵占民山一案于三十二年五月四日经郭庆业、李清贤等近场调解寝息矣。理合备文呈请钧长察核俯赐销案，卑免讼累。

谨呈万载县高村区区长巢

具呈李满科（押）、郭招贵（押）

中华民国三十二年五月四日

批示：交龙指导员处理

具呈人李甘氏偕男满科　　住中高村山湾

为郭招贵侵占民山，窃砍盗葬，恳请依法拘办，以惩强恶而安弱小事。缘民住居中高村山湾，先父于民元年得买周张氏所管二十四都白石湾竹山荒土一处，又确场一支，业管三十余载。兹有郭招贵竟妄谓民十三年由春生福转卖与伊管业（无契无据）。民父既卖与春生福，何以民十三年以后山内竹笋均归民父管来收息？又何以民十八年验明此山契据？现有验契证书铁证。民本月二十日，经明众人约定二比，同往郭文斗处查明账簿字据，经郭文生、郭丁有等谓一定农历本月念八日来高村了息，不必往查等语，民即信以为实。民叔逢庚农历三月二十一日往县开族董会，见郭招贵父子在郭文斗店甘言密语（因同往不好谈私话），文斗见民叔，即书信与郭文生、郭丁有、李清贤等，竭力排解询问当地人士，此山民十三年后谁人管业收息？自然明悉云云，招贵贪心不服，复往郭文斗处，而郭文斗又书换一信，其中舞弊就是三岁孩童可不言而喻，似此种种不法，侵占民山，万死不甘，只得呈请钧长台前俯赐察核，饬丁拘究严办，清业还民，实为德便。

谨呈万载县高村区区长巢

被呈人郭招贤等　具呈人李满科僧甘氏　经投人李清贤、李逢庚、李文生

中华民国三十二年五月

具呈人李东来、经理李文泉、李火轩、李少轩、李逢庚、李桂发等

为彭树声串同舞弊本票，舞弊无公允，请求调解，以维信商界信仰事。窃民祠起立东来仓，原为族内贫民青黄不接起见。旧冬经李晋贤手买彭树声粘谷十担，订定法币六百元，当即钱票两交，手续清楚。今春逢等往出此谷，殊彭树声借恃前任乡长声恃浩大，竟谓票有票根，你等经理谁人交洋与我？此票非到区署厅断与解决云云。民即执问李晋贤，又谓有此亲笔本票，不能收谷，何以为人？似此串同舞弊，民等万难哑忍，只得请求钧长俯赐调解，饬令彭树声交谷与民，实为德便！

谨呈万载县高村区区长巢

被告人彭树声、李晋贤

批示：交龙指导员处理。中华民国三十二年五月廿日

万载县康乐镇镇民代表会第一次会议记录

时间：中华民国三十四年二月廿五日上午八点

地点：万载县私立世兴小学大礼

出席代表：朱锡章、郭慰曾等，共四十四人。

列席代表：何心谷、宋余阶等，共三十七人，其中保长廿二人。

请假代表：　无　缺席代表：　无

主席:郭慰曾　记录:郭宗沂　主席恭读　总理遗嘱　全体肃立

1. 案由:兹制定康乐镇自治规约草案提请核议案。

决议:修正通过。

2. 案由:筹集乡镇保卫生基金案。

理由:实施公共卫生事业为促进人民健康之要旨。

办法:(1)筹集标准:上令规定乡镇卫生基金5000元,每保卫生基金2000元。(2)就地方原有办理慈善事业物产配量提拨。(3)凡祠众收益每年达2万或租谷每年在50石者得劝募1000元至2000元,如超过上项数额,得照此例推。(4)原规定筹集法如因特殊情形不能筹足时,得由财产保管委员会斟酌地方情形另行筹集。

审查意见:依照成案办理。决议:照审查意见通过。

3. 案由:建设公厕案。理由:为谋公共卫生人民清洁。办法:(1)上令规定每保至少建设一所。(2)勘定适当地点择要建设。(3)所需经费向各祠众收益项下派募。

审查意见:请镇公所斟酌办理。

决议:照审查意见通过。

辛大祠各项经费收支概算书

事由:为检呈本祠各项经费收支概算书恳请备案由。

拟办:准予备查。中华民国三十三年三月三十一日

万载辛氏族董会呈　毓字第112号

查本祠全部租产(大祠义学、义田均在内)经于本年一月三日第八届全族代表大会讨论

事项第一案决议,以百分之六十为教育经费,津贴初中以上学校学生(开宣小学经费在内拨充);百分之二十为祭扫费;百分之二十为救济费。兹经本会推派族董分别查明,拟拨造具预算,复经一月十九日提交第十届二次临时会议决议:"(一)将预算修正通过,除呈报县府备案及将六成粮户拨定为辛氏教育款产外,并通知各房斟酌情形遵照办理(并函各学校公布本姓子弟知照);(二)将全部财产统一收支,分总务、出纳、会计,以大祠首士为总务,义田首士为出纳,义学首士为会计"各等语记录在卷。除通知本族各房遵照办理并函请各学校公布外,理合检同本大祠各项经费收支概算书一份,呈请钧府鉴核备案,实为学便。

谨呈万载县县长何

附呈辛大祠各项经费收支概算书一份

辛氏族董会主任辛钟灵
中华民国三十三年三月二十三日

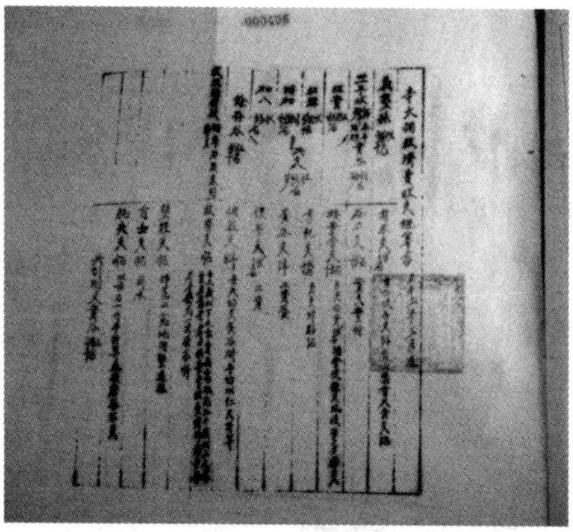

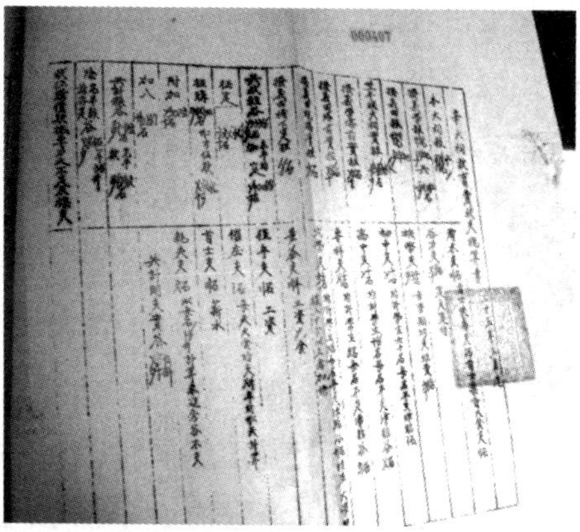

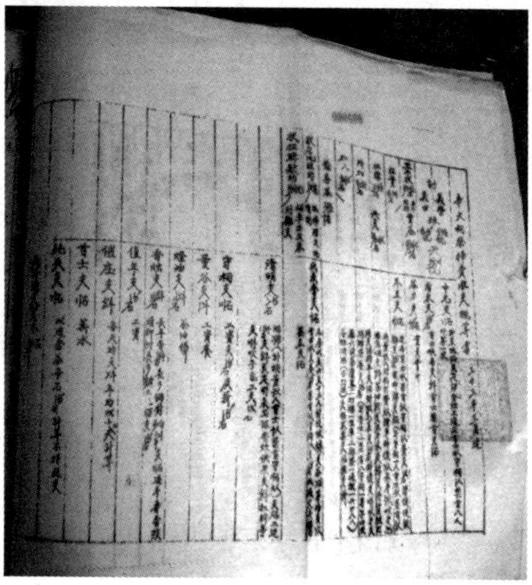

事由：据该族董会呈报该祠各项经费收支概算书请核备等情，指令知照由。
江西省万载县政府指令　　心教字第 13212 号
令辛氏族董会主任辛钟灵
本年三月廿三日呈一件：为检呈本祠各项经费收支概算书，恳请鉴核备案由。
呈件均悉。
此令！件存。
县长何

祠会奉派战时公债款项

事由:据造送劝募战时公债花名清册乞鉴核一案指令遵照由。

江西省万载县政府指令　　咏财字第 10861 号

令城厢一镇长巢思澄告

报告一件:为选送本镇劝募战时公债花名清册鉴核由。

报告附件均悉。仍仰迅即派员将劝募款各数收集解缴裕民银行,勿延为要。

此令!

县长谭

中华民国三十一四月十六日

事由:为造具劝派募战时公债花名清册一份赍呈核备由。

拟办:指复,仍仰迅即派员将劝募款各数报收集解缴,勿延为要。中华民国三十一四月二十八日

万载县城乡二镇镇公所呈　　镇财字第　50 号

案奉钧长四月四日手令,为劝募战时公债限期已过,该镇尚未据报劝募分文造送劝募花名清册。兹后限本四月十日以前,将配派数额如数劝募足额收缴裕民银行,并于七日以前造具劝募花名清册送劝募分队,以凭转报等因。奉此,遵即召集各保保长暨全镇富户及富商开会讨论,经提议奉令配派劝募战时公债二万六千元应如何劝募足额请公决案决议:以祠会派劝募五成,以富户及富商劝募五成,分级评定数目,造具清册呈县核备等语记录在案。查劝募姓名数目,均由各县保长及富户及富商当众奉着良心评定,业已派额二万六千元。奉令前因,理合造具劝募花名清册一份备文赍呈钧长鉴核!

谨呈县长谭

附呈劝募花名清册一份

城厢二镇镇长汪镇汉

中华民国三十一四月十五日

汪氏族务会议记录

三十八年正月二十一日召开族务会议

地点:本祠

时间:三十八年正月二十一日下午

出席人:元章、国章、师和、仁发、并琼、汪耀、万昌、旺初、承昌、贤林、贤清、贤栋、治献、启熙、信敷、经传、岳孙、泗传、思云

开会如仪

主席:岳初　记录:元章

报告事项(略)

讨论事项

提议:本祠修建门楼牌位用费稻谷尚亏钱一百五十担之巨,应如何设法弥补案。

决议:1. 将所有各方牌位陈欠照前议折合稻谷收清。

2. 将所有丁谷分别催收清楚。

3. 分向各方劝捐牌位。

4. 不足之数暂由经理人照依时息贷借。

提议:各方先年所捐牌位、捐款谷应何催收案。

决议:1. 由各方与会人员照簿所载实欠谷数出具限期支票,并完全负责包总收清送至大桥交卸,或一律照大桥时价折缴,如有收谷折谷困难时,则照捐数激交现洋(龙洋为标准)。

2. 如有冥顽不灵抗不激清致负责人无法包账者,则由负责人分别查出主名,即将所立牌位除名,并撤销牌捐资格后准列抵欠数。

3. 如该方未有参加会议者,则由该方首士负责照依一、二项办理。

提议:各方丁谷欠数应如何限期收清案。

决议:依照前次会议决议案切实办理,并由祠派人索取。

提议:本祠修建门楼图墙账目应否推人审核案。

决议:1. 审核

2. 推定仁发、信敷、喜熙、思云、贤林、承昌并推仁发为召集人。

提议:本祠修建门楼图墙工程尚未告竣,若继续兴工,而需用经费又无法筹支,其未竣工程应否进行或暂时停止案。

决议:1. 仍旧进行修理

2. 定二月进行,分往各方收集欠款,俟款项收集相当程度后,始开工修理。

提议：新捐牌位捐款应如何催收案。

决议：1. 依收现谷为原则，限二月间付楚。

2. 如万一无谷可交者，由认捐人出具手票，于本年冬加二行息照数收清。

万载司背宋氏全族代表大会

第一次会议

时间：四月十五日

空间：大祠

出席族董：青和、苏允、清傅、开鼎（开发代）、锦钧、志豪、诚齐、培原、昭明、余階、思红、惟新（祥瑞代）、联青

文书：瑞祥

出席代表：思德（道芳代）、子标、子玙、康侯、开榜、国寿、球特、水林（开发代）、瑞林（联青代）、金生、五瑞、午崧、绍裘、华文、意初、贤瑞、开达、文彬

出席首士：大祠首士汝翼、开鼎（开发代）、秉权

桥祠首士：镇五、联章、诚齐

采芹堂首士：师亮，联财（代茂初）、觉启

中元堂首士：汝翼、意初、昭明

三公乡贤堂首士：志豪、仁霖、联青

瑛房首士：道芳

珊房首士：联财（代茂初）

珍房首士：瑞林

主席：余階

记录：瑞祥

开会如仪

甲：报告事项（略）

乙：讨论事项

1. 宗祠修正章程请众讨论通过案。

决议：修正通过。

2. 教育奖金及津贴应自何时实行发给请公决案。

决议：自三十年三下学期起施行。

3. 清查本祠各会众财产应如何办理请公决案。

决议：由族董会派员清查。

000004

開會如儀

甲 報告事項（畧）

乙 討論事項

(1) 宗祠修正章程請衆討論通過案

決議 修正通過

(2) 教育奬金及津貼應自何時實行發給請公決案

決議 自三十年三下學期起施行

(3) 清查本祠各會衆財產應如何办理請公決案

決議 由族董會派員清查

第二次会议

时间:十二月二十二日

空间:大祠

出席族董:余階、青和、锦钧、苏允、诚齐、秉炎、昭明、思弘、联青、开鼎、志豪、清傅

文书:瑞祥

出席代表:志和、志光、文彬、化文、贤瑞、联才、子标、金生、联章、瑞林、洪彩、水林、午崧、康侯、子玙、运生、廷珊

主席:余階

记录:瑞祥

开会如仪

甲:报告事项

乙:讨论事项

1. 本祠派缴联宗祠基金谷五百担应如何筹措请公决案。

决议:先将所管仓前现开兴隆油行之店房出卖,所得价款充付联宗祠基金谷,如有不敷再由族董会设法筹措。

2. 散会

第三次会议

时间:卅四年弍月二十一日下午一时

空间:本祠

出席代表:志豪、康侯、青和、文彬、化文、思德、昭明、培原、子玙、镇五、苏允、锦钧、金生、清傅、诚齐、球特、余階、水林、开鼎、青和、午崧、祥瑞、志光

主席:余階

记录:瑞祥

开会如仪

甲:报告事项

乙:讨论事项

1. 本祠派缴联宗祠基金谷五伯担应如何筹措案。

决议:由大祠负责筹弍百担,瑛房祠负责筹壹佰四拾担,珊房祠负责筹壹佰担,珍房祠负责筹陸十担,录案通知各房。

2. 查联宗祠之祠址尚未有相当地点,可否将硚祠祠址拨充请公决案。

决议:将硚祠祠址拨充留积谷仓自用。

3. 散会

第四次会议

时间:四月一日上午十二时

空间:本祠

出席代表:志光、化文、祥瑞、文伟、维新、诚齐、思弘、秉炎、子标、青和、思德、清傅、球特、苏允、意初、午崧、瑞林、联章、联青、子玙、文彬、开发、志豪、洪彩、仁霖、联才、锦钧、康侯、余階

主席:余階

记录:瑞祥

开会如仪

甲:讨论事项

乙:报告事项

1. 本届族董会现值任满时期请遵章改选案。

决议:公推余階、运生、青和、子标、秉炎、锦钧、化文、清傅、祥瑞、志豪、觉齐、联章、子玙、开鼎、昭明等十五人为族董,当即互推余階为族董主任。

2. 查宋大祠章程本祠应推族董五人请公推案。

决议:公推余階、运生、青和、子标、觉齐等五人为大祠族董。

3. 查族董会出纳、审核、会计各负责重事繁,纯系事务职,惟是任事人员贫富不一,在家境富裕者尚属可行,若清寒之士则恐因公而妨害原有之收入,影响生计,砞非善策,拟请自本年起酌给津贴,俾能安心以尽职责,是否可行请公决案。

决议:出纳员年支津贴谷十担,会计员、审核员各年支津贴谷五担,族董会书记年支津贴谷十担。

第五次会议

时间:卅五年二月廿七日(即农历元月廿六日)上午十时

空间:本祠

出席代表:镇五、康侯、文彬、志和、维新、苏允、洪彩、锦钧、绍裘、午崧、志允、瑞祥、志豪、清传、开发、瑞林、意初、诚齐、联章、文伟、青和、锁生,联青、子标、思弘、祥瑞、贤瑞、子玙

主席:文伟

记录:镇五

开会如仪

甲:报告事项

乙:讨论事项

1. 本祠及直属各会中收支账目自卅三年度起直至现在均未经本会审核,应否照章办理请公决案。

决议:公推康侯、瑞祥、午崧、锁生、联青、开发负责审核,以瑞祥为召集人,并限族董会经手人于三月六日以前将佃账交出审核,期间三天为限,审核后仍召集大会处理。

2. 查族董会任期将届,应否提前改选案。

决议:俟下次大会再议。

3. 本祠所管学宫前新店一所,经前族董会决议出顶店,抵代价谷二百担,每年租米四担,承该人均以租米过昂不愿承租,应如何办理案。

决议:应底代价仍照原议租米酌量办理。

4. 本祠所管龙岗院地址刻变,成堆积荒地前拟瑛房后裔宋韵坐声请承租建筑可否联租请公决案。

决议:联租。

散会

第六次会议

时间:卅五年三月十五日(即农历二月十二日)上午十时。

空间:本祠。

出席代表:镇五 、意初、瑞祥、祥瑞、锁生、锦钧、联章、洪彩、子玙、成凤、增辉、志允、联青、午崧、清传、志豪、华文、维新、绍裘、贤瑞、诚齐、金生、宝斋、联才,瑞林,青和、子标、秉炎、文彬、贤斋、康侯。

主席:子标

记录:镇五

开会如仪

甲:报告事项

乙:讨论事项

1. 查本祠砇祠直属各会中收支赈目自卅三年度起直至现在,刻经本会公推人员审核业已告竣,应请通过案。

决议:既经审核无讹,应照案通过核消。

2. 查本祠砇祠:宇谷五百担族董会账上并无收付之数,其谷究竟存于何处,应否查明请公决案。

决议:交下次族董会清查核办。

3. 查祠中卅三年创制规章核与现在潮流似有更改之处,如为何办理请公决案。

决议:保留。

4. 本祠所管章岗书院地址经前次会议通过出租,究竟如何处理案。

决议:将租赁案撤销。

5. 提案人锦钧、贤斋、华文、清传等本届族董拟遵照各房规定名额,共同票选,加设常务族董协助办理事务,及裁撤文牍,将文书一职由族董中兼办,以节开支案。

决议:(1)本届族董由大会按房选举。(2)增设常务族董两人,仍由族董中互推。(3)文书由族董会审核员兼任,不另支薪。

6. 本届族董现届期满请遵章改选案。

决议:公推文伟、子标、道芳、志光、锦均、维新、诚齐、华文、怡初、绍裘、贤斋、子玽、开鼎、联章、金生十五人为族董，当即互推文伟为主任，维新、宝斋为常务族董。

散会

第七次会议

时间：卅六年五月十九日（农历三月廿九日）上午十时

空间：本祠

出席人：代表协和、苏允、绍明、镇五、开发、师亮、绍康、茂林、锁生、志豪、荣阶、开远、联青、瑞祥、洪彩、增辉等。族董维新（焕臣代）、子标、锦钧、金生、志和、思德、联章、志允、文伟、思弘、意初、贤瑞、文玽、文彬、青和、祥瑞。

主席：文伟

记录：思弘

开会如议

甲：报告事项

乙：讨论事项

1. 本祠及直属各会未收支账目照章应交大会审核，关于审核人员应如何推定案。

决议：推洪彩、瑞祥、青和、吉初、志豪、福林、联青、开运、友生九人为审核员，由志豪负责召集，限五天（自接收簿账之日起）审核清楚后，仍交大会办理。

2. 代表协和等五人提议本祠派缴组织联宗之基金谷，当派瑛房一百四十担，珊房一百担，珍房六十担。除瑛房请缴外，珍房尚有少数未缴，珊房则全部未缴，如何办理提请公决案。

决议：由代表大会分函珊、珍两房催问，限期答复。

3. 据前届出纳文彬呈请补登补捐谷共计五担九斗叁升，应如何办理案。

决议：交本大会审核员审查后，再行报会核办。

4. 据族董会交来珊房祠董事会函请将砎会售与联宗祠所得代价谷五百市担，请按股发给等语，应如何办理请公决案。

决议：俟前任主任余階回县后改再行拟议。

丙：散会

三兴乡第六保保长潘寿恩借职苛勒颜姓族民

具呈人颜求彰，年龄77岁，住第四区三兴乡第六保，铺保安泰福。

为保长潘寿恩，借职苛勒，滥行羁押，恳请迅予傳案详讯，依法撤究事。窃民祖居盐池塘，历属三兴乡管辖。自有保甲以来，属民子侄等，遇有奉派公差，罔不遵命服从。缘此次保长奉派应借款,业由保长指定,派民颜姓负认应借法弊四拾元正,民奉保长面谕,即遵将此项应借款,分派颜冬祥、颜吉祥、颜岐山及民等,四人如数认缴,系经民手亲交该保长收去。已逾两月之久,见各户所缴者,均有应借条,独民所缴之款,竟不给应借条,民向保长问取数次,因此怒从心生,于阴历又六月十四日,带同保丁二名,将民捕至保长家中,不问情由羁押一天一晚,左右邻居共悉,并逼民书具切结,限民颜姓之人,无论是否属归伊保之姓颜人,均应迅即归附该保。切思民颜姓部分之人,虽不过于众,在未有保甲之先,而亦有居各地各保者,谅已遵章造册,编有户口,何得有拘集一保住居之理?此种苛勒,实属不法已极。似此借故诈索,任何人岂忍甘服?延至本月二十八日,复又将民拘至保长处拘押,声积要民出国币360元方许更结,此种恃职苛勒滥用拘押,该保长视国法似若儿戏,际此青天白日之下,岂容此种贪污渎职。民虽软弱,国法存在,为迫不得已,恳请钧长察核俯赐迅拘该保长潘寿恩到案质训,依法撤究,令饬发给应借条,并请缴销勒结,以警贪污,而安良儒,实为公德两便!

谨呈万载县政府县长兼军法官谭

中华民国三十年八月二十二日

万载县政府批　　咏民字第5197号

具呈人颜求新呈一件:呈为保长潘寿恩借公苛勒,滥行羁押,恳请传讯撤究由。

来呈未贴印花,不合规定。所诉如果匪重,仰即补具手续,再呈核示。

此批!

县长谭

中华民国三十年八月二十八日

具呈人颜求彰,龄77岁,住居同前,铺保咸丰号

为再请迅予傅案,依法撤究以警贪污而安良懦事。窃民于本年八月三十一日,呈诉民保保长潘寿恩,借职苛勒,滥行羁押,不法等情在案,迄今日久未沐傅讯,民之痛苦日深一日,而该贪污渎职者,势焰愈炽。民处此铁蹄之下,忍无可忍,略将该保长之不法苛勒情形,罗列于后:

1. 勒民负认应借券法币十元,该款早已如数缴清,不给借券收条,究是何理?事属显然苛勒无疑,此其一也。

2. 将民拘押保长家中一天一晚。保甲条例中,是否可能滥行羁押,该保长之不法,此其二也。

3. 勒民具结,限令民颜姓人等,集归伊保居住,否则出法币三百六十元,方许更结,不法苛勒此其三也。

综上所述,均可傅案对讯,自当真像便明,该保长藐视国法似若儿戏,值此青天白日之下,岂容此种贪污渎职,民虽懦弱国具在,不得已再请钧长察核,府赐迅予传案质讯,依法虚坐实究,并乞缴销勒结,并请令饬发给应借券收条,予以依法撤究,以警贪污,而安良懦,

实为公便!

谨呈万载县县政府县长谭

中华民国三十年九月十九日

批示:查本案业经饬由被告潘寿恩。该管乡长查复并无贪污渎职事实,拟再转饬该管乡长传讯,明确虚坐实究,仍仰报案再查。中华民国三十年九月二十一日

事由:据该乡第六保居民颜求彰续呈该保长潘秀恩贪污一案,令仰遵照由。

江西省万载县政府训令　　财字第6051号

令第四区三兴乡公所

案据该乡第六保居民颜求彰呈称:为再请迅予传案,依法撤,究以敬贪污而安良懦事。窃民于本年……谨呈等情。据此:查本案业经本府以永财字第5387号训令饬遵查复在卷,据呈前情,合行再令仰该乡长于令到三日内切实查明传案迅办,实究虚坐,毋得徇情,仍将办理情形,限期具报为要。

此令!

县长谭

中华民国三十年九月二十七日

具呈人颜求彰,年龄七十七岁

为再三请求傅案质讯,依法虚坐实完事。窃民于本年八月三十一日,及九月十九日,先后呈诉民保保长潘寿恩,借职苛勒,滥行羁押,种种不法等情在案。迄今一月之久,未沐批示,亦未见传讯,而贪污渎职者,逍遥法外,势炎莫当,民之痛苦日深一日。若不再三依法呈请,传讯撤究,则将来苛勒何堪设想?民乃忍无可忍,续将该保长不法情形详列于后:

1. 勒民负认应借券款国币四十元,该项款目,已令如数遵缴,清交保长收讫,至今日久不给收条,究是何理?事属显然苛勒饱私无,此其一也。

2. 无故将民拘押一天一晚,开释时,保丁又要索问锁洋壹元,保甲条例中保长,是否可能滥行拘押,实属不法已违极点,其二也。

3. 非法勒民具结,意图卸罪,否则要民出国币三百六十元,方许更结,不法苛勒其四也。

上呈三点,请迅予传案对讯,如有虚妄,情甘坐罪,为此迫不得已再请钧长察核,俯赐讯传民保保长潘寿恩,详讯撤究以敬贪污而彰法纪,实为公德两便。

谨呈万载县县长谭

中华民国三十年十月九日

事由:据呈以本保保长潘寿恩借职苛勒,滥行羁押,请察核究办等情,批示知照由。

江西省万载县政府训令批　　财字第6579号　民国30年

具呈人颜求彰呈一件:为本保保长潘寿恩借职苛勒,滥行羁押,请察核究办由。

呈悉:查本案业经转饬该管乡公所切实查明传汇讯办,实究虚坐,仍仰即遵照以凭核夺。

此批!

县长谭

中华民国三十年十月十七日

万载县第四区三兴乡乡公所呈　　林财字第 248 人号

案奉钧府永财字第 6051 号训令:以据,"该乡第六保居民颜求彰续呈该保保长潘寿恩贪污一案业经本府以永财字第 5387 号训令饬遵查复在卷"。据呈前情,合再令仰于令到三日内切实查明传案迅办实究虚坐,毋得徇情等因。下乡奉此遵即派员,一再调查。复将保长潘寿恩甲长曾伟清及颜求彰传所讯办,兹将讯明情形分呈如次:

查颜求彰所控保长长潘寿恩勒认印借款四十元不给借券,并非事实。保长劝认者节约储蓄券。因伊陆续付款,未即给券,今该保长已将储券缴交本所,转交饬领。该颜求彰亦不前具领。

查颜求彰所控保长滥行拘押一天一晚,亦不符实。但保长虽押他数时之久,原限令该颜求彰将包庇壮丁及已认交纵放壮丁具结限交,现该潘保长已将该求彰切结呈所查核。

查该颜求彰所控保长勒民具结限令颜姓人等集居伊保,否则勒出法币三百六十元,

更非事实。但潘保长所勒他具结,原限交壮丁,并非限他族人完全集居一处,本拟根据讯明情形,遵令予以实究虚坐之处办,因该颜求彰刁蛮已极,未便办理。

奉令前因理合将颜求彰检同供词切结具文送请钧长俯赐讯办,以惩奸刁而敬效尤。

谨呈县长谭

附呈口供一份

三兴乡乡长张钧林

民国三十年十月十四日

十月十三日本所六保居民颜求彰口供

姓是名谁?

答:姓颜名求彰。

住在什地?

答:三兴池塘。

告保长什么事情?

答:他押我交壮丁,收我款不给收条,别无他事。

颜求彰(押)

保长潘寿恩口供录

一、收颜求彰洋四十元系派储金额，当未到券，后来未领将储金券交乡长手。

二、颜求新在新昌开店，容藏中签壮丁颜清溪、合格壮丁颜甲良。值本年又六月中旬，甲良治理母丧在家，我饬丁去提来，防其再逃匿，遂提到保即托甲长曾伟清等取保并出具限交该甲良、清溪两壮丁一纸，该结现缴乡长手。

保长潘寿恩（押）

甲长曾伟清口供

颜求彰 取保出具限结交颜甲良，当时我在侧，只话担保两时回来，未常不可。后保出，一去不回。即限伊出具切结，限期交出所勒□□□□□□□□□□□□□□□□□□□□□□。

甲长曾伟清（押）

李正久贿请无知族董并伪造指印

事由：奉令查报李宋氏控诉李正久一案，据查并无此情，并检呈李宋氏否认一件、原呈一件呈请鉴核由。

拟办：原呈铺保无住址，无从追究盗名呈控人。指复既处检呈李宋氏否认呈控原呈来府，准销案免议。

万载县第五区罗城乡公所呈　军役字第 173 号

案奉钧府咏军役字第 7422 号训令，以罗城第一保李宋氏指控保队附李正久勒诈民财一案，检发原呈一件，令仰该乡长查报等因，附发原呈一件。奉此，当即转饬第一保保立小学校长（代保长）李持刚查明具报在案。去后，兹据该校长李特刚查报呈称，奉令调查李宋氏控诉李正久诈财一案，职即召集双方讯问各方，并无此情，不知何人盗名妄控。该李宋氏自愿出具否认一件检呈钧长鉴察等情。据此，兹检呈李宋氏否认一件、原呈一件，备文呈请钧长鉴察并请追究何人盗名妄控，予以严究以重役政，实为公便！

右项谨呈万载县县长谭

附呈李宋氏否认一件、原呈一件

万载县第五区罗城乡乡长李国柱

中华民国三十一年一月六日

事由：为违法逮捕希图敲诈由。

拟办：移民政军科办理，查明究办具报。十一月十六日

决定办法：检发原呈转饬罗城乡，查明究办具报，办毕仍缴。十一月十七日

窃民子李为牙于十月三十日突被本保保队附李正久指使李银云率须白良乡丁袁靠

仔、袁保兴等横将氏子逮捕拘押，后见事势非佳，始于十一月六日释放，并勒令去火食洋十四元五角，由李大成经手。孀居独子能力薄弱，该李正久既将氏子逮捕拘押已属非法，复勒氏子洋十四元五角，罪更难逃。为此迫叩钧长，迅予将该李正久拘案询究从严惩处，是为德便！

谨呈万载县县长谭

具呈孀妇李宋氏（现年五十九，住五区罗城乡一保三甲）

被呈诉人万载第五区罗城乡一保保队附李正久（住麻田李大祠右侧）

带捕李银云（住罗城乡一保青背坑下堡）

铺保万载洪原泰

呈为否认事，缘妄控本保保队附李正久违法逮捕，希图敲诈氏子李为牙伙食洋十四元五角，由李大成经手一案，氏实不知何人盗名妄控。为此仰叩钧所明镜高悬，依法查明转呈政府惩办，实为德便！

谨呈万载第五区罗城乡乡长李

具呈孀妇李宋氏（现年五十一，住一保三甲。）

中华民国三十年十二月初四

事由：为撤销李宋氏呈控李正久一案仰转饬知照由。

江西省万载县政府指令　　咏军役字第 8894 号

令罗城乡长李国柱

呈一件：为检呈李宋氏否认控李正久原呈请核由。

呈件均悉。查原呈铺保无住址，无从追究盗名呈控人。惟本案既据李宋氏具呈否认，应予销案免议，仰即行饬知照。

此令！

县长谭

事由：为本保队附李正久指令壮丁李银云率白良乡丁袁靠仔、袁保兴等违法逮捕氏子，希图敲诈一案，恳请迅予拘案，依法究办，以维人民自由由。

拟办：查案办理并批示。中华民国三十一年十二月十一日

批示：查本案曾以咏军役字第 7422 号训令检发李宋氏原呈，令罗城乡查报，迄为据复，应代电催报凭核。中华民国三十一年十二月廿日

为本保队附李正久指令壮丁李银云率白良乡丁袁靠仔、袁保兴等违法逮捕氏子，希图敲诈一案，恳请迅予拘案，依法究办，以维人民自由由。案查氏子李为牙于十月三十日被本保队附李正久指令壮丁李银云率白良乡丁袁靠仔、袁保兴等违法逮捕，勒去法币十四元五角，曾经呈请罗城乡公所并分呈钧府核办在案。该李正久知法难逃，诡计百出，于十二月三日，适因清理本家账事，需氏到场亲住麻田族祠。讵即乘机暗中摆布贿请无知族董多

方说项，假借理账事立约，欺民不识文字，哄氏书押，嗣复伪造氏指印（有氏指模可对），捏氏诉渠违法逮捕一案不认，妄书呈文冒朦钧府，无法无天罪上加罪，若不从速究办，国法安在，天理何存？为此迫叩钧长迅予依法究办，以维人民自由而彰国律，是为德便。

谨呈万载县县长兼军法官谭

具呈诉人李宋氏押（住五区一保青背坑）

保存卷

被呈诉人万载第五区罗城乡一保保队附李正久（住麻田）、李银云（住青背）

中华民国三十一年十二月八日

事由：电仰查明李宋氏控李正久勒诈一案速报凭核由。

江西省万载县县政府代电　　咏军役字第8251号

罗城乡李乡长，查李宋十指控保队附李正久等勒诈民财一案，曾经本府以咏军役字第7422号训令检发原呈，令该乡查报，延未据复，殊属延玩。兹复据原呈人呈请究办到府，特电仰遵照前令，电令火速将本案详情具报凭核，毋须再延干咎为要！

县长谭

中华民国三十一年十二月廿一日

朱汉章等恃族众势大扰乱地方

事由：为流痞朱汉章劣绅朱士杰等挟敲诈未遂之嫌，乃造谣惑众、妨害名誉、扰乱地方、目无法纪，恳请派队拒捕，以遏乱萌由。

拟办：饬电二区区长饬警拘传来府讯办。中华民国三十年十月二十日

万载县第二区柏树乡乡公所呈　　振民字第36号

窃查本所，对于逃兵李玉龙一案，业经报请钧府处理在卷，讵有流痞朱汉章、劣绅朱士杰等于本所呈报后，即率朱姓流氓十余人蜂拥所，肆行骚扰，用强暴胁迫手段，勒令将该逃兵款项全数交伊，否则必予为难。职比以该逃兵所有款项，已解县府，婉言答复，未遂伊等无理之要求。不料该流痞朱汉章、劣绅朱士杰等挟敲诈未遂之嫌，竟与同流合污之第五保保长朱仁孙阴谋，任意造谣，暗中煽惑本乡各保长、保队附，公然于本十月三日在柏树街开会并虚构事实，谓“职与鲍干事启光，有何不发举动”，下午即唆使保长前赴第二区署，面递辞呈，经庞区长驳斥，忿忿而回。乃该朱汉章等恃其族众势大，故敢如虎负嵎，怙恶不悛，是夜又假借柏树乡民众名义，广贴毫非事实足以损害名誉之标语等，曾经职起获多张，送呈庞区长详阅，由是空气为之一变，部属及民众服从之心情，亦因而锐减，行政前途，发生莫大障碍。兹据密报，朱汉章、朱士杰、朱仁孙等因前番失败，老羞成怒，又在某处私密会

商，再要用更毒辣手段如何攻？如何进行？似此借端敲诈，造谣惑众，妨害名誉，扰乱地方，阻扰行政之朱汉章、朱士杰、朱仁孙等，实属毫无忌惮，枉法已极。若不迅予制止，后患何堪设想！理合备文呈请钧长察核，迅饬人民自行队派兵拘捕，严行究办，以维法纪，而遏乱萌，实为公便。

谨呈万载县政府县长谭

万载县第二区柏树乡乡长王振汉

中华民国三十年十月十八日

江西省万载县政府谕　　咏民字第6718号　　中华民国三十年十月

据报第二区柏树乡居民朱汉章、朱士杰捣乱乡政、造谣惑众等情到府，合亟谕仰该警即便前往柏树乡，立将该朱汉章、朱士杰等二名拘传来府，以凭讯办，毋得徇纵需索干咎为要！

此谕！

右仰警士辛源、郭炳章准此

县长谭

中华民国三十年十月廿二日

报告　　中华民国三十年十月廿七日

事由：窃警奉钧长谕，拘朱汉章、朱士杰等捣乱乡政、造谣惑众等情一案。警等前往该处不动声色查拘。据柏树乡第五保小队朱明盛声称，被拘人朱士杰一名早经外出，不知去向。朱汉章一名，见警飞跑去山内，警等无法拘传。奉谕前因，理合将拘传情形呈包报钧长察核示遵。

谨呈巡官张转呈县长谭

警察辛源、郭炳章

事由：令仰密拿朱汉章、朱士杰送究由。

江西省万载县政府密令　　咏民字第6890号　　民国三十年10月

令本府第二区署区长庞茨如

案据该区柏树乡乡长王振汉报以居民朱汉章、朱士杰捣乱乡政、造谣惑众请予拘办等情到府，经饬派政警前往拘办在案。去后，兹据去警郭炳章等回报称："以朱士杰早已外出，不知去向，朱汉章见警飞跑去山，无法拘传"等情前来，合亟令仰该区长随时密拿送究为要。

此令！

县长谭

中华民国三十年十月三十日

事由:为呈请撤办玩忽要公、妨害役政之第二区柏树乡第五保保长朱仁孙职乞示由。

拟办:拟准撤究,当否?乞核示。中华民国三十年十月廿五日

决定办法:撤究法办。中华民国三十年十月廿五日

万载县第二区柏树乡乡公所呈　　秋字第4960号

窃职自到任以来,推行役政,尚属顺利,惟第五保保长朱仁孙恃其族众势大,为该姓土劣之爪牙,蓄意排挤,居心捣乱役政,虽迭经本电令交催,及派丁协征,均置之不理,迄无一兵交送在案。近且更造谣惑众,扰乱乡政。于是各保啧有烦言,借口该保未交一兵,意存观望,借词推诿,影响役政甚大。似此玩忽要公,妨害役政,设非撤查究办,曷敬效尤。除分呈外,理合备文报请钧座察核,俯准将该保长朱仁孙依法撤办,以策将来,而利役政,实为公便!

谨呈万载县政府县长谭

第二区柏树乡乡长王振汉

中华民国三十年十月廿五日

事由:据请撤究保长朱仁孙等情指复遵照由。

江西省万载县政府指令　　军役字第6898号　民国30年

令柏树乡乡长

呈一件:为第五保保长朱仁孙违抗政令、妨害兵役请撤究由。

呈悉。准予撤究,并仰检举事实解案法办。

县长谭

中华民国三十年十月卅一日

万载县第二区柏树乡乡农会呈　　农字第12号

本年十月二十四日奉钧府传票饬士杰到案,比将因事外出,未与来丁晤面,后询其见面者,云"系被柏树乡乡长王振汉捏情诬控,职等捣乱乡政",含血喷、人鬼蜮之计,实难任其鹰扬。窃士杰自本年四月任乡农会干事长以来,矢公矢慎,从无越轨行为,全乡乡民可资调查,此无容置辩者。惟士杰素性狷介,遇动公愤之事,辄大声疾呼,置利害于脑后。故于本年古历八月十二日,目击乡长王振汉劫夺逃兵法币二百四拾元正(业经钧府押缴在案),以其行为卑污起而责难,且士杰业充乡民调解委员会常务委员,正义所在实虽难缄默。讵王振汉未遂私欲,嫉恨士杰,乃捏情架陷,希图报复。若任其长此猖獗纵该乡长作恶万端而人民禁若寒蝉,行将使吾民永无安宁矣!除向司法处提诉讼外,理合备文呈请钧长察核,府予虚坐实究,不胜待命之至。

谨呈万载县县长谭

第二区柏树乡乡农会正干事长朱士杰

中华民国三十年十一月一日

事由:据呈为乡长王振汉捏造捣乱乡政,恳请虚坐实究等情,批示知照由。

江西省万载县政府批　　民字第7237号

具呈人柏树乡农会干事长朱士乐本年十一月一日呈一件:为呈明乡长王振汉捏造捣乱乡政,并恳虚坐实究办由。

呈悉:仰亲行来府,听候讯明核办可也!

此批!

万载县县长谭

中华民国三十年十一月十三日

保长易铭书鼓动该姓族人反对编归潭埠镇保甲管辖

事由:为据第十保保长易铭书劈回委任,不遵编制等情,转请鉴核示遵由。

拟办:严令该保长切实遵照成案办理,如再敢违抗,定予从严议处。中华民国三十一年九月十六日

万载县第三区潭埠镇公所呈　　琦字第214号

案据本镇第十保保长易铭书呈称:窃铭于民国二十九年五月间,奉命充当本县县第二区柏树乡第一保保长,迄今二载有余,尚未卸职,滥竽充数□□□□□□□□□□□□□,拟呈辞另简贤能,不期县府顷又派充潭埠镇第十保保长。孱弱庸材一职,尚感不及,双管并进仔肩实难担负。为此,检同委任令一件,恳请转呈县府收回成命,另派干员,免负委任,实为公便谨呈等情。据此,查易铭书家确本镇境田天大天坳山岭之阴,聚居同姓二十余户,约有丁口百余人,前曾一度归柏树乡管辖,由易铭书为该保保长。今春本县核查户口重编保甲时,钧府民政料邱科长、叶科员莅境督办其事,目挚该易姓等所住地方依照天然界线及编组保甲推行此令之便利,该易住地前后左右均系本镇保甲,认为划归本镇管辖为天经地义,当决定划入本镇版图均编为第十保,并呈奉钧府核委该易铭书为保长,乃该保

长易铭书在当时鼓励动该姓族人反对编归本镇管辖，且复将钧府委任一件送至职处，经多方开导，至今仍属不遵，以致第十保迄无保长任事。值此多事之秋，保务分繁，如此次奉令构筑团防工事等，何能一日无人主持而使百政废弛？据呈前情，究应如何处理？理合转呈钧长鉴核示遵！

谨呈万载县县长何

万载县第二区潭埠镇镇长冯伟

中华民国三十一年九月五日

事由：据呈第十保长易铭书不遵编制等情，指复知照由。

江西省万载县政府指令 心民字第12135号

令潭埠乡公所乡长冯伟

九月五日呈一件：为第十保长易铭书送回委任，不遵编制转请核示由。

呈悉：界址仍应遵照督导团当时编定成案办理，保长易铭书辞职不准，如再违抗，定予从严议处，仰即知照并转饬遵照。

此令！

县长谭

中华民国三十年九月廿二日

张姓联族办事处

事由：呈为遵章组织张姓联族办事处，刊刻图记，票选正副族长，仰祈钧长鉴核，准予备案加委由。

拟办：准备查。民国二十三年十一月十月

呈为遵章组织张姓联族办事处，刊刻图记，票选正副族长，仰祈钧长鉴核，准予备案加委，以专责成事。窃代表等鉴于家乃国之本，联宗睦族即所以巩固国家增进社会福利及政府，促成联族法定族约之旨，遵于本年十月二十四日召集全特区张姓固有各房族（二十余支）于本市张祠开会决议，遵照族约第二十条组织，张姓联族办事处刊刻图记，文曰：“江西慈化特别区张姓联族办事处图记”，并依照族约票选张志德为正族长，张堂玉、张玉书、张景风为副族长，张玉樵为各支总干事。所有开会成立张姓联族办事处、刊刻图记式样、票选正副族长缘由，理合备文呈请钧长鉴核，准予备案，分别加委，以专责成，实为公便。

谨呈江西慈化特别区政治局局长白

附呈图记式样一件

张姓各支族代表张志德、张植华等

民国二十三年十一月八日